Dictionnaire des citations

Les Usuels de Poche

Collection dirigée par
Mireille Huchon et Michel Simonin

Parus et à paraître

Mireille Huchon
Encyclopédie de l'orthographe et de la conjugaison.

Georges Molinié
Dictionnaire de rhétorique.

Jean Lecointe
Dictionnaire des synonymes et des équivalences
(publication 1993).

Michèle Aquien
Dictionnaire de poétique (publication 1993).

Mahtab Ashraf-Almassi, Denis Miannay
Dictionnaire des locutions idiomatiques françaises
(publication 1993).

Emmanuèle Baumgartner, Philippe Ménard
Dictionnaire étymologique et historique
(publication 1994).

Mireille Huchon est professeur à l'Université de Paris-Sorbonne.
Michel Simonin est professeur au Centre d'études supérieures
de la Renaissance (C.E.S.R.).

Dictionnaire des citations

par

Olivier Millet

Professeur à l'Université d'Avignon

avec la collaboration de

Dominique Millet-Gérard

Professeur à l'Université de Paris-Sorbonne

Le Livre de Poche

© Librairie Générale Française, 1992.

PRÉFACE

Un objet paradoxal ?

Dictionnaire des — ou de — citations : le titre et l'existence de ce type d'ouvrage sont déjà assez étonnants en eux-mêmes, et demandent quelque explication. De fait, un dictionnaire des citations se situe à l'intersection de deux catégories nettement différentes d'ouvrages, dictionnaires de la langue et dictionnaires de matière.

Sans être un dictionnaire de la langue, comme le sont par exemple un dictionnaire étymologique ou un dictionnaire des synonymes, il prend naturellement sa place à côté d'eux dans la mesure où il concerne une langue donnée, — en l'occurrence la langue française. Il en existe ainsi, dans chaque grande langue européenne, qui sont propres à un espace linguistique déterminé. Cependant, et c'est là un trait singulier, un dictionnaire des citations n'est pas un dictionnaire de la langue, mais, si l'on peut dire, de la parole.

La distinction, devenue classique depuis F. de Saussure, entre la langue comme code linguistique collectif et la parole comme réalisation individuelle — et chaque fois différente des possibilités d'expression offertes par le code — signifie dans notre cas que la matière d'un tel ouvrage ne consiste pas dans la mise en ordre, l'analyse et l'explication d'une des dimensions (par exemple phonétique, graphique ou sémantique) du code linguistique collectif , mais dans la collection — ordonnée et munie d'explications, de notes, etc. — d'une série de faits de parole. Ce sont ici des phrases réellement écrites ou prononcées, attribuables en général à un auteur précis, que l'on répertorie. C'est que nous nous trouvons, avec le phénomène de la citation elle-même, à la rencontre des deux ordres de réalité, dans la mesure où l'on peut définir la citation comme un fait de parole (d'écriture), par définition individuel et unique, qui est repris comme tel — « cité » — par un autre locuteur ou une infinité de locuteurs. Le fait de parole originel devient un élément disponible, offert — non pas il est vrai par la langue en tant que code ou système, mais par la mémoire culturelle — à l'exercice de la parole, c'est-à-dire à une nouvelle expression individuelle.

Avec un dictionnaire des citations, le mot *dictionnaire* semble ainsi illustrer son sens étymologique de recueil de *dictio[nes]* —, d'actes de parole. On sait d'ailleurs que les grands dictionnaires de la langue, comme le Littré ou le Grand Robert, fonctionnent en partie comme des dictionnaires de citations, puisqu'ils citent des phrases, extraites de textes littéraires, pour illustrer le sens des mots ; mais ces phrases n'y figurent en principe pas en raison de leur notoriété, ni parce qu'elles seraient particulièrement aptes à être reprises, deux critères qui distinguent entre autres un dictionnaire des citations.

Quant aux dictionnaires de matière dont il est également proche, par exemple ceux de littérature, d'art ou d'histoire, le dictionnaire des citations présente avec eux des traits communs. Comme dans un dictionnaire de matière, ce qui est ici classé, ce sont des faits enregistrés, ou dignes d'être enregistrés, par la mémoire et par la culture. Un dictionnaire des citations se présente comme l'abrégé d'une bibliothèque idéale, dont il extrait, pour les rendre plus commodément disponibles, les fragments que l'on chercherait à y retrouver. En conséquence, le nombre des rubriques est — ou devrait être — assez étendu pour articuler clairement la matière, elle-même disposée comme dans un dictionnaire de matière par thèmes (ou par noms), et assez restreint pour éviter un trop grand émiettement, vertu précieuse du dictionnaire de langue qui deviendrait ici un vice.

Ce statut, en quelque sorte hybride et très particulier, d'un dictionnaire de mots-phrases, de « paroles » retenues ou à retenir, s'explique par l'histoire du genre des ouvrages qui ont préparé son apparition, relativement moderne, ainsi que par l'histoire du phénomène de la citation, notamment littéraire, dans la culture occidentale. Objet moderne, le dictionnaire des citations hérite en effet de certaines fonctions d'autres types de recueils qui l'ont précédé, et dont l'évolution historique reflète en partie l'idée que l'on s'est faite à différentes époques de la citation. Les explications qui suivent n'auront donc pas seulement une portée historique ou critique ; elles veulent aussi rendre compte des choix qui ont été effectués pour la confection du présent dictionnaire.

Les recueils de citations : humanisme et modernité

De mémoire d'homme, on a toujours cité. Aux deux grandes sources des traditions culturelles occidentales, la Grèce et la Bible, cette pratique — sur les deux types originaux de laquelle nous reviendrons plus loin —, se matérialise sous la forme de recueils de sentences, morales ou philosophiques, extraites d'œuvres plus vastes ou rassemblées sous le titre d'une tradition philosophique pour les recueils grecs (*cf.* les *Vers d'or* d'inspiration pythagoricienne) et, pour les livres des «Proverbes» bibliques, élaborées exprès et compilées par des cercles pieux et lettrés.

Dans les deux cas, ces collections s'efforcent de rassembler des sentences, énoncés brefs constitués le plus souvent d'un seul vers (Grèce) ou d'un seul verset (Bible), constatant des vérités générales (sentence au sens strict) ou prônant un comportement adéquat à des normes morales, sociales ou philosophico-religieuses (maxime). Ces sentences sont le plus souvent anonymes ou attribuées à une figure incarnant la Sagesse (Salomon dans la Bible, les Sept Sages de la Grèce), la marque personnelle dans l'expression, voire l'attribution à un auteur plus déterminé apparaissant comme un obstacle au caractère universel de la vérité énoncée et sans doute aussi à sa reprise, c'est-à-dire à son application ultérieure précise à des personnes et à des circonstances déterminées. Ces énoncés brefs, illustrant des vérités de portée universelle mises en valeur par une expression remarquable et facilement mémorisable, s'offrent aussi, dans les deux traditions, à une lecture suivie, susceptible de favoriser la méditation et le retour sur soi.

Durant le Moyen Age, et sous des formes et des inspirations diverses, ce genre de recueils, dont il existe des équivalents dans toutes les grandes civilisations de l'écriture, continue de jouir d'une grande vogue. Parallèlement, des recueils de citations aux fonctions plus spécialisées s'affirment, comme le recueil de proverbes, ou la «chaîne d'or» de citations empruntées aux commentaires bibliques des Pères de l'Eglise et qu'un saint Thomas d'Aquin rassemble pour éclairer, conformément à la tradition exégétique de son Eglise, les différents sens d'un même texte biblique.

L'humanisme renaissant des xvᵉ et xviᵉ siècles ne fera que confirmer un pareil goût pour les collections de «sentences», mais il dispose, grâce aux progrès des sciences des textes et à l'apprentissage systématique des langues anciennes grecque et latine, de sources parfois nouvelles, beaucoup plus vastes ou encore dont l'authenticité semble mieux établie. Par ailleurs, du fait même de cet élargissement, le point de vue se déplace. Au principe qui associait à une «sentence» une figure ou un nom faisant autorité à l'intérieur d'une tradition normative (*cf.* l'exemple de saint Thomas d'Aquin, qui ne cite que des auteurs ayant « autorité »), l'humanisme renaissant ajoute, voire privilégie, un goût affirmé pour le bonheur de l'expression. De formel et d'idéologique qu'il était, le critère du choix s'enrichit des valeurs stylistiques et littéraires conformes à l'orientation profonde de la culture humaniste : la mémoire des textes du passé et des paroles notables vise à enrichir non seulement la sagesse, mais aussi et surtout les capacités d'expression du lecteur, invité à exercer à son tour la parole et l'écriture de façon souple et variée, en y intégrant les ressources que lui proposent de nouvelles anthologies. Cette intention pédagogique, conforme à un idéal oratoire récupéré de l'humanisme antique — l'homme cultivé et sage sera celui qui sait s'exprimer heureusement — explique la transformation du, ou des genres.

Le recueil le plus célèbre, celui dont l'influence fut la plus durable, les *Adages* (1re édition, Paris, 1500) du fameux humaniste Erasme, rassemble non pas des sentences au sens strict, mais des façons de s'exprimer, en général très courtes, que recommandent leur ancienneté et leur notoriété — elles sont censées être répandues et donc reconnaissables — et une trouvaille expressive, par exemple un tour imagé. L'« autorité » qui recommande le tour à l'attention du lecteur moderne est désormais, à l'intérieur du même recueil, de la nature la plus variée : celle des philosophes et poètes, ainsi que de la Bible, est réaffirmée, mais on trouve aussi les « mots » plaisants ou célèbres de tel ou tel personnage historique qui voisinent avec des dictons (mot, sentence passés en proverbes), de véritables proverbes et de simples métaphores. La sentence au sens strict est par principe exclue si elle ne se recommande pas par un tour imagé (« l'homme est comme une bulle »), mais les tours imagés retenus doivent eux-mêmes pouvoir s'appliquer, par une opération de transfert, notamment ironique, à des personnes et à des circonstances nouvelles, et toutes différentes de celles de leur source historique ou littéraire (*cf.* les « travaux d'Hercule », qualifiant le labeur du savant moderne).

Bref, l'adage érasmien ne peut pas être défini par des critères idéologiques, ni par des traits purement formels ou stylistiques. La notion d'usage est ici doublement primordiale, qu'il s'agisse de l'usage attesté par une source antique digne d'intérêt, ou surtout de l'usage nouveau et imprévisible auquel l'adage est susceptible de se plier dans la bouche ou sous la plume des écrivains et orateurs modernes.

Un des continuateurs d'Erasme, l'humaniste suisse Th. Zwinger, reviendra sur ce dernier aspect en précisant que les sentences, adages et apophtegmes (réponses ingénieuses données par des personnages célèbres), soit en gros l'équivalent de la matière de nos modernes dictionnaires des citations, sont comme des monnaies émises par une autorité politique : elles portent l'image de cette autorité particulière, par exemple d'un Prince, mais reçoivent leur valeur de leur circulation publique, c'est-à-dire de leur reprise sous forme de citation. On ne pouvait mieux indiquer que, avec la citation, c'est le singulier, la parole individuelle et remarquable, qui entre dans le domaine public et comme dans la langue d'une collectivité. Mais, chez Erasme, l'adage exerce aussi une fonction discriminante, puisque son emploi et sa reconnaissance, par les lecteurs ou les auditeurs, supposent, avec toute la culture humaniste gréco-latine, une connivence culturelle qui échappe au commun des mortels. Citer, nous le verrons, c'est aussi toujours faire allusion.

Quant au premier aspect de la notion érasmienne d'usage, celui de l'usage constaté d'après la source où l'on opère le prélèvement de la citation, il soulève un problème. Erasme retient souvent chez les auteurs qu'il a dépouillés pour la compilation de son recueil, à côté d'adages effectivement employés comme tels par les auteurs grecs et latins, des expressions dont il suppose sans attestation ni preuve, qu'elles avaient déjà chez ces auteurs le statut d'un adage, c'est-à-dire, selon la terminologie érasmienne, d'un tour couramment employé et qui se distingue par un effet de style du contexte où il est employé. Cela revient à parier que ces mêmes phrases et expressions pourraient désormais acquérir, si elles ne l'avaient pas déjà, ce statut. Autrement dit, c'est l'humaniste qui, en isolant chez un auteur telle ou telle expression de son contexte, tend souvent à lui conférer le statut d'« adage » qui circule, d'expression digne d'être réemployée.

On se gardera de critiquer cette stratégie, qui est à l'œuvre également dans tous les dictionnaires modernes de citations. Relatif à un milieu, à une époque, à la subjectivité du compilateur, le critère de la notoriété n'est pas limitatif, et un dictionnaire des citations comporte une bonne dose de propositions de la part de son auteur, au moins aussi importante que celle des constatations qui enregistrent le fait qu'une phrase fait l'objet ordinaire ou fréquent de citation. Une démarche prudente s'impose cependant, si l'on veut éviter que le dictionnaire ne devienne, comme c'est le cas dans plusieurs recueils actuels, un dictionnaire *de* citations, c'est-à-dire une anthologie des auteurs, voire des auteurs seulement littéraires, d'une langue donnée. Des critères de forme et de style comme la brièveté et le caractère remarquable de l'expression qui imposent la phrase en question à l'attention et à la mémoire, le consensus culturel qui peut se constater soit dans une série de morceaux choisis en usage soit à travers les lieux communs qui constituent le système de référence de la culture contemporaine, et l'indication aussi fréquente que possible d'une reprise effective de la citation par un autre auteur, doivent ici guider les choix du compilateur.

L'intervention d'Erasme s'avère décisive sur un autre plan. Alors que ses *Adages*, qui gonflèrent presque démesurément d'une édition à l'autre, n'organisaient apparemment la matière selon aucun plan, et n'offraient qu'un répertoire à feuilleter, ou à consulter d'après les index, notre humaniste proposa par ailleurs à ses contemporains, avides de se plonger dans les trésors des cultures antiques remises en valeur dans leur totalité, une méthode de lecture appelée à une grande fortune. Il convient, explique-t-il, de lire les textes en se constituant un fichier organisé par rubriques thématiques (désignés par lui comme « lieux communs ») dans lesquelles on versera les passages remarquables se référant à un même thème, en général moral, notamment selon la distinction des vices et des vertus.

Cette méthode systématique de prendre des notes et de mémoriser ses lectures allait connaître un succès prodigieux, et surtout elle allait marquer l'histoire de notre type de dictionnaires. C'est ainsi qu'un successeur d'Erasme, C. Lycosthenes, édita en 1556 ceux des *Adages* érasmiens qui relevaient du genre « apophtegmes » en les classant selon de telles rubriques, elles-mêmes rangées par ordre alphabétique. De la rubrique « Ambition » à la rubrique « Victoire », les conquêtes en ce domaine de l'humanisme philologique étaient mises de façon pratique à la disposition du public, dans ce qui ressemble fort à un dictionnaire des citations, d'autant qu'avec la référence de la source originelle de la phrase célèbre on y trouvait aussi l'indication de la source secondaire qui reprenait la citation. Un index des auteurs complétait le dispositif, qui permettait donc de chercher ou de retrouver les mots attribués à tel ou tel personnage fameux.

Parallèlement à ce type d'ouvrages, les recueils d'exemples, empruntés à l'histoire (et parfois aux recueils de contes et aux mythes) complétaient le dispositif. Th. Zwinger, déjà mentionné, rédigea (*Théâtre de la vie humaine*, 1565) l'ouvrage le plus ambitieux, selon les mêmes principes d'organisation par « lieux », avec la prétention presque démesurée de classer ainsi la totalité des faits de l'histoire humaine, et celle, supplémentaire, d'organiser les « lieux » selon une rigueur toute philosophique. Aux « mots » (la matière érasmienne des *Adages*) devaient correspondre les « faits exemplaires », mais seule la seconde partie du programme fut réalisée ; elle correspond, *mutatis mutandis*, à nos encyclopédies modernes des noms propres et des faits historiques.

Ce type d'ouvrages connut, durant tout le xviᵉ siècle et le premier xviiᵉ siècle, un immense succès, qui finit cependant par compromettre l'intention des créations érasmiennes. A l'exercice heureux de la parole par l'orateur et l'écrivain, à quoi pense Erasme, s'est substituée l'utopie d'une mémoire totale des paroles à retenir et à placer ; au bonheur d'une reprise originale et spirituelle des citations, un lourd appareil de phrases, d'images et d'expressions stéréotypées ; à la reconquête de la culture antique, les clichés d'un conservatoire érudit obsédé par ses sources. C'est en tout cas en ces termes que le xviie siècle pré-classique et classique tourna en ridicule la manie de la citation, et dénonça le pédantisme des « lieux communs » qui désignent, conformément à la tradition rhétorique, les idées générales que l'on peut développer à propos d'un sujet précis (une « cause ») pour élargir le débat, mais aussi les rubriques obligées des vices, des vertus et des passions humaines, et, finalement, dans la langue moderne, les idées toutes faites, trois aspects différents du discours auxquels la citation apportait chaque fois la pseudo-légitimité d'une autorité savante.

Vers la fin du siècle de Louis XIV, La Bruyère se fait le témoin de la sensibilité mondaine, et moderne ; lui, qui a écrit « Tout est dit, et l'on vient trop tard … » et qui cite en latin Erasme en épigraphe de ses *Caractères*, dénonce dans ce même livre les esprits « plagiaires », pédants traducteurs et compilateurs, ceux qui citent du latin uniquement pour citer du latin et qui au lieu de manifester réflexion et culture personnelle ont recours aux citations pour exprimer des banalités. Cependant, loin de condamner la citation elle-même dans la conversation ou les créations de l'esprit, La Bruyère nous indique par là ce que peut être son statut dans une culture moderne, disons post-humaniste ; nous y reviendrons.

La culture humaniste de la Renaissance, qui avait étroitement associé, en vue de la formation générale de l'homme, le savoir (notamment linguistique et historique) et le développement des facultés d'expression individuelles, pratiquait volontiers, on l'a vu, la citation érudite, empruntée notamment aux langues anciennes. La matière des recueils humanistes faisait cependant l'objet de traductions en langue vernaculaire, à des fins de vulgarisation.

On notera un tournant important avec les *Marguerites françaises* de Fr. des Rues, anthologie des « fleurs du bien dire » éditée de 1595 à 1625 qui innove triplement en proposant des « citations » de source française, d'origine contemporaine, destinées à orner ou à inspirer la conversation ou la correspondance de ses lecteurs. Nous sommes à l'époque du romanesque et de la préciosité, et c'est surtout le thème de l'amour qui a retenu l'attention du compilateur, qui songe à un public large, averti, mais pas érudit.

Sans disparaître de la circulation, les dictionnaires de citations, ou ce qui en tient lieu, connaissent aux xviiie et xixe siècles des transformations considérables. Plusieurs tendances s'observent, qui continuent d'exercer aujourd'hui leurs effets sur le contenu de ce type d'ouvrages : d'une part, un certain divorce des savoirs spécialisés (connaissance des langues et des textes comprise) et de la culture mondaine, divorce dont Fr. des Rues témoignait déjà à sa façon, et d'autre part le développement d'une culture scolaire nationale.

A partir du moment où la critique historique, préoccupée d'abord d'exactitude et bientôt de rigueur scientifique, se développe pour elle-même, l'érudition va se spécialiser : il ne sera plus question d'un « Théâtre du monde », mais par exemple d'établir un véritable *Dictionnaire historique et critique* (P. Bayle, tournant du xviie-xviiie siècles), ni, dans le domaine de la langue, de recenser les possibles ressources d'une expression élégante et variée, mais de connaître l'histoire des langues, et bientôt des langues et des littératures nationales elles-mêmes (Dictionnaire de Littré, 1877). Dès lors, l'hostilité au pédantisme érudit tombait d'elle-même, n'ayant pour ainsi dire plus d'objet contre lequel s'exercer dans le domaine de la culture de la conversation commune.

Parallèlement, le triomphe d'une culture « moderne », mondaine par son inspiration et soucieuse de cacher ses sources érudites, s'imposait au xviiie siècle, comme l'atteste par exemple l'article « Citation » de l'*Encyclopédie* de Diderot et d'Alembert, dont la définition (« usage ou application [...] d'une pensée ou d'une expression employée ailleurs ») illustre une conception étrangère aux traditions que nous avons analysées plus haut, c'est-à-dire à toute érudition comme à toute esthétique du « bien » dire, pour ne pas parler de principe d'autorité, quel qu'il soit.

Les « mondains » allaient par ailleurs voir leurs rangs gonfler de nouvelles couches sociales, souvent étrangères aux formes tradition-nelles de la culture en raison de leur origine ou faute d'avoir pu consacrer du temps aux études et à la lecture. Le public féminin, qui jusqu'à la fin du xixe siècle ne passait pas par le collège, qui en général ignorait donc le latin, et pour lequel la culture humaniste avait déjà dû « civiliser » son érudition dès le xviie siècle, était tout désigné pour favoriser la propagation d'un nouveau type de dictionnaires de citations, communiquant à ses lecteurs non plus les « trésors » d'une sagesse et d'une éloquence ancestrales, mais les ressources piquantes et variées d'une conversation avertie. Ce mouvement culmine au milieu du xixe siècle, avec un titre aussi significatif que celui de P. Larousse, *Fleurs historiques des Dames et des gens du monde, clef des allusions aux faits et mots célèbres...* (1862). « Musées », ou « Petites ignorances » de la conversation, « Citateur dramatique » (le théâtre est un genre mondain, et focalise la vie sociale), ce genre d'ouvrages abonde alors, au risque de limiter la curiosité et les charmes de la conversation (le terme est lui-même significatif) à l'anecdote et à l'agrément de la plaisanterie. Notons que plusieurs dictionnaires actuels, spécialisés dans le bon mot ou la « citation inattendue », reprennent cet héritage en l'adaptant au monde contemporain.

Mais un *Dictionnaire d'anecdotes* comme celui paru à Riom en

1808, bourré de citations et lui-même héritier d'une longue
tradition, range encore sa matière par rubriques (« Ambitieux », et,
nouveauté, « Américain »), et il ne manque pas de faire référence
dans sa Préface à Valère-Maxime, compilateur antique utilisé par
Erasme, et à Camerarius, humaniste disciple d'Erasme. Les mondains
n'étaient donc pas entièrement livrés à eux-mêmes. Cependant, la
violence des conflits idéologiques post-révolutionnaires et la
platitude conformiste engendrée par la peur sociale risquaient de
couper les nouvelles classes possédantes des sources vivantes de la
réflexion et du langage. Le *Dictionnaire des idées reçues* de Flaubert
dénonce cette situation : il fonctionne lui-même, sur le mode du
pastiche ironique et caricatural, comme un dictionnaire non plus
des citations, mais des stéréotypes idéologiques eux-mêmes
exprimés dans la langue anonyme de clichés universels : jamais
peut-être depuis Erasme (dans son *Ciceronianus*) l'absence d'une
parole authentique ne fut diagnostiquée avec une pareille force.

Enfin, et parallèlement, l'essor de l'enseignement scolaire de la
littérature française (puis de la philosophie) déplace définitivement
le centre de gravité de la mémoire littéraire collective. Introduits au
début du xixe siècle (1803) dans l'enseignement de la rhétorique au
Lycée, puis aux épreuves du baccalauréat (1840-1844), les auteurs
français occuperont une place de plus en plus importante dans les
programmes, situation sanctionnée jusqu'à nos jours par le triomphe
de l'explication de texte français (introduite en 1872). Cet exercice,
qui vise à connaître les auteurs français plutôt qu'à les imiter soi-
même (objectif de l'ancienne pédagogie humaniste), transforme
également les finalités éventuelles d'un dictionnaire des citations :
au lieu de trouver des expressions pour s'en inspirer (imitation), on
cherchera à les retrouver pour vérifier un texte et ses références
(remémoration du « déjà-vu »). Quant à la dissertation, littéraire ou
philosophique, version moderne de l'ancien « discours » latin, puis
français, elle se nourrit comme lui de citations, et appelle
naturellement un instrument de travail facilitant la récolte de ce que
l'on appelait autrefois des « sentences ». Semences de pensée autant
que d'expression : on se rappelle la méthode du philosophe Alain,
qui inscrivait quotidiennement des « citations » sur le tableau noir,
« thèmes sommaires pour préluder à ses fugues d'idées [1] ».

Ces évolutions et ces besoins expliquent l'apparition des formes
modernes du dictionnaire des citations, que l'on peut dater pour le
domaine français de 1931, avec celui d'O. Guerlac (*Les Citations
françaises*). Parallèlement, les différentes nations se sont dotées de
ce type d'instrument. L'Allemagne d'abord, dès 1864, avec les *Mots
ailés* de G. Büchmann, qui illustrent l'esprit d'une culture nationale

---

1. Témoignage de J. Gracq, dans son *André Breton*, José Corti, 1948.

puisqu'il s'agit du *Trésor des citations du peuple allemand*, puis l'Italie, de façon plus pratique et plus universelle avec un remarquable *Qui l'a dit ?* de G. Fumagalli (1894), les Etat-Unis, dont l'exemple (*Familiar Quotations* de J. Bartlett) a d'ailleurs inspiré Guerlac, professeur de littérature française dans ce pays, et finalement, *last but not least*, l'Angleterre, dont le vénérable *Oxford Dictionary of Quotations* (1941) a connu depuis des rééditions mises à jour. Guerlac, qui fonde son choix sur le critère de la notoriété des citations et qui vise à l'exactitude philologique, résume à lui seul, à travers les différentes sections de son recueil, plus de quatre siècles d'évolution. Les citations littéraires françaises, les plus nombreuses et rangées par ordre chronologique des auteurs, viennent en premier lieu, suivies de divers genres de citations, celles dont l'origine et la paternité sont douteuses ainsi que les citations non littéraires et les citations étrangères, puis les mots historiques, et enfin les citations bibliques.

Ces choix éclectiques, sinon les principes de classement, purement philologiques, nous semblent pertinents : il s'agit de rendre compte de ce qui se cite dans une langue donnée, et l'on ne doit donc pas exclure les citations empruntées à d'autres langues (modernes ou antiques) ou à un livre comme la Bible, si elles sont effectivement intégrées au fonds courant dont dispose la mémoire d'une collectivité linguistique. Les citations non littéraires doivent aussi avoir leur place dans ce type d'ouvrage, même si les écrivains et les philosophes fournissent la grande majorité des matériaux. Nous nous inspirons donc ici de ce modèle, en le modernisant. Mais nous adoptons, de préférence à une série de sections différentes, et à l'ordre chronologique des auteurs, un classement par rubriques thématiques. L'intérêt de ce classement, doublé à l'intérieur de chaque rubrique par un ordre chronologique des citations (de la Bible aux auteurs contemporains), est manifeste. Le dictionnaire peut être ainsi non seulement consulté ponctuellement, mais lu de façon suivie, par chapitre ; et chaque rubrique permettra de suivre, sur un thème donné, l'évolution historique des idées et de la sensibilité. Ce classement par « lieux » (voir *supra*) doit évidemment s'adapter aux données de la culture actuelle, et l'on trouvera donc, non plus par exemple les anciennes séries de « vices » et de « vertus », mais des thèmes variés, parmi lesquels « Economie », « Information-media » ou « Technique » ont leur place. Les « lieux communs » peuvent ainsi retrouver leur fonction : points de repère d'une réflexion ouverte, illustrant parfois le pour et le contre, ou les paradoxes de la modernité, plutôt qu'idées reçues destinées à une vaine répétition. Enfin, dans une collection de livre de poche, nous ne prétendrons pas rassembler, comme le fit P. Dupré, une *Encyclopédie des citations* intégrant de nombreux domaines linguistiques étrangers. Quant aux auteurs ou aux « mots » contemporains, nous suivrons également, plutôt que le modèle de Dupré, la prudence marquée à son époque par Guerlac, puisque notre objectif n'est pas de proposer une anthologie de morceaux choisis, connus ou à connaître, mais de refléter si possible un usage, pour lequel la presse écrite fournira ici d'utiles points de repère.

« Nous ne faisons que nous entregloser »

Premier monument littéraire occidental, les épopées d'Homère, *Iliade* et *Odyssée*, fournissent à Platon le moyen d'illustrer les discussions de ses dialogues par la citation de vers que tout Athénien de l'époque pouvait savoir par cœur et reconnaître au passage, ainsi que l'occasion d'une dénonciation radicale de cette même poésie, jugée immorale. Marque d'une culture commune aux deux sens du terme, partagée à la fois par l'auteur, ses personnages et ses lecteurs, mais aussi plus largement populaire, la citation homérique confère à ces dialogues un ton marqué de conversation détendue, en même temps qu'elle propose à la réflexion philosophique de quoi exercer une critique serrée de l'opinion reçue.

Quant à la Bible, cette autre source fondamentale de la culture occidentale, elle se présente non pas comme un livre unique mais comme un ensemble de livres que relie entre eux notamment la reprise citationnelle de nombreux versets, dans la Bible hébraïque en particulier entre les livres de la Loi, les Prophètes et les Psaumes, et, plus largement, dans la Bible chrétienne entre l'Ancien Testament et le Nouveau Testament. Le rapport est ici différent de celui que l'on observe dans la culture grecque : aux fonctions de connivence et d'ornement, et à la distance critique se substitue une sorte de commentaire réciproque des livres entre eux, commentaire qui réclame ou constate une réalisation ou une actualisation du sens de ce qui avait déjà été dit, c'est-à-dire annoncé, « pro-phétisé ».

Avec Platon et la Bible, nous disposons de deux modèles distincts, originaires et emblématiques, du fonctionnement de la citation, susceptibles d'éclairer la description des modalités du phénomène. Afin d'illustrer les analyses générales qui suivent, nous évoquerons d'abord brièvement trois étapes majeures de la rhétorique de la citation dans la littérature française ; le Montaigne des *Essais*, le Chateaubriand des *Mémoires d'outre-tombe* et le Proust de la *Recherche du temps perdu* sont de fait les trois grands écrivains français qui citent le plus volontiers, et surtout qui le font d'une manière éminemment symptomatique de la rhétorique moderne de la citation : loin de faire obstacle à une parole personnelle, la citation montre dans leur cas comment elle peut se faire l'instrument privilégié de l'affirmation du moi, la trace ou l'instrument de l'originalité.

Montaigne, ou la citation « empruntée »

Dans la deuxième moitié du XVIᵉ siècle, le Montaigne des *Essais*, qui ouvre d'une certaine façon les temps modernes, est l'héritier en la matière des traditions dont nous avons fait état plus haut. Il connaît par sa formation juridique et ses fonctions de magistrat la pratique de la citation juridique et rhétorique, celle des « autorités » que l'avocat ou le juge allègue pour valider son discours ou sa sentence judiciaire. Il n'ignore pas non plus la méthode médiévale et scolastique, c'est-à-dire universitaire, de la « question », qui consiste à accumuler, pour illustrer le pour et le contre, des arguments et en particulier des autorités valables, en vue de résoudre un problème intellectuel : l'harmonisation des données contradictoires doit être conforme à une tradition philosophique ou religieuse normative (*cf.* la *Somme théologique* de saint Thomas d'Aquin), et s'opérer en respectant les règles universelles de la logique. Enfin, Montaigne dispose, grâce à sa formation scolaire et en raison d'une curiosité universelle de dilettante, de l'immense trésor des « citations » humanistes qu'à la même époque un « professionnel » comme Th. Zwinger s'efforce d'organiser (voir *supra*).

En dépit de pareils modèles, et peut-être à cause d'une pareille « surcharge » offerte à sa mémoire et à son intelligence, Montaigne inaugure cependant une pratique de la citation qui va renverser un cours séculaire en même temps que subvertir les normes de la nouvelle culture humaniste. Là où le juge, le philosophe ou le théologien cherchent à conclure, l'essai montaigniste accumule volontiers les citations, souvent contradictoires, de manière à laisser le sens de son enquête ouvert ou indécis ; là où le spécialiste ou l'humaniste s'efforcent d'assurer la validité ou la qualité de leur propos par des références précises à des auteurs qui font autorité, notre auteur affiche des préférences personnelles ou bien déguise ses sources ; là où la « science » exhibe son appareil d'allégations ou fait miroiter ses allusions réservées aux *happy few*, il exprime son dédain pour la mémoire et le pédantisme. Et cependant, il cite sans relâche ces « semences » de la parole qui engendrent son propre discours des *Essais*.

La multiplication des citations sous la plume de Montaigne sert en réalité une pratique toute personnelle et variée : il peut s'agir de vers-sentences qui cristallisent une vérité, point de départ ou conclusion d'une méditation ; de la paraphrase de textes adaptés à un nouveau contexte de réflexion, ou encore du détournement de sens qui peut même aboutir à faire dire au texte le contraire de ce qu'il veut dire dans son contexte d'origine. Presque envahissante, mais toujours maîtrisée par la seule instance du moi, lui-même « ondoyant et divers », la citation montaigniste est « empruntée » — comme on le fait d'un véhicule pour un voyage dont le trajet sera personnel, libre et imprévisible.

Chateaubriand, ou la citation polyphonique

La citation, libérée de ses fonctions publiques d'« autorité », abonde assez naturellement dans les genres littéraires qui font entendre une voix personnelle — à l'instar de l'essai montaigniste — ou le dialogue de plusieurs personnes : l'essai moderne, bien sûr, la lettre, le dialogue, et surtout le journal intime. Elle permet en effet au moi, ou aux interlocuteurs, de se chercher et de se définir grâce au contrepoint d'autres voix, empruntées à une culture qui est intimement partagée (dialogue, lettre), ou qui est engrangée jour après jour au fil des lectures personnelles ou encore remémorée par celui qui tenant son journal revient sur lui-même. La prolifération des citations dans les *Mémoires d'outre-tombe* s'explique assurément par la proximité de ce récit autobiographique avec ces genres d'écriture. Mais il y a plus. Chateaubriand prétend récapituler dans sa personne tout son siècle, à cheval sur l'Ancien Régime, anéanti par la Révolution, et les temps nouveaux, encore obscurs mais que l'auteur déchiffre avec appréhension dans les progrès de la démocratie et le triomphe du romantisme. Face à l'avenir, l'idéologue conservateur mais républicain de cœur, le croyant catholique, l'artiste hésitent.

Les citations qui ponctuent les *Mémoires* assument ainsi une triple fonction. Elles rappellent à la mémoire un passé englouti, comme le montrent entre autres les fragments de vieilles chroniques, de chansons anciennes, de latin biblique ou médiéval. Elles reflètent les diverses dimensions d'un moi complexe et qui se veut « total », qui accumule les sources les plus significatives, par leur pittoresque, leur comique, leur bassesse ou leur sublime, d'une Histoire en marche dont Moi fut le témoin et l'acteur privilégiés. Elles illustrent enfin, face au romantisme dont l'auteur lui-même fut en France l'initiateur, un goût littéraire qui se refuse aux excès ou aux étroitesses de la mode : outre ses dimensions européennes (*cf.* les nombreuses citations anglaises ou italiennes), ce goût associe aux références bibliques et classiques, latines et françaises, les récentes grâces néo-classiques du XVIIIᵉ siècle, et les accents plus modernes des modèles ou des rivaux, comme Byron.

Les fonctions rhétoriques ordinaires de la citation, document et ornement, contribuent alors, par un effet d'accumulation polyphonique, à créer un effet de somme à la fois héroïque et intime, épique et privée, par lequel se réalise l'intention du livre ; les fragments accumulés des citations sont par excellence les éléments qui mettent en perspective sur le plan littéraire la représentation promise : « Je représenterais dans ma personne, représentée dans mes mémoires, les principes, les idées, les événements, les catastrophes, l'épopée de mon temps ».

Proust, ou la citation oblique

Grand lecteur de Chateaubriand, Proust a pu apprécier dans son œuvre un de ses procédés favoris, celui du « thème » récurrent (« thème » doit être pris dans un sens élargi) qui signale un effet de composition en profondeur ; il sert dans les *Mémoires d'outre-tombe* à ponctuer la fuite du temps et les traces de la mémoire subjective. Ici encore, la citation joue un rôle majeur, puisque le retour des citations d'un même auteur, voire du même texte ou du même passage, finit par produire une suggestion poétique : à la permanence de la source et à la fixité de la mémoire s'opposent dans les *Mémoires* l'écoulement des jours, le changement du décor, des conditions ou des personnages. La mise en œuvre de la citation comme *leitmotiv* devient chez Proust un trait caractéristique — trait moderne par-delà le modèle chateaubrianesque puisque le thème-*leitmotiv* reprend un procédé de la musique contemporaine de l'époque (R. Wagner).

Les citations proustiennes, qu'elles ressortissent à une culture d'origine scolaire (Racine), familiale (Mme de Sévigné) ou érudite et personnelle, font en effet l'objet de retours, de variations et d'allusions qui obligent, si l'on veut en saisir toute la portée, à les lire ensemble, en rapprochant les divers passages de la *Recherche du temps perdu* où elles reviennent. La citation vaut moins par son apparition ponctuelle, que comme signe d'une structure interne à l'œuvre réceptrice, et trace laissée par l'auteur qui se cache derrière le narrateur. C'est ainsi que les citations empruntées avec plus ou moins de fidélité aux lettres de Mme de Sévigné à sa fille, finissent par composer un portrait secondaire de la mère du narrateur qui double, en le confirmant, celui que l'action du roman met en œuvre, et qui correspond effectivement à celui de la mère de Proust. Mais ce sont surtout les passages raciniens qui se prêtent à une riche manipulation. La critique a par exemple montré que les citations tirées d'*Athalie* et d'*Esther* de Racine, détournées de leur contexte immédiat et de leur sens, constituent un *leitmotiv* qui appuie ou signale dans le roman les thèmes du déguisement, de la dissimulation et de l'inversion sexuelle. La citation devient alors le signe littéraire d'une profondeur insoupçonnée et du mensonge des apparences ; son statut de discours dans le discours, de discours second, est exploité pour mettre en perspective, parallèlement à la

« scène » du devant où évoluent les personnages les uns sous les yeux des autres, les coulisses du roman.

Phénoménologie de la citation

Les exemples que l'on vient de mentionner permettent de mesurer la complexité éventuelle des relations entre le texte cité et le texte d'accueil d'une citation, et les riches ou subtiles harmoniques qu'un texte plus ou moins connu, voire banal, peut susciter lorsqu'il est mis en œuvre dans un contexte nouveau. Mais le phénomène de la citation déborde évidemment le domaine de la création littéraire que nous avons pris comme observatoire privilégié de ces relations ; il concerne l'exercice de la parole en général (par exemple les discours politiques ou les messages publicitaires). On notera également que la notion même de « citation », d'origine juridico-rhétorique, a fini par prendre, par le long détour de la création littéraire, un sens et une application plus larges encore qui débordent aujourd'hui le système des signes linguistiques pour s'appliquer ailleurs, par exemple en musique et en peinture. C'est ainsi que, dans le jazz, la citation d'un musicien antérieur ou ami est un véritable procédé de l'inspiration thématique et rythmique, assez différent, par le caractère ponctuel qui détache le fragment cité, de la variation systématique sur un thème, genre bien connu de la musique ancienne et classique. Il convient donc de donner d'abord une définition restrictive du phénomène qui nous intéresse, en le limitant à l'exercice de la parole et de l'écriture.

On distinguera d'abord la citation du lieu commun (au sens moderne de stéréotype d'idée), même si les deux peuvent se recouper ; la première porte sur des mots — repris tels quels (citation directe) ou transformés de façon suffisamment limitée (citation indirecte) pour que l'expression ou la phrase d'origine restent reconnaissables et pour ainsi dire « audibles » comme telles, alors que le second ne porte que sur l'idée et reste indifférent à l'expression précise dont il tire éventuellement son origine. En principe, une citation se réfère, directement ou indirectement, à une source précise d'expression, que l'on peut indiquer ou retrouver. L'allusion est un cas-limite, puisque dans ce cas la citation voile, en quelque sorte en dépit de sa nature et de sa fonction qui restent citationnelles, sa source ; on dira que ce détournement réalise une « figure » de citation. Quant à la réminiscence, elle se distingue par le trait suivant : la question de savoir si le renvoi à une source est intentionnel de la part de l'auteur est indifférente ou demeure indécidable. La citation est donc un fragment d'expression, plus ou moins long, emprunté de texte à texte ou de parole à parole, qui se signale comme détaché d'une source et qui du coup se détache lui-même du nouveau contexte où il est cependant intégré. La citation s'établit dans un rapport de «double appartenance» (H. Quéré).

D'autre part, on distinguera la citation comme phénomène limité et ponctuel de l'ensemble des autres modes de ce que la critique littéraire moderne examine sous le terme d'intertextualité, et qui désigne toute «présence effective d'un texte dans un autre» (G. Genette, reprenant J. Kristéva). Nous avons déjà mentionné l'allusion et la réminiscence, mais il y a aussi par exemple les différentes variétés de pastiche et de parodie. Ces dernières, surtout quand elles s'appliquent à des textes entiers, relèvent d'une étude «poétique» concernant les rapports et les transformations entre des genres, relevant eux-mêmes de tons distincts voire opposés (épopée/fable ésopienne ; tragique/comique, etc.). Nous avons donc écarté de ce dictionnaire, qui s'efforce de signaler reprises et transformations, les reprises citationnelles qui s'exercent de façon systématique en tant que procédé de création littéraire, comme les réécritures parodiques (qu'on pense aux *Poésies* de Lautréamont, qui ne seront représentées qu'à titre d'échantillon) ou transformationistes (par exemple, oulipiennes [1]).

La citation, qui peut opérer le même type de transposition, le fait de façon limitée, précisément parce qu'elle se signale à certains égards comme «étrangère» au texte d'arrivée. Son étude relève de la stylistique de ce seul texte d'arrivée, pris dans sa cohérence propre, auquel bien sûr la citation peut intégrer de façon ponctuelle des effets provenant du texte-source, qu'il soit lui-même reproduit, transposé ou réécrit. La citation reste cependant un instrument majeur de cette «intertextualité», et nous espérons qu'en signalant dans ce dictionnaire un grand nombre de reprises citationnelles d'un auteur à l'autre, reprises ou échos qui parfois n'ont pas été remarqués par la critique, nous aiderons le lecteur à se faire une idée plus exacte de certaines traditions littéraires et des transformations créatrices auxquelles elles donnent lieu. Mais ces références, et l'indication que l'on trouvera des éventuelles transformations de la citation, ne peuvent rendre compte du sens et de l'effet de cette citation dans son nouveau contexte, auquel le lecteur est invité à se reporter.

Pour la commodité de l'analyse, nous évoquerons trois plans dans le phénomène de la citation : l'opération du prélèvement dans une

---

1. Voir G. Genette, *Oulipo, La Littérature potentielle, Créations, Re-créations, Récréations*, Gallimard, 1973.

source, les procédés d'insertion dans un discours ou un texte
d'arrivée, et les effets produits par cette insertion

L'opération de prélèvement : le « citable »

Opération de la mémoire, la citation (le fait de prélever) suppose
que le fragment cité est en principe mémorisable comme tel. Ce qui
est ici déjà particulièrement vrai pour la citation orale a des
conséquences esthétiques en matière d'écriture. On distinguera
donc à cet égard le mode du document, cité comme tel, au titre de
la simple information et, quelle que soit sa longueur, de l'effet
esthétique qui tend à valoriser tout texte cité comme trésor de la
mémoire. Un auteur qui cite, même s'il recopie en réalité un texte
qu'il a sous les yeux, mime la posture de quelqu'un qui se souvient,
ou exprime implicitement une intention de graver dans sa mémoire
ce qu'il cite, et invite le lecteur à faire de même. De façon générale,
quand on cherche à citer de façon exacte, on cherche à ressaisir,
pour soi ou pour autrui, quelque chose qui flotte devant la mémoire
afin de lui restituer des contours précis.

Surtout, citer, c'est toujours signaler, ou feindre de signaler,
quelque chose de mémorable. Mais les capacités de la mémoire
varient selon les individus, et surtout selon les civilisations : une
civilisation de l'écriture et plus encore de l'imprimerie comme la
nôtre ne favorise pas comme les civilisations de l'oralité les citations
excédant une certaine longueur, puisque l'esprit a l'habitude de
recourir au support écrit et imprimé au lieu d'emmagasiner dans la
mémoire. De même, une civilisation peut concentrer son effort sur
la mémorisation large, voire complète, de certains textes (textes
sacrés, ou textes scolaires par exemple) : leur large citation peut
sembler disproportionnée avec nos capacités modernes. Enfin, les
civilisations privilégiant la mémorisation collective de certains
textes, par exemple le peuple juif de l'époque biblique, ou
l'Angleterre puritaine, entretiennent avec ces textes à la fois un
rapport de respect littéral et de liberté familière dans le maniement
des citations (bibliques dans ces deux cas) ; mais la civilisation de
l'imprimerie, en favorisant l'accès aux sources les plus diverses (*cf.*
l'humanisme) encourage de façon différente le jeu référentiel, qui
va du scrupule philologique (parfois contre la lettre ordinairement
reçue) au retournement de sens paradoxal.

L'intention qui détermine la *création* de textes « citables » est un
critère susceptible de favoriser de façon décisive le prélèvement
ultérieur. Comme le suggère Pascal à propos de Montaigne, il y a
une équivalence entre trois manières d'écrire, celle qui s'insinue le
mieux [dans l'esprit], [celle] qui demeure plus dans la mémoire et

[celle] qui se fait le plus citer [1] ». Nous avons signalé plus haut le lien historique entre une forme d'écriture comme la sentence et la constitution des recueils de « citations ». Il s'agit d'un cas extrême, où la destination du texte, voué intentionnellement à la mémorisation et à la reprise citationnelle, détermine l'inspiration et la forme littéraires elles-mêmes.

Mais on peut observer que, selon les époques, les modes littéraires et enfin les choix esthétiques des auteurs, on cultive plus ou moins systématiquement cette tendance. Mentionnons ici les moralistes français : de La Rochefoucauld à Chamfort, leur projet d'enquête sur l'homme psychologique et social est volontiers lié à certaines formes d'écriture brèves et mémorisables comme la sentence et la maxime, destinées virtuellement à devenir des citations, c'est-à-dire à circuler. Cette tradition se poursuit au XXe siècle sur des modes divers, souvent humoristique ou paradoxal, du *Journal* de J. Renard à de nombreux recueils contemporains. Il est frappant de constater que plus on avance dans la modernité, plus la sentence paradoxale (affirmation qui prend le contrepied de l'opinion reçue, ou qui affecte de le faire) abonde, et tend à se substituer à la sentence non paradoxale, le tournant se situant, semble-t-il, vers le milieu du XIXe siècle. La sentence a naturellement sa place dans une société qui croit, en matière morale et sociale, aux vérités stables ; le paradoxe est au contraire particulièrement favorable à exprimer le désarroi ou la distance critique que favorisent les évolutions historiques rapides et la remise en question des valeurs.

Mais, comme le disait Mme de Staël, « les paradoxes sans doute sont aussi des idées communes. Il suffit presque toujours de retourner une vérité banale pour en faire un paradoxe [2] » : c'est pourquoi les paradoxes modernes s'appuient souvent sur des citations qu'ils reprennent en les transformant. La même tendance à l'expression sentencieuse se reflète parfois dans d'autres genres comme le roman psychologique, pour ne pas parler du théâtre ou de la poésie humanistes du XVIe siècle, dont les éditions d'époque signalent au lecteur, par le signe typographique des guillemets, les « vers-sentences » notables. Il en reste quelque chose, on le sait, chez nos auteurs dramatiques classiques, qui pour cette raison (et parce qu'il font partie des programmes scolaires) figurent d'autant plus largement dans un dictionnaire de citations.

Inversement, et pour prendre un exemple opposé, on peut constater que la littérature romanesque contemporaine adopte

---

1. *Pensées*, 745 (les *Pensées* de Pascal sont citées dans ce dictionnaire d'après la numérotation de Lafuma et dans la collection de l'« Intégrale », aux éditions du Seuil, 1963 ; cette édition fournit à la fin une table de concordance de la numérotation Lafuma avec celle de Brunschvicg). Les ajouts entre crochets sont de nous ; Pascal ne sépare pas ici trois manières d'écrire qui convergent, mais en décrit une seule.

2. *De la littérature*, Préface de la seconde édition.

parfois (d'A. Cohen à Cl. Simon), pour des raisons diverses, des formes d'écriture qui se refusent en quelque sorte à la citation, l'opération de prélèvement étant rendue presque impossible dans ces livres par la continuité des phrases qui s'enchaînent notamment pour reproduire des flux de conscience lisses et presque sans césure. Pour les mêmes raisons, dans les œuvres de ces romanciers, on ne trouve pratiquement pas de citations empruntées ailleurs : la citation instaurant un minimum d'effet de rupture de voix ou de ton, elle romprait la cohérence interne de ces œuvres, souvent polyphoniques mais repliées sur elles-mêmes.

Quant à la poésie, elle sollicite la mémoire naturellement, par le rythme et les sonorités, surtout lorsqu'elle cultive l'esthétique du « beau vers », ou, plus près de nous, un style oraculaire (R. Char) proche de la sentence. Enfin, quels que soient les genres et les époques, le début et la fin d'une œuvre, d'un chapitre, etc., se signalent souvent par une phrase ou une formule intentionnellement confiées, par son énergie, son élégance ou son originalité, à la mémoire du lecteur ; nous avons signalé dans le dictionnaire ces positions privilégiées, où se rencontrent le bonheur de l'expression et, du côté du lecteur, une disponibilité neuve ou prenant congé. Ce sont de fait très souvent les passages d'une œuvre que la postérité a retenus de préférence.

Procédés d'insertion

Dans la mesure où elle se signale comme provenant d'ailleurs, la citation s'accompagne ordinairement d'un effet qui peut suffire, oralement, à la faire reconnaître, le changement d'intonation, lui-même signe d'une attitude ou d'un sentiment. La lecture juste d'un texte en citant un autre doit bien sûr rendre ce phénomène, dont la réalisation dépend de la nature du texte cité et de son rapport avec le contexte qui l'accueille : un rapport ironique du texte d'accueil avec le texte-source sera évidemment marqué par la voix d'une autre manière qu'un rapport « respectueux », etc.

Mais les problèmes commencent avec la transcription de la citation. Plus elle se veut exacte et littérale, mieux il faut délimiter les bornes de début et de fin de citation, question que seuls des signes manuscrits ou typographiques adaptés peuvent résoudre de façon satisfaisante, à moins que le texte citant n'introduise lourdement, comme un professeur peut le faire oralement, les incises « début de citation » et « fin de citation ». Dans l'antiquité, qui ne connaît que des textes manuscrits, mais également au cours du premier siècle de l'imprimerie, ces signes n'existaient pas, et il est parfois difficile d'identifier les bornes délimitant les citations, prises dans le contexte et que rien, sauf le sens et éventuellement certains indices stylistiques (poésie en prose, etc.), ne distingue. Le plus souvent, lorsque l'écrivain antique éprouve le besoin de délimiter le début de la citation, et faute d'un signe tel que nos deux points ou nos guillemets modernes, une incise du type « dit-il » après l'indication du nom de l'auteur semble suffire, au risque de rendre insensible la fin de la citation. Le style indirect (« un tel dit que... ») est également possible, et il favorise évidemment, ne serait-ce qu'à cause des transpositions syntaxiques nécessaires, la paraphrase qui transforme l'énoncé original. Comme de toute façon, sur le plan purement littéraire, les notions de propriété littéraire et d'originalité ne s'imposent que progressivement au cours des temps modernes, la citation est souvent adaptée au contexte d'accueil sur le plan stylistique et, pour la poésie, métrique (le rythme de la prose supportant mal, dans l'antiquité, l'insertion des rythmes poétiques).

Le contraste entre deux langues (citations en dialectes différents, citations grecques dans un texte latin, etc.) était finalement le seul moyen de délimiter naturellement l'insertion ; mais un auteur comme Cicéron, fier d'avoir « nationalisé » en latin la philosophie grecque, met aussi en garde contre le pédantisme en la matière. La ponctuation des deux points de l'imprimerie, l'utilisation des retraits, la distinction des différentes tailles et jeux de caractères (l'italique correspondant au souligné dans les textes imprimés en caractères droits) et l'invention des guillemets allaient résoudre progressivement ces problèmes au cours du XVIᵉ siècle, sans nécessairement transformer la conception souple de la citation qui avait prévalu jusque-là.

Nous avons mentionné la citation directe et la citation indirecte, qui constituent deux pôles possibles admettant eux-mêmes de multiples modes de réalisation en matière de longueur et de respect littéral de l'expression. La paraphrase redit autrement l'énoncé du texte cité en l'allongeant, l'*interpretatio* l'abrège par exemple en tronquant l'énoncé de certains mots ou en le résumant. Un simple mot (par exemple « spleen » après Baudelaire) peut suffire à créer un effet de citation ; mais plus la citation est courte, ou transformée dans sa formulation, plus on se rapproche de la réminiscence, ou de l'allusion, ou de la parodie, etc.

Aujourd'hui, tout dépend non plus des moyens typographiques, satisfaisants, mais de l'intention de celui qui cite : l'ensemble de la gamme est mise à sa disposition, qu'il écrive en vue de l'impression ou qu'il emploie dans un manuscrit les signes typographiques usuels en imprimerie. La citation peut être ainsi plus ou moins mise en relief, et utilisée pour de nouveaux effets littéraires. Ce gain, appréciable notamment dans la perspective de l'exactitude philologique ordinairement exigée par les normes scolaires et universitaires, ne doit cependant pas masquer un risque : lorsqu'elle est ainsi étiquettée, à la fois tenue à distance et exhibée, la citation moderne reflète moins aisément ce rapport de proximité familière, dialogue des voix et sollicitation d'une culture commune, que l'ancienne rhétorique de la citation permettait. Mais l'allusion, la réminiscence déguisée, et les effets littéraires les plus divers peuvent aussi exercer leurs droits, comme on le constate par exemple dans les derniers romans d'un Ph. Sollers. Le lecteur y rencontre au détour d'une ligne, sans signes ni drapeau, à côté de références au bouillon de culture *up to date*, les citations les plus connues, voire les plus éculées, indices reconnaissables d'une banalité qui se cache, expressions d'un impossible détachement de la mémoire collective la plus ancestrale que la littérature a aussi pour vocation de gérer.

Fonctions et effets de l'insertion

Nous en avons plus haut indiqué un certain nombre, à l'épreuve de quelques grandes créations littéraires. Mais quelles que soient la dimension du livre ou l'ambition de celui qui cite, on peut distinguer plusieurs effets majeurs toujours susceptibles d'être mis en œuvre, oralement ou par écrit. Ces effets divers peuvent jouer simultanément, mais ils sont plus ou moins accentués selon les fonctions différentes de la citation.

La fonction purement référentielle, celle qui sert à apporter des informations précises en citant une source, est un cas particulier de la citation, fréquent dans le domaine de l'enseignement ou de l'information, où cette fonction l'emporte de loin sur les autres. La citation peut servir à illustrer une idée ou une affirmation, ou encore faire l'objet d'un commentaire particulier dans le cas des discours et des textes consacrés à d'autres discours ou textes. Cette fonction référentielle, qui s'accompagne ordinairement de l'indication des références de la source, est au contraire effacée dans le cas de l'allusion, pôle opposé à celui de la citation-document. La citation-document appelle la reproduction la plus exacte possible de la source. Elle recoupe la fonction traditionnelle de l'autorité (*cf. supra*), en même temps qu'elle permet la manifestation de l'érudition (citations en notes, etc.).

Ces deux derniers aspects nous rappellent qu'il n'existe pas de citation totalement « neutre », puisque le prélèvement dans une source et l'insertion dans un nouveau discours supposent toujours un choix, et peuvent donner lieu à de véritables manipulations : des mots ou une phrase isolés de leur contexte peuvent toujours dire autre chose que ce qu'ils signifient dans leur contexte d'origine, et peuvent être sollicités de façon imprévue. Enfin, ce type de citation produit un effet dont peu importe qu'il soit volontaire ou involontaire, et qui se retrouve dans les autres fonctions : citer revient toujours à présenter la source en question comme découpable, à suggérer qu'elle peut être résumée ou même qu'elle n'est qu'une collection de *disjecta membra*[1] utilisables comme tels. Pour cette raison, L. Bloy n'aimait pas les citations d'un beau livre, éparpillées « comme les feuilles sibyllines[2] ».

Les linguistes distinguent une fonction du langage dite « phatique », celle par laquelle le message cherche à établir ou à prolonger la communication entre le locuteur et le destinataire du message (*cf.* au téléphone, le « allô »). On retrouve cette fonction, transposée sur le plan culturel et esthétique, dans la citation lorsque celle-ci sert à produire ou à rappeler une communauté de références partagées par celui qui cite et son public. Inséparable de tous les types de citation qui ne se bornent pas à renseigner, cette fonction peut revêtir les aspects les plus divers. Par exemple, la citation d'un verset biblique ou d'un texte littéraire dans un milieu familier avec les sources en question n'aura évidemment pas de ce point de vue le même effet que la même citation effectuée dans un milieu qui, tout en connaissant ces textes, n'y attache pas par principe une valeur particulière. A mi-chemin entre l'autorité et la connivence, ce type de citation permet à un observateur extérieur de cerner l'horizon de culture commune que postulent le discours ou le texte citant. Inversement, l'érudition personnelle peut feindre de mentionner des références censées communes, et qui ne le sont pas : le bluff, la volonté d'intriguer, l'intention de faire partager des goûts et des intérêts personnels peuvent également entrer en ligne de compte.

Renvoyant de façon fragmentaire à un ensemble plus vaste dans lequel elle est découpée, la citation produit toujours un effet allusif essentiel à sa définition, puisque ce fragment véhicule avec lui de façon symbolique la totalité sur laquelle il est prélevé, selon le principe de la partie pour le tout. Même la citation d'un proverbe, sentence populaire et anonyme, de forme figée et qui par là relève quasiment du code linguistique collectif, ne laisse pas de faire implicitement référence à l'ensemble des proverbes de la langue en question, aux valeurs de sagesse populaire et d'ancienneté, etc. La citation incomplète, notamment quand elle est tronquée de sa fin (début d'un vers connu par exemple), exerce doublement cet effet : quelques mots suffisent à évoquer élégamment la citation entière, dont le destinataire est censé se rappeler la fin ; et ce processus fonctionne souvent de façon à suggérer le rappel, à travers la citation elle-même incomplète, de tout le passage, et de l'œuvre entière dont elle est extraite.

Cette fonction que nous appellerons symbolique se vérifie par excellence dans l'emploi des épigraphes, citations placées en tête

---

1. Sur l'expression *disjecti membra poetae*, voir la rubrique « Poésie-poète », Horace.
2. *Le Révélateur du Globe*, dans les *Œuvres*, Mercure de France, 1964, t. I, p. 137.

d'un discours, d'un livre, d'un chapitre, etc. L'épigraphe pose plus précisément un rapport, mais qui reste implicite, entre la totalité du discours ou du texte dont elle provient, et la totalité du discours ou du texte qu'elle ouvre. Il semble que ce procédé ainsi défini soit d'origine littéraire, même si le « thème » (citation biblique) qui ouvre un sermon médiéval a pu préparer son apparition humaniste et moderne. Les devises dont les imprimeurs ornaient au XVIᵉ siècle leurs publications imprimées annoncent ensuite le procédé. Quant aux épigraphes d'auteur, elles apparaissent par exemple dans les livres d'un Calvin sous forme de citations bibliques (*cf.* la prédication médiévale) qui suggèrent de la part du Réformateur protestant des prétentions à une fonction « prophétique », résument le propos de ses ouvrages, et renvoient à la totalité du texte ou du livre biblique concerné, voire de la Bible elle-même comme seule autorité admise en matière religieuse. Cette fonction symbolique de l'épigraphe d'auteur s'impose ensuite dans le domaine « laïc », avec un succès depuis jamais démenti.

On sait que Stendhal en fait un usage abondant (voir *Le Rouge et le Noir*), conforme à une vogue de son temps, et que ses épigraphes sont souvent fantaisistes (fausses attributions, etc.). Cette fonction symbolique exerce chez lui des effets sérieux ou ironiques puissants. C'est ainsi que le sixième chapitre du *Rouge et Noir* voit son titre (« L'Ennui ») en partie démenti par l'épigraphe qui suit, empruntée à l'opéra de Mozart, *Les Noces de Figaro* : cette citation place l'épisode qui va être raconté, la première rencontre du jeune héros avec Mme de Rênal, sous le signe non de l'ennui, mais de la mélancolie ainsi que de la grâce et de l'allégresse de Chérubin, personnage de l'opéra mozartien amoureux lui aussi d'une « noble dame », qui... s'ennuie. Cette même épigraphe attire enfin l'attention du lecteur sur plusieurs échos thématiques et dramatiques ultérieurs entre le roman et l'opéra (thème de l'échelle, etc.). Enfin, si Stendhal a préféré citer le livret (italien) de l'opéra plutôt que la source littéraire française de celui-ci, *Le Mariage de Figaro* de Beaumarchais, c'est pour signifier ses goûts musicaux, son intention de créer un rythme narratif au détriment d'autres effets littéraires (description, construction d'une intrigue cohérente, etc.) et son amour de l'Italie. Le « symbole » de l'épigraphe, qui exprime tout cela allusivement, devient, par la mise en rapport des deux œuvres, une sorte de clef (au sens musical du terme) qui permet de déchiffrer de nouvelles dimensions du roman. Si toute citation est susceptible d'associer, à son contexte de réception, le climat, le ton, l'idéologie de la source dont elle provient, l'épigraphe le fait d'une façon systématique, puisqu'elle gouverne la totalité qu'elle inaugure tout en restant détachée au maximum de celle-ci.

Une citation insérée dans le corps d'un discours ou d'un texte, fût-ce en première position au début du discours ou du texte, ou à la fin, restreint au contraire ses effets symboliques au contexte immédiat où elle surgit : elle exploite également son statut de double appartenance, renvoi à son origine et rôle nouveau à l'arrivée, mais de façon plus limitée (*cf. supra*). Plutôt que de fonction symbolique, nous parlerons à propos des mêmes effets, lorsqu'ils existent, de fonction plus étroitement rhétorique et stylistique. La fonction de renvoi à une autre source et celle de mise en valeur de la parole présente peuvent s'illustrer de façon diverse : rupture ou continuité (des voix et des idées ainsi rapprochées) sont les ressorts essentiels que l'insertion fait jouer, tantôt dans le sens de la confirmation et de la cohérence, tantôt dans celui du démenti ou de la discordance, tantôt dans les deux simultanément. Mais la citation reste alors soumise à l'économie propre au passage du discours ou du texte qui l'accueille, où elle revêt notamment les fonctions de certaines figures rhétoriques [1].

Il s'agit de certaines figures dites, dans la terminologie classique, figures de « pensée » (indépendantes par elles-mêmes de la forme de leur expression) ; mentionnons entre autres la prosopopée (qui fait parler une voix absente ou éteinte ou imaginaire), la *sermocinatio* (qui fait intervenir dans un discours le propos d'autrui, comme dans un dialogue), le contre-discours, la correction (qui redit la même chose autrement et mieux), etc. Ainsi, lorsque Chateaubriand, pour annoncer sa propre vocation à l'exil, cite [2] des vers de la *Divine Comédie* de Dante qui prédisent à un personnage son exil, il s'applique à lui-même cette prédiction ; le personnage prophétisant de Dante, et Dante lui-même, deviennent les porte-voix imaginaires (figure de la prosopopée) du destin de Chateaubriand, auquel ils confèrent du même coup noblesse épique et profondeur mystérieuse d'une actualisation de l'ancien sens littéral.

D'autre part, le style propre aux paroles ou aux textes empruntés entre également en composition avec celui du discours ou du texte d'accueil, selon des formules qui varient naturellement à l'infini en fonction des niveaux de style et de langue, des genres et des registres littéraires, des tons, etc. La citation exploite les données ponctuelles de ce qui est cité pour susciter dans le nouveau contexte un effet stylistique lui-même ponctuel. On peut ainsi citer un vers de Corneille ou de Hugo pour une image, ou pour le ton tragique, ou pour la grandeur épique ou visionnaire de l'expression, dans des contextes fort divers : un article de la presse satirique, un article de la presse politique et un message publicitaire exploiteront évidemment diversement les différents aspects du vers en question.

1. Sur les figures de rhétorique, voir, dans la même collection, le *Dictionnaire de rhétorique* de G. Molinié.
2. *Mémoires d'outre-tombe*, I, I, 5. Voir à ce sujet *supra*, le « modèle » biblique de la citation.

Les différentes fonctions que nous avons distinguées, référentielle, phatique, symbolique, rhétorique et stylistique, et les effets qui en accompagnent l'exercice, sont permanents et ne sont pas par eux-mêmes liés à des moments particuliers de l'histoire de la culture, de l'éloquence ou de la littérature. Ainsi, nous avons mentionné plus haut deux modèles « originaires » de la citation, Platon et la Bible ; on pourrait retrouver chez l'un et l'autre toutes les fonctions qui viennent d'être examinées, et ce qui change de l'un à l'autre, c'est seulement la façon d'utiliser ces fonctions : chez Platon, allure de conversation et distance critique, dans la Bible, sacralisation et actualisation. S'il y a un trait spécifique dans l'emploi moderne de la citation (trait que nous avons qualifié plus haut de post-humaniste), il réside sans doute dans la conscience aiguë qu'on a aujourd'hui, en citant, d'entretenir avec ce que l'on cite, textes ou paroles, un rapport rendu complexe par la dimension historique du temps.

Platon cite Homère (pour le critiquer) comme une autorité ancestrale, mais qui reste entière et effective dans la société de son époque ; les livres de la Bible se citent les uns les autres parce qu'ils se réfèrent tous à une seule parole, celle de Dieu, dont les effets ne se déploient que progressivement mais qui est éternelle. Dans les deux cas, l'ancienneté de ce qui est cité vaut comme gage (prétendu gage, critiqué par Platon) de sa valeur immuable. De façon plus générale, toute citation qui va de soi indique le fait que la vérité qu'elle exprime est considérée comme permanente, et fait donc du présent un prolongement du passé. Or la multiplicité des sources et des expériences accumulées dont dispose la culture occidentale, ainsi que la relativisation de la notion de tradition et d'autorité, changent les données de la question. Le statut de la citation en est tranformé, et par ailleurs la constitution d'un dictionnaire des citations devient redoutable.

Pour le statut de la citation, il ne s'agit plus seulement pour celui qui l'utilise de l'éventail qui s'ouvre entre deux pôles, la citation critique, celle que l'on trouve par exemple chez Platon, et la citation d'adhésion immédiate à une vérité immuable. Quel que soit son mode, et bien qu'elle continue aussi d'assumer ceux que nous avons indiqués, la citation moderne de textes du passé reflète encore autre chose, la conscience que ce que l'on cite appartient à une époque révolue et dépassée, qui cependant tient encore au présent et continue d'y exercer ses effets ou un sens. Mais n'est-ce pas, à toutes les époques, un trait caractéristique, et une des plus belles ressources de la citation, que la connivence culturelle qu'elle établit avec les auditeurs et lecteurs contemporains s'y double toujours d'un dialogue avec des voix venues d'ailleurs ? C'est à quoi ce dictionnaire veut contribuer, pour l'utilité et le plaisir de ses utilisateurs.

O. Millet

Bibliographie indicative

B. Beugnot, « Un aspect textuel de la réception critique : la citation »,
   Œuvres et Critiques, été 1976, I, 2, I, 2, p. 5-19.

A. Compagnon, *La Seconde Main, ou Le Travail de la citation*, Seuil,
   1979.

V. Larbaud, *Sous l'invocation de saint Jérôme*, Gallimard, 1946[4].

« La Citation », *Revue des Sciences humaines,* no 196 (Université de
   Lille III), 1984, 4.

*L'Ente et la Chimère. Aspects de la citation dans la littérature
   anglaise*, Caen (Centre de Publications de l'Université de Caen),
   1986.

PRÉSENTATION

Comme on l'a expliqué dans la Préface, les citations sont rangées par rubriques thématiques. On en trouvera la liste à la fin de l'ouvrage, où figurent aussi un index des auteurs et un index des mots et des thèmes qui doivent permettre de retrouver une citation à partir du nom d'un auteur, d'un mot, d'une notion ou d'un fragment de citation.

A l'intérieur de chaque rubrique, l'ordre des auteurs est chronologique, mais les textes bibliques ont toujours été classés en tête. Le cas échéant, on trouvera donc l'ordre suivant : textes bibliques, auteurs grecs et latins, auteurs postérieurs, et enfin les auteurs contemporains vivants. Pour un même auteur, les citations se suivent selon l'ordre chronologique des titres. Des rapprochements entre des citations différentes figurant dans le Dictionnaire sont indiqués par les mentions suivantes : *cf.* (= rapprochez), suivi du titre de la rubrique où figure l'autre citation, suivi du nom de l'auteur (exemple : *cf.* «Discours-parole», Hugo). On se reportera alors à la rubrique concernée, en y cherchant, par l'ordre chronologique des auteurs, l'auteur, puis la citation ainsi signalés.

Les citations en langues anciennes ou étrangères sont données dans la langue d'origine lorsqu'elles sont particulièrement connues sous cette forme ; dans ce cas, une traduction suit. Elles sont données en français dans les autres cas. Il s'agit toujours, sauf indication contraire, de notre traduction.

Le texte des citations est toujours conforme aux éditions que nous avons consultées, et a toujours été vérifié sur elles. Il en reproduit de la façon la plus exacte possible la typographie : emploi des majuscules, des italiques, de la ponctuation, en particulier des points de suspension, des guillemets, etc. Seuls les caractères gras (sauf indication contraire) sont dus à notre intervention, selon deux modalités différentes. La première sert à signaler immédiatement au regard, dans une citation donnée largement, le fragment qui est plus particulièrement connu ou ordinairement repris (exemple : «Ages de la vie», RACINE). Nous nous sommes en effet efforcé de restituer le contexte immédiat de ce qui est le plus connu, tout en voulant souligner dans ce contexte immédiat, grâce aux caractères gras, ce qui est devenu formulaire. Le second emploi des caractères gras est expliqué plus bas à propos de la reprise d'une citation par un auteur ultérieur. Les crochets [...] indiquent à l'intérieur d'une citation l'omission d'une partie du texte et, en tête ou en fin de citation, que le texte de la citation est prélevé sur une phrase qui est donc tronquée. Nous avons voulu signaler par là, sans reproduire un trop long texte, que la citation est réellement un prélèvement, et que le sens du texte ordinairement connu et cité prend un relief un peu différent lorsqu'on le restitue à son contexte. Cependant, pour les vers du théâtre classique qui tendent à l'expression sentencieuse, et donc à l'autonomie de l'unité d'expression que représente le vers, cette indication n'est pas systématiquement faite. Les mêmes crochets peuvent servir à introduire en cours de texte une brève explication (exemple : «Amitié», MONTAIGNE).

Chaque «citation» constitue un paragraphe composé de la façon suivante :
- texte de la citation elle-même ;
- ouverture d'une parenthèse, où figurent :
— dans le cas de citations en langue étrangère, éventuellement, la traduction en français ;
— l'indication de la source de la citation, ordinairement un nom d'auteur, puis le titre de l'ouvrage, puis les indications de partie, chapitre, acte, scène, etc. de cet ouvrage ;
— éventuellement, une indication de la source de la source, dans le cas où la citation est déjà la transformation d'un énoncé antérieur, ou encore un simple rapprochement avec une autre source antérieure ;
— éventuellement, des notes explicatives ou une variante textuelle (annoncée par l'abréviation var.) qui nous a semblé intéressante, etc.
- fermeture de la parenthèse.

Trois cas sont alors possibles.
— Un point final peut marquer la fin du paragraphe ; il annonce le passage à la citation suivante. Mais le paragraphe peut encore se prolonger, soit après un point-virgule, soit après un point.
— Le point-virgule est suivi de l'indication de la reprise de la citation chez un auteur ultérieur, ou chez plusieurs auteurs ultérieurs, ou dans les média. Le signe > symbolise cette reprise. Suivent alors, comme précédemment, nom d'auteur, puis éventuellement le texte de la reprise lorsqu'il est différent de la source, puis

le titre de l'ouvrage, et les références dans cet ouvrage. En cas de reprise par plusieurs auteurs, les mêmes indications se répètent selon l'ordre chronologique des auteurs ; ces indications successives sont elles-mêmes séparées par des points-virgules (par exemple : « Beauté », F. BACON). Dans le cas de la reprise citationnelle dans les média, le signe * indique qu'il s'agit de la presse quotidienne, le signe ** de la presse périodique.

— Le point, lui, est suivi de rapprochements avec d'autres sources. Tout ce qui suit est alors en caractères plus petits. Ce point (à la différence du point-virgule[1]) signifie que ces rapprochements ne supposent pas forcément de rapport direct et avéré entre la citation elle-même et le texte ainsi rapproché : il ne s'agit pas d'une reprise à proprement parler, mais d'un parallèle qui nous a semblé suggestif. On a cependant utilisé le même point pour indiquer certains rapprochements de type parodique.

Le point-virgule, et ce qui le suit, peut bien sûr être lui-même suivi d'un point et de rapprochements (voir par exemple « Ambition », PASCAL). On notera par ailleurs que le point-virgule suivi d'une indication de reprise (exemple : > CHATEAUBRIAND, Mémoires d'outre-tombe, I, 2, 6) indique toujours la référence d'une reprise de la citation elle-même, et non une reprise des autres textes qui sont éventuellement mentionnés dans les notes à l'intérieur de la parenthèse (voir par exemple « Ambition », STACE).

Les variations auxquelles la reprise d'une citation peut donner lieu sont indiquées de la façon suivante :

— lorsque la reprise est fragmentaire, sont soulignés **en gras**, dans le texte de la citation elle-même, les termes qui sont seuls repris dans la source secondaire (exemple : « Ages de la vie », F. MAINARD : tout ce qui est en gras est repris par V. Larbaud, le reste n'est pas repris). Le gras est donc un signe introduit par nous, et ne figure jamais, sauf indication explicite contraire, dans le texte original.

— lorsqu'il y a transformation de la citation, sont reproduits, après l'indication du nom de l'auteur de la source secondaire, les termes qui diffèrent (exemple : « Ages de la vie », F. MAINARD : sous la plume de V. Larbaud, /l'hiver de sa vie/ est une variation sur le texte de Mainard). Les variations sont alors reproduites, de la façon suivante : le signe des barres obliques (/.../) délimite les bornes entre lesquelles la transformation a lieu ; les mots qui figurent entre ces bornes sont ceux qui diffèrent de la source de la citation. Le reste de la reprise est conforme au reste de la citation telle que nous l'avons donnée, et nous ne l'indiquons pas de façon spéciale ; on complètera

---

1. La limite entre les deux cas, et la distinction entre l'emploi des deux signes sont cependant moins rigides que nous ne l'indiquons ici ; nous posons ici les principes de base, qui ont été adaptés dans chaque cas.

donc le reste de la reprise à partir de celui de la citation. On prendra garde au fait que dans le cas de la poésie, une barre oblique (.../ ...) indique la fin d'un vers, et non des transformations. Quant à la double barre (...// ...), elle indique un changement de strophe.

— l'emploi des crochets [...] à l'intérieur des barres obliques indique que la partie omise du texte, représentée par les crochets, est conforme à la source de la citation (exemple : « Ages de la vie », Vigny repris par Gide).

On notera trois références qui reviennent régulièrement pour signaler une reprise, et que nous avons abrégées. Il s'agit de Cl. Bonnefoy, *Panorama critique de la littérature moderne*, Belfond, 1980 (abrégé en Cl. Bonnefoy) ; de M. Winock, *Chronique des années soixante*, Seuil, 1987 (abrégé en Winock, *Chronique des années soixante*), et de Fl. Montreynaud, *Le xxe siècle des femmes*, (abrégé en Montreynaud), que nous avons particulièrement sollicité pour équilibrer, à partir des nombreuses citations de femmes célèbres qu'elle donne, le caractère traditionnellement misogyne de la tradition sentencieuse et des dictionnaires de citations. *Les Citations françaises* d'O. Guerlac est abrégé en O. Guerlac, et l'*Encyclopédie des citations* de P. Dupré en Dupré.

Pour les auteurs des xixe et xxe siècles, nous avons eu généralement recours aux grandes éditions classiques, Classiques Garnier, L'Intégrale/Seuil et la Pléiade notamment. Dans quelques cas, la référence n'est pas donnée par partie, chapitre, etc., mais selon la pagination de telle ou telle édition, alors mentionnée. Il s'agit généralement d'œuvres qui ne sont pas découpées en parties et chapitres. Les *Mémoires d'outre-tombe* de Chateaubriand sont cités d'après l'édition dite du Centenaire, de J. Levaillant. La Rochefoucauld est cité d'après l'édition des Classiques Garnier, Pascal d'après celle de la collection « L'Intégrale », au Seuil. On prendra garde au fait que Diderot, et Malraux (Romans) le sont d'après l'ancienne édition de la Pléiade. Pour la Bible, nous avons généralement suivi la traduction de J. Segond, qui fut pendant plusieurs décennies la plus répandue en France.

*
* *

Nous remercions très cordialement Monsieur F. Poulon, Professeur d'économie à l'Université de Bordeaux I, qui a bien voulu nous indiquer les principales citations usuelles dans le domaine de sa discipline. La base de données textuelles Frantext, installée à Nancy (I.N.A.L.F.) nous a été fort utile pour retrouver la source de plus de cent citations et pour vérifier le texte d'un grand nombre d'autres références.

ABRÉVIATIONS ET SYMBOLES
UTILISÉS DANS LE DICTIONNAIRE

caractères gras	: — fragment particulièrement connu ; — partie de la citation reprise par un auteur.
a), b)	: indique un premier, puis un second fragment de la même citation.
>	: reprise ultérieure de la citation par un auteur ou un support médiatique récent.
<	: indication de l'origine (source latine, etc.) de la citation quand celle-ci est déjà une reprise.
*	: support médiatique : presse quotidienne.
**	: support médiatique : presse périodique ou autre.
/.../	: mots entre les barres transformés dans la reprise de la citation par rapport à la source originelle.
.../ ...	: borne de fin de vers.
...// ...	: borne de changement de strophe.
[...]	: — omission d'une partie du texte quand des points de suspension apparaissent entre les crochets ; — ajouts, compléments ou commentaires éventuels quand il y a du texte entre les crochets.
Corr.	: Correspondance (ou Lettres).
prov.	: proverbe ou proverbial.
var.	: variante.

A

action

1 *Age quod agis* (« Si tu fais quelque chose, fais-le bien » ; maxime prov., *cf.* PLAUTE, Mostellaria, 1100).

2 Selon qu'on sème, on récolte (prov. ; *cf.* CICÉRON, De oratore, 2, 65, où il s'agit de l'éducation) ; > A. GIDE, Journal. *Cf.* le proverbe arabe : Qui sème le vent récolte la tempête.

3 A supposer que les forces défaillent, l'intention est cependant louable (OVIDE, Pontiques, III, 4, v. 79).

4 [...] jugeant qu'il n'y avait rien de fait, quand il restait quelque chose à faire (LUCAIN, Pharsale, II, v. 657 ; à propos de Jules César).

5 Nous sommes nés pour agir [...]. Je veux qu'on agisse, [...] et que la mort me trouve plantant mes choux (MONTAIGNE, Essais, I, 20).

6 Nous guidons les affaires en leurs commencements et les tenons à notre merci : mais par après, quand ils sont ébranlés, ce sont eux qui nous guident et emportent, et avons à les suivre (MONTAIGNE, Essais, III, 10) ; « affaires » est au genre masculin comme souvent au XVIᵉ siècle.

7 **Il n'est pas besoin d'espérer pour entreprendre** ni de réussir pour persévérer (maxime attribuée à GUILLAUME D'ORANGE, dit LE TACITURNE) ; > G. BERNANOS, Les Enfants humiliés.

8 [...] Va, cours, vole et nous venge (CORNEILLE, Le Cid, I, 6).

9 Je le ferais encor, si j'avais à le faire (CORNEILLE, Le Cid, III, 4 ; même vers dans Polyeucte, V, 3).

10 O combien d'actions, combien d'exploits célèbres/ Sont demeurés sans gloire au milieu des ténèbres (CORNEILLE, Le Cid, IV, 3 ; var. : /Furent ensevelis dans l'horreur des ténèbres/).

11 [...] Toutes les grandes choses qui ne sont pas exécutées paraissent toujours impraticables à ceux qui ne sont pas capables de grandes choses (CARDINAL DE RETZ, Mémoires, II) ; >*. *Cf.* STENDHAL : Quelle est la grande action qui ne soit pas un extrême au moment où on l'entreprend ? C'est quand elle est accomplie qu'elle semble possible aux êtres du commun (Le Rouge et le Noir, II, 11).

12 Le sage trouve mieux son compte à ne point s'engager qu'à vaincre (LA ROCHEFOUCAULD, Maximes, 50 ; « s'engager » signifie ici se porter amoureux, entreprendre de faire la cour) ; > A. GIDE, Journal [1949].

13 Les belles actions cachées sont les plus estimables (PASCAL, Pensées, 643).

14 Toutes les bonnes maximes sont dans le monde ; on ne manque qu'à les appliquer (Pascal, Pensées, 540) ; > Vauvenargues, Introduction à la connaissance de l'esprit humain, 2e Préface : /il ne faut que les appliquer/.

15 Un défaut qui empêche les hommes d'agir, c'est de ne sentir pas de quoi ils sont capables (Bossuet, Pensées chrétiennes, 33).

16 [...] Le pénible fardeau de n'avoir rien à faire (Boileau, Epîtres, IX).

17 Il faut des actions, et non pas des paroles (Racine, Iphigénie, III, 7). Cette antithèse est l'objet d'un lieu commun très ancien.

18 L'homme est né pour l'action, comme le feu tend en haut et la pierre en bas. N'être point occupé et n'exister pas est la même chose pour l'homme (Voltaire, Lettres philosophiques, XXV, « Remarques sur les Pensées de Pascal », 23).

19 Pour connaître les hommes, il faut les voir agir (Rousseau, Emile, IV).

20 Pour exécuter de grandes choses, il faut vivre comme si on ne devait jamais mourir (Vauvenargues, Réflexions et Maximes, 142).

21 Personne n'est sujet à plus de fautes que ceux qui n'agissent que par réflexion (Vauvenargues, Réflexions et Maximes, 131).

22 Agir n'est autre chose que produire ; chaque action est un nouvel être qui commence, et qui n'était pas. Plus nous agissons, plus nous produisons, plus nous vivons [...] (Vauvenargues, Réflexions et Maximes, 594, Textes posthumes).

23 Les paresseux ont toujours envie de faire quelque chose (Vauvenargues, Réflexions et Maximes, Textes retranchés, « Paradoxes », II).

24 Madame, si c'est possible, c'est fait ; impossible, cela se fera (Ch. A. de Calonne à Marie-Antoinette, mot cité par J. Michelet dans l'Avant-Propos de son Histoire de la Révolution française). Cf. la devise de l'Agence Reuter : L'urgent est fait. L'impossible est en train de se faire. Pour le miracle, faites-le vous-même (devise héritée de son fondateur, P. J. von Reuter).

25 La vie contemplative est souvent misérable. Il faut agir davantage, penser moins, et ne pas se regarder vivre (Chamfort, Maximes et Pensées).

26 Les gens qui n'ont jamais le temps agissent très peu (G. C. Lichtenberg, Aphorismes, V).

27 Il est écrit : Au début était le Verbe !/ [...] Est-ce la Pensée qui produit et crée tout ?/ On devrait avoir écrit : Au commencement était la Force !/ [...] L'Esprit me vient en aide ! Je vois soudain la solution/ Et j'écris rasséréné : **Au commencement était**

l'*Action* ! (Goethe, Premier <u>Faust</u>, « Cabinet de travail »); *cf.*
Discours-parole », Jean.

28 L'action est tout, la gloire rien (Goethe, Premier <u>Faust</u>, « Grande
cour »).

29 Catilina est aux portes, et l'on délibère ! (le mot, de G. G. de
Préfeln, a été repris par Mirabeau dans son discours du 23. 06.
1789 sous la forme : Où sont les ennemis de la nation ? Catilina
est-il à nos portes ? ; il résulte de la confusion entre l'expression
de Tite-Live, « Hannibal aux portes » [de Rome], <u>Histoire
romaine</u>, 23, 16, elle-même reprise par Cicéron, <u>Philippiques</u>, I,
5, 11 et <u>De finibus</u>, 4, 9, 22, et l'attitude du même Cicéron faisant
valoir devant le Sénat, dans ses <u>Catilinaires</u>, l'urgence qu'il y avait
d'agir contre le révolutionnaire Catilina).

30 L'homme n'est rien d'autre que la série de ses actes (Hegel,
<u>Encyclopédie</u>).

31 **Gémir, pleurer, prier**, est également lâche./ Fais énergiquement
ta longue et lourde tâche/ Dans la voie où le sort a voulu
t'appeler,/ Puis après, comme moi, souffre et meurs sans parler
(A. de Vigny, « La Mort du loup »); > Ch. Péguy, <u>Victor-Marie, comte
Hugo</u>.

32 Rien de grand n'a jamais été accompli sans enthousiasme (R. W.
Emerson, <u>Essays</u>, 10, « Circles »). *Cf.* Hegel : Rien de grand ne s'est
accompli dans le monde sans passion (<u>Introduction à la philosophie de
l'histoire</u>).

33 Votre erreur est de croire que l'homme a quelque chose à faire
en cette vie (mot de Mgr Darboy, source non identifiée); > H.
de Montherlant, en exergue de <u>Service inutile</u>; A. Camus, <u>Carnets</u> [1935-
1942] :/a été mis sur terre pour y faire quelque chose/.

34 Nos actions sont comme nos enfants, qui vivent et agissent en
dehors de notre propre volonté (G. Eliot, <u>Romola</u>).

35 Nos actions agissent sur nous autant que nous agissons sur elles
(G. Eliot, <u>Adam Bede</u>, 29); > A. Gide, <u>Journal</u> [1893].

36 L'action m'a toujours dégoûté au suprême degré. Elle me
semble appartenir au côté animal de l'existence [...]
(G. Flaubert, Corr., 5. 03. 1853).

37 Et ceux qui ne font rien ne se trompent jamais (Th. de Banville,
<u>Odes funambulesques</u>, « Occidentales », 2).

38 *The soul's joy lies in doing* (« La joie de l'âme réside dans
l'action »; devise du maréchal Lyautey).

39 Il faut agir en homme de pensée et penser en homme d'action
(H. Bergson, <u>Écrits et Paroles</u>, « Message au Congrès Descartes »); >* : penser en homme d'action et agir en homme de pensée.

40 Et puis ce fut la vie, car il fallut agir (M. Barrès, <u>Un homme libre</u>,
I, « En état de grâce »).

41 L'action guérit cette sorte d'humeur, que nous appelons, selon les cas, impatience, timidité ou peur (Alain, Les Aventures du cœur).

42 [...] les actions les plus décisives de notre vie, je veux dire : celles qui risquent le plus de décider de tout notre avenir, sont le plus souvent des actions inconsidérées (A. Gide, Les Faux-Monnayeurs, III, 15).

43 Que de choses il faut ignorer pour «agir» (P. Valéry, Tel quel, I). *Cf.* J. Grenier : L'homme ne peut agir que parce qu'il peut ignorer. Mais il ne voudrait agir qu'en connaissance de cause. — Funeste ambition (Lexique, «Agir»).

44 Une chose réussie est une transformation d'une chose manquée. Donc une chose manquée n'est manquée que par abandon (P. Valéry, Tel quel, I).

45 Le jugement le plus *pessimiste* sur l'homme, et les choses, et la vie, et sa valeur, s'accorde merveilleusement avec l'*action* et l'*optimisme* qu'elle exige. — Ceci est européen (P. Valéry, Regards sur le monde actuel).

46 L'effort, c'est dans l'action qu'il le faut porter ; dans la sensation ou les sentiments, il fausse tout (A. Gide, Journal [1940]).

47 On croit agir, et l'on est entraîné (J. Chardonne, L'Amour, c'est beaucoup plus que l'amour, V).

48 [...] j'ai beaucoup agi et je n'ai rien fait (M. de Ghelderode, Christophe Colomb, III).

49 L'homme d'action mérite d'être jugé sur ses actes, ou plutôt sur leurs conséquences, qui sont le plus souvent bien différentes de celles qu'il avait prévues (G. Bernanos, Nous autres Français, 4).

50 Mais les hautes aventures sont pour les hommes de notre âge, et les hautes aventures sont intérieures (H. de Montherlant, Le Maître de Santiago) ; > J. Green, Journal [1948].

51 [...] l'expérience intérieure est le contraire de l'action. Rien de plus (G. Bataille, L'Expérience intérieure, II, 4).

52 L'action introduit le connu (le fabriqué), puis l'entendement qui lui est lié rapporte, l'un après l'autre, les éléments non fabriqués, inconnus, au connu. Mais le désir, la poésie, le rire, font incessamment glisser la vie dans le sens contraire, allant du connu à l'inconnu (G. Bataille, L'Expérience intérieure, IV, 3).

53 Il sait qu'une fois pris dans l'événement, les hommes ne s'en effraient plus. Seul l'inconnu épouvante les hommes (A. de Saint-Exupéry, Terre des hommes, II).

54 Le grand intellectuel est l'homme de la nuance, du degré, de la qualité, de la vérité en soi, de la complexité. Il est par essence antimanichéen. Or les moyens de l'action sont manichéens,

parce que *toute action est manichéenne* (A. MALRAUX, L'Espoir, éd. la Pléiade, p. 895).

55 J'ai fait mon acte, Electre, et cet acte était bon (J.-P. SARTRE, Les Mouches, II, 2, 8 ; mot d'Oreste).

56 Agir en primitif et prévoir en stratège (R. CHAR, Feuillets d'Hypnos).

57 L'action qui a un sens pour les vivants n'a de valeur que pour les morts, d'achèvement que dans les consciences qui en héritent et la questionnent (R. CHAR, Feuillets d'Hypnos) ; >**.

58 L'homme est capable de faire ce qu'il est incapable d'imaginer. Sa tête sillonne la galaxie de l'absurde (R. CHAR, Feuillets d'Hypnos).

59 Ceux qu'Orsenna dans la naïveté de son cœur (pas toujours si naïve) appelle inconsidérément transfuges et traîtres, je les ai quelquefois nommés en moi les poètes de l'événement (J. GRACQ, Le Rivage des Syrtes, X). *Cf.* A. MAUROIS : L'homme d'action est avant tout un poète (Le Cercle de famille, II, 8).

60 Nous travaillons ensemble pour quelque chose qui nous réunit au-delà des blasphèmes et des prières. Cela seul est important (A. CAMUS, La Peste, IV).

61 La lutte elle-même vers les sommets suffit à remplir un cœur d'homme. **Il faut imaginer Sisyphe heureux** (A. CAMUS, Le Mythe de Sisyphe).

62 C'est dans la libre préférence du danger à la sécurité qu'on reconnaît les âmes nobles (J. DUTOURD, Les Pensées) ; >*.

âges de la vie

▷ Voir aussi **Enfance, Jeunesse, Vieillesse**

1 Si jeunesse savait, si vieillesse pouvait (H. ESTIENNE, Les Prémices, Epigramme 191 ; *cf.* ARISTOTE : la force appartient aux jeunes gens, la sagesse aux vieillards, Politique, 7). *Cf.* L. BLOY, Exégèse des lieux communs, 112.

2 [...] nous ne sentons aucune secousse, quand la jeunesse meurt en nous, qui est en essence et en vérité une mort plus dure que n'est la mort entière d'une vie languissante, et que n'est la mort de la vieillesse (MONTAIGNE, Essais, I, XX) ; > J. Green, Journal [1974].

3 Ne veux-tu pas changer le destin **de ma vie,**/ Et donner de beaux jours à **mes derniers hivers ?**/ [...] On ne **voit** point **tomber ni tes lis, ni tes roses**/ Et **l'hiver de ta vie** est ton **second printemps** (F. MAINARD, Stances, « Cloris que dans mon cœur ») ; > V. LARBAUD : /l'hiver de sa vie/ (Beauté, mon beau souci...).

4 Marquise, si mon visage/ A quelques traits un peu vieux,/

Souvenez-vous qu'à mon âge/ Vous ne vaudrez guère mieux (CORNEILLE, <u>Poésies diverses</u>, « Stances »).

5 Le mérite des hommes a sa saison aussi bien que les fruits (LA ROCHEFOUCAULD, <u>Maximes</u>, 291) ; > A. GIDE, <u>Journal</u> [1938].

6 Passe encor de bâtir ; mais planter à cet âge ! (LA FONTAINE, « Le Vieillard et les trois jeunes Hommes », qui réagissent ainsi à la vue de l'octogénaire plantant).

7 — Quoi ? vous ne savez pas à peu près votre âge ? — Non : est-ce qu'on pense à cela ? (MOLIÈRE, <u>Le Mariage forcé</u>, 4, dialogue de Géronimo et de Sganarelle).

8 Cette recrue continuelle du genre humain, je veux dire les enfants qui naissent, à mesure qu'ils croissent et qu'ils s'avancent, semblent nous pousser de l'épaule et nous dire : Retirez-vous, c'est maintenant notre tour (BOSSUET, <u>Sermon sur la mort</u>).

9 Le temps, qui change tout, change aussi nos humeurs :/ **Chaque âge a ses plaisirs**, son esprit et ses mœurs (BOILEAU, <u>Art poétique</u>, III ; *cf.* M. RÉGNIER : Chaque âge a ses humeurs, son goût et ses plaisirs, <u>Satires</u>, V ; sur ce lieu commun, voir HORACE, <u>Art poétique</u>, v. 156 sq.) ; > VOLTAIRE, <u>Le Siècle de Louis XIV</u>, « Catalogue des écrivains ». *Cf.* H. BATAILLE : Chaque âge a ses déplaisirs (<u>La Marche nuptiale</u>).

10 Même elle avait encor cet éclat emprunté/ Dont elle eut soin de peindre et d'orner son visage,/ Pour **réparer des ans l'irréparable outrage** (RACINE, <u>Athalie</u>, II, 5 ; apparition nocturne de Jézabel à Athalie).

11 Qui n'a pas l'esprit de son âge/ De son âge a tout le malheur (VOLTAIRE, <u>Stances</u>, « A la marquise du Châtelet »).

12 [...] quoique né homme à certains égards, j'ai été longtemps enfant, et je le suis encore à beaucoup d'autres (ROUSSEAU, <u>Les Confessions</u>, II) ; > H. DE MONTHERLANT, <u>Carnets</u>, XXXIV.

13 Tout homme qui, à quarante ans, n'est pas misanthrope, n'a jamais aimé les hommes (CHAMFORT, <u>Journal de Paris</u>) ; > A. GIDE, incertain de l'attribution, <u>Journal</u> [1943].

14 [...] mon berceau a de ma tombe, ma tombe a de mon berceau [...] (CHATEAUBRIAND, Préface testamentaire des <u>Mémoires d'outre-tombe</u>).

15 [...] Qu'est-ce qu'une grande vie sinon une pensée de la jeunesse exécutée par l'âge mûr ? (A. DE VIGNY, <u>Cinq-Mars</u>, XX) ; > A. GIDE, <u>Journal</u> : <u>Feuillets</u> ; >* : /une belle vie, c'est une idée [...] réalisée dans/.

16 Car le jeune homme est beau, mais le vieillard est grand (HUGO, <u>La Légende des siècles</u>, « Booz endormi »).

17 Quinze ans ! ô Roméo ! l'âge de Juliette (A. DE MUSSET, <u>Rolla</u>) ; *cf.*

GIRAUDOUX : Douze ans ! L'âge de Juliette trois ans avant qu'elle en eût quinze ! (L'Impromptu de Paris, 2).

18 On a l'âge, après tout, qu'on porte sur son front (E. AUGIER, Gabrielle, II, 4).

19 Le drame de la vieillesse, ce n'est pas qu'on se fait vieux, c'est qu'on reste jeune (O. WILDE, Le Portrait de Dorian Gray, 19).

20 Ah, c'est une chose plus enivrante que le vin d'être une belle jeune femme (P. CLAUDEL, L'Otage, I, 1).

21 Les adolescences trop chastes font les vieillesses dissolues (A. GIDE, Journal [1929]).

22 [...] c'est avec des adolescents qui durent un assez grand nombre d'années que la vie fait des vieillards (M. PROUST, Le Temps retrouvé).

23 Ce qui s'appelle un homme fait s'obtient au prix de quelles mutilations ! (F. MAURIAC, Le Jeune Homme, Avant-Propos).

24 Enfant je t'ai donné ce que j'avais travaille (APOLLINAIRE, Alcools, « La Porte »).

25 On pense beaucoup à quinze ans. On découvre presque tous les problèmes de la vie. Après, on s'y habitue, on les oublie (J. CHARDONNE, L'Amour, c'est beaucoup plus que l'amour, II).

26 Il faut avoir le courage d'abandonner ses enfants ; leur sagesse n'est pas la nôtre (J. CHARDONNE, L'Amour, c'est beaucoup plus que l'amour, II).

27 On a souvent dit qu'un être humain a l'âge, non de son acte de naissance, mais de ses artères, de ses articulations (A. MAUROIS, Art de vivre, V, 4 ; « On a l'âge de ses artères » : axiome de CAZALIS, cité par LITTRÉ). Cf. LAMARTINE : [...] l'âme [...] n'a point d'âge (Méditations, I, 9).

28 [...] le plus mort des morts est le petit garçon que je fus. Et pourtant, l'heure venue, c'est lui qui reprendra sa place à la tête de ma vie, rassemblera mes pauvres années jusqu'à la dernière, et comme un jeune chef ses vétérans, ralliant la troupe en désordre, entrera le premier dans la Maison du Père (G. BERNANOS, Les Grands Cimetières sous la lune).

29 Etre adulte, c'est être seul (J. ROSTAND, Pensées d'un biologiste).

30 Les jeunes gens, n'ayant pas la force, simulent le cynisme, qui leur paraît preuve de force. Les hommes mûrs, ayant la force, simulent l'altruisme, pour faire avaler leur force (H. DE MONTHERLANT, Carnets, XXI).

31 On peut être sûr qu'à partir de quarante ans, dans toute vie humaine, il y a un drame (J. GREEN, Journal [1959]).

32 Chacun de nous a un jour, plus ou moins triste, plus ou moins

lointain, où il doit enfin accepter d'être un homme (J. ANOUILH, Antigone, mots de Créon à son fils Hémon).

ambition

1 Ainsi les derniers seront les premiers, et les premiers seront les derniers (MATTHIEU, 20, 16).

2 Les lauriers de Miltiade m'empêchent de dormir (mot de THÉMISTOCLE, rapporté par CICÉRON, Tusculanes, IV, 19, et par PLUTARQUE, Vies parallèles).

3 J'aimerais mieux être le premier dans ce village que le second à Rome (mot de JULES CÉSAR rapporté par PLUTARQUE, Vies parallèles, 9) ; > A. DE MUSSET, On ne badine pas avec l'amour, II, 2 ; *cf.* MONTAIGNE : Et, tout à l'opposite de l'autre [Jules César], m'aimerais à l'aventure mieux deuxième ou troisième à Périgueux que premier à Paris ; au moins, sans mentir, mieux troisième à Paris, que premier en charge (MONTAIGNE, Essais, III, 7 ; « à l'aventure » = éventuellement ; « charge » désigne un poste dans l'administration royale).

4 *Macte animo, generose puer ; sic itur ad astra* (« Courage, enfant bien né ! c'est ainsi qu'on monte jusqu'aux astres » : STACE, Silves, reprenant VIRGILE, Enéide, 9, 641 : *Macte nova virtute* : « Déploie ta jeune valeur [...] ») ; > CHATEAUBRIAND, Mémoires d'outre-tombe, I, 2, 6.

5 Ou César, ou rien (SUÉTONE, Vies des douze Césars, « Caligula », 37 ; devise ensuite attribuée à CÉSAR BORGIA). *Cf.* HUGO : Je veux être Chateaubriand ou rien (sur un cahier d'écolier ; voir DUPRÉ, 2087).

6 [...]/ Et monté sur le faîte, il aspire à descendre (CORNEILLE, Cinna, II, 1) ; >*. *Cf.* CHATEAUBRIAND, Mémoires d'outre-tombe, III, I, 1, 5.

7 Avez moins de faiblesse, ou moins d'ambition (CORNEILLE, Cinna, IV, 4).

8 J'ai de l'ambition, mais je sais la régler ;/ Elle peut m'éblouir, et non pas m'aveugler (CORNEILLE, La Mort de Pompée, II, 3).

9 Mieux vaut régner dans l'Enfer que servir dans le Ciel (MILTON, Le Paradis perdu, I, v. 263).

10 *Quo non ascendet ?* (« Où ne montera-t-il pas ? », devise du surintendant de Louis XIV, N. FOUQUET, parfois attestée sous la forme /*non ascendam*/, /« ne monterai-je pas ? »/).

11 Qu'une vie est heureuse quand elle commence par l'amour et qu'elle finit par l'ambition ! (PASCAL, Discours sur les passions de l'amour) ; *cf.* F. MAURIAC : il semble que les nouveaux venus soient plus pressés ; ils commencent par l'ambition et ne la séparent pas de l'amour (Le Jeune Homme, II). *Cf.* LA ROCHEFOUCAULD : On passe souvent de l'amour à l'ambition, mais on ne revient guère de l'ambition à l'amour (Maximes, 490) ; LA BRUYÈRE : Les hommes commencent par l'amour,

finissent par l'ambition, et ne se trouvent souvent dans une assiette plus tranquille que lorsqu'ils meurent (Les Caractères, « Du cœur », 76).

12 Le sage guérit de l'ambition par l'ambition même [...] (La Bruyère, Les Caractères, « Du mérite personnel », 43).

13 Je crois pouvoir dire d'un poste éminent et délicat qu'on y monte plus aisément qu'on ne s'y conserve (La Bruyère, Les Caractères « De la cour », 33).

14 L'esclave n'a qu'un maître ; l'ambitieux en a autant qu'il y a de gens utiles à sa fortune (La Bruyère, Les Caractères, « De la cour », 70).

15 [...] un homme n'est pas malheureux parce qu'il a de l'ambition ; mais parce qu'il en est dévoré (Montesquieu, Cahiers).

16 Le défaut d'ambition, dans les grands, est quelquefois la source de beaucoup de vices ; de là le mépris des devoirs, l'arrogance, la lâcheté et la mollesse (Vauvenargues, Réflexions et Maximes, 371).

17 Les hommes ont de grandes prétentions et de petits projets (Vauvenargues, Réflexions et Maximes, 89).

18 [...] il est peu de distance du Capitole à la roche Tarpéienne (Mirabeau, Discours du 22. 05. 1790 ; à Rome, de la seconde on précipitait les condamnés, sur le premier on rendait le culte à Jupiter ; Mirabeau reprenait au début de son discours une menace que venait de lui adresser Volney : Attention, Mirabeau, hier au Capitole, aujourd'hui à la roche Tarpéienne).

19 Sous Napoléon, j'eusse été sergent ; parmi ces futurs curés, je serai grand vicaire (Stendhal, Le Rouge et le Noir, I, XXVI).

20 **A nous deux** maintenant (défi lancé par Rastignac devant la « ruche bourdonnante » de Paris, depuis le cimetière du Père-Lachaise, Balzac, Le Père Goriot, dernière page ; cf. du même Balzac, Les Ressources de Quinola, V, 6, dans la bouche de Fontanarès : O monde des intérêts, de la ruse, de la politique et des perfidies, à nous deux maintenant) ; > A. Gide :/Et maintenant... à nous deux !/ (Journal [1889]) ; A. Camus, « Le Minotaure », L'Eté).

21 Pour arriver à ce résultat d'être oublié huit jours après sa mort, il s'est levé toute sa vie à cinq heures du matin (E. Drumont, dans un article sur Emile de Girardin) ; > G. Bernanos, La Grande Peur des bien-pensants, 1.

22 Ambition...
Une bulle de savon qui voudrait être un peu plus grosse au moment qu'elle crèvera (J. Rostand, Carnet d'un biologiste).

23 Le monde appartient aux médiocres supérieurs (J. Rostand, Carnet d'un biologiste).

amitié

1 Il ne vaut pas la peine de vivre, si l'on n'a pas un bon ami (Démocrite, Fragments).

2 Gardez-moi de mes amis ! Quant à mes ennemis, je m'en charge (mot ancien, qui remonte au moins au roi de Macédoine Antigone II ; voir Dupré, 5209).

3 Entre amis tout est commun (Euripide, Oreste, v. 735, *cf.* Les Phéniciennes : Entre amis la douleur est commune ; Térence, Les Adelphes, v. 804 ; Cicéron, Des devoirs, I, 16, 51, cité comme un proverbe grec).

4 Que périssent les amis, pourvu qu'en même temps périssent les ennemis (pensée prêtée par Cicéron à ses adversaires, Pro Deiotario, 25).

5 Le fidèle Achate (*fidus Achates*; Virgile, Enéide, I, v. 188 ; Achate est le compagnon le plus fidèle du héros Enée).

6 Tant que tu seras heureux, tu compteras beaucoup d'amis, mais si le temps devient nuageux, tu seras seul (Ovide, Tristes, I, 9, 5 ; ce lieu commun est illustré par une riche tradition, et sous des aspects divers : L'ami sûr se reconnaît dans les situations critiques, dit ainsi Ennius cité par Cicéron, De amicitia, 17, 64 ; *cf.* Varron, Sentences, 21).

7 Des amis de toutes les heures (*Omnium horarum amicos*, expression de Suétone, Vies des douze Césars, «Tibère», 42, à propos de deux compagnons d'orgie).

8 Si on me presse de dire pourquoi je l'aimais, je sens que cela ne se peut exprimer, [premier ajout manuscrit], qu'en répondant : **Parce que c'était lui** ; [deuxième ajout manuscrit] **parce que c'était moi** (Montaigne, Essais, I, 28, où il s'agit d'E. de La Boétie) ; > Lamartine, Corr., 26. 07. 1810 ; J. Green, Journal [1949] ; *cf.* F. Mauriac : Parce que c'était eux, parce que c'était moi (Thérèse Desquevroux, 10, propos de l'héroïne sur sa haine pour son milieu familial ; voir à ce sujet «Amour», Sophocle).

9 Soyons amis, Cinna, c'est moi qui t'en convie (Corneille, Cinna, V, 3).

10 Ce que les hommes ont nommé amitié n'est qu'une société, qu'un ménagement réciproque d'intérêts, et qu'un échange de bons offices ; ce n'est enfin qu'un commerce où l'amour-propre se propose toujours quelque chose à gagner (La Rochefoucauld, Maximes, 83).

11 Quelque rare que soit le véritable amour, il l'est encore moins que la véritable amitié (La Rochefoucauld, Maximes, 473). *Cf.* La Bruyère : Il est plus ordinaire de voir un amour extrême qu'une parfaite amitié (Les Caractères, «Du cœur», 6).

12 Qu'un ami véritable est une douce chose./ Il cherche vos

besoins au fond de votre cœur ;/ Il vous épargne la pudeur/ De
les lui découvrir vous-même./ Un songe, un rien, tout lui fait
peur/ Quand il s'agit de ce qu'il aime (LA FONTAINE, «Les Deux
Amis»).

13 Moi, votre ami? Rayez cela de vos papiers (MOLIÈRE, Le
Misanthrope, I, 1).

14 Messieurs, ami de tout le monde (MOLIÈRE, Amphitryon, I, 1 ; *cf.*
ARISTOTE : Ce n'est pas un ami que l'ami de tout le monde,
Ethique, 1245, VI, 20). Voir «Relations humaines», MOLIÈRE.

15 Il est un peu de mes amis [...] (MOLIÈRE, Dom Juan, III, 3, déclare
Dom Juan parlant de lui-même).

16 L'amour et l'amitié s'excluent l'un l'autre (LA BRUYÈRE, Les
Caractères, «Du cœur», 7).

17 Je disais : «Je suis amoureux de l'amitié» (MONTESQUIEU, Mes
pensées, 1081).

18 Le sort fait les parents, le choix fait les amis (ABBÉ DELILLE, Les
Jardins, I).

19 L'amitié d'un grand homme est un bienfait des dieux (VOLTAIRE,
Œdipe, I, 1) ; > CHATEAUBRIAND, Mémoires d'outre-tombe, III, I, 2, 7.

20 L'amitié, mon ange, ignore les banqueroutes du sentiment et les
faillites du plaisir (BALZAC, La Fausse Maîtresse ; mot prononcé
contre l'amour).

21 [...] la vie d'un ami c'est la nôtre, comme **la vraie vie de chacun
est celle de tous** (G. SAND, Œuvres complètes, t. 40, Histoire de
ma vie, I, p. 7) ; >* : /La vie de chacun/.

22 Un ami est un homme devant lequel on peut penser à haute
voix (R. W. EMERSON, Essais, I, 6 ; *cf.* PSEUDO-SÉNÈQUE, De
moribus, 30 : Quoi de plus doux que d'avoir un ami avec lequel
on puisse tout dire comme à soi-même ? [...] c'est un autre soi-
même ; en latin : *alter ego*).

23 L'amitié ne connaît pas de vertus. Elle ignore la charité, la
reconnaissance, le pardon, la bonté. Elle n'a pas conscience de
ses bienfaits et de ses mérites. Elle est pure (J. CHARDONNE,
L'Amour, c'est beaucoup plus que l'amour, IV).

24 Ils avaient des goûts communs et des métiers différents : c'est la
recette même de l'amitié (A. MAUROIS, Les Discours du docteur
O'Grady, 16).

25 O mes amis perdus derrière l'horizon/ Ce n'est que votre vie
cachée que j'écoute (REVERDY, Ferraille, «Tendresse»).

26 L'amitié, dit-il, ce n'est pas d'être avec ses amis quand ils ont
raison, c'est d'être avec eux même quand ils ont tort... (MALRAUX,
L'Espoir, éd. la Pléiade, p. 567 ; *cf. idem* p. 655).

27 Je serais moins désespéré si j'avais un ami : par exemple, un caillou (A. BOSQUET, Le Gardien des rosées) ; >*.

amour

1 [...] l'amour est fort comme la mort [...] (Cantique des cantiques, 8, 6).

2 Tu aimeras ton prochain comme toi-même (Lévitique, 19, 18 ; texte souvent cité dans le Nouveau Testament, par exemple MATTHIEU, 19, 19).

3 Maintenant donc ces trois choses demeurent : la foi, l'espérance, l'amour ; mais la plus grande, c'est l'amour (I Corinthiens, 13, 13 ; on peut aussi traduire par « charité », pour distinguer l'amour-charité des formes humaines de l'amour).

4 Je suis faite pour partager l'amour, non la haine (SOPHOCLE, Antigone, v. 523) ; > H. DE MONTHERLANT, Chant funèbre, Préface.

5 *Omnia vincit amor, et nos cedamus amori* (« L'amour est vainqueur de tout ; nous aussi, cédons à l'amour », VIRGILE, Bucoliques, X, v. 69) ; > STENDHAL, Journal [1805].

6 Pour être aimé, aime (MARTIAL, Epigrammes, VI, 11 ; *cf.* OVIDE, Art d'aimer, II, 107 : [...] /sois aimable/ ; SÉNÈQUE, Epîtres, 9, 4 ; *cf. infra*, CORNEILLE).

7 Je n'aimais pas encore, et j'aimais à aimer ; [...] je cherchais sur quoi porter mon amour, dans mon amour de l'amour (SAINT AUGUSTIN, Les Confessions, III, I, 1) ; > BAUDELAIRE : *Amabam amare*, disait saint Augustin. J'aime passionnément la passion dirait volontiers M. G. (Le Peintre de la vie moderne, 3).

8 C'est là qu'on aime sans mesure parce que la mesure d'un tel amour est de n'en connaître aucune (SÉVÈRE DE MILÈVE, lettre à saint Augustin — *in* SAINT AUGUSTIN, Epist., 109, 2 ; *cf.* PROPERCE : Le vrai amour ne connaît point de terme [*modum*, au sens de fin, ici pour la passion], Elégies, II, 15, 30) ; *cf.* SAINT BERNARD DE CLAIRVAUX : La mesure d'aimer Dieu, c'est Dieu même ; **la mesure de l'aimer, c'est de l'aimer sans mesure** (De l'amour de Dieu, I, 1 ; repris dans le Polycraticus de JEAN DE SALISBURY, VII, 11) ; A. CAMUS : [...] le droit d'aimer sans mesure (Noces, « Noces à Tipasa »).

9 [...] l'amour qui meut le soleil et les autres étoiles (DANTE, Paradis, derniers vers du chant 33, écho du premier vers du chant 1 : La gloire de Celui qui meut toutes choses) ; > RAMUZ : /la lune et les étoiles/ (Questions, 16).

10 Qui m'aime me suive (PHILIPPE VI, voir DUPRÉ, 6). *Cf.* le mot de CYRUS rapporté par XÉNOPHON, puis MONTAIGNE : Qui s'aimera, si me suive (Essais, III, 5).

11 Que béni soit le jour, et le mois, et l'année,/ Et la saison, et le temps, et l'heure, et l'instant,/ et le beau pays, et le lieu où je fus

atteint/ Des deux beaux yeux qui m'ont enchaîné (PÉTRARQUE, Canzoniere, 61).

12 Oh ! si j'étais en ce beau sein ravie/ De celui-là pour lequel vais mourant (L. LABÉ, Sonnets, 13) ; > CHATEAUBRIAND, Mémoires d'outre-tombe, IV, 11, 6.

13 Brief, le plus grand plaisir qui soit après Amour, c'est d'en parler (L. LABÉ, Débat de Folie et d'Amour, Discours IV).

14 En vérité, en ce déduit [= plaisir], le plaisir que je fais chatouille plus doucement mon imagination que celui que je sens (MONTAIGNE, Essais, III, 5).

15 L'amour ne me semble proprement et naturellement en sa saison qu'en l'âge voisin de l'enfance (MONTAIGNE, Essais, III, 5 ; il s'agit de l'adolescence) ; cf. CHATEAUBRIAND, Mémoires d'outre-tombe, III, II, 10, 1.

16 Ce sentiment a un fond inconnu comme la baie de Portugal (SHAKESPEARE, Comme il vous plaira, IV, 2) ; > J. CHARDONNE, L'Amour, c'est beaucoup plus que l'amour.

17 L'amour ne regarde pas avec les yeux, mais avec l'âme (SHAKESPEARE, Le Songe d'une nuit d'été, I, 1 : « âme » = mind).

18 Mais quoi que vous ayez, vous n'avez point Caliste,/ Et moi, je ne vois rien quand je ne la vois pas (MALHERBE, Poésies, sonnet à Mme d'Auchy « Beaux et grands bâtiments ») ; > SÉVIGNÉ, Corr., 1. 06. 1669.

19 Vous n'aimeriez pas tant si vous n'étiez aimée (CORNEILLE, Suite du Menteur, IV, 3).

20 C'est peu de dire aimer, Elvire : je l'adore (CORNEILLE, Le Cid, III, 3).

21 Va, je ne te hais point (CORNEILLE, Le Cid, III, 4 ; cf. V, 7 : Rodrigue a des vertus que je ne puis haïr) ; cf. MARIVAUX : Je dirai ce qu'il te plaira ; que me veux-tu ? je ne te hais point (Silvia à Dorante, Le Jeu de l'amour et du hasard, II, 10).

22 S'il ne m'avait aimée, il ne serait pas mort (CORNEILLE, Le Cid, V, 7).

23 La gloire et le plaisir, la honte et les tourments,/ Tout doit être commun entre de vrais amants (CORNEILLE, Cinna, V, 2).

24 Aimez pour être aimée, et montrez lui vous-même,/ En l'aimant comme il faut, comme il faut qu'il vous aime (CORNEILLE, Tite et Bérénice, I, 1, cf. supra, MARTIAL).

25 Aimez-vous Domitie, ou vos plaisirs en elle,/ [...] Est-ce pour l'amour d'elle ou pour l'amour de vous ? (CORNEILLE, Tite et Bérénice, I, 3).

26 Malgré les vœux flottants de mon âme inégale,/ Je veux l'aimer, je l'aime [...] (CORNEILLE, Tite et Bérénice, II, 1).

27 Si on juge de l'amour par la plupart de ses effets, il ressemble plus à la haine qu'à l'amitié (LA ROCHEFOUCAULD, Maximes, 72).

28 Il y a des gens qui n'auraient jamais été amoureux s'ils n'avaient jamais entendu parler de l'amour (LA ROCHEFOUCAULD, Maximes, 136) ; > A. GIDE, Journal [1929] et Corydon, II, 1. *Cf. infra*, P. VALÉRY.

29 On a bien de la peine à rompre quand on ne s'aime plus (LA ROCHEFOUCAULD, Maximes, 351).

30 Un honnête homme peut être amoureux comme un fou, mais non pas comme un sot (LA ROCHEFOUCAULD, Maximes, 353) ; >* : /aimer/, /mais jamais/.

31 N'aimer guère en amour est un moyen assuré pour être aimé (LA ROCHEFOUCAULD, Maximes, Maximes supprimées, 57).

32 Votre œil en tapinois me dérobe mon cœur./ Au voleur, au voleur, au voleur, au voleur ! (MOLIÈRE, Les Précieuses ridicules, 9, impromptu de Mascarille).

33 Il le faut avouer, l'amour est un grand maître ;/ Ce qu'on ne fut jamais, il nous enseigne à l'être (MOLIÈRE, L'Ecole des femmes, III, 4).

34 Mais la raison n'est pas ce qui règle l'amour (MOLIÈRE, Le Misanthrope, I, 1).

35 « Si le Roi m'avait donné/ **Paris, sa grand'ville,/ [...]/ J'aime mieux ma mie, au gué !/ J'aime mieux ma mie** ». Voilà ce que peut dire un cœur vraiment épris (MOLIÈRE, Le Misanthrope, I, 2, dans la bouche d'Alceste ; il s'agit de vers d'ANTOINE DE NAVARRE) ; > b) BEAUMARCHAIS, Le Mariage de Figaro, III, 5 ; a) A. DE MUSSET, « Une soirée perdue ».

36 Plus on aime quelqu'un, moins il faut qu'on le flatte ; / A ne rien pardonner le pur amour éclate (MOLIÈRE, Le Misanthrope, II, 4, dans la bouche d'Alceste).

37 C'est ainsi qu'un amant dont l'ardeur est extrême/ Aime jusqu'aux défauts des personnes qu'il aime (MOLIÈRE, Le Misanthrope, II, 4, dans la bouche d'Eliante).

38 Belle Marquise, vos beaux yeux me font mourir d'amour (MOLIÈRE, Le Bourgeois gentilhomme, II, 4, suivi des variations syntaxiques bien connues) ; >*.

39 J'aime avec tout moi-même, et l'amour qu'on me donne/ En veut, je le confesse, à toute la personne (MOLIÈRE, Les Femmes savantes, IV, 2).

40 Il faut n'aimer que Dieu et ne haïr que soi (PASCAL, Pensées, 373).

41 J'aime tous les hommes comme mes frères, parce qu'ils sont tous rachetés (PASCAL, Pensées, 931, rayé du manuscrit) ; > J. GREEN, Journal [1932].

42 [...] Tout est beau dans ce que l'on aime/ Tout ce qu'on aime a de l'esprit (Ch. Perrault, moralité de Riquet à la houppe).

43 Il fut tellement surpris de sa beauté qu'il ne put cacher sa surprise ; et Mlle de Chartres ne put s'empêcher de rougir en voyant l'étonnement qu'elle lui avait donné (Mme de La Fayette, La Princesse de Clèves, I).

44 Elle ne se flatta plus de l'espérance de ne le pas aimer ; elle songea seulement à ne lui en donner jamais aucune marque (Mme de La Fayette, La Princesse de Clèves, I).

45 Captive, toujours triste, importune à moi-même,/ Pouvez-vous souhaiter qu'Andromaque vous aime ?/ Quels charmes ont pour vous des yeux infortunés/ Qu'à des pleurs éternels vous avez condamnés ? (Racine, Andromaque, I, 4 ; 1668 et 1673 : /Que feriez-vous, hélas ! d'un cœur infortuné/...).

46 Je souffre tous les maux que j'ai faits devant Troie :/ Vaincu, chargé de fers, de regrets consumé,/ Brûlé de plus de feux que je n'en allumai/ [...] (Racine, Andromaque, I, 4).

47 Hé bien, Madame, hé bien, il vous faut obéir :/ Il faut vous oublier, ou plutôt vous haïr (Racine, Andromaque, I, 4).

48 Est-ce là, dira-t-il, cette fière Hermione ?/ Elle me dédaignait : un autre l'abandonne ;/ L'ingrate, qui mettait son cœur à si haut prix,/ Apprend donc à son tour à souffrir des mépris ! (Racine, Andromaque, II, 1).

49 Ah, je l'ai trop aimé, pour ne le point haïr (Racine, Andromaque, II, 1).

50 Qui vous l'a dit, seigneur, qu'il me méprise ? (Racine, Andromaque, II, 2).

51 C'est traîner trop longtemps ma vie ou mon supplice (Racine, Andromaque, III, 1).

52 Je t'aimais inconstant, qu'aurais-je fait fidèle ? (Racine, Andromaque, IV, 5).

53 Pourquoi l'assassiner ? Qu'a-t-il fait ? A quel titre ?/ **Qui te l'a dit ?**/ [...]/ Et ne voyais-tu pas, dans mes emportements,/ Que mon cœur démentait ma bouche à tout moment ? (Racine, Andromaque, V, 3) ; > Diderot, Satire I, ·Sur les caractères...· ; Mauriac, Un adolescent d'autrefois, X.

54 J'aimais jusqu'à ses pleurs que je faisais couler (Racine, Britannicus, II, 2).

55 Si jeune encor, se connaît-il lui-même ?/ D'un regard enchanteur connaît-il le poison ?/ — Seigneur, l'amour toujours n'attend pas la raison (Racine, Britannicus, II, 2).

56 Le bonheur de lui plaire est le seul où j'aspire (Racine, Britannicus, III, 8).

57 Je me suis tu cinq ans,/ Madame, et vais encor me taire plus longtemps (RACINE, Bérénice, I, 4).

58 Je demeurai longtemps errant dans Césarée (RACINE, Bérénice, I, 4) ; > ARAGON, Aurélien.

59 Rome vous vit, Madame, arriver avec lui./ **Dans l'Orient désert quel devint mon ennui** (RACINE, Bérénice, I, 4) ; > P. VALÉRY, « Au sujet d'Adonis », Variété.

60 Heureux dans mon malheur d'en avoir pu sans crime/Conter toute l'histoire aux yeux qui les ont faits,/ Je pars plus amoureux que je ne fus jamais (RACINE, Bérénice, I, 4).

61 Je me suis fait un plaisir nécessaire/ De la voir chaque jour, de l'aimer, de lui plaire (RACINE, Bérénice, II, 2).

62 Vous êtes seul enfin, et ne me cherchez pas ! [...] Ce cœur, après huit jours, n'a-t-il rien à me dire ? (RACINE, Bérénice, II, 4).

63 Si Titus est jaloux, Titus est amoureux (RACINE, Bérénice, II, 5).

64 Tout ce que dans un cœur sensible et généreux,/ L'amour au désespoir peut rassembler d'affreux,/ Je l'ai vu dans le sien. Il pleure, il vous adore (RACINE, Bérénice, III, 3).

65 Je viens percer un cœur que j'adore, qui m'aime./ Et pourquoi le percer ? qui l'ordonne ? moi-même ! (RACINE, Bérénice, IV, 4).

66 Qu'ai-je fait pour l'honneur ? J'ai tout fait pour l'amour (RACINE, Bérénice, IV, 4).

67 Pour jamais ! Ah ! seigneur ! songez-vous en vous-même/ Combien ce mot cruel est affreux quand on aime ?/ Dans un mois, dans un an, comment souffrirons-nous,/ Seigneur, que tant de mers me séparent de vous ;/ Sans que jamais Titus puisse voir Bérénice,/ Sans que, de tout le jour, je puisse voir Titus ? (RACINE, Bérénice, IV, 5) ; > CH. PÉGUY, Victor-Marie, comte Hugo.

68 Ce jour surpasse tout. Jamais, je le confesse,/ Vous ne fûtes aimée avec tant de tendresse (RACINE, Bérénice, V, 5).

69 Vous m'aimez, vous me le soutenez ;/ Et cependant je pars, et vous me l'ordonnez !/ Quoi ! dans mon désespoir trouvez-vous tant de charmes :/ Craignez-vous que mes yeux versent trop peu de larmes ?/ Que me sert de ce cœur l'inutile retour ? (RACINE, Bérénice, V, 5).

70 J'aimais, seigneur, j'aimais, je voulais être aimée [...] Adieu, seigneur, régnez : je ne vous verrai plus (RACINE, Bérénice, V, 7).

71 Je l'aime, je le fuis ; Titus m'aime, il me quitte (RACINE, Bérénice, V, 7 ; cf. SUÉTONE : Il renvoya Bérénice de Rome, malgré lui, malgré elle, Vies des douze Césars, 7, où le parallélisme porte sur *invitus invitam*. Cf. J. GIRAUDOUX : Je vous aime, vous m'aimez, et je dois partir ? (Supplément au Voyage de Cook, 9).

72 Songez-vous que, sans moi, tout vous devient contraire ?/ Que c'est à moi surtout qu'il importe de plaire ?/ [...]/ Que vous ne respirez qu'autant que je vous aime ? (RACINE, Bajazet, II, 1).

73 Je n'examine point ma joie ou mon ennui :/ J'aime assez mon amant pour renoncer à lui (RACINE, Bajazet, III, 1).

74 Et du moins cet espoir me console aujourd'hui ;/ Que je vais mourir digne et contente de lui (RACINE, Bajazet, III, 1).

75 Sans l'offre de ton cœur, par où peux-tu me plaire ? (RACINE, Bajazet, V, 4).

76 Je ne trouve qu'en vous je ne sais quelle grâce/ Qui me charme toujours et jamais ne me lasse (RACINE, Esther, II, 7) ; > M. PROUST, La Prisonnière.

77 Dieux ! que ne suis-je assise à l'ombre des forêts !/ Quand pourrai-je, au travers d'une noble poussière,/ Suivre de l'œil un char fuyant dans la carrière (RACINE, Phèdre, I, 3).

78 Ariane, ma sœur ! de quel amour blessée,/ **Vous mourûtes aux bords où vous fûtes laissée** (RACINE, Phèdre, I, 3) ; > A. GIDE, Journal : Feuillets ; A. Cohen, Belle du seigneur, XLVIII, roman dont l'héroïne s'appelle Ariane.

79 Mon mal vient de plus loin (RACINE, Phèdre I, 3) ; > BALZAC, La Cousine Bette ; A. GIDE, Les Faux-Monnayeurs, III, 16.

80 Et Phèdre au Labyrinthe avec vous descendue/ Se serait avec vous retrouvée ou perdue (RACINE, Phèdre, II, 5) ; > A. GIDE, Carnets d'Egypte ; Journal [1934].

81 **Ah, cruel, tu m'as trop entendue !**/ Je t'en ai dit assez pour te tirer d'erreur./ Eh bien ! connais donc Phèdre et toute sa fureur :/ J'aime (RACINE, Phèdre, II, 5) ; > M. PROUST, La Fugitive.

82 Tu me haïssais plus, je ne t'aimais pas moins (RACINE, Phèdre, II, 5) ; > M. PROUST, La Fugitive.

83 Oui, Prince, je languis, je brûle pour Thésée :/ Je l'aime, non point **tel que l'ont vu les enfers,**/ Volage adorateur de mille objets divers,/ [...]/ **Mais fidèle, mais fier, et même un peu farouche,**/ Charmant, jeune, traînant tous les cœurs après soi,/ Tel qu'on dépeint nos dieux, ou tel que je vous vois (RACINE, Phèdre, II, 5) ; > M. PROUST : /telle/, /fière/ (La Fugitive).

84 Tout ce que j'ai souffert, mes craintes, mes transports,/ La fureur de mes feux, l'horreur de mes remords,/ Et d'un refus cruel l'insupportable injure/ **N'était qu'un faible essai des tourments que j'endure** (RACINE, Phèdre, IV, 6) ; > A. GIDE, Journal [1941].

85 Les a-t-on vus souvent se parler, se chercher ?/ Dans le fond des forêts allaient-ils se cacher ? (RACINE, Phèdre, IV, 6) ; > DIDEROT, Entretiens sur le fils naturel.

86 — Ils ne se verront plus. — Ils s'aimeront toujours ! (RACINE,

Phèdre, IV, 6, dialogue d'Œnone et de Phèdre) ; > Diderot, Satire I, « Sur les caractères… »

87 L'amour commence par l'amour ; et l'on ne saurait passer de la plus forte amitié qu'à un amour faible (La Bruyère, Les Caractères, « Du cœur », 9).

88 L'on n'aime bien qu'une seule fois : c'est la première ; les amours qui suivent sont moins involontaires (La Bruyère, Les Caractères, « Du cœur », 11).

89 Les hommes souvent veulent aimer, et ne sauraient y réussir : ils cherchent leur défaite sans pouvoir la rencontrer, et, si j'ose ainsi parler, ils sont contraints de demeurer libres (La Bruyère, Les Caractères, « Du cœur », 16) ; > M. Proust, Le Temps retrouvé.

90 Il est triste d'aimer sans une grande fortune, et qui nous donne les moyens de combler ce que l'on aime, et le rendre si heureux qu'il n'ait plus de souhaits à faire (La Bruyère, Les Caractères, « Du cœur », 20) ; > M. Proust, A l'ombre des jeunes filles en fleurs, I.

91 **Etre avec des gens qu'on aime**, cela suffit ; rêver, **leur parler, ne leur parler point**, penser à eux, penser à des choses plus indifférentes, mais auprès d'eux **tout est égal** (La Bruyère, Les Caractères, « Du cœur », 23 ; var. : /être avec les gens qu'on aime/) ; > M. Proust, A l'ombre des jeunes filles en fleurs, II.

92 Il semble qu'il est moins rare de passer de l'antipathie à l'amour qu'à l'amitié (La Bruyère, Les Caractères, « Du cœur », 25).

93 L'on n'est pas plus maître de toujours aimer qu'on l'a été de ne pas aimer (La Bruyère, Les Caractères, « Du cœur », 31).

94 Le commencement et le déclin de l'amour se font sentir par l'embarras où l'on est de se trouver seuls (La Bruyère, Les Caractères, « Du cœur », 33).

95 On guérit comme on se console : on n'a pas dans le cœur de quoi toujours pleurer et toujours aimer (La Bruyère, Les Caractères, « Du cœur », 34).

96 L'on veut faire tout le bonheur, ou si cela ne se peut ainsi, tout le malheur de ce qu'on aime (La Bruyère, Les Caractères, « Du cœur », 39).

97 Amour, amour, quand tu nous tiens,/On peut bien dire : Adieu prudence (La Fontaine, « Le Lion amoureux ») ; *cf.* Guitry : Prudence, prudence, quand tu nous tiens,/ On peut bien dire adieu l'amour (L'Amour masqué).

98 Plus d'amour, partant plus de joie (La Fontaine, « Les Animaux malades de la peste »).

99 Deux Pigeons s'aimaient d'amour tendre./ L'un d'eux s'ennuyant au logis/ Fut assez fou pour entreprendre/ Un voyage en lointain pays./ L'autre lui dit : Qu'allez vous faire ?/ Voulez-vous

quitter votre frère ?/ L'absence est le plus grand des maux (La
Fontaine, «Les Deux Pigeons»; *cf.* Mlle de Scudéry: [...]
l'absence comprend en soi tous les autres maux, Le Grand
Cyrus).

100 **Amants, heureux amants**, voulez-vous voyager ?/ Que ce soit
aux rives prochaines ;/ Soyez-vous l'un à l'autre un monde
toujours beau,/ Toujours divers, toujours nouveau ;/ Tenez-vous
lieu de tout, comptez pour rien le reste (La Fontaine, «Les Deux
Pigeons») ; > titre de V. Larbaud.

101 J'ai quelquefois aimé [...]/ [...]/ Ah si mon cœur osait encor se
renflammer !/ Ne sentirai-je plus de charme qui m'arrête ?/ **Ai-je
passé le temps d'aimer ?** (La Fontaine, «Les Deux Pigeons» ; le
premier hémistiche se trouve aussi chez Mme de Villedieu, Le
Favori, II, 1) ; > F. Mauriac, Le Jeune Homme, VII.

102 Le garde en fut épris : **les pleurs et la pitié**,/ **Sorte d'amour ayant
ses charmes**,/ Tout y fit [...] (La Fontaine, «La Matrone
d'Ephèse») ; > Chateaubriand, Mémoires d'outre-tombe, IV, 3, 1.

103 Fierté, raison et richesse, il faudra que tout se rende. Quand
l'amour parle, il est le maître ; et il parlera (Marivaux, Les Fausses
Confidences, I, 2).

104 La coutume fait tout jusqu'en amour (Vauvenargues, Réflexions
et Maximes, 39) ; > A. Gide, Dostoïevski.

105 L'amour, tel qu'il existe dans la société, n'est que l'échange de
deux fantaisies et le contact de deux épidermes (Chamfort,
Maximes et Pensées) ; > Barbey d'Aurevilly, L'Amour impossible, II,
3 ; A. Gide, Corydon, II, 5 ; >* : Quelqu'un l'a dit : l'amour c'est le contact
de deux sentiments et l'introduction de ... Ah, je sais plus. Il y avait aussi
de l'épiderme là-dedans. Passons. *Cf.* E. M. Cioran : L'amour, — une
rencontre de deux salives... (Précis de décomposition, «L'Anti-
prophète»).

106 C'est par notre amour-propre que l'amour nous séduit ; hé !
comment résister à un sentiment qui embellit à nos yeux ce que
nous avons, nous rend ce que nous avons perdu et nous donne
ce que nous n'avons pas ? (Chamfort, Maximes et Pensées).

107 L'amour plaît plus que le mariage, par la raison que les romans
sont plus amusants que l'histoire (Chamfort, Maximes et
Pensées). *Cf.* Beaumarchais : L'amour... n'est que le roman du cœur,
c'est le plaisir qui en est l'histoire (Le Mariage de Figaro, V, 7).

108 Ne vous souvient-il plus que l'amour est, comme la médecine,
seulement l'art d'aider à la nature (Choderlos de Laclos, Les
Liaisons dangereuses, Lettre 10).

109 *Là ci darem la mano, là mi dirai di si* («Là-bas nous nous
donnerons la main, là-bas tu me diras oui» ; il s'agit d'aller dans
une maison de plaisance ; Mozart, Don Giovanni, livret de L. Da

PONTE, I, duo de Don Giovanni et de Zerlina) ; > STENDHAL, Vie de Henry Brulard, 38.

110 Plaisir d'amour ne dure qu'un moment,/ Chagrin d'amour dure toute la vie (FLORIAN, «Plaisir d'amour», chanson sur une musique de Martini) ; > NERVAL : /ne dure qu'un instant/ (Promenades et Souvenirs, III) ; R. ROLLAND, Souvenirs de jeunesse ; F. MAURIAC, Le Jeune Homme, XIII.

111 L'amour est un égoïsme à deux (phrase attribuée à MME DE STAËL).

112 L'amour est la seule passion qui se paie d'une monnaie qu'elle fabrique elle-même (STENDHAL, De l'amour, Fragments divers) ; > épigraphe de G. MIRO, D'un âge l'autre.

113 Ce que j'appelle *cristalisation* , c'est l'opération de l'esprit, qui tire de tout ce qui se présente la découverte que l'objet *aimé* a de nouvelles perfections (STENDHAL, De l'amour, I, 2).

114 L'amour me donna, en 1821, une vertu bien comique : la chasteté (STENDHAL, Souvenirs d'égotisme, 3) ; *cf.* J. GREEN, Journal [1945].

115 L'amour a toujours été pour moi la plus grande des affaires, ou plutôt la seule (STENDHAL, Vie de Henry Brulard, 25).

116 S'il eût parlé d'amour, elle l'eût aimé (STENDHAL, La Chartreuse de Parme, I, 6).

117 [...] Que tout ce qu'on entend, l'on voit ou l'on respire,/ Tout dise : «Ils ont aimé» (LAMARTINE, Méditations, «Le Lac»).

118 Un seul être vous manque, et tout est dépeuplé (LAMARTINE, «L'Isolement») ; > J. GIRAUDOUX : [...] /et tout est repeuplé/ (La guerre de Troie n'aura pas lieu, I, 4).

119 De tout ce qui t'aimait n'est-il plus rien qui t'aime ?/ Ah ! sur ce grand secret n'interroge que toi !/ Vois mourir ce qui t'aime, Elvire, et réponds-moi ! (LAMARTINE, Méditations, IV).

120 Et, là, parmi les fleurs, nous trouverons dans l'ombre,/ Pour nos cheveux unis un lit silencieux (A. DE VIGNY, «La Maison du berger»).

121 Aimez ce que jamais on ne verra deux fois (A. DE VIGNY, «La Maison du berger»).

122 Toi seule me parus ce qu'on cherche toujours (A. DE VIGNY, Eloa, III) ; > M. PROUST, Sodome et Gomorrhe, II, 2.

123 Elle était, comme vous le savez déjà, sans rien savoir encore, LE LYS DE CETTE VALLÉE, où elle croissait pour le ciel, en la remplissant du parfum de ses vertus (BALZAC, Le Lys dans la vallée, Le Livre de Poche, p. 39 ; *cf.* Cantique des cantiques : Je suis le narcisse du Saron,/ Le lys des vallées).

124 Parler d'amour, c'est faire l'amour (BALZAC, Physiologie du mariage, Méditation XIX). *Cf. infra*, PROUST.

125 Un amant n'a jamais tort (Balzac, Physiologie du mariage, Méditation XIX)

126 Tu nous tiens par la joie, et surtout par les larmes./ Jeune homme on te maudit, on t'adore vieillard (Hugo, «Tristesse d'Olympio»).

127 Que reste-t-il de la vie,/ Excepté d'avoir aimé ? (Hugo, Les Voix intérieures, «Soirée en mer») ; > Barbey d'Aurevilly : /Tout est néant dans la vie/ [...] (Memoranda [17. 12. 1837]).

128 Vous êtes mon lion superbe et généreux./ Je vous aime (Hugo, Hernani, III, 4 ; l'image du lion parut trop osée et l'actrice jouant Dona Sol la remplaça par /mon seigneur vaillant et courageux/).

129 Et comme des enfants qu'ils étaient — car l'amour est une sainte enfance, — ils mirent au galop leurs chevaux, en se tenant par la main (Barbey d'Aurevilly, Une vieille maîtresse, II, 6).

130 Pourquoi cesse-t-on d'aimer une femme ? On attend encore l'homme de génie qui doit répondre à cette question (Barbey d'Aurevilly, Une vieille maîtresse, I, 10).

131 Je suis persuadé que, si l'on ne changeait pas, les amours seraient éternelles ; mais chacun se transforme de son côté ; on n'a plus ni les habitudes, ni l'humeur, ni la figure même d'un autre temps : comment donc conserverait-on les mêmes affections ? (Nerval, Paradoxe et Vérité).

132 Aimer une religieuse sous la forme d'une actrice !... et si c'était la même ! — Il y a de quoi devenir fou ! (Nerval, Sylvie, III).

133 Oh ! ne fuis pas ! m'écriai-je... car la nature meurt avec toi ! (Nerval, Aurélia, VI).

134 Aimer est le grand point, qu'importe la maîtresse ?/ **Qu'importe le flacon, pourvu qu'on ait l'ivresse** ? (A. de Musset, Dédicace de «La Coupe et les Lèvres») ; > M. Proust, Le Côté de Guermantes, I («Vieille rengaine») ; >*. Cf. la confusion de Flaubert : Et qu'importe le vase ? C'est l'ivresse qui est belle (Corr., 15. 04. 1852).

135 On ne badine pas avec l'amour (A. de Musset, titre d'une pièce de théâtre).

136 Si vous croyez que je vais dire/ **Qui j'ose aimer,**/ je ne saurais pour un empire,/ Vous la nommer (A. de Musset, Le Chandelier, chanson de Fortunio) ; > titre d'un roman de H. Bazin, 1966. Cf. J. de Lingendes : Si c'est un crime de l'aimer,/ On n'en doit justement blâmer/ Que les beautés qui sont en elle (Recueil des plus belles pièces..., 1692).

137 Et je chéris, ô bête implacable et cruelle !/ Jusqu'à cette froideur par où tu m'es plus belle (Baudelaire, Les Fleurs du mal, XXIV).

138 Une nuit que j'étais près d'une affreuse Juive,/ Comme au long

d'un cadavre un cadavre étendu,/ Je me pris à songer près de ce
corps vendu/ A la triste beauté dont mon désir se prive
(BAUDELAIRE, Les Fleurs du mal, XXXII).

139 — O fureur des cœurs mûrs par l'amour ulcérés ! (BAUDELAIRE,
Les Fleurs du mal, « Duellum »).

140 Cheveux bleus, pavillon de ténèbres tendues,/ Vous me rendez
l'azur du ciel immense et rond (BAUDELAIRE, Les Fleurs du mal,
« La Chevelure ») ; > M. PROUST, Le Temps retrouvé.

141 **Mère des souvenirs, maîtresse des maîtresses,**/ O toi tous mes
plaisirs, ô toi tous mes devoirs !/ [...] O serments ! ô parfums ! ô
baisers infinis ! (BAUDELAIRE, Les Fleurs du mal, « Le Balcon ») ; >
P. VALÉRY, « Poésie et Pensée abstraite », Variété.

142 [...] Renaîtront-ils d'un **gouffre interdit à nos sondes,**/ **Comme
montent au ciel les soleils rajeunis/ Après s'être lavés au fond
des mers profondes ?** — O serments ! ô parfums ! ô baisers
infinis (BAUDELAIRE, Les Fleurs du mal, « Le Balcon ») ; > M. PROUST,
Le Temps retrouvé.

143 [...] Je suis belle, et j'ordonne/ Que pour l'amour de moi vous
n'aimiez que le Beau ;/ Je suis l'Ange gardien, la Muse et la
Madone (BAUDELAIRE, Les Fleurs du mal, XLII).

144 O femme dangereuse, ô séduisants climats ! (BAUDELAIRE, Les
Fleurs du mal, « Ciel brouillé »).

145 Vous êtes un beau ciel d'automne, clair et rose ! (BAUDELAIRE, Les
Fleurs du mal, « Causerie »).

146 **Sois charmante et tais-toi** ! Mon cœur, que tout irrite,/ [...]/ Ne
veut pas te montrer son secret infernal/ [...] (BAUDELAIRE, Les
Fleurs du mal, « Sonnet d'automne ») ; > LARBAUD, Mon plus secret
conseil.... *Cf.* de BAUDELAIRE, « Madrigal triste » : Qu'importe que tu sois
sage ?/ Sois belle ! et sois triste. Les pleurs/ Ajoutent un charme au
visage/ [...] ; > Sois belle et tais-toi, titre d'un film de M. ALLÉGRET (1958)
et d'un vidéo-film de D. SEYRIG (1977).

147 O toi que j'eusse aimée, ô toi qui le savais ! (BAUDELAIRE, Les
Fleurs du mal, « A une passante »).

148 [...] endormir la douleur sur un lit hasardeux (BAUDELAIRE, Les
Fleurs du mal, « Brumes et Pluies »).

149 Nous aurons des lits pleins d'odeurs légères,/ Des divans
profonds comme des tombeaux,/ Et d'étranges fleurs sur des
étagères,/ Ecloses pour nous sous des cieux plus beaux
(BAUDELAIRE, Les Fleurs du mal, « La Mort des amants » ; var. de
1851 :/Et de grandes fleurs dans des jardinières/).

150 Moi, j'ai la lèvre humide, et je sais la science/ De perdre au fond
d'un lit l'antique conscience./ [...]/ Les anges impuissants se
damneraient pour moi ! (BAUDELAIRE, Les Fleurs du mal, « Les
Métamorphoses du vampire »).

151 Beaux yeux, versez sur moi vos charmantes ténèbres !
(BAUDELAIRE, Les Fleurs du mal, « Les Yeux de Berthe »).

152 Nous aimons les femmes à proportion qu'elles nous sont plus
étrangères. Aimer les femmes intelligentes est un plaisir de
pédéraste. Ainsi la bestialité exclut la pédérastie (BAUDELAIRE,
« Fusées »).

153 Il y a dans l'acte de l'amour une grande ressemblance avec la
torture ou avec une opération chirurgicale (BAUDELAIRE,
« Fusées »).

154 Ce qu'il y a d'ennuyeux dans l'amour, c'est que c'est un crime où
l'on ne peut pas se passer d'un complice (BAUDELAIRE, « Mon
cœur mis à nu »).

155 Il est malheureusement bien vrai que, sans le loisir et l'argent,
l'amour ne peut être qu'une orgie de roturier ou l'accomplissement d'un devoir conjugal (BAUDELAIRE, Le Peintre de la vie
moderne, 9, « Le Dandy »).

156 Emma retrouvait dans l'adultère toutes les platitudes du mariage
(FLAUBERT, Madame Bovary, III, 6).

157 Ce fut comme une apparition (FLAUBERT, L'Education sentimentale, I, 1).

158 Si l'on ne devient pas amoureux avec tout ça, c'est qu'on a été
mal élevé (A. DUMAS FILS, La Question d'argent) ; > A. GIDE,
Corydon, II, 1.

159 Car vois-tu, chaque jour je t'aime davantage/ Aujourd'hui plus
qu'hier et bien moins que demain (ROSEMONDE GÉRARD, Les
Pipeaux ; < E. ABOUT, Le Roman d'un brave homme) ; >*.

160 L'amour est enfant de Bohême/ Qui n'a jamais connu de loi
(L. HALÉVY, livret de Carmen, musique de BIZET).

161 Le christianisme a beaucoup fait pour l'amour en en faisant un
péché (A. FRANCE, Le Jardin d'Epicure, éd. Calmann-Lévy, 1949,
p. 8).

162 Or le plus beau d'entre tous ces **mauvais anges**/ Avait seize ans
sous sa couronne de fleurs./ Les bras croisés sur les colliers et
les franges,/ Il rêve, l'œil plein de flammes et de pleurs
(VERLAINE, Jadis et Naguère « Crimen amoris » ; il s'agit de
Rimbaud).

163 L'érotisme survit à tout (mot de P. BOURGET à F. Mauriac, répété
par celui-ci à J. GREEN, Journal [1949]).

164 Il dit : « Je n'aime pas les femmes. **L'amour est à réinventer**, on
le sait » (RIMBAUD, Une saison en enfer, « Délires », I) ; >**.

165 Douceur ! Ne plus se voir distincts. N'être plus qu'un !/ Silence !
deux senteurs en un même parfum :/ Penser la même chose et
ne pas se le dire (RODENBACH, Le Règne du silence).

166 Aimer, c'est se surpasser (O. WILDE, Le Portrait de Dorian Gray, 5).

167 Vous ne savez pas qu'il est tard ? Il est près de minuit. — Ne jouez pas ainsi dans l'obscurité. Vous êtes des enfants... Quels enfants !... Quels enfants !... (M. MAETERLINCK, Pelléas et Mélisande, III, 2).

168 Oh ! comme tu dis cela !... On dirait que ta voix a passé sur la mer au printemps !... (M. MAETERLINCK, Pelléas et Mélisande, IV, 4).

169 Celui qui aime beaucoup ne pardonne pas facilement (P. CLAUDEL, L'Otage, I, 1).

170 Je suis celle que vous auriez aimée (P. CLAUDEL, Partage de midi, 1re version, I).

171 — Faut-il donner mon âme pour sauver la vôtre ? — Il n'y a pas d'autre moyen. — Si je vous aimais, cela me serait facile. — Si vous ne m'aimez pas, aimez mon infortune (P. CLAUDEL, Le Soulier de satin, 1re version, I, 3).

172 Le plus grand bonheur, après que d'aimer, c'est de confesser son amour (A. GIDE, Journal [1918]).

173 Mais, Dieu ! ce que l'« Amour » peut être embêtant ! chez les autres (A. GIDE, Journal [1941]).

174 **Dire que j'ai gâché** des années de **ma vie**, que j'ai voulu mourir, que j'ai eu mon plus grand amour, **pour une femme** qui ne me plaisait pas, **qui n'était pas mon genre !** (M. PROUST, dernière phrase d'Un amour de Swann) ; > SARTRE, Les Mots, « Ecrire » ; S. DOUBROVSKY, en épigraphe d'Un amour de soi (en totalité) ; >*.

175 Pour les femmes qui ne nous aiment pas, comme pour les « disparus », savoir qu'on n'a plus rien à espérer n'empêche pas de continuer à attendre (M. PROUST, A l'ombre des jeunes filles en fleurs, I).

176 L'amour ? je le fais souvent mais je n'en parle jamais (M. PROUST, Le Côté de Guermantes, I ; mot de Mme Leroi).

177 Car aux troubles de la mémoire sont liées **les intermittences du cœur** (PROUST, Sodome et Gomorrhe II, 1) ; > F. MAURIAC, Le Roman, II ; titre d'un ballet de R. PETIT.

178 Une femme qu'on aime suffit rarement à tous nos besoins et on la trompe avec une femme qu'on n'aime pas (M. PROUST, Le Temps retrouvé).

179 Dans les personnes que nous aimons, il y a, immanent à elles, un certain rêve que nous ne savons pas toujours discerner mais que nous poursuivons (M. PROUST, Le Temps retrouvé).

180 L'amour, c'est l'espace et le temps rendus sensibles au cœur (M. PROUST, Le Temps retrouvé).

181 Les paroles du cœur sont enfantines. Les voix de la chair sont élémentaires. M. Teste, d'ailleurs, pense que **l'amour consiste à**

*pouvoir **être bêtes ensemble*** , — toute licence de niaiserie et de bestialité (P. Valéry, Monsieur Teste) ; > M. Galley : [...] être bête... (Journal [1974]).

182 On ne sait jamais avec qui l'on couche (P. Valéry, Tel quel, I).

183 Les uns sont assez bêtes pour s'aimer ; les autres pour se haïr. Deux manières de se tromper (P. Valéry, Mélange).

184 Amour — *Aimer* — c'est *imiter*. On l'apprend. Les mots, les actes, les « sentiments » mêmes sont *appris* (P. Valéry, Mélange). *Cf. supra*, La Rochefoucauld.

185 On ne joue pas du violon sans l'avoir appris (L. Blum, Du mariage, II ; l'idée provient de Balzac, Physiologie du mariage, où il est question d'un violoncelle et d'un orang-outang) ; > Montreynaud.

186 J'aime en toi mon enfant, mon amie et ma sœur (Renée Vivien, Sortilèges) ; > S. de Beauvoir, Le Deuxième Sexe, IV, 4.

187 [...] je crois que si un homme m'aime, il ne doit pas me préférer quelque chose d'autre, même le suicide (Colette, Le Toutou-nier).

188 L'amour d'un être humain pour un autre, c'est peut-être l'épreuve la plus difficile pour chacun de nous, c'est le plus haut témoignage de nous-même (Rilke, Lettres à un jeune poète, 14. 05. 1904).

189 L'amour, c'est l'occasion unique de mûrir, de prendre forme, de devenir soi-même un monde pour l'amour de l'être aimé (Rilke, Lettres à un jeune poète, 14. 05. 1904).

190 Sous le pont Mirabeau coule la Seine/ Et nos amours/ Faut-il qu'il m'en souvienne/ La joie venait toujours après la peine (Apollinaire, Alcools, « Le Pont Mirabeau »).

191 Voie lactée ô sœur lumineuse/ Des blancs ruisseaux de Chanaan/ Et des corps blancs des amoureuses/ [...] (Apollinaire, Alcools, « La Chanson du mal-aimé »).

192 L'amour est libre, il n'est jamais soumis au sort/ Lou, le mien est plus fort encore que la mort (Apollinaire, Poèmes à Lou, « Adieu ») ; *cf. supra*, Cantique des cantiques.

193 O mon âme qui veut que ton amour demeure !/ Aime tout ce qui fuit pour l'amour de l'amour... (Marie Noël, Les Chansons et les Heures, « A Tierce »).

194 L'Amour, c'est beaucoup plus que l'amour. Il y entre toujours autre chose, l'esprit après les sens, l'âge, la douleur... (J. Chardonne, L'Amour, c'est beaucoup plus que l'amour, I).

195 Tout l'effort de l'homme civilisé tend à prolonger le plaisir d'amour au-delà de la jeunesse (F. Mauriac, Le Jeune Homme, IV).

196 Très haut amour s'il se peut que je meure/ Sans avoir su d'où je vous possédais (CATHERINE POZZI, « Ave ») ; > MONTREYNAUD.

197 Je ne sais pas de qui je suis l'amour (CATHERINE POZZI, « Nyx »).

198 Répétez cette phrase... cette phrase sur... **l'enfer, c'est de ne plus aimer** (G. BERNANOS, Journal d'un curé de campagne, 2 ; le curé répète alors sa phrase pour la comtesse). *Cf.* « Religion », BERNANOS.

199 Il est plus facile qu'on croit de se haïr. La grâce est de s'oublier. Mais si tout orgueil était mort en nous la grâce des grâces serait de s'aimer humblement soi-même, comme n'importe lequel des membres souffrants de Jésus-Christ (G. BERNANOS, Journal d'un curé de campagne, 2 ; *cf. infra*).

200 Il n'y a qu'une erreur et qu'un malheur au monde, c'est de ne pas savoir assez aimer (G. BERNANOS, Journal d'un curé de campagne, 2 ; cité par l'auteur dans Nous autres Français, 5).

201 [...] la difficulté n'est pas d'aimer son prochain comme soi-même, c'est de s'aimer soi-même assez pour que la stricte observation du précepte ne fasse pas tort au prochain (G. BERNANOS, Les Enfants humiliés).

202 Il n'est de véritable déception que de ce qu'on aime [...] (G. BERNANOS, Les Enfants humiliés).

203 — T'as de beaux yeux, tu sais. — Embrasse-moi (dialogue de Jean et de Nelly, joués par J. Gabin et M. Morgan, Quai des brumes, film de J. PRÉVERT et M. CARNÉ).

204 Etroits sont les vaisseaux, étroite l'alliance ; et plus étroite ta mesure, ô corps fidèle de l'Amante... (SAINT-JOHN PERSE, Amers, « Etroits sont les vaisseaux », 2).

205 On ne peut jamais se reposer sur l'amour, — et c'est pourtant sur lui que tout repose (J. ROSTAND, Carnet d'un biologiste).

206 Moi, mon remords, ce fut la victime raisonnable au regard d'enfant perdu, celle qui ressemble aux morts qui sont morts pour être aimés (ELUARD, « Comprenne qui pourra ») ; > G. POMPIDOU, conférence de presse du 22. 09. 1969.

207 Quand vous auriez bras de nylon/ Yeux de radar et sang d'atome/ Amours vous seront bruns ou blonds/ Baisers seront morsures ou baume (ARAGON, Le Fou d'Elsa) ; > MONTREYNAUD.

208 L'important n'est pas d'aimer mais de donner quelque chose à aimer (J. GRENIER, Lexique, « Aimer »).

209 O balances sentimentales./ J'ai tant rêvé de toi qu'il n'est plus temps sans doute que je m'éveille (R. DESNOS, Corps et Biens, « J'ai tant rêvé de toi »).

210 ... l'expérience nous montre qu'aimer ce n'est point nous regarder l'un l'autre, mais regarder ensemble dans la même

direction (Saint-Exupéry, <u>Terre des hommes</u>, VIII, 3). Cliché de nombreuses messes de mariage.

211 Je suis, de la tête au pied, faite pour l'amour (chanson de Lola dans <u>L'Ange bleu</u> de von Sternberg, joué par M. Dietrich ; en allemand : *Ich bin vom Kopf bis Fuss auf Liebe eingestellt*) ; > Montreynaud.

212 Parlez-moi d'amour/ Redites-moi des choses tendres/ Votre beau discours/ Mon cœur n'est pas las de l'entendre/ (chanson de J. Lenoir chantée par Lucienne Boyer) ; > Montreynaud.

213 Le Diable au corps (titre de R. Radiguet, 1923 ; sur la locution « Avoir /.../ », voir Littré, « Diable », 3) ; > bandeau-annonce du livre de F. Sagan, <u>Bonjour tristesse</u>, 1954.

214 Ne te courbe que pour aimer. Si tu meurs, tu aimes encore (Char, <u>Le Poème pulvérisé</u>).

215 La plénitude de l'amour du prochain, c'est simplement d'être capable de lui demander : « Quel est ton tourment ? » (S. Weil, <u>Attente de Dieu</u>, « Réflexions sur le bon usage [...] »).

216 Le souffle s'épanouit en baiser ; le naturel fruit de la participation au monde extérieur est l'amour (A. Pieyre de Mandiargues, <u>La Marge</u>).

217 Il sentait bon le sable chaud (E. Piaf, chanson « Mon légionnaire »).

218 Si un jour la vie t'arrache à moi/ Si tu meurs, que tu sois loin de moi,/ Que m'importe, si tu m'aimes,/ Car moi je mourrai aussi./ Nous aurons pour nous l'éternité/ Dans le bleu de toute l'immensité./ Dans le ciel plus de problèmes/ [...] Dieu réunit ceux qui s'aiment (E. Piaf, chanson « Hymne à l'amour »).

219 Car il y a seulement de la malchance à n'être pas aimé : il y a du malheur à ne point aimer (A. Camus, « Retour à Tipasa », <u>L'Eté</u>).

220 Aucun amour au monde ne peut tenir lieu de l'amour (M. Duras, <u>Les Petits Chevaux de Tarquinia</u>, 3) ; > Montreynaud.

221 Tu me tues. Tu me fais du bien (incantation liminaire de <u>Hiroshima mon amour</u>, film de Resnais, scénario de M. Duras) ; > Montreynaud.

222 Votre bouche, votre ventre et vos reins nous sont ouverts (Pauline Réage, <u>Histoire d'O</u>) ; > Montreynaud.

223 Ce n'était pas sale, puisque c'était beau (interview de Brigitte Bardot, 1957, à propos de ses apparitions dénudées au cinéma) ; > Montreynaud.

224 Peut-être chacun de nous invente-t-il sa façon d'aimer, un amour qui n'a nullement les intentions que l'on prête à l'amour, et qui paraîtrait monstrueux s'il en avait les apparences (J.-R. Huguenin, <u>La Côte sauvage</u>).

225 L'important, c'est la rose (chanson de Guy Béart).

226 L'art d'aimer ? C'est savoir joindre à un tempérament de vampire la discrétion d'une anémone (E. M. CIORAN, Syllogismes de l'amertume, «Vitalité de l'amour»).

227 Michel ! — Quoi ? — Dis-moi quelque chose de gentil. — Quoi ? — Je ne sais pas. — Eh bien, moi non plus ! (J.-L. GODARD, A bout de souffle).

228 Sans mystère, il n'y a pas d'amour (J. DUTOURD, Les Pensées) ; >*.

229 L'amour est la rencontre de deux myopes que le temps rendra presbytes (R. SABATIER, Le Livre de la déraison souriante) ; >*.

argent

1 [...] il s'en alla tout triste, car il avait de grands biens (MARC, 10, 22 : réponse muette du jeune homme à Jésus qui lui a dit : Va, vends tout ce que tu as, donne-le aux pauvres, et tu auras un trésor dans le ciel. Puis viens et suis-moi.) ; > F. MAURIAC, Un adolescent d'autrefois, VII.

2 Vous avez toujours les pauvres avec vous, mais moi, vous ne m'avez pas toujours (JEAN, 12, 8, parole de Jésus à ses disciples) ; > L. BLOY, La Femme pauvre, II, 1 (selon une autre traduction courante : Vous aurez toujours des pauvres parmi vous).

3 *Beati possidentes* («Bienheureux ceux qui possèdent», mot attribué à BISMARCK, et qui prend à contrepied le *Beati pauperes* [*spiritu*] de MATTHIEU, 1, 5 ; *cf.* en droit romain le principe d'ULPIEN, I, 5 : *possessores sunt potiores*, les possesseurs ont l'avantage).

4 *Auri sacra fames* («maudite faim de l'or», VIRGILE, Enéide, III, v. 57) ; voir *infra*, FLAUBERT.

5 Que peuvent faire les lois, là où seul l'argent règne ? (PÉTRONE, Satiricon, 14). *Cf.* F. PONSARD : L'argent, mon cher, l'argent, c'est la seule puissance (L'Honneur et l'Argent, IV, 5).

6 Faute d'argent, c'est douleur non pareille (RABELAIS, Pantagruel, XVI ; le dicton existait avant Rabelais).

7 [...] les hommes oublient plutôt la mort de leur père que la perte de leur patrimoine (MACHIAVEL, Le Prince, 17) ; > J. BENDA, La Trahison des clercs, 2, note.

8 — Mais de quoi sont composées les affaires du monde ? — Du bien d'autrui (BÉROALDE DE VERVILLE, Le Moyen de parvenir, «Généalogie», dialogue de Pétrarque et de Quelqu'un).

9 La Poule aux œufs d'or (Titre de LA FONTAINE, traduit d'ESOPE).

10 **Vous êtes orfèvre, Monsieur**, et votre conseil sent son homme qui a envie de se défaire de sa marchandise (MOLIÈRE, L'Amour médecin, I, 1 ; locution devenue proverbiale) ; > GIONO, Le Hussard sur le toit, XIII.

11 — [...] prends, te dis-je, mais jure donc. — Non, Monsieur, j'aime mieux mourir de faim. — Va, va, je te le donne pour l'amour de l'humanité (Molière, Dom Juan, III, 2 ; dialogue de Dom Juan et du Pauvre).

12 Mes gages ! mes gages ! mes gages ! (Molière, Dom Juan, V, dernière scène et derniers mots de la pièce, dans la bouche de Sganarelle ; exclamation jugée impie et supprimée dès les premières représentations).

13 La peste soit de l'avarice et des avaricieux ! (Molière, L'Avare, I, 3).

14 Sans dot (Molière, L'Avare, I, 5 ; *cf.* plus loin la réplique de Valère à Harpagon : *sans dot !* Le moyen de résister à une raison comme celle-là ?).

15 Et *donner* est un mot pour qui il a tant d'aversion qu'il ne dit jamais : *Je vous donne*, mais *je vous prête le bonjour* (Molière, L'Avare, II, 4).

16 [...] quand il y a à manger pour huit, il y en a bien pour dix (Molière, L'Avare, III, 1).

17 Et moi, voir ma chère cassette (Molière, L'Avare, V, dernière scène, derniers mots de la pièce).

18 Ne dis plus qu'il est amarante :/ Dis plutôt qu'il est de ma rente (Molière, Les Femmes savantes, III, 2 ; chute de l'épigramme de Trissotin, poème « emprunté » par Molière aux Œuvres galantes de Cotin).

19 Quel état ! (Bossuet, Sermon sur l'impénitence finale).

20 Un Roi sage, ainsi Dieu l'a prononcé lui-même,/ **Sur la richesse et l'or ne met point son appui** (Racine, Athalie, IV, 2 ; *cf.* Deutéronome, 17, 17) ; > M. Proust, Sodome et Gomorrhe II, 2 : /mets point ton/.

21 Ce Malheureux attendait/ Pour jouir de son bien une seconde vie ;/ Ne possédait pas l'or, mais l'or le possédait (La Fontaine, « L'Avare qui a perdu son trésor » ; le mot est attribué à Bion par Diogène Laërce, Vies... des philosophes illustres).

22 Jamais fille n'eut moins d'attachement qu'elle pour l'argent, mais elle ne pouvait être tranquille un moment, avec la crainte d'en manquer (abbé Prévost, Manon Lescaut, I) ; > J. Grenier, Lexique, « Mais ».

23 Quand on n'a pas de quoi payer son terme,/ Il faut avoir une maison à soi ! (M.-A. Désaugiers, Monsieur Vautour) ; > Nerval, Promenades et Souvenirs, I.

24 Je ne vois que la condamnation à mort qui distingue un homme, pensa Mathilde : c'est la seule chose qui ne s'achète pas (Stendhal, Le Rouge et le Noir, II, 8).

25 [...] si je n'avais pas d'argent, je n'aurais pas de dettes (A. DE MUSSET, Fantasio, I, 2).

26 Ne mettez jamais en lutte les sentiments avec l'intérêt ; la délicatesse est si délicate ! C'est un pot de fer contre une bulle de savon (NERVAL, Paradoxe et Vérité).

27 ARGENT. Cause de tout le mal. Dire : *Auri sacra fames* (FLAUBERT, Dictionnaire des Idées reçues) ; *cf. supra*, VIRGILE.

28 [...] l'argent est l'argent, quelles que soient les mains où il se trouve. C'est la seule puissance que l'on ne discute jamais (A. DUMAS fils, La Question d'argent, I, 4).

29 **Les affaires ?** c'est bien simple, **c'est l'argent des autres** (A. DUMAS fils, La Question d'argent, II, 7) ; > G. BERNANOS, Les Enfants humiliés.

30 Les affaires sont les affaires (E. CAPENDU, Les Faux Bonshommes, III, 20) ; > titre d'une pièce d'O. MIRBEAU ; L. BLOY, Exégèse des lieux communs, XII.

31 Le poireau, c'est l'asperge du pauvre. Tout le monde sait ça (A. FRANCE, Crainquebille, I, 3).

32 Allons, décidément, le mieux n'arrive pas pour les gens sans le sou ; seul, le pire arrive (J.-K. HUYSMANS, dernière phrase d'À vau-l'eau ; *cf.* pour le dernier élément SCHOPENHAUER : Aujourd'hui est mauvais, et chaque jour sera plus mauvais — jusqu'à ce que le pire arrive, Pensées et Fragments). *Cf.* « Espoir-désespoir », CLAUDEL.

33 Le Sang du Pauvre, c'est l'argent. On en vit et on en meurt depuis les siècles. Il résume expressivement toute souffrance (L. BLOY, Le Sang du Pauvre, Préface [1909]).

34 L'important dans la vie ce n'est pas d'avoir de l'argent mais que les autres en aient (S. GUITRY, Le Scandale de Monte-Carlo, 1).

35 Les crimes de l'or ont d'ailleurs un caractère abstrait (G. BERNANOS, Les Grands Cimetières sous la lune, I, 1).

36 C'est une sorte de comble et la plus grande victoire des riches qu'ils imposent à tout le monde et aux pauvres eux-mêmes leurs préjugés (J. GUÉHENNO, Changer la vie, « La Peur »).

37 Il me manque quelque chose que les autres ont... A moins... A moins qu'ils ne l'aient pas non plus (S. DE BEAUVOIR, Les Belles Images) ; > M. WINOCK, Chronique des années soixante.

38 Mais de nos jours, et sous nos climats, de plus en plus de gens ne sont ni riches ni pauvres : ils rêvent de richesse et pourraient s'enrichir : c'est ici que leurs malheurs commencent (G. PEREC, Les Choses, Juliard, p. 58-59).

39 [...] la modestie honteuse et la pudeur rougissante sont les mamelles ordinaires d'un pourboire exorbitant (A. BLONDIN, L'Europe buissonnière, I, « Cavalier seul »).

40 [...] il n'y a qu'une vraie richesse : celle dont on hérite. Gagner de l'argent est à la portée de n'importe qui (M. Mohrt, La Campagne d'Italie, XII).

41 Lorsqu'un commerçant affirme que le client est roi, méfions-nous de la guillotine (R. Sabatier, Le Livre de la déraison souriante) ; >*.

art

1 L'art est de cacher l'art (*ars celare artem* ; sur ce précepte *cf.* Quintilien, Institution oratoire, IX, 3, 102 et Ovide, Art d'aimer, II, 313) ; > J. Joubert, Corr., 12. 09. 1811.

2 Tout art est une imitation de la nature (*Omnis ars naturae imitatio est* ; Sénèque, Epîtres, 65, 3). Ce principe aristotélicien (*cf.* Aristote, Poétique, I, 4-7) a connu d'innombrables reprises et variations ; *cf.* dès l'antiquité, Apulée : L'art est un rival de la nature (*Ars aemula naturae* ; Métamorphoses, II, 4 ; *cf. infra,* A. Malraux).

3 L'art est long, la vie est brève (*Ars longa, vita brevis,* traduction latine du premier aphorisme d'Hippocrate ; *cf.* Sénèque, De la brièveté de la vie, I, 1) ; > J. Rostand : L'art est court, la nature est longue (Carnet d'un biologiste). Voir l'autre traduction de cet aphorisme, « Médecine-santé ».

4 *Qualis artifex pereo* (« Quel artiste périt avec moi ! » ; mot de l'empereur Néron rapporté par Suétone, Vies des douze Césars, 49) ; > M. Proust, Sodome et Gomorrhe, II, 2 ; *cf.* Valéry ; Quel artiste j'ai fait périr ! (« Eupalinos », Dialogues).

5 Si j'étais du métier, je naturaliserais l'art, autant comme ils artialisent la nature (Montaigne, Essais, III ; l'art désigne ici l'ensemble des techniques codifiées, notamment celles de la parole et de la réflexion).

6 Je voudrais bien savoir si la grande règle de toutes les règles n'est pas de plaire, et si une pièce de théâtre qui a attrapé son but n'a pas suivi un bon chemin (Molière, La Critique de L'Ecole des femmes, 6).

7 [...] le temps ne fait rien à l'affaire (Molière, Le Misanthrope, I, 2, Alceste à propos du peu de temps mis par Oronte à composer son sonnet).

8 Il n'est point de Serpent, ni de Monstre odieux,/ Qui par l'art imité ne puisse plaire aux yeux (Boileau, Art poétique, III, début).

9 La critique est aisée, et l'art est difficile (Destouches, Le Glorieux, II, 5) ; *cf.* L. Bloy, Exégèse des lieux communs, 170.

10 La vie est sérieuse, l'art est serein (Goethe, Prologue de Wallenstein) ; > R. Rolland, Souvenirs de jeunesse.

11 J'appelle classique ce qui est sain, romantique ce qui est malade (GOETHE, Conversation avec Eckermann, 2. 04. 1829).

12 Toute production importante est l'enfant de la solitude (GOETHE, Mémoires, III, 15) ; > R. ROLLAND, Souvenirs de jeunesse. *Cf.* RILKE, *infra* ; « Littérature-livres », G. BATAILLE.

13 Il y a dans l'art beaucoup de beautés qui ne deviennent naturelles qu'à force d'art (J. JOUBERT, Pensées, XX, 11).

14 L'art, la religion et la philosophie ne diffèrent que par la forme ; leur objet est le même (HEGEL, Esthétique, Introduction, I, I, 3).

15 L'Art c'est l'Artiste... L'Artiste, c'est Dieu (P. LEROUX, La Grève de Samarez ; la formule ironique vise TH. GAUTIER, voir *infra*) ; > BAUDELAIRE, à propos de l'artiste : Il a été *son roi, son prêtre et son Dieu* (Exposition universelle de 1859).

16 L'art est la vérité choisie (A. DE VIGNY, Journal d'un poète [1829]).

17 La nature n'est qu'un dictionnaire (mot d'E. DELACROIX, rapporté par BAUDELAIRE, Œuvre et Vie d'E. Delacroix).

18 [...] tout est sujet ; tout relève de l'art ; tout a droit de cité en poésie (HUGO, Préface des Orientales) ; > J.-M. MAULPOIX, La Voix d'Orphée.

19 Ainsi le but de l'art est presque divin : ressusciter s'il fait de l'histoire ; créer, s'il fait de la poésie (HUGO, Préface de Cromwell).

20 [...] il n'est pas bon de paraître trop vite et d'emblée classique à ses contemporains ; on a grande chance alors de ne pas rester tel pour la postérité (SAINTE-BEUVE, « Qu'est-ce qu'un classique ? », octobre 1850, Causeries du lundi).

21 Fille de la douleur, Harmonie, Harmonie !/ Langue que pour l'amour inventa le génie !/ Qui nous vins d'Italie et qui lui vins des cieux ! (A. DE MUSSET, « Le Saule », puis transféré dans « Lucie »).

22 Oh ! qui pourra mettre un ton rose/ Dans cette implacable blancheur ! (TH. GAUTIER, « Symphonie en blanc majeur », Emaux et Camées).

23 Oui, l'œuvre sort plus belle/ D'une forme au travail/ Rebelle,/ Vers, marbre, onyx, émail./ [...] Tout passe. — L'art robuste/ Seul a l'éternité (TH. GAUTIER, Emaux et Camées, « L'Art »).

24 Nous croyons à l'autonomie de l'art ; l'art pour nous n'est pas le moyen, mais le but [...] (TH. GAUTIER, dans un article paru dans L'Artiste, 1856) ; la formule **l'art pour l'art** remonte, elle, à VICTOR COUSIN, 22e Cours de Sorbonne, 1818.

25 En général, dès qu'une chose devient utile, elle cesse d'être belle (TH. GAUTIER, Préface aux Poésies complètes).

26 Les idées, en étymologie exacte et en strict bon sens ne peuvent être que des formes [...] (Leconte de Lisle, « Les Fleurs du mal de M. Ch. Baudelaire », Revue européenne, 1. 12. 1861 ; *cf.* la formule courante sous laquelle cette conception est rappelée : l'idée, c'est la forme).

27 Il y a plusieurs morales. Il y a la morale positive et pratique à laquelle tout le monde doit obéir. Mais il y a la morale des arts. Celle-ci est tout autre, et depuis le commencement du monde, les arts l'ont bien prouvé (Baudelaire, « Notes et Documents pour mon avocat »).

28 Créer un poncif, c'est le génie. Je dois créer un poncif (Baudelaire, « Fusées »).

29 Qu'est-ce que l'art ? Prostitution (Baudelaire, « Fusées »).

30 Il n'y a pas de hasard dans l'art non plus qu'en mécanique (Baudelaire, Salon de 1846).

31 L'artiste, le vrai artiste, le vrai poète, ne doit peindre que selon qu'il voit et qu'il sent. Il doit être *réellement* fidèle à sa propre nature (Baudelaire, Salon de 1859).

32 [...] c'est le propre des œuvres vraiment artistiques d'être une source inépuisable de suggestions (Baudelaire, L'Art romantique, « Richard Wagner et *Tannhäuser* »).

33 C'est un cri répété par mille sentinelles (Baudelaire, Les Fleurs du mal, « Phares ») ; > F. Mauriac, Un adolescent d'autrefois, XII.

34 [...] il n'y a ni beaux ni vilains sujets et [...] on pourrait presque établir comme axiome, en se posant au point de vue de l'Art pur, qu'il n'y en a aucun, le style étant à lui tout seul une manière absolue de voir les choses (Flaubert, Corr., 16. 01. 1852).

35 L'artiste doit s'arranger de façon à faire croire à la postérité qu'il n'a pas vécu (Flaubert, Corr., 27. 03. 1852, éd. Conard).

36 L'art, au bout du compte, n'est peut-être pas plus sérieux que le jeu de quilles ? Tout n'est peut-être qu'une immense blague, j'en ai peur [...] (Flaubert, Corr., 3. 11. 1851 ; *cf.* pour la source Malherbe disant qu'« un bon poète n'était pas plus utile à l'Etat qu'un bon joueur de quilles », mot rapporté par Racan dans sa Vie de Malherbe).

37 Où la Forme, en effet, manque, l'Idée n'est plus. Chercher l'un, c'est chercher l'autre (Flaubert, Corr., 15-16. 05. 1852).

38 *Moins on sent une chose, plus on est apte à l'exprimer comme elle est* [...] Mais il faut avoir la faculté *de se la faire sentir*. Cette faculté n'est autre que le génie (Flaubert, Corr., 6. 07. 1852).

39 L'auteur, dans son œuvre, doit être comme Dieu dans l'univers, présent partout et visible nulle part (Flaubert, Corr., 9. 12. 1852). Voir « Dieu », saint Bonaventure.

40 Il viendra un jour où le grand artiste sera une chose vieillie, presque inutile (F. Renan, L'Avenir de la science, 10).

41 Ma définition d'une œuvre d'art serait, si je la formulais : « une œuvre d'art est un coin de la création vu à travers un tempérament » (E. Zola, Mes haines, « Proudhon et Courbet »).

42 L'homme peut être démocrate, l'artiste se dédouble et doit rester aristocrate (Mallarmé, Proses de jeunesse, « L'Art pour tous »).

43 La Vie imite l'Art beaucoup plus que l'Art n'imite la Vie (O. Wilde, Intentions) ; >**.

44 Un artiste, Monsieur, n'a pas de sympathies éthiques. Le Vice et la Vertu sont simplement pour lui ce que sont, pour le peintre, les couleurs qu'il voit sur sa palette (O. Wilde, Corr. ; *cf.* la Préface du Portrait de Dorian Gray).

45 [...] la moralité de l'art consiste dans l'usage parfait d'un moyen imparfait (O. Wilde, Le Portrait de Dorian Gray, Préface).

46 S'il vous plaît, ne tirez pas sur le pianiste. Il fait de son mieux (O. Wilde, Impressions of America, « Leadville »).

47 L'art étant devenu, comme le sport, une des occupations recherchées des gens riches, les expositions se suivent avec un égal succès, quelles que soient les œuvres qu'on exhibe, pourvu toutefois que les négociants de la presse s'en mêlent et que les étalages aient lieu dans une galerie connue (J.-K. Huysmans, Certains).

48 [...] l'art n'a d'autre objet que d'écarter les symboles pratiquement utiles, les généralités conventionnellement et socialement acceptées, enfin tout ce qui nous masque la réalité, pour nous mettre face à face avec la réalité même (H. Bergson, Le Rire).

49 Le classicisme — et par là j'entends : le classicisme français — tend tout entier vers la litote. C'est l'art d'exprimer le plus en disant le moins. (A. Gide, Incidences).

50 Il n'y a pas d'œuvre d'art sans collaboration du démon (A. Gide, Dostoïevski, « Conférences... », IV) ; > F. Mauriac, Dieu et Mammon, V.

51 Une œuvre où il y a des théories est comme un objet sur lequel on laisse la marque du prix (M. Proust, Le Temps retrouvé).

52 Par l'art seulement nous pouvons sortir de nous, savoir ce que voit un autre de cet univers qui n'est pas le même que le nôtre, et dont les paysages nous seraient restés aussi inconnus que ceux qu'il peut y avoir dans la lune (M. Proust, Le Temps retrouvé).

53 L'art est ce qu'il y a de plus réel, la plus austère école de la vie, et le vrai Jugement Dernier (M. Proust, Le Temps retrouvé) ; *cf.* « Poésie-poète », Baudelaire.

54 [...] la vérité suprême de la vie est dans l'art (M. Proust, Le Temps retrouvé).

55 *L'œuvre dure en tant qu'elle est capable de paraître tout autre que son auteur l'avait faite* (P. Valéry, Tel quel, I).

56 Il n'y a pas de doctrine vraie en art, parce qu'on se lasse de tout et que l'on finit par s'intéresser à tout (P. Valéry, Tel quel, II).

57 Une bonne étude de l'art moderne devrait mettre en évidence les solutions trouvées de cinq ans en cinq ans au *problème du choc*, depuis deux ou trois quarts de siècle... (P. Valéry, « Degas Danse Dessin », Pièces sur l'art).

58 Tout classicisme suppose un romantisme antérieur (P. Valéry, « Situation de Baudelaire », Variété).

59 [...] tout ce qui fut créé de plus admirable n'a pu l'être que grâce à l'inexactitude, et même à l'injustice, si ce n'est à l'iniquité, des systèmes sociaux des diverses époques (P. Valéry, « Sorte de préface », Variété).

60 Une œuvre d'art devrait toujours nous apprendre que nous n'avions pas vu ce que nous voyons (P. Valéry, « Introduction à la méthode de Léonard de Vinci », 2e éd., Variété).

61 Les œuvres d'art sont d'une infinie solitude ; rien n'est pire que la critique pour les aborder. Seul l'amour peut les saisir, les garder, être juste envers elles (Rilke, Lettres à un jeune poète, 23. 04. 1903).

62 L'art ne reproduit pas le visible mais rend visible (P. Klee, Das bildnerische Denken, « Schöpferische Konfession »).

63 Etant l'impression passionnée de la vie, les arts ont pour fonction de nous mettre devant la vie dans un état passionné (Ramuz, revue Les Lettres 6, 1924).

64 Les fins de l'art ne sont pas moins troubles que ses moyens (J. Rostand, Pensées d'un biologiste, 8).

65 [...] il n'est pas de grande expédition, en art, qui ne s'entreprenne *au péril de la vie* [...] chaque artiste doit reprendre seul la poursuite de la Toison d'or (A. Breton, Prolégomènes à un troisième Manifeste du surréalisme ou non).

66 Le fou copie l'artiste, et l'artiste ressemble au fou (A. Malraux, L'Espoir, éd. la Pléiade, p. 470).

67 L'art est un anti-destin (A. Malraux, Les Voix du silence, IV, « La Monnaie de l'absolu »).

68 Les grands artistes ne sont pas les transcripteurs du monde, ils en sont les *rivaux* (A. Malraux, Les Voix du silence, II, « Les Métamorphoses d'Apollon » ; repris, au singulier, en épigraphe de L'Intemporel) ; *cf. supra*, Sénèque.

69 Toute création est, à l'origine, la lutte d'une forme en puissance

contre une forme imitée (A. MALRAUX, Psychologie de l'art, « Le Musée imaginaire », III).

70 Le seul domaine où le divin soit visible est l'art, quelque nom qu'on lui donne (A. MALRAUX, La Métamorphose des dieux, II, 1).

71 La seule force qui permette à l'homme d'être aussi puissant que les puissances de la nuit, c'est un ensemble d'œuvres qui ont en commun le caractère à la fois stupéfiant et simple d'être les œuvres qui ont échappé à la mort (A. MALRAUX, Inauguration de la maison de la culture de Bourges) ; > M. WINOCK, Chronique des années soixante.

72 Dieu n'est pas un artiste ; M. Mauriac non plus (J.-P. SARTRE, Situations I, « M. François Mauriac et la liberté ») ; >**.

73 Un artiste peut accepter pour sa part tous les honneurs, à condition que son œuvre, elle, les refuse (M. TOURNIER, Le Médianoche amoureux, qui cite E. SATIE : Il refuse la légion d'honneur, mais toute son œuvre l'accepte).

74 Un homme parfaitement heureux, quelque doué qu'il soit, ne créerait pas (B. GRASSET, Rilke et la vie créatrice).

arts

1 Si la musique est la partie maîtresse de l'éducation, n'est-ce pas, Glaucon, parce que le rythme et l'harmonie sont particulièrement propres à pénétrer dans l'âme [...] ? (PLATON, République, III, 401e).

2 Si un poème est une peinture parlante, la peinture doit être un poème silencieux (CORNIFICIUS, Rhétorique à Hérennius, IV, 28, 39). Cf. HORACE : Ut pictura poesis (« Il en est de la poésie comme de la peinture », Art poétique, v. 361 ; mais le contexte est différent).

3 L'honneur nourrit les arts [...] (CICÉRON, Tusculanes, I, 4) ; > J. DU BELLAY, Défense et Illustration de la langue française ; cf. SÉNÈQUE : /La louange/... (Epîtres, 102, 16).

4 — Mon fils comédien ! [...]/ — Cessez de vous en plaindre. A présent le théâtre/ Est en un point si haut que chacun l'idolâtre (CORNEILLE, L'Illusion comique, V, 5). Cf. P. CLAUDEL : [...] cette lamentable histoire qui fait partie de cette sourde tradition que l'on peut appeler la Légende parisienne. Qu'elle fasse trembler les familles chez qui se déclare cet affreux malheur, le pire qu'elles puissent appréhender, qui est une vocation artistique (L'œil écoute, « Camille Claudel »).

5 Quelle vanité que la peinture qui attire l'admiration par la ressemblance des choses, dont on n'admire point les originaux (PASCAL, Pensées, 40) ; > E. DELACROIX : Vaine chose que la peinture qui nous plaît par la ressemblance des objets qui ne sauraient nous plaire (référence non retrouvée) ; > A. CAMUS, L'Homme révolté, IV. > Cf. J. GREEN, Journal [1939].

6 Un portrait porte absence et présence, plaisir et déplaisir (Pascal, Pensées, 260 ; il s'agit, dans le contexte, des «figures» de la Bible).

7 Il y a de certaines choses dont la médiocrité est insupportable : la poésie, la musique, la peinture, le discours public (La Bruyère, Les Caractères, «Des ouvrages de l'esprit», 7) ; *cf.* «Littérature-livres», Boileau.

8 Que ferions-nous des arts, sans le luxe qui les nourrit ? (Rousseau, Discours sur les sciences et les arts, II ; pour l'expression «nourrir», voir *supra* Cicéron).

9 Une belle architecture donne toujours de belles ruines (Bernardin de Saint-Pierre, Etudes de la nature, XII, «Du sentiment de la mélancolie»).

10 Le plus nécessaire et le plus difficile et l'essentiel dans la musique, c'est le *tempo* (Mozart, Corr., 13. 10. 1777).

11 Il n'y a point de monuments plus intéressants que les tombeaux des hommes (Hegel, Esthétique, Introduction, I, I, 3).

12 La peinture n'est que de la morale construite (Stendhal, Histoire de la peinture en Italie, 156) ; > Baudelaire, Salon de 1846.

13 [...] je suis las des musées, — cimetière des arts ; — les fragments détachés de la place, de la destination et de l'ensemble, sont morts (Lamartine, Voyage en Orient, «Athènes», 18. 08. 1832). *Cf.* Cocteau : Un musée est une morgue (Essai de critique indirecte, «Le Mystère laïc»).

14 La musique creuse le ciel (Baudelaire, «Fusées» ; *cf. ibid.* : la musique donne l'idée de l'espace).

15 Glorifier le culte des images (ma grande, mon unique, ma primitive passion) (Baudelaire, «Mon cœur mis à nu», 69).

16 Un matin, l'un de nous manquant de noir, se servit de bleu : l'impressionnisme était né (A. Renoir, mot rapporté par G. Coquiot).

17 [...] la moralité des arts consiste dans l'usage parfait d'un moyen imparfait (O. Wilde, Le Portrait de Dorian Gray, Préface).

18 Tout le prix est dans les regards du peintre (M. Proust, Le Côté de Guermantes, II, 2).

19 [...] car le style pour l'écrivain, aussi bien que la couleur pour le peintre, est une question non de technique mais de vision (M. Proust, Le Temps retrouvé).

20 Le seul véritable commentaire d'un morceau de musique est un autre morceau de musique (I. Stravinsky, Souvenirs, d'après l'édition allemande).

21 Le comédien digne de ce nom ne s'impose pas au texte. Il le sert. Et servilement (J. Vilar, De la tradition théâtrale, «Assassinat du metteur en scène»).

22 [...] éliminer tous les moyens d'expression qui sont extérieurs aux lois pures et spartiates de la scène et réduire le spectacle à l'expression du corps et de l'âme de l'acteur (J. Vilar, <u>De la tradition théâtrale</u>, «Assassinat du metteur en scène»).

23 Le théâtre n'est pas la démonstration analytique de notre condition ; il est le chant dithyrambique de nos désirs profonds ou de nos railleries (J. Vilar, <u>De la tradition théâtrale</u>, «L'Œuvre dramatique»).

24 Je célèbre la voix mêlée de couleur grise/ Qui hésite aux lointains du chant qui s'est perdu (Y. Bonnefoy, <u>Hier régnant désert</u>, «A la voix de Kathleen Ferrier»).

audace

1 La fortune favorise les audacieux (en latin : *Audentes fortuna juvat* ; Virgile, <u>Enéide</u>, 10, 284 ; *cf.* Cicéron <u>Tusculanes</u>, 2, 4, 11 : *Fortes fortuna juvat*). On ajoute d'ordinaire : Et repousse les timides : *Timidosque repellit.* Cf. Térence : La fortune aide les courageux (*Fortes fortuna adjuvat*, <u>Phormion</u>, v. 203).

2 Le succès nourrit leur audace : ils peuvent, parce qu'ils croient pouvoir (Virgile, <u>Enéide</u>, 5, 231).

3 *Jacta alea est* («Le sort en est jeté», mot de Jules César sur le point de franchir le Rubicon avec des troupes qui n'en avaient pas le droit pour s'emparer du pouvoir, mot rapporté par Suétone, <u>Vies des douze Césars</u>, 32).

4 L'audace croît à l'expérience (Pline le Jeune, <u>Epîtres</u>, 9, 33, 6).

5 Les choses moins craintes sont moins défendues et observées : on peut oser plus aisément ce que personne ne pense que vous oserez, qui devient plus facile par sa difficulté (Montaigne, <u>Essais</u>, III, 5).

6 Mes pareils à deux fois ne se font point connaître/ Et pour des coups d'essai veulent des coups de maître (Corneille, <u>Le Cid</u>, II, 2).

7 J'ose tout entreprendre et puis tout achever (Corneille, <u>Le Cid</u>, V, 7).

8 [...] souffrez que je respire,/ Et que je considère, en l'état où je suis,/ **Et ce que je hasarde et ce que je poursuis** (Corneille, <u>Cinna</u>, I, 1) ; > A. Gide, <u>L'Ecole des femmes</u>, II.

9 Devine, si tu peux, et choisis, si tu l'oses (Corneille, <u>Héraclius</u>, IV, 4).

10 [...] L'on doit hasarder le possible toutes les fois que l'on se sent en état de profiter même du manquement de succès (Cardinal de Retz, <u>Mémoires</u>, II).

11 [...] tout ce qui est haut et audacieux est toujours justifié, et même consacré par le succès (Cardinal de Retz, <u>Mémoires</u>, II).

12 La distance n'y fait rien ; il n'y a que le premier pas qui compte
   (Mme du Deffand, à propos du miracle de saint Denis décapité et
   portant sa tête de Paris à Saint-Denis ; Corr., 7. 07. 1763).

13 Qui sait tout souffrir, peut tout oser (Vauvenargues, Réflexions et
   Maximes, 189).

14 Pour les vaincre, Messieurs, il nous faut **de l'audace, encore de
   l'audace, toujours de l'audace, et la France est sauvée** (Danton,
   discours du 2. 09. 1792).

15 Quand on n'a rien à perdre, on peut bien tout risquer (J.-L. Laya,
   L'Ami des lois, I, 4).

16 Le Monde est au risque. Le monde sera demain à qui risquera le
   plus, prendra plus fermement son risque (G. Bernanos, Les
   Grands Cimetières sous la lune, I, 1).

17 L'audacieux préfère son risque à la vie, et même à la gloire
   (G. Bernanos, Scandale de la vérité).

18 Le tact dans l'audace, c'est de savoir *jusqu'où on peut **aller trop
   loin** (Cocteau, Le Rappel à l'ordre, « Le Coq et l'Arlequin ») ; >**.

19 Notre seul pouvoir est de la saisir [l'occasion] (J. Grenier,
   Lexique, « Occasion » ; cf. Horace, Epodes, 13, 3-4, suivi d'une
   longue tradition).

20 Oser et faire. Il est plus facile de demander le pardon après, que
   la permission avant (devise de Grace Hopper).

B

beauté

1 Je suis noire, mais belle (*Nigra sum, sed formosa*, Cantique des
  cantiques, I, 5). > Bréviaire romain, auquel de nombreux auteurs ont
  emprunté la formule.

2 La voix est la fleur de la beauté (Diogène Laërce) ; > Montaigne,
  Essais II, 12 ; Chateaubriand, Mémoires d'outre-tombe, I, 12, 4 ; le thème
  remonte à Simonide.

3 [cela] se terminerait en un poisson affreusement noir (*turpiter
  atrum/ Desinat in piscem* ; Horace, Art poétique, v. 4, à propos
  d'un tableau mal composé où serait représenté un monstre,
  belle femme par en haut et poisson en bas).

4 Le sublime est la résonance d'une grande âme (Pseudo-Longin,
  Traité du sublime, IX, 2).

5 [Un] **beau ténébreux** (surnom d'Amadis de Gaule désespéré par
  les rigueurs d'Oriane et vivant comme un sauvage dans un
  ermitage, dans le roman espagnol qui porte le titre du

personnage, et qu'a traduit en français N. Herberay des Essars, Livre II) ; > Cervantès, Don Quichotte, 25 ; Sainte-Beuve : C'est le *beau ténébreux* (Chateaubriand et son groupe littéraire sous l'Empire, 14, à propos du héros de René, de Chateaubriand) ; Nerval, Les Filles du feu, Dédicace ; titre de J. Gracq.

6 La beauté est la splendeur du visage divin (M. Ficin, Commentaire sur le Banquet de Platon, V, 4, qui s'inspire des Ennéades de Plotin et du Psaume, 43, 4, en latin : *illuminatio vultus tui*).

7 Cueillez, cueillez votre jeunesse :/ Comme à cette fleur la vieillesse/ Fera ternir votre beauté (Ronsard, Odes, « A Cassandre »).

8 Une rose d'automne est plus qu'une autre exquise (A. d'Aubigné, Les Tragiques, IV, v. 1233).

9 Toute beauté remarquable a quelque bizarrerie dans ses proportions (F. Bacon, Essais, 43, « De la beauté ») ; > E. A. Poe : « Il n'est pas de beauté parfaite », dit Bacon, Lord Verulam, définissant exactement les formes et *genera* de la beauté, « sans quelque bizarrerie dans sa composition » (Ligeia) ; Baudelaire : *Le beau est toujours bizarre* (« Exposition universelle de 1855 » ; *cf. infra*, Baudelaire).

10 **Nous faisons cas du Beau, nous méprisons l'Utile** ;/ Et le Beau souvent nous détruit (La Fontaine, « Le Cerf se voyant dans l'eau ») ; >**.

11 J'ai donc cherché longtemps un biais de vous donner/ **La beauté que les ans ne peuvent moissonner**,/ de faire entrer en vous le désir des sciences,/ de vous instituer les belles connaissances (Molière, Les Femmes savantes, III, 4 ; Philaminte à sa fille Henriette).

12 La mode même et les pays règlent ce que l'on appelle beauté (Pascal, Discours sur les passions de l'amour ; il s'agit de la beauté des femmes).

13 Puis donc qu'une pensée n'est belle qu'en ce qu'elle est vraie ; et que l'effet infaillible du Vrai, quand il est bien énoncé, c'est de frapper les hommes, il s'ensuit que ce qui ne frappe point les hommes, n'est ni beau ni vrai, ou qu'il est mal énoncé [...] (Boileau, Préface des Œuvres) ; *cf.* Satires, IX, *infra*.

14 Rien n'est beau que le vrai : le vrai seul est aimable (Boileau, Satires, IX) ; > A. de Musset : Rien n'est vrai que le beau, rien n'est vrai sans beauté (« Après une lecture ») ; Montherlant : Rien n'est beau que le frais, le frais seul est aimable (Carnets, XXIX).

15 Chez elle [l'ode] un **beau désordre** est un effet de l'art (Boileau, Art poétique, II).

16 Que ces **vains ornements**, que ces voiles me pèsent (Racine, Phèdre, I, 3) ; > M. Proust, Du côté de chez Swann, I.

17 Cette nuit je l'ai vue arriver en ces lieux,/ Triste, levant au ciel ses yeux mouillés de larmes,/ Qui brillaient au travers des

flambeaux et des armes ;/ Belle sans ornements, **dans le simple appareil/ D'une beauté qu'on vient d'arracher au sommeil** (RACINE, Britannicus, II, 2) ; > CHODERLOS DE LACLOS, Les Liaisons dangereuses, Lettre 71 ; STENDHAL, Souvenirs d'égotisme, 3.

18 Ciel ! quel nombreux essaim d'innocentes beautés/ S'offre à mes yeux en foule et sort de tous côtés !/ Quelle aimable pudeur sur leur visage est peinte (RACINE, Esther, I, 2) ; > M. PROUST, Sodome et Gomorrhe, II, 1.

19 Le beau plaît immédiatement. Il plaît en dehors de tout intérêt (E. KANT, Critique de la faculté de juger, trad. Philonenko, 1965, p. 175).

20 La beauté n'est que la promesse du bonheur (STENDHAL, De l'amour, XVII ; cf. Histoire de la peinture en Italie, 156 : La beauté est l'expression d'une certaine manière habituelle de chercher le bonheur) ; > BAUDELAIRE : /Le Beau/ (Le Peintre de la vie moderne ; M. PROUST, La Prisonnière) ; cf. BAUDELAIRE : Il y a autant de beautés qu'il y a de manières habituelles de chercher le bonheur (Salon de 1846, 2) ; A. GIDE citant une déformation due à MITHOUARD : « L'amour est une promesse de bonheur » (Journal [1908]) qu'on rapprochera d'A. SUARÈS : Qu'est-ce que le bonheur, pour la plupart des êtres mortels, sinon la certitude de l'amour (Voyage du condottiere, Vers Venise, « Holbein ») ; A. CAMUS : Et je sais des heures et des lieux où le bonheur peut paraître si amer qu'on lui préfère sa promesse (« Le Désert », Noces).

21 [...] si l'on parvient ainsi à préférer et aimer la laideur, c'est que dans ce cas la laideur est beauté (STENDHAL, De l'amour, XVII).

22 Italie, O Italie, tu as **le don fatal de la beauté** (BYRON, Pèlerinage de Childe Harold, IV, 42).

23 Aucune grâce extérieure n'est complète si la beauté intérieure ne la vivifie. La beauté de l'âme se répand comme une lumière mystérieuse sur la beauté du corps (HUGO, Post-scriptum de ma vie, VI ; l'idée provient de M. FICIN, texte cité *supra*).

24 [...] la grâce vient peut-être de la *possibilité d'éprouver de l'amour* (BARBEY D'AUREVILLY, Memoranda [4. 09. 1838]).

25 La beauté est une. Seule la laideur est multiple [...] (BARBEY D'AUREVILLY, Les Diaboliques, « La Vengeance d'une femme »).

26 Il n'y a de vraiment beau que ce qui ne peut servir à rien : tout ce qui est utile est laid (TH. GAUTIER, Préface de Mademoiselle de Maupin).

27 Dors, ô blanche victime en notre âme profonde,/ Dans ton linceul de vierge et ceinte de lotos ;/ Dors ! l'impure laideur est la reine du monde,/ Et nous avons perdu le chemin de Paros (LECONTE DE LISLE, Poèmes antiques, « Hypatie »).

28 Ah ! je ris de me voir/ Si belle en ce miroir ! (M. CARRÉ et J. BARBIER, Faust, III, 6, sur une musique de Gounod, air des

bijoux ; *cf.* GOETHE, Premier Faust, « Le Soir ») ; > air préféré de la
Castafiore, chez Tintin de HERGÉ.

29 Je suis belle, ô mortels, comme un rêve de pierre (BAUDELAIRE,
Les Fleurs du mal, « La Beauté »).

30 Viens-tu du ciel profond ou sors-tu de l'abîme,/ O Beauté ? [...]
(BAUDELAIRE, Les Fleurs du mal, « Hymne à la beauté »).

31 O charme d'un néant follement attifé ! (BAUDELAIRE, Les Fleurs du
mal, « Danse macabre »).

32 Qu'importe ta bêtise ou ton indifférence ?/ Masque ou décor,
salut ! J'adore ta beauté (BAUDELAIRE, Les Fleurs du mal, « L'Amour
du mensonge »).

33 Il m'a paru plaisant, et d'autant plus agréable que la tâche était
plus difficile, d'extraire la *beauté* du *Mal* (BAUDELAIRE, Préface
des Fleurs du mal).

34 J'ai trouvé la définition du Beau, — de mon Beau. C'est quelque
chose d'ardent et de triste, quelque chose d'un peu vague,
laissant carrière à la conjecture (BAUDELAIRE, « Fusées »).

35 Parce que le Beau est *toujours* étonnant, il serait absurde de
supposer que ce qui est étonnant est *toujours* beau (BAUDELAIRE,
Salon de 1859 ; *cf. supra*, F. BACON).

36 L'ignoble me plaît. C'est le sublime d'en bas (FLAUBERT, Corr.,
4-5. 10. 1846).

37 Ce qui fait les figures de l'antiquité si belles, c'est qu'elles
étaient originales (FLAUBERT, Corr., 8. 05. 1852).

38 La Beauté deviendra peut-être un sentiment inutile à l'humanité.
Et l'art sera quelque chose qui tiendra le milieu entre l'algèbre
et la musique ? (FLAUBERT, Corr., 4. 09. 1852).

39 Sculpteur, cherche avec soin, en attendant l'extase,/ Un marbre
sans défaut pour en faire un beau vase (TH. DE BANVILLE,
Stalactites).

40 Disséquer le corps humain, c'est détruire sa beauté ; et pourtant,
par cette dissection, la science arrive à y reconnaître une beauté
d'un ordre bien supérieur et que la vue superficielle n'aurait pas
soupçonnée (E. RENAN, L'Avenir de la science, 5).

41 Tard je t'ai connue, beauté parfaite. J'aurai des retours, des
faiblesses (E. RENAN, « Prière sur l'Acropole », Souvenirs d'enfance
et de jeunesse, II) ; il s'agit d'une paraphrase de SAINT AUGUSTIN : Tard
je t'ai aimée, beauté si ancienne et si nouvelle, tard je t'ai aimée (Les
Confessions, X, XXVII, 38 ; ce texte augustinien, qui s'adresse à Dieu, a
fait l'objet d'une longue tradition de citation et de réécriture jusqu'à
celle de RENAN, aujourd'hui la plus connue).

42 [...] renaître portant mon rêve en diadème,/ Au ciel antérieur où
fleurit la Beauté ! (MALLARMÉ, « Les Fenêtres »).

43 J'oserai dire qu'il n'y a de vrai au monde que le beau. Le beau

nous apporte la plus haute révélation du divin qu'il soit permis de connaître (A. France, La Vie littéraire, « Les Torts de l'histoire »).

44 Il est beau [...] comme la rencontre fortuite sur une table de dissection d'une machine à coudre et d'un parapluie! (Lautréamont, Les Chants de Maldoror, VI).

45 Un soir, j'ai assis la Beauté sur mes genoux. — Et je l'ai trouvée amère. — Et je l'ai injuriée (Rimbaud, Une saison en enfer, *****).

46 La beauté du neuf, tout de même, c'est d'être propre (J. Renard, Journal [1906]).

47 Cherchez la plus belle harmonie, celle qui est le miel noir des dissonances (R. Rolland, L'Ame enchantée).

48 La définition du Beau est facile : *il est ce qui désespère*. Mais il faut bénir ce genre de désespoir qui vous détrompe, vous éclaire, et, comme disait le vieil Horace de Corneille, — *qui vous secourt* (P. Valéry, « Lettre sur Mallarmé », Variété, *cf.* Corneille : Qu'il mourût,/ Ou qu'un beau désespoir alors le secourût, Horace, III, 6).

49 Mère Ubu, tu es bien laide aujourd'hui. Est-ce parce que nous avons du monde ? (A. Jarry, Ubu roi, I, 2) ; > A. Gide, Journal [1927].

50 [Jupiter] a créé la terre. Mais la beauté de la terre se crée elle-même, à chaque minute. Ce qu'il y a de prodigieux en elle, c'est qu'elle est éphémère (J. Giraudoux, Amphitryon 38, II, 2).

51 Chaque homme, même le plus laid, nourrit en soi une amorce et un secret par lequel il se relie directement à la beauté même (J. Giraudoux, L'Apollon de Bellac, 2).

52 [...] le monde de la beauté. Ce n'est pas un monde que l'on apprend. On le découvre, on le crée, à partir de soi-même (J. Guéhenno, Changer la vie, « Souvenirs du bonheur »).

53 La beauté ne se montre qu'aux cœurs généreux. Je ne la méritais pas (J. Guéhenno, Changer la vie, « A la découverte »).

54 La beauté vitale peut tout se permettre : elle n'est pas astreinte aux limitations du goût (J. Rostand, Carnet d'un biologiste).

55 J'ai la beauté facile et c'est heureux (Eluard, Capitale de la douleur).

56 La beauté sera CONVULSIVE ou ne sera pas (A. Breton, Nadja, dernière phrase). *Cf.* A. Thiers : La République sera conservatrice, ou elle ne sera pas (Dupré, 1997).

57 Beauté sans destination immédiate, sans destination connue d'elle-même, fleur inouïe faite de tous ces membres épars dans un lit qui peut prétendre aux dimensions de la terre (A. Breton, Les Vases communicants).

58 Tranchons-en : le merveilleux est toujours beau, n'importe quel merveilleux est beau, il n'y a même que le merveilleux qui soit beau (A. Breton, Premier Manifeste du surréalisme).

59 L'acquiescement éclaire le visage. Le refus lui donne la beauté (R. Char, Feuillets d'Hypnos).

60 Dans nos ténèbres il n'y a pas une place pour la Beauté. Toute la place est pour la Beauté (R. Char, Feuillets d'Hypnos).

61 [... Rembrandt] à la fois va exalter les somptuosités convention- nelles et les dénaturer de telle façon qu'il sera impossible de les identifier. Il ira plus loin. Cet éclat qui les fait paraître précieuses, il le fait passer dans les matières les plus misérables, si bien que tout sera confondu (J. Genet, Le Secret de Rembrandt) ; >**

62 Oui, la beauté est atroce parce qu'elle n'est qu'un phantasme ou parce qu'elle est hors de moi, ou parce qu'elle ne m'appartient pas (E. Ionesco, Présent passé, Passé présent, V).

63 Sublime, forcément sublime (derniers mots d'un article de M. Duras sur l'affaire Villemin, Libération, 1985).

64 La beauté sauvera le monde (Titre de B. Bro repris d'un propos du Prince Muichkine, dans Dostoïevski, L'Idiot, III, 5).

65 Seule la beauté peut rendre l'existence supportable, car c'est elle qui a la fonction de mêler à la pensée droite, à la raison, le pathétique humain, le sens (M. Serres, interview au journal Réforme, 1991).

bêtise

1 Ce qui instruit les sots, ce n'est pas la parole, c'est le malheur (Démocrite, Fragments).

2 O sainte simplicité ! (mot attribué à J. Huss ; voir Dupré, 5803).

3 L'obstination et ardeur d'opinion est la plus sûre preuve de bêtise. Est-il rien certain, résolu, dédaigneux, contemplatif, grave, sérieux comme l'âne ? (Montaigne, Essais, III, 8) ; > Alain, Propos [8. 06. 1912].

4 J'oy journellement dire à des sots des mots non sots (Montaigne, Essais, III, 8).

5 Un homme d'esprit serait souvent bien embarrassé sans la compagnie des sots (La Rochefoucauld, Maximes, 140).

6 Un sot n'a pas assez d'étoffe pour être bon (La Rochefoucauld, Maximes, 387).

7 [...] Rien ne persuade tant les gens qui ont peu de sens, que ce qu'ils n'entendent pas (cardinal de Retz, Mémoires, II).

8 Le plus âne des trois n'est pas celui qu'on pense (La Fontaine, « Le Meunier, son Fils et l'Ane »).

9 [Elle] me vint demander,/ Avec une innocence à nulle autre pareille,/ Si les enfants qu'on fait se faisaient par l'oreille (MOLIÈRE, L'Ecole des femmes, I, 1).

10 Le petit chat est mort (MOLIÈRE, L'Ecole des femmes, II, 5 ; dans la bouche d'Agnès) ; *cf.* les variations sur cette phrase dans J. GIRAUDOUX, L'Impromptu de Paris, 4.

11 Ah ! ma foi, oui, *tarte à la crème* ! voilà ce que j'avais remarqué tantôt ; *tarte à la crème* ! [...] *tarte à la crème*, morbleu ! *tarte à la crème* (MOLIÈRE, La Critique de L'Ecole des femmes, 6 ; Le Marquis reprend une expression de L'Ecole des femmes, I, 1).

12 Vous êtes un sot en trois lettres, mon fils (MOLIÈRE, Tartuffe, I, 1).

13 Midas, le roi Midas, a des oreilles d'âne (mot célèbre, repris par BOILEAU, Satires, IX ; voir PERSE, Satires, I, v. 119 sq.).

14 Un Sot trouve toujours un plus Sot qui l'admire (BOILEAU, Art poétique, I, dernier vers) ; > L. CROZET, Journal [1805].

15 Chercherons-nous toujours de l'esprit dans les choses qui en demandent le moins ? (RACINE, Corr., 30. 05. 1693) ; > A. GIDE, Journal [1942].

16 Un sot ni n'entre, ni ne sort, ni ne s'assied, ni ne se lève, ni ne se tait, ni n'est sur ses jambes, comme un homme d'esprit (LA BRUYÈRE, Les Caractères, « Du mérite personnel », 37).

17 Si la pauvreté est la mère des crimes, le défaut d'esprit en est le père (LA BRUYÈRE, Les Caractères, « De l'homme », 13).

18 Tout le monde dit d'un fat qu'il est un fat ; personne n'ose le lui dire à lui-même : il meurt sans le savoir, et sans que personne se soit vengé (LA BRUYÈRE, Les Caractères, « De l'homme », 90).

19 Tous les hommes se ressemblent si fort qu'il n'y a point de peuple dont les sottises ne doivent nous faire trembler (FONTENELLE, De l'origine des fables).

20 La grande erreur des gens d'esprit est de ne croire jamais le monde assez bête, aussi bête qu'il est (mot de MME DE TENCIN, rapporté par CHAMFORT, Caractères et Anecdotes).

21 J'appelle ici préjugés, non pas ce qui fait qu'on ignore de certaines choses, mais ce qui fait qu'on s'ignore soi-même (MONTESQUIEU, De l'esprit des lois, Préface).

22 On a dit que l'amour qui ôtait l'esprit à ceux qui en avaient en donnait à ceux qui n'en avaient pas. C'est-à-dire, en autre français, qu'il rendait les uns sensibles (DIDEROT, Paradoxe sur le comédien).

23 — Sachez que quand je dispute avec un fat, je ne lui cède

jamais. — Nous différons en cela, Monsieur ; moi, je lui cède toujours (Beaumarchais, Le Barbier de Séville, III, 5, dialogue de Bartholo et Figaro).

24 — Que les gens d'esprit sont bêtes ! — On le dit (Beaumarchais, Le Mariage de Figaro, I, 1). *Cf.* Choderlos de Laclos : Mon Dieu ! que ces gens d'esprit sont bêtes ! (Les Liaisons dangereuses, Lettre 38).

25 Les trois quarts des folies ne sont que des sottises (Chamfort, Maximes et Pensées).

26 Il faut savoir faire les sottises que nous demande notre caractère (Chamfort, Maximes et Pensées).

27 Tout croire est d'un imbécile/ Tout nier est d'un sot (Ch. Nodier, Contes, « Inès de las Sierras », 2 ; ainsi introduit : Je vais finir par un adage qui je crois est de ma façon, mais qu'on trouverait peut-être ailleurs en cherchant bien, car il n'y a rien qui n'ait été dit).

28 L'esprit d'une bête, c'est de ne pas être un sot (Hugo, Post-scriptum de ma vie, II).

29 On n'est jamais excusable d'être méchant, mais il y a quelque mérite à savoir qu'on l'est ; et le plus irréparable des vices est de faire le mal par bêtise (Baudelaire, Le Spleen de Paris, « La Fausse Monnaie »).

30 Mon Dieu à moi, c'est le Dieu de Socrate, de Franklin, de Voltaire et de Béranger. Je suis pour la *Profession de foi du vicaire savoyard* et les immortels principes de 89 (Flaubert, Madame Bovary, II, 1 ; dans la bouche de M. Homais).

31 Il vient de recevoir la croix d'honneur (Flaubert, Madame Bovary, dernière phrase du roman ; il s'agit de M. Homais).

32 *L'ineptie consiste à vouloir conclure.* [...] Oui, la bêtise consiste à vouloir conclure (Flaubert, Corr., 4. 09. 1850) ; > Montherlant : /En art, il ne faut pas conclure/ (Carnets, notes non datées).

33 J'appelle bourgeois quiconque pense bassement (mot de Flaubert rapporté par Maupassant, Gustave Flaubert).

34 Que voulez-vous ? c'est M. Homais qui a raison. Sans M. Homais, nous serions tous brûlés vifs (E. Renan, Souvenirs d'enfance et de jeunesse, III).

35 Il n'y a pas de péché en dehors de la stupidité (O. Wilde, Intentions).

36 Mais, hélas ! Ici-bas est maître : sa hantise/ Vient m'écœurer parfois jusqu'en cet abri sûr,/ Et le vomissement impur de la Bêtise/ Me force à me boucher le nez devant l'azur (Mallarmé, « Les Fenêtres ») ; > P. Valéry, « Stéphane Mallarmé », Variété.

37 Il faut déjà passablement d'intelligence pour souffrir de n'en avoir pas davantage. Rien de plus fat qu'un niais (A. Gide, Journal [1930]).

38 Moins le blanc est intelligent, plus le noir lui paraît bête (A. GIDE, Voyage au Congo).

39 La bêtise n'est pas mon fort (P. VALÉRY, Monsieur Teste).

40 Un état bien dangereux : croire comprendre (P. VALÉRY, Tel quel, I).

41 Les bêtises qu'il a faites et les bêtises qu'il n'a pas faites se partagent les regrets de l'homme (P. VALÉRY, Tel quel, I).

42 Qu'est-ce qu'un sot ? — Peut-être ce n'est qu'un esprit peu exigeant, qui se contente de peu. Un sot serait-il un sage ? (P. VALÉRY, Mauvaises pensées et autres).

43 C'est parce que la foule est une masse inerte et incompréhen-sive et passive qu'il la faut frapper de temps en temps, pour qu'on connaisse à ses grognements d'ours, où elle est, où elle en est. Elle est assez inoffensive, malgré qu'elle soit le nombre, parce qu'elle combat contre l'intelligence (A. JARRY, « Question de théâtre » dans La Revue blanche, 1897).

44 Souvent on appelle la vie les bêtises que l'on fait (J. CHARDONNE, L'Amour, c'est beaucoup plus que l'amour, III).

45 Mais la vie moderne ne transporte pas seulement les imbéciles d'un lieu à un autre, elle les brasse avec une sorte de fureur (G. BERNANOS, Les Grands Cimetières sous la lune, I, 1).

46 J'ai écrit un jour que la colère des imbéciles remplirait le monde. Le monde est plein à ras bord (G. BERNANOS, Les Enfants humiliés ; cf. Les Grands Cimetières..., I, 1).

47 [...] l'imbécile n'est jamais simple, et très rarement ignorant. L'intellectuel devrait donc nous être par définition, suspect ? Certainement (G. BERNANOS, La France contre les robots, 7).

48 La Bêtise ne consiste pas à n'avoir pas d'idées ; cela, c'est la Bêtise douce et bienheureuse des animaux, des coquillages et des dieux. La bêtise humaine consiste à avoir beaucoup d'idées, mais des idées bêtes (H. DE MONTHERLANT, Carnets, XXI).

49 JE MARCHE A L'AIDE DES PIEDS, JE PHILOSOPHE A L'AIDE DES SOTS. MEME A L'AIDE DES PHILOSOPHES (G. BATAILLE, Somme athéologique, « Méthode de méditation », I, 3 ; en capitales dans le texte).

50 [...] et de la bêtise, je n'aurais le droit de dire, en somme, que ceci : *qu'elle me fascine* (R. BARTHES par lui-même).

51 La bêtise, c'est d'être surpris (R. BARTHES, Fragments d'un discours amoureux, « Obscène »).

bonheur

1 Quand il s'agit d'un mortel, il faut attendre sa dernière journée avant de l'appeler heureux (SOPHOCLE, Œdipe roi) ; > OVIDE,

Métamorphoses, III, 135 ; Montaigne : Qu'il ne faut juger de nostre heur qu'après la mort (titre de l'Essai I, 19, où l'idée est reprise et développée).

2 **O fortunatos** *nimium, sua si bona norint,/* **Agricolas!** («O trop heureux, s'ils connaissaient leur bonheur, les paysans!», Virgile, Géorgiques, II, 458) ; > G. Sand, La Mare au diable, II.

3 *Beata Solitudo, Sola Beatitudo* («Bienheureuse solitude, seul bonheur» ; devise de saint Bernard de Clairvaux) ; > L. Bloy, Le Symbolisme de l'apparition, II, 2 ; R. Rolland, Souvenirs de jeunesse. *Cf.* H. de Montherlant : *Beata altitudo, sola beatitudo* («Bienheureuse hauteur, seule béatitude», Carnets, XXII).

4 *Parva sed apta mihi* («Petite, mais qui me convient» ; inscription rédigée par l'Arioste pour sa maison de Ferrare ; la suite précise : *sed nulli obnoxia, sed non sordida : parta meo sed tamen aere domus* : «sujette à personne, mais non mesquine ; et pourtant acquise de mon propre argent»). Thème souvent repris, jusque sur les pavillons «Samsuffit».

5 La moisson de nos champs lassera les faucilles,/ Et les fruits passeront la promesse des fleurs (Malherbe, Poésies, «Prière pour le roi Henri le Grand» ; var. : /les promesses/).

6 *Et in Arcadia ego!* («Moi aussi, j'ai vécu en Arcadie!» ; épigraphe de tableaux de B. Schidone, puis de Poussin, du Guerchin et de Reynolds ; l'exclamation désigne un bonheur perdu).

7 Dans le bonheur d'autrui, je cherche mon bonheur (Corneille, Le Cid, I, 3).

8 Et l'on peut me réduire à vivre sans bonheur,/ Mais non pas me résoudre à vivre sans honneur (Corneille, Le Cid, II, 1).

9 — **Rodrigue, qui l'eût cru? — Chimène, qui l'eût dit?**/ — Que notre heur fût si proche et si tôt se perdît? (Corneille, Le Cid, III, 4 ; «heur» signifie bonheur ; traduction de vers de Guillen de Castro, Mocedades del Cid) ; > Mme de Sévigné, Corr., 19. 12. 1670 (ordre des noms inversé).

10 Et le moindre moment d'un bonheur souhaité/ Vaut mieux qu'une si froide et vaine éternité (Corneille, Suréna, I, 3).

11 On n'est jamais si heureux ni si malheureux qu'on s'imagine (La Rochefoucauld, Maximes, 49 ; 1re éd. : /que l'on pense/).

12 J'aime le jeu, l'amour, les livres, la musique/ La ville et la campagne, enfin tout ; il n'est rien/ Qui ne me soit souverain bien,/ Jusqu'au **sombre plaisir d'un cœur mélancolique** (La Fontaine, Les Amours de Psyché et de Cupidon, Livre II) ; > A. Gide : qui ajoute : c'en sera fait de vous! Ici commence l'âge viril, l'ère de la réalité (Journal [1943]) ; Ph. Sollers, La Fête à Venise.

13 [...] la tranquillité en amour est un calme désagréable ; un **bonheur tout uni nous devient ennuyeux** ; il faut du haut et du bas dans la vie ; et les difficultés qui se mêlent aux choses

réveillent les ardeurs, augmentent les plaisirs (Molière, Les Fourberies de Scapin, III, 2) ; >**.

14 Nous recherchons le bonheur, et ne trouvons que misère et mort. Nous sommes incapables de ne pas souhaiter la vérité et le bonheur et sommes incapables ni de certitude, ni de bonheur (Pascal, Pensées, 401).

15 Notre instinct nous fait sentir qu'il faut chercher notre bonheur hors de nous (Pascal, Pensées, 143).

16 M. de Clèves se trouvait heureux sans être néanmoins entièrement content (Mme de la Fayette, La Princesse de Clèves, I) ; > J. Grenier, Lexique, « Content » : /sans se trouver/.

17 Le bonheur des méchants comme un torrent s'écoule (Racine, Athalie, II, 7 ; cf. Psaumes, 58, 8, et Sagesse, 16, 29) ; > M. Proust, Du côté de chez Swann, I.

18 Il y a une espèce de honte d'être heureux à la vue de certaines misères (La Bruyère, Les Caractères, « De l'homme », 82) ; > F. Nietzsche, La Généalogie de la morale. Cf. A. Camus : Il n'y a pas de honte à être heureux (« Noces à Tipasa », Noces).

19 Celui qui veut être heureux se réduit et se resserre autant qu'il est possible. Il a ces deux caractères, il change peu de place et en tient peu (Fontenelle, Du bonheur).

20 Le plus grand secret pour le bonheur, c'est d'être bien avec soi (Fontenelle, Du bonheur).

21 Un grand obstacle au bonheur, c'est de s'attendre à un trop grand bonheur (Fontenelle, Du bonheur).

22 Le paradis terrestre est où je suis (Voltaire, Satires, « Le Mondain »). Cf. Dostoïevski : la vie est un paradis où nous sommes tous, mais nous ne voulons pas le savoir, sinon demain la terre entière deviendrait un paradis (Les Frères Karamazov, II, 15) ; > H. de Montherlant, Carnets, XXVIII.

23 Je résolus de ne plus voir que mes pénates. Je me mariai chez moi, je fus cocu, et je vis que c'était l'état le plus doux de la vie (Voltaire, Histoire des voyages de Scarmentado).

24 [...] qu'il est dangereux de se mettre à la fenêtre ! et qu'il est difficile d'être heureux dans cette vie (Voltaire, Zadig, ou La Destinée, « Le Chien et le Cheval »).

25 Nous nous préparons donc des peines toutes les fois que nous cherchons des plaisirs ; nous sommes malheureux dès que nous désirons d'être plus heureux (Buffon, « Discours sur la nature des animaux », t. IV de l'Histoire naturelle, 1753).

26 Je me levais avec le soleil, et j'étais heureux ; je me promenais, et j'étais heureux ; je voyais Maman, et j'étais heureux ; je la quittais, et j'étais heureux (Rousseau, Les Confessions, VI :

«Maman» désigne l'amante et protectrice du jeune Rousseau, Mme de Warens).

27 Le bonheur est un état trop constant et l'homme un être trop muable pour que l'un convienne à l'autre (Rousseau, Ebauche des Rêveries).

28 Je sens que faire le bien est le plus vrai bonheur que le cœur humain puisse goûter (Rousseau, VIe Promenade).

29 L'homme le plus heureux est celui qui fait le bonheur d'un plus grand nombre d'autres (Diderot, Discours sur la poésie dramatique).

30 On est heureux ou malheureux par une foule de choses qui ne paraissent pas, qu'on ne dit point et qu'on ne peut dire (Chamfort, Maximes et Pensées).

31 Tout est également vain dans les hommes, leurs joies et leurs chagrins ; mais il vaut mieux que la bulle de savon soit d'or ou d'azur, que noire ou grisâtre (Chamfort, Maximes et Pensées).

32 Il en est du bonheur comme des montres ; les moins compliquées sont celles qui se dérangent le moins (Chamfort, Maximes et Pensées).

33 Pour vivre heureux, vivons caché (Florian, Fables, «Le Grillon»; la maxime est déjà attestée en grec : Vis caché) >* : /Pour vivre heureux à deux/. *Cf.* Hugo : AMI, cache ta vie, et répands ton esprit (Les Rayons et les Ombres, XXI).

34 Dès qu'il existe un secret entre deux cœurs qui s'aiment, dès que l'un d'eux a pu se résoudre à cacher à l'autre une seule idée, le charme est rompu, le bonheur est détruit (B. Constant, Adolphe, 5).

35 Le bonheur est une idée neuve en Europe (Saint-Just, Rapport à la Convention, 3. 03. 1794).

36 [...] souffrir ou être malheureux, ce n'est pas la même chose ; jouir ou être heureux, ce n'est pas non plus une même chose (Senancour, Oberman, Lettre XVIII).

37 (J'appelle *caractère* d'un homme sa **manière habituelle d'aller à la chasse au bonheur**, en termes plus clairs, mais moins significatifs : l'*ensemble de ses habitudes morales!*) (Stendhal, Vie de Henry Brulard, 36).

38 Là, ce me semble, a été mon approche la plus voisine du *bonheur parfait*.
Pour un tel moment il vaut la peine d'avoir vécu (Stendhal, Vie de Henry Brulard, 44).

39 Quel parti prendre? Comment peindre le bonheur fou? (Stendhal, Vie de Henry Brulard, 47).

40 Emporte le bonheur et laisse-nous l'ennui (Hugo, Les Contemplations, IV, 2) ; > M. Proust :/laisse-moi/ (Le Temps retrouvé).

41 [...] cette mélancolie qu'ont les femmes qui ont cherché le bonheur et qui n'ont trouvé que l'amour (Barbey d'Aurevilly, Une vieille maîtresse, I, 4).

42 [...] je crois que j'étais heureux, si le bonheur consiste à vivre rapidement, à aimer de toutes ses forces, sans aucun sujet de repentir et sans espoir (Fromentin, Dominique, XI).

43 La contemplation de certains bonheurs dégoûte du bonheur : quel orgueil ! C'est quand on est jeune surtout que la vue des félicités vulgaires vous donne la nausée de la vie (Flaubert, Corr., 15. 04. 1852).

44 Mais il ne faut jamais penser au bonheur ; cela attire le diable, car c'est lui qui a inventé cette idée-là pour faire enrager le genre humain (Flaubert, Corr., 21. 05. 1853).

45 O Saisons, ô châteaux !/ Quelle âme est sans défauts ?// J'ai fait la magique étude/ Du bonheur, qu'aucun n'élude (Rimbaud, Une saison en enfer, « Délires II »).

46 Le Bonheur était ma fatalité, mon remords, mon ver [...] (Rimbaud, Une saison en enfer, « Délires II, Alchimie du verbe »).

47 Le bonheur, c'est d'être heureux ; ce n'est pas de faire croire aux autres qu'on l'est (J. Renard, Journal [1906]).

48 Le vrai bonheur serait de se souvenir du présent (J. Renard, Journal [1891]).

49 Le bonheur, c'est de le chercher (J. Renard, Journal [1909]).

50 Le bonheur n'est pas quelque chose que l'on poursuit, mais quelque chose que l'on a. Hors de cette possession, il n'est qu'un mot (Alain, Eléments de philosophie, V, 1).

51 Le bonheur est une récompense qui vient à ceux qui ne l'ont pas cherchée (Alain, Propos [18. 03. 1911]).

52 Car il n'y a pas d'autre bonheur pour l'homme que de donner son plein (P. Claudel, Feuilles de saints, « L'Architecte »).

53 [...] ah ! tu n'es pas le bonheur ! tu es cela qui est à la place du bonheur ! (P. Claudel, Partage de midi, 1re version, II) ; > R. Brasillach, Comme le temps passe, en exergue du 6e épisode ; cf. plus loin chez R. Brasillach : [...] puisque la paix, elle aussi, n'est pas le bonheur, mais cela qui est à la place du bonheur.

54 [...] car les vrais paradis sont les paradis qu'on a perdus (M. Proust, Le Temps retrouvé) ; > A. Camus : /les seuls paradis/ (« Entre oui et non », L'Envers et l'Endroit).

55 L'homme heureux est celui qui se retrouve avec plaisir au réveil, se reconnaît celui qu'il aime être (P. Valéry, Mélange).

56 Le bonheur a les yeux fermés (P. Valéry, Mauvaises pensées et autres). Cf. J. Hamburger : Est-il possible d'être heureux, les yeux ouverts ? (Le Miel et la Ciguë, Avant-propos).

57 C'est un devoir que d'être heureux (A. GIDE, Journal [1934]) ; *cf.*
ALAIN : Ce que l'on n'a point assez dit, c'est que c'est un devoir aussi
envers les autres que d'être heureux (Propos [16. 03. 1923], « Devoir
d'être heureux ») ; A. CAMUS : [...] une condition qui, en certaines
circonstances, nous fait un devoir d'être heureux (« Noces à Tipasa »,
Noces).

58 D'avoir goûté tant de bonheur, l'âme sera-t-elle jamais conso-
lée ? (A. GIDE, Les Nourritures terrestres, VIII).

59 Le bonheur n'existe que gratuit. Il n'est pas ressenti par
contraste, ni obtenu par la volonté ou la sagesse (J. CHARDONNE,
L'Amour, c'est beaucoup plus que l'amour, III).

60 Le bonheur c'est le répit dans l'inquiétude (A. MAUROIS, Climats,
II, « Isabelle ») ; >* : /répit à l inquiétude/.

61 Nous devons considérer que tous les événements qui nous
arrivent sont des événements heureux (S. GUITRY, Le Nouveau
Testament).

62 Les hommes seraient plus heureux si on leur parlait moins de
bonheur (S. GUITRY, Le Nouveau Testament).

63 La plupart des hommes font du bonheur une condition. Mais le
bonheur ne se rencontre que lorsqu'on ne pose pas de
condition (A. RUBINSTEIN, Souvenirs, 1, d'après l'édition allemande).

64 Il n'y a pas de bonheur intelligent (J. ROSTAND, Pensées d'un
biologiste, 9).

65 Nous étions faits pour être libres/ Nous étions faits pour être
heureux (ARAGON, Elsa, « Un homme passe sous la fenêtre et
chante »).

66 Ça que je trouve si merveilleux (S. BECKETT, Oh ! les beaux
jours).

67 Du bonheur qui n'est que de l'anxiété différée. Du bonheur
bleuté, d'une insubordination admirable, qui s'élance du plaisir,
pulvérise le présent et toutes ses instances (R. CHAR, Feuillets
d'Hypnos).

68 Le bonheur : comme une raison que la vie se donne à elle-
même (S. DE BEAUVOIR, Les Belles Images, 4).

69 Le bonheur et l'absurde sont deux fils de la même terre. Ils sont
inséparables (A. CAMUS, Le Mythe de Sisyphe).

70 Oui, c'est peut-être cela le bonheur, le sentiment apitoyé de
notre malheur (A. CAMUS, « Entre oui et non », L'Envers et
l'Endroit).

71 Quant au bonheur, il n'a presque qu'une seule utilité, rendre le
malheur possible (A. CAMUS, « Entre oui et non », L'Envers et
l'Endroit).

72 N'ayez pas peur du bonheur : il n'existe pas (M. HOUELLEBECQ, Rester vivant) ; >*.

C

civilisation

1 Le barbare, ici, c'est moi, parce que je n'arrive pas à me faire comprendre d'eux (OVIDE, Tristes, V, 10, 37) ; > BAUDELAIRE, « *La Double Vie* par Charles Asselineau », en latin.

2 Tout cela ne va pas trop mal : **mais quoi, ils ne portent point de hauts de chausses** (MONTAIGNE, Essais, I, 31, à propos des « sauvages » d'Amérique) ; > ROUSSEAU, Discours sur les sciences et les arts ; CHATEAUBRIAND, Mémoires d'outre-tombe, I, 7, 9.

3 Chacun appelle barbarie ce qui n'est pas de son usage (MONTAIGNE, Essais, I, 31).

4 L'opéra et un vaisseau de guerre du premier rang étonnent toujours mon imagination (VOLTAIRE, Dictionnaire philosophique, « Homme »).

5 Il prend envie de marcher à quatre pattes, quand on lit votre ouvrage (VOLTAIRE à Rousseau, à propos de son Discours sur les sciences et les arts, Corr., 30. 08. 1755).

6 Il faut employer beaucoup d'art pour empêcher l'homme social d'être tout à fait artificiel (ROUSSEAU, Emile, IV).

7 J'écris comme les derniers Romains, au bruit de l'invasion des Barbares (CHATEAUBRIAND, Mémoires d'outre-tombe, I, 2, 7).

8 [...] assises dans la même poussière, Rome païenne s'enfonce de plus en plus dans ses tombeaux, et Rome chrétienne resdescend peu à peu dans ses catacombes (CHATEAUBRIAND, Mémoires d'outre-tombe, II, 2, 8).

9 [...] les crimes de l'extrême civilisation sont, certainement, plus atroces que ceux de l'extrême barbarie par le fait de leur raffinement (BARBEY D'AUREVILLY, Les Diaboliques, « La Vengeance d'une femme »). *Cf.* P. DRIEU LA ROCHELLE : L'extrême civilisation engendre l'extrême barbarie (Les Chiens de paille).

10 Il est trois choses qu'un civilisé ne saura jamais créer : un vase, une arme, un harnais (mot de TH. GAUTIER) ; > BAUDELAIRE, Théophile Gautier.

11 Loin de découvrir dans les sociétés jeunes une supériorité de morale, je ne doute pas que les nations en vieillissant, et par conséquent en approchant de leur chute, ne présentent aux

yeux du censeur un état beaucoup plus satisfaisant (Gobineau, Essai sur l'incgalité des races, I, 2).

12 La Civilisation s'est peut-être réfugiée chez quelque petite tribu non encore découverte (Baudelaire, «Pauvre Belgique»).

13 Je n'ai *jamais vu* dans ma vie *rien* de luxueux, si ce n'est en Orient. On trouve là-bas des gens couverts de poux et de haillons et qui ont au bras des bracelets d'or. Voilà des gens pour qui le beau est plus utile que le bon (Flaubert, Corr., 29. 01. 1854).

14 La belle science, la science complète et sentie sera pour l'avenir, si la civilisation n'est pas une fois encore arrêtée dans sa marche par la superstition aveugle et l'invasion de la barbar e, sous une forme ou sous une autre (E. Renan, L'Avenir de la science, éd. Calmann-Lévy, 1910, p. 315).

15 Ce que les hommes appellent civilisation, c'est l'état actuel des mœurs et ce qu'ils appellent barbarie, ce sont les états anterieurs. Les mœurs présentes, on les appellera barbares quand elles seront des mœurs passées (A. France, Sur la pierre blanche, 4).

16 Nous savons bien du reste, que *chaque* nation civilisée, c'est-à-dire chaque nation qui donne à ,a pensée plus d'importance que n'en tient la pensée dans la vie pratique, *est comme signifiée à toutes les autres par quelques noms d'écrivains qui ont élevé son langage à la dignité d'une expression de valeur universelle* (P. Valéry, «Voltaire», Variété).

17 L'Europe deviendra-t-elle *ce qu'elle est en réalité*, c'est à dire : **un petit cap du continent asiatique** ? Ou bien l'Europe restera-t-elle *ce qu'elle paraît*, c'est-à-dire : la partie précieuse de l'univers terrestre, la perle de la sphère, le cerveau d'un vaste corps ? (P. Valéry, «La Crise de l'esprit», Variété) ; > A. Sauvy : /de l'Asie/ (L'Europe submergée).

18 Nous autres, civilisations, nous savons maintenant que nous sommes mortelles (P. Valéry, «La Crise de l'esprit», Variété, 1re phrase ; *cf.* Regards sur le monde actuel : J'ai déjà écrit il y a vingt ans : [...] /à présent/ [...]. Tout ce qui s'est passé depuis ce moment n'a fait qu'accroître le péril mortel que je signalais) ; *cf.* E. M. Cioran : Nous savons maintenant que *la* civilisation est mortelle [...] (Syllogismes de l'amertume, «Occident») ; Ph. Sollers : Il n'est pas rare que les civilisations qu'on s'apprête à détruire se considèrent elles-mêmes comme mortelles (La Fête à Venise). *Cf.* Gobineau : C'est nous modernes, nous les premiers, qui savons que toute agglomération d'hommes et le mode de culture intellectuelle qui en résulte doivent périr (Essai sur l'inégalité des races, I, 1).

19 [...] si l'*âge* des civilisations se doit mesurer par le nombre des contradictions qu'elles accumulent, par le nombre des coutumes et des croyances incompatibles qui s'y rencontrent et s'y

tempèrent l'une l'autre ; par la pluralité des philosophies et des esthétiques qui coexistent et cohabitent si souvent dans la même tête [...] (P. VALÉRY, « La Politique de l'esprit », Variété).

20 Une société s'élève de la brutalité jusqu'à l'ordre. Comme la barbarie est l'ère du *fait*, il est donc nécessaire que l'ère de l'ordre soit l'empire des *fictions*, — car il n'y a point de puissance capable de fonder l'ordre sur la seule contrainte des corps par les corps. Il y faut des forces fictives (P. VALÉRY, Préface aux *Lettres persanes* de Montesquieu).

21 Elle aussi, la culture, comme le grain de l'Evangile, a besoin de s'enfoncer dans le tombeau pour resurgir (A. GIDE, Journal [1940]).

22 [...] les préjugés sont les pilotis de la civilisation (A. GIDE, Les Faux-Monnayeurs, I, 2).

23 Si la civilisation n'est pas dans le cœur des hommes, alors elle n'est nulle part (APOLLINAIRE, lettre inédite à G. Duhamel) ; >**.

24 Chaque culture traverse les phases évolutives de l'homme en particulier. Chacune a son enfance, sa jeunesse, sa maturité et sa mort (O. SPENGLER, Le Déclin de l'Occident, I, 2, 7).

25 Quand j'entends parler de culture [...], j'arme mon pistolet (H. JOHST, écrivain nazi, auteur de Schlageter, I, 1 ; le mot a été attribué à GOERING ; forme française usuelle : /Je sors mon pistolet/).

26 Tout ce que l'homme a [...] ajouté à l'homme, c'est ce que nous appelons en bloc la civilisation (J. ROSTAND, L'Homme, X).

27 Et s'il est bon que des civilisations s'opposent pour favoriser des synthèses nouvelles, il est monstrueux qu'elles s'entre-dévorent (A. DE SAINT-EXUPÉRY, Terre des hommes, VIII, 3).

28 Une civilisation est un héritage de croyances, de coutumes et de connaissances, lentement acquises au cours des siècles, difficiles parfois à justifier par la logique, mais qui se justifient d'elles-mêmes, comme des chemins, s'ils conduisent quelque part, puisqu'elles ouvrent à l'homme son étendue intérieure (A. DE SAINT-EXUPÉRY, Pilote de guerre, XIV).

29 Toute civilisation porte en elle son Ordre de l'admiration (A. MALRAUX, La Métamorphose des dieux, Galerie de la Pléiade, p. 217).

30 Voici la première civilisation capable de conquérir toute la terre, mais non d'inventer ses propres temples, ni ses tombeaux (A. MALRAUX, Antimémoires, I, 1967, 11).

31 Un homme qui n'aime pas l'Italie est toujours plus ou moins un barbare (F. MARCEAU, En de secrètes noces) ; >**.

32 Alors, une civilisation, qu'est-ce, sinon la mise en place ancienne

d'une certaine humanité dans un certain espace ? (F. Braudel, Civilisation matérielle, Economie et Capitalisme, t. I, « Les Structures du quotidien », « Pour conclure »).

cœur

1 Moi, l'Eternel, j'éprouve le cœur, je sonde les reins (Jérémie, 17, 10 ; *cf.* Psaumes, 7, 10).

2 Heureux ceux qui ont le cœur pur, car ils verront Dieu (Matthieu, 5, 8).

3 [...] là où est ton trésor, là aussi sera ton cœur (Matthieu, 6, 21).

4 *Sursum corda* (« Haut les cœurs », ou « Elevons nos cœurs » ; liturgie de la messe, dans le dialogue qui précède la Préface eucharistique ; < Lamentations de Jérémie, 3, 41).

5 [...] notre cœur est sans repos jusqu'à ce qu'il trouve le repos en Toi (saint Augustin, Les Confessions, I, 1).

6 En écrivant cette parole,/ A peu que le cœur ne me fend (Villon, « Le Testament », strophe 26).

7 Ce ne sont pas les lieux, c'est son cœur qu'on habite (Milton, Le Paradis perdu, I, v. 247) ; > Barbey d'Aurevilly, Memoranda [1858].

8 Chacun dit du bien de son cœur, et personne n'en ose dire de son esprit (La Rochefoucauld, Maximes, 98).

9 L'esprit est toujours la dupe du cœur (La Rochefoucauld, Maximes, 102).

10 Nous connaissons la vérité non seulement par la raison, mais encore par le cœur (Pascal, Pensées, 110).

11 Le cœur a ses raisons que la raison ne connaît point ; on le sait en mille choses (Pascal, Pensées, 423) ; *cf.* P. Valéry : Le corps a son but qu'*il ne connaît pas*, et l'esprit a ses moyens qu'*il ignore* (Mauvaises pensées et autres) ; [...] le cœur battant nous fait, peut-être, inventer de pseudo-raisons instantanées de tachycardie... — Que la raison ne connaît pas (« L'Idée fixe ») ; J. Rostand : La raison a ses troubles que le cœur ne connaît pas (Carnet d'un biologiste) ; M. Jouhandeau : Le cœur a ses prisons que l'intelligence n'ouvre pas (De la grandeur) ; J. Paulhan : L'esprit a ses raisons subtiles, et comme son cœur, que le cœur méconnaît (Entretiens sur des faits divers) ; Le Corps a ses raisons (Titre de Th. Bertherat).

12 On ne consulte que l'oreille parce qu'on manque de cœur (Pascal, Pensées, 610).

13 [...] on ne voit pas les cœurs (Molière, Le Misanthrope, III, 5).

14 C'est mon esprit qui parle, et ce n'est pas mon cœur (Molière, Les Femmes savantes, V, 1, dans la bouche du « poète » Trissotin).

15 Un cœur se laisse prendre et ne raisonne pas (Molière, Tartuffe, III, 3).

16 Le jour n'est pas plus pur que le fond de mon cœur (Racine, Phèdre, IV, 2) ; > A. Gide, Journal [1934] ; *cf.* Ph. Sollers : Le jour n'est pas plus noir que le fond de leur cœur (La Fête à Venise).

17 Quelle mésintelligence entre l'esprit et le cœur ! Le philosophe vit mal avec tous ses préceptes, et le politique rempli de vues et de réflexions ne sait pas se gouverner (La Bruyère, Les Caractères, « De l'homme », 91). *Cf.* La Rochefoucauld, Maximes, 43.

18 Oserai-je dire que le cœur concilie les choses contraires, et admet les incompatibles ? (La Bruyère, Les Caractères « Du cœur », 73 ; il s'agit de la dévotion et de la galanterie).

19 — Supportez donc mon ignorance ; je ne savais pas la différence qu'il y avait entre connaître et sentir. — Sentir, Madame, c'est le style du cœur […] (Marivaux, La Fausse Suivante, II, 2).

20 […] mon cœur formait ma raison (Rousseau, Les Confessions, III).

21 La langue du cœur est mille fois plus variée que celle de l'esprit, et il est impossible de donner les règles de sa dialectique (Diderot, Corr., à Sophie Volland, sans date).

22 Les grandes pensées viennent du cœur (Vauvenargues, Réflexions et Maximes, 127) ; > Lautréamont : Les grandes pensées viennent de la raison (Poésies, II).

23 Le cœur est prolixe (Balzac, Préface de Mémoires de deux jeunes mariées, 1842).

24 Mon cœur est un palais flétri par la cohue ;/ On s'y saoûle, on s'y tue, on s'y prend aux cheveux ! (Baudelaire, Les Fleurs du mal, « Causerie »).

25 Résigne-toi, mon cœur ; dors ton sommeil de brute (Baudelaire, Les Fleurs du mal, « Le Goût du néant »).

26 — Ah ! Seigneur ! donnez moi la force et le courage/ De contempler mon cœur et mon corps sans dégoût ! (Baudelaire, Les Fleurs du mal, « Un voyage à Cythère »).

27 Le cœur n'apprend que par la souffrance, et je crois, comme Kant, que Dieu ne s'apprend que par le cœur (E. Renan, Souvenirs d'enfance et de jeunesse, Appendice).

28 Le cœur, le cœur ? on emploie souvent ce mot, qui dit si bien ce qu'il ne veut pas dire (mot de M. Donnay, rapporté par H. Lauwick, D'A. Allais à S. Guitry).

29 L'intuition est une vue du cœur dans les ténèbres (A. Suarès, Trois hommes, « Dostoïevski », 5).

30 Mon cœur ne bat que par sympathie ; je ne vis que par autrui (A. Gide, Les Faux-Monnayeurs, I, 8).

31 Ce que nous appelons mouvements du cœur n'est que le
bousculement irraisonnable de nos pensées (A. GIDE, Journal
[1929]).

32 Les vilaines pensées viennent du cœur (P. VALÉRY, Mélange).

33 Cœur qui as tant rêvé,/ O cœur charnel,/ O cœur inachevé,/
Cœur éternel (CH. PÉGUY, Quatrains).

34 Car la richesse de l'homme est dans son cœur. C'est dans son
cœur qu'il est le roi du monde. Vivre n'exige pas la possession
de tant de choses (J. GIONO, Les Vraies Richesses, V).

35 Quand tu me parles sur ce ton, quand tu m'espinches comme si
j'étais un scélérat, eh bien, tu me fends le cœur (M. PAGNOL,
Marius, III, 1er tableau, 1 ; mot de César, qui joue aux cartes avec
Escartefigue, à leur adversaire Panisse, au début de la fameuse
scène où le mot sera répété quatre fois).

36 Voici mon secret. Il est très simple : **on ne voit bien qu'avec le
cœur. L'essentiel est invisible pour les yeux** (A. DE SAINT-
EXUPÉRY, Le Petit Prince, 21) ; > J. GREEN, Journal [1974]).

37 Martinet aux ailes trop larges, qui vire et crie sa joie autour de la
maison. Tel est le cœur (R. CHAR, « Le Martinet », Le Poème
pulvérisé).

38 Puérils sont les mots/ Vaine l'écriture/ Effréné pourtant le
désarroi du cœur (A. CHÉDID, Cérémonial de la violence).

39 Le pays dépend bien souvent du cœur de l'homme : il est
minuscule si le cœur est petit, et immense si le cœur est grand
(S. SCHWARZ-BART, Pluie et Vent sur Télumée Miracle).

conscience

▷ Voir aussi **Morale**

1 Je vois le bien, je l'approuve, et je m'attache au mal (OVIDE,
Métamorphoses, 7, v. 20) ; *cf.* EURIPIDE : Nous voyons le bien et
faisons le mal (fragment) ; > H. DE MONTHERLANT, Carnets, XXIV.

2 Si je me trompe, je suis (SAINT AUGUSTIN, La Cité de Dieu, XI,
26).

3 Etre ou ne pas être. Telle est la question (SHAKESPEARE, Hamlet,
III, 2) ; > BALZAC, épigraphe de la Physiologie du mariage, 2 ; *cf.* du
même BALZAC : Avoir ou n'avoir pas de rentes, telle était la question (Le
Cousin Pons, 33).

4 Tous les parfums d'Arabie ne rendraient pas suave cette petite
main (SHAKESPEARE, Macbeth, V, 1).

5 Grâces au ciel, mes mains ne sont point criminelles./ Plût aux
Dieux que mon cœur fût innocent comme elles (RACINE, Phèdre,
I, 3).

6 Misérable ! et je vis ? et je soutiens la vue ?/ De ce sacré Soleil

dont je suis descendue ?/ [...]/ **Où me cacher ? Fuyons dans la nuit infernale** (RACINE, Phèdre, IV, 6) ; > STENDHAL, Journal [1805].

7 L'œil était dans la tombe et regardait Caïn (HUGO, La Légende des siècles, « La Conscience », dernier vers).

8 Une tempête sous un crâne (HUGO, Les Misérables, I, VII, 3, titre du chapitre).

9 [...] l'individu dans son angoisse du péché produit le péché [...] *l'individu dans son angoisse non pas d'être coupable mais de passer pour l'être, devient coupable* (S. KIERKEGAARD, Le Concept de l'angoisse, II, 2, B).

10 La conscience est la dernière et la plus tardive évolution de la vie organique, et par conséquent ce qu'il y a de moins accompli et de plus fragile en elle (F. NIETZSCHE, Le Gai Savoir, § 11).

11 [...] l'existence précède l'essence, ou, si vous voulez, [...] il faut partir de la subjectivité (J.-P. SARTRE, L'existentialisme est un humanisme).

12 C'est facile, c'est tellement plus facile de mourir de ses contradictions que de les vivre (J.-P. SARTRE, Les Justes, 5) ; > J. GRENIER, Lexique, « Contradictions ».

13 L'inconscient est le discours de l'Autre (J. LACAN, Ecrits II, « D'une question préliminaire... »).

14 La conscience est ce système de régulations en fonctionnement. L'homme n'a dès lors plus rien à faire de l'« Esprit », il lui suffit d'être un Homme neuronal (J.-P. CHANGEUX, L'Homme neuronal, Fayard, 1983, p. 227) ; > J. HAMBURGER, Le Miel et la Ciguë.

conversation

1 Le plus fructueux et naturel exercice de notre esprit, c'est à mon gré la conférence (MONTAIGNE, Essais, III, 8 ; « conférence » désigne la conversation).

2 Tout ainsi que je poursuis la communication de quelque esprit fameux, non pour qu'il m'enseigne, mais pour que je le connaisse (MONTAIGNE, Essais, III, 8).

3 Ce qui fait que si peu de personnes sont agréables dans la conversation, c'est que chacun songe plus à ce qu'il veut dire qu'à ce que les autres disent (LA ROCHEFOUCAULD, Réflexions diverses, « De la conversation » ; *cf.* la Maxime 139, très proche de la Maxime 31 de MME DE SABLÉ).

4 On parle peu quand la vanité ne fait pas parler (LA ROCHEFOUCAULD, Maximes, 137) ; > VAUVENARGUES : /On parlerait peu, dit un auteur, si la vanité ne faisait pas parler/ (Fragments, « Sur les conversations du monde »).

5 L'esprit de la conversation consiste bien moins à en montrer beaucoup qu'à en faire trouver aux autres : celui qui sort de

votre entretien content de soi et de son esprit, l'est de vous parfaitement (LA BRUYÈRE, Les Caractères, «De la société et de la conversation», 16).

6 Il en est de la conversation comme des licences : tout est devenu lieu commun (VOLTAIRE, Le Sottisier, dans les Mélanges des Œuvres complètes).

7 Presque toutes les conversations sont des comptes faits... Je ne sais plus où est ma canne... On n'y a aucune idée présente à l'esprit... Et mon chapeau (DIDEROT, Le Rêve de d'Alembert).

8 [...] l'homme sensible, comme moi, tout entier à ce qu'on lui objecte, perd la tête et ne se trouve qu'au bas de l'escalier (DIDEROT, Paradoxe sur le comédien ; d'où l'expression **l'esprit de l'escalier**, pour désigner l'esprit de celui qui ne trouve qu'après coup ce qu'il fallait dire).

9 L'art de la parenthèse est un des grands secrets de l'éloquence dans la société (CHAMFORT, Maximes et Pensées).

10 [...] c'est une certaine manière d'agir les uns sur les autres, de se faire plaisir réciproquement et avec rapidité, de parler aussitôt qu'on pense, de jouir à l'instant de soi-même [...] (MME DE STAËL, De l'Allemagne, I, 11).

11 Elle n'avait aucune disposition à faire l'amour ; ce qu'elle aimait par-dessus tout, c'était une conversation intéressante (STENDHAL, Lamiel, 6) ; > A. GIDE, Journal [1902].

12 L'esprit veut du loisir et certaines inégalités de position. On cause peut-être mieux à Pétersbourg et à Vienne qu'à Paris (BALZAC, La Fausse Maîtresse).

13 L'abâtardissement des races s'est surtout marqué en France dans l'esprit de conversation. Ce volatil parfum s'est envolé (BARBEY D'AUREVILLY, Une vieille maîtresse, I, 1).

14 Faire tous les frais de la conversation, c'est encore le meilleur moyen de ne pas s'apercevoir que les autres sont des imbéciles (J. RENARD, Journal [1890]).

15 Après chaque conversation, dont le raffinement indique à lui seul le niveau d'une civilisation, pourquoi est-il impossible de ne pas regretter le Sahara et de ne pas envier les plantes ou les monologues infinis de la zoologie ? (E. M. Cioran, Précis de décomposition, «Exégèse de la déchéance»).

1 L'esprit est bien disposé, mais **la chair est faible** (MATTHIEU, 26, 41) ; > MOLIÈRE, L'Ecole des maris, I, 2.

2 Certains affirment que **le corps est le tombeau de l'âme** [...] (PLATON, Cratyle, 400c) ; > /est un tombeau/ (M. GALLEY, Journal [1986]).

3 Le visage est le miroir de l'âme (CICÉRON, De oratore, III, 59,

221 ; la phrase complète précise : Toute action relève de l'âme, et [...], comme les yeux en sont l'indice).

4 C'est toujours à l'homme que nous avons affaire, duquel la condition est merveilleusement corporelle (Montaigne, Essais, III, 8).

5 Si avons-nous beau monter sur des échasses, car sur des échasses encores faut-il marcher de nos jambes. Et au plus élevé trône du monde si ne sommes assis que sus notre cul (Montaigne, Essais, III, 13 ; « si » veut dire d'abord « aussi », puis « cependant ») ; >* : /Aussi haut qu'on soit assis, on n'est jamais assis/.

6 Moi, qui ne manie que terre à terre, hais cette inhumaine sapience qui nous veut rendre dédaigneux et ennemis de la culture du corps. J'estime pareille injustice prendre à contre-cœur les voluptés naturelles que de les prendre trop à cœur (Montaigne, Essais, III, 13).

7 Je vis de bonne soupe, et non de beau langage (Molière, Les Femmes savantes, II, 7).

8 Oui, mon corps est moi-même, et j'en veux prendre soin./ **Guenille si l'on veut, ma guenille m'est chère** (Molière, Les Femmes savantes, II, 7). Cf. A. France : Ma faiblesse m'est chère. Je tiens à mon imperfection comme à ma raison d'être (Le Jardin d'Epicure, éd. Calmann-Lévy, 1949, p. 44).

9 Les maux du corps donnent l'idée de la mort, les peines de l'âme celles de l'éternité (A. de Custine, Mémoires et Voyages [Calabre]).

10 Le corps est la baraque où notre existence est campée (J. Joubert, Pensées, Maximes et Essais, III, 4).

11 On se luxe l'esprit comme le corps (J. Joubert, Pensées, Maximes et Essais, IV, 59).

12 L'âme de l'homme est comme un marais infect. Si l'on ne passe vite, on enfonce (Stendhal, Lucien Leuwen, I, 32) ; >*.

13 Mon âme est une infante en robe de parade (A. Samain, Au jardin de l'infante, « L'Infante »).

14 Je me moque de son âme ! C'est son corps qu'il me faut, pas autre chose que son corps, la scélérate complicité de son corps ! (P. Claudel, Le Soulier de satin, 1re version, II, 7).

15 Délivrance aux âmes captives ! (P. Claudel, Le Soulier de satin, 1re version, IV, 11).

16 Car ce n'est pas l'esprit qui est dans le corps, c'est l'esprit qui contient le corps, et qui l'enveloppe tout entier (P. Claudel, Le Soulier de satin, 1re version, I, 6).

17 Tout ne va pas bien dans le ménage d'Animus et d'Anima,

l'esprit et l'âme (P. CLAUDEL, Positions et Propositions, « Réflexions et Propositions sur le vers français »).

18 Ah ! Messeigneurs, quel nez que ce nez-là !.../ On ne peut voir passer un pareil nasigère/ Sans s'écrier : oh ! non, vraiment il exagère (E. ROSTAND, Cyrano de Bergerac, I, 2).

19 Il ne me suffit pas de *lire* que les sables des plages sont doux ; je veux que mes pieds nus le sentent... Toute connaissance que n'a pas précédée une sensation m'est inutile (A. GIDE, Les Nourritures terrestres, Livre premier).

20 De quelque côté, corps ou âme, que penche la victoire, celle-ci reste artificielle et passagère et nous avons en fin de compte à régler les frais du conflit (A. GIDE, Journal [1949]).

21 Les séductions de la chair sont moins distrayantes que celles du cœur et de l'esprit (A. GIDE, Journal [1928]).

22 Car le bonheur seul est salutaire pour le corps, mais c'est le chagrin qui développe les forces de l'esprit (M. PROUST, Le Temps retrouvé).

23 Le corps d'une femme est un secret bien gardé et une longue histoire (J. CHARDONNE, L'Amour, c'est beaucoup plus que l'amour, II).

24 L'âme, c'est la vanité et le plaisir du corps tant qu'il est bien portant (L.-F. CÉLINE, Voyage au bout de la nuit).

25 En un sens le cadavre est la plus parfaite illustration de l'esprit (G. BATAILLE, Théorie de la religion, Œuvres complètes, t. VII, p. 305).

26 [...] les prêches ennuyeux des naturistes, ces protestants de la chair (il y a une systématique du corps qui est aussi exaspérante que celle de l'esprit) (A. CAMUS, « L'Eté à Alger », Noces).

27 Non merci, pas de corps !/ ce pollen me suffit./ Non merci pas de terre !/ Cette étoile me porte... (A. BOSQUET, Poèmes, I) ; >**

28 Quel corps ? Nous en avons plusieurs (R. BARTHES, Plaisir du texte).

D

désir

1 [...] *et lassata viris, necdum satiata recessit* (« et épuisée par les hommes, mais non encore rassasiée d'eux, elle s'en retourna » ; JUVÉNAL, Satires, VI, v. 130, à propos de Messaline) ; > BAUDELAIRE :

Sed non satiata (titre d'un poème des Fleurs du mal) ; T. Corbière, Les Amours jaunes, « Insomnie ».

2 La lubricité et ardeur de reins n'a rien de commun, ou bien peu, avec Amour (L. Labé, Débat de Folie et d'Amour, « Discours IV ») ; > A. Gide, Corydon, IV.

3 Baise m'encor, rebaise moi et baise :/ Donne m'en un de tes plus savoureux (L. Labé, Sonnets, 18).

4 La jouissance et la possession appartiennent principalement à l'imagination (Montaigne, Essais, III, 9 ; < Sénèque, Epîtres, 9, 5).

5 [...] Et le désir s'accroît quand l'effet se recule (Corneille, Polyeucte, I, 1).

6 Nous ne désirerions guère de choses avec ardeur, si nous connaissions parfaitement ce que nous désirons (La Rochefoucauld, Maximes, 439).

7 Le ciel nous fit un cœur, il lui faut des désirs (Voltaire, Discours en vers sur l'homme, V).

8 [...] c'est un vilain amant qu'un homme qui vous désire plus qu'il ne vous aime [...] (Marivaux, La Vie de Marianne, I).

9 Malheur à qui n'a plus rien à désirer ! Il perd pour ainsi dire tout ce qu'il possède. On jouit moins de ce qu'on obtient que de ce qu'on espère et l'on n'est heureux qu'avant d'être heureux (Rousseau, La Nouvelle Héloïse, VI, 8).

10 Je ne sais plus ce que je suis ; mais depuis quelque temps je sens ma poitrine agitée ; mon cœur palpite au seul aspect d'une femme ; les mots *amour* et *volupté* le font tressaillir et le troublent. Enfin le besoin de dire à quelqu'un *Je vous aime* est devenu pour moi si pressant, que je le dis tout seul, en courant dans le parc, à ta maîtresse, à toi, aux nuages, au vent qui les emporte avec mes paroles perdues (Beaumarchais, Le Mariage de Figaro, I, 7, déclaration de Chérubin à Suzanne) ; *cf.* Da Ponte et Mozart, Les Nozze, air de Chérubin (« *Non so più cosa son, cosa facio* » ; > en épigraphe de Stendhal, Le Rouge et le Noir, I, 6).

11 La tête seule fermentait. Je ne désirais pas de jouir, **je voulais savoir** ; le désir de m'instruire m'en suggéra les moyens (Choderlos de Laclos, Les Liaisons dangereuses, Lettre 81) ; *cf.* le titre de M. Foucault : La Volonté de savoir.

12 Tu sais, ma passion, que pourpre et déjà mûre,/ Chaque grenade éclate et d'abeilles murmure ;/ Et notre sang, épris de qui va le saisir,/ Coule pour tout l'essaim éternel du désir (Mallarmé, « Après-Midi d'un faune »).

13 Ce qui fait qu'on désire et qu'on aime, c'est une force douce et terrible, plus puissante que la beauté (A. France, Le Lys rouge, XXVII).

14 La vraie patrie des hommes, c'est leur désir [...] (L. Bloy, Œuvres, t. I, p. 76).

15 A son avis, il était possible de contenter les désirs réputés les plus difficiles à satisfaire dans la vie normale, et cela par un léger subterfuge, par une approximative sophistication de l'objet poursuivi par ces désirs mêmes (J.-K. Huysmans, A rebours, II).

16 Même l'intelligence ne fonctionne pleinement que sous l'impulsion du désir (P. Claudel, Positions et Propositions, «Lettre à l'abbé Brémond sur l'inspiration poétique»; ce principe est aristotélicien et thomiste).

17 Remplissez ces amants d'un tel désir qu'il implique à l'exclusion de leur présence dans le hasard journalier
L'intégrité primitive et leur essence même telle que Dieu les a conçus autrefois dans un rapport inextinguible! (P. Claudel, Le Soulier de satin, 1re version, I, 1).

18 Un tel désir m'a-t-il été donné pour le mal? Une chose si fondamentale, comment peut-elle être mauvaise? (P. Claudel, Le Soulier de satin, 1re version, II, 4).

19 [...] chaque désir m'a plus enrichi que la possession toujours fausse de l'objet même de mon désir (A. Gide, Les Nourritures terrestres, I, 1).

20 Il ne faudrait vouloir qu'une chose... Mais moi, je désire tout, alors je n'obtiens rien (A. Gide, Journal [1891]).

21 Je vous aime, mon corps, qui fûtes son désir,/ Son champ de jouissance et son jardin d'extase (Marie Nizet, Pour Axel).

22 La découverte ne me laissait pas le temps du désir (J. Guéhenno, Changer la vie, «Peïné ou Le Paradis perdu»).

23 [...] il fallait s'attendre à ce que le désir sexuel, jusqu'alors plus ou moins refoulé dans la conscience trouble ou dans la mauvaise conscience par les tabous, s'avérât, en dernière analyse, l'égarant, le vertigineux et inappréciable «en deçà» sur la prolongation sans limites duquel le rêve humain a bâti tous les «au-delà» (A. Breton, Du surréalisme en ses œuvres vives).

24 La vie, ce n'est pas la prise, c'est le désir (H. de Montherlant, Aux fontaines du désir, «L'Ennui à Aranjuez»).

25 De l'érotisme, il est possible de dire qu'il est l'approbation de la vie jusque dans la mort (G. Bataille, L'Erotisme, Introduction, 1re phrase).

26 Le désir et l'amour se confondent, l'amour est le désir d'un objet à la mesure de la totalité du désir (G. Bataille, Somme athéologique, «L'Alléluiah, Catéchisme de Dianus», 4).

27 Les deux images les plus communes: la croix, la queue (G. Bataille, Le Petit).

28 La regardant dormir, il conjugua silencieusement le verbe faire l'amour, au passé, au présent, et, hélas, au futur (A. Cohen, <u>Belle du seigneur</u>, LXXXVII).

29 Elle aimait dire infernal, adjectif qui avait succédé au timide osé et qui donnait des reflets de flammes à leurs pauvres trucs (A. Cohen, <u>Belle du seigneur</u>, CIII).

30 [...] le discours — la psychanalyse l'a montré — ce n'est que simplement ce qui manifeste (ou cache) le désir, c'est aussi ce qui est l'objet du désir (M. Foucault, <u>Leçon inaugurale au Collège de France</u>, 1).

31 Un moine et un boucher se bagarrent à l'intérieur de chaque désir (E. M. Cioran, <u>Syllogismes de l'amertume</u>, «Vitalité de l'amour»).

32 Le prestige du médiateur se communique à l'objet désiré et confère à ce dernier une valeur illusoire. Le désir triangulaire est le désir qui transfigure son objet (R. Girard, <u>Mensonge romantique et Vérité romanesque</u>, 1; la phrase «L'homme est incapable de désirer par lui seul : il faut que l'objet de son désir lui soit désigné par un tiers», figure sur la quatrième page de couverture, et est reprise par J.-M. Domenach dans <u>Enquête sur les idées contemporaines</u>).

destin

1 *Quo fata trahunt* («où nous pousse le destin», Virgile, <u>Enéide</u>, V, v. 709; la suite précise : *retrahuntque, sequamur* : «et où il nous repousse, suivons en la route»).

2 *Ducunt volentem fata, nolentem trahunt* («Le destin conduit qui y consent, tire qui le refuse», sentence de Cléanthe citée par Sénèque, <u>Epîtres</u>, 107, 11); > Daniel-Rops, <u>Ce qui meurt et ce qui naît</u>; Alain traduit : Les destins te traînent si tu résistes, mais si tu consens, ils te conduisent (<u>Propos</u> [5. 02. 1926]).

3 Le bien nous le faisons, le mal c'est la Fortune,/ On a toujours raison, le destin toujours tort (La Fontaine, «L'Ingratitude et l'Injustice des hommes envers la Fortune»).

4 Je me livre en aveugle au destin qui m'entraîne (Racine, <u>Andromaque</u>, I, 1; version de 1668-1687 : /au transport/); >* : [...] nous livre en aveugles à l'Europe qui nous entraîne.

5 Tout a changé de face/ Depuis que sur ces bords les Dieux ont envoyé/ **La fille de Minos et de Pasiphaé** (Racine, <u>Phèdre</u>, I, 1); > M. Proust, <u>Du côté de chez Swann</u>, I.

6 Tout m'afflige et me nuit, et conspire à me nuire (Racine, <u>Phèdre</u>, I, 3).

7 Vois comme nos destins sont différents. Je reste,/ Tu t'en vas

(Hugo, <u>Les Chants du crépuscule</u>, XXVII) ; > M. Proust, <u>Sodome et Gomorrhe</u>, II, 1 (dans une variante manuscrite).

8 Je suis une force qui va ! / Agent aveugle et sourd de mystères funèbres ! / Où vais-je ? Je ne sais. Mais je me sens poussé/ d'un souffle impétueux, d'un destin insensé (Hugo, <u>Hernani</u>, III, 4) ; >**.

9 C'est la faute de la fatalité (Flaubert, <u>Madame Bovary</u>, III, 11, mot final de Charles Bovary) ; > F. Mauriac, <u>Un adolescent d'autrefois</u>, XII.

10 Victime lamentable à son destin offerte (Mallarmé, « Hérodiade », la nourrice à Hérodiade) ; > P. Valéry, <u>Pièces sur l'art</u>.

11 Le jeu, c'est un corps-à-corps avec le destin (A. France, <u>Le Jardin d'Epicure</u>, éd. Calmann-Lévy, 1949, p. 17).

12 Les hommes ont inventé le destin afin de lui attribuer les désordres de l'univers qu'ils ont pour devoir de gouverner (R. Rolland, <u>Au-dessus de la mêlée</u>, 3).

13 La fatalité, c'est ce que nous voulons (R. Rolland, <u>Au-dessus de la mêlée</u>, 3).

14 [...] l'homme qui prédit l'événement fait lui-même partie de l'événement, ce qui fait que la prédiction devient cause (Alain, <u>Propos</u> [15. 10. 1926]).

15 — Je ne sais pas ce qu'est le destin. — Je vais te le dire. C'est simplement la forme accélérée du temps. C'est épouvantable (J. Giraudoux, <u>La guerre de Troie n'aura pas lieu</u>, I, 1, dialogue d'Andromaque et de Cassandre).

16 Cette génération d'Américains a un **rendez-vous avec le destin** (F. D. Roosevelt, discours du 27. 06. 1936).

17 Le caractère, c'est la destinée (F. Mauriac, <u>Dieu et Mammon</u>, V, paraphrasant ainsi de façon approximative plusieurs textes de Novalis, <u>Derniers fragments</u>).

18 [...] nous tissons notre destin, nous le tirons de nous comme l'araignée sa toile (F. Mauriac, <u>Vie de Jean Racine</u>, 14).

19 Les hommes pensent leur destin plutôt qu'ils ne le gouvernent, mais c'est là déjà une grande dignité (A. Thérive, <u>Le Temps</u>, 11. 01. 1939) ; > J. Hamburger, <u>La Puissance et la Fragilité</u>, en épigraphe de V.

20 Mais, que la... tragédie de la mort est en ceci qu'elle transforme la vie en destin, qu'à partir d'elle rien ne peut plus être compensé. Et que — même pour un athée — là est l'extrême gravité de l'instant de la mort (A. Malraux, <u>La Condition humaine</u>, éd. la Pléiade, p. 646).

21 [...] le suprême luxe de cette civilisation de la nécessité est de m'accorder le superflu d'une révolte et d'un sourire consentant (J. Ellul, <u>La Technique ou L'Enjeu du siècle</u>).

dieu

▷ Voir aussi **Foi, Religion**

1 En vérité tu es un **Dieu caché** (I<small>SAÏE</small>, 45, 15) ; > P<small>ASCAL</small>, <u>Pensées</u>, 427, en latin.

2 L'insensé dit en son cœur : Il n'y a point de Dieu ! (P<small>SAUMES</small>, 14,1) ; > R<small>OUSSEAU</small>, <u>Emile</u>, IV.

3 Chacun se forge un dieu à soi-même (<u>Sagesse</u>, 15, 8 et 16) ; > P<small>ASCAL</small>, <u>Pensées</u>, 755 (en latin). *Cf.* V<small>IRGILE</small> : Ou tout violent désir ne devient-il pas un dieu pour chacun de nous ? (<u>Enéide</u>, IX, v. 184, dans la trad. d'A. G<small>IDE</small>, <u>Journal</u> [1949]).

4 A Dieu rien n'est impossible (L<small>UC</small>, 1, 37) ; > R<small>ABELAIS</small>, qui ajoute : et, s'il voulait, les femmes auraient dorénavant leurs enfants par l'oreille (<u>Gargantua</u>, V).

5 Il est meilleur d'obéir à Dieu qu'aux hommes (<u>Actes</u>, 5, 29) ; > P<small>ASCAL</small>, <u>Pensées</u>, 916.

6 Que ses jugements sont insondables et ses voies incompréhensibles ! (<u>Romains</u>, 11, 33 ; également connu sous la forme proverbiale : Les voies du Seigneur sont impénétrables).

7 L'homme propose, Dieu dispose (prov. ; *cf.* dans la Bible, <u>Proverbes</u>, 16, 9. ; T<small>HOMAS A</small>. K<small>EMPIS</small>, <u>Imitation de Notre Seigneur Jésus-Christ</u>, I, 19). *Cf.* A. B<small>RETON</small> : L'homme propose et dispose. Il ne tient qu'à lui de s'appartenir tout entier [...] (<u>Premier Manifeste du surréalisme</u>).

8 Rien n'est loin de Dieu (mot de <small>SAINTE</small> M<small>ONIQUE</small> à son fils <small>SAINT</small> A<small>UGUSTIN</small>, référence non retrouvée) ; > C<small>HATEAUBRIAND</small>, <u>Mémoires d'outre-tombe</u>, I, 1, 7.

9 [...] il embrasse et pénètre toutes les durées dont il est à la fois le centre et la circonférence [...] comme une **sphère** intelligible **dont le centre est partout et la circonférence nulle part** (<small>SAINT</small> B<small>ONAVENTURE</small>, <u>Itinéraire de l'esprit vers Dieu</u>, 5 ; la formule, avec la variante /sphère infinie/, fut attribuée à A<small>RISTOTE</small>, elle est au Moyen Age véhiculée notamment par la tradition hermétique) ; > R<small>ABELAIS</small>, <u>Tiers Livre</u>, XIII ; P<small>ASCAL</small>, <u>Pensées</u>, 199 ; P. V<small>ALÉRY</small>, : / — [...] une sphère... — Dont le centre est partout et... — Non./ (« L'Idée fixe », <u>Dialogues</u>).

10 Dieu premier servi (devise de J<small>EANNE</small> D'A<small>RC</small>).

11 *Ein feste Burg ist unser Gott,/ Ein guter Wehr und Waffen* (« C'est un rempart que notre Dieu, une défense et une armure sûres », L<small>UTHER</small>, <u>Recueil de Cantiques</u> de 1529).

12 *Ad majorem Dei gloriam* (« Pour la plus grande gloire de Dieu », devise des J<small>ÉSUITES</small>) ; *Cf.* la devise calviniste : « A Dieu seul la gloire », *Soli Deo gloria*.

13 Parquoy un bon ancien jadis répondit fort bien à un de ces moqueurs, lequel par risée et plaisanterie demandait à quel ouvrage s'appliquait Dieu devant qu'il créât le monde. Il

bâtissait, dit-il, l'enfer pour les curieux (J. Calvin, <u>Institution de la religion chrétienne</u>, I, XIV, 1 ; l'ancien est saint Augustin, <u>Confessions</u>, XI, 12, 4) ; > J. Green, <u>Journal</u> [1959].

14 C'est Dieu qui nous fait vivre,/ C'est Dieu qu'il faut aimer (Malherbe, <u>Poésies</u>, «Paraphrase du psaume 145»).

15 Si mourir pour son prince est un illustre sort,/ Quand on meurt pour son Dieu, quelle sera la mort ! (Corneille, <u>Polyeucte</u>, IV, 3) ; > Ch. Péguy, <u>Victor-Marie, comte Hugo</u>.

16 Un Dieu qui nous aimant d'une amour infinie,/ Voulut mourir pour nous avec ignominie/ [...] (Corneille, <u>Polyeucte</u>, V, 3) ; > F. Mauriac, <u>Insomnie</u>, IV.

17 C'est le cœur qui sent Dieu et non la raison. Voilà ce que c'est que la foi. **Dieu sensible au cœur**, non à la raison (Pascal, <u>Pensées</u>, 424) ; > J. Green, <u>Journal</u> [1962]. *Cf.* E. Renan : [...] Dieu ne s'apprend que par le cœur (<u>Souvenirs d'enfance et de jeunesse</u>, Appendice).

18 [...] Dieu parle bien de Dieu (Pascal, <u>Pensées</u>, 303) ; > P. Maury : /Dieu seul/ (<u>Trois histoires spirituelles. Saint Augustin, Luther, Pascal</u> ; déformation fréquente).

19 Dieu d'Abraham, Dieu d'Isaac, Dieu de Jacob, non des philosophes et des savants (Pascal, «Le Mémorial» ; la première partie de l'expression amalgame plusieurs textes bibliques).

20 Console-toi. **Tu ne me chercherais pas si tu ne m'avais trouvé** (Pascal, «Le Mystère de Jésus» ; *cf.* saint Bernard de Clairvaux, <u>Traité de l'amour de Dieu</u> : Celui-là seul qui t'a déjà trouvé peut te chercher, <u>Patrologie latine</u> de Migne, t. 182, p. 887) ; *cf.* pour les déformations nombreuses de cette phrase, la recension de J. Green, <u>Journal</u> [1947 et 1950] ; A. Gide : /m'avais déjà trouvé/, qui commente : Id est : «Tu ne me trouverais pas là si tu ne m'y avais pas mis» (<u>Journal</u> [1894 et 1930]) ; P. Valéry : Tu ne me lirais pas si tu ne m'avais déjà compris («Lettre sur Mallarmé», <u>Variété</u>) ; G. Bernanos, qui glose, à propos de l'exil hors de son pays : Tu ne me pleurerais pas si tu ne m'avais déjà perdu (<u>Les Enfants humiliés</u>) ; H. de Montherlant : Tu ne me perdrais pas, si tu ne m'avais perdue (il s'agit de la foi ; <u>Carnets</u>, XIX). *Cf.* du même Pascal : Tu ne me chercherais pas si tu ne me possédais. Ne t'inquiète donc pas (<u>Pensées</u>, 929).

21 Dieu des Juifs, tu l'emportes !/ [...] Impitoyable Dieu, toi seul as tout conduit ! (Racine, <u>Athalie</u> V, 6).

22 Si Dieu n'existait pas, il faudrait l'inventer (Voltaire, <u>Epîtres</u>, «A l'auteur du livre *Des trois imposteurs*») ; *cf.* A. Gide : Si le péché n'existait pas, il faudrait l'inventer (<u>Journal</u> [1910]). *Cf.* «Information», Balzac.

23 On dit que Dieu est toujours pour les gros bataillons (Voltaire, Corr., 6. 02. 1770 ; *cf.* R. de Bussy-Rabutin, Corr., 18. 10. 1677).

24 L'univers m'embarrasse, et je ne puis songer/ Que cette horloge existe et n'ait pas d'horloger (Voltaire, <u>Satires</u>, «Les Cabales»).

25 Si Dieu nous a faits à son image, nous le lui avons bien rendu (Voltaire, Le Sottisier, dans les Mélanges des Œuvres complètes, « Faits détachés et bons mots »).

26 Que d'hommes entre Dieu et moi! (ROUSSEAU, Emile, IV, « Profession de foi du vicaire savoyard »).

27 Les hommes ont banni la Divinité d'entre eux ; ils l'ont reléguée dans un sanctuaire. [...] Détruisez ces enceintes qui rétrécissent vos idées. **Elargissez Dieu**. Voyez-le partout où il est, ou dites qu'il n'est pas (DIDEROT, Pensées philosophiques) ; > J. MICHELET, Histoire de France de la Renaissance à la Révolution, « Louis XV », chap. XXII ; J. RENARD, Journal [1895].

28 Dieu a besoin de la France (J. DE MAISTRE, Du pape, Introduction) ; > L. BLOY, Sueur de sang, XVII.

29 Penser à Dieu est une action (J. JOUBERT, Pensées, Maximes et Essais, I, 46).

30 Si le Ciel nous laissa comme un monde avorté,/ Le juste opposera le dédain à l'absence/ Et ne répondra plus que par un froid silence/ Au silence éternel de la Divinité (A. DE VIGNY, Les Destinées, « Le Mont des oliviers »).

31 Et, pendant ce temps-là, Satan, l'envieux, rêve (HUGO, Les Contemplations, I, 4).

32 Vous qui pleurez, venez à ce Dieu, car il pleure./ Vous qui souffrez, venez à lui, car il guérit./ [...] Vous qui passez, venez à lui, car il demeure (HUGO, Les Contemplations, « Ecrit au bas d'un crucifix »).

33 « Mais Dieu est partout, lui répondait son esprit ; il est en toi-même et en tous. Il te juge, il t'écoute, il te conseille ; c'est toi et moi, qui pensons et rêvons ensemble, — et nous ne nous sommes jamais quittés, et nous sommes éternels » (NERVAL, Aurélia, II, 1).

34 O Satan, prends pitié de ma longue misère (BAUDELAIRE, Les Fleurs du mal, « Les Litanies de Satan »).

35 La plus belle des ruses du diable est de vous persuader qu'il n'existe pas (BAUDELAIRE, Le Spleen de Paris, « Le Joueur généreux ») ; > A. GIDE, Journal [1940]. Sur la source de ce mot, voir J.-K. HUYSMANS : C'est le Père Ravignan qui a démontré, je crois, que la plus grande force du Diable, c'est d'être parvenu à se faire nier (Là-bas, dernier chap.), et L. BLOY : Le chef d'œuvre du Diable, a dit le Père Ventura, c'est d'être parvenu à faire douter de lui (Œuvres, t. XV, p. 86 ; il s'agit du père J. VENTURA, S.J., références non retrouvées).

36 Dieu est le seul être qui, pour régner, n'ait même pas besoin d'exister (BAUDELAIRE, « Fusées »).

37 Il y a dans tout homme, à toute heure, deux postulations simultanées, l'une vers Dieu, l'autre vers Satan (BAUDELAIRE, « Mon cœur mis à nu ») ; > A. GIDE, Dostoïevski.

38 Vous cherchez Dieu? Alors cherchez-le dans l'homme (SHRĪ RĀMAKRISHNA, Enseignement de Râmakrishna, trad. J. Herbert, par. 1400) ; > J. HAMBURGER, La Puissance et la Fragilité.

39 Ce saint vieillard, en sa forêt, de la **mort de Dieu** n'a donc rien su ! (NIETZSCHE, Ainsi parlait Zarathoustra, «Prologue de Zarathoustra»).

40 Pas de nouvelles de Dieu (L. BLOY, Journal [1904]).

41 L'enfer existe, mais il est vide (mot de l'ABBÉ MUGNIER).

42 Que savons-nous de [la volonté de Dieu]?
Quand le seul moyen pour nous de la connaître est de la contredire (P. CLAUDEL, L'Otage, I, 1) ; > ALAIN, Propos [avril 1927].

43 L'homme n'a rien qu'il n'ait de Dieu seul et dont il ne dispose entièrement (P. CLAUDEL, L'Otage, I, 2).

44 **Dieu n'est pas en arrière de nous. Il est à venir.** C'est non pas au début, c'est à la fin de l'évolution des êtres qu'il le faut chercher (A. GIDE, Journal [1916], cf. Feuillets d'automne ; cf. le théologien protestant W. MONOD, dont G. BERNANOS rapporte le mot : Dieu n'est pas, il sera, L'Avant-Garde de Normandie, 1. 02. 1914) ; > J. GREEN, Journal [1948]. Cf. E. JABÈS : L'impensé, disait-il, est, peut-être, la pensée de demain./ Dieu est avenir (Le Livre des ressemblances).

45 [...] l'homme est responsable de Dieu... (A. GIDE, Journal [1942]).

46 La solitude n'est supportable qu'avec Dieu (A. GIDE, Journal [1942]).

47 Il est certaine façon d'adorer Dieu qui me fait l'effet d'un blasphème. Il est certaine façon de nier Dieu qui rejoint l'adoration (A. GIDE, Journal : Feuillets).

48 L'homme est plus intéressant que Dieu (A. GIDE, Journal : «Littérature et Morale»).

49 Le diable est un grand artiste perdu par le goût du cocasse et du monstrueux (G. BERNANOS, Nous autres Français, 4).

50 Le diable étant le singe de Dieu [...] (G. BERNANOS, Les Enfants humiliés ; cf. Nous autres Français, 5).

51 Or l'enfer aussi a ses cloîtres (G. BERNANOS, Sous le soleil de Satan, II, 3).

52 L'enfer, c'est le froid (G. BERNANOS, Monsieur Ouine, éd. la Pléiade, p. 1490). Cf. HUGO ; L'enfer, c'est l'absence éternelle./ C'est d'aimer. C'est de dire : Hélas, où donc est-elle,/ Ma lumière ? [...] (La Fin de Satan, «Hors de la terre», III) ; P. VERLAINE : Elle ne savait pas que l'Enfer, c'est l'absence (Jadis et Naguère, «Amoureuse du Diable»).

53 Dieu n'est pas un imbécile, et je ne suis pas un saint ! (mot de J. MARITAIN à J. Green).

54 Dieu ? Je veux dire cette grande force pure qui nous libère et
   nous soumet tout à la fois, nous mène doucement à la
   conscience, et d'un chaos de souffrances recrée un ordre où
   nous croyons avoir notre place assignée (J. Guéhenno, Changer
   la vie, « La Vie sérieuse »).

55 Dieu, ce dépotoir de nos rêves... (J. Rostand, Carnet d'un
   biologiste).

56 Ceux qui croient en Dieu y pensent-ils aussi passionnément que
   nous, qui n'y croyons pas, à son absence ? (J. Rostand, Nouvelles
   pensées) ; > J. Green, Journal [1959].

57 Les êtres sont inachevés l'un par rapport à l'autre, l'animal par
   rapport à l'homme, ce dernier par rapport à Dieu, qui n'est
   inachevé que pour être imaginaire (G. Bataille, Somme
   athéologique, II, « Le Coupable », « L'Amitié », 3).

58 Notre Père qui êtes aux cieux/ Restez-y/ Et nous nous resterons
   sur la terre/ Qui est quelquefois si jolie (J. Prévert, Paroles,
   « Pater noster » ; chanté par Reggiani).

59 Pour que le Dieu soit un homme, il faut qu'il désespère (A.
   Camus, L'Homme révolté, « Les Fils de Caïn »).

60 S'il y a quelqu'un qui doit tout à Bach, c'est bien Dieu (E. M.
   Cioran, Syllogismes de l'amertume, « Sur la musique »).

61 Dieu existe, je l'ai rencontré (titre de A. Frossard, 1969).

discours-parole

1 Au commencement était le Verbe [...] et le Verbe était Dieu
  (Jean, 1, 1) ; > Goethe, voir « Action » ; P. Valéry, Regards sur le monde
  actuel, « La Liberté de l'esprit » ; *cf.* du même : Au commencement était la
  fable (Mélange). *Cf.* Hugo : Car le mot, c'est le Verbe, et le Verbe, c'est
  Dieu (Les Contemplations, dernier vers de « Suite »).

2 Car c'est de l'abondance du cœur que la bouche parle
  (Matthieu, 12, 34).

3 Je suis la voix de celui qui **crie dans le désert** [...] (Jean, 1, 23,
  citant Isaïe, 40, 3).

4 [...] que votre oui soit oui, et que votre non soit non [...]
  (Jacques, 5, 13 ; > J. Green, Journal [1950]).

5 *In cauda venenum* (« Dans la queue le venin » ; prov., à propos
  du scorpion, pour désigner une pointe qui révèle à la fin d'un
  discours une intention malveillante jusque-là cachée).

6 Une lettre ne rougit pas (Cicéron, Ad familiares, 5, 12, 1).

7 *Fama volat* (« La renommée [ou le bruit] vole » ; Virgile, Enéide,
  III, v. 121).

8 *Horresco referens* (« J'éprouve de l'effroi à le raconter », Virgile,

Enéide, II, v. 204 ; l'expression, devenue proverbiale, est souvent humoristique) ; > B. Cendrars, Bourlinguer, « Gênes ».

9 *Bis repetita placent* (« Répété deux fois, cela plaît », proverbial ; *cf.* Horace, à propos de la lecture de la poésie : L'une a plu une fois, l'autre, reprise dix fois, plaira encore : *Haec placuit semel, haec deciens repetita placebit* ; Art poétique, v. 365).

10 *In medias res* (« au milieu des faits », Horace, à propos du poète épique qui ravit l'auditeur en supposant connu le sujet qu'il traite pour le présenter avec plus de vivacité, Art poétique, v. 148).

11 C'est le cœur qui rend éloquent, et la vigueur de l'esprit (en latin : *Pectus est quod disertos facit et vis mentis* ; Quintilien, Institution oratoire, X, 7, 15).

12 *Facit indignatio versum* (« le sentiment du scandale fait naître le vers », c'est-à-dire rend le poète éloquent, Juvénal, Satires, I, v. 79) ; > Baudelaire, Réflexions sur mes contemporains.

13 La parole reflète l'âme [de celui qui parle] (Sénèque, De moribus, 72).

14 Celui qui ne sait pas se taire, il ne sait pas non plus parler (Sénèque, Epîtres, 18).

15 Qui ne dit mot consent (*Qui tacet consentire videtur*, règle du Droit canon, Décrétales, VI, posée comme principe par le pape Boniface VIII).

16 Qui s'excuse s'accuse (prov. ; *cf.* saint Jérôme : En croyant t'excuser, tu t'accuses, Epistolae quattuor ad virginem..., 3, et Térence, Heautontimoroumenos, IV, 1, 12).

17 Les chiens aboient, la caravane passe (prov. arabe) ; > M. Proust, A l'ombre des jeunes filles en fleurs, I, dans la bouche de M. de Norpois.

18 [...] je vis et reconnus l'ombre de celui-là/ Qui fit par vilenie **le grand refus** (*il gran rifiuto* ; Dante, Enfer, III, v. 59-60 ; il pourrait s'agir de Célestin V, qui renonça à la papauté, d'Esaü, de Ponce-Pilate ou encore de Julien l'Apostat, voir « Religion »).

19 Il n'est bon bec que de Paris (Villon, refrain de la « Ballade des femmes de Paris »).

20 Retournant à nos moutons, je vous dis [...] (Rabelais, Gargantua, I ; *cf.* Tiers Livre, XXXIV ; la locution était proverbiale depuis La Farce de Maître Pathelin, où l'on a « Sus ! Revenons à ces moutons ») ; *cf.* M. Régnier : Retourne à nos moutons, Muse (Satire II).

21 A Athènes on apprenait à **bien dire**, et ici [à Sparte], à **bien faire** [...] (Montaigne, Essais, I, 25). *Cf.* Rousseau, phrase finale du Discours sur les sciences et les arts.

22 [...] c'est aux paroles à servir et à suyvre [les idées], et que le

Gascon y arrive, si le Français n'y peut aller (Montaigne, Essais, I, 26).

23 Personne n'est exempt de dire des fadaises. Le malheur est de les dire curieusement [= avec sérieux] (Montaigne, Essais, III, 1).

24 Tant de paroles pour les paroles seules! (Montaigne, Essais, III, 9).

25 Calomniez avec audace, il en reste toujours quelque chose (maxime citée par F. Bacon, De dignitate et augmentis scientiarum, 8, 2, 34; faussement attribué aux Jésuites).

26 — Que lisez-vous, Monseigneur? — **Des mots, des mots, des mots!** (Shakespeare, Hamlet, II, 2); > Baudelaire, « L'Esprit et le Style de M. Villemain, Appendice à L'Art romantique. *Cf.* Rousseau : Des mots, encore des mots, et toujours des mots (Emile, II).

27 [...] Mais le reste est silence (Shakespeare, derniers mots de Hamlet, Hamlet, V, dernière scène).

28 [...] le dernier, mais pas le moindre, ([...] *last, not least* Shakespeare, Roi Lear, I, 1, où il s'agit de sa troisième fille; *cf.* Jules-César, III, 1).

29 A moi, Comte, deux mots (Corneille, Le Cid, II, 2); > Ch. Péguy, en exergue de Victor-Marie, comte Hugo. *Cf.* Racine : Arrêtez, Néron : **j'ai deux mots à vous dire** (Britannicus, V, 6; > Titre de M. Bleustein-Blanchet).

30 Les faibles déplaisirs s'amusent à parler,/ Et quiconque se plaint cherche à se consoler (Corneille, La Mort de Pompée, V, 1).

31 Les gens que vous tuez se portent assez bien (Corneille, Le Menteur, IV, 2).

32 Il faut bonne mémoire après qu'on a menti (Corneille, Le Menteur, IV, 5; < Quintilien, Institution oratoire, IV, 2, 91).

33 Il y a un **silence éloquent** : il sert quelquefois à approuver et à condamner [...] (La Rochefoucauld, Réflexions diverses, « De la conversation »).

34 [...] Quand l'on se trouve obligé à faire un discours que l'on prévoit ne devoir pas agréer, l'on ne lui peut trop donner d'apparences de sincérité, parce que c'est l'unique voie pour l'adoucir (cardinal de Retz, Mémoires, II); > déclaration de J.-P. Chevènement, 1991.

35 Il m'a dit qu'il ne faut jamais/ Vendre la peau de l'Ours qu'on ne l'ait mis en terre (La Fontaine, « L'Ours et les deux Compagnons »; l'expression, qui serait de l'empereur Maximilien Ier, était passée en proverbe).

36 Il fit parler les morts, tonna, dit ce qu'il put (La Fontaine, « Le Pouvoir des fables »; la première expression, inspirée de

QUINTILIEN à propos du style sublime, a pris aujourd'hui un sens un peu différent, et signale un abus).

37 Ah! qu'en termes galants ces choses-là sont mises! (MOLIÈRE, <u>Le Misanthrope</u>, I, 2) ; > M. PROUST :/ Dieu! qu'en/ (<u>Du côté de Guermantes</u>, I) ; M. WINOCK :/termes plaisants/ (<u>Chronique des années soixante</u>).

38 Je ne dis pas cela (MOLIÈRE, <u>Le Misanthrope</u>, I, 2, repris trois fois par Alceste, et immédiatement suivi de l'expression indirecte de la vérité).

39 [...] il y a plus de quarante ans que je dis de la prose sans que j'en susse rien (MOLIÈRE, <u>Le Bourgeois gentilhomme</u>, II, 4).

40 Tout ce qui est prose, n'est point vers ; et tout ce qui n'est point vers, n'est point prose [*sic!*] (MOLIÈRE, <u>Le Bourgeois gentilhomme</u>, III, 3).

41 Il y a fagots et fagots (MOLIÈRE, <u>Le Médecin malgré lui</u>, I, 6).

42 On cherche ce qu'il dit après qu'il a parlé (MOLIÈRE, <u>Les Femmes savantes</u>, II, 7).

43 [...] le retranchement de ces syllabes sales,/ Qui dans les plus beaux mots produisent des scandales (MOLIÈRE, <u>Les Femmes savantes</u>, III, 2).

44 **La vraie éloquence se moque de l'éloquence**, la vraie morale se moque de la morale. C'est-à-dire que la morale du jugement se moque de la morale de l'esprit qui est sans règles [...] Se moquer de la philosophie c'est vraiment philosopher (PASCAL, <u>Pensées</u>, 513) ; > A. GIDE : et comme [...], l'art véritable se moque de la manière, qui n'en est que la singerie (<u>Journal</u> : <u>Feuillets</u>).

45 Voulez-vous qu'on croie du bien de vous, n'en dites pas (PASCAL, <u>Pensées</u>, 671). *Cf.* MONTAIGNE : [...] on ne parle jamais de soi sans perte [...] (<u>Essais</u>, III, 8). *Cf.* LA BRUYÈRE, « Moi ».

46 **Diseur de bons mots, mauvais caractère** (PASCAL, <u>Pensées</u>, 670 ; PUBLILIUS SYRUS, <u>Sententiae</u>) ; > LA BRUYÈRE : [...] je le dirais, s'il n'avait été dit. Ceux qui nuisent à la réputation ou à la fortune des autres plutôt que de perdre un bon mot, méritent une peine infamante : cela n'a pas été dit, et j'ose le dire (<u>Les Caractères</u>, « De la cour », 80).

47 Il y a des lieux où il faut appeler Paris, Paris, et d'autres où il la faut appeler capitale du royaume (PASCAL, <u>Pensées</u>, 509) ; > J. GREEN, <u>Journal</u> [1941].

48 Agréez ces derniers efforts d'une voix qui vous fut connue (BOSSUET, <u>Oraison funèbre de Louis de Bourbon</u>) ; > CHATEAUBRIAND : /Agréez les accents d'une/ (<u>Mémoires d'outre-tombe</u>, I, 7, 10).

49 [...] heureux, si, averti par ces cheveux blancs du compte que je dois rendre de mon administration, je réserve au troupeau que je dois nourrir de la parole de vie, les restes d'une voix qui

tombe, et d'une ardeur qui s'éteint (Bossuet, Oraison funèbre de Louis de Bourbon, derniers mots).

50 **Ce que l'on conçoit bien s'énonce clairement,**/ **Et les mots pour le dire arrivent aisément** (Boileau, Art poétique, I); > P. Valéry : Il est très malaisé d'énoncer clairement ce que l'on conçoit plus nettement que ceux qui ont créé les formes et les mots du langage, — parmi lesquels ceux qui nous ont appris à parler (Tel quel, «Autres Rhumbs»); F. Mauriac :/ Ce qui se conçoit bien/ (Le Mystère Frontenac, I, 9; variante fréquente).

51 **Le Latin dans les mots brave l'honnêteté** :/ **Mais le lecteur français veut être respecté** (Boileau, Art poétique, II). *Cf.* L. Bloy, Exégèse des lieux communs, «Nouvelle série», 52.

52 J'appelle un chat un chat, et Rolet un fripon (Boileau, Satires, I); > Mme de Sévigné :/et La Grêle un fripon/ (Corr., 8. 01. 1674).

53 Les héros chez Quinault parlent bien autrement,/ Et jusqu'à *je vous hais*, tout s'y dit tendrement (Boileau, Satires, III).

54 **Ma pensée au grand jour partout s'offre et s'expose,**/ **Et mon vers, bien ou mal, dit toujours quelque chose** (Boileau, Epîtres, IX).; > Stendhal, Souvenirs d'égotisme, 7; P. Valéry : [...]. Voilà le principe et le germe d'une infinité d'horreurs (Tel quel, «Littérature»).

55 Amas d'épithètes, mauvaises louanges : ce sont les faits qui louent, et la manière de les raconter (La Bruyère, Les Caractères, «Des ouvrages de l'esprit», 13).

56 Entre toutes les différentes expressions qui peuvent rendre une seule de nos pensées, il n'y en a qu'une qui soit la bonne (La Bruyère, Les Caractères, «Des ouvrages de l'esprit», 17).

57 Vous voulez m'apprendre qu'il pleut ou qu'il neige; dites : «il pleut, il neige» (La Bruyère, Les Caractères, «De la société et de la conversation», 7); *cf.* P. Valéry : Idéal d'écrivain : Si vous voulez dire qu'il pleut, mettez : «il pleut». A quoi suffit un employé (Mauvaises pensées et autres).

58 Le flatteur n'a pas assez bonne opinion de soi ni des autres (La Bruyère, Les Caractères, «Des jugements», 90).

59 Tout cela est vrai; mais ... (Voltaire, Corr., 6. 11. 1750, dans «la lettre des mais»).

60 La plupart des bons mots sont des redites (Voltaire, Essai sur les mœurs).

61 Le secret d'ennuyer est [...] de tout dire (Voltaire, Discours en vers sur l'homme, VI, v. 174-175).

62 C'est un grand signe de médiocrité de louer toujours modérément (Vauvenargues, Réflexions et Maximes, 12).

63 On promet beaucoup pour se dispenser de donner peu (Vauvenargues, Réflexions et Maximes, 436).

64 Prouver que j'ai raison serait accorder que je puis avoir tort. Es-tu mon serviteur ou non ? (Beaumarchais, Le Mariage de Figaro, I, 1, Suzanne à Figaro).

65 Diable ! c'est une belle langue que l'anglais ; il en faut peu pour aller loin. Avec *God-dam*, en Angleterre, on ne manque de rien nulle part (Beaumarchais, Le Mariage de Figaro, III, 5).

66 [...] sans la liberté de blâmer, il n'est point d'éloge flatteur (Beaumarchais, Le Mariage de Figaro V, 3) ; > ancienne devise du Figaro.

67 [...] j'ai une haine particulière pour l'exagération, qui est le mensonge des honnêtes gens (J. de Maistre, Les Soirées de Saint-Pétersbourg, 7).

68 Il y a dans les langues quelque chose de fatidique et d'inspiré (J. Joubert, Pensées, Maximes et Essais, III, 14).

69 Je parlais beaucoup mieux depuis que je commençais mes phrases sans savoir comment je les finirais (Stendhal, Armance) ; > A. Gide, Journal [1914].

70 La parole a été donnée à l'homme pour cacher sa pensée (Stendhal, Le Rouge et le Noir, en exergue de I, 22, où ce mot est donné comme étant du P. Malagrida, jésuite ; le mot est repris dans Armance, 25 ; on l'attribue ordinairement à Talleyrand) ; *cf.* Molière : La parole a été donnée à l'homme pour expliquer sa pensée (Le Mariage forcé, 4, mot du pédant Pancrace).

71 Ecoute ton cœur battre, et dis ce que tu sens (Lamartine, Jocelyn).

72 Seul le silence est grand, tout le reste est faiblesse (A. de Vigny, Les Destinées, « La Mort du loup »).

73 J'en passe, et des meilleurs (Hugo, Hernani, III, 6, scène des portraits des ancêtres de Don Ruy Gomez) ; > F. Coppée, « Avant-Propos du cinquantenaire d'Hernani » ; R. de Obaldia, Du vent dans les branches de sassafras, II, 7.

74 On *parle* plusieurs langues, mais on ne *cause* que dans une seule (Barbey d'Aurevilly, Du dandysme, XI).

75 Il ne faut jurer de rien (Titre d'A. de Musset ; titre d'un court-métrage de Ch. Vincent).

76 On a mécontenté tout le monde ? Il y a des chances pour que l'on ait dit la vérité (Leconte de Lisle, Œuvres en prose, N° CXXV).

77 Parmi les droits dont on a parlé dans ces derniers temps, il y en a un qu'on a oublié, à la démonstration duquel *tout le monde* est intéressé, — le droit de se contredire (Baudelaire, Essais et Nouvelles, VIII).

78 [...] existe-t-il [...] quelque chose de plus charmant, de plus

fertile et d'une nature plus positivement *excitante* que le lieu commun ? (Baudelaire, <u>Salon de 1859</u>).

79 Vous avez horreur de la rhétorique et vous avez bien raison ; c'est, avec la poétique, la seule erreur des Grecs. Après avoir fait des chefs-d'œuvre, ils crurent pouvoir donner des règles pour en faire : erreur profonde ! il n'y a pas d'art de parler, pas plus qu'il n'y a d'art d'écrire. Bien parler, c'est bien penser tout haut. Le succès littéraire ou oratoire n'a jamais qu'une cause, l'absolue sincérité (E. Renan, « Discours à l'Académie française », 21. 04. 1885 ; ce thème a scellé la disparition de la rhétorique dans l'enseignement secondaire).

80 « Quand je ne parle pas, je ne pense pas », disait-il très naïvement, et c'était vrai (A. Daudet, <u>Numa Roumestan</u>, 2).

81 Mon histoire, Messieurs les juges, sera brève (F. Coppée, <u>Poésies</u>, « La Grève des forgerons ») ; > G. Feydeau, <u>La Dame de chez Maxim</u>, I, 6.

82 Ne parlons jamais de l'étranger, mais que l'on comprenne que nous y pensons toujours (L. Gambetta, discours du 16. 11. 1871, à propos de la perte de l'Alsace-Lorraine, voir Dupré, 2691 ; formule ordinaire : Pensons-y toujours, n'en parlons jamais).

83 [...] nul ptyx, **aboli bibelot d'inanité sonore**/ (Car le maître est allé puiser des pleurs du Styx/ Avec ce seul objet dont le Néant s'honore) (Mallarmé, « Ses purs ongles très haut »).

84 Prends l'éloquence et tords-lui son cou (P. Verlaine, <u>Jadis et Naguère</u> « Art poétique ») ; cité parfois sous la forme :/Prends la rhétorique/ ; > J. Rostand : Encore faut-il avoir une éloquence, pour lui tordre « son cou » (<u>Carnet d'un biologiste</u>).

85 Nous parlons plutôt que nous ne pensons (H. Bergson, <u>Essai sur les données immédiates de la conscience</u>, Conclusion).

86 Les âmes se pèsent dans le silence, comme l'or et l'argent se pèsent dans l'eau pure, et les paroles que nous prononçons n'ont de sens que grâce au silence où elles baignent (M. Maeterlinck, <u>Le Trésor des humbles</u>, « Le Silence », 1).

87 L'ironie est la pudeur de l'humanité (J. Renard, <u>Journal</u> [1892]).

88 Un trait d'esprit annonce toujours la mort d'une idée (Alain, <u>Propos</u> [19. 01. 1923]).

89 Messieurs, **n'avouez jamais** (conseil d'Avinain, assassin guillotiné en 1867 ; voir Dupré, 3303) ; > H. de Montherlant, <u>Carnets</u>, XXII ; G. Bataille, <u>L'Expérience intérieure</u>, « Méthode de conversation ».

90 Pour un esprit à qui une question apparaît d'avance sous la forme d'une réponse, on peut dire que la question n'est pas posée (A. Gide, <u>Journal</u> [1929]).

91 Il semblait avoir découvert que le plus sûr moyen de ne jamais

dire de bêtises est de ne point parler du tout (A. GIDE, <u>Si le grain ne meurt</u>, I, 10). *Cf.* la sentence antique : Celui qui ne sait pas se taire, il ne sait pas non plus parler (SÉNÈQUE, <u>Épîtres</u>, 18).

92 Entre deux mots, il faut choisir le moindre. (Mais que le philosophe entende aussi ce petit conseil.) (P. VALÉRY, <u>Tel quel</u>, I ; *cf.* le proverbe sous-jacent : De deux maux [...]).

93 *Mythe* est le nom de tout ce qui n'existe et ne subsiste qu'ayant la parole pour cause (P. VALÉRY, « Petite lettre sur les mythes », <u>Variété</u>).

94 — Merdre. — Oh ! Voilà du joli, Père Ubu [...] (A. JARRY, <u>Ubu roi</u>, I, 1).

95 Ceux qui se taisent, les seuls dont la parole compte (CH. PÉGUY, <u>Notre jeunesse</u>).

96 J'écris autrement que je ne parle, je parle autrement que je ne pense, je pense autrement que je ne devrais penser, et ainsi jusqu'au plus profond de l'obscurité (F. KAFKA, source non identifiée, cité par F. MAURIAC en épigraphe de <u>Un adolescent d'autrefois</u>).

97 ... O ! j'ai lieu de louer ! (SAINT-JOHN PERSE, <u>Eloges</u>, « Pour fêter une enfance », V).

98 C'est une des plus incompréhensibles disgrâces de l'homme, qu'il doive confier ce qu'il a de plus précieux à quelque chose d'aussi instable, d'aussi plastique, hélas ! que le mot (G. BERNANOS, <u>Journal d'un curé de campagne</u>, II).

99 Il ne faudrait jamais parler trop gravement des choses graves (G. BERNANOS, « Le Monde moderne est un monde humilié », dans <u>La France contre les robots</u> ; *cf.* le mot de R. DE FLERS [...] il ne convient pas de donner trop de gravité aux choses graves : c'est aux choses légères qu'il faut en donner, mot rapporté par H. LAUWICK, <u>D'A. Allais à S. Guitry</u>).

100 Celui qui parle le mieux finalement l'emporte toujours, et c'est un bien bel art que celui de savoir **rendre petites les choses grandes et grandes les choses petites**, de rester en toutes circonstances, le maître des définitions, et de fixer ainsi l'ordre et la règle (J. GUÉHENNO, <u>Changer la vie</u>, « La Vie sérieuse » ; l'expression soulignée est reprise de PLATON, <u>Phèdre</u>, 267a, qui dénonce ainsi les premiers rhéteurs, Tisias et Gorgias).

101 Etre clair, c'est avouer (J. ROSTAND, <u>Carnet d'un biologiste</u>).

102 A demi mort/ A demi endormi/ Est-ce que tu n'as pas assez des lieux communs (ARAGON, <u>Le Mouvement perpétuel</u>, « Air du temps »).

103 Il suffit de dire ce qu'on pense, sans même outrer sa pensée, pour paraître singulier ; à condition de penser quelque chose, et non pas à quelque chose (J. GRENIER, <u>Lexique</u>, « Singulier »).

104 Le sadisme avec des épingles, reprit-il, c'est rare ; avec les
    paroles, c'est loin de l'être (A. Malraux, La Condition humaine,
    éd. la Pléiade, p. 333).

105 Cependant je suis obligé de parler. Je ne me tairai jamais. Jamais
    (S. Beckett, L'Innommable).

106 [...] ça va être le silence, là où je suis, je ne sais pas, je ne le saurai
    jamais, dans le silence on ne sait pas, **il faut continuer, je
    ne peux pas continuer**, je vais continuer (S. Beckett, L'Innom-
    mable, derniers mots) ; > M. Foucault, Leçon inaugurale au Collège
    de France.

107 — Je ne peux plus continuer comme ça. — On dit ça (S.
    Beckett, En attendant Godot, II).

108 Rien n'est vrai que ce qu'on ne dit pas (J. Anouilh, Antigone,
    mots de Créon).

109 Je meurs, vous entendez, je veux dire que je meurs, je n'arrive
    pas à le dire, je ne fais que de la littérature (E. Ionesco, Le roi se
    meurt).

110 Après tout, la meilleure façon de parler de ce qu'on aime est
    d'en parler légèrement (A. Camus, « Petit guide pour des villes
    sans passé », L'Eté).

111 Le dernier mot est le bon. Le dernier mot de Phèdre est : pureté.
    Le dernier mot de Chimène est : paternel. Le dernier mot
    d'Auguste est : oublier. Le dernier mot d'Hamlet-le-Bavard est :
    silence. Le dernier mot du Prince de Hombourg est : Brande-
    bourg, ou, si l'on veut bien, patrie. Le dernier mot d'Harpagon
    est : cassette. Le dernier mot de Macbeth est : enough ! Le dernier
    mot d'Œdipe-Roi est : arracher. Le dernier mot de Prométhée
    est : j'endure. Le dernier mot d'Œdipe à Colonne est : heureux à
    jamais. Et les derniers mots de Roméo sont : Thus with a kiss I
    die. Le poète a toujours le dernier mot (J. Vilar, De la tradition
    théâtrale, « L'Art du théâtre »).

112 J'ai oublié le sens des mots./ Je ne suis qu'un murmure soulevé
    par la joie,/ serré par la douleur./ Des mots ? Moins que des
    mots : des sons, des plaintes, des cris,/ des gestes de la voix,/ un
    murmure sans parole/ Parmi d'autres murmures... (J. Tardieu,
    L'A.B.C. de notre vie).

113 [...] j'écris des maximes [...] *pour me rassurer* : lorsqu'un trouble
    survient, je l'atténue en m'en remettant à une fixité qui me
    dépasse : *au fond, c'est toujours comme ça* : et la maxime est
    née (R. Barthes par lui-même).

114 Ni-ni (R. Barthes, Mythologies, « La critique Ni-ni » ; repris dans
    « Le Mythe aujourd'hui » sous la forme « ninisme » comme mythe
    bourgeois qui ressortit à une forme de libéralisme).

115 [...] le pouvoir (la *libido dominandi*) est là tapi dans tout

discours que l'on tient, fût-ce à partir d'un lieu hors-pouvoir (R. Barthes, <u>Leçon</u>).

116 Mais **la langue**, comme performance de tout langage, n'est ni réactionnaire, ni progressiste : elle **est** tout simplement : **fasciste** ; car le fascisme, ce n'est pas d'empêcher de dire, c'est d'obliger à dire (R. Barthes, <u>Leçon</u>) ; >*.

117 On ne lie partie avec la vie que lorsqu'on dit — *de tout cœur* — une banalité (E. M. Cioran, <u>Syllogismes de l'amertume</u>, « Temps et Anémie »).

droit

▷ voir aussi **Lois, Justice**

1 Le mort saisit le vif (principe juridique) ; > M. Proust, <u>Sodome et Gomorrhe</u>, II, 2.

2 *Is fecit cui prodest* (« L'auteur du crime est celui auquel celui-ci profite », principe juridique ; attesté entre autres chez Sénèque, <u>Médée</u>).

3 Le droit est dans les armes (*Jus est in armis ;* Sénèque, <u>Hercule furieux</u>, v. 253 ; formule d'un scélérat).

4 [Roma locuta est,] causa finita est (« Rome a parlé, l'affaire en cause est réglée », saint Augustin, <u>Sermons</u>, 131, 10 ; à la place du passage entre crochets, saint Augustin mentionne le Siège apostolique, mais le mot s'est imposé sous cette forme).

5 Le but de toute association politique est la conservation des droits naturels et imprescriptibles de l'homme ; ces droits sont la liberté, la propriété, la sûreté et la résistance à l'oppression (<u>Déclaration des droits de l'homme et du citoyen</u>, 2, Constitution de 1791).

6 Le Droit est le souverain du monde (mot de Mirabeau en 1789).

7 Qu'est-ce qu'une constitution ? N'est-ce pas la solution du problème suivant : étant donné la population, les mœurs, la religion, la situation géographique, les relations politiques, les richesses, les bonnes et mauvaises qualités d'une certaine nation, trouver des lois qui lui conviennent ? (J. de Maistre, <u>Considérations sur la France</u>, 7) ; > J. Benda, <u>La Trahison des clercs</u>, Préface de 1946. *Cf.* Gobineau : [...] les fausses institutions, très belles souvent sur le papier, sont celles qui, n'étant pas conformes aux qualités et aux travers nationaux, ne conviennent pas à un Etat, bien que pouvant faire fortune dans le pays voisin (<u>Essai sur l'inégalité des races</u>, I, 5).

8 C'est la force et le droit qui règlent toutes choses dans le monde ; la force, en attendant le droit (J. Joubert, <u>Pensées, Maximes et Essais</u>, XV, 2).

9 Il y a bien un droit du plus sage, mais non pas un droit du plus fort (J. Joubert, Pensees, Maximes et Essais, XV, 4).

10 Il faut donc placer le souverain législateur à la tête de la législation, et se pénétrer de cette vérité philosophique et la plus philosophique des vérités : *que la révolution a commencé par la déclaration des droits de l'homme* et *qu'elle ne finira que par la déclaration des droits de Dieu* (L. de Bonald, Discours préliminaire à la législation primitive considérée par la raison, p. 93 de l'éd. J.-M. Place, 1988).

11 [La France] a compris que je n'étais sorti de la légalité que pour rentrer dans le droit (Napoléon III, discours du 31. 12. 1851 devant la Commission consultative) ; > G. Bernanos : /Nous sortons de la légalité pour entrer/(Les Grands Cimetières sous la lune, I, 2).

12 Non seulement tout homme a des droits, mais tout être a des droits (E. Renan, Préface de Dialogues et Fragments philosophiques).

13 Le droit est l'intermède des forces (P. Valéry, Tel quel, « Autres Rhumbs », et Regards sur le monde actuel).

14 [...] s'il y a un système où le droit des peuples à disposer d'eux-mêmes soit un absolu ; et un primat ; et une donnée ; immédiate, c'est bien le système de la Déclaration des Droits de l'Homme (Ch. Péguy, L'Argent suite).

15 [...] le droit est la plus puissante des école de l'imagination. Jamais poète n'a interprété la nature aussi librement qu'un juriste la réalité (J. Giraudoux, La guerre de Troie n'aura pas lieu, II, 5).

E

économie

1 L'homme ne vivra pas de pain seulement, mais de toute parole qui sort de la bouche de Dieu (Matthieu, 4, 4, citant Deutéronome, 8, 3). Cf. Donne-nous aujourd'hui notre pain quotidien (Matthieu, 6, 11) ; > G. Bachelard : Donnez-nous aujourd'hui notre faim quotidienne (La Poétique de la rêverie, Introduction).

2 On ne doit rien extorquer ignominieusement pour feindre ensuite de le dépenser à des usages pieux (N. d'Oresme, Traité des monnaies, vers 1356, condamne ainsi en termes chrétiens le blanchiment des capitaux) ; > Traité des monnaies et autres écrits monétaires du XIVe siècle, éd. Cl. Dupuy, Lyon, La Manufacture, 1989.

3 La mauvaise monnaie chasse la bonne (formulation courante de la loi de sir Th. Gresham, attribution incertaine).

4 Il ne faut jamais craindre qu'il y ait trop de citoyens, vu qu'**il n'y a ny richesse** ny force **que d'hommes** (J. Bodin, <u>Les Six Livres de la république</u>, 1576, V, 7).

5 Je veux que chaque laboureur de mon royaume puisse mettre la poule au pot le dimanche (mot attribué à Henri IV ; voir Dupré, 147).

6 Les lois de l'ordre économique ne se violent jamais impunément (P. Le Pesant de Boisguillebert, <u>Le Détail de la France, la Cause de la diminution de ses biens et la Facilité du remède</u>).

7 [...] les grands coups d'autorité se sont trouvés si maladroits, que c'est une expérience reconnue, qu'il n'y a plus que la bonté du gouvernement qui donne de la prospérité (Montesquieu, <u>De l'esprit des lois</u>, XXI, 20).

8 Les gens qui n'ont absolument rien, comme les mendiants, ont beaucoup d'enfants. C'est qu'ils sont dans le cas des peuples naissants : il n'en coûte rien au père pour donner son art à ses enfants, qui même sont, en naissant, des instruments de cet art (Montesquieu, <u>De l'esprit des lois</u>, XXIII, 11).

9 Quand les sauvages de la Lousiane veulent avoir du fruit, ils coupent l'arbre au pied, et cueillent le fruit. Voilà le gouvernement despotique (Montesquieu, <u>De l'esprit des lois</u>, V, 13). *Cf.* J. de Maistre, <u>Les Soirées de Saint-Pétersbourg</u>, 2 ; Balzac : Son plaisir ressemblait au coup de hache du despotisme, qui abat l'arbre pour avoir les fruits (<u>Melmoth réconcilié</u>, éd. la Pléiade, p. 297).

10 Laissez faire, laissez passer (mot qui aurait été prononcé par le physiocrate V. de Gournay, lors d'une réunion de physiocrates en 1758 ; voir O. Guerlac, p. 281).

11 Ce n'est pas de la bienveillance du boucher, du marchand de bière ou du boulanger que nous attendons notre dîner, mais bien du soin qu'ils apportent à leurs intérêts (A. Smith, <u>Traité de la richesse des nations</u>, I, 2) ; >**.

12 On n'a jamais vu de chien faire de propos délibéré l'échange d'un os avec un autre chien (A. Smith, <u>Traité de la richesse des nations</u>, I, 2) ; >*.

13 Les économistes sont des chirurgiens qui ont un excellent scalpel et un bistouri ébréché, opérant à merveille sur le mort et martyrisant le vif (Chamfort, <u>Maximes et Pensées</u>).

14 Faites-moi de bonne politique, je vous ferai de bonnes finances (mot du baron J. D. Louis, cité par F. Guizot dans ses <u>Mémoires</u>).

15 Nous attachons trop d'importance à la forme des gouvernements ; il semble que toute la politique soit concentrée là [...]. La loi qui constitue les pouvoirs et la forme du gouvernement [...] n'a pas autant d'influence sur le bonheur des nations que celle qui constitue les propriétés et qui en règle l'exercice (Cl. H. de

SAINT-SIMON, Vues sur la propriété et la législation, 1818, éd. Rodrigues, I, p. 255).

16 L'industrie a besoin d'être gouvernée le moins possible (CL. H. DE SAINT-SIMON, Œuvres, t. XVIII, p. 132).

17 C'est la production seule qui ouvre des débouchés aux produits (J.-B. SAY, Lettres à M. Malthus sur différents sujets d'économie politique, repris dans J.-B. SAY, Textes choisis, Dalloz, 1953, p. 227).

18 Tous les amis de l'humanité doivent désirer que les classes laborieuses cherchent partout le bien-être, les jouissances légitimes, et soient poussées, par tous les moyens légaux, à les acquérir. On ne saurait opposer un meilleur frein à une population exubérante (D. RICARDO, Principes de l'économie politique et de l'impôt, trad. franç., Flammarion, 1977, p. 86).

19 Enrichissez-vous (mot extrait d'un discours de F. GUIZOT, 1. 03. 1843, et qui aurait été suivi de la précision suivante: par le travail, par l'épargne et la probité; voir O. GUERLAC, p. 281).

20 Quand le bâtiment va, tout va (MARTIN NADAUD, discours du 5. 05. 1850; voir DUPRÉ, 2433, pour la forme originelle).

21 En commerce, l'occasion est tout (BALZAC, Histoire de César Birotteau, 2, éd. P. Laubriet, 1964, p. 258).

22 La Propriété est un droit antérieur à la Loi, puisque la Loi n'aurait pour objet que de garantir la Propriété (F. BASTIAT, cité par L. BAUDIN, Frédéric Bastiat, Paris, Dalloz, 1962, p. 103).

23 Le but suprême du travail est la vertu et non la richesse (F. LE PLAY, La Réforme sociale, 1864; 1878[6], t. II, p. 162).

24 Ni le travail, ni l'occupation, ni la loi ne peuvent créer la propriété [...] *Qu'est-ce que la propriété ?* [...] *c'est le vol !* (P.-J. PROUDHON, Qu'est-ce que la propriété? ou Recherches sur le principe du droit et du gouvernement, 1).

25 [...] la force est l'accoucheuse de toute vieille société en travail. La force est un agent économique (MARX, Le Capital, I, 8, 31).

26 Toutes les marchandises sont des non-valeurs d'usage pour ceux qui les possèdent et des valeurs d'usage pour ceux qui ne les possèdent pas (MARX, Le Capital, I).

27 De chacun selon ses capacités, à chacun selon ses besoins (MARX, notes marginales du Programme du Parti ouvrier allemand, 1875; le mot provient de l'utopiste E. CABET, Voyage en Icarie, page de titre); >**.

28 AGRICULTURE. Manque de bras (FLAUBERT, Dictionnaire des Idées reçues).

29 BUDGET. Jamais en équilibre (FLAUBERT, Dictionnaire des Idées reçues).

30 Il en est du marché comme d'un lac agité par le vent et où l'eau cherche toujours son équilibre sans jamais l'atteindre (L. Walras, Eléments d'économie politique pure) ; > J. Wolff, Les Pensées économiques, Paris, Montchrestien, 1989, t. II, p. 117.

31 L'économique est une science de la vie, voisine de la biologie plutôt que de la mécanique (A. Marshall, Principes d'économie politique) ; > J. Wolff, Les Pensées économiques, Paris, Montchrestien, 1989, t. II, p. 147.

32 La guerre économique n'est qu'une des formes de la guerre naturelle des êtres : je ne dis pas des hommes, car on peut douter si l'homme n'est pas encore à l'état de projet ... (P. Valéry, Regards sur le monde actuel).

33 Il y a trois écoles irréductibles en économie sociale : celle où l'on considère l'homme comme une chose ; celle où on le considère comme une bête ; et celle où on le considère comme un frère (René de La Tour du Pin, Vers un ordre social chrétien, Paris, 1907 ; 1942[6], p. 107).

34 Plus la monnaie est vile, plus on apprécie la marchandise et plus facile est le commerce (S. Gesell, L'Ordre économique naturel, 1911 ; trad. franç. Librairie Marcel Rivière, 1948, p. 226).

35 L'Economie est la science qui étudie le comportement humain en tant que relation entre des fins et des moyens rares à usages alternatifs (L. Robbins, Essai sur la nature et la signification de la science économique) ; > J. Wolff, Les Pensées économiques, Paris, Montchrestien, 1989, t. II, p. 239.

36 A la longue, nous serons tous morts. Les économistes se donnent une tâche trop facile et trop inutile, si, dans une période orageuse, ils se contentent de nous dire que lorsque la tempête est apaisée l'Océan redevient calme (J. M. Keynes, La Réforme monétaire, 1923 ; trad. franç. Ed. du Sagittaire, 1924, p. 100 ; « A la longue » est en français dans le texte original).

37 Ce qui fait l'unité de la civilisation capitaliste, c'est l'esprit qui l'anime, c'est l'homme qu'elle a formé (G. Bernanos, La France contre les robots, 1).

38 Le plus fructueux est le commerce oriental : rien dans la boutique, mais on peut vous procurer tout. L'important n'est pas la marchandise, mais le client (J. Grenier, Lexique, « Commerce »).

39 De même que les administrations fonctionneraient de façon satisfaisante, s'il n'y avait pas le public, de même les théories économiques seraient relativement faciles à établir sans la présence de cet insupportable gêneur qu'est l'Homme (A. Sauvy, Théorie générale de la population).

40 Le marché étant un despote souvent injuste, il est naturel que la

société cherche à s'en affranchir (A. Sauvy, Mythologie de notre temps, Payot, 1967, p. 86).

41 Si le capitalisme subsiste en dépit de ses imperfections et de ses injustices, c'est parce qu'il n'y a pas de remplaçant présentable (A. Sauvy, Mythologie de notre temps) ; >*.

42 Le but de l'économie n'est pas le travail, mais la consommation (A. Sauvy, Le Plan Sauvy) ; >*.

43 Plus nous comptons, plus nous comptons mal, puisque nous ne comptons pas tout (A. Sauvy, La Révolte des jeunes) ; >*.

44 L'approche de la faillite apporte aux groupes financiers une conscience intense de la nation à laquelle ils appartiennent (A. Malraux, La Condition humaine, éd. la Pléiade, p. 337).

45 Le spirituel commande le politique et l'économique (E. Mounier, Revue Esprit, n° 1).

46 De station en station, antiquaires, libraires, marchands de disques, cartes des restaurants, agences de voyages, [...] leurs itinéraires composaient leur véritable univers : là reposaient leurs ambitions, leurs espoirs. Là était la vraie vie [...] (G. Perec, Les Choses, 1965, p. 79) ; > M. Winock, Chronique des années soixante.

47 Ils voulaient jouir de la vie, mais, partout autour d'eux, la jouissance se confondait avec la propriété (G. Perec, Les Choses, 1965, p. 60) ; >**.

48 Il y a toujours eu un Tiers-Monde. Son tort régulier est d'accepter le dialogue qui lui est toujours défavorable. Mais on l'y oblige, le cas échéant (F. Braudel, Civilisation matérielle, Economie et Capitalisme, t. I : « Les Structures du quotidien », A. Colin, 1979, p. 387).

49 Le capitalisme est d'essence conjoncturelle. Aujourd'hui encore, une de ses plus grandes forces est sa facilité d'adaptation et de reconversion (F. Braudel, La Dynamique du capitalisme) ; >**.

50 Les investissements d'aujourd'hui sont les profits de demain et les emplois d'après-demain (proverbial théorème de Helmut Schmidt, ancien chancelier de la République fédérale allemande ; les sources semblent journalistiques).

51 La moitié d'une roue n'est une demi-roue que dans la roue entièrement achevée (B. Schmitt, Inflation, Chômage et Malformations du capital, Paris-Albeuve, Economica-Castella, 1984, p. 56 ; cette phrase illustre le principe de non-divisibilité de la production dans le temps).

enfance

1 Laissez venir à moi les petits enfants, et ne les en empêchez pas ; car le royaume de Dieu est pour leurs pareils (Marc, 10, 14). Souvent cité lors des baptêmes d'enfants.

2 Mais un fripon d'enfant, **cet âge est sans pitié**,/ prit sa fronde et, du coup, tua plus d'à moitié/ La Volatile malheureuse (La Fontaine, « Les Deux Pigeons ») ; > Baudelaire, Salon de 1846, 13.

3 Ah ! il n'y a plus d'enfants (Molière, Le Malade imaginaire, II, 8 ; sans doute proverbial).

4 Cet âge est innocent : son ingénuité/ N'altère point encor la simple vérité (Racine, Athalie, II, 7).

5 Les enfants n'ont ni passé ni avenir, et, ce qui ne nous arrive guère, ils jouissent du présent (La Bruyère, Les Caractères, « De l'homme », 51).

6 L'enfance a des manières de voir, de penser, de sentir, qui lui sont propres ; rien n'est moins sensé que de vouloir y substituer les nôtres (Rousseau, Emile, II).

7 Les enfants persécutent et tourmentent tout ce qu'ils aiment (J. Joubert, Pensées, Maximes et Essais, VII, 3).

8 Surtout apprenez-lui à porter toujours respect aux rêves de l'enfance (Schiller, Don Carlos, IV, 21) ; > J. Green, Journal [1961].

9 L'enfant est le père de l'homme (W. Wordsworth, « My heart leaps up » ; cf. Milton, Paradise regained, IV, 220) ; > J. Green, Journal [1944].

10 Lorsque l'enfant paraît, le cercle de famille/ Applaudit à grands cris [...] (Hugo, Les Feuilles d'automne, 19) ; > M. Proust, Le Côté de Guermantes, II, 2.

11 La douleur est un fruit, Dieu ne le fait pas croître/ Sur la branche trop faible encor pour le porter (Hugo, Les Contemplations, « L'Enfance ») ; > M. Proust, Le Côté de Guermantes II, 2.

12 **Il faut que l'herbe pousse et que les enfants meurent** ;/ Je le sais ô mon Dieu ! (Hugo, Les Contemplations, « A Villequier ») ; > M. Proust, Le Temps retrouvé.

13 Car on peut dire que l'enfant, en général, est, relativement à l'homme, en général, beaucoup plus rapproché du péché originel (Baudelaire, Œuvre et Vie d'E. Delacroix, 7).

14 — Mais le vert paradis des amours enfantines,// L'innocent paradis, plein de plaisirs furtifs,/ Est-il déjà plus loin que l'Inde et que la Chine ? (Baudelaire, Les Fleurs du mal, « Moesta et Errabunda »).

15 Que les oiseaux et les sources sont loin ! Ce ne peut être que la fin du monde, en avançant (Rimbaud, Illuminations, « Enfance ») ; > en épigraphe de F. Mauriac, Le Mystère Frontenac, II.

16 Adieu, Meuse endormeuse et douce à mon enfance (Ch. Péguy, Jeanne d'Arc, II, 3).

17 Le monde va être jugé par les enfants. L'esprit d'enfance va juger le monde (CH. PÉGUY, <u>Jeanne d'Arc</u>, II, 3).

18 Mais justement, on ne parle pas au nom de l'enfance, il faudrait parler son langage (CH. PÉGUY, <u>Jeanne d'Arc</u>, Préface).

19 Tout est joué avant que nous ayons douze ans (CH. PÉGUY, <u>L'Argent</u>) ; > J. GREEN, <u>Journal</u> [1944].

20 Sinon l'enfance, qu'y avait-il alors qu'il n'y a plus ?... (SAINT-JOHN PERSE, <u>Eloges</u>, « Pour fêter une enfance », III).

21 Enfance, mon amour... ce double anneau de l'œil et l'aisance d'aimer... (SAINT-JOHN PERSE, <u>Eloges</u>, « Pour fêter une enfance », V).

22 [...] la part du monde encore susceptible de rachat n'appartient qu'aux enfants, aux héros et aux martyrs (G. BERNANOS, <u>Les Grands Cimetières sous la lune</u>).

23 Qu'importe ma vie ! Je veux seulement qu'elle reste jusqu'au bout fidèle à l'enfant que je fus (G. BERNANOS, <u>Les Grands Cimetières sous la lune</u>, I, 3).

24 C'est peut-être l'enfance qui approche le plus de la « vraie vie » [...] (A. BRETON, <u>Premier Manifeste du surréalisme</u>).

25 Je ne sais en quel temps c'était, je confonds toujours l'enfance et l'Eden/ Comme je mêle la Mort et la Vie — un pont de douceur les relie (L. S. SENGHOR, <u>Ethiopiques</u>, « D'autres chants »).

26 Une larme porte un enfant/ on ne sait pas si les yeux sont fermés ou/ ouverts de voir ce que la vie refuse (H. MESCHONNIC, Extrait de <u>Poésie du monde francophone</u>).

époque

1 Vous savez discerner l'aspect du ciel et vous ne pouvez discerner **les signes des temps** ! (MATTHIEU, 16, 3).

2 *Jam foetet* (« Il sent déjà mauvais », JEAN, 11, 39 ; il s'agit du cadavre de Lazare, que Jésus va ressusciter ; pour la présence de cette citation dans cette rubrique, voir le sens des reprises : fin d'une époque de décomposition) ; > R. ROLLAND, <u>Aux peuples assassinés</u> ; P. CLAUDEL, <u>Réflexions et Propositions sur le vers français</u>.

3 Rachetez le temps, car les jours sont mauvais (<u>Ephésiens</u>, 5, 16).

4 **O Temps, ô mœurs** ! J'ai beau crier,/ Tout le monde se fait payer (LA FONTAINE, « Le Cerf malade » ; < CICÉRON, <u>Catilinaires</u>, I, 2 : *O Tempora, o mores*).

5 Ah ! mon Dieu ! mon Dieu ! dans quel siècle m'avez-vous fait naître ? (SAINT POLYCARPE, référence non retrouvée) ; > FLAUBERT, Corr., 21. 08. 1853 et 2. 03. 1854.

6 Ce siècle, autre en ses mœurs, demande un autre style./ Cueillons des fruits amers, desquels il est fertile (A. D'AUBIGNÉ, <u>Les Tragiques</u>, II, v. 77-78).

7 [...] les gens sont ce qu'est leur époque (Shakespeare, Roi Lear, V, 3).

8 Les anciens, Monsieur, sont les anciens, et nous sommes les gens de maintenant (Molière, Le Malade imaginaire, II, 6).

9 Il faut avoir certains temps marqués par quelque grand événement auquel on rapporte tout le reste ; c'est ce qui s'appelle époque [...] (Bossuet, Histoire universelle, Dessein général).

10 Et quel temps fut jamais si fertile en miracles ?/ Quand Dieu par plus d'effets montra-t-il son pouvoir ? (Racine, Athalie, I, 1).

11 On aime à lire les livres des Anciens pour voir d'autres préjugés (Montesquieu, Mes pensées, 845).

12 Moi je rends grâce à la nature sage/ Qui, pour mon bien, m'a fait naître en cet âge/ Tant décrié par nos tristes frondeurs (Voltaire, Le Mondain).

13 L'âge d'or de la morale, ou plutôt de la fable, n'était que l'âge de fer de la physique et de la vérité (Buffon, Premier Discours des « Epoques de la nature », t. V du Supplément à l'Histoire naturelle, 1778).

14 Après nous le déluge ! (la marquise de Pompadour se serait ainsi exprimée devant son amant Louis XV, en 1757, après la défaite de Rossbach, pour le consoler).

15 [L'époque] c'est l'état de l'esprit par lequel nous n'établissons rien, n'affirmant et ne niant quoi que ce soit (d'Alembert, article « Epoque » de l'Encyclopédie).

16 Qui n'a pas vécu dans les années voisines de 1780 n'a pas connu le plaisir de vivre (Talleyrand, cité par F. Guizot, voir Dupré, 1635) ; >* ; M. Winock : [...] /ces années anglaises ne sait pas ce qu'est la douceur de vivre/ (Chronique des années soixante).

17 Je vois les reflets d'une aurore dont je ne verrai pas se lever le soleil (Chateaubriand, Mémoires d'outre-tombe, IV, 12, 10).

18 L'influence de mes contemporains l'emporte [...] à deux pas de la mort, je suis encore hypocrite... O dix-neuvième siècle ! (Stendhal, Le Rouge et le Noir, II, 44).

19 Hélas ! trop tard, et au soir des choses humaines qui naît aujourd'hui reçoit le mouvement et le sens (Leopardi, Canti, « Aux noces de sa sœur Pauline »).

20 Malgré soi, on est de son siècle (A. Comte, Plan des travaux scientifiques nécessaires pour réorganiser la société, Introduction).

21 Vous créez un frisson nouveau (Lettre de Hugo à Baudelaire, 6. 10. 1859).

22 Trop tard ! (Devise de Barbey d'Aurevilly).

23 Je suis venu trop tard dans un siècle trop vieux./ D'un siècle sans espoir naît un siècle sans crainte (A. DE MUSSET, « Rolla », I) ; > ** : /né/.

24 Nous sommes une génération savante ; la vie instinctive, spontanée, aveuglément féconde de la jeunesse, s'est retirée de nous ; tel est le fait irréparable (LECONTE DE LISLE, Préface des Poèmes antiques).

25 **EPOQUE (La nôtre). Tonner contre elle. — Se plaindre de ce qu'elle n'est pas poétique**. — L'appeler époque de transition, de décadence (FLAUBERT, Dictionnaire des Idées reçues) ; >*.

26 Il faut avoir, je ne dis pas les idées de son temps, mais les comprendre [*sic !*] (FLAUBERT, Corr., 12. 04. 1854).

27 J'aime le mot de décadence tout miroitant de pourpre et d'ors. [...] Ce mot suppose [...] des pensées raffinées d'extrême civilisation, une haute culture littéraire, une âme capable d'intensives voluptés (P. VERLAINE, Les Poètes maudits).

28 A l'heure que j'écris, de nouveaux frissons parcourent l'atmosphère intellectuelle : il ne s'agit que d'avoir le courage de les regarder en face. Pourquoi fais-tu cette grimace ? (LAUTRÉAMONT, Les Chants de Maldoror, V).

29 [...] les *queues* de siècle se ressemblent. Toutes *vacillent* et sont troubles (J.-K. HUYSMANS, Là-bas, 18) ; > souvent cité sous la forme : /toutes les fins/.

30 Le grand argument contre les décadences, c'est qu'elles n'ont pas de lendemain et que toujours une barbarie les écrase. Mais n'est-ce pas le lot fatal de l'exquis et du rare d'avoir tort devant la brutalité ? (P. BOURGET, Essais de psychologie contemporaine).

31 Qu'il vienne, qu'il vienne,/ Le temps dont on s'éprenne (RIMBAUD, Une saison en enfer, « Chanson de la plus haute tour » ; *cf.* dans les Poèmes, pièce du même titre : Ah ! que le temps vienne/ Où les cœurs s'éprennent).

32 L'âge actuel est proprement l'âge du politique (J. BENDA, La Trahison des clercs, 1).

33 Notre siècle aura été proprement le siècle de l'*organisation intellectuelle des haines politiques* (J. BENDA, La Trahison des clercs, 1).

34 [...] la frivolité d'une époque, quand dix siècles ont passé sur elle, est matière de la plus grave érudition [...] (J. BENDA, La Trahison des clercs, 1).

35 Notre époque sans doute, pour celui qui en lira l'histoire dans deux mille ans, ne semblera pas moins baigner certaines consciences tendres et pures dans un milieu vital qui apparaîtra

alors comme monstrueusement pernicieux et dont elles s'accommodaient (J. BENDA, La Trahison des clercs, 1).

36 *Le temps du monde fini commence* (P. VALÉRY, Regards sur le monde actuel) ; > A. MALRAUX, L'Intemporel, 10.

37 Une époque intéressante est toujours une époque énigmatique, qui ne promet guère de repos, de prospérité, de continuité, de sécurité (P. VALÉRY, Variété, IV).

38 Le monde a moins changé depuis Jésus-Christ qu'il n'a changé depuis trente ans. Il y a eu l'âge antique (et biblique). Il y a eu l'âge chrétien. Il y a l'âge moderne (CH. PÉGUY, L'Argent).

39 Nous sommes une **génération sacrifiée**. Nous ne sommes pas seulement des vaincus (CH. PÉGUY, « A nos amis, à nos abonnés », Cahiers de la quinzaine, 20. 06. 1909).

40 A la fin tu es las de ce monde ancien (APOLLINAIRE, Alcools, « Zone »).

41 [...] l'homme de ce temps a le cœur dur et la tripe sensible (G. BERNANOS, Les Grands Cimetières sous la lune, I, 1).

42 [...] la façon d'atterrir dans une époque compte moins que celle dont on en sort [...] (P. MORAND, Venises).

43 J'ai vécu très au-dessus des moyens de mon époque (COCTEAU, inédit).

44 Bien sûr, notre époque n'est pas tout à fait aussi hideuse qu'elle est barbare... (J. ROSTAND, Carnet d'un biologiste).

45 Tout est nouveau, tout est futur (ELUARD, « La Rose publique »).

46 C'est une chance inespérée pour nous, de nous être trouvés là juste quand on allait changer de civilisation (légende de dessin dans un journal illustré citée par H. DE MONTHERLANT, Carnets, XLIII).

47 Toute époque a toujours été la pire. — Et s'il y en a qui furent vraiment pires, c'est elles qui enfantèrent les plus grandes choses (CARDINAL H. DE LUBAC, Nouveaux paradoxes, 4).

48 On nous aura donné le plus beau cadeau de la terre : une époque où nos ennemis, qui sont presque toutes les grandes personnes, comptent pour du beurre (R. NIMIER, Le Hussard bleu, I, « Sanders »).

49 Chaque époque découvre un aspect de la condition humaine, à chaque époque l'homme se choisit en face d'autrui, de l'amour, de la mort, du monde [...] (J.-P. SARTRE, Situations II).

50 Ne disons donc pas de mal de notre époque, elle n'est pas plus malheureuse que les précédentes. (*Silence*). N'en disons pas de bien non plus. (*Silence*). N'en parlons pas. (*Silence*). Il est vrai que la population a augmenté (S. BECKETT, En attendant Godot).

51 Toute fin d'époque est le paradis de l'esprit, lequel ne retrouve son jeu et ses caprices qu'au milieu d'un organisme en pleine décomposition (E. M. Cioran, <u>Précis de décomposition</u>, «Bonheur des épigones»).

52 [...] l'automobile est aujourd'hui l'équivalent assez exact des grandes cathédrales gothiques : je veux dire une grande création d'époque, conçue passionnément par des artistes inconnus, consommée (dans son image, sinon dans son usage) par un peuple entier qui s'approprie en elle un objet parfaitement magique (R. Barthes, <u>Mythologies</u>, «La Nouvelle Citroën»).

53 Voici que se lève, immense, bien nourrie, ignorante en histoire, opulente, réaliste, la cohorte dépolitisée et dédramatisée des Français de moins de vingt ans (F. Nourissier, dans <u>Les Nouvelles littéraires</u>, 1963) ; > M. Winock, <u>Chronique des années soixante</u>.

espoir-désespoir

1 **Espérant contre toute espérance**, il crut ; et devient ainsi père d'un grand nombre de nations (<u>Romains</u>, 4, 18 ; il s'agit d'Abraham) ; *cf.* Louis, duc de Saint-Simon : Mais il se trouve pourtant qu'on espère jusqu'au bout contre toute espérance (<u>Mémoires</u>, épisode de la mort du duc de Bourgogne).

2 Tout mon espoir est en moi (Térence, <u>Phormion</u>, 139).

3 *Voi ch'entrate, lasciate ogni speranza* (Dante, <u>Enfer</u>, III, 9 : «Vous qui entrez, laissez toute espérance») ; *cf.* Lautréamont : Vous qui entrez, laissez tout désespoir (<u>Poésies</u>, II) ; H. de Montherlant : Vous qui entrez ici, reprenez toute espérance (<u>Aux fontaines du désir</u>, «Du sang, de la volupté et de la mort — Pour rire»).

4 Ma plus douce espérance est de perdre l'espoir (Corneille, <u>Le Cid</u>, I, 1). *Cf. infra*, Racine.

5 Ainsi nous allons toujours tirant après nous cette longue chaîne traînante de notre espérance [...] (Bossuet, <u>Sermon sur l'impénitence finale</u>).

6 Le lait tombe ; adieu veau, vache, cochon, couvée (La Fontaine, «La Laitière et le Pot au lait»).

7 Belle Philis, on désespère,/ Alors qu'on espère toujours (Molière, <u>Le Misanthrope</u>, I, 2 ; chute du sonnet d'Oronte).

8 **Anne, ma sœur Anne, ne vois-tu rien venir ?** Et la sœur lui répondait : Je ne vois rien que le soleil qui poudroie, et l'herbe qui verdoie (Ch. Perrault, <u>Contes</u>, «Barbe-Bleue») ; > variations sur cette phrase chez R. Desnos : /Sœur Anne, ma Sainte Anne [...] ... vers Sainte-Anne ?/, puis : /[...], que vois-tu venir vers Sainte-Anne ?/ (<u>Corps et Biens</u>, «P'oasis»).

9 Mon unique espérance est dans mon désespoir (Racine, <u>Bajazet</u> I, 4). *Cf. supra*, Corneille.

10 *Un jour tout sera bien*, voilà notre espérance ;/ *Tout est bien aujourd'hui*, voilà l'illusion (VOLTAIRE, Poème sur le désastre de Lisbonne).

11 L'espérance a fait plus de dupes que l'habileté (VAUVENARGUES, Réflexions et Maximes, 419).

12 L'espérance n'est qu'un charlatan qui nous trompe sans cesse ; et, pour moi, le bonheur n'a commencé que lorsque je l'ai eu perdue. Je mettrais volontiers sur la porte du Paradis le vers que Dante a mis sur celle de l'Enfer (CHAMFORT, Maximes et Pensées) ; voir *supra*, DANTE.

13 Du cri du Golgotha la tristesse infinie/ Avait pu contenir seule assez d'agonie/ Pour exprimer l'humanité (LAMARTINE, Recueillements poétiques, « Epître à F. Guillemardet ») ; *cf.* le cri de Jésus crucifié sur le Golgotha : *Eli, Eli, lama sabacthani ?* c'est-à-dire « Mon Dieu, mon Dieu, pourquoi m'as-tu abandonné ? », MATTHIEU, 27, 46 < Psaumes, 22, 2.

14 Il faut surtout anéantir l'espérance dans le cœur de l'homme. Un désespoir paisible, sans convulsions de colère et sans reproches au ciel, est la sagesse même (A. DE VIGNY, Journal d'un poète [1832]).

15 L'espoir changea de camp, le combat changea d'âme (HUGO, Les Châtiments, II, 13) ; >*.

16 **Les plus désespérés sont les chants les plus beaux,**/ Et j'en sais d'immortels qui sont de purs sanglots (A. DE MUSSET, « la Nuit de mai ») ; > SARTRE, Les Mots, « Ecrire ».

17 Une immense espérance a traversé la terre ;/ Malgré nous vers le ciel il faut lever les yeux (A. DE MUSSET, « Espoir en Dieu ») ; >**.

18 L'Espérance qui brille aux carreaux de l'Auberge/ Est soufflée, est morte à jamais (BAUDELAIRE, Les Fleurs du mal, « L'Irréparable »).

19 — Qu'il était bleu, le ciel, et grand, l'espoir !/ — L'espoir a fui, vaincu, vers le ciel noir (P. VERLAINE, Fêtes galantes, « Colloque sentimental »).

20 L'espoir luit comme un brin de paille dans l'étable (P. VERLAINE, Sagesse, III, 3) ; > J. GREEN, Journal [1979].

21 Le désespoir porté assez loin complète le cercle et redevient une espérance (L. BLOY, Journal [1910]).

22 J'attends les Cosaques et le Saint-Esprit (L. BLOY, Journal, phrase conclusive du volume Au seuil de l'Apocalypse).

23 Ainsi donc, Maldoror, tu as été vainqueur ! Ainsi donc, Maldoror, tu as vaincu l'*Espérance* ! Désormais le désespoir se nourrira de ta substance la plus pure ! (LAUTRÉAMONT, Les Chants de Maldoror, III).

24 — Seigneur, prenez pitié du chrétien qui doute, de l'incrédule qui voudrait croire, du forçat de la vie qui s'embarque seul, dans la nuit, sous un firmament que n'éclairent plus les consolants fanaux du vieil espoir ! (J.-K. HUYSMANS, A rebours, derniers mots).

25 Après un tel livre, il ne reste plus à l'auteur qu'à choisir entre la **bouche d'un pistolet ou les pieds de la croix**. C'est fait (J.-K. HUYSMANS, A rebours, « Préface écrite vingt ans après le roman ») ; >*.

26 Le pire n'est pas toujours sûr (P. CLAUDEL, sous-titre du Soulier de satin ; < titre d'une pièce de CALDERON).

27 C'est de ne rien espérer qui est beau ! c'est de savoir qu'on en a pour toujours (P. CLAUDEL, Le Soulier de satin, 1re version, II, 4).

28 Ames jamais suffisamment dénuées pour être enfin suffisamment emplies d'amour — d'amour, d'attente et d'espérance, qui sont nos seules vraies possessions (A. GIDE, Les Nourritures terrestres, Livre V).

29 L'espoir, dit le Docteur, est fait pour varier (P. VALÉRY, « L'Idée fixe », Dialogues).

30 On se réfugie dans ce qu'on ignore. On s'y cache de ce qu'on sait. L'inconnu est l'espoir de l'espoir (P. VALÉRY, Tel quel, II).

31 Ce qui m'étonne, dit Dieu, c'est l'espérance/ Et je n'en reviens pas./ Cette petite espérance qui n'a l'air de rien du tout./ Cette petite fille espérance/ Immortelle (Ch. PÉGUY, Le Porche du mystère de la deuxième vertu).

32 Comme la vie est lente/ Et comme l'Espérance est violente (APOLLINAIRE, Alcools, « Le Pont Mirabeau »).

33 L'humour est la politesse du désespoir (G. DUHAMEL, Défense des lettres, 3) ; > Radio.

34 Le désespoir est la charité de l'enfer. Il sait tout, il veut tout, il peut tout (G. BERNANOS, Nous autres Français, 5 ; la seconde phrase paraphrase I Corinthiens, 13, 7).

35 Le pessimisme est l'optimisme du pessimiste (L. SCUTENAIRE, Mes inscriptions).

36 L'on peut être sauvé par autre chose qu'une catastrophe (L. SCUTENAIRE, Mes inscriptions).

37 Dieu m'a placé dans le désespoir comme dans une constellation d'impasses dont le rayonnement aboutit à moi. Et tous les hommes sont comme moi (A. ARTAUD, référence non retrouvée) ; > J. GREEN, Journal [1956].

38 Et puis, surtout, c'est reposant, la tragédie ; parce qu'on sait qu'il n'y a plus d'espoir, le sale espoir (J. ANOUILH, Antigone, le Chœur).

39 Le désespoir, comme l'absurde, juge et désire tout, en général, et rien, en particulier (A. Camus, L'Homme révolté, I).

40 Car l'espoir, au contraire de ce qu'on croit, équivaut à la résignation. Et vivre, c'est ne pas se résigner (A. Camus, « L'Été à Alger », Noces).

41 Il faut sauver l'espérance. C'est le grand problème de ce siècle (J. Green, Journal [1975]).

évolution-progrès

▷ Voir aussi **Histoire, Révolution**

1 Rien n'a été à la fois trouvé et porté à sa perfection (Cicéron, Brutus, 71).

2 Le temps était encore ténébreux et sentant l'infélicité des Goths, qui avaient mis à destruction toute bonne littérature. Mais, par la bonté divine, la lumière et dignité a été de mon âge rendue ès lettres [...] Maintenant toutes disciplines sont restituées, les langues instaurées (Rabelais, Pantagruel, VIII, lettre de Gargantua à son fils Pantagruel).

3 Il n'en est pas de même de l'homme, qui n'est produit que pour l'infinité. Il est dans l'ignorance au premier âge de sa vie ; mais il s'instruit sans cesse dans son progrès [...] de sorte que les hommes sont aujourd'hui en quelque sorte dans le même état où se trouveraient ces anciens philosophes, s'ils pouvaient avoir vieilli jusqu'à présent, en ajoutant aux connaissances qu'ils avaient celles que leurs études auraient pu leur acquérir à la faveur de tant de siècles (Pascal, Préface sur le Traité du vide).

4 Eh ! de grâce, consentons qu'il y ait encore quelque chose à faire pour les siècles à venir (Fontenelle, Entretiens sur la pluralité des mondes, Second soir).

5 Le règne de l'humanité s'annonce (Voltaire, Corr., 12. 03. 1763 ; à propos du dénouement de l'affaire Calas).

6 Il ne vous manque qu'une bonne musique. Quand vous l'aurez, vous pourrez hardiment vous dire la plus heureuse nation de la terre (Voltaire, André Destouches à Siam).

7 Ne nous remets pas au gland quand nous avons du blé. [...] Songe dans quel siècle nous vivons (Voltaire, Questions sur l'Encyclopédie, « Blé »).

8 Lorsque j'ai vu la matière inerte passer à l'état sensible, rien ne doit plus m'étonner (Diderot, Le Rêve de d'Alembert).

9 L'ennemi, c'est le passé, le barbare Moyen Age [...] L'ami, c'est l'avenir, le progrès et l'esprit nouveau, 89 qu'on voit poindre déjà sur l'horizon lointain, c'est la Révolution (J. Michelet, Histoire de France, Préface du tome XV).

10 Dans le progrès humain, la part essentielle est à la force vive,

qu'on appelle l'homme. *L'homme est son propre Prométhée* (J. Michelet, Histoire de France, Préface de 1869).

11 [...] la formule sacrée du positivisme : L'Amour pour principe, et l'Ordre pour base ; le Progrès pour but (A. Comte, Catéchisme positiviste, 1er entretien).

12 L'homme heureux est celui qui a conquis son bonheur ou le moment de bonheur qu'il ressent actuellement. Le fameux progrès tend à supprimer l'effort entre le désir et son accomplissement : il doit rendre l'homme plus véritablement malheureux (E. Delacroix, Journal [1854]).

13 L'avenir arrivera-t-il ? Il semble qu'on peut presque se faire cette question quand on voit tant d'ombre terrible (Hugo, Les Misérables, IV, 7, 4) ; > J. Grenier, Lexique, « Avenir ».

14 [...] un quadrupède velu, muni d'une queue et d'oreilles pointues, probablement arboricole (Ch. Darwin, Les Origines de l'homme, 21, décrit ainsi l'ancêtre de l'homme ; *cf.* l'expression courante : « L'homme descend du singe », qui a été prononcée pour la première fois lors d'une réunion-débat contradictoire sur les idées de Darwin, à Oxford, en 1860).

15 [...] la lutte pour l'existence (« the struggle for existence » ; Ch. Darwin, L'Origine des espèces, 3).

16 Nous allons à l'esprit. C'est très-certain, c'est oracle, ce que je dis (Rimbaud, Une saison en enfer, « Mauvais sang ») ; > A. Breton, Premier Manifeste du surréalisme, qui ajoute : Oui, tant que je veux, mais qu'est lui-même l'oracle ?

17 L'humanité gémit, à demi écrasée sous le poids des progrès qu'elle a faits. Elle ne sait pas assez que son avenir dépend d'elle. A elle de voir d'abord si elle veut continuer à vivre. A elle de se demander ensuite si elle veut vivre seulement, ou fournir en outre l'effort nécessaire pour que s'accomplisse, jusque sur notre planète réfractaire, la fonction essentielle de l'univers, qui est une machine à faire des dieux (H. Bergson, Les Deux Sources de la morale et de la religion, 4, fin).

18 Je l'ai dit assez souvent : *Nous entrons dans l'avenir à reculons,* et ce genre de mouvement a eu jadis son utilité et quelques heureux résultats ; mais l'écrevisse elle-même a dû y renoncer (P. Valéry, Regards sur le monde actuel ; la phrase provient de « La Politique de l'esprit », Variété).

19 L'idée du passé ne prend un sens et ne constitue une valeur que pour l'homme qui se trouve en soi-même une passion de l'avenir (P. Valéry, Regards sur le monde actuel, Avant-Propos).

20 En somme, à l'idole du Progrès répondit l'idole de la malédiction du Progrès ; ce qui fit *deux lieux communs* (P. Valéry, Regards sur le monde actuel).

21 Il est clair que la tradition et le progrès sont deux grands ennemis du genre humain (P. Valéry, Regards sur le monde actuel).

22 Arrivés à un certain stade de l'histoire, il n'est rien qui ne se présente à l'état de problème. Et la responsabilité de l'homme augmente à mesure que celle des dieux diminue (A. Gide, Journal [1940]).

23 Le mythe du progrès était sans doute le seul en qui ces millions d'hommes pussent communier, le seul qui satisfît à la fois leur cupidité, leur moralisme sommaire et le vieil instinct de justice légué par les aïeux (G. Bernanos, Les Grands Cimetières sous la lune, I, 1).

24 Le drame actuel de l'Europe, c'est la mort de l'homme. A partir de la bombe atomique, et même bien avant, on a compris que ce que le xixe siècle avait appelé « progrès » exigeait une lourde rançon (A. Malraux, Postface des Conquérants).

25 Et pendant ce temps, la vitesse de l'histoire et du monde s'accélère (A. Camus, Actuelles I, « Démocratie et Dictature internationales »).

26 L'éducation actuelle passe à peu près sous silence l'événement majeur de l'aventure humaine, à savoir notre arrivée à un point de non-retour où, pour la première fois, nous avons devant nous des menaces mortelles et, peut-être, les moyens d'écarter ces menaces (J. Hamburger, La Puissance et la Fragilité, 6).

27 [...] l'humanité a de multiples naissances, avant *sapiens*, avec *sapiens*, après *sapiens*, et peut-être promet une nouvelle naissance encore après nous (E. Morin, Le Paradigme perdu, Seuil).

F

famille

1 Honore ton père et ta mère, afin que tes jours se prolongent sur la terre que l'Eternel, ton Dieu, te donne (Exode, 20, 12, repris en Deutéronome, 5, 16 et Luc, 18, 20).

2 Quiconque fait la volonté de mon Père qui est dans les cieux, celui-là est mon frère et ma sœur et ma mère (Matthieu, 12, 50).

3 [...] il ne peut se faire que le fils de ces larmes périsse (*fieri non potest ut filius istarum lacrimarum pereat*; réponse rassurante de saint Ambroise à sainte Monique, mère de saint Augustin,

SAINT AUGUSTIN, Les Confessions, III, 12, 21); > L. BLOY, Le Symbolisme de l'apparition, 3.

4 Je ne l'ai point encore embrassé d'aujourd'hui (RACINE, Andromaque, I, 4 ; Andromaque dit cela de son fils Astyanax) ; > CHATEAUBRIAND, Génie du christianisme, II, 2, 6.

5 Mon génie étonné tremble devant le sien (RACINE, Britannicus, II, 2, mot de Néron à propos de sa mère Agrippine).

6 [...] on-on est toujours l'enfant de quelqu'un (BEAUMARCHAIS, Le Mariage de Figaro, III, 18, mot de Brid'oison, qui répond à l'indignation d'Antonio déclarant : Irai-je donner l'enfant de not'sœur à sti qui n'est l'enfant de personne ?).

7 Etre adulte, c'est avoir pardonné à ses parents (mot de GOETHE).

8 Nos parents et nos maîtres sont nos ennemis naturels quand nous entrons dans le monde (aphorisme de STENDHAL rapporté par MÉRIMÉE, Portraits historiques et littéraires, « Henri Beyle »).

9 Les enfants terribles (titre d'une série de gravures de PAUL GAVARNI). *Cf.* le titre de la pièce de COCTEAU, Les Parents terribles.

10 Les familles heureuses se ressemblent toutes, les familles malheureuses sont malheureuses chacune à sa façon (TOLSTOÏ, Anna Karénine, *incipit*) ; >**.

11 Dieu ! soupire à part soi la plaintive Chimène,/ Qu'il est joli garçon l'assassin de papa (G. FOUREST, La Négresse blonde, qui résume ainsi la situation du Cid) ; >**.

12 — C'est Monsieur ! — Monsieur qui ? — Monsieur le père de l'enfant de Madame (G. FEYDEAU, Un fil à la patte, I, 3).

13 L'exemple, c'est tout ce qu'un père peut faire pour ses enfants (mot de THOMAS MANN rapporté par son frère GOLO) ; >*.

14 Familles ! je vous hais ! Foyers clos ; portes refermées ; possessions jalouses du bonheur (A. GIDE, Les Nourritures terrestres, IV). > H. BAZIN : Famille, je vous hais ? Famille, je vous aime ? Famille, je vous ai (L'Ecole des pères).

15 Ne pas savoir qui est son père, c'est ça qui guérit de la peur de lui ressembler (A. GIDE, Les Faux-Monnayeurs, I, 1).

16 L'avenir appartient aux bâtards (A. GIDE, Les Faux-Monnayeurs, I, XII).

17 L'égoïsme familial... à peine moins hideux que l'égoïsme individuel (A. GIDE, Les Faux-Monnayeurs, I, XII).

18 Il n'y a qu'un aventurier au monde, et cela se voit très notamment dans le monde moderne : c'est le père de famille (CH. PÉGUY, Véronique, Dialogue de l'histoire et de l'âme charnelle) ; > G. BERNANOS : [...] /ces grands aventuriers du monde moderne/[...] (Nous autres Français, 2).

19 On ne peut pas transporter partout avec soi le cadavre de son

père (APOLLINAIRE, Les Peintres cubistes, «Sur la peinture», I, à propos de l'«art pur»).

20 Moi, il a fallu que j'attende l'âge de trente-deux ans pour que mon père me donne son dernier coup de pied au derrière. Voilà ce que c'était que la famille, de mon temps (M. PAGNOL, Marius, I, 3).

21 Aujourd'hui maman est morte. Ou peut-être hier, je ne sais pas (A. CAMUS, L'Etranger, 1re phrase).

foi

1 Les démons aussi ont la foi (JACQUES, 2, 19); > J. GREEN, Journal [1949].

2 Lève-toi, prends ton lit et marche (MARC, 2, 9); > A. GIDE, Geneviève (où c'est une femme et non un homme qui, selon la narratrice, reçoit cet ordre).

3 En vérité, je vous le dis, si vous avez de la foi comme un grain de moutarde, vous direz à cette montagne : Transporte-toi d'ici, et elle se transportera. Rien ne vous sera impossible (MATTHIEU, 17, 20).

4 Il faut le croire parce que c'est insensé (*Credibile est quia ineptum est*, TERTULLIEN, De carne Christi, 5, 4-5); > V. JANKÉLÉVITCH, L'Ironie. *cf.* l'expression plus usuelle et plus célèbre donnée au Moyen Age à ce mot : *Credo quia absurdum*, «Je crois parce que c'est absurde»; > BAUDELAIRE, Réflexions sur mes contemporains, 4.

5 [...] ce qui a été cru partout, toujours et par tous (définition de l'objet de la foi catholique donnée par SAINT VINCENT DE LÉRINS, Commonitorium, 434); > J. DE MAISTRE, Les Soirées de Saint-Pétersbourg, 4.

6 Car je ne cherche pas à comprendre pour croire, mais **je crois pour comprendre** (*credo ut intelligam*; SAINT ANSELME DE CANTORBERY, Fides quaerens intellectum, id est Proslogion, 1).

7 En cette foi je veux vivre et mourir (F. VILLON, «Ballade pour prier Notre-Dame»).

8 [...] il n'est rien cru si fermement que ce qu'on sait le moins (MONTAIGNE, Essais, I, 32).

9 Je vois, je sais, je crois, je suis désabusée (CORNEILLE, Polyeucte, V, 5).

10 La foi qui n'agit point, est-ce une foi sincère? (RACINE, Athalie, I, 1).

11 Je n'ai point cédé, j'en conviens, à de grandes lumières surnaturelles : ma conviction est sortie du cœur; j'ai pleuré et j'ai cru (CHATEAUBRIAND, Le Génie du christianisme, première Préface, cité dans les Mémoires d'outre-tombe, I, 11, 7); > H. DE MONTHERLANT, Carnets, XXXV.

12 Il n'y a que les grandes croyances qui donnent de grandes émotions (BALZAC, Le Cousin Pons, 33).

13 La foi a cela de particulier que, disparue, elle agit encore (E. RENAN, Souvenirs d'enfance et de jeunesse, I) ; > J. GRENIER, Lexique, « Foi ».

14 Même profonde, jamais la foi n'est entière. Il faut la soutenir sans cesse ou, du moins, s'empêcher de la ruiner (J.-P. SARTRE, Les Mots, « Ecrire »).

15 Le propre d'une foi, dût-elle échouer, est d'éluder l'Irréparable. [...] Le véritable héros combat et meurt au nom de sa destinée, et non pas au nom d'une croyance (E. M. CIORAN, Précis de décomposition, « Conditions de la tragédie »).

16 [...] les croyants d'aujourd'hui s'éloignent de ces voies logiques de la découverte de Dieu, et, au contraire, s'attachent de plus en plus, comme il est sain et vrai, à une approche passionnelle de la foi (J. HAMBURGER, La Puissance et la Fragilité, 5).

folie

▷ Voir aussi **Sagesse-folie**

1 [...] nous prêchons Christ crucifié, scandale pour les Juifs, folie pour les païens (I Corinthiens, I, 23).

2 La fortune rend fou celui qu'elle veut perdre (PUBLILIUS SYRUS, Sententiae) ; *cf.* cet autre proverbe latin : Jupiter rend d'abord fous ceux qu'il veut perdre.

3 [...] le peuple ne supporterait pas plus longtemps son souverain, ni le maître son esclave, la suivante sa maîtresse, le précepteur son élève, ni l'ami son ami, l'épouse son mari, le propriétaire son fermier, le camarade son camarade, le compagnon son compagnon, si l'un et l'autre à tour de rôle ne savaient se tromper, ou flatter, ou sagement fermer les yeux, ou s'apaiser avec un peu du miel de la folie (ERASME, Eloge de la folie, 21, trad. J. Chomarat).

4 Mais on est d'autant plus heureux qu'on a davantage de formes de délire, au jugement de Folie (ERASME, Eloge de la folie, 39, trad. J. Chomarat).

5 [...] il est peut-être impossible de trouver parmi tous les mortels un seul qui soit sage à toute heure et que ne posssède aucune sorte de délire (ERASME, Eloge de la folie, 39, trad. J. Chomarat).

6 De quoi se fait la plus subtile folie, que de la plus subtile sagesse ? (MONTAIGNE, Essais, II, 12) ; > LA ROCHEFOUCAULD, Maximes, Maximes supprimées, 23, sous forme affirmative.

7 Les hommes sont si nécessairement fous que ce serait être fou

par un autre tour de folie de n'être pas fou (PASCAL, Pensées,
412) ; > NERVAL, Les Nuits d'octobre (« Maxime consolante »).

8 Pour qui sont ces serpents qui sifflent sur vos têtes ? (RACINE,
Andromaque, V, 5 ; mot d'Oreste, qui devient fou).

9 Il faut faire des choses folles avec le maximum de prudence (M.
MOHRT, La Campagne d'Italie, I, 10).

force-faiblesse

1 Ce n'est ni la force ni la largeur des épaules ni la sagesse qui fait
la puissance des hommes. [C'est l'esprit qui partout l'emporte.]
Le bœuf, quelque énorme qu'il soit, est ramené dans le droit
chemin par un fouet léger (SOPHOCLE, Ajax, dernier épisode) ; >
J. GRENIER, Lexique, « Léger ».

2 La force dénuée d'intelligence s'effondre sous sa propre masse
(HORACE, Odes, III, 4, v. 65).

3 *Ultima ratio* (« Suprême argument », à propos des armes, quand
les autres moyens sont épuisés ; attribué au CARDINAL XIMÉNÈS
[1436-1517] ; RICHELIEU fit graver sur les canons français : *Ultima
ratio regum*, « L'argument suprême des rois »).

4 **La raison du plus fort est toujours la meilleure** ;/ Nous l'allons
montrer tout à l'heure/ [...]/ **Si ce n'est toi, c'est donc ton frère.**/
Je n'en ai point [...] (LA FONTAINE, « Le Loup et l'Agneau », début,
puis dialogue du Loup et de l'Agneau) ; *cf.* HUGO : La raison du
meilleur est toujours la plus forte (Tas de pierres) ; A. GIDE : Si ce n'est
lui, c'est donc son frère ? (Journal [1942], à propos de fausses
accusations portées contre l'auteur).

5 Cependant que mon front, au Caucase pareil,/ Non content
d'arrêter les rayons du soleil,/ Brave l'effort de la tempête./ Tout
vous est aquilon, tout me semble zéphir/ [...]/ Les vents me sont
moins qu'à vous redoutables./ Je plie et ne romps pas (LA
FONTAINE, « Le Chêne et le Roseau » ; *cf.* la devise déjà attestée
avant La Fontaine : *Frangar non flectar*, « Je romprai mais je ne
plierai pas »).

6 Il faut, autant qu'on peut, obliger tout le monde :/ On a souvent
besoin d'un plus petit que soi (LA FONTAINE, « Le Lion et le
Rat »).

7 Le Pot de terre et le Pot de fer (titre de LA FONTAINE ; pour
l'expression, *cf.* Ecclésiastique, 13, 2-3).

8 Encor n'usa-t-il pas de toute sa puissance./ Plus fait douceur que
violence (LA FONTAINE, « Phébus et Borée » ; un emblème de PH.
HÉGÉMON avait déjà popularisé l'idée de la leçon finale).

9 Le sentiment de nos forces les augmente (VAUVENARGUES,
Réflexions et Maximes, 75).

10 La mystique est la force invincible des faibles (Ch. Péguy, <u>Notre jeunesse</u>).

11 La force prime le droit (attribué à Bismarck, voir Dupré, 6221) ; *cf.* la formule de Méphistophélès, Second <u>Faust</u> de Goethe, V, « Palais » : On a la force, on a donc le droit, > A. Gide (<u>Journal</u> [1944], en allemand). Variante souvent citée : La Force crée le Droit (G. Bernanos, <u>Les Grands Cimetières sous la lune</u>, III, 4 ; voir « Droit », P. Valéry).

12 [...] je déteste la violence. Elle est bruyante, injuste, passagère (R. Nimier, <u>Le Hussard bleu</u>, I, « Sanders »).

France

1 La Pitié qu'il y avait au Royaume de France (Jeanne d'Arc, citée par Michelet, Introduction de <u>Jeanne d'Arc</u>) ; > S. Weil, <u>L'Enracinement</u>.

2 [...] je suis ici envoyée de par Dieu, le Roi du Ciel, corps pour corps, pour vous **bouter hors de toute la France** (Jeanne d'Arc, lettre au duc de Bedford, 22. 03. 1429 ; « corps pour corps » signifie « qu'ils le veuillent ou non »).

3 C'est ma langue naturelle et maternelle, car je suis né et ai été nourri [= élevé] jeune au jardin de France : c'est Touraine (Rabelais, <u>Pantagruel</u>, IX).

4 Ah ! que diront là-bas, sous les tombes poudreuses,/ de tant de vaillants Rois les âmes généreuses !/ Que diront Pharamond ! Clodion, et Clovis !/ Nos Pépins ! nos Martels ! nos Charles ! nos Loys !/ Qui de leur propre sang, versé parmi la guerre/ Ont acquis à nos Rois une si belle terre ? (Ronsard, <u>Discours des misères</u>) ; > Chateaubriand <u>Mémoires d'outre-tombe</u>, III, II, 6, 5 : /les ombres généreuses/ ; /versé à tous périls de guerre/ et /acquis à leurs fils/ sont des variantes de Ronsard reprises par Chateaubriand).

5 [...] je ne me mutine jamais tant contre la France que je ne regarde Paris de bon œil : elle a mon cœur dès mon enfance [...] Je l'aime tendrement, jusques à ses verrues et à ses taches. Je ne suis français que par cette grande cité [...] (Montaigne, <u>Essais</u>, III, 9 ; ces mots figurent en partie sur la statue de Montaigne à Paris, Ve arrondissement).

6 Non parce que Socrate l'a dit, mais parce qu'en vérité c'est mon humeur, et à l'aventure non sans quelque excès, j'estime tous les hommes mes compatriotes, et embrasse un Polonais comme un Français, postposant cette liaison nationale à l'universelle et commune (Montaigne, <u>Essais</u>, III, 9). *Cf.* Mme de Sévigné : « On est de tout pays », ceci est de Montaigne ; mais en disant cela, il était bien à son aise dans sa maison (Corr., 6. 04. 1672).

7 Tout arrive en France (mot de La Rochefoucauld ; voir Dupré, 295).

8 Le caractère des Français demande du sérieux dans le souverain (La Bruyère, Les Caractères, « Du souverain ou De la république », 13).

9 Il me semble qu'en France on ne craint que les ridicules (Montesquieu, Mes pensées, 1405).

10 Le caractère naturel du Français est composé des qualités du singe et du chien couchant (Montesquieu, Mes pensées, 1405).

11 Ce qui n'est pas clair n'est pas français (Rivarol, Discours sur l'universalité de la langue française) ; > J. Green, Journal [1965 et 1979] : rend mon visiteur japonais aussi perplexe que moi ; Ph. Sollers, La Fête à Venise, 1991.

12 [...] Bonaparte ; il n'a pas fait la France, la France l'a fait (Chateaubriand, Mémoires d'outre-tombe, III, I, 7, 7).

13 Ce n'est pas possible [...] : cela n'est pas français (Napoléon, Corr., 9. 07. 1813 ; *cf.* la version courante **Impossible n'est pas français**) ; *cf.* J.-F. Collin d'Harleville : Impossible est un mot que je ne dis jamais (Malice pour malice, I, 8).

14 Adieu, charmant pays de France/ Que je dois tant chérir !/ Berceau de mon heureuse enfance,/ Adieu ! te quitter, c'est mourir (Béranger, Chansons, « Adieux de Marie Stuart »).

15 La France est une nation qui s'ennuie (Lamartine, Discours du 10. 01. 1839 ; voir Dupré, 1935).

16 [...] le drapeau rouge [...] n'a jamais fait que le tour du Champ-de-Mars, traîné dans le sang du peuple en 91 et 93, et le drapeau tricolore a fait le tour du monde avec le nom, la gloire et la liberté de la patrie ! (Lamartine, Discours du 25. 02. 1848).

17 L'un des plus grands inconvénients du caractère français, celui qui a plus contribué que quoi que ce soit aux catastrophes et déconfitures dont notre histoire abonde, c'est l'absence, chez toutes les têtes, du sentiment du devoir (E. Delacroix, Journal [26. 04. 1853]) ; > H. de Montherlant, Carnets, XXII.

18 Une et identique depuis plusieurs siècles, [la France] doit être considérée comme une personne qui vit et se meut. Le signe et la garantie de l'organisme vivant, la puissance de l'assimilation, se trouve ici au plus haut degré (J. Michelet, Introduction à l'Histoire universelle).

19 La France a fait la France, et l'élément fatal de race m'y semble secondaire. Elle est la fille de sa liberté (J. Michelet, Histoire de France, Préface de 1869).

20 L'Angleterre est un empire, l'Allemagne un pays, la France est une personne (J. Michelet, Histoire de France, « Tableau de la France »).

21 En France, nous savons cautériser une plaie, mais nous n'y

connaissons pas encore de remède au mal que produit une phrase (BALZAC, La Peau de chagrin, « L'Agonie »).

22 O France ! France aimée et qu'on pleure toujours,/ Je ne reverrai pas ta terre douce et triste,/ Tombeau de mes aïeux et nid de mes amours ! (HUGO, Les Châtiments, « Ultima Verba »).

23 [La nation] souhaitait des réformes plus que des droits (A. DE TOCQUEVILLE, L'Ancien Régime et la Révolution, III, 3).

24 [...] nation mieux douée qu'aucune autre pour comprendre sans peine les choses extraordinaires et s'y porter, capable de toutes celles qui n'exigent qu'un seul effort, quelque grand qu'il puisse être, mais hors d'état de se tenir longtemps très haut, parce qu'elle n'a jamais que des sensations et point de principes ; peuple civilisé entre tous les peuples de la terre et cependant resté plus près de l'état sauvage qu'aucun d'entre eux (A. DE TOCQUEVILLE, L'Ancien Régime et la Révolution, III, fragments et notes inédites).

25 [...] aujourd'hui l'ennemi déclaré de toute obéissance, demain mettant à servir une sorte de passion que les nations les mieux douées pour la servitude ne peuvent atteindre (A. DE TOCQUEVILLE, L'Ancien Régime et la Révolution, III, 8).

26 COLONIES (Nos). S'attrister quand on en parle (FLAUBERT, Dictionnaire des Idées reçues).

27 Je m'ennuie en France, surtout parce que tout le monde y ressemble à Voltaire (BAUDELAIRE, « Mon cœur mis à nu »).

28 La France contient [...] trente-six millions de sujets, sans compter les sujets de mécontentement (H. ROCHEFORT, no 1 de son journal La Lanterne).

29 La ligne bleue des Vosges (expression qui se trouve dans le testament de J. FERRY, et qui est un écho de la perte de l'Alsace-Lorraine ; voir DUPRÉ, 2674).

30 En France, tout le monde est un peu de Tarascon (A. DAUDET, épigraphe de Tartarin de Tarascon).

31 La France aux Français (devise du journal antisémite d'E. DRUMONT, La Libre Parole).

32 Il n'est pas nation plus ouverte, ni sans doute de plus mystérieuse que la française ; point de nation plus aisée à observer et à croire connaître du premier coup (P. VALÉRY, Regards sur le monde actuel).

33 Peut-être la France est-elle le seul pays où le ridicule ait joué un rôle historique [...] (P. VALÉRY, Regards sur le monde actuel).

34 Sur cette terre vit un peuple dont l'histoire consiste principalement dans le travail incessant de sa propre formation (P. VALÉRY, Regards sur le monde actuel).

35 L'action certaine, visible et constante de Paris, est de compenser

par une concentration jalouse et intense les grandes différences régionales et individuelles de la France (P. Valéry, Regards sur le monde actuel).

36 *Les Français ont plus de foi en l'homme qu'ils n'ont d'illusions sur les hommes* (P. Valéry, Regards sur le monde actuel).

37 Il adorait la France et méprisait tous les Français... (P. Valéry, Pièces sur l'art, «Degas Danse Dessin»).

38 Nous avons tout à apprendre de l'Allemagne ; elle a tout à prendre de nous (A. Gide, en 1914, se citant lui-même dans son Journal [1941]).

39 L'enrageant, c'est de penser que la France est le pays des inventeurs ! On en revient toujours à ceci : nous ne savons pas tirer parti de nos ressources (A. Gide, Journal [1918]).

40 Il serait pourtant bon de reconnaître que les défauts mêmes du peuple allemand sont de ceux qui favorisent les victoires, tandis que nos qualités mêmes nous empêchent (A. Gide, Journal [1940]).

41 Il y a, et il y aura toujours, en France (sinon sous la pressante menace d'un danger commun) division et partis, c'est-à-dire dialogue. Grâce à quoi le bel équilibre de notre culture : équilibre dans la diversité (A. Gide, Journal [1943]).

42 Né à Paris, d'un père Uzétien et d'une mère Normande, où voulez-vous, Monsieur Barrès, que je m'enracine ? (A. Gide, Prétextes, «A propos des Déracinés»).

43 La destinée de la France est d'être l'embêteuse du monde. [...] Tant qu'il y aura une France digne de ce nom, la partie de l'univers ne sera pas jouée, les nations parvenues ne seront pas tranquilles, qu'elles aient conquis leur rang par le travail, la force, ou le chantage (J. Giraudoux, L'Impromptu de Paris, 4).

44 Paris est une solitude peuplée ; une ville de Province est un désert sans solitude (F. Mauriac, La Province).

45 Paris est la ville du monde où nous accumulons le plus de mérites, puisque toutes sortes de péchés s'y peuvent commettre avec d'incroyables facilités (F. Mauriac, La Province).

46 Peut-être Paris ne vaut-il que par ses provinciaux (F. Mauriac, La Province).

47 On ne refera pas la France par les élites, on la refera par la base (G. Bernanos, Les Grands Cimetières sous la lune, I, 1).

48 N'en déplaise aux imbéciles, la France ne sera méprisée dans le monde que lorsqu'elle aura finalement perdu l'estime d'elle-même (G. Bernanos, Les Grands Cimetières sous la lune, I, 4).

49 Toute ma vie, je me suis fait une certaine idée de la France. Le sentiment me l'inspire aussi bien que la raison (Ch. de Gaulle, Mémoires de guerre, I, L'Appel, «La Pente», début). *Cf.* M.

Winock: Toute ma vie, je me suis fait une certaine idée du général de Gaulle (Chronique des années soixante).

50 [...] Le côté positif de mon esprit me convainc que la France n'est réellement elle-même qu'au premier rang [...] (Ch. de Gaulle, Mémoires de guerre, I, L'Appel, « La Pente », début).

51 Il y a un pacte trente fois séculaire entre la grandeur de la France et la liberté du monde (Ch. de Gaulle, discours du 1. 03. 1941).

52 France : ne pas prévoir, ne pas préparer, ne pas avertir (H. de Montherlant, Carnets, XXI).

53 Il faudra vaincre ce silence. Il faudra vaincre le silence de la France. Cela me plaît (Vercors, Le Silence de la mer ; mot de l'officier allemand).

54 France, prends garde de **perdre ton âme** (R. P. Fessard, 1941, 1er numéro de Témoignage chrétien) ; >** ; >*. *Cf.* « Sincérité », Molière.

55 J'aime tellement l'Allemagne que je suis ravi qu'il y en ait deux (F. Mauriac dans J. Chancel, Le Temps d'un regard).

56 Nous avons failli crever en France de l'intelligence sans substance (A. de Saint-Exupéry, Pilote de guerre, XXII).

57 La seule chose contagieuse en France est la lucidité, l'horreur d'être dupe, d'être victime de quoi que ce soit. C'est pour cela qu'un Français n'accepte l'aventure qu'en pleine conscience ; il *veut* être dupe [...] (E. M. Cioran, Précis de décomposition, « Apothéose du vague »).

G

génie
▷ voir aussi **Grandeur-héroïsme**

1 Le génie et les grands talents manquent souvent, quelquefois aussi les seules occasions : tels peuvent être loués de ce qu'ils ont fait, et tels de ce qu'ils auraient fait (La Bruyère, Les Caractères, « Du mérite personnel », 6). *Cf.* La Rochefoucauld : La nature fait le mérite, et la fortune le met en œuvre (Maximes, 153).

2 Nés pour la médiocrité, nous sommes accablés par les esprits sublimes (Montesquieu, Dialogue de Sylla et d'Eucrate) ; > Flaubert, Corr., 26. 10. 1852.

3 C'est le privilège du vrai génie, et surtout du génie qui ouvre une carrière, de faire impunément de grandes fautes (Voltaire, Le Siècle de Louis XIV, 32).

4 Le génie n'a qu'un siècle, après quoi, il faut qu'il dégénère (Voltaire, <u>Le Siècle de Louis XIV</u>, 32).

5 Lorsque j'apprends de leur vie privée quelque trait qui les dégrade, je l'écoute avec plaisir ; cela nous rapproche, j'en supporte plus aisément ma médiocrité (Diderot, <u>Le Neveu de Rameau</u> ; il s'agit évidemment des hommes de génie).

6 Le génie n'est qu'une plus grande aptitude à la patience (mot de Buffon, rapporté par Hérault de Séchelles dans <u>La Visite à Buffon ou Le Voyage à Montbard</u>) ; *cf.* Flaubert, Corr. 20. 03. 1852 ; A. Gide, <u>Journal</u> [1915 et *cf.* 1936]. *Cf.* P. Valéry : Génie ! O longue impatience ! (<u>Charmes</u>, « Ebauche d'un serpent »).

7 Ne pouvant avilir l'esprit, on se venge en le maltraitant (Beaumarchais, <u>Le Mariage de Figaro</u>, V, 3).

8 Avec le talent, on fait ce qu'on veut.
Avec le génie, on fait ce qu'on peut. (mot d'Ingres, cité par A. Gide, <u>Journal</u> [1931] et J. Green, <u>Journal</u> [1932], source non retrouvée).

9 L'humanité fait un interminable discours dont chaque homme illustre est une idée (A. de Vigny, <u>Journal d'un poète</u>) ; > F. Mauriac : /prononce/[...] /chaque homme de génie représente/ (<u>Dieu et Mammon</u>, IV).

10 Les génies sont outrés. Cela tient à la quantité d'infini qui est en eux (Hugo, <u>William Shakespeare</u>) ; > H. de Montherlant, <u>Carnets</u>, XX.

11 Ah ! frappe-toi le cœur, c'est là qu'est le génie (A. de Musset, « A Edouard Bocher »).

12 Mais le génie n'est que l'*enfance retrouvée* à volonté, l'enfance douée maintenant, pour s'exprimer, d'organes virils et de l'esprit analytique qui lui permet d'ordonner la somme de matériaux involontairement amassée (Baudelaire, <u>Le Peintre de la vie moderne</u>, III). *Cf. infra*, F. Mauriac.

13 Eh ! que m'importe à moi la source, si je jouis du génie (Baudelaire, « L'Esprit et le Style de M. Villemain », Appendice à <u>L'Art romantique</u>).

14 Le « génie » est une habitude que prennent certains (P. Valéry, <u>Tel quel</u>, I).

15 L'homme de génie est celui qui m'en donne (P. Valéry, <u>Mauvaises pensées et autres</u>).

16 Le talent sans génie est peu de chose. Le génie sans talent n'est rien (P. Valéry, <u>Mélange</u>).

17 J'ai mis tout mon génie dans ma vie ; je n'ai mis que mon talent dans mes œuvres (mot d'O. Wilde à A. Gide, A. Gide, <u>Journal</u> [1913]).

18 Ce qui est cause qu'une œuvre de génie est difficilement

admirée tout de suite, c'est que celui qui l'a écrite est extraordinaire, que peu de gens lui ressemblent. C'est son œuvre elle-même qui, en fécondant les rares esprits capables de le comprendre, les fera croître et multiplier (M. Proust, A l'ombre des jeunes filles en fleurs, I).

19 Le génie, c'est la jeunesse plus forte que le temps, la jeunesse immarcescible (F. Mauriac, Le Jeune Homme, I). *Cf. supra*, Baudelaire.

20 On sait que le propre du génie est de fournir des idées aux crétins une vingtaine d'années plus tard (Aragon, Traité du style, « Le Porte-plume »).

21 Le « génie » abaisse davantage qu'il n'élève ; l'idée du « génie » empêche d'être simple, engage à montrer l'essentiel, à dissimuler ce qui décevrait : il n'est pas de « génie » concevable sans « art » (G. Bataille, L'Expérience intérieure, III, « Le Labyrinthe »).

22 [...] dans tout génie coexiste un Marseillais et un Dieu (E. M. Cioran, Précis de décomposition, « L'Equivoque du génie »).

goût

1 Elle est détestable parce qu'elle est détestable (Molière, La Critique de L'Ecole des femmes, 5 ; dans la bouche du marquis à propos de la pièce de L'Ecole des femmes).

2 Le méchant goût du siècle, en cela, me fait peur (Molière, Le Misanthrope, I, 3) ; > Baudelaire : /mauvais/ (Salon de 1859).

3 Le je-ne-sais-quoi (*cf.* le dialogue sur ce sujet du P. D. Bouhours, dans les Entretiens d'Ariste et d'Eugène).

4 Que si on me demande ce que c'est que cet agrément et ce sel, je répondrai que c'est un **je ne sais quoi** qu'on peut beaucoup mieux sentir que dire (Boileau, Préface des Œuvres).

5 Le goût est une aptitude à bien juger des objets du sentiment. Il faut donc avoir de l'âme pour avoir du goût [...] (Vauvenargues, Introduction à la connaissance de l'esprit humain, « Du goût »).

6 Quand on n'a pas de talent, il faudrait, au moins, avoir du goût (Vauvenargues, Réflexions critiques, « Sur l'expression dans le style »).

7 Dis-moi ce que tu manges, je te dirai ce que tu es (A. Brillat-Savarin, Physiologie du goût, IV, « De l'appétit », Aphorismes).

8 Le mauvais goût mène au crime (mot de Mareste ; source : M. Crouzet, Stendhal, Flammarion, 1990).

9 Les hommes donnent leur mesure par leurs admirations, et c'est par leurs jugements qu'on peut les juger (Barbey d'Aurevilly, Pensées détachées, LV).

10 La vraie admiration est historique (E. Renan, L'Avenir de la science, 10) ; > G. Genette, Seuils.

11 Le goût est fait de mille dégoûts (P. Valéry, Tel quel, I). *Cf.* A. Comte : [...] le vrai goût suppose toujours un vif dégoût (Catéchisme positiviste, 5).

12 C'est à avoir un *certain* goût qu'il ne faut pas se forcer, car rien n'est plus facile que de trouver bien ce qui, au fond, nous déplaît, et mal, ce qui nous plaît (J. Renard, Journal [1906]).

13 Le goût mûrit aux dépens du bonheur (J. Renard, Journal [1908]).

14 Le goût, ça peut être la peur de la vie et de la beauté (J. Renard, Journal [1909]).

15 Quelqu'un qui admire a toujours raison (P. Claudel, Corr. avec A. Suarès, 26. 06. 1914). *Cf.* P. Léautaud : C'est une force que n'admirer rien (Journal littéraire).

16 Choisir, c'est se livrer (J. Chardonne, L'Amour, c'est beaucoup plus que l'amour, Préface).

17 On choisit toujours ce qui est le moins fait pour soi, parce qu'on n'est sensible à rien plus qu'à ce qui étonne (M. Jouhandeau, Chroniques maritales).

18 — X*** avait-il du goût ? — Je ne sais, mais il avait ce goût qui devait devenir le goût (J. Rostand, Carnet d'un biologiste).

19 On fait une chose d'abord par goût, ensuite par devoir, enfin par hébétude (H. de Montherlant, Carnets, XIX).

20 Doukipudonktan, se demanda Gabriel excédé (R. Queneau, Zazie dans le métro, premiers mots) ; >** : Doukiplédontan ?

21 [...] pour garder ce qu'on aime, il faut sauver ce qu'on déteste (J. Perret, Bande à part, I, Les Zigotos).

22 Je crois que les gens affectent le mauvais goût pour dissimuler qu'ils n'en ont aucun, bon ou mauvais (M. Mohrt, La Campagne d'Italie, I, XV).

23 J'aime, je n'aime pas : cela n'a aucune importance pour personne ; cela, apparemment, n'a pas de sens. Et pourtant tout cela veut dire : *mon corps n'est pas le même que le vôtre* (R. Barthes par lui-même).

grandeur-héroïsme

1 Muse, chante moi le héros, l'homme aux mille tours [...] (Homère, 1er vers de l'Odyssée ; *cf.* Virgile, 1er vers de l'Enéide : Je chante le héros et les faits d'arme [...]).

2 Les coups de la foudre frappent le sommet des montagnes (Horace, Odes, II, 10, v. 9 ; *topos* constamment repris sous des formes diverses).

3 Par votre soin mainte terre ai conquise/ Que Charles tient, qui la barbe a fleurie,/ Et l'empereur en est puissamment riche (<u>Chanson de Roland</u>, éd. J. Bédier, laisse 173 ; Roland s'adresse ici à son épée, Durandal).

4 Vous êtes tous issus de la grandeur de moi (RONSARD, <u>Réponse aux injures</u>, qui traite ainsi les poètes protestants qui l'avaient attaqué).

5 Peu d'hommes ont été admirés par leurs domestiques (MONTAIGNE, <u>Essais</u>, III, 2 ; « domestiques » désigne les gens de leurs maisons, les familiers). *Cf.* LA BRUYÈRE, <u>Les Caractères</u>, XII, 58.

6 Puisque nous ne la pouvons aveindre [= atteindre], vengeons-nous à en mesdire (MONTAIGNE, <u>Essais</u>, III, 7, il s'agit de la grandeur) ; > MME DE SÉVIGNÉ, Corr., 5. 01. 1674 ; CHAMFORT, <u>Maximes et Pensées</u>, etc.

7 Qu'il est grand ! plus grand encore mort que vivant (mot de HENRI III devant le cadavre du duc de Guise qu'il venait de faire assassiner).

8 Toute excuse est honteuse aux esprits généreux (CORNEILLE, <u>Le Cid</u>, III, 3).

9 J'ai vécu pour ma gloire autant qu'il fallait vivre,/ Et laisse un grand exemple à qui pourra me suivre (CORNEILLE, <u>Suréna</u>, IV, 4).

10 Il n'appartient qu'aux grands hommes d'avoir de grands défauts (LA ROCHEFOUCAULD, <u>Maximes</u>, 190).

11 [...] **Regardez bien, ma sœur ;/ Est-ce assez ? dites-moi : n'y suis-je point encore ?**/ [...]/ La chétive pécore s'enfla si bien qu'elle creva (LA FONTAINE, « La Grenouille qui se veut faire aussi grosse que le Bœuf ».) ; > A. GIDE, <u>Journal</u> [1943].

12 De loin c'est quelque chose, et de près ce n'est rien (LA FONTAINE, « Le Chameau et les Bâtons flottants ») ; *Cf.* LA BRUYÈRE, <u>Les Caractères</u>, « Du mérite personnel », 2.

13 Une Montagne en mal d'enfant/ Jetait une clameur si haute,/ Que chacun au bruit accourant/ Crut qu'elle accoucherait, sans faute,/ D'une cité plus grosse que Paris ;/ **Elle accoucha d'une souris.**/ [...]/ C'est promettre beaucoup ; mais qu'en sort-il souvent ?/ Du vent (LA FONTAINE, « La Montagne qui accouche » ; la source est HORACE, <u>Art poétique</u>, v. 139, et l'expression est passée en proverbe).

14 On peut dire que le respect que l'on a pour les héros augmente à mesure qu'ils s'éloignent de nous : *major e longinquo reverentia* (RACINE, 2e Préface de <u>Bajazet</u> ; la citation latine est de TACITE, <u>Annales</u>, I, 47).

15 Pour qu'un homme soit au-dessus de l'humanité, il en coûte

trop cher à tous les autres (MONTESQUIEU, <u>Dialogue de Sylla et d'Eucrate</u>) ; > A. GIDE, <u>Entretiens avec J. Amrouche</u>.

16 Un grand homme est celui qui voit vite, loin et juste (MONTESQUIEU, <u>Mes pensées</u>, 1156).

17 Vous savez que chez moi les **grands hommes** sont les premiers et les héros les derniers. J'appelle grands hommes tous ceux qui ont excellé dans l'utile ou dans l'agréable. Les saccageurs de provinces ne sont que héros (VOLTAIRE, Corr., 15. 07. 1735) ; > inscription du Panthéon à Paris.

18 Tout ce que l'homme a fait de plus grand, il le doit au sentiment douloureux de l'incomplet de sa destinée (MME DE STAËL, <u>De la littérature</u>, I, 11).

19 Tel est l'embarras que cause à l'écrivain impartial une éclatante renommée ; il l'écarte autant qu'il peut, afin de mettre le vrai à nu ; mais la gloire revient comme une vapeur radieuse et couvre à l'instant le tableau (CHATEAUBRIAND, <u>Mémoires d'outre-tombe</u>, III, I, 7, 6).

20 Suis-je un héros sans m'en douter ? (STENDHAL, <u>La Chartreuse de Parme</u>, II, 18).

21 Le héros est celui-là qui est immuablement concentré (R. W. EMERSON, <u>The Conduct of Life, Considerations by the Way</u>) ; > BAUDELAIRE, <u>L'Œuvre et la Vie d'E. Delacroix</u>, IV.

22 Un peuple a toujours besoin d'un homme qui comprenne sa volonté, la résume, l'explique et le mène où il doit aller. Si l'homme se trompe, le peuple résiste, et se lève ensuite pour suivre celui qui ne se trompe pas. C'est la marque évidente de la nécessité d'un échange constant entre la volonté collective et la volonté individuelle (GOBINEAU, <u>Essai sur l'inégalité des races</u>, « Conclusion générale »).

23 Les nations n'ont de grands hommes que malgré elles, — comme les familles (BAUDELAIRE, « Fusées »).

24 Ce qui grandit encore la grandeur, n'est-ce pas l'outrage ? (FLAUBERT à Hugo, Corr., 2. 06. 1853).

25 La plus grande perte qui puisse affecter l'humanité, c'est l'avortement des types supérieurs (F. NIETZSCHE, <u>La Naissance de la philosophie</u>) ; > A. GIDE, <u>Journal</u> [1939].

26 Grands hommes sont ceux dont les fautes ne comptent pas. Leur perte même les exhausse (P. VALÉRY, <u>Mélange</u>).

27 Je me coucherai dans les citernes et dans les vaisseaux creux. En tous lieux vains et fades où gît le goût de la grandeur (SAINT-JOHN PERSE, <u>Exil</u>, II).

28 Malheureux les pays qui ont besoin de héros ! (B. BRECHT, <u>Vie de Galilée</u>).

29 Nous avons préféré la puissance qui singe la grandeur [...] (A. Camus, « L'Exil d'Hélène », L'Eté).

30 Les opportunistes ont sauvé les peuples ; les héros les ont ruinés (E. M. Cioran, Précis de décomposition, « Défense de la corruption »).

guerre-paix

▷ Voir aussi **Victoire-Défaite-Combat**

1 Ne pensez pas que je sois venu apporter la paix sur la terre ; je ne suis pas venu apporter la paix, mais l'épée (Matthieu, 10, 34) ; > J. Benda, La Trahison des clercs, qui glose : la guerre aux méchants.

2 Si tu veux la paix, prépare la guerre (proverbe latin, *cf.* Végèce, Rei militaris epitome, 3) ; > J. Giono : Il n'est donc pas vrai que [...] (Précisions) ; F.-H. de Virieu, La Médiacratie. Les pacifistes remplacent volontiers « guerre » par « paix ».

3 Carthage doit être détruite (*Delenda est Carthago*, mot par lequel le Romain Caton l'Ancien terminait régulièrement ses discours, rapporté en grec par Plutarque, Vies parallèles).

4 Qu'on entreprenne la guerre de façon à faire voir que l'on ne cherche que la paix (Cicéron, Des devoirs, 1, 80).

5 Je crains les Grecs même quand ils apportent des offrandes (*Timeo Danaos et dona ferentes*, Virgile, Enéide, II, v. 49, à propos de la ruse des Grecs utilisant le cheval de Troie, prétendue offrande aux divinités qui contient en réalité des hommes en armes).

6 Déjà, tout près, brûle la maison d'Ucalégon (*Jam proximus ardet Ucalegon*, Virgile, Enéide, II, v. 311 ; désigne l'approche d'un désastre) ; > J. Gracq, Le Rivage des Syrtes.

7 [...] selon vraie discipline militaire, jamais ne faut mettre son ennemi en lieu de désespoir, parce que telle nécessité lui multiplie sa force et accroît le courage qui jà était déjet et failli (Rabelais, Gargantua, XLIII) ; > A. Gide, Journal [1944].

8 [...] guerre faite sans bonne provision d'argent n'a qu'un soupirail [= souffle] de vigueur. Les nerfs des batailles sont les pécunes [= finances] (Rabelais, Gargantua, XLVI ; l'expression « nerf de la guerre » remonte à Eschine, Contre Ctésiphon).

9 Dure à jamais le mal, s'il y faut ce remède (Corneille, Horace, I, 2).

10 Pourquoi nous déchirer par des guerres civiles,/ Où la mort des vaincus affaiblit le vainqueur/ Et le plus beau triomphe est arrosé de pleurs ? (Corneille, Horace, I, 2).

11 Seigneur, quand par le fer les choses sont vidées,/ La justice et

le droit sont de vaines idées (Corneille, La Mort de Pompée, I, 1).

12 Dieu est toujours pour les gros bataillons (mot attribué, entre autres, à Turenne ; *cf.* « Dieu », Voltaire) ; > J. de Maistre, Les Soirées de Saint-Pétersbourg, 7.

13 [...] La guerre civile est une de ces maladies compliquées dans lesquelles le remède que vous destinez pour la guérison d'un symptôme en aigrit quelquefois trois et quatre autres (cardinal de Retz, Mémoires, II).

14 [...] Le plus grand malheur des guerres civiles est que l'on y est responsable même du mal que l'on ne fait pas (cardinal de Retz, Mémoires, II).

15 Les seuls gens de guerre ne se sont pas déguisés [...] parce qu'en effet leur part est plus essentielle. Ils s'établissent par la force, les autres par grimace (Pascal, Pensées, 44).

16 [...] si le hasard d'une bataille, c'est-à-dire une cause particulière, a ruiné un Etat, il y avait une cause générale qui faisait que cet Etat devait périr par une seule bataille (Montesquieu, Considérations sur les causes de la grandeur des Romains et de leur décadence, 18).

17 Un empire fondé par les armes a besoin de se soutenir par les armes (Montesquieu, Considérations sur les causes de la grandeur des Romains et de leur décadence, 18).

18 La guerre, cette science couverte de ténèbres (mot du maréchal de Saxe) ; > H. de Montherlant, Service inutile, « La Prudence ou Les Morts perdues ».

19 Vous savez que ces deux nations sont en guerre **pour quelques arpents de neige** vers le Canada, et qu'elles dépensent pour cette belle guerre beaucoup plus que tout le Canada ne vaut (Voltaire, Candide, 23).

20 Il n'y a jamais eu de bonne guerre, ni de mauvaise paix (B. Franklin, Corr., 11. 09. 1783).

21 Est-ce que vous êtes faits pour autre chose que pour mourir ? (mot supposé d'un monarque à ses officiers, Diderot, Satire I, « Sur les caractères... »).

22 La guerre est un fruit de la dépravation des hommes ; c'est une maladie convulsive et violente du corps politique ; il n'est en santé, c'est-à-dire dans son état naturel, que lorsqu'il jouit de la paix (Encyclopédie, article « Paix »).

23 La guerre n'est pas si onéreuse que la servitude (Vauvenargues, Réflexions et Maximes, 21).

24 Non seulement l'état militaire s'allie fort bien en général avec la moralité de l'homme, mais [...] il n'affaiblit nullement ces vertus

douces qui semblent le plus opposées au métier des armes (J. DE MAISTRE, Les Soirées de Saint-Pétersbourg, 7).

25 **La guerre est donc divine** en elle-même, puisque c'est une loi du monde (J. DE MAISTRE, Les Soirées de Saint-Pétersbourg, 7) ; > A. DE VIGNY, Servitude et Grandeur militaires, II, 1.

26 C'est l'opinion qui perd les batailles et c'est l'opinion qui les gagne (J. DE MAISTRE, Les Soirées de Saint-Pétersbourg, 7 ; *cf.* plus loin : C'est l'imagination qui perd les batailles). *Cf.* la citation suivante.

27 — [...] qu'est-ce qu'une bataille perdue ? je n'ai jamais compris cela. Il me répondit après un moment de silence : Je n'en sais rien. Et après un second silence il ajouta : C'est une bataille qu'on croit avoir perdue (J. DE MAISTRE, Les Soirées de Saint-Pétersbourg, 7).

28 La force d'une armée, comme la quantité de mouvement en mécanique, s'évalue par la masse multipliée par la vitesse (mot de NAPOLÉON, repris par A. MALRAUX, Vie de Napoléon par lui-même) ; >**.

29 Après tout, répondit Corniglion, citant cette fois — ironiquement — Napoléon : «La guerre est un art simple, et tout d'exécution» (A. MALRAUX, Antimémoires, I, 1967, p. 123).

30 Il faut à la guerre profiter de toutes les occasions, car la fortune est femme : si vous la manquez aujourd'hui, ne vous attendez pas à la retrouver demain (mot de NAPOLÉON, repris par A. MALRAUX, Vie de Napoléon par lui-même) ; >**.

31 [...] ce qu'il avait vu, était-ce une bataille, et, en second lieu, cette bataille était-elle Waterloo ? (STENDHAL, La Chartreuse de Parme, I, 5).

32 La décision par les armes est pour toutes les opérations de guerre, grandes et petites, ce qu'est le payement en espèces pour le commerce à crédit [...] (CLAUSEWITZ, De la guerre, Livre I) ; > R. ARON, Penser la guerre, Clausewitz, t. I.

33 Nul n'est vaincu qui ne reconnaît pas sa défaite (CLAUSEWITZ, De la guerre, Livre I) ; > R. ARON, Penser la guerre, Clausewitz, t. I. *Cf. supra*, J. DE MAISTRE.

34 La victoire revient à celui qui tient le dernier quart d'heure (CLAUSEWITZ, De la guerre, Livre I) ; > R. ARON, Penser la guerre, Clausewitz, t. I.

35 Dans la guerre, tout est simple, mais le plus simple est difficile (CLAUSEWITZ, De la guerre, Livre I) ; > R. ARON, Penser la guerre, Clausewitz, t. I.

36 Tout l'art militaire se change en simple prudence dont l'objet principal sera d'empêcher l'équilibre instable de pencher soudain à notre désavantage et la demi-guerre de se transformer

en une guerre complète (Clausewitz, De la guerre, Livre VIII) ; > en exergue de R. Aron, Espoir et Peur du siècle.

37 La guerre possède, il est vrai, sa propre grammaire, mais non sa propre logique (Clausewitz, De la guerre, Livre VIII) ; > R. Aron, Penser la guerre, Clausewitz, t. I.

38 [...] la guerre n'est rien que la continuation de la politique d'Etat par d'autres moyens (Clausewitz, De la guerre, Livre VIII) ; > R. Aron, Penser la guerre, Clausewitz, t. I ; *cf.* Ch. de Gaulle, in A. Malraux, Antimémoires, I, qui inverse la formule ; Ph. Sollers : L'écriture est la continuation de la politique par d'autres moyens (Théorie d'ensemble, « Ecriture et Révolution »).

39 La paix est le fruit de l'amour ; car pour vivre en paix, il faut savoir supporter bien des choses (La Mennais, Paroles d'un croyant, 15 ; *Gignit amor pacem*, « L'amour engendre la paix », se rencontre déjà chez Palingenius, Zodiacus vitae, « Cancer ») ; >**.

40 La dureté de l'homme de guerre est comme un masque de fer sur un noble visage, comme un cachot de pierre qui renferme un prisonnier royal (A. de Vigny, Servitude et Grandeur militaires, « Laurette », V) ; > J. Green, Journal [1959].

41 Depuis six mille ans, la guerre/ Plaît aux peuples querelleurs,/ Et Dieu perd son temps à faire/ Les étoiles et les fleurs (Hugo, Les Chansons des rues et des bois, II, III, 1).

42 L'amour est plus fort que la guerre (P. Dupont, « Chant des ouvriers ») ; > Baudelaire, Réflexions sur mes contemporains, « P. Dupont ».

43 Ils sont partis, les Rois des nefs éperonnées/ Entraînant sur la mer tempétueuse, hélas !/ Les hommes chevelus de l'héroïque Hellas (Leconte de Lisle, Poèmes tragiques, « Les Erinnyes », I) ; > M. Proust, A l'ombre des jeunes filles en fleurs, II.

44 La guerre est une affaire trop sérieuse pour être laissée aux militaires (mot de G. Clemenceau rapporté par G. Suarez, Clemenceau).

45 Les grandes guerres modernes sont la conséquence des études historiques (F. Nietzsche, Aurore, § 180).

46 Il dort dans le soleil, la main sur sa poitrine/ Tranquille. Il a deux trous rouges au côté droit (Rimbaud, « Le Dormeur du val »).

47 La guerre n'est peut-être que la revanche des bêtes que nous avons tuées (J. Renard, Journal [1891]).

48 La paix, si jamais elle existe, ne reposera pas sur la crainte de la guerre mais sur l'amour de la paix ; elle ne sera pas l'abstention d'un acte, elle sera l'avènement d'un état d'âme (J. Benda, La Trahison des clercs, 4).

49 C'est la guerre qui nous a appris à aimer ce qui n'est pas à nous

et à compter pour rien ce que nous possédons. C'est la guerre qui établit entre les hommes d'autres rapports que ceux de l'argent (P. Claudel, Conversations dans le Loir-et-Cher, «Dimanche»).

50 Le mot célèbre de Joseph de Maistre qu'une bataille est perdue parce que l'on croit l'avoir perdue, a lui-même perdu de son antique vérité. La bataille désormais est *réellement* perdue, parce que les hommes, le pain, l'or, le charbon, le pétrole manquent non seulement aux armées, mais dans la profondeur du pays (P. Valéry, «Propos sur le progrès», Regards sur le monde actuel ; *cf. supra*, J. de Maistre).

51 L'offensive, c'est le feu qui avance ; la défensive, c'est le feu qui arrête (maréchal Pétain, cité par P. Valéry, «Réponse au remerciement du maréchal Pétain», Variété).

52 Le canon conquiert, l'infanterie occupe (maréchal Pétain, cité par P. Valéry, «Réponse au remerciement du maréchal Pétain», Variété).

53 La paix est, peut-être, l'état de choses dans lequel l'hostilité naturelle des hommes entre eux se manifeste par des créations, au lieu de se traduire par des destructions comme fait la guerre (P. Valéry, «La Crise de l'esprit», Variété).

54 Les seuls bons Indiens sont les Indiens morts (mot du général américain Sheridan) ; >*.

55 Mais être des ennemis vrais, c'est être bien proches (R. Rolland, Corr.) ; > H. de Montherlant, Aux fontaines du désir, «Syncrétisme et Alternance».

56 Heureux ceux qui sont morts dans les grandes batailles,/ Couchés dessus le sol à la face de Dieu/ [...]/ Heureux ceux qui sont morts dans une juste guerre./ Heureux les épis mûrs et les blés moissonnés (Ch. Péguy, Eve) ; > J. Green, Vie et Mort d'un poète.

57 [...] je pars, soldat de la République, pour le désarmement général, pour la dernière des guerres (mot de Ch. Péguy à son amie Mme Favre, rapporté par R. Johannet, Vie et Mort de Péguy) ; > G. Bernanos : Nous partons pour la dernière des guerres (Les Enfants humiliés) ; *cf. infra*, Giraudoux.

58 Ah Dieu ! que la guerre est jolie/ Avec ses chants ses longs loisirs (Apollinaire, Calligrammes, «L'Adieu du cavalier»).

59 Toutes les fois que la fatalité se prépare à crever sur un point de la terre, elle l'encombre d'uniformes (J. Giraudoux, Siegfried, III, 2).

60 C'était la dernière guerre ; la suivante attend [...] (J. Giraudoux, La guerre de Troie n'aura pas lieu, I, 1).

61 Aux approches de la guerre, tous les êtres sécrètent une

nouvelle sueur, tous les événements revêtent un nouveau vernis, qui est le mensonge (J. GIRAUDOUX, La guerre de Troie n'aura pas lieu, II, 8).

62 Mourir pour Dantzig (M. DÉAT, article pamphlet de 1939) ; >*, à propos de la guerre du Golfe, 1991.

63 La cinquième colonne (expression employée en 1936, dans un discours radiodiffusé, par E. MOLA, général de la guerre d'Espagne).

64 La paix avec l'honneur (expression utilisée le 1. 10. 1938, dans un discours radiodiffusé, par N. CHAMBERLAIN à propos des accords de Munich).

65 Frapper l'ennemi, c'est bien. Frapper l'imagination, c'est mieux (attribué au MARÉCHAL DE LATTRE) ; > F.-H. DE VIRIEU, La Médiacratie.

66 On tue un homme, on est un assassin. On tue des millions d'hommes, on est un conquérant. On les tue tous, on est un dieu (J. ROSTAND, Pensées d'un biologiste, 5).

67 Je veux montrer qu'il existe une équivalence de la *guerre*, du *sacrifice rituel* et de la *vie mystique* : c'est le même jeu d'«extases» et de «terreurs» (G. BATAILLE, La Limite de l'utile, 6).

68 L'horreur de la guerre est plus grande que celle de l'expérience intérieure. La désolation d'un champ de bataille en principe a quelque chose de plus lourd que la «nuit obscure» (G. BATAILLE, L'Expérience intérieure, II, 4 ; la «nuit obscure» est une expression de SAINT JEAN DE LA CROIX).

69 Oh Barbara/ Quelle connerie la guerre (J. PRÉVERT, Paroles, «Barbara») ; > slogan en 1991, lors de la guerre du Golfe.

70 Une guerre, depuis qu'elle se traite avec l'avion et l'ypérite, n'est plus qu'une chirurgie sanglante (A. DE SAINT-EXUPÉRY, Terre des hommes, VIII, 3).

71 ... mais la guerre n'est point une aventure véritable, elle n'est qu'un ersatz d'aventure (A. DE SAINT-EXUPÉRY, Pilote de guerre, X).

72 Une armée cesse d'être efficace quand elle n'est plus qu'une somme de soldats (A. DE SAINT-EXUPÉRY, Pilote de guerre, XIII).

73 La guerre, ce n'est pas l'acceptation du combat. C'est, à certaines heures, pour le combattant, l'acceptation pure et simple de la mort (A. DE SAINT-EXUPÉRY, Pilote de guerre, XVIII).

74 [...] ce que fut la guerre pour tant de très jeunes garçons : quatre ans de grandes vacances (R. RADIGUET, Le Diable au corps, 1).

75 Si nos armées n'étaient faites que de chevaliers qui combattent par choix et par liberté, quelle plus grande beauté humaine pourrait-il y avoir que la guerre ? (R. BRASILLACH, Comme le temps passe, 5).

76 La paix toujours se corrompt/ et la guerre/ n'a plus d'âge (J
FOLLAIN, Exister) ; >*.

77 Monsieur le Président/ Je vous fais une lettre/ Que vous lirez
peut-être/ Si vous avez le temps (B. VIAN, chanson «Le
Déserteur») ; > M. WINNOCK, Chronique des années soixante.

H

haine

1 C'est le propre de l'âme humaine que de haïr celui que l'on a
offensé (TACITE, Vie d'Agricola, 42).

2 Le corps d'un ennemi sent toujours bon (mot attribué à
CHARLES IX devant le corps supplicié de l'amiral de Coligny ; voir
DUPRÉ, 138).

3 Voir le dernier Romain à son dernier soupir,/ Moi seule en être
cause, et mourir de plaisir ! (CORNEILLE, Horace, IV, 5).

4 — **Albe vous a nommé, je ne vous connais plus**/ — Je vous
connais encore, et c'est ce qui me tue (CORNEILLE, Horace, II, 3,
dialogue d'Horace et de Curiace) ; > STENDHAL, Vie de Henry
Brulard, 33.

5 Ma haine va mourir, que j'ai crue immortelle (CORNEILLE, Cinna,
V, 2).

6 L'Amour n'est autre chose qu'une Joie qu'accompagne l'idée
d'une cause extérieure ; et la Haine n'est autre chose qu'une
Tristesse qu'accompagne l'idée d'une cause extérieure (SPINOZA,
Éthique, III, Proposition 13) ; cf. J.-P. SARTRE : [...] l'amour et la haine
sont l'envers et le revers de la même médaille (Les Mots, 1).

7 Tous les hommes se haïssent naturellement l'un l'autre. On s'est
servi comme on a pu de la concupiscence pour la faire servir au
bien public. Mais ce n'est que feindre et une fausse image de la
charité, car au fond ce n'est que haine (PASCAL, Pensées, 210 ;
cf., pour la charité, JEAN, 13, 34 : Aimez-vous les uns les autres ;
comme je vous ai aimés, vous aussi, aimez-vous les uns les
autres).

8 [...]/ Je veux qu'il me déteste afin de le haïr (RACINE, La Thébaïde
IV, 1) ; > A. GIDE, Journal [1945].

9 Hé bien ! la guerre (CHODERLOS DE LACLOS, Les Liaisons
dangereuses, Lettre 153, réponse ajoutée par la Marquise de
Merteuil sur la lettre que lui a envoyée Valmont).

10 Il y a un genre d'indulgence pour ses ennemis, qui paraît une
sottise plutôt que de la bonté ou de la grandeur d'âme. [...] Il

faut avoir l'esprit de haïr ses ennemis (CHAMFORT, Maximes et Pensées).

11 Je suis persuadé qu'on ne s'aime pas seulement dans les autres, mais qu'on se hait aussi en eux (G. C. LICHTENBERG, Aphorismes, II).

12 On ne peut être assez prudent dans le choix de ses ennemis (O. WILDE, Portrait de Dorian Gray, 1).

13 Mais c'est moins par les qualités et par les services rendus que par les haines communes qu'on se lie (M. BARRÈS, Du sang, de la volupté et de la mort, « La Haine emporte tout »).

14 La Haine est un carcan, mais c'est une auréole (E. ROSTAND, Cyrano de Bergerac, II, 8).

15 Aucune haine ne saurait s'assouvir en ce monde ni dans l'autre, et **la haine qu'on se porte à soi-même est probablement celle entre toutes pour laquelle il n'est pas de pardon** (G. BERNANOS, Monsieur Ouine, éd. la Pléiade, p. 1521 ; *cf.* Journal d'un curé de campagne, p. 1258 et Dialogues des carmélites, p. 1601).

16 Je vais employer tous les moyens : je réussirai à me faire détester (TH. BERNHARD, Dans les hauteurs) ; >*.

hasard-providence

1 L'Eternel a donné, et l'Eternel a ôté ; que le nom de l'Eternel soit béni (Job, 1, 21) ; citation de nombreux faire-part de décès.

2 Celui qui sait vaincra les astres (Centiloquium, manuscrit astrologique médiéval ; aphorisme souvent cité dans la tradition astrologique, et qui prétend écarter toute idée de fatalité).

3 Que diable allait-il faire dans cette galère ? (MOLIÈRE, Les Fourberies de Scapin, II, 7 ; *cf.* CYRANO DE BERGERAC : Que diable aller faire aussi dans la galère d'un turc ? Le Pédant joué ; chez MOLIÈRE, Géronte reprend sept fois sa plainte absurde) ; > DIDEROT, Jacques le Fataliste. L'expression est devenue proverbiale, et connaît de nombreuses variations sur l'un ou l'autre de ses éléments.

4 Le nez de Cléopâtre s'il eût été plus court toute la face de la terre aurait changé (PASCAL, Pensées, 413) ; *cf.* LAUTRÉAMONT, Poésies, II ; A. GIDE, Journal [1931] et Les Faux-Monnayeurs, III, 7 ; T. BERNARD ajouta dans un mot célèbre, également attribué à A. ALLAIS : Et la sienne donc !

5 [...] ceux qui ont avancé que tout est bien ont dit une sottise : il fallait dire que tout est au mieux (VOLTAIRE, Candide, 1, qui critique ainsi ironiquement les idées providentialistes de Leibnitz, entre autres). *Cf.* FLAUBERT : Tout est bien, tout va bien, tout est pour le mieux (Corr., 8. 01. 1842).

6 Les malheurs particuliers font le bien général ; de sorte que plus

il y a de malheurs particuliers et plus tout est bien (VOLTAIRE, Candide, 9).

7 Il est dur de s'abandonner aveuglément au torrent universel ; il est impossible de lui résister. Les efforts impuissants ou victorieux sont aussi dans l'ordre (DIDEROT, Corr., sans date).

8 O bizarre suite d'événements ! Comment cela m'est-il arrivé ? Pourquoi ces choses et non pas d'autres ? (BEAUMARCHAIS, Le Mariage de Figaro, V, 3).

9 Quelqu'un disait que la providence était le nom de baptême du hasard ; quelque dévot dira que le hasard est un sobriquet de la providence (CHAMFORT, Maximes et Pensées) ; cf. L. BLOY : Qu'est-ce que le hasard ? C'est le nom moderne du Saint-Esprit (Journal, t. II, [1900]).

10 Le hasard est le plus grand romancier du monde : pour être fécond, il n'y a qu'à l'étudier (BALZAC, Avant-Propos de La Comédie humaine).

11 [L'Ange du bizarre] était le génie qui présidait aux contretemps dans l'humanité, et sa fonction était d'amener ces accidents bizarres, qui étonnent continuellement les sceptiques (E. A. POE, Histoires grotesques et sérieuses, « L'Ange du bizarre », trad. de BAUDELAIRE) ; > J. VERNE, Le Sphinx des glaces.

12 [...] le hasard est un grand railleur (TH. GAUTIER, Mademoiselle de Maupin, 7).

13 JAMAIS N'ABOLIRA LE HASARD (MALLARMÉ, à l'intérieur du poème « Un coup de dés » qui commence, après le titre, sur JAMAIS) ; >*.

14 Il en est aujourd'hui de la destinée comme du gouvernement, on sait ce que c'est ; on constate qu'on est floué partout, et on s'en va (G. DE MAUPASSANT, « L'Endormeuse »).

15 Pour que la veine s'occupe de vous, il faut se donner beaucoup de mal (mot de R. DE FLERS, rapporté par H. LAUWICK, D'A. Allais à S. Guitry).

16 Mais c'est quelquefois au moment où tout nous semble perdu que l'avertissement arrive qui peut nous sauver ; on a frappé à toutes les portes qui ne donnent sur rien, et la seule par où on peut entrer et qu'on aurait cherchée en vain pendant cent ans, on y heurte sans le savoir, et elle s'ouvre (M. PROUST, Le Temps retrouvé).

17 Le dernier recours de ceux que le sort a frappés est l'idée du sort (E. M. CIORAN, Syllogismes de l'amertume, « Aux sources du vide »).

heures du jour et de la nuit

1 Vente l'air et rameaux croulent :/ Qui s'entr'aiment doucement dorment (Chanson de toile du Moyen Age qui raconte l'histoire de Gaiete et Oriour, refrain). *Cf.* « Temps », Apollinaire.

2 Mignonne, allons voir si la rose/ Qui ce matin avait déclose/ Sa robe de pourpre au soleil,/ A point perdu cette vesprée/ Les plis de sa robe pourprée/ Et son teint au vôtre pareil (Ronsard, Odes, « A Cassandre »).

3 C'est par une nuit pareille, Jessica [...] (Shakespeare, Le Marchand de Venise, V, 1) ; > A. Camus, « Le Désert », Noces.

4 J'écoute à demi transporté/ Le bruit des ailes du Silence,/ Qui vole dans l'obscurité (Saint-Amant, « Le Contemplateur »).

5 **Cette obscure clarté qui tombe des étoiles**/ Enfin avec le flux nous fait voir trente voiles (Corneille, Le Cid, IV, 3) ; > Hugo, Les Rayons et les Ombres, Préface.

6 Il fait noir comme dans un four : le Ciel s'est habillé ce soir en Scaramouche (Molière, Le Sicilien, 1) ; > Hugo, Les Rayons et les Ombres, Préface.

7 C'était pendant l'horreur d'une profonde nuit (Racine, Athalie, II, 5).

8 Et du temple déjà l'aube blanchit le faîte (Racine, Athalie, I, 1).

9 La nuit était si obscure qu'on ne voyait qu'à la faveur de la neige (Saint-Simon, Mémoires, éd. la Pléiade, t. IV, p. 623) ; > J. Green, Journal [1968].

10 La cloche du couvre-feu tinte le glas du jour qui nous quitte (Th. Gray, « Elégie sur le cimetière de campagne ») ; > Chateaubriand, Mémoires d'outre-tombe, I, 12, 5, en anglais.

11 Mesuré fut/ A la lumière son temps/ Et à la veille —/ Mais intemporel est le règne de la nuit,/ Eternelle la durée du sommeil (Novalis, Hymnes à la nuit, version manuscrite).

12 Tout Paris s'éveille.../ Allons nous coucher (A. Désaugiers, « Tableau de Paris à cinq heures du matin »).

13 J'ai voulu ce matin te rapporter des roses ;/ Mais j'en avais tant pris dans mes ceintures closes/ Que les nœuds trop serrés n'ont pu les contenir (M. Desbordes-Valmore, Bouquets et Prières, « Les Roses de Saadi »).

14 J'aime le son du Cor, le soir, au fond des bois/ [...]/ Dieu ! que le son du Cor est triste au fond des bois ! (A. de Vigny, 1er et dernier vers du « Cor », Poèmes antiques et modernes) ; > M. Proust, A l'ombre des jeunes filles en fleurs, I. *Cf.* Hugo : Ah ! Que j'aime bien mieux le cor au fond des bois !.../ Et puis, c'est votre cor (Hernani, V, 3) ; *cf.* « Mémoire », Apollinaire.

15 La nuit vint, tout se tut ; les flambeaux s'éteignirent ;/ Dans les

bois assombris les sources se plaignirent (Hugo, Les Contemplations, I, 22, « La Fête chez Thérèse »).

16 Demain, dès l'aube, à l'heure où blanchit la campagne,/ Je partirai.
[...] (Hugo, Les Contemplations, IV, 14).

17 Tout est doux, calme, heureux, apaisé ; Dieu regarde (Hugo, Les
Contemplations, VI, 10, « Eclaircie »).

18 Un frais parfum sortait des touffes d'asphodèle ;/ Les souffles de la
nuit flottaient sur Galgala.// L'ombre était nuptiale, auguste et
solennelle (Hugo, La Légende des siècles, « Booz endormi ») ; > M.
Proust, A l'ombre des jeunes filles en fleurs, II.

19 [...] et la voix qui chantait/ S'éteint comme un oiseau se pose ; tout
se tait (Hugo, La Légende des siècles, « Eviradnus ») ; >
A. Gide, Journal [1929].

20 Pendant que, déployant ses voiles,/ L'ombre, où se mêle une
rumeur,/ Semble élargir jusqu'aux étoiles/ Le geste auguste du
semeur (Hugo, Les Chansons des rues et des bois, « Saison des
semailles : le soir »).

21 Je viens voir à la brune,/ Sur le clocher jauni,/ La lune/ Comme un
point sur un i (A. de Musset, « Ballade à la lune »).

22 Voici le soir charmant, ami du criminel ;/ Il vient comme un
complice, à pas de loup ; le ciel/ Se ferme lentement comme une
grande alcôve,/ Et l'homme impatient se change en bête fauve
(Baudelaire, Les Fleurs du mal, « Le Crépuscule du soir »).

23 C'était l'heure où l'essaim des rêves malfaisants/ Tord sur leurs
oreillers les bruns adolescents ;/ [...]/ L'air est plein du frisson des
choses qui s'enfuient,/ Et l'homme est las d'écrire et la femme
d'aimer (Baudelaire, Les Fleurs du mal, « Le Crépuscule du matin »).

24 Le Poëte se dit : « Enfin !/ [...]/ Je vais me coucher sur le dos/ Et
me rouler dans vos rideaux,/ O rafraîchissantes ténèbres ! »
(Baudelaire, Les Fleurs du mal, « La Fin de la journée ») ; >
F. Mauriac, Insomnie, III.

25 La pendule, sonnant minuit,/ Ironiquement nous engage/ A
nous rappeler quel usage/ Nous fîmes du jour qui s'enfuit/ [...]/
— Vite soufflons la lampe, afin/ De nous cacher dans les
ténèbres ! (Baudelaire, Les Fleurs du mal, « L'Examen de nuit »).

26 [...]/ Le Soleil moribond s'endormir sous une arche,/ Et, comme
un long linceul traînant à l'Orient,/ Entends, ma chère, entends
la douce Nuit qui marche (Baudelaire, Les Fleurs du mal,
« Recueillement ») ; > J. Green, Journal [1937].

27 Une aube affaiblie/ Verse par les champs/ La mélancolie/ Des
soleils couchants (P. Verlaine, Poèmes saturniens) ; > chanson
mise en musique par L. Ferré.

28 Le ciel est, par-dessus le toit,/ Si bleu, si calme !/ Un arbre, par-
dessus le toit,/ Berce sa palme (Verlaine, Sagesse, III, 6).

29 — La Nuit vient, noir pirate aux cieux d'or débarquant (Rimbaud, « Les Premières Communions ») ; > J. Green, Journal [1946].

30 Douceur du soir ! Douceur de la chambre sans lampe !/ Le crépuscule est doux comme la bonne mort/ Et l'ombre lentement qui s'insinue et rampe/ Se déroule en fumée au plafond. Tout s'endort (Rodenbach, Le Règne du silence).

31 Midi au ciel. Midi au centre de notre vie.
Et nous voilà ensemble, autour de ce même âge de notre moment, au milieu de l'horizon complet, libres, déballés [...] (P. Claudel, Partage de midi, 1re version, I).

32 Une heure n'est pas qu'une heure, c'est un vase rempli de parfums, de sons, de projets et de climats (M. Proust, Le Temps retrouvé).

33 La fin du jour est femme (P. Valéry, Mélange).

34 Ce toit tranquille, où marchent des colombes,/ Entre les pins palpite, entre les tombes ;/ Midi le juste y compose de feux/ La mer, la mer, toujours recommencée ! (P. Valéry, Le Cimetière marin, début) ; > J. Rostand, Carnet d'un biologiste, en rapproche ce vers de Hugo : — Ce paysage immense/ Qui toujours devant nous finit et recommence (Les Chants du crépuscule, « Au bord de la mer »).

35 Je crois à des nuits (*Ich glaube an Nächte*, Rilke, Le Livre d'heures, I : « Le Livre de la vie monastique »).

36 Il fait si calme et puis si tiède,
il fait si continuel aussi,
qu'il est étrange d'être là, mêlé des mains à la facilité du jour...
(Saint-John Perse, Eloges, V).

37 Les armes au matin sont belles et la mer. A nos chevaux livrée la terre sans amandes
nous vaut ce ciel incorruptible (Saint-John Perse, Anabase, I).

38 Un chant d'oiseau surprend la branche du matin (R. Char, Le Poème pulvérisé).

39 Qui cherchez-vous, brunes abeilles,/ Dans la lavande qui s'éveille ? (R. Char, Aromates chasseurs) ; >**.

40 Tiens, il est neuf heures. Nous avons mangé de la soupe, du poisson, des pommes de terre au lard, de la salade anglaise, les enfants ont bu de l'eau anglaise. Nous avons bien mangé ce soir (E. Ionesco, La Cantatrice chauve, début) ; >**.

41 Des barques glissent
dans des cieux liquides
et les gencives des loups saignent
dans la nuit de velours vert (R. Daumal, Contre-Ciel).

42 Cigarette couleur de métro tendre comme cinq heures du matin (B. Delvaille, Poèmes, 1951-81).

43 La nuit
    sans le dire
    est venue (R. Munier, Le Moins du monde).

histoire

1 [Rome] partie de maigres débuts grandit au point de souffrir de
   sa propre grandeur (Tite-Live, Préface de son Histoire
   romaine).

2 L'histoire est le témoin des temps, la lumière de la vérité, la vie
   de la mémoire, l'instructrice de la vie, la messagère de
   l'antiquité (Cicéron, De oratore, 2, 36).

3 [...] sans colère ni esprit de parti (Tacite, Annales, I, 1, qui définit
   ainsi son projet d'historien).

4 Les seules bonnes histoires sont celles qui ont été écrites par
   ceux mêmes qui commandaient aux affaires, ou qui étaient
   participants à les conduire [ajout] ou, au moins, qui ont eu la
   fortune d'en conduire d'autres de même sorte (Montaigne,
   Essais, II, 10). Cf., pour ce lieu commun des mémorialistes, le cardinal
   de Retz : Il n'est pas étrange que les historiens qui traitent des matières
   dans lesquelles ils ne sont pas entrés par eux-mêmes s'égarent si
   souvent, puisque ceux mêmes qui en sont les plus proches ne se
   peuvent défendre, dans une infinité d'occasions, de prendre pour des
   réalités des apparences quelquefois fausses dans toutes leurs circonstances (Mémoires, II), et cf. Chateaubriand, infra.

5 Un grand destin commence, un grand destin s'achève./ L'Empire
   est prêt à choir, et la France s'élève/ [...] (Corneille, Attila, I, 2) ;
   > Chateaubriand, Mémoires d'outre-tombe, III, I, 1, 18.

6 Le bon historien n'est d'aucun temps ni d'aucun pays : quoiqu'il
   aime sa patrie, il ne la flatte jamais en rien (Fénelon, Lettre à
   l'Académie, VIII).

7 [...] toute cette histoire est un ramas de crimes, de folies, et de
   malheurs, parmi lesquels nous avons vu quelques vertus,
   quelques temps heureux, comme on découvre des habitations
   répandues çà et là dans les déserts sauvages (Voltaire, Essai sur
   les mœurs, « Résumé de toute cette histoire »).

8 Et voilà justement comme on écrit l'histoire (Voltaire, Charlot
   ou La Comtesse de Givry, I, 7 ; cf. Corr., 24. 09. 1766, avec l'ajout :
   puis fiez-vous à Messieurs les savants).

9 L'histoire est la politique expérimentale, c'est-à-dire la seule
   bonne (J. de Maistre, Etude sur la souveraineté).

10 L'histoire du monde est le jugement du monde (« Die
   Weltgeschichte ist das Weltgericht » ; Schiller, Premier Cours
   d'histoire, Iéna, 26. 05. 1789).

11 J'ai fait de l'histoire, et je pouvais l'écrire (Chateaubriand, Préface
   testamentaire des Mémoires d'outre-tombe).

12 La variété des costumes avait cessé ; le vieux monde s'effaçait ; on avait endossé la casaque uniforme du monde nouveau, casaque qui n'était alors que le dernier vêtement des condamnés à venir (CHATEAUBRIAND, Mémoires d'outre-tombe, I, 2, 3).

13 C'est en vain que Néron prospère, Tacite est déjà né dans l'Empire (CHATEAUBRIAND, Mémoires d'outre-tombe, II, 4, 11, reprenant un article paru dans le Mercure de France du 4. 07. 1807) ; >*.

14 Retomber de Bonaparte et de l'Empire à ce qui les a suivis, c'est tomber de la réalité dans le néant, du sommet d'une montagne dans un gouffre. Tout n'est-il pas terminé avec Napoléon ? (CHATEAUBRIAND, Mémoires d'outre-tombe, III, II, 1, 1).

15 Je me suis rencontré entre deux siècles, comme au confluent de deux fleuves ; j'ai plongé dans leurs eaux troublées, m'éloignant à regret du vieux rivage où j'étais né, nageant avec espérance vers une rive inconnue (CHATEAUBRIAND, Mémoires d'outre-tombe, IV, 12, 10, repris dans la Préface testamentaire avec des variantes).

16 Pharamond ! Pharamond ! Nous avons combattu avec l'épée (CHATEAUBRIAND, Les Martyrs, Livre VI, « Bardit des Francs ») ; > A. THIERRY, Préface des Récits des temps mérovingiens ; >*.

17 [...] qu'est alors cette vérité historique, la plupart du temps ? Une fable convenue (NAPOLÉON, Mémorial de Sainte-Hélène, 2. 11. 1816).

18 L'histoire du monde n'est pas le lieu de la félicité. Les périodes de bonheur y sont ses pages blanches (HEGEL, Cours de 1830 sur la philosophie de l'histoire, Introduction).

19 La Raison gouverne le monde et par conséquent gouverne et a gouverné l'histoire universelle (HEGEL, Cours de 1830 sur la philosophie de l'histoire, Introduction).

20 [...] l'homme en qui Dieu travaille/ Change éternellement de formes et de taille [...] (LAMARTINE, « Ode sur les révolutions »).

21 Quelle légende plus belle que cette incontestable histoire ? (J. MICHELET, Jeanne d'Arc, « Conclusion »).

22 Nous avons évoqué l'histoire, et la voici partout ; nous en sommes assiégés, étouffés, écrasés ; nous marchons tout courbés sous ce bagage, nous ne respirons plus, n'inventons plus. Le passé tue l'avenir (J. MICHELET, Préface de La Renaissance).

23 Plus compliqué encore, plus effrayant était mon problème historique posé comme *résurrection de la vie intégrale*, non pas dans ses surfaces, mais dans ses organismes intérieurs et profonds. Nul homme sage n'y eût songé. Par bonheur, je ne l'étais pas (J. MICHELET, Histoire de France, Préface de 1869).

24 Ce siècle avait deux ans! Rome remplaçait Sparte,/ Déjà
    Napoléon perçait sous Bonaparte (Hugo, Les Feuilles d'au-
    tomne, I).

25 O soldats de l'an deux! O guerres! épopées!/ Contre les rois
    tirant ensemble leurs épées,/ [...]/ Ils chantaient, ils allaient,
    l'âme sans épouvante/ Et les pieds sans souliers (Hugo, Les
    Châtiments, II, 7).

26 Il neigeait. On était vaincu par sa conquête (Hugo, Les
    Châtiments, V, 13).

27 Waterloo! Waterloo! Walerloo! Morne plaine! (Hugo, Les
    Châtiments, V, 13).

28 L'espoir changea de camp, le combat changea d'âme (Hugo, Les
    Châtiments, V, 13).

29 **Je suis tombé par terre,/ C'est la faute à Voltaire,/ Le nez dans
    le ruisseau,/ C'est la faute à Rousseau** (refrain populaire raillant
    les plaintes des ennemis de la Révolution) ; > Hugo, chanson de
    Gavroche, dans Les Misérables, V, I, 15.

30 C'est de l'histoire écoutée aux portes de la légende (Hugo,
    Préface de La Légende des siècles).

31 On voit que l'histoire est une galerie de tableaux où il y a peu
    d'originaux et beaucoup de copies (A. de Tocqueville, L'Ancien
    Régime et la Révolution, II, 6).

32 Pour décider sainement des caractères de l'humanité, le tribunal
    de l'histoire est devenu le seul compétent (Gobineau, Essai sur
    l'inégalité des races, Dédicace).

33 C'était à Mégara, faubourg de Carthage, dans les jardins
    d'Hamilcar (Flaubert, première phrase de Salammbô).

34 As-tu éprouvé cela quelquefois, le frisson historique? (Flaubert,
    Corr., 4. 09. 1852).

35 Le talent de l'historien consiste à faire un ensemble vrai avec des
    traits qui ne sont vrais qu'à demi (E. Renan, Vie de Jésus, Préface
    de la 13e édition).

36 L'histoire est un roman qui a été; le roman est de l'histoire qui
    aurait pu être (E. et J. de Goncourt, Idées et Sensations).

37 L'Histoire justifie ce que l'on veut. Elle n'enseigne rigoureuse-
    ment rien, car elle contient tout, et donne des exemples de tout
    (P. Valéry, Regards sur le monde actuel).

38 Toute histoire est contemporaine (aphorisme de B. Croce).

39 [...] ce cher xixe siècle, qui, pour nous faire plaisir, pour nous
    permettre à nous autres, de savoir ce que c'est qu'un **monde
    habitable**, avait fait un enjambement d'un peu plus de dix ans
    sur le calendrier (J. Romains, Les Hommes de bonne volonté,
    XVIII : « La Douceur de vivre », 19).

40 Bien sûr, j'aimerais mieux avoir en avant de moi, de nous, un monde nouveau à construire que ce monde-ci d'abord à sauver. Mais c'est l'histoire qui a choisi pour nous (J. ROMAINS, Les Hommes de bonne volonté, XXII : «Les Travaux et les Joies», 3).

41 Je tiens que le romancier est l'historien du présent, alors que l'historien est le romancier du passé (G. DUHAMEL, La Nuit de la Saint-Jean, Préambule).

42 L'histoire est faite par les génies, les héros et les Saints (G. BERNANOS, «Réponse à une enquête», in La France contre les robots).

43 Tous les hommes rêvent. Mais il semble parfois, que ce soit l'histoire qui rêve à travers eux … (J. BENOIST-MÉCHIN, Epigraphe d'Alexandre ou Le Rêve dépassé).

44 Connaître le passé est une manière de s'en libérer puisque seule la vérité permet de donner assentiment ou refus en toute lucidité (R. ARON, Dimensions de la conscience historique, II, 4).

45 Mais que l'on donne une police à M. Homais, il ne sera plus ridicule et voici le XXᵉ siècle (A. CAMUS, L'Homme révolté, III).

46 L'humanité est comme un homme qui dort et fait un cauchemar. Ce cauchemar s'appelle l'Histoire (J. GREEN, Journal [1958]).

47 La fin de l'histoire, la fin de l'homme ? est-il sérieux d'y songer ? — Ce sont là événements lointains que l'Anxiété — avide de désastres imminents — veut précipiter à tout prix (E. M. CIORAN, Syllogismes de l'amertume, «Vertige de l'histoire»).

48 (L'histoire : cadre où se décomposent les majuscules, et, avec elles, ceux qui les imaginèrent et les chérirent) (E. M. CIORAN, Visages de la décadence).

49 […] le but secret de l'histoire, sa motivation profonde, n'est-ce pas l'explication de la contemporanéité ? (F. BRAUDEL, Le Temps du monde, «En manière de conclusion»).

hommes-femmes

▷ Voir aussi **Amour, Mariage**

1 Cette fois c'est l'os de mes os, la chair de ma chair. C'est elle qu'on appellera femme car elle a été prise de l'homme (Genèse, 2, 23).

2 C'est pourquoi l'homme quittera son père et sa mère et s'attachera à sa femme, et ils deviendront une seule chair (Genèse, 2, 24, cité en MATTHIEU, 19, 5).

3 Nous sommes faits, beaulx filz, sans doubtes/ Toutes pour tous, et tous pour toutes (JEAN DE MEUNG, Le Roman de la rose, v. 13885-13886) ; > MARGUERITE DE NAVARRE, Heptaméron, I, 9 qui

donne cette variante (*cf.* la source, où le sujet est « Nature » : /Ains nous a faits, beau fils/).

4 Souvent femme varie,/ Bien fol qui s'y fie (mot attribué à François Ier ; *cf.* Virgile, Énéide, IV, 569 : *Varium et mutabile semper femina*, « la femme est un être divers et inconstant ») ; > Hugo, Le roi s'amuse, IV, 2.

5 [...] une femme était assez savante quand elle savait mettre différence entre la chemise et le pourpoint de son mari (Montaigne, Essais, I, 25, attribué à François Ier). *Cf.* Molière : une femme en sait toujours assez/ Quand la capacité de son esprit se hausse/ A connaître un pourpoint d'avec un haut de chausse (Les Femmes savantes, II, 7) ; > Flaubert, Corr., 28. 11. 1852.

6 Mais vous ne savez pas ce que c'est qu'une femme,/ Vous ignorez quels droits elle a sur toute l'âme (Corneille, Polyeucte, I, 1).

7 Il y a peu d'honnêtes femmes qui ne soient lasses de leur métier (La Rochefoucauld, Maximes, 367 ; éd. de 1697 : /Il y a bien des/, /qui sont/).

8 L'enfer des femmes, c'est la vieillesse (La Rochefoucauld, Maximes, Maximes posthumes, 59).

9 Je ne suis pas de ceux qui disent : Ce n'est rien ;/ C'est une femme qui se noie./ Je dis que c'est beaucoup ; et ce sexe vaut bien/ Que nous le regrettions, puisqu'il fait notre joie (La Fontaine, « La Femme noyée » ; le vers 2 était déjà proverbial).

10 Comment est-ce qu'on peut souffrir la pensée de coucher contre un homme vraiment nu ? (Molière, Les Précieuses ridicules, 4 ; c'est Cathos qui parle).

11 — Ne vous a-t-il point pris, Agnès, quelque autre chose ? — Hé ! il m'a... — Quoi ? — Pris... — Euh ! — Le... (Molière, L'Ecole des femmes, II, 5 ; dialogue d'Arnolphe et d'Agnès ; *cf.* La Critique de L'Ecole des femmes, 3 : ce « le » n'est pas mis pour des prunes).

12 Je veux qu'il me batte, moi [...] Il me plaît d'être battue (Molière, Le Médecin malgré lui, I, 2).

13 Loin d'être aux lois d'un homme en esclave asservie,/ Mariez-vous, ma sœur, à la philosophie (Molière, Les Femmes savantes, I, 1).

14 Je consens qu'une femme ait des clartés de tout/ [...]/ elle sache ignorer les choses qu'elle sait (Molière, Les Femmes savantes, I, 3).

15 Et je m'en vais être homme à la barbe des gens (Molière, Les Femmes savantes, II, 9 ; expression proverbiale, ici dans la bouche du faible Chrysale contre sa femme).

16 La poule ne doit point chanter devant le coq (Molière, <u>Les Femmes savantes</u>, V, 3 ; proverbial).

17 Les femmes n'ont qu'à se souvenir de leur origine, et sans trop vanter leur délicatesse, songer après tout qu'elles viennent d'un **os surnuméraire** où il n'y avait de beauté que celle que Dieu y voulut mettre (Bossuet, <u>Élévations sur les mystères</u>, 5e semaine, Élévation 2 : « La Création du second sexe ») ; > L. Bloy, <u>La Femme pauvre</u>, I, 3 ; S. de Beauvoir, <u>Le Deuxième Sexe</u>, Introduction.

18 Une femme oublie d'un homme qu'elle n'aime plus jusques aux faveurs qu'il a reçues d'elle (La Bruyère, <u>Les Caractères</u>, « Des femmes », 17) ; > J. Benda, <u>Belphégor</u>.

19 Les femmes sont extrêmes : elles sont meilleures ou pires que les hommes (La Bruyère, <u>Les Caractères</u>, 53).

20 Les femmes vont plus loin en amour que la plupart des hommes ; mais les hommes l'emportent sur elles en amitié. Les hommes sont cause que les femmes ne s'aiment point (La Bruyère, <u>Les Caractères</u>, 55).

21 Il coûte peu aux femmes de dire ce qu'elles ne sentent point ; il coûte encore moins aux hommes de dire ce qu'ils sentent (La Bruyère, <u>Les Caractères</u>, 66 ; *cf.* 67).

22 Une femme insensible est celle qui n'a pas encore vu celui qu'elle doit aimer (La Bruyère, <u>Les Caractères</u>, 81).

23 Mon peu de succès près des femmes est toujours venu de les trop aimer (Rousseau, <u>Les Confessions</u>, II).

24 Nous naissons, pour ainsi dire, en deux fois : l'une pour exister, et l'autre pour vivre ; l'une pour l'espèce et l'autre pour le sexe (Rousseau, <u>Emile</u>, IV).

25 L'homme n'est peut-être que le monstre de la femme, ou la femme le monstre de l'homme (Diderot, <u>Le Rêve de d'Alembert</u>, dans la bouche de Mlle de Lespinasse).

26 Oh ! ces femmes ! voulez-vous donner de l'adresse à la plus ingénue ? enfermez-la (Beaumarchais, <u>Le Barbier de Séville</u>, I, 4) ; >*. *Cf.* Molière : une femme qu'on garde est gagnée à demi (<u>L'Ecole des maris</u>, I, 4).

27 Pour qu'une liaison d'homme à femme soit vraiment intéressante, il faut qu'il y ait entre eux jouissance, mémoire ou désir (Chamfort, <u>Maximes et Pensées</u>).

28 On dit communément : « La plus belle femme du monde ne peut donner que ce qu'elle a » ; ce qui est très faux : elle donne précisément ce qu'on croit recevoir, puisqu'en ce genre c'est l'imagination qui fait le prix de ce qu'on reçoit (Chamfort, <u>Maximes et Pensées</u>).

29 Il faut choisir d'aimer les femmes, ou de les connaître ; il n'y a

pas de milieu (Chamfort, <u>Maximes et Pensées</u>) ; > A. Gide, <u>Les Faux-Monnayeurs</u>, épigraphe de I, 8.

30 Les femmes n'ont de bon que ce qu'elles ont de meilleur (mot rapporté par Chamfort, <u>Caractères et Anecdotes</u>).

31 **Tout ce qui passe/ N'est qu'un symbole** ;/ L'Imparfait/ Ici devient avènement ;/ L'Ineffable,/ Ici est acte ;/ **L'Eternel féminin**/ Nous tire en haut (Goethe, Second <u>Faust</u>, V, derniers mots) ; > Baudelaire, <u>Réflexions sur mes contemporains</u>, « Marceline Desbordes-Valmore » ; T. Corbière : **Eternel Féminin de l'éternel Jocrisse !**/ Fais-nous sauter, pantins, nous payons les décors ! (<u>Les Amours jaunes</u>, « Féminin singulier ») ; > J.-K. Huysmans, <u>A rebours</u>, 14) ; S. de Beauvoir, <u>Le Deuxième Sexe</u>, III. *Cf.* pour le début P. Claudel : Tout est symbole dans la nature (<u>J'aime la Bible</u>) ; Tout ce qui est est symbole, tout ce qui arrive est parabole (<u>Positions et Propositions</u>, « L'Art religieux »).

32 *N'est-elle pas une femme extraordinaire ?* Tout est dit alors (Mme de Staël, <u>De la littérature</u>, II, 4).

33 Une lutte éternelle en tout temps, en tout lieu,/ Se livre sur la terre, en présence de Dieu,/ Entre la bonté d'Homme et la ruse de Femme./ Car la femme est un être impur de corps et d'âme (A. de Vigny, « La Colère de Samson » ; *cf. ibid.* : La femme, enfant malade et douze fois impur).

34 **La femme aura Gomorrhe et l'homme aura Sodome**,/ Et, se jetant de loin un regard irrité,/ **Les deux sexes mourront chacun de son côté** (A. de Vigny, « La Colère de Samson ») ; > M. Proust, <u>Sodome et Gomorrhe</u>, I, en épigraphe, puis dans le texte.

35 [...] Toujours ce compagnon dont le cœur n'est pas sûr (A. de Vigny, « La Colère de Samson ») ; > G. de Maupassant, « Nos lettres ».

36 On ne sait pas assez combien les femmes sont une aristocratie. Il n'y a pas de peuple chez elles (J. Michelet, <u>La Femme</u>, Introduction).

37 [...] dans la Société la femme ne se trouve pas toujours être la femelle du mâle (Balzac, Avant-Propos de <u>La Comédie humaine</u>).

38 Nous sommes trois chez vous ; c'est trop de deux, Madame (Hugo, <u>Hernani</u>, I, 3).

39 Les femmes nous donneraient le plus grand bonheur de contemplation si le diable n'allumait pas toujours le désir au bout (Barbey d'Aurevilly, <u>Memoranda</u> [25. 12. 1838]).

40 [...]/ La froide majesté de la femme stérile (Baudelaire, <u>Les Fleurs du mal</u>, XXVII).

41 La femme est *naturelle*, c'est-à-dire abominable (Baudelaire, « Mon cœur mis à nu », V).

42 Sois charmante et tais-toi (Baudelaire, <u>Les Fleurs du mal</u>,

«Sonnet d'automne»); *cf.* <u>Sois belle et tais-toi</u>, titre d'un film de M. Allégret, et d'un film-vidéo de D. Seyrig.

43 Jamais une femme n'a inventé une débauche (Flaubert, Corr., 24. 04. 1852).

44 La femme est un produit de l'homme. *Dieu a créé la femelle, et l'homme a fait la femme*; elle est le résultat de la civilisation, une œuvre factice (Flaubert, Corr., 27. 03. 1853).

45 Tu vas chez les femmes? N'oublie pas d'apporter le fouet (F. Nietzsche, <u>Ainsi parlait Zarathoustra</u>, «De l'être féminin vieux et jeune»).

46 De quelque côté que l'on se tourne avec la femme, on souffre, car elle est le plus puissant engin de douleur que Dieu ait donné à l'homme! (J.-K. Huysmans, <u>En route</u>, I, 5).

47 Quand sera brisé l'infini servage de la femme, quand elle vivra pour elle et par elle, l'homme — jusqu'ici abominable — lui ayant donné son renvoi, elle sera poète, elle aussi! (Rimbaud, Lettre à P. Demeny, 15. 05. 1871).

48 Le mâle est un accident; la femelle aurait suffi (R. de Gourmont, <u>Physique de l'amour</u>, VII); > G. Bachelard, <u>Poétique de la rêverie</u>.

49 Qu'elle écrive des livres d'amour tant qu'elle voudra: si la femme n'aime pas sa servitude, elle n'aime pas (A. Suarès, <u>Sur la vie, Essais</u>, éd. Emile-Paul frères, p. 333).

50 Madame Arthur/ Est une femme/ Qui fit parler d'elle longtemps... (Refrain d'une chanson d'Yvette Guilbert).

51 Une femme n'est intelligente qu'au détriment de son mystère (P. Claudel, <u>Journal</u> [1925]); > Ph. Sollers, <u>La Fête à Venise</u>.

52 — Pourquoi venez-vous me rechercher? pourquoi venez-vous me déranger? — C'est pour cela que les femmes sont faites (P. Claudel, <u>Partage de midi</u>, 1re version, I).

53 La femme sans l'homme, que ferait-elle?
Mais de l'homme envers la pauvre femme, dans son cœur,
Il n'y a rien de nécessaire et de durable (P. Claudel, <u>L'Echange</u>, 1re version, I).

54 Le mâle est prêtre, mais il n'est pas défendu à la femme d'être victime (P. Claudel, <u>L'Annonce faite à Marie</u>, III, 2).

55 Car à quoi sert d'être une femme sinon pour être cueillie? (P. Claudel, <u>La Cantate à trois voix</u>).

56 La femme sera toujours le danger de tous les paradis (P. Claudel, <u>Conversations dans le Loir-et-Cher</u>, «Mardi»).

57 La question n'est point pour moi [...] *que peut l'homme?* mais bien, d'une manière toute matérielle et précise: Qu'est-ce que, de nos jours, une femme est en mesure et en droit d'espérer? (A. Gide, <u>Geneviève</u>); *cf.* «Humanité», A. Gide.

58 Dieu créa l'homme, et ne le trouvant pas assez seul, il lui donne une compagne pour lui faire mieux sentir sa solitude (P. Valéry, Tel quel, I).

59 Tout homme contient une femme. Mais jamais sultane mieux cachée que celle-ci (P. Valéry, Mélange).

60 Si j'ai voulu n'appartenir qu'à moi-même, c'était pour mieux me donner à vous (M. Tinayre, La Rebelle) ; > Montreynaud.

61 Dans la vie de la plupart des femmes, tout, même le plus grand chagrin, aboutit à une question d'essayage (M. Proust, Le Côté de Guermantes, II, 2).

62 Certes, il est plus raisonnable de sacrifier sa vie aux femmes qu'aux timbres-poste, aux vieilles tabatières, même aux tableaux et aux statues (M. Proust, Le Côté de Guermantes, II, 2).

63 Des femmes s'arrêtent comme frappées, avec l'air d'avoir dépassé une limite invisible et de s'élancer de l'autre côté de la vie (Colette, Les Heures longues, à propos des femmes lors de la Première Guerre mondiale) ; > Montreynaud.

64 [...] un homme et une femme peuvent faire ensemble impunément tout, sauf la conversation (Colette, Duo).

65 Pourquoi un homme ne peut-il jamais parler de la sensualité féminine sans dire d'énormes bêtises ? (Colette, Duo).

66 Tu as déjà vu un homme faire un geste au moment précis où tu attends qu'il le fasse ? (Colette, Le Toutounier).

67 — Cela va là-bas, les hommes ? Cela va comme vous voulez ? — Très bien. Nous sommes tranquilles. — Ici, nous sommes heureuses. — Parfait. Chaque sexe a enfin ce qu'il réclame ! (J. Giraudoux, Sodome et Gomorrhe, II, 8).

68 Dix ou quinze femmes à histoires ont sauvé le monde de l'égoïsme (J. Giraudoux, Electre, I, 2).

69 Le couple, c'est autrui à bout portant [...] Choisir, c'est se livrer (J. Chardonne, L'Amour, c'est beaucoup plus que l'amour, I).

70 Dans une femme, c'est vraiment la vie qu'on aime (J. Chardonne, L'Amour, c'est beaucoup plus que l'amour, II).

71 Le principal pour un homme est la femme qu'il aime : il en retire tout le bonheur et toute la souffrance possibles (J. Chardonne, L'Amour, c'est beaucoup plus que l'amour, II).

72 Une femme ne peut pas beaucoup nuire à un homme. Il porte en lui-même toute sa tragédie. Elle peut le gêner, l'agacer. Elle peut le tuer. C'est tout (J. Chardonne, L'Amour, c'est beaucoup plus que l'amour, II).

73 Au cœur de l'homme, solitude. Etrange **l'homme sans rivage, près de la femme, riveraine** (Saint-John Perse, Amers, « Etroits sont les vaisseaux », 2, 2) ; >*.

74 Je choisis l'homme qui développera et étendra ce qu'il y a de masculin en moi et il me choisit pour faire grandir ce qu'il y a en lui de féminin (K. Mansfield, Journal [1921]); > Montreynaud.

75 Une femme sans parfum est une femme sans avenir (mot de Coco Chanel); >*.

76 Femme tu mets au monde un corps toujours pareil/ Le tien/ Tu es la ressemblance (Eluard, Les Yeux fertiles).

77 Il faut que soit révisé de fond en comble, sans trace d'hypocrisie et d'une manière qui ne peut plus rien avoir de dilatoire, les problèmes des rapports de l'homme et de la femme (A. Breton, Prolégomènes à un troisième Manifeste du surréalisme ou non).

78 L'avenir de l'homme est la femme (Aragon, Le Fou d'Elsa, « Zadjal de l'avenir »).

79 La vie des femmes est trop limitée, ou trop secrète. Qu'une femme se raconte, et le premier reproche qu'on lui fera est de n'être plus femme. Il est déjà assez difficile de mettre quelque vérité à l'intérieur de la bouche d'un homme (M. Yourcenar, Carnet de notes des Mémoires d'Hadrien).

80 Nous ne sommes plus comme nos aînées des combattantes; en gros, nous avons gagné la partie (S. de Beauvoir, Le Deuxième Sexe, Introduction); > Montreynaud.

81 Peut-être le mythe de la femme s'éteindra-t-il un jour: plus les femmes s'affirment comme des êtres humains, plus la merveilleuse qualité de l'Autre meurt en elle (S. de Beauvoir, Le Deuxième Sexe, III).

82 C'est l'ensemble de la civilisation qui élabore ce produit intermédiaire entre le mâle et le castrat qu'on qualifie de féminin (S. de Beauvoir, Le Deuxième Sexe, Introduction); > Montreynaud.

83 Jusqu'ici les possibilités de la femme ont été étouffées et perdues pour l'humanité; il est grand temps dans son intérêt et dans celui de tous qu'on lui laisse enfin courir toutes ses chances (S. de Beauvoir, Le Deuxième Sexe); > Montreynaud. Cf. Rosalyn Sussman Yalow, discours de réception du Prix Nobel de physiologie, 1977: Le monde ne peut pas se permettre de perdre la moitié de ses talents s'il veut résoudre les si nombreux problèmes qui l'assaillent.

84 Les hommes ont toujours eu beaucoup de courage pour supporter les malheurs des femmes (F. Giroud, dans L'Express, 1956). Cf. « Relations humaines », La Rochefoucauld.

85 On naît bel et bien femme, avec un destin physique programmé différent de celui de l'homme et toutes les conséquences psychologiques et sociales attachées à ces différences. Mais on

peut modifier ce destin (<u>Le Fait féminin</u>, sous la direction d'E. Sullerot) ; > Montreynaud.

86 L'homme est en régression partout, dans tous les domaines. Il y a une aptitude à l'intelligence beaucoup plus grande chez les femmes, maintenant (M. Duras, dans <u>La Création étouffée</u>, de S. Horer et J. Socquet).

87 Il faut que l'homme apprenne à se taire. Ça doit être là quelque chose de très douloureux pour lui. Faire taire en lui la voix théorique [...] *Il faut qu'il se soigne* (M. Duras, dans <u>La Création étouffée</u>, de S. Horer et J. Socquet).

88 Deux voies s'ouvrent à l'homme et à la femme : la férocité ou l'indifférence. Tout nous indique qu'ils prendront la seconde voie, qu'il n'y aura entre eux ni explication ni rupture, mais qu'ils continueront à s'éloigner l'un de l'autre [...] (E. M. Cioran, <u>Syllogismes de l'amertume</u> , « Vitalité de l'amour »).

89 Cependant le féminin est ailleurs, il a toujours été ailleurs : c'est là le secret de sa puissance (J. Baudrillard, <u>De la séduction</u>) ; voir même auteur, « Plaisir-séduction ».

90 Qu'est-ce qu'une scène de ménage ? C'est le triomphe de la femme (M. Tournier, <u>Le Médianoche amoureux</u>, « Les Amants taciturnes »).

91 Je ne suis pas misogyne : j'accepte la femme comme objet ou comme déesse (A. Bosquet, <u>Le Gardien des rosées</u>) ; >*.

92 Si vous ne fréquentez pas de femme (par timidité, laideur ou quelque autre raison), lisez des magazines féminins. Vous ressentirez des souffrances équivalentes (M. Houellebecq, <u>Rester vivant</u>) ; >*.

93 Nous prenons acte de la naissance d'une irréductible volonté féminine de partager l'univers et les enfants avec les hommes. Et cette volonté-là changera sans doute la future condition humaine (E. Badinter, <u>L'Amour en plus</u>, Conclusion) ; >**.

honneur

1 Tout est perdu, fors l'honneur (expression remaniée d'un passage de la lettre écrite le soir de la défaite de Pavie par François Ier à sa mère ; voir Dupré, 58).

2 Toute personne d'honneur choisit de perdre plutôt son honneur, que de perdre sa conscience (Montaigne, <u>Essais</u>, II, 16, « De la gloire ») ; > L'Honneur, éd. Autrement.

3 Qu'est-ce que l'honneur ? Un mot (Shakespeare, <u>Henri IV</u>, 1re partie, V, 1).

4 Le sort qui de l'honneur nous ouvre la barrière/ Offre à notre constance une illustre matière (Corneille, <u>Horace</u>, II, 3) ; > Ch. Péguy, <u>Victor-Marie, comte Hugo</u>.

5 L'amour n'est qu'un plaisir, l'honneur est un devoir (CORNEILLE, Le Cid, III, 5).

6 Je vais sortir d'un gouffre où triomphent les vices,/ Et chercher sur la terre un endroit écarté/ Où d'être homme d'honneur on ait la liberté (MOLIÈRE, Le Misanthrope, derniers vers du « héros ») ; > L'Honneur, éd. Autrement.

7 L'honneur étant le principe de ce gouvernement [la monarchie], les lois doivent s'y rapporter (MONTESQUIEU, De l'esprit des lois, V, 2 ; cf. III, 7).

8 Il y a des injures qu'il faut dissimuler pour ne pas compromettre son honneur (VAUVENARGUES, Réflexions et Maximes, 189).

9 Noblesse oblige (GASTON, DUC DE LÉVIS, Maximes, Préceptes et Réflexions, « Sur la noblesse »).

10 L'Honneur, c'est la conscience, mais la conscience exaltée (A. DE VIGNY, Servitude et Grandeur militaires, III, 10).

11 **La religion de l'honneur** a son dieu toujours présent dans notre cœur (A. DE VIGNY, Journal d'un poète [1834]).

12 Le Monde a tout ce qu'il lui faut, et il ne jouit de rien parce qu'il manque d'honneur. Le Monde a perdu l'estime de soi (G. BERNANOS, Les Grands Cimetières sous la lune, I, 3).

13 Le fort et le faible ne peuvent évidemment vivre sans honneur, mais le faible a plus besoin d'honneur qu'un autre (G. BERNANOS, Les Grands Cimetières sous la lune, I, 1).

14 Il y a un honneur chrétien. [...] Il est la fusion mystérieuse de l'honneur humain et de la charité du Christ (G. BERNANOS, Les Grands Cimetières sous la lune, III, 4).

15 L'honneur est une vertu humaine, soit, mais elle permet de classer les hommes (G. BERNANOS, Nous autres Français, 4).

16 Marius, l'honneur, c'est comme les allumettes : ça ne sert qu'une fois... (M. PAGNOL, Marius, IV, 5).

17 Mes chers parents... je ne voudrais pas vous offenser, mais... mais l'honneur, parfois, sous le feu cruel des sunlights du destin, n'apparaît-il point dérisoire ? (R. DE OBALDIA, Du vent dans les branches de sassafras II, 7).

humanité

1 Dieu créa l'homme à son image : Il le créa à l'image de Dieu, homme et femme il les créa (Genèse, 1, 27). Cf. « Dieu », VOLTAIRE ; APOLLINAIRE : Chaque divinité crée à son image ; ainsi des peintres (Les Peintres cubistes, « Sur la peinture », I).

2 [...] vos yeux s'ouvriront et vous serez comme des dieux (Genèse, 3, 5 ; le serpent à Eve ; on peut traduire aussi : /comme Dieu/) ; > P. VALÉRY, Mélange, en latin.

3 *Ecce homo* («Voici l'homme», parole de PONCE-PILATE présentant
   à la foule Jésus portant la couronne d'épines et le manteau de
   pourpre, JEAN, 19, 5) ; > Titre de F. NIETZSCHE.

4 L'homme est la mesure de toutes choses : de ce qui existe, si
   cela existe, et de ce qui n'existe pas, si cela n'existe pas (maxime
   de PROTAGORAS, rapportée par SEXTUS EMPIRICUS, Contre les
   logiciens, I, 60) ; *cf.* A. MALRAUX : «L'homme, mesure de toutes
   choses... » Pas même la sienne ! La phrase de Protagoras l'insinuerait si on
   ne la tronquait toujours [une note donne ainsi la citation de Protagoras :
   la mesure « de ce qui n'existe pas » n'est pas l'homme, mais ses rêves
   émancipés de l'Etre] (La Métamorphose des dieux).

5 Entre tant de merveilles du monde, la grande merveille, c'est
   l'homme. [...] Et le langage, et la pensée agile et les lois et les
   mœurs, il s'est tout enseigné sans maître (SOPHOCLE, Antigone,
   chant du Chœur, trad. de R. Pignarre) ; > Grèce, Guides Bleus. *Cf.*
   G. BERNANOS : Le malheur de l'homme est la merveille de l'univers (Les
   Grands Cimetières sous la lune, III, 1).

6 Je vois que nous ne sommes rien que des fantômes, nous tous
   qui vivons, une ombre légère (SOPHOCLE, Ajax, v. 125-126 ; *cf.*
   PINDARE : l'ombre d'un songe, Pythiques, VIII, v. 95).

7 Je cherche un homme (parole de DIOGÈNE LE CYNIQUE se
   promenant une lanterne à la main en plein jour, rapportée par
   DIOGÈNE LAËRCE, Vies ... des philosophes illustres) ; > FLAUBERT,
   Dictionnaire des Idées reçues.

8 L'homme est par nature un animal politique (ARISTOTE, Politique,
   I, 2, 9, 1253a).

9 L'homme est un loup pour l'homme, non un homme, quand il
   ne sait pas à qui il a affaire (PLAUTE, Asinaria, II, 4 ; le début est
   souvent cité : RABELAIS, HOBBES, MOLIÈRE, LA FONTAINE, etc.). *Cf.*
   MONTAIGNE : *Homo homini* ou *Deus* ou *lupus*, «L'homme est pour
   l'homme ou un dieu ou un loup» (Essais, III, 5 ; < CECILIUS).

10 Je suis homme : j'estime que **rien de ce qui est humain ne m'est
   étranger** (*Homo sum : humani nihil a me alienum puto*,
   TÉRENCE, Heautontimoroumenos, I, 1) ; > A. GIDE [en latin],
   Littérature et Morale ; F. MAURIAC, Le Roman, VIII. *Cf.* BAUDELAIRE : Je me
   suis imposé de si hauts devoirs que */quidquid/ humani a me alienum
   puto* («Tout ce qui est humain m'est étranger», Théophile Gautier, VI ;
   > R. NIMIER, Le Hussard bleu, dernière phrase) ; P. VALÉRY : La science
   pure dit : Tout ce qui est humain doit m'être *étranger*, c'est-à-dire
   ressenti comme *contre mon meilleur* (Mélange) ; A. GLUCKSMANN : Que
   rien d'inhumain ne nous soit étranger (Le XIᵉ Commandement).

11 J'ai tout dit, quand j'ai dit un «homme» (PLINE LE JEUNE, Epîtres,
   4, 2, 4).

12 *Errare humanum est* («Il est humain de se tromper», sentence
   médiévale ; *cf.* CICÉRON : «C'est le propre de tout homme de se
   tromper, mais c'est le propre du seul fou de persévérer dans

l'erreur » — Philippiques, 12, 5 — source latine dont le jeu de
mots sur *errare* et *perseverare* a donné lieu à la suite ordinaire
de la sentence médiévale : *perseverare diabolicum*, « mais il est
diabolique de persévérer [dans l'erreur] »).

13 J'ai voulu te donner le pouvoir de te créer et de te vaincre toi-
même. Tu peux grandir et te développer comme tu veux ; tu as
en toi les germes de vie sous toutes les formes (PIC DE LA
MIRANDOLE, De hominis dignitate, où c'est Dieu qui s'adresse à
l'homme) ; > R. ROLLAND, Souvenirs de jeunesse.

14 Je ne bâtis que pierres vives, ce sont hommes (RABELAIS, Tiers
Livre, VI ; *cf.* I PIERRE, 2, 5) ; > devise de la collection « Pierres Vives »,
aux éd. du Seuil.

15 Certes, c'est un sujet merveilleusement vain, divers, et ondoyant
que l'homme. Il est malaisé d'y fonder jugement constant et
uniforme (MONTAIGNE, Essais, I, 1).

16 Plutarque dit en quelque lieu qu'il ne trouve point si grande
distance de bête à bête, comme il trouve d'homme à homme [...]
j'enchérirais volontiers sur Plutarque ; et dirais qu'il y a plus de
distance de tel à tel homme qu'il n'y a de tel homme à telle bête
(MONTAIGNE, Essais, I, 42) ; *cf.* BOSSUET, Traité de la connaissance de
Dieu et de soi-même, V, 7.

17 Quand je me joue à ma chatte, qui sait si elle passe son temps
de moi plus que je ne fais d'elle (MONTAIGNE, Essais, II, 12).

18 On attache aussi bien toute la philosophie morale à une vie
populaire et privée qu'à une vie de plus riche étoffe : **chaque
homme porte la forme entière de l'humaine condition**
(MONTAIGNE, Essais, III, 2).

19 [...] tu es le scrutateur sans connaissance, le magistrat sans
juridiction et après tout le badin de la farce (MONTAIGNE, Essais,
III, 9).

20 La grandeur de l'homme est grande en ce qu'il se connaît
misérable ; un arbre ne se connaît pas misérable (PASCAL,
Pensées, 114).

21 Toutes ces misères-là même prouvent sa grandeur. Ce sont
misères de grand seigneur. Misères d'un roi dépossédé (PASCAL,
Pensées, 116).

22 S'il se vante, je l'abaisse.
S'il s'abaisse, je le vante.
Et le contredis toujours.
Jusqu'à ce qu'il comprenne
Qu'il est un monstre incompréhensible (PASCAL, Pensées,
130).

23 Quelle chimère est-ce donc que l'homme ? quelle nouveauté,
quel monstre, quel chaos, quel sujet de contradictions, quel

prodige ? Juge de toutes choses, imbécile ver de terre, dépositaire du vrai, cloaque d'incertitude et d'erreur, gloire et rebut de l'univers (Pascal, Pensées, 131 ; ajout rayé : **L'homme passe l'homme**).

24 De sorte que l'homme est plus inconcevable sans ce mystère, que ce mystère n'est inconcevable à l'homme (Pascal, Pensées, 131 ; il s'agit du péché originel).

25 Car enfin qu'est-ce que l'homme dans la nature ? Un néant à l'égard de l'infini, un tout à l'égard du néant, un milieu entre rien et tout, infiniment éloigné de comprendre les deux extrêmes [...] (Pascal, dans la méditation connue sous le titre des « deux infinis », Pensées, 199).

26 **L'homme n'est qu'un roseau, le plus faible de la nature, mais c'est un roseau pensant.** Il ne faut pas que l'univers entier s'arme pour l'écraser ; une vapeur, une goutte d'eau suffit pour le tuer. Mais quand l'univers l'écraserait, l'homme serait encore plus noble que ce qui le tue, puisqu'il sait qu'il meurt et l'avantage que l'univers a sur lui, l'univers n'en sait rien (Pascal, Pensées, 200).

27 Le silence éternel de ces espaces infinis m'effraie (Pascal, Pensées, 201) ; > P. Valéry : Dire [...] etc., c'est énoncer clairement : *Je veux vous épouvanter de ma profondeur et vous émerveiller de mon style* (Tel quel, II).

28 L'homme n'est ni ange ni bête, et le malheur veut que qui veut faire l'ange fait la bête (Pascal, Pensées, 678) ; *cf.* Bossuet : l'ange et la bête en un mot se sont trouvés tout à coup unis (Sermon sur la mort) ; Baudelaire : *il a voulu faire l'ange, il est devenu une bête* (« Le Poème du haschisch ») ; P. Valéry, en exergue de « Paraboles » (Poésies). *Cf.* Montaigne : Ils veulent se mettre hors d'eux et échapper à l'homme. C'est folie : au lieu de se transformer en anges, ils se transforment en bêtes ; au lieu de se hausser, ils s'abattent (Essais, III, 13) ; A. Camus : Non qu'il faille faire la bête, mais je ne trouve pas de sens au bonheur des anges (« L'Eté à Alger », Noces) ; J. Giono : C'est un archange animal (Le Poids du ciel, I. « Danse des âmes modernes »).

29 Nous craignons toutes choses comme mortels, et nous désirons toutes choses comme si nous étions immortels (La Rochefoucauld, Maximes, Maximes posthumes, 8).

30 [...] et ces masures mal assorties avec ces fondements si magnifiques ne crient-elles pas assez haut que l'ouvrage n'est pas en son entier ? (Bossuet, Sermon sur la mort).

31 Ainsi l'homme ici-bas n'a que des clartés sombres (Racine, Cantiques spirituels, 1, var. : Nos clartés ici-bas ne sont qu'énigmes sombres) ; > J. Green, Journal [1951].

32 Mon Dieu, quelle guerre cruelle ! / Je trouve deux hommes en moi :/ [...] (Racine, Cantiques spirituels, 3 ; *cf.* Romains, 7, 15) ; > J. Green, Journal [1944] ; R. Barthes : /J'ai deux/ (R. Barthes par lui-

même). *Cf.* GOETHE : Deux âmes habitent, hélas ! dans ma poitrine (Premier <u>Faust</u>, « Devant la porte ») ; NERVAL : Une idée terrible me vint : « L'homme est double », me dis-je. — « Je sens deux hommes en moi », a écrit un Père de l'Eglise (<u>Aurélia</u>, IX).

33 Ne nous emportons point contre les hommes en voyant leur dureté, leur ingratitude, leur injustice, leur fierté, l'amour d'eux-mêmes, et l'oubli des autres : ils sont ainsi faits, c'est leur nature, c'est ne pouvoir supporter que la pierre tombe ou que le feu s'élève (LA BRUYÈRE, <u>Les Caractères</u>, « De l'homme », 1).

34 Toutefois, qui peut répondre des hommes ? (VOLTAIRE, <u>Lettres philosophiques</u>, VIII).

35 Il se figurait alors les hommes tels qu'ils sont en effet, des insectes se dévorant les uns les autres sur un petit atome de boue (VOLTAIRE, <u>Zadig, ou La Destinée</u>, « La Femme battue »).

36 La première vérité qui sort de l'examen sérieux de la nature est une vérité peut-être humiliante pour l'homme : c'est qu'il doit se ranger dans la classe des animaux, auxquels il ressemble par tout ce qu'il a de matériel (BUFFON, <u>Manière de traiter l'histoire naturelle</u>, 1).

37 Tout est bien sortant des mains de l'Auteur des choses, tout dégénère entre les mains de l'homme (ROUSSEAU, <u>Emile</u>, 1re phrase).

38 Tous les animaux se défient de l'homme et n'ont pas tort (ROUSSEAU, <u>Les Confessions</u>, VI).

39 [...] j'y vis partout le développement de son grand principe que la nature a fait l'homme heureux et bon mais que la société le déprave et le rend misérable (ROUSSEAU, <u>Rousseau juge de Jean-Jacques</u>, III).

40 Boire sans soif et faire l'amour en tout temps, Madame, il n'y a que ça qui nous distingue des autres bêtes (BEAUMARCHAIS, <u>Le Mariage de Figaro</u>, II, 21).

41 La religion de l'humanité (expression attribuée à THOMAS PAINE par E. GOSSE ; l'expression est fréquente sous la plume d'A. COMTE, notamment dans le <u>Catéchisme positiviste</u>).

42 Au-dessus de ces nombreuses races d'animaux est placé l'homme, dont la main destructive n'épargne rien de ce qui vit ; il tue pour se nourrir, il tue pour se vêtir, il tue pour se parer, il tue pour attaquer, il tue pour se défendre, il tue pour s'instruire, il tue pour s'amuser, il tue pour tuer [...] (J. DE MAISTRE, <u>Les Soirées de Saint-Pétersbourg</u>, 7).

43 Borné dans sa nature, infini dans ses vœux,/ **L'Homme est un dieu tombé qui se souvient des cieux** (LAMARTINE, <u>Méditations poétiques</u>, II) ; > BAUDELAIRE : /l'ange tombé/ (<u>Notes nouvelles sur Edgar Poe</u>) ; >*.

44 Un être qui s'habitue à tout, voilà, je pense, la meilleure
définition qu'on puisse donner de l'homme (DOSTOÏEVSKI,
<u>Souvenirs de la maison des morts</u>, I, 1).

45 Que l'homme est petit quand on le contemple du haut de la
mère de Glace (E. LABICHE, <u>Le Voyage de monsieur Perrichon</u>, II,
7 ; cette phrase, avec la faute qui sera ensuite relevée, est
prononcée par M. Perrichon au moment où il l'écrit sur le livre
des voyageurs de l'hôtel).

46 Il n'y a pas d'homme idéal, l'*homme* n'existe pas [...] (GOBINEAU,
<u>Essai sur l'inégalité des races</u>, I, 15).

47 C'est une chose curieuse comme l'humanité, à mesure qu'elle
se fait autolâtre, devient stupide (FLAUBERT, Corr., 26. 05.
1853).

48 Ah ! s'écria Cyrus Smith, te voilà donc redevenu homme, puisque
tu pleures (J. VERNE, <u>L'Ile mystérieuse</u>) ; > F. MAURIAC, <u>Le Sagouin</u>,
III.

49 On peut excuser l'homme d'éprouver quelque fierté de ce qu'il
s'est élevé, quoique ce ne soit pas par ses propres efforts, au
sommet véritable de l'échelle organique ; et le fait qu'il s'y est
élevé, au lieu d'y avoir été placé primitivement, peut lui faire
espérer une destinée encore plus haute dans un avenir éloigné
(CH. DARWIN, cité par L. BRUNSCHVICG, cité par A. GIDE, <u>Journal</u>
[1931]).

50 Humain, trop humain (Titre de F. NIETZSCHE) ; > A. ADAMOV, <u>Le</u>
<u>Ping-Pong</u>.

51 *Je vous enseigne le surhomme.* L'homme est quelque chose qui
doit être surmonté (F. NIETZSCHE, <u>Ainsi parlait Zarathoustra</u>,
« Prologue de Zarathoustra »). *Cf.* RAMUZ : L'homme est quelque chose
qui doit être surpassé et qui ne peut l'être que par lui-même (<u>Besoin de</u>
<u>grandeur</u>, 4).

52 Eh bien, soit ! que ma guerre contre l'homme s'éternise, puisque
chacun reconnaît dans l'autre sa propre dégradation... puisque
les deux sont ennemis mortels (LAUTRÉAMONT, <u>Les Chants de</u>
<u>Maldoror</u>, IV).

53 Homme ! le plus complexe des êtres, et c'est pourquoi le plus
dépendant des êtres (A. GIDE, <u>Journal</u> : <u>Feuillets</u>).

54 [...] le seul mot de passe, pour n'être pas dévoré par le sphinx,
c'est : l'Homme (A. GIDE, <u>Œdipe</u>, II).

55 Je n'aime pas les hommes, j'aime ce qui les dévore (A. GIDE, <u>Le</u>
<u>Prométhée mal enchaîné</u>, III) ; >*.

56 Mais depuis Nietzsche, avec Nietzsche, une nouvelle question
s'est soulevée [...] Cette question, c'est : « Que peut l'homme ?
Que peut un homme ? » (A. GIDE, <u>Dostoïevski</u> « Conférences »,
V) ; > M. ARLAND : La question est celle-ci (il me semble l'avoir lue
quelque part) : que peut faire un homme ? (<u>L'Ordre</u>, I, 1 ; *cf.* E. KANT :

1. Que puis-je savoir ? 2. Que puis-je faire ? 3. Que m'est-il permis d'espérer ? 4. Qu'est-ce que l'homme ? Logique, traduction Guillermit, Vrin, 1966, p. 25) ; *cf.* «Hommes-femmes», A. GIDE.

57 Les hommes se distinguent par ce qu'ils montrent et se ressemblent par ce qu'ils cachent (P. VALÉRY, Tel quel, II).

58 L'homme n'a de taille que dans la mesure où il peut croire à lui-même ; or il ne peut croire à lui-même que quand il croit à l'existence de quelque chose qui le dépasse et le suppose en même temps (RAMUZ, Taille de l'homme).

59 Nous sommes le trait d'union de la nature et des dieux [...] (G. BACHELARD, L'Air et les Songes, III, 5).

60 L'homme peut guérir de tout, non de l'homme (G. BERNANOS, Nous autres Français, 5).

61 Honneur au Prince sous son nom ! La condition de l'homme est obscure. Et quelques-uns témoignent d'excellence (SAINT-JOHN PERSE, Éloges, «Amitié du prince», III).

62 L'homme est un miracle sans intérêt (J. ROSTAND, Pensées d'un biologiste) ; > A. GIDE, Journal [1940].

63 Pour nous rendre pleinement inhumain, il n'est que la conviction d'agir pour le salut de l'humanité (J. ROSTAND, Carnet d'un biologiste).

64 Qui ne «meurt» pas de n'être qu'un homme ne sera jamais qu'un homme (G. BATAILLE, L'Expérience intérieure, II, 1).

65 Nous sommes conçus dans une crise de démence (J. GREEN, Moïra, et Journal) ; *cf.* P. VALÉRY : L'amour est une brève épilepsie (Tel quel, II ; l'idée remonte aux Aphorismes d'HIPPOCRATE, et elle est développée par ÉRASME dans son Éloge de la folie, 11 ; *cf.* DÉMOCRITE : L'acte sexuel est une courte apoplexie, Fragments).

66 Ce que j'ai fait, je te le jure, jamais aucune bête ne l'aurait fait (A. DE SAINT-EXUPÉRY, Terre des hommes, II, 2) ; > A. MALRAUX : L'humanisme, ce n'est pas dire : «[... /animal/], c'est dire : «Nous avons refusé ce que voulait en nous la bête, et nous voulons retrouver l'homme partout où nous avons trouvé ce qui l'écrase» (Les Voix du silence, IV, «La Monnaie de l'absolu», 7) ; >*.

67 — Pour l'essentiel, **l'homme est ce qu'il cache** ... [...] — Un misérable petit tas de secrets... — L'homme est ce qu'il fait ! répondit mon père (A. MALRAUX, Antimémoires, I, Gallimard, p. 34 ; *cf.* p. 16) ; >* : /La vérité d'un homme, c'est d'abord/.

68 Mais si vraiment **l'existence précède l'essence**, l'homme est responsable de ce qu'il est. [...] il est **responsable de tous les hommes**. [...] en me choisissant, je choisis l'homme (J.-P. SARTRE, L'existentialisme est un humanisme).

69 Il n'y a pas de nature humaine, puisqu'il n'y a pas de Dieu pour la concevoir (J.-P. SARTRE, L'existentialisme est un humanisme).

70 L'homme est une passion inutile (J.-P. Sartre, L'Etre et le Néant, IV, II, 1).

71 L'homme fut sûrement le vœu le plus fou des ténèbres ; c'est pourquoi nous sommes ténébreux, envieux et fous sous le puissant soleil (R. Char, La Parole en archipel).

72 N'étant jamais définitivement modelé, l'homme est receleur de son contraire (R. Char, Feuillets d'Hypnos) ; >**.

73 Jean-Charles et Dufrènes sont d'accord (ils ont les mêmes lectures), l'idée d'homme est à réviser, et sans doute va-t-elle disparaître, c'est une invention du xixe siècle, aujourd'hui périmée (S. de Beauvoir, Les Belles Images, 3) ; > M. Winock, Chronique des années soixante.

74 [...] en gagnant pas à pas le mystère/ D'être homme, l'honneur d'être homme (P. de La Tour du Pin, La Genèse).

75 Ceux qui parlent de la fin de l'homme n'ont jamais été aussi vivants, ceux qui parlent de l'inexistence de l'individu n'ont jamais manifesté aussi brillamment son existence (E. Ionesco, Présent passé, Passé présent, V).

76 Je continue à croire que ce monde n'a pas de sens supérieur. Mais je sais que quelque chose en lui a du sens, et c'est l'homme, parce qu'il est le seul être à exiger d'en avoir (A. Camus, Lettres à un ami allemand, IV).

77 Dieu imite Dieu pour l'homme qui l'imite (E. Jabès, Le Livre des ressemblances) ; >**.

78 L'homme est cet être étrange qui aime à se dissimuler derrière des masques, et qui en appelle constamment au prestige du caché (J. Starobinski, La Relation critique).

79 L'homme sécrète du désastre (E. M. Cioran, Syllogismes de l'amertume, «Vertige de l'histoire»).

80 Au Zoo. — Toutes ces bêtes ont une tenue décente, hormis les singes. On sent que l'homme n'est pas loin (E. M. Cioran, Syllogismes de l'amertume, «Ecartèlement»).

81 Ne pouvant vivre qu'en deçà ou au-delà de la vie, l'homme est en butte à deux tentations : l'imbecillité et la sainteté : sous-homme et sur-homme, jamais lui-même (E. M. Cioran, Visages de la décadence).

82 L'homme est une invention dont l'archéologie de notre pensée montre aisément la date récente. Et peut-être la fin prochaine (M. Foucault, Les Mots et les Choses, dernière page).

83 Ici, des hommes de la planète Terre ont mis pour la première fois le pied sur la Lune, en juillet 1969 après J.-C. Nous sommes

venus pacifiquement au nom de toute l'humanité (inscription sur une plaque laissée sur la lune par les astronautes américains).

I

idées-intellectuels

▷ voir aussi **Opinion**

1 S'étonner : voilà un sentiment qui est tout à fait d'un philosophe. la philosophie n'a pas d'autre origine [...] (PLATON, Théétète, 155d). Voir « Sagesse », HORACE.

2 *Grammatici certant et adhuc sub judice lis est* (« Les grammairiens en disputent et le procès est encore pendant » ; HORACE, Art poétique, v. 78).

3 Il n'y a que les fols certains et résolus (MONTAIGNE, Essais, I, 26) ; > A. GIDE, Journal [1942]. *Cf.* A. M. BARTHÉLEMY : L'homme absurde est celui qui ne change jamais (Ma justification, v. 412).

4 Il pense trop ; de tels hommes sont dangereux (SHAKESPEARE, Jules-César, I, 2).

5 Nul n'aura de l'esprit hors nous et nos amis (MOLIÈRE, Les Femmes savantes, III, 2). *Cf.* J. RENARD : Nul n'aura de talent hors nous, moins mes amis (Journal [1894]).

6 Il faut avoir une pensée de derrière, et juger de tout par là, en parlant cependant comme le peuple (PASCAL, Pensées, 91).

7 Il faut que le monde soit bien aveugle s'il vous croit (PASCAL, Pensées, 676).

8 Qu'est-ce qu'une pensée neuve, brillante, extraordinaire ? Ce n'est point, comme se le persuadent les ignorants, une pensée que personne n'a jamais eue, ni dû avoir. C'est au contraire une pensée qui a dû venir à tout le monde, et que quelqu'un s'avise le premier d'exprimer (BOILEAU, Préface des Œuvres).

9 Il y a peu d'êtres pensants (VOLTAIRE, Corr., 5. 04. 1765).

10 Le monde se déniaise furieusement (VOLTAIRE, Corr., 5. 04. 1765).

11 L'homme qui médite est un **animal dépravé** (ROUSSEAU, Discours sur l'origine de l'inégalité, II) ; > BAUDELAIRE, Le Peintre de la vie moderne, III ; ALAIN, Propos [29. 01. 1909].

12 [...] on trouve toujours des raisons pour soutenir ce qui est nouveau préférablement à ce qui est vrai (ROUSSEAU, Lettres morales, 2).

13 Mes pensées, ce sont mes catins (DIDEROT, Le Neveu de

Rameau) ; > P. Valéry : /idées/ (« Fragments des mémoires d'un poème », Variété).

14 La chouette de Minerve ne prend son vol qu'à la tombée de la nuit (Hegel, Principes de la philosophie du droit).

15 [...] les idées gouvernent et bouleversent le monde, ou, en d'autres termes [...] tout le mécanisme social repose finalement sur des opinions (A. Comte, Cours de philosophie positive, 1re leçon).

16 Les faits ne sont rien, ils n'existent pas, il ne subsiste de nous que des idées (Balzac, Louis Lambert, éd. Corti, 1954, p. 207).

17 Sonnez, sonnez toujours, clairons de la pensée./ [...]/ A la septième fois, les murailles tombèrent (Hugo, Les Châtiments, VII, 1).

18 C'est l'idée qui constitue, ainsi que nous allons le voir, le point de départ ou le *primum movens* de tout raisonnement scientifique, et c'est elle qui en est également le but dans l'aspiration de l'esprit *vers l'inconnu* (Cl. Bernard, Introduction à l'étude de la méthode expérimentale, I, 1, dernière phrase).

19 La production des idées, des représentations et de la conscience est d'abord directement et intimement mêlée à l'activité matérielle et au commerce matériel des hommes, elle est le langage de la vie réelle (Marx et Engels, L'Idéologie allemande).

20 Il faut vivre comme on pense, sans quoi l'on finira par penser comme on a vécu (P. Bourget, Le Démon de midi, « Conclusion »).

21 Rien n'est plus dangereux qu'une idée quand on n'a qu'une idée (Alain, Propos sur la religion, 74).

22 — Qu'appelez-vous l'intellectuel ? — J'appelle l'intellectuel un inadapté (P. Claudel, Conversations dans le Loir-et-Cher, « Jeudi »).

23 Belle fonction à assumer : celle d'*inquiéteur* (A. Gide, Journal [1935]).

24 L'esprit français a besoin de savoir à quoi s'en tenir ; après quoi, l'on n'a plus besoin d'y aller voir, ni d'y penser. — Nietzsche ? — Ah ! oui ! « Le surhomme. Soyons durs. Vivre dangereusement. » — Tolstoï ? — « La non-résistance au mal. » — Ibsen ? — « Les brumes du nord. » — Darwin ? — « L'homme descend du singe. La lutte pour la vie. » — D'Annunzio ? — « Le culte de la beauté. » (A. Gide, Dostoïevski, « Conférences », IV).

25 Malheur aux auteurs dont on ne peut réduire la pensée en une formule ! Le gros public ne peut les adopter (A. Gide, Dostoïevski, « Conférences », IV).

26 Les idées..., les idées, je vous l'avoue, m'intéressent plus que les

hommes; m'intéressent par-dessus tout. Elles vivent; elles combattent; elles agonisent comme les hommes (A. GIDE, Les Faux-Monnayeurs, II, 3).

27 Le métier des intellectuels est de remuer toutes choses sous leurs signes, noms ou symboles, sans le contrepoids des actes réels. Il en résulte que leurs propos sont étonnants, leur politique dangereuse, leurs plaisirs superficiels (P. VALÉRY, Tel quel, II).

28 Intellectuels? — Ceux qui donnent des valeurs à ce qui n'en a point (P. VALÉRY, Mélange).

29 Un homme sérieux a peu d'idées. Un homme à idées n'est jamais sérieux (P. VALÉRY, Mauvaises pensées et autres).

30 Je ne crains pas la libre-pensée, ce sont les «libres arrière-pensées» qui m'inspirent des craintes (mot de M. DONNAY, rapporté par H. LAUWICK, D'A. Allais à S. Guitry).

31 Il y a quelque chose de pire que d'avoir une mauvaise pensée. C'est d'avoir une pensée toute faite (CH. PÉGUY, Note conjointe).

32 Le verbalisme c'est toujours la pensée des autres. L'on appelle mots les idées dont on ne veut pas (J. PAULHAN, Les Fleurs de Tarbes, III, «Détail de l'illusion»).

33 Que de lieux communs, pensaient-ils! Car les intellectuels, équivoquant sur le mot, croient les lieux communs vulgaires (G. BERNANOS, Nous autres Français, 6).

34 L'intellectuel est si souvent un imbécile que nous devrions toujours le tenir pour tel, jusqu'à ce qu'il nous ait prouvé le contraire (G. BERNANOS, La France contre les robots, 7).

35 Je ne savais à peu près rien encore, et j'étais déjà un intellectuel. J'en devais avoir sûrement les limites et les manies. Je veux dire que j'attribuai, dès ce moment, à la vie de l'esprit une importance peut-être exagérée (J. GUÉHENNO, Changer la vie, «A la découverte»).

36 Toutes les idées qui triomphent courent à leur perte (A. BRETON, Prolégomènes à un troisième Manifeste du surréalisme ou non).

37 Cette maladie, de vouloir faire partager ses idées. Et ce fléau (H. DE MONTHERLANT, Carnets, XXXI).

38 Je pense comme une fille enlève sa robe (G. BATAILLE, L'Expérience intérieure, «Méthode de méditation», 1).

39 Ainsi finissaient souvent les idées qu'il jugeait, selon la formule de Wilde, bonnes pour parler (A. MALRAUX, Antimémoires, I, 1967, p. 13).

40 Se battre pour des idées, c'est une idée de fou (J. PERRET, Bande à part, I, «Les Zigotos»).

illusion

1 Le monde est un théâtre (DÉMOCRITE, Fragments ; l'idée a surtout
   été développée par les Stoïciens, puis notamment par LUCIEN,
   Ménippe, 16 et ERASME, Eloge de la folie, 29). Voir *infra*,
   SHAKESPEARE

2 Les hommes croient volontiers ce qu'ils désirent (JULES CÉSAR,
   Guerre des Gaules, III, 18). *Cf.* LA FONTAINE : Et chacun croit fort
   aisément/ Ce qu'il craint et ce qu'il désire (« Le Loup et le Renard » ; ce
   qui ajoute à une longue tradition l'idée de la crainte).

3 *Vulgus vult decipi ; ergo, decipiatur* (« La foule veut être
   trompée ; donc, qu'elle le soit » ; mot attribué au pape PAUL IV par
   J. A. DE THOU, Historia..., I, 17) ; *cf.* S. BRANT : Le monde veut être
   trompé (La Nef des fous, déjà proverbial) ; en latin, S. FRANK : Mundus
   vult decipi , « **Le monde veut être trompé** » (Paradoxa nº 263) ; >
   CARDINAL DE RETZ, Mémoires, II.

4 La vie est une ombre qui marche, un pauvre acteur qui se pavane
   et se trémousse une heure en scène, puis qu'on cesse
   d'entendre ; c'est une **histoire que conte un idiot, pleine de
   bruit et de fureur**, et qui ne veut rien dire (SHAKESPEARE,
   Macbeth, V, 5) ; > J. GUÉHENNO, Changer la vie (toute la citation) ;
   >*.

5 Notre propre intérêt est encore un merveilleux instrument pour
   nous crever les yeux agréablement (PASCAL, Pensées, 44) ; > J.
   GREEN, Journal [1947].

6 Il est donc vrai de dire que tout le monde est dans l'illusion, car
   encore que les opinions du peuple soient saines, elles ne le sont
   pas dans sa tête, car il pense que la vérité est là où elle n'est pas.
   La vérité est bien dans leurs opinions, mais non pas au point où
   ils se figurent (PASCAL, Pensées, 92).

7 Les illusions tombent l'une après l'autre, comme les écorces
   d'un fruit, et le fruit c'est l'expérience (NERVAL, Sylvie, XIV). *Cf.*
   infra, CLAUDEL.

8 [...] le morne regret des chimères absentes (BAUDELAIRE, Les
   Fleurs du mal, « Les Bohémiens » ; *cf.* STENDHAL, La Chartreuse de
   Parme, II, 15, et le « regret de quelque chimère absente » chez Clélia).

9 Tout ce que je te souhaite c'est d'avoir, ne fût-ce que cinq
   minutes par jour, un moment d'illusion (FLAUBERT, Corr., 23. 11.
   1849).

10 O Miroir !/ [...]/ Je m'apparus en toi comme une ombre
   lointaine,/ Mais, horreur ! des soirs, dans ta sévère fontaine,/ J'ai
   de mon rêve épars connu la nudité (MALLARMÉ, « Hérodiade ») ; >
   J.-K. HUYSMANS, A rebours, 14.

11 La fleur de l'illusion produit le fruit de la réalité (P. CLAUDEL,
   Journal [1952]). *Cf. supra*, NERVAL.

12 La vie n'apporte aucune désillusion, la vie n'a qu'une parole, elle

la tient (G. BERNANOS, Les Grands Cimetières sous la lune, III, 1).

13 Comme tous les songe-creux, je confondis le désenchantement avec la vérité (J.-P. SARTRE, Les Mots, « Ecrire »).

imagination

▷ Voir aussi **Illusion**, **Rêve-réalité**

1 Chimères, moi ! Vraiment chimères est fort bon !/ Je me réjouis fort de chimères, mes frères,/ Et je ne savais pas que j'eusse des chimères (MOLIÈRE, Les Femmes savantes, II, 4).

2 C'est cette partie dominante dans l'homme, cette maîtresse d'erreur et de fausseté, et d'autant plus fourbe qu'elle ne l'est pas toujours, car elle serait règle infaillible de vérité, si elle l'était infaillible du mensonge (PASCAL, Pensées, 44).

3 Elle a ses heureux, ses malheureux, ses sains, ses malades, ses riches, ses pauvres. [...] Elle a ses fous et ses sages (PASCAL, Pensées, 44).

4 Les enfants qui s'effrayent du visage qu'ils ont barbouillé, ce sont des enfants ; mais le moyen que ce qui est si faible étant enfant soit bien fort étant plus âgé ! on ne fait que changer de fantaisie (PASCAL, Pensées, 779).

5 [...] ne voyant rien d'existant qui fût digne de mon délire, je le nourris dans un monde idéal que mon imagination créatrice eut bientôt peuplé d'êtres selon mon cœur (ROUSSEAU, Les Confessions, IX).

6 Le pays des chimères est en ce monde le seul digne d'être habité [...], hors l'Etre existant par lui-même il n'y a rien de beau que ce qui n'est pas (ROUSSEAU, La Nouvelle Héloïse, VI, 8).

7 [...] de temps en temps, lorsqu'un travail quelconque l'a fort préoccupé, l'imagination, cette folle du logis, en chasse momentanément la raison, qui n'en est que la maîtresse [...] (NERVAL, Les Filles du feu, Dédicace à A. Dumas ; l'expression « folle du logis » remonte à VOLTAIRE, Dictionnaire philosophique, « Apparition » paraphrasant MALEBRANCHE, Recherche de la vérité, II).

8 Par imagination, je ne veux pas seulement exprimer l'idée commune impliquée dans ce mot dont on fait si grand abus, laquelle est simplement fantaisie, mais bien l'imagination créatrice [...] (MRS. CROWE, The Night Side of Nature, trad. de BAUDELAIRE dans le Salon de 1859).

9 La reine des facultés (BAUDELAIRE, sous-titre du Salon de 1859 ; formule reprise dans les Notes nouvelles sur Edgar Poe, 3) ; > J. VERNE, Le Sphinx des glaces ; ALAIN : /la reine de ce monde humain/ (Propos [23. 03. 1922]).

10 Elle est l'analyse, elle est la synthèse. [...] Elle a créé, au commencement du monde, l'analogie et la métaphore [...] elle crée un monde nouveau, elle produit la sensation du neuf (BAUDELAIRE, Salon de 1859).

11 L'imagination est la reine du vrai, et le possible est une des provinces du vrai (BAUDELAIRE, Salon de 1859).

12 [...] l'imagination est la plus *scientifique* des facultés, parce que seule elle comprend l'*analogie universelle*, ou ce qu'une religion mystique appelle *la correspondance* (BAUDELAIRE, Corr., lettre au fouriériste Toussenel, 1856) ; >**.

13 L'imagination imite. C'est l'esprit critique qui crée (O. WILDE, Intentions) ; > A. GIDE, Journal [1937], qui cite ensuite DIDEROT : L'imagination ne crée rien, elle imite (Salon de 1767 ; > /elle invente/, revue Verve, 1937).

14 A noir, E blanc, I rouge, U vert, O bleu : voyelles,/ Je dirai quelque jour vos naissances latentes (RIMBAUD, « Voyelles » ; *cf.* Une saison en enfer, « Délires, II » : J'inventai la couleur des voyelles ! — A noir, E blanc, I rouge, O bleu, U vert).

15 Et j'ai vu quelquefois ce que l'homme a cru voir (RIMBAUD, « Le Bateau ivre »).

16 L'ordre est le plaisir de la raison : mais le désordre est le délice de l'imagination (P. CLAUDEL, Le Soulier de satin, 1re version, Prologue).

17 O ma pauvre imagination, pardon de ce que je te fais *commettre pour* protéger ma vertu (J. GIRAUDOUX, Supplément au *Voyage de Cook*, 8).

18 Imaginer, c'est donc hausser le réel d'un ton (G. BACHELARD, L'Air et les Songes, II, 6).

19 L'image est une création pure de l'esprit.
Elle ne peut naître d'une comparaison mais du rapprochement de deux réalités plus ou moins éloignées.
Plus les rapports des deux réalités rapprochées seront lointains et justes, plus l'image sera forte — plus elle aura de puissance émotive et de réalité poétique (P. REVERDY, dans Nord-Sud, mars 1918) ; > A. BRETON, Premier Manifeste du surréalisme.

20 L'imagination est ce qui tend à devenir réel (A. BRETON, Préface du Revolver à cheveux blancs) ; > J. GRACQ, A. Breton.

21 La seule imagination me rend compte de ce qui *peut être*, et c'est assez pour lever un peu le terrible interdit [...] (A. BRETON, Premier Manifeste du surréalisme).

information-média

1 *Aura popularis* (« La faveur populaire », VIRGILE, Enéide, VI, v. 816, au pluriel, et HORACE, Odes, III, 2, v. 20).

2 [...] En fait de calomnie, tout ce qui ne nuit pas sert à celui qui est attaqué (CARDINAL DE RETZ, Mémoires, II).

3 Le sublime du nouvelliste est le raisonnement creux sur la politique (LA BRUYÈRE, Les Caractères, « Des ouvrages de l'esprit », 33).

4 Le contraire des bruits qui courent des affaires ou des personnes est souvent la vérité (LA BRUYÈRE, Les Caractères, « Des jugements », 38).

5 Le métier de la parole ressemble en une chose à celui de la guerre : il y a plus de risque qu'ailleurs, mais la fortune y est plus rapide (LA BRUYÈRE, Les Caractères, « De la chaire », 15 ; il s'agit des prédicateurs ecclésiastiques).

6 Tout faiseur de journaux doit tribut au Malin (LA FONTAINE, Lettre à M. Simon de Troyes).

7 [...] pouvu que je ne parle en mes écrits ni de l'autorité, ni du culte, ni de la politique, ni de la morale, ni des gens en place, ni des corps en crédit, ni de l'Opéra, ni des autres spectacles, ni de personne qui tienne à quelque chose, je puis tout imprimer librement, sous l'inspection de deux ou trois censeurs (BEAUMARCHAIS, Le Mariage de Figaro, V, 3). *Cf.* STENDHAL, qui reprend ce procédé de l'énumération mais à propos de la censure des discussions politiques dans un salon légitimiste sous la Restauration (Le Rouge et le Noir, II, 4).

8 Le public ne croit point à la pureté de certaines vertus et de certains sentiments ; et, en général, le public ne peut guère s'élever qu'à des idées basses (CHAMFORT, Maximes et Pensées).

9 L'opinion publique est une juridiction que l'honnête homme ne doit jamais reconnaître parfaitement, et qu'il ne doit jamais décliner (CHAMFORT, Maximes et Pensées).

10 Il y a à parier que toute idée publique, toute convention reçue, est une sottise, car elle a convenu au plus grand nombre (CHAMFORT, Maximes et Pensées).

11 Célébrité : l'avantage d'être connu de ceux qui ne vous connaissent pas (CHAMFORT, Maximes et Pensées).

12 Le public, le public ! dit-il, combien faut-il de sots pour faire un public ? (mot rapporté par CHAMFORT, Caractères et Anecdotes).

13 La vie de Bonaparte était une vérité incontestable, que l'imposture s'était chargée d'écrire (CHATEAUBRIAND, Mémoires d'outre-tombe, III, I, 7, 5, à propos de la propagande impériale).

14 La presse est un élément jadis ignoré, une force autrefois inconnue, introduite maintenant dans le monde ; c'est la parole

à l'état de foudre ; c'est l'électricité sociale. Pouvez-vous faire qu'elle n'existe pas ? Plus vous prétendrez la comprimer, plus l'explosion sera violente (CHATEAUBRIAND, Mémoires d'outre-tombe, III, II, 10, 8).

15 La presse est, par excellence, l'instrument démocratique de la liberté [...] (A. DE TOCQUEVILLE, De la démocratie en Amérique, II, IV, 7).

16 La presse, comme la femme, est admirable et sublime quand elle avance un mensonge, elle ne vous lâche pas qu'elle ne vous ait forcé d'y croire, et elle déploie les plus grandes qualités dans cette lutte, où le public, aussi bête qu'un mari, succombe (BALZAC, Monographie de la presse parisienne) ; >*.

17 Pour le journaliste, tout ce qui est probable est vrai (BALZAC, Monographie de la presse parisienne, « axiome »).

18 Tout journal qui n'augmente pas sa masse d'abonnés, quelle qu'elle soit, est en décroissance (BALZAC, Monographie de la presse parisienne, « axiome »).

19 Frappons d'abord, nous nous expliquerons après (BALZAC, Monographie de la presse parisienne, « axiome »).

20 Si la presse n'existait pas, il faudrait ne pas l'inventer (BALZAC, Monographie de la presse parisienne, ultime axiome) ; >* et ** ; F.-H. DE VIRIEU, La Médiacratie. Cf. « Dieu », VOLTAIRE.

21 Il y a deux manières de devenir célèbre : par agrégation de succès annuels, et par coup de tonnerre (BAUDELAIRE, Salon de 1845).

22 Quand je veux savoir les dernières nouvelles, je lis saint Paul (L. BLOY, Journal, L'Invendable [avant 1906]) ; >**.

23 Mais on lit les journaux comme on aime, un bandeau sur les yeux (M. PROUST, Le Temps retrouvé).

24 Car la faculté de lancer des idées, des systèmes, et surtout de se les assimiler, a toujours été beaucoup plus fréquente, même chez ceux qui produisent, que le véritable goût, mais prend une extension plus considérable depuis que les revues, les journaux littéraires se sont multipliés [...] (M. PROUST, Le Temps retrouvé).

25 Un article de journal peut être regardé comme restituant en trois minutes, une accumulation de deux heures.
Un livre peut restituer, en quatre heures, mille heures de travail. Mais mille heures de travail sont très différentes d'une somme de minutes. Les coupures, les discontinuités et les reprises jouent un rôle capital (P. VALÉRY, Tel quel, I).

26 L'audition ne suffit pas à la transmission des œuvres abstraites (P. VALÉRY, Regards sur le monde actuel).

27 Je ne sais si jamais philosophe a rêvé d'une société pour la

distribution de Réalité Sensible à domicile (P. Valéry, Pièces sur l'art, « La Conquête de l'ubiquité »).

28 Une chose que l'on ne connaît que par les journaux et les livres, on peut jurer qu'on ne la connaît pas (P. Valéry, Mélange).

29 Les événements eux-mêmes sont demandés comme une nourriture. S'il n'y a point ce matin quelque grand malheur dans le monde, nous nous sentons un certain vide. — *Il n'y a rien aujourd'hui dans les journaux*, disent-ils (P. Valéry, « Propos sur l'intelligence », Variété).

30 L'habileté des grands journalistes, est de pouvoir faire dire à l'imbécile qui les lit : « C'est tout juste ce que je pensais ! » (A. Gide, Journal : Feuillets).

31 J'appelle « journalisme » tout ce qui sera moins intéressant demain qu'aujourd'hui (A. Gide, Journal : Feuillets).

32 Une revue n'est vivante que si elle mécontente chaque fois un bon cinquième de ses abonnés (Ch. Péguy, L'Argent).

33 Où est la sagesse que nous avons perdue par le savoir ? Où est le savoir que nous avons perdu par l'information ? (T. S. Eliot, Préface de The Rock) ; > J. Green, Journal [1944, en anglais, et 1967, en français].

34 Communiquer ! le grand mot, mais comme on en abuse ! Il signifie donner : on en fait le synonyme d'échanger (Ramuz, Questions, 8).

35 Les faits divers ! Le plongeon dans la fosse commune ! Rien d'autre ne vous décrassera (R. Martin du Gard, La Sorellina).

36 La pensée, comme un papillon de nuit, va se coller à l'écran (G. Duhamel, Journal de Salavin, 15 octobre ; il s'agit du cinéma).

37 Etre informé de tout et condamné ainsi à ne rien comprendre, tel est le sort des imbéciles (G. Bernanos, La France contre les robots, 8).

38 Son art [de l'Amérique] paraît surtout spécifiquement américain quand il est un art de masses. Et, mon Dieu, entre l'esprit de *Life* et l'esprit de *Samedi-Soir*, il n'y a pas tellement de différence ; simplement, il y a plus d'Américains que de Français... (A. Malraux, Postface des Conquérants).

39 Les valeurs de l'Europe sont menacées du dedans par des techniques nées des moyens d'appel aux passions collectives ; journal, cinéma, radio, publicité — en un mot les « moyens de propagande ». C'est ce qu'on appelle, en style noble, les techniques psychologiques (A. Malraux, Postface des Conquérants).

40 [...] les actualités d'aujourd'hui, c'est l'histoire de demain (R. Queneau, Les Fleurs bleues, 5).

41 J'étais un médiocre journaliste, car je ne rapportais que ce que j'avais vu (mot de M. Aymé).

42 Le bruit qu'elle fait, plus fort il éclate et plus vite il meurt (A. Camus, « L'Enigme », L'Eté ; il s'agit de la société, et des journaux).

43 L'horreur se vend, c'est même le seul fait divers qui se vende (M. Déon, Les Poneys sauvages).

44 A mon sens, écrire et communiquer, c'est être capable de faire croire n'importe quoi à n'importe qui. Et ce n'est que par une suite continuelle d'indiscrétions que l'on arrive à ébranler le rempart d'indifférence du public (Le Clézio, Préface de Le Procès-verbal).

instruction-culture personnelle

1 C'est en enseignant que les hommes s'instruisent (*Homines dum docent, discunt* ; Sénèque, Epîtres, 7, 8).

2 Ce n'est pas pour la vie, c'est pour l'école que nous apprenons (Sénèque, Epîtres, 106, 12, qui déplore ainsi le pédantisme abstrait). *Cf.* Montaigne : On nous apprend à vivre quand la vie est passée. Cent écoliers ont pris la vérole avant que d'être arrivés à leur leçon d'Aristote, de la tempérance (Essais, I, 26).

3 Ainsi le véritable maître ne fait pas seulement des doctes, mais des docteurs (saint Thomas d'Aquin Somme théologique, Question 103, article 6).

4 Un roi non lettré est un âne couronné (Vespasiano de Bisticci).

5 [...] son père aperçut que vraiment il étudiait très bien et y mettait tout son temps, toutefois qu'en rien ne profitait et, que pis est, en devenait fou, niais, tout rêveux et rassoté (Rabelais, Gargantua, XV).

6 Et sans art, sans livre, sans grammaire ou précepte, sans fouet et **sans larmes**, j'avais appris du latin [...] (Montaigne, Essais, I, 23).

7 [...] un peu de chaque chose, et rien du tout [= à fond], à la française (Montaigne, Essais, I, 26). *Cf.* Pascal : Puisqu'on ne peut être universel en sachant tout ce qui se peut savoir sur tout, il faut savoir peu de tout [...] (Pensées, 195) ; *cf. infra*, La Rochefoucauld.

8 [...] je voudrais aussi qu'on fût soigneux de lui choisir un conducteur qui eût **plutôt la tête bien faite que bien pleine,** et qu'on y requît tous les deux, mais plus les mœurs et l'entendement que la science (Montaigne, Essais, I, 26 ; il s'agit d'une charge de précepteur).

9 Si notre âme n'en va un meilleur branle, si nous n'en avons le jugement plus sain, j'aimerais aussi cher que mon écolier eût passé le temps à jouer à la paume ; au moins le corps en serait

plus allègre (Montaigne, Essais, I, 25) ; > Rousseau, Discours sur les sciences et les arts.

10 [...] ce que je discours selon moi, non ce que je croy selon Dieu, comme les enfants proposent leurs essais : instruisables, non instruisants ; d'une manière laïque, non cléricale, mais très religieuse toujours (Montaigne, Essais, I, 56).

11 Mais les belles âmes, ce sont les âmes universelles, ouvertes et prêtes à tout, si non instruites, au moins instruisables [...] (Montaigne, Essais, II, 17).

12 Le vrai honnête homme est celui qui ne se pique de rien (La Rochefoucauld, Maximes, 203). *Cf.* Vauvenargues : Je n'approuve point la maxime qui veut qu'*un honnête homme sache un peu de tout* (Réflexions et Maximes, 217).

13 [...] il nous faut en riant instruire la jeunesse/ [...]/ Et l'école du monde, en l'air dont il faut vivre/ Instruit mieux, à mon gré, que ne fait aucun livre (Molière, L'Ecole des maris, I, 2).

14 Les gens de qualité savent tout sans avoir jamais rien appris (Molière, Les Précieuses ridicules, 9) ; > Voltaire : /gens de qualité — j'entends ceux qui sont très riches —/ (Jeannot et Colin). *Cf.* Mlle de Scudéry : Sans que l'on ait presque jamais ouï-dire que Sappho ait rien appris, elle sait pourtant toutes choses (Le Grand Cyrus, X, II).

15 Ah! mon père et ma mère, que je vous veux de mal ! (Molière, Le Bourgeois gentilhomme, II, 4) ; > J. Green, Journal [1931].

16 Vivre est le métier que je lui veux apprendre (Rousseau, Emile, I).

17 [...] L'éducation de l'homme commence à sa naissance ; avant de parler, avant que d'entendre, il s'instruit déjà (Rousseau, Emile, I).

18 Le chef d'œuvre d'une bonne éducation est de faire un homme raisonnable, et l'on prétend élever un enfant par la raison ! (Rousseau, Emile, II).

19 [...] la plus grande, la plus importante, la plus utile règle de toute l'éducation ? Ce n'est pas de gagner du temps, c'est d'en perdre (Rousseau, Emile, II).

20 Un des premiers soins des enfants est, comme je l'ai dit, de découvrir le faible de ceux qui les gouvernent (Rousseau, Emile, II).

21 Qu'il ne sache rien parce que vous le lui avez dit, mais parce qu'il l'a compris lui-même ; qu'il n'apprenne pas la science, qu'il l'invente (Rousseau, Emile, III).

22 Il ne faut point juger des hommes par ce qu'ils ignorent, mais par ce qu'ils savent, et par la manière dont ils le savent (Vauvenargues, Réflexions et Maximes, 267).

23 L'éducation doit porter sur deux bases, la morale et la prudence :

la morale, pour appuyer la vertu ; la prudence, pour vous défendre contre les vices d'autrui. En faisant pencher la balance du côté de la morale, vous ne faites que des dupes ou des martyrs ; en la faisant pencher de l'autre côté, vous faites des calculateurs égoïstes (CHAMFORT, Maximes et Pensées).

24 Ce que j'ai appris, je ne le sais plus. Le peu que je sais encore, je l'ai deviné (CHAMFORT, Maximes et Pensées).

25 Ce qu'on sait le mieux, c'est : 1° ce qu'on a deviné ; 2° ce qu'on a appris par l'expérience des hommes et des choses ; 3° ce qu'on a appris, non dans les livres, mais par les livres, c'est-à-dire par les réflexions qu'ils font faire ; 4° ce qu'on a appris dans les livres ou avec des maîtres (CHAMFORT, Maximes et Pensées).

26 BACCALAUREAT. Tonner contre (FLAUBERT, Dictionnaire des Idées reçues).

27 CLASSIQUES (Les). On est censé les connaître (FLAUBERT, Dictionnaire des Idées reçues).

28 Si la culture intellectuelle n'était qu'une jouissance, il ne faudrait pas trouver mauvais que plusieurs n'y eussent point de part, car l'homme n'a point de droit à la jouissance. Mais du moment où elle est une religion, et la religion la plus parfaite, il devient barbare d'en priver une seule âme (E. RENAN, L'Avenir de la science, 19) ; > J. GUÉHENNO, Changer la vie, «La Découverte du logos»).

29 Il est, du reste, incontestable qu'en toute matière qui s'enseigne, la culture européenne est, à la lettre, infiniment supérieure. Mais tout ne s'enseigne pas (P. VALÉRY, Regards sur le monde actuel).

30 Ce n'est point tant le système que l'homme même qu'il s'agit de réformer, et Paul Valéry me paraît dans le vrai quand il protestait l'autre jour que le plus important des ministères était celui de l'Instruction publique (A. GIDE, Journal : Feuillets).

31 La culture, c'est ce qui demeure dans l'homme, lorsqu'il a tout oublié (E. HERRIOT, Notes et Maximes) ; > J. GREEN : /ce qui reste, quand on a/ (Journal [1975], selon une déformation fréquente).

32 Nos jeunes maîtres étaient beaux comme des **hussards noirs**. Svelte ; sévères ; sanglés. [...] Quelque chose, je pense, comme le fameux cadre noir de Saumur [...] ces jeunes hussards **de la République** (CH. PÉGUY, L'Argent).

33 La République et l'Eglise nous distribuaient des enseignements diamétralement opposés. Qu'importait, pourvu que ce fussent des enseignements (CH. PÉGUY, L'Argent).

34 Vous êtes faits pour apprendre à lire, à écrire et à compter. Apprenez-leur donc à lire, à écrire et à compter. Ce n'est pas

seulement très utile, c'est la base de tout (Сн. Péguy, L'Argent).

35 Est-ce qu'on songe assez que c'est à une véritable peine de travaux forcés que la société condamne ses propres enfants, quasi dès leur venue au monde, en leur imposant, comme elle fait, l'instruction obligatoire? (Ramuz, Questions, 12).

36 Autrement dit, le droit à la culture, c'est purement et simplement la volonté d'y accéder (A. Malraux, Postface des Conquérants).

intelligence-esprit

▷ Voir aussi **Bêtise, Idées-intellectuels, Raison-jugement critique**

1 Que celui qui a des oreilles entende (Matthieu, 11, 15 ; *cf.* Que celui qui peut comprendre comprenne, Matthieu, 19, 12).

2 *Intelligenti pauca* (« Peu de mots suffisent à l'être intelligent » ; sentence latine) ; devise familière de Stendhal, qui l'emploie aussi dans la Chartreuse de Parme, II, 14.

3 Différence entre l'esprit de géométrie et l'esprit de finesse. [...] Ce qui fait donc que certains esprits fins ne sont pas géomètres [...] Mais les esprits faux ne sont jamais ni fins ni géomètres (Pascal, Pensées, 512).

4 Il y a donc deux sortes d'esprit, l'une de pénétrer vivement et profondément les conséquences des principes, et c'est là l'esprit de justesse. L'autre de comprendre un grand nombre de principes sans les confondre et c'est là l'esprit de finesse. L'un est force et droiture d'esprit. L'autre est amplitude d'esprit. Or l'un peut bien être sans l'autre, l'esprit pouvant être fort et étroit, et pouvant être aussi ample et faible (Pascal, Pensées, 511).

5 A mesure qu'on a plus d'esprit on trouve qu'il y a plus d'hommes originaux. Les gens du commun ne trouvent point de différence entre les hommes (Pascal, Pensées, 510) ; > L. Brunschvicg, « la Littérature philosophique au xixᵉ siècle » ; F. Mauriac, Le Roman, V.

6 Ce qui est ingénieux est bien près d'être vrai (J. Joubert, Pensées, Maximes et Essais, XI, 29).

7 Et d'ailleurs les gens d'esprit ne gardent-ils presque pas tous dans la pensée quelque préjugé au pied duquel ils font pénitence de l'esprit qu'ils ont? (Barbey d'Aurevilly, Du dandysme, III).

8 L'intelligence est caractérisée par une incompréhension naturelle de la vie (H. Bergson, L'Evolution créatrice, 2, « Nature de l'instinct »).

9 Un homme savant a compris un certain nombre de vérités. Un homme cultivé a compris un certain nombre d'erreurs. Et voilà

toute la différence entre l'esprit droit et l'esprit juste (ALAIN, Propos [17. 03. 1922]).

invention-découverte

1 L'Esprit souffle où il veut, et tu en entends le bruit ; mais tu ne sais pas d'où il vient et où il va. Il en est ainsi de quiconque est né de l'Esprit (JEAN, 3, 8 : on peut aussi traduire par /Le vent souffle/, /entends la voix/).

2 Sésame, ouvre-toi (Les Mille et Une Nuits, dans la bouche d'Ali-Baba ouvrant la caverne des quarante voleurs ; Cassim fait de vaines tentatives avec « Blé ouvre-toi », « Orge, ouvre-toi »).

3 *Eurêka* (« J'ai trouvé », mot d'ARCHIMÈDE au moment où il découvrit la loi du poids spécifique, rapporté par VITRUVE, De architectura, IX, 3) ; > FLAUBERT, Dictionnaire des Idées reçues.

4 *Quod erat demonstrandum* (« Ce qu'il fallait démontrer », EUCLIDE, Eléments de géométrie ; la forme latine remonte à la traduction parue à Venise en 1500, III, 4, théorème 13).

5 Ils ne savent pas que ce n'est que la chasse et non la prise qu'ils recherchent (PASCAL, Pensées, 136 ; il s'agit du divertissement).

6 [...] toute l'invention consiste à faire quelque chose de rien [...] (RACINE, Préface de Bérénice ; *cf. infra* VAUVENARGUES).

7 L'effet de la découverte de l'Amérique fut de lier à l'Europe l'Asie et l'Afrique (MONTESQUIEU, De l'esprit des lois, XXI, 21).

8 Les hommes ne sauraient créer le fond des choses ; ils le modifient. Inventer n'est donc pas créer la matière de ses inventions, mais lui donner la forme (VAUVENARGUES, Introduction à la connaissance de l'esprit, « Invention », où le mot a encore le sens rhétorique de trouver).

9 Toute solution d'un problème est un problème nouveau (GOETHE, Corr., 8. 06. 1821).

10 On trouve toujours ce qu'on ne cherche pas. Cette phrase est trop souvent vraie pour ne pas se changer un jour en proverbe (BALZAC, Etude de femme, éd. la Pléiade, 1969, p. 1049).

11 La découverte réside dans un sentiment des choses qui est non seulement personnel, mais qui est même relatif à l'état actuel dans lequel se trouve l'esprit (CL. BERNARD, Introduction à l'étude de la médecine expérimentale, I, 2) ; > J. HAMBURGER, La Puissance et la Fragilité.

12 On donne généralement le nom de découverte à la connaissance d'un fait nouveau ; mais je pense que c'est l'idée qui se rattache au fait découvert qui constitue en réalité la découverte (CL. BERNARD, Introduction à l'étude de la médecine expérimentale, I, 2 ; *cf.* plus loin : La découverte est donc l'idée neuve qui surgit à propos d'un fait trouvé par hasard ou autrement).

13　L'invention scientifique réside dans la création d'une hypothèse heureuse et féconde ; elle est donnée par le génie même du savant qui l'a créée (Cl. Bernard, Introduction à l'étude de la médecine expérimentale, III, 4).

14　— Excellent ! criai-je — Elémentaire, dit-il (sir Arthur Conan Doyle, Les Mémoires de Sherlock Holmes, « L'Homme tordu », Dialogue du Dr. Watson et de Holmes ; *cf.* la formule popularisée par le cinéma : Elémentaire, mon cher Watson).

15　Le temps d'invention ne fait qu'un ici avec l'invention même. C'est le progrès d'une pensée qui change au fur et à mesure qu'elle prend corps. Enfin, c'est un processus vital, quelque chose comme la maturation d'une idée (H. Bergson, L'Evolution créatrice, IV ; il s'agit de l'artiste).

16　Ce qu'on voulait faire, c'est en le faisant qu'on le découvre (Alain, Avec Balzac).

17　Mon désir est d'être le rassembleur de la terre de Dieu ! Comme Christophe Colomb quand il mit à la voile [...] (P. Claudel, Cinq grandes odes, « La Maison fermée »).

18　[...] comme si nos plus belles idées étaient comme des airs de musique qui nous reviendraient sans que nous les eussions jamais entendus, et que nous nous efforcerions d'écouter, de transcrire (M. Proust, Le Temps retrouvé).

19　*Et inventer, ce n'est que se comprendre* (P. Valéry, « Calepin d'un poète », Variété).

20　Il semble donc que l'histoire de l'esprit se puisse résumer en ces termes : *il est absurde par ce qu'il cherche, il est grand par ce qu'il trouve* (P. Valéry, « Au sujet d'*Eurêka* », Variété).

21　Ceux-là qui furent se croiser aux grandes Indes atlantiques, ceux-là qui flairent l'idée neuve aux fraîcheurs de l'abîme, ceux-là qui soufflent dans les cornes aux portes du futur
Savent qu'aux sables de l'exil sifflent les hautes passions lovées sous le fouet de l'éclair (Saint-John Perse, Exil, VII).

22　Trouver d'abord, chercher après (Cocteau, Journal d'un inconnu, « D'une conduite »). *Cf.* Picasso : Je ne cherche pas, je trouve (Etude de femme).

23　C'est le principe même de la planification de la découverte qui est erroné (J. Hamburger, La Puissance et la Fragilité, 2).

24　[...] le chercheur scientifique doit prendre aujourd'hui sa place au premier rang de ceux qui réclament une étude méthodique des conséquences de la découverte (J. Hamburger, La Puissance et la Fragilité, 1).

J

jeunesse

▷ Voir aussi **Ages de la vie**

1 Bien sais, si j'eusse étudié/ Au temps de ma jeunesse folle/ Et à bonnes mœurs dédié,/ J'eusse maison et couche molle (F. VILLON, « Le Testament », strophe 26) ; > ALAIN : C'est l'excuse du paresseux. Etudie donc (Propos [12. 12. 1922]).

2 Vivez, si m'en croyez, n'attendez à demain :/ Cueillez dès aujourd'hui les roses de la vie (RONSARD, Second Livre des Sonnets pour Hélène, 43).

3 Je suis jeune, il est vrai, mais aux âmes bien nées/ La valeur n'attend point le nombre des années (CORNEILLE, Le Cid, II, 2).

4 J'admire ton courage et je plains ta jeunesse (CORNEILLE, Le Cid, II, 2).

5 La jeunesse est une ivresse continuelle ; c'est la fièvre de la santé, c'est la folie de la raison (LA ROCHEFOUCAULD, Maximes, 1re éd. ; éd. de 1678, 271 : La jeunesse est une ivresse continuelle, c'est la fièvre de la raison).

6 La plupart des jeunes gens croient être naturels, lorsqu'ils ne sont que mal polis et grossiers (LA ROCHEFOUCAULD, Maximes, 372).

7 La jeunesse se flatte, et croit tout obtenir./ La vieillesse est impitoyable (LA FONTAINE, « Le Vieux Chat et la jeune Souris »).

8 Les jeunes gens sont jeunes, et n'ont pas toute la prudence [...] (MOLIÈRE, Les Fourberies de Scapin, I, 4).

9 La solitude effraye une âme de vingt ans (MOLIÈRE, Le Misanthrope, V, dernière scène).

10 Adressez-vous aux jeunes gens : ils savent tout ! (J. JOUBERT, Pensées, Maximes et Essais, VII, 13).

11 Je ne veux point mourir encore (A. CHÉNIER, « La Jeune Captive ») ; > CHATEAUBRIAND, Mémoires d'outre-tombe, III, II, 7, 3 ; G. BERNANOS, Ecrits de combat, « Lettre au vieillard ».

12 Les doux parfums n'ont point coulé sur tes cheveux (A. CHÉNIER, « La Jeune Tarentine »). Cf. la correction apportée au vers de son frère par M.-J. CHÉNIER : Et le bandeau d'hymen n'orna point tes cheveux, et réprouvée par J. GREEN (Journal [1944]).

13 Vous le savez, j'ai le malheur de ne pouvoir être jeune (SENANCOUR, Oberman, I, 4) ; > SAINTE-BEUVE, Chateaubriand et son groupe littéraire sous l'Empire, 14.

14 Dans un grenier qu'on est bien à vingt ans ! (BÉRANGER, Chansons, « Le Grenier »).

15 Votre histoire est celle de mille jeunes gens (A. DE VIGNY, Chatterton, III, 6).

16 La jeunesse a d'étonnants privilèges, elle n'effraye pas (BALZAC, Le Cousin Pons, 68).

17 Quand on est jeune on a des matins triomphants ;/ Le jour sort de la nuit comme d'une victoire (HUGO, La Légende des siècles, « Booz endormi »).

18 La jeunesse est semblable aux forêts vierges tourmentées par les vents ; elle agite de tous côtés les riches présents de la vie, et toujours quelque profond murmure règne dans son feuillage (M. DE GUÉRIN, Le Centaure) ; > F. MAURIAC, Le Jeune Homme, XIII.

19 Ma jeunesse ne fut qu'un ténébreux orage,/ Traversé çà et là par de brillants soleils ;/ Le tonnerre et la pluie ont fait un tel ravage,/ Qu'il reste en mon jardin bien peu de fruits vermeils (BAUDELAIRE, Les Fleurs du mal, « L'Ennemi »).

20 Oisive jeunesse/ A tout asservie,/ Par délicatesse/ J'ai perdu ma vie./ Ah ! Que le temps vienne/ Où les cœurs s'éprennent (RIMBAUD, « Chanson de la plus haute tour ») ; > J. GREEN, sous-titre de Frère François, I.

21 Il vaut mieux gâcher sa jeunesse que de n'en rien faire du tout (G. COURTELINE, La Philosophie de G. Courteline).

22 Si l'on pouvait recouvrer l'intransigeance de la jeunesse, ce dont on s'indignerait le plus c'est de ce qu'on est devenu (A. GIDE, Les Faux-Monnayeurs, I, 18).

23 Plus encore que la beauté, la jeunesse m'attire, et d'un irrésistible attrait. Je crois que la vérité est en elle ; je crois qu'elle a toujours raison contre nous. Je crois que, loin de chercher à l'instruire, c'est d'elle que nous, les aînés, devons chercher l'instruction (A. GIDE, Journal : Feuillets).

24 ... En ce temps ma parole tenait du chant, ma marche de la danse. Un rythme emportait ma pensée, réglait mon être. J'étais jeune (A. GIDE, Journal [1941]).

25 Peut-être, pour vous, est-il encore temps ? Faites vite ! Allez vivre ! N'importe comment, n'importe où ! Vous avez vingt ans, des yeux, des jambes ? (R. MARTIN DU GARD, La Sorellina).

26 Vous nous ennuyez avec votre jeunesse. Elle sera la vieillesse dans trente ans (J. GIRAUDOUX, La guerre de Troie n'aura pas lieu, I, 6).

27 Hélas ! **c'est la fièvre de la jeunesse qui maintient le reste du monde à la température normale.** Quand la jeunesse se refroidit, le reste du monde claque des dents (G. BERNANOS, Les Grands Cimetières sous la lune, II, 2) ; > M. WINOCK, Chronique des années soixante.

28 La jeunesse tient dans la société la place de l'amour dans la vie

d'un homme : cette part peut être immense, elle ne paraît nullement indispensable à qui n'observe que le dehors des choses (G. Bernanos, Les Enfants humiliés).

29 La plupart des hommes trahissent leur jeunesse (P. Gaxotte à J. Green, J. Green, Journal [1974]).

30 J'avais vingt ans. Je ne laisserai personne dire que c'est le plus bel âge de la vie (P. Nizan, Aden Arabie, 1, début).

31 Le monde, Aldo, attend de certains êtres et à de certaines heures que sa jeunesse lui soit rendue [...] (J. Gracq, Le Rivage des Syrtes, 12).

32 Vingt ans et les fumées d'Hiroshima pour nous apprendre que le monde n'était ni sérieux ni durable (R. Nimier, Le Grand d'Espagne) ; >**.

33 On cesse d'être jeune au moment où l'on ne choisit plus ses ennemis, où l'on se contente de ceux qu'on a sous la main (E. M. Cioran, Syllogismes de l'amertume, « Le Cirque de la solitude »).

joie-angoisse

▷ Voir aussi **Souffrance**, **Tristesse-mélancolie**

1 [...] le vin [...] réjouit le cœur de l'homme [...] (Psaumes, 104, 15).

2 Mon âme est triste jusqu'à la mort (Matthieu, 26, 38) ; > Pascal, « Le Mémorial » ; Lamartine, Harmonies, « Novissima verba », dans la bouche non plus de Jésus, mais du poète : /déjà triste/ ; J. Michelet Histoire de France, « Tableau de la France » ; Ch. Péguy : /douloureuse à mort/ (Jeanne d'Arc, « A Domrémy », I, II).

3 J'ai soif (parole du Christ sur la Croix, Jean, 19, 28) ; > Rabelais, Gargantua, V, en latin, et suivi de : [...] l'appétit vient en mangeant [= dicton], la soif s'en va en buvant ; Chateaubriand, Mémoires d'outre-tombe, III, I, 2, 12.

4 Buveurs très illustres, et vous, vérolés très précieux (car à vous, non à autres, sont dédiés mes écrits) [...] (Rabelais, Gargantua, « Prologue de l'auteur »).

5 Je bois pour la soif à venir. Je bois éternellement. Ce m'est éternité de beuverie et beuverie d'éternité (Rabelais, Gargantua, V).

6 [...] de laquelle race peu furent qui aimassent la tisane, mais tous furent amateurs de purée septembrale (Rabelais, Pantagruel, I).

7 [...] ce vin est fort bon et délicieux, mais plus j'en bois, plus j'ai de soif. Je crois que l'ombre de Monseigneur Pantagruel engendre les altérés, comme la lune fait les catarrhes (Rabelais, Pantagruel, XIV).

8 Mon pronostic est (dit Pantagruel) que par le chemin nous n'engendrerons mélancolie (RABELAIS, Tiers Livre, XLVII : «Comment Pantagruel et Panurge délibèrent visiter l'oracle de la Dive Bouteille»).

9 Ne songeons qu'à nous réjouir :/ La grande affaire est le plaisir (MOLIÈRE, Monsieur de Pourceaugnac, III, 8).

10 [...] parmi les plus mortelles douleurs, on est encore capable de joie (BOSSUET, Oraison funèbre de Henriette de France) ; > A. GIDE, Voyage au Congo.

11 La joie, néanmoins, perçait à travers les réflexions momentanées de religion et d'humanité par lesquelles j'essayais de me rappeler ; ma délivrance particulière me semblait si grande et si inespérée, qu'il me semblait, avec une évidence encore plus parfaite que la vérité, que l'Etat gagnait tout en une telle perte. Parmi ces pensées, je sentais malgré moi un reste de crainte que le malade en réchappât, et j'en avais une extrême honte (LOUIS, DUC DE SAINT-SIMON, Mémoires, épisode de la mort du Grand Dauphin, éd. Folio, p. 205).

12 Un homme gai n'est souvent qu'un infortuné, qui cherche à donner le change aux autres, et à s'étourdir lui-même (ROUSSEAU, Emile, IV).

13 Viens, je me livre à toi, tendre mélancolie (ABBÉ DELILLE, Les Jardins, II).

14 Paris, ville d'amusements, de plaisirs, etc., où les quatre cinquièmes des habitants meurent de chagrin (CHAMFORT, Maximes et Pensées).

15 La joie par la souffrance (*Durch Leiden Freude*, devise de BEETHOVEN).

16 D'où vient à l'homme la plus durable des jouissances de son cœur, cette volupté de la mélancolie, ce charme plein de secrets, qui le fait vivre de ses douleurs et s'aimer encore dans le sentiment de sa ruine ? (SENANCOUR, Oberman, XXIV).

17 Notre cœur est un instrument incomplet, une lyre où il manque des cordes, et où nous sommes forcés de rendre les accents de la joie sur le ton consacré aux soupirs (CHATEAUBRIAND, René).

18 [...] la seule joie ici-bas qui persiste/ De tout ce qu'on rêva (HUGO, Les Contemplations, «A Villequier») ; > F. MAURIAC : /La seule chose/ (Le Jeune Homme, XIV).

19 Ange plein de gaieté, connaissez-vous l'angoisse,/ La honte, les remords, les sanglots, les ennuis,/[...]? (BAUDELAIRE, Les Fleurs du mal, «Réversibilité»).

20 Ses purs ongles très haut dédiant leur onyx,/ L'Angoisse, ce minuit, soutient, lampadophore,/ Maint rêve vespéral brûlé par

le Phénix/ Que ne recueille pas de cinéraire amphore (Mallarmé, Poésies).

21 Conquérir sa joie vaut mieux que de s'abandonner à la tristesse (A. Gide, Journal [1927]).

22 Et la réalité la plus terrible donne, en même temps que la souffrance, la joie d'une belle découverte, parce qu'elle ne fait que donner une forme neuve et claire à ce que nous remâchions depuis longtemps sans nous en douter (M. Proust, Sodome et Gomorrhe, II, 3).

23 Car il y a dans ce monde où tout s'use, où tout périt, une chose qui tombe en ruine, qui se détruit encore plus complètement, en laissant encore moins de vestiges que la Beauté : c'est le Chagrin (M. Proust, Le Temps retrouvé).

24 Les chagrins sont des serviteurs obscurs, détestés, [...] des serviteurs atroces, impossibles à remplacer et qui par des voies souterraines nous mènent à la vérité et à la mort (M. Proust, Le Temps retrouvé).

25 Le fleuve est pareil à ma peine/ Il s'écoule et ne tarit pas/ Quand donc finira la semaine (Apollinaire, Alcools, « Marie »).

26 L'angoisse, évidemment, ne s'apprend pas (G. Bataille, L'Expérience intérieure, II, 1).

27 Il semble que tu connaisses les deux rives,/ L'extrême joie et l'extrême douleur (Y. Bonnefoy, « A la voix de Kathleen Ferrier », Hier régnant désert).

justice

1 Heureux ceux qui ont faim et soif de justice, car ils seront rassasiés (Matthieu, 5, 6, dans les Béatitudes). *Cf.* J. Renard : [...] si tu as soif de justice, tu auras toujours soif (Journal [1896]).

2 Heureux ceux qui sont persécutés à cause de la justice car le Royaume des cieux est à eux (Matthieu, 5, 10).

3 Ne jugez point, afin que vous ne soyez point jugés (Matthieu, 7, 1). *Cf.* Ch. Péguy : Mais je ne juge pas : je condamne (rapporté par A. Gide, Ainsi soit-il).

4 S'il n'y avait pas d'injustice, on ignorerait jusqu'au nom de la justice (Démocrite, Fragments).

5 L'action injuste comporte deux extrêmes : l'un d'eux, le moindre, consiste à subir l'injustice ; l'autre, le plus grave, à la commettre (Aristote, Ethique à Nicomaque, V, 18).

6 *Summum jus, summa injuria* (« L'extrême droit est une extrême injustice », adage cité par Cicéron, Des devoirs, I, X, 33) ; > Pascal, Pensées, 85.

7 Je voudrais ne pas savoir écrire (mot de Néron obligé de signer

un décret de condamnation, rapporté par Sénèque, De clementia, II, 1).

8 Que la justice se fasse, et que le monde périsse (*Fiat justitia, et pereat mundus*; mot de l'Empereur Ferdinand Ier, 1503-1564; *cf.* W. Watson, Quodlibets of Religion and State, qui donne la formule suivante : /*et ruant coeli*/, «et que les cieux s'effondrent»).

9 On n'est point criminel quand on punit un crime (Corneille, Cinna, III, 1).

10 La justice n'est pas une vertu d'Etat (Corneille, La Mort de Pompée, I, 1).

11 Quand on craint d'être injuste, on a toujours à craindre,/ Et qui veut tout pouvoir doit oser tout enfreindre (Corneille, La Mort de Pompée, I, 1).

12 N'examinons plus la justice des choses,/ Et cédons au torrent qui roule toutes choses. Je passe au plus de voix [...] (Corneille, La Mort de Pompée, I, 1).

13 La violence est juste où la douceur est vaine (Corneille, Héraclius, I, 1).

14 [...] Le loup l'emporte, et puis le mange/ Sans autre forme de procès (La Fontaine, «Le Loup et l'Agneau»; le dernier vers est une locution de la pratique judiciaire).

15 A ces mots on cria haro sur le Baudet./ [...]/ Selon que vous serez puissant ou misérable, / Les jugements de Cour vous rendront blanc ou noir (La Fontaine, «Les Animaux malades de la peste»).

16 Lorsque l'on pend quelqu'un, on lui dit pourquoi c'est (Molière, Amphitryon, III, 4).

17 [...] ils commencent ici par faire pendre un homme, et puis ils lui font son procès (Molière, Monsieur de Pourceaugnac, III, 2).

18 J'aurai le plaisir de perdre mon procès (Molière, Le Misanthrope, I, 1).

19 La coutume est toute l'équité, par cette seule raison qu'elle est reçue. C'est le fondement mystique de son autorité. Qui la ramènera à son principe l'anéantit (Pascal, Pensées, 60).

20 La justice sans la force est impuissante, la force sans la justice est tyrannique (Pascal, Pensées, 60).

21 [...] il faut que nous naissions coupables, ou Dieu serait injuste (Pascal, Pensées, 68).

22 Il faut toujours rendre justice avant que d'exercer la charité (Malebranche, Morale, II, 17) ; > J. Benda, La Trahison des clercs, Préface de 1946.

23 Pensez-vous être juste et saint impunément? (Racine, Athalie, I, 1).

24 Qu'importe qu'au hasard un vil sang soit versé?/ Est-ce aux rois à garder cette lente justice? Leur sûreté souvent dépend d'un prompt supplice (Racine, Athalie, II, 5).

25 Puisse périr comme eux quiconque leur ressemble (Racine, Athalie, IV, 2).

26 Le devoir des juges est de rendre justice; leur métier, de la différer. Quelques-uns savent leur devoir, et font leur métier (La Bruyère, Les Caractères, « De quelques usages », 43).

27 Il n'y a point de plus cruelle tyrannie que celle que l'on exerce à l'ombre des lois et avec les couleurs de la justice [...] (Montesquieu, Considérations sur les causes de la grandeur des Romains et de leur décadence, 14); > A. Gide, Journal [1944].

28 [...] la justice humaine, qui ne voit que les actions, n'a qu'un pacte avec les hommes, qui est celui de l'innocence; la justice divine, qui voit les pensées, en a deux, celui de l'innocence et celui du repentir (Montesquieu, De l'esprit des lois, XXVI, 12).

29 Comme il y a des demi-preuves, c'est-à-dire des demi-vérités, il est clair qu'il y a des demi-innocents et des demi-coupables. Nous commençons donc par leur donner une demi-mort [...] (Voltaire, André Destouches à Siam).

30 Si contre cent mille probabilités que l'accusé est coupable, il y en a une seule qu'il est innocent, cette seule doit balancer toutes les autres (Voltaire, Dictionnaire philosophique, « Crimes »). Cf. du même Voltaire : [...] il vaut mieux hasarder de sauver un coupable que de condamner un innocent (Voltaire, Zadig, 6).

31 On ne peut être juste si on n'est pas humain (Vauvenargues, Réflexions et Maximes, 28).

32 Il faut être juste avant d'être généreux, comme on a des chemises avant d'avoir des dentelles (Chamfort, Maximes et Pensées); > A. Camus, L'Homme révolté, II.

33 Il vaut mieux qu'une injustice se produise plutôt que le monde soit sans loi (Goethe, Textes en prose, Hamburger-Ausgabe, t. 12, p. 113; cf. p. 114); > P. Bourget : J'aime mieux l'injustice que le désordre (Essais de psychologie contemporaine, « M. Taine », 4, qui cite cette autre version de la même idée de Goethe, d'après Le Siège de Mayence).

34 [...] toute grandeur, toute puissance, toute subordination repose sur l'exécuteur : il est l'horreur et le lien de l'association humaine (J. de Maistre, Les Soirées de Saint-Pétersbourg, 1).

35 La justice est la vérité en action (J. Joubert, Pensées, Maximes et Essais, XV, 16).

36 On regardera le crime comme une maladie, et cette maladie aura ses médecins qui remplaceront vos juges, ses hôpitaux qui remplaceront vos bagnes (Hugo, Le Dernier Jour d'un condamné, Préface).

37 Vous êtes la majorité, — nombre et intelligence ; — donc, vous êtes la force, — qui est la justice (Baudelaire, Salon de 1846, « Aux bourgeois »).

38 Si le juge était juste, peut-être le criminel ne serait pas coupable (Dostoïevski, Les Frères Karamazov, I, XI, 6).

39 J'accuse (Titre d'une lettre ouverte de Zola, parue dans L'Aurore du 13 janvier 1898 à propos de l'affaire Dreyfus).

40 Le Prophète est surtout une Voix pour faire descendre la Justice (L. Bloy, Journal [1900]).

41 [...] la vision de la justice est le plaisir de Dieu seul (Rimbaud, Une saison en enfer, « Adieu ») ; > P. Claudel, Accompagnements, « Introduction à un poème sur Dante ».

42 On n'innocente pas un homme qui n'a rien fait !... ou alors c'est très difficile (G. Courteline, Les Balances).

43 Il est impossible de comprendre et de punir à la fois (P. Valéry, Tel quel, II).

44 Il faut être *profondément* injuste. — Sinon ne vous en mêlez pas. Soyez juste (P. Valéry, Tel quel, II).

45 Je crois qu'il est plus difficile encore d'être juste envers soi-même qu'envers autrui (A. Gide, Journal [1940]).

46 — Comment cela s'appelle-t-il, quand le jour se lève, comme aujourd'hui, et que tout est gâché, que tout est saccagé, et que l'air pourtant se respire, et qu'on a tout perdu, que la ville brûle, que les innocents s'entretuent, mais que les coupables agonisent, dans un coin du jour qui se lève ? [...] — Cela a un très beau nom, femme Narsès. Cela s'appelle l'aurore (J. Giraudoux, Electre, derniers mots).

47 [...] on ne saurait être déçu sans être injuste (G. Bernanos, La France contre les robots, 5).

48 Au terme de cette longue insurrection au nom de l'innocence humaine surgit, par une perversion essentielle, l'affirmation de la culpabilité générale. Tout homme est un criminel qui s'ignore (A. Camus, L'Homme révolté) ; >**.

49 J'ai choisi la justice, pour rester fidèle à la terre (A. Camus, Lettres à un ami allemand, IV).

50 [...] la longue revendication de la justice épuise l'amour qui pourtant lui a donné naissance (A. Camus, « Retour à Tipasa », L'Eté).

51 Nous ne sommes pas de ce monde, nous sommes des *justes*. Il

y a une chaleur qui n'est pas pour nous (A. Camus, Les Justes, III).

52 Je crois à la justice, mais je défendrai ma mère avant la justice (mot d'A. Camus, à un partisan du FLN à Stockholm) ; > M. Winock, Chronique des années soixante.

53 Une politique se dessine dans laquelle seront également respectés le désir de justice et celui d'inconnu (J.-F. Lyotard, La Condition postmoderne, 1979) ; >**.

L

liberté-égalité-fraternité

1 L'excès de liberté ne peut tourner qu'en un excès de servitude, pour un particulier aussi bien que pour un Etat (Platon, République, VIII).

2 O hommes, nés pour l'esclavage (mot attribué à l'Empereur Tibère, qui le prononçait chaque fois qu'il sortait du Sénat ; Tacite, Annales, III, 45) ; > J. de Maistre, Considérations sur la France, 8.

3 [...] parce qu'ordinairement les religieux faisaient trois vœux, savoir est de chasteté, pauvreté et obédience, fut constitué que là honorablement on pût être marié, que chacun fût riche et véquît en liberté (Rabelais, Gargantua, LII).

4 En leur règle n'était que cette clause : **Fais ce que voudras** (Rabelais, Gargantua, LVII) ; < saint Augustin : *Dilige et quod vis fac* («Aime, et fais ce que tu veux», Tractationes sur l'Epître de Jean, VII, 6, que B. Cendrars cite ainsi en épigraphe de Bourlinguer : *Ama et fac quod vis*) ; > Chamfort (Maximes et Pensées) ; Villiers de L'Isle Adam : — Fais ce que tu voudras, ensuite (Axël) ; P. Valéry : [...] si tu pourras le supporter indéfiniment (Tel quel, I, «Cahier B 1910»).

5 La vraie liberté, c'est pouvoir toute chose sur soi (Montaigne, Essais, III, 12 ; Sénèque, Epîtres, 90).

6 Et prenant d'un Romain la générosité,/ Sache qu'il n'en est point, que le ciel n'ait fait naître/ Pour commander aux rois et pour vivre sans maître (Corneille, Cinna, III, 4).

7 Cesse de soupirer, Rome, pour ta franchise./ Si je t'ai mise aux fers, moi-même je les brise (Corneille, Cinna, IV, 3 ; «franchise» = liberté).

8 Il n'est pas bon d'être trop libre (Pascal, Pensées, 57).

9 Il est nécessaire qu'il y ait de l'inégalité parmi les hommes, cela est vrai ; mais cela étant accordé voilà la porte ouverte non

seulement à la plus haute domination mais à la plus haute tyrannie (PASCAL, Pensées, 540).

10 La liberté, ce bien qui fait jouir des autres biens (MONTESQUIEU, Mes pensées, 1797).

11 L'amour de la démocratie est celui de l'égalité (MONTESQUIEU, De l'esprit des lois, V, 3).

12 Autant que le ciel est éloigné de la terre, autant le véritable esprit d'égalité l'est-il de l'égalité extrême. Le premier ne consiste point à faire en sorte que tout le monde commande, ou que personne ne commande ; mais à obéir et à commander à ses égaux (MONTESQUIEU, De l'esprit des lois, VIII, 3).

13 Dans l'état de nature, les hommes naissent bien dans l'égalité ; mais ils n'y sauraient rester. La société la leur fait perdre, et ils ne redeviennent égaux que par les lois (MONTESQUIEU, De l'esprit des lois, VIII, 3) ; > tel quel dans l'Encyclopédie, article « Egalité », de JAUCOURT.

14 La liberté est le droit de faire tout ce que les lois permettent [...] (MONTESQUIEU, De l'esprit des lois, XI, 3).

15 La liberté politique ne se trouve que dans les gouvernements modérés. Mais elle n'est pas toujours dans les Etats modérés ; elle n'y est que lorsqu'on n'abuse pas du pouvoir (MONTESQUIEU, De l'esprit des lois, XI, 4).

16 La liberté politique dans un citoyen est cette tranquillité d'esprit qui provient de l'opinion que chacun a de sa sûreté (MONTESQUIEU, De l'esprit des lois, XI, 6).

17 Il n'y a point encore de liberté si la puissance de juger n'est pas séparée de la puissance législative et de l'exécutrice (MONTESQUIEU, De l'esprit des lois, XI, 6).

18 La liberté même a paru insupportable à des peuples qui n'étaient pas accoutumés à en jouir. C'est ainsi qu'un air pur est quelquefois nuisible à ceux qui ont vécu dans les pays marécageux (MONTESQUIEU, De l'esprit des lois, XIX, 2).

19 En un mot, **le gouvernement libre, c'est-à-dire toujours agité,** ne saurait se maintenir s'il n'est pas, par ses propres lois, capable de correction (MONTESQUIEU, Considérations sur les causes de la grandeur des Romains et de leur décadence, 8) ; > J. BENDA, La Trahison des clercs, Préface de 1946.

20 L'égalité est donc à la fois la chose la plus naturelle et en même temps la plus chimérique (VOLTAIRE, Dictionnaire philosophique, « Egalité », II).

21 Nous sommes tous également hommes, mais non membres égaux de la société (VOLTAIRE, Pensées sur l'administration) ; > J. BENDA, La Trahison des clercs, Préface de 1946.

22 L'homme est né libre et partout il est dans les fers (Rousseau, <u>Du contrat social</u>, I, 1, 1re phrase).

23 Il est faux que l'égalité soit une loi de nature. La nature n'a rien fait d'égal ; la loi souveraine est la subordination et la dépendance (Vauvenargues, <u>Réflexions et Maximes</u>, 227).

24 O liberté, que de crimes on commet en ton nom ! (mot de Mme Roland, rapporté ainsi par Lamartine, <u>Histoire des Girondins</u>, II, 8 ; voir Dupré, 1630) ; > Flaubert, <u>Dictionnaire des Idées reçues</u>, qui ajoute à la rubrique « Ordre » la même exclamation ; *cf.* M. Winock : Liberté de paroles, que de bêtises on a pu prononcer en ton nom (<u>Chronique des années soixante</u>).

25 Vivre libre ou mourir (slogan révolutionnaire repris par L. Le Bas, discours du 20. 01. 1793).

26 La liberté consiste à pouvoir faire tout ce qui ne nuit pas à autrui […] (<u>Déclaration des droits de l'homme et du citoyen</u>, 4).

27 Y a-t-il sur le globe des contrées dont la nature ait condamné les habitants à ne jamais jouir de la liberté, à ne jamais exercer leur raison ? (Condorcet, <u>Esquisse d'un tableau historique des progrès de l'esprit humain</u>).

28 La liberté des temps actuels, c'est tout ce qui garantit l'indépendance des citoyens contre le pouvoir du gouvernement. La liberté des temps anciens, c'est tout ce qui assurait aux citoyens la plus grande part dans l'exercice du pouvoir (Mme de Staël, <u>Des circonstances actuelles qui peuvent terminer la Révolution</u>, I, 3).

29 Tous les pays, tous les peuples, tous les hommes, sont propres à la liberté par leurs qualités différentes : tous y arriveront à leur manière (Mme de Staël, <u>Considérations sur la Révolution française</u>, VI, 2).

30 […] les Français vont instinctivement au pouvoir ; ils n'aiment point la liberté ; l'égalité seule est leur idole (Chateaubriand, <u>Mémoires d'outre-tombe</u>, III, I, 7, 6).

31 Entre le fort et le faible, le riche et le pauvre, c'est la liberté qui opprime et la loi qui affranchit (Lacordaire, voir « Lois », Lacordaire) ; >**.

32 Je suis ce qui renaît quand un monde est détruit (Hugo, <u>Les Châtiments</u>, « Stella » ; il s'agit de « l'ange Liberté », « géant Lumière »).

33 Le développement graduel de l'égalité des conditions est donc un fait providentiel, il en a les principaux caractères : il est universel, il est durable, il échappe chaque jour à la puissance humaine ; tous les événements, comme tous les hommes, servent à son développement (A. de Tocqueville, <u>De la démocratie en Amérique</u>, Introduction).

34 Le despotisme me paraît particulièrement à redouter dans les âges démocratiques (A. DE TOCQUEVILLE, De la démocratie en Amérique, Introduction).

35 Je pense que, dans les siècles démocratiques qui vont s'ouvrir, l'indépendance individuelle et les libertés locales seront toujours un produit de l'art. La centralisation sera le gouvernement naturel (A. DE TOCQUEVILLE, De la démocratie en Amérique, IV, 3).

36 [Les Physiocrates] adoreraient l'égalité jusque dans la servitude (A. DE TOCQUEVILLE, L'Ancien Régime et la Révolution, III, 3).

37 Qui cherche dans la liberté autre chose qu'elle-même est fait pour servir (A. DE TOCQUEVILLE, L'Ancien Régime et la Révolution, III, 3).

38 Le dernier mot de la liberté, c'est l'égoïsme (NERVAL, Paradoxe et Vérité).

39 Homme libre, toujours tu chériras la mer ! / La mer est ton miroir [...] (BAUDELAIRE, Les Fleurs du mal, « L'Homme et la Mer »).

40 La Fraternité est une des plus belles inventions de l'hypocrisie sociale (FLAUBERT, Corr., 22. 04. 1853).

41 Mais la liberté est comme la vérité : presque personne ne l'aime pour elle-même, et cependant, par l'impossibilité des extrêmes, on y revient toujours (E. RENAN, Souvenirs d'enfance et de jeunesse, Préface).

42 Tout homme qui produit un acte libre projette sa personnalité dans l'infini. S'il donne de mauvais cœur un sou à un pauvre, ce sou perce la main du pauvre, tombe, perce la terre, troue les soleils, traverse le firmament et compromet l'univers (L. BLOY, Le Désespéré, III).

43 Donner la liberté au monde par la force est une étrange entreprise pleine de mauvaises chances. En la donnant, on la retire (J. JAURÈS, L'Armée nouvelle, 4).

44 Mais rien de plus fécond que ce qui permet aux esprits de se diviser et d'exploiter leurs différences, quand il n'y a point de référence commune qui les oblige à s'accorder (P. VALÉRY, Regards sur le monde actuel).

45 Je ne suis libre que quand je me sens libre ; mais je ne me sens libre que quand je me pense contraint, quand je me mets à imaginer un état qui contraste avec mon état présent (P. VALÉRY, Regards sur le monde actuel).

46 **Liberté, liberté chérie**, Combats avec tes défenseurs (vers du second couplet de « La Marseillaise ») ; > titre d'un article de P. CLAUDEL, Le Figaro, 28. 09. 1944.

47 La solidarité entre tous les citoyens d'un peuple reste assez mal établie, du moins en France, et peu *sentie* ; elle demeure chose

abstraite ; et, du reste, pour un grand nombre, existe réellement fort peu (A. GIDE, Journal [1940]).

48 La liberté n'est belle que pour permettre l'exercice de vertus qu'il importerait d'abord d'acquérir (A. GIDE, Journal [1941]).

49 Le modernisme est un système de complaisance. La liberté est un système de déférence. [...] la liberté est un système de courage. [...] La liberté est la vertu du pauvre (CH. PÉGUY, L'Argent).

50 Je suis libre, délivrez-moi de la liberté ! (P. CLAUDEL, Cinq grandes odes, « L'Esprit et l'Eau »).

51 La fraternité est ce qui distingue les humains. Les animaux ne connaissent que l'amour... (J. GIRAUDOUX, Electre, I, 13).

52 Nous sommes des hommes libres, non pas *soumis*, mais *engagés* (mot de J. GUÉHENNO répondant à A. Gide, rapporté par G. BERNANOS, Nous autres Français, 6).

53 Sur mes cahiers d'écolier/ Sur mon pupitre et les arbres/ Sur le sable sur la neige/ J'écris ton nom// Et par le pouvoir d'un mot/ Je recommence ma vie/ je suis né pour te connaître/ Pour te nommer/ Liberté (ELUARD, Poésie et Vérité 1942, « Liberté »).

54 Je suis condamné à être libre (J.-P. SARTRE, Le Sursis ; *cf.* L'existentialisme est un humanisme : L'homme est [...] ; L'Etre et le Néant, IV, 2 : [...] nous ne choisissons pas d'être libres : nous sommes condamnés à la liberté).

55 Dieu a dit aux hommes de se débrouiller, et c'est ce que les professeurs de philosophie appellent liberté (R. BRASILLACH, Comme le temps passe, 5).

56 La liberté est un bagne aussi longtemps qu'un seul homme est asservi sur la terre (A. CAMUS, Les Justes, I).

57 Tous les hommes ont mêmes droits. J'y souscris. Mais du commun lot, il en est qui ont plus de devoirs que d'autres. Là est l'inégalité (A. CÉSAIRE, La Tragédie du roi Christophe).

58 J'ai ce rêve qu'un jour, sur les collines rouges de Géorgie, les fils d'anciens esclaves et les fils de leurs anciens maîtres pourront s'asseoir ensemble à la table de la fraternité. J'ai ce rêve [...] J'ai ce rêve qu'un jour mes quatre jeunes enfants vivront dans une nation où on ne les jugera pas à la couleur de leur peau, mais à la force de leur caractère (discours de M.-L. KING à Washington, 28. 08. 1963) ; > M. WINOCK, Chronique des années soixante.

59 La liberté est le bien suprême pour ceux-là seuls qu'anime la *volonté* d'être hérétiques (E. M. CIORAN, Syllogismes de l'amertume, « Vertige de l'histoire »).

60 Essayez d'être libres : vous mourrez de faim (E. M. CIORAN, Précis de décomposition, « L'Appétit de primer »).

61 On peut décider d'être ou non des salauds dans la vie, mais c'est bien la seule liberté qu'on ait (Ph. Djian, <u>Lent dehors</u>) ; >*.

littérature-livres

▷ Voir aussi **Style-expression**

1 La lettre tue, mais l'esprit vivifie (II <u>Corinthiens</u>, 3, 6) ; > Rousseau, <u>Emile</u>, III ; >* ; *cf.* Leconte de Lisle : L'esprit se tait, la lettre est morte à jamais (<u>Poèmes antiques</u>, « Dies irae »).

2 Une acquisition pour toujours (Thucydide, <u>La Guerre du Péloponnèse</u>, 1).

3 *Verba volant, scripta manent* (« Les paroles volent, mais les écrits restent » ; proverbe antique). *Cf.* Ponce-Pilate : Ce que j'ai écrit, je l'ai écrit (Jean, 19, 22) ; La Bruyère : Ce qui est imprimé demeure imprimé (<u>Les Caractères</u>, « De la chaire », 27).

4 Prends et lis (*Tolle lege* ; saint Augustin, <u>Les Confessions</u>, VIII, XII, 29 ; il s'agit d'une voix entendue par Augustin, qui ouvre alors la Bible ; souvent cité sous la forme inexacte *Sume, lege*).

5 *Habent sua fata libelli* (« Les livres ont leur destin », Terentianus Maurus, <u>De literis</u> ; le vers complet qui contient cette expression proverbiale commence par *Pro captu lectoris*, « En fonction de la capacité du lecteur ») ; > B. Cendrars, <u>Bourlinguer</u>, « Venise ».

6 A lui seul, il fut une grande bibliothèque (*Is unus magna bibliotheca* ; mot qui fut appliqué à Antonio Magliabechi) ; *cf.* Paul Sabatier : Lorsqu'un savant meurt, c'est une bibliothèque qui brûle (mot rapporté par J. Green, <u>Journal</u> [1978]), et J. Green lui-même : Un vieillard est un livre qu'on néglige de lire (<u>Journal</u> [1979]). *Cf.*, cette fois à propos de la tradition orale, le mot d'Amadou Hampaté Bâ : En Afrique, quand un vieillard meurt, c'est une bibliothèque qui brûle ; >*.

7 A l'exemple d'icelui vous convient être saiges [= sagaces] pour fleurer, sentir et estimer ces beaux livres de haute graisse, légers au prochaz [= poursuite] et hardis à l'attaque [...] (Rabelais, Prologue de <u>Gargantua</u> ; suite citée *infra*).

8 [...] puis par curieuse leçon et méditation fréquente, rompre l'os et sucer la substantifique moelle [...] (Rabelais, suite de la phrase citée *supra*).

9 C'est ici un livre de bonne foi, lecteur (Montaigne, <u>Essais</u>, Préface « Au lecteur »).

10 Qui ne voit que j'ai pris une route par laquelle, sans cesse et sans travail, j'irai autant qu'il y aura d'encre et de papier au monde ? (Montaigne, <u>Essais</u>, III, 9).

11 Mais il devrait y avoir quelque coercition des lois contre les écrivains ineptes et inutiles, comme il y a contre les vagabonds et fainéants. [...] l'écrivaillerie semble être quelque symptôme

d'un siècle débordé (MONTAIGNE, Essais, III, 9) ; > CHATEAUBRIAND, Mémoires d'outre-tombe, I, 12, 2.

12 Il y a plus affaire à interpréter les interprétations qu'à interpréter les choses, et plus de livres sur les livres que sur un autre sujet : nous ne faisons que nous entregloser (MONTAIGNE, Essais, III, 13).

13 Nous sommes ennuyés de livres qui enseignent, donnez-nous en pour émouvoir (A. D'AUBIGNÉ, Les Tragiques, «Aux lecteurs»).

14 Ce que Malherbe écrit dure éternellement (MALHERBE, Poésies, «Au Roi»).

15 La lecture de tous bons livres est comme une conversation avec les plus honnêtes gens des siècles passés qui en ont été les auteurs, et même une conversation étudiée, en laquelle ils ne nous découvrent que les meilleures de leurs pensées (DESCARTES, Discours de la méthode, I).

16 Mais les ouvrages les plus courts/ Sont toujours les meilleurs [...] (LA FONTAINE, «Discours à M. le Duc de La Rochefoucauld»).

17 Et hors un gros Plutarque à mettre mes rabats,/ Vous devriez brûler tout ce meuble inutile (MOLIÈRE, Les Femmes savantes, II, 7 ; la plaisanterie se trouve déjà chez RABELAIS, Quart Livre, III).

18 La dernière chose qu'on trouve en faisant un ouvrage est de savoir celle qu'il faut mettre la première (PASCAL, Pensées, 976).

19 Ce n'est pas dans Montaigne mais dans moi que je trouve tout ce que j'y vois (PASCAL, Pensées, 689). *Cf.* le principe juridique : Quand je trouve mon bien, je le revendique (Corpus juris civilis, Digeste, 50, 5 : *Ubi meam rem invenio, ibi vendico*), qu'applique MOLIÈRE : Je reprends mon bien où je le trouve (mot par lequel il se défendait d'avoir plagié, dans Les Fourberies de Scapin, Le Pédant joué de CYRANO DE BERGERAC, mot rapporté par GRIMAREST, Vie de M. de Molière) ; BUFFON : Je prends le bon partout où je le trouve (Corr.) ; STENDHAL : Je prends mon bien où je le trouve (Journal [1820]) ; PICASSO : On doit prendre son bien où on le trouve, sauf dans ses propres œuvres («Conversations avec Christian Zervos», Cahiers d'art, 1935).

20 **Vingt fois sur le métier remettez votre ouvrage** :/ Polissez-le sans cesse et le repolissez ;/ Ajoutez quelquefois et souvent effacez (BOILEAU, Art poétique, I ; *cf.* HORACE, Art poétique, v. 291-294) ; > A. GIDE, Journal [1946].

21 Soyez plutôt maçon, si c'est votre talent (BOILEAU, Art poétique, IV).

22 Mais dans l'Art dangereux de rimer et d'écrire,/ il n'est point de degrés du médiocre au pire (BOILEAU, Art poétique, IV).

23 Ah ! je sais ce que vous voulez dire/ [...] Un auteur sans défaut,/ La raison dit Virgile, et la rime Quinault (BOILEAU, Satires, III, qui

cite ainsi de façon humoristique le propos d'un snob qui assimile le grand Virgile et le poète-rimeur Quinault).

24 Oh ! que d'Ecrits obscurs, de Livres ignorés,/ Furent en ce grand jour de la poudre tirés ! (Boileau, Le Lutrin, V).

25 [...] un ouvrage qui n'est point goûté du Public est un très méchant ouvrage (Boileau, Préface des Œuvres).

26 Je rends au public ce qu'il m'a prêté ; j'ai emprunté de lui la matière de cet ouvrage [...] (La Bruyère, début de la Préface des Caractères).

27 **Tout est dit**, et l'on vient trop tard depuis plus de sept mille ans qu'il y a des hommes et qui pensent (La Bruyère, Les Caractères, « Des ouvrages de l'esprit », 1 ; *cf.* Térence : En somme, plus rien n'est à dire qui n'ait déjà été dit, L'Eunuque, v. 41) ; > A. Gide : [...] Puisque tout était dit, du moins selon l'ancien mode,/ Tout connu, tout vécu, du moins à l'ancienne façon (Journal [1914 et *cf.* 1935]) ; J. Paulhan : /Tout a été dit./ Sans doute. Si les mots n'avaient changé de sens ; et les sens, de mots (Clef de la poésie). *Cf.* J. Joubert : Toutes les choses qui sont aisées à bien dire ont été parfaitement dites ; le reste est notre affaire ou notre tâche : tâche pénible ! (Pensées, Maximes et Essais, XVIII, 71) ; L.-F. Céline : Il n'y a de terrible en nous et sur la terre et dans le ciel peut-être que ce qui n'a pas encore été dit. On ne sera tranquille que lorsque tout aura été dit, une bonne fois pour toutes, alors enfin on fera silence et on n'aura plus peur de se taire. Ça y sera (Voyage au bout de la nuit ; > en épigraphe de J. Miquel, L'Enfant aux pivoines, et >*) ; *cf.* Mme de Duras : Tous les vers sont faits (mot rapporté par Sainte-Beuve, Chateaubriand et son groupe littéraire sous l'Empire, 21).

28 C'est un métier que de faire un livre, comme de faire une pendule : il faut plus que de l'esprit pour être auteur (La Bruyère, Les Caractères, « Des ouvrages de l'esprit », 3).

29 La gloire ou le mérite de certains hommes est de bien écrire ; et de quelques autres, c'est de n'écrire point (La Bruyère, Les Caractères, « Des ouvrages de l'esprit », 59). *Cf.* Molière, Le Misanthrope, I, 2, v. 362 sq.

30 Si on ne goûte point ces Caractères, je m'en étonne ; et si on les goûte, je m'en étonne de même (La Bruyère, Les Caractères, « Des esprits forts », 50 ; dernier mot des Caractères).

31 Un beau titre est le vrai proxénète d'un livre, et ce qui en fait faire le plus prompt débit (Furetière, Le Roman bourgeois, I).

32 Un homme qui écrit bien n'écrit pas comme on a écrit, mais comme il écrit, et c'est souvent en parlant mal qu'on parle bien (Montesquieu, Mes pensées).

33 Mais il ne faut pas toujours tellement épuiser un sujet, qu'on ne laisse rien à faire au lecteur. Il ne s'agit pas de faire lire, mais de faire penser (Montesquieu, De l'esprit des lois, XII, 20).

34 Tous les genres sont bons, hors le genre ennuyeux (Voltaire, *L'Enfant prodigue*, Préface).

35 Je hais les livres ; ils n'apprennent qu'à parler de ce qu'on ne sait pas (Rousseau, *Emile*, III).

36 Il faut des spectacles dans les grandes villes, et des romans aux peuples corrompus (Rousseau, *La Nouvelle Héloïse*, Préface).

37 Celle qui, malgré ce titre, en osera lire une seule page est une fille perdue ; mais qu'elle n'impute point sa perte à ce livre, le mal était fait d'avance. Puisqu'elle a commencé, qu'elle achève de lire ; elle n'a plus rien à risquer (Rousseau, *La Nouvelle Héloïse*, Préface).

38 Les romans sont peut-être la dernière instruction qu'il reste à donner à un peuple assez corrompu pour que tout autre lui soit inutile [...] (Rousseau, *La Nouvelle Héloïse*, II, 21).

39 La plupart des livres d'à présent ont l'air d'avoir été faits en un jour avec des livres lus la veille (Chamfort, *Maximes et Pensées*).

40 On ne peut atteindre au vrai que dans le roman (attribué à Mme de Tracy ; source : M. Crouzet, *Stendhal*).

41 Il y a une règle sûre pour juger les livres comme les hommes, même sans les connaître : il suffit de savoir *par qui ils sont aimés et par qui ils sont haïs* (J. de Maistre, *Les Soirées de Saint-Pétersbourg*, 6).

42 Défiez-vous surtout d'un préjugé très commun, très naturel et cependant tout à fait faux : celui de croire que la grande réputation d'un livre suppose une connaissance très répandue et très raisonnée du même livre (J. de Maistre, *Les Soirées de Saint-Pétersbourg*, 6).

43 On ne peint bien que son propre cœur en l'attribuant à un autre, et la meilleure partie du génie se compose de souvenirs (Chateaubriand, *Génie du christianisme*, II, I, 3 « Du vague des passions ») ; > Sainte-Beuve, *Chateaubriand et son groupe littéraire sous l'Empire*, 13.

44 Le *romanticisme* est l'art de présenter aux peuples les œuvres littéraires qui, dans l'état actuel de leurs habitudes et de leurs croyances, sont susceptibles de leur donner le plus de plaisir possible (Stendhal, *Racine et Shakespeare*, Chap. III). *Cf.* « Modernité », Baudelaire.

45 [...] Tous les grands écrivains ont été romantiques de leur temps (Stendhal, *Racine et Shakespeare*, Lettre II).

46 La politique dans une œuvre littéraire, c'est un coup de pistolet au milieu d'un concert [...] (Stendhal, *La Chartreuse de Parme*, II, 23 ; *cf.* *Racine et Shakespeare*, Lettre VI ; *Armance*, 14 ; Le

Rouge et le Noir, I, 22) ; > M. Winock, Chronique des années soixante.

47 *To the happy few* (« A l'heureux petit nombre » ; Stendhal, devise à la fin de La Chartreuse de Parme, des Promenades dans Rome et du Rouge et Noir ; *cf.* Shakespeare : *We few, we happy few* [...], « Nous, le petit nombre, le petit nombre des heureux », Henri V, IV, 3, et chez S. Richardson, Le Vicaire de Wakefield, 2).

48 Et moi, je mets un billet à une loterie dont le gros lot se réduit à ceci : être lu en 1935 (Stendhal, La Vie de Henry Brulard, 23) ; *cf.* P. Quignard : J'espère être lu en 1640 (interview dans La Quinzaine littéraire, 1. 15. 1990).

49 Un roman : c'est un miroir qu'on promène le long d'un chemin (Stendhal, Le Rouge et le Noir, épigraphe de I, 13, où le mot est attribué à Saint-Réal ; il est repris et développé en II, 19 sous la forme : [...] un roman est un miroir qui se promène sur une grande route).

50 La littérature mène à tout à condition d'en sortir (A.-F. Villemain, Discours de réception à l'Académie française de X. Marmier) ; > Baudelaire : La littérature mène à tout, pourvu qu'on la quitte à temps (A.-F. Villemain cité ainsi par Baudelaire, en épigraphe de « L'Esprit et le Style de M. Villemain », avec le commentaire suivant : Paroles de traître) ; A. Breton : /est un des plus tristes chemins qui mènent à tout/ (Premier Manifeste du surréalisme).

51 Un livre est une bouteille jetée en pleine mer, sur laquelle il faut coller cette étiquette : *Attrape qui peut* (A. de Vigny, Journal d'un poète [1842]).

52 J'ai mis sur le cimier doré du gentilhomme/ Une plume de fer qui n'est pas sans beauté (A. de Vigny, Poèmes philosophiques, « L'Esprit pur »).

53 Mon livre m'a créé. C'est moi qui fus son œuvre. Ce fils a fait son père (J. Michelet, Histoire de France, Préface de 1869).

54 N'est-il pas véritablement plus difficile de **faire concurrence à l'Etat-civil** avec Daphnis et Chloé, Roland, Amadis, Panurge, Don Quichotte, Manon Lescaut, Clarisse, Lovelace, Robinson Crusoé, Gilblas, Ossian, Julie d'Etanges, mon oncle Tobie, Werther, René, Corinne, Adolphe, Paul et Virginie, Jeanie Dean, Claverhouse, Ivanhoë, Manfred, Mignon, que de mettre en ordre les faits à peu près les mêmes chez toutes les nations, de rechercher l'esprit des lois tombées en désuétude, de rédiger des théories qui égarent les peuples, ou, comme certains métaphysiciens, d'expliquer ce qui est ? (Balzac, Avant-Propos de La Comédie humaine) ; > A. Gide, Les Faux-Monnayeurs, II, 3 ; F. Mauriac, Le Roman, V.

55 Les écrivains ont mis la langue en liberté (Hugo, Les Contemplations, I, « Réponse à un acte d'accusation »).

56 Ceci tuera cela (Hugo, <u>Notre-Dame de Paris</u>, V, 2, à propos du livre et du monument) ; *cf.* Baudelaire, <u>Salon de 1846</u>.

57 Ç'a été le rôle et la manœuvre de Beyle [Stendhal] : un hussard romantique enveloppé sous le nom de Stendhal [...] (Sainte-Beuve, <u>Causeries du lundi</u>, 2. 01. 1854).

58 [...] la pointe extrême du Kamschatka romantique, j'appelle cela la *Folie Baudelaire* (Sainte-Beuve, article du 20. 01. 1862) ; > Baudelaire, « Une réforme à l'Académie » ; P. Morand, <u>Venises</u>.

59 [...] le roman rendra-t-il jamais l'effet des combinaisons bizarres de la vie ? Vous inventez l'homme ne sachant pas l'observer. Quels sont les romans préférables aux histoires comiques, ou tragiques d'un journal de tribunaux ? (Nerval, <u>Les Nuits d'octobre,</u> I).

60 Tout homme qu'une idée, si subtile et si imprévue qu'on la suppose, prend en défaut, n'est pas un écrivain. L'inexprimable n'existe pas (Th. Gautier à Baudelaire, cité par Baudelaire, <u>Théophile Gautier</u>).

61 Prisonnière en ce livre, une âme est contenue (Th. Gautier, <u>Bouquets et Prières</u>) ; > Baudelaire : /est renfermée/ (<u>Réflexions sur mes contemporains</u>, « M. Desbordes-Valmore »).

62 Tu le connais, lecteur, ce monstre délicat,/ — **Hypocrite lecteur, — mon semblable, — mon frère** (Baudelaire, « Au lecteur », <u>Les Fleurs du mal</u>) ; > A. Malraux, <u>Antimémoires</u>, I, 1967 ; M. Mohrt, <u>La Campagne d'Italie</u>, I, 12 (« lecteur » manque).

63 Mon livre a pu faire du bien. Je ne m'en afflige pas. Il a pu faire du mal. Je ne m'en réjouis pas (Baudelaire, Projet de Préface pour <u>Les Fleurs du mal</u>).

64 Toute littérature dérive du péché (Baudelaire, Lettre à Poulet-Malassis, août 1860) ; > J. Green, <u>Journal</u> [1961].

65 Ce qui me semble beau, ce que je voudrais faire, c'est un **livre sur rien,** un livre sans attache extérieure, qui se tiendrait lui-même par la force interne de son style [...] (Flaubert, Corr., 16. 01. 1852).

66 Il faut savoir les maîtres par cœur, les idolâtrer, tâcher de penser comme eux, et puis s'en séparer pour toujours (Flaubert, Corr., 25. 09. 1852).

67 Mais il n'y a pas en littérature de bonnes intentions : *le style est tout* (Flaubert, Corr., 15. 01. 1854). *Cf.* A. Gide, *infra*

68 On ne peut plus écrire quand on ne s'estime plus (Flaubert, Corr., 10. 09. 1870) ; > J. Green, <u>Journal</u> [1932].

69 Madame Bovary c'est moi, d'après moi (mot que Flaubert aurait dit à Amélie Bosquet).

70 [...] les **documents humains** font les bons livres (E. de

GONCOURT, Préface aux <u>Frères Zemganno</u>) ; > E. ZOLA, <u>Le Roman</u> <u>expérimental</u>.

71 [...] tout, au monde, existe pour aboutir à un livre (MALLARMÉ, <u>Variations sur un sujet</u>, « Quant au livre ») ; >*.

72 De tout ce qui est écrit, je n'aime que ce qu'un homme écrit avec son sang (F. NIETZSCHE, <u>Ainsi parlait Zarathoustra</u>, « Du lire et de l'écrire »).

73 Que ton vers soit la bonne aventure/ Eparse au vent crispé du matin/ Qui va fleurant la menthe et le thym.../ **Et tout le reste est littérature** (VERLAINE, « Art poétique ») ; > J.-K. HUYSMANS, <u>A</u> <u>rebours</u>, 14 ; V. LARBAUD, <u>Sous l'invocation de saint Jérôme</u> ; *cf.* P. VALÉRY, « Savoir-science ».

74 [...] à moins qu'il n'apporte dans sa lecture une logique rigoureuse et une tension d'esprit égale au moins à sa défiance, les émanations mortelles de ce livre imbiberont son âme [du lecteur] comme l'eau le sucre (LAUTRÉAMONT, <u>Les Chants de Maldoror</u>, I) ; > A. BRETON, <u>Second Manifeste du</u> <u>surréalisme</u>.

75 Il n'est pas bon que tout le monde lise les pages qui vont suivre ; **quelques-uns seuls savoureront ce fruit amer sans danger** (LAUTRÉAMONT, <u>Les Chants de Maldoror</u>, I) ; > A. BRETON, <u>Second</u> <u>Manifeste du surréalisme</u>.

76 L'une des plus grandes tragédies de ma vie est la mort de Lucien de Rubempré. C'est un chagrin dont je n'ai jamais pu complètement me guérir (O. WILDE, <u>Intentions</u>, trad. de G. Painter, dans son <u>Proust</u>) ; > J. GREEN, <u>Journal</u> [1959].

77 Quelque chose comme un livre moral ou immoral n'existe pas. Les livres sont bien écrits ou mal écrits. C'est tout (O. WILDE, <u>Le</u> <u>Portrait de Dorian Gray</u>, Préface).

78 Un bon mot vaut mieux qu'un mauvais livre (J. RENARD, <u>Journal</u>) ; >**.

79 C'est Jude par un seul cheveu qui sauve et qui tire au ciel/ **L'homme de lettres, l'assassin et la fille de bordel** (P. CLAUDEL, <u>Corona benignitatis Dei</u>, « Saint Jude ») ; > F. MAURIAC, <u>Dieu et</u> <u>Mammon</u>, I.

80 [...] un livre est le produit d'un autre moi que celui que nous manifestons dans nos habitudes, dans la société, dans nos vices [...] (M. PROUST, <u>Contre Sainte-Beuve</u>).

81 Mais un ouvrage, même s'il s'applique seulement à des sujets qui ne sont pas intellectuels, est encore une œuvre de l'intelligence, et pour donner dans un livre, ou dans une causerie qui en diffère peu, l'impression achevée de la frivolité, il faut une dose de sérieux dont une personne purement frivole serait incapable (M. PROUST, <u>Le Côté de Guermantes</u>, I).

82 L'impression est pour l'écrivain ce qu'est l'expérimentation pour

le savant, avec cette différence que chez le savant le travail de
l'intelligence précède et chez l'écrivain vient après (M. Proust,
Le Temps retrouvé).

83 [...] ce livre essentiel, le seul vrai livre, un grand écrivain
n'a pas, dans le sens courant, à l'inventer, puisqu'il existe déjà en
chacun de nous, mais à le traduire. Le devoir et la tâche d'un
écrivain sont ceux d'un traducteur (M. Proust, Le Temps retrouvé).

84 La vraie vie, la vie enfin découverte et éclaircie, la seule vie par
conséquent réellement vécue, c'est la littérature [...] (M. Proust,
Le Temps retrouvé).

85 [...] un livre est un grand cimetière où sur la plupart des tombes
on ne peut plus lire les noms effacés (M. Proust, Le Temps
retrouvé).

86 En réalité, chaque lecteur est, quand il lit, le propre lecteur de
soi-même (M. Proust, Le Temps retrouvé).

87 Et quand tu m'auras lu, jette ce livre — et sors. [...] Que mon
livre t'enseigne à t'intéresser plus à toi qu'à lui-même, — puis à
tout le reste plus qu'à toi (A. Gide, Les Nourritures terrestres,
[Prologue]).

88 C'est avec les beaux sentiments que l'on fait la mauvaise
littérature (A. Gide, Dostoïevski, «Conférences», IV; cf. le
Journal : [...] de la mauvaise critique aussi ([1929 ; 1940 ; 1935]).
Cf. l'autre «proverbe de l'enfer» d'A. Gide, «Art».

89 J'appelle un livre manqué celui qui laisse intact le lecteur (A.
Gide, Cahiers d'André Walter, Préface); > J. Grenier, Lexique,
«Ebranler».

90 Le goût exclusif de la nouveauté marque une dégénérescence
de l'esprit critique, car rien n'est plus facile que de juger de la
nouveauté d'un ouvrage (P. Valéry, Tel quel, I).

91 Un livre n'est après tout qu'un extrait du monologue de son
auteur (P. Valéry, Tel quel, I).

92 L'objet de la littérature est indéterminé comme l'est celui de la
vie (P. Valéry, Tel quel, I).

93 *la Littérature est, et ne peut être autre chose qu'une sorte
d'extension et d'application de certaines propriétés du langage*
(P. Valéry, «L'Enseignement de la poétique au Collège de
France», Variété).

94 Un écrivain qui reçoit un prix littéraire est déshonoré (P.
Léautaud, Entretiens avec R. Mallet); >*.

95 Ce **vice impuni**, la lecture (titre de V. Larbaud) ; > A. Gide, Journal
[1940].

96 Le plagiat est la base de toutes les littératures, excepté de la
première, qui d'ailleurs est inconnue (J. Giraudoux, Siegfried, I,
6).

97 Qu'est-ce que l'inspiration ? C'est d'avoir une seule chose à dire, que l'on n'est jamais fatigué de dire (J. Paulhan, Le Marquis de Sade et sa complice).

98 J'ai juré de vous émouvoir — d'amitié ou de colère, qu'importe ? je vous donne un livre vivant (G. Bernanos, La Grande Peur des bien-pensants, Introduction).

99 Les vrais livres sont rares (J. Guéhenno, Changer la vie, « Histoire des livres »).

100 Les livres ne font que rendre ce qu'on leur donne (J. Guéhenno, Changer la vie, « Histoire des livres »).

101 *La marquise sortit à cinq heures* (cité par A. Breton, Premier Manifeste du surréalisme, comme une phrase que P. Valéry se refuserait à écrire) ; *cf.* J. Green : La comtesse entra et s'assit (Journal [1930]) ; A. Blondin : [...] une marquise qui rentrait à cinq heures. Du matin (Monsieur Jadis, 2).

102 L'apparente immobilité d'un livre nous leurre : chaque livre est aussi la somme des malentendus dont il est l'occasion (G. Bataille, Sur Nietzsche, Appendice 4).

103 La littérature, je l'ai, lentement, voulu montrer, c'est l'enfance enfin retrouvée. Mais l'enfance qui gouvernerait aurait-elle une vérité ? (G. Bataille, La Littérature et le Mal, Avant-Propos ; var. manuscrite : /serait-elle une vérité ?/).

104 La littérature est l'essentiel, ou n'est rien (G. Bataille, La Littérature et le Mal, Avant-Propos).

105 Il ne faut jamais tuer ses personnages. On ne sait pas ce qui peut arriver... (E. Bourdet, Vient de paraître, I).

106 Bien écrire, c'est le contraire d'écrire bien (P. Morand, Venises).

107 Lire est une forme de paresse dans la mesure où on laisse le livre penser à la place du lecteur. Le lecteur lit et se figure qu'il pense ; de là ce plaisir qui flatte l'amour-propre d'une illusion délicate (J. Green, Journal [1956]).

108 Les livres font ceci, ils propagent le silence (J. Green, Journal [1975]).

109 Il est bon de lire entre les lignes, cela fatigue moins les yeux (mot de S. Guitry, rapporté par H. Lauwick, D'A. Allais à S. Guitry).

110 La littérature permet de se venger de la réalité en l'asservissant à la fiction [...] (S. de Beauvoir, Mémoires d'une jeune fille rangée).

111 Un enfant n'a pas besoin d'écrire, il est innocent (H. Miller, Sexus) ; > J. Green, Journal [1956].

112 Le livre n'est pas. La lecture le crée, à travers des mots créés, comme le monde est lecture recommencée du monde par l'homme (E. Jabès, Le Livre des questions).

113 Tout livre ne serait que trouble ressemblance avec le livre perdu (E. Jabès, Le Livre des ressemblances).

114 Dieu est absence du livre et le livre, lent déchiffrement de son absence (E. Jabès, Le Livre des ressemblances).

115 Si le monde est spectacle, n'est-ce pas le roman qui est vrai ? (Cl. Bonnefoy, dans La Quinzaine littéraire, 1972).

116 Les événements d'Auschwitz, du ghetto de Varsovie, de Buchenwald ne supporteraient certainement pas une description de caractère littéraire. La littérature n'y était pas préparée et ne s'est pas donné les moyens d'en rendre compte (R. Barthes, Écrits sur la politique et la société, repris dans R. Barthes par lui-même).

117 [...] si l'on supprimait l'œdipe et le mariage, que nous resterait-il à *raconter* ? (R. Barthes par lui-même).

118 Un livre qui n'est pas drôle comme la vie, et sinistre comme la vie, et à la fois achevé et inachevé comme la vie, et absolument tout comme la vie, est un livre inutile. Tous les livres en ce sens sont un peu inutiles, car aucun livre, jamais, ne sera fort comme la vie (J. d'Ormesson, La Gloire de l'empire) ; >**.

119 Un vrai livre se termine là où il doit commencer (R. Munier, L'Ordre du jour).

lois

▷ Voir aussi **Droit, Justice**

1 Tout ce que vous voulez que les hommes fassent pour vous, vous aussi faites-le de même pour eux, car c'est **la loi et les prophètes** (Matthieu, 7, 12, qui résume ainsi l'Ancien Testament).

2 Les lois se taisent parmi les armes (*Silent enim leges inter arma*, Cicéron, Pro Milone, IV, 11). *Cf.* marquis de Sade : C'est dans le silence des lois que naissent les grandes actions (Histoire de Juliette).

3 Nous sommes esclaves des lois pour pouvoir être libres (Cicéron, Des lois, II, 13).

4 *Corruptissima republica, plurimae leges* («L'Etat le plus corrompu fut celui où les lois se furent le plus multipliées»; Tacite, Annales, III, 27). *Cf.* Montaigne : Les [lois] plus désirables, ce sont les plus rares, plus simples et générales ; et encore crois-je qu'il vaudrait mieux n'en avoir point du tout que de les avoir en tel nombre que nous les avons (Essais, III, 13) ; Descartes : [...] la multitude des lois fournit souvent des excuses aux vices, en sorte qu'un Etat est bien mieux réglé

lorsque n'en ayant que fort peu, elles y sont fort étroitement observées (<u>Discours de la méthode</u>, II).

5 La loi n'oblige personne à l'impossible (*Lex neminem cogit ad impossibilia*, principe juridique du droit romain) ; *cf.* MOLIÈRE : [...] Nécessité n'a point de loi ; qui n'a point de loi vit en bête brute [...] (<u>Dom Juan</u>, V, 2).

6 Orça, nos lois sont comme toiles d'araignes ; orça, les simples moucherons et petits papillons y sont pris, orça les gros taons malfaisants les rompent, orça, et passent à travers, orça (RABELAIS, <u>Le Cinquième Livre</u>, XII) ; > BALZAC : /les lois sont des toiles d'araignées à travers lesquelles passent les grosses mouches et où restent les petites/ (<u>La Maison Nucingen</u>).

7 Il n'est rien si lourdement et largement fautier que les lois, ni si ordinairement. Quiconque leur obéit parce qu'elles sont justes, ne leur obéit pas justement par où il doit (MONTAIGNE, <u>Essais</u>, III, 13) ; > FLAUBERT, Corr., 10. 12. 1842, cité de mémoire.

8 Les lois, dans la signification la plus étendue, sont les rapports nécessaires qui dérivent de la nature des choses (MONTESQUIEU, <u>De l'esprit des lois</u>, I, 1) ; > ALAIN, <u>Propos</u> [avril 1927].

9 La loi, en général, est la raison humaine, en tant qu'elle gouverne tous les peuples de la terre [...] (MONTESQUIEU, <u>De l'esprit des lois</u>, I, 3).

10 Parce que les hommes sont méchants, la loi est obligée de les supposer meilleurs qu'ils ne sont (MONTESQUIEU, <u>De l'esprit des lois</u>, VI, 17).

11 [...] lorsqu'on veut changer les mœurs et les manières, il ne faut pas les changer par les lois : cela paraîtrait trop tyrannique : il vaut mieux les changer par d'autres mœurs et d'autres manières (MONTESQUIEU, <u>De l'esprit des lois</u>, XIX, 14).

12 Les lois ne doivent point être subtiles ; elles sont faites pour des gens de médiocre entendement ; elles ne sont point un art de logique, mais la simple raison d'un père de famille (MONTESQUIEU, <u>De l'esprit des lois</u>, XXIX, 16).

13 Comme les lois inutiles affaiblissent les lois nécessaires, celles qu'on peut éluder affaiblissent la législation (MONTESQUIEU, <u>De l'esprit des lois</u>, XXIX, 16).

14 Les lois rencontrent toujours les passions et les préjugés du législateur. Quelquefois elles passent au travers, et s'y teignent ; quelquefois elles y restent, et s'y incorporent (MONTESQUIEU, <u>De l'esprit des lois</u>, XXIX, 19).

15 Les mœurs et les manières sont des usages que les lois n'ont point établis, ou n'ont pas pu, ou n'ont pas voulu établir (MONTESQUIEU, <u>De l'esprit des lois</u>, XIX, 16).

16 [...] les lois sont toujours utiles à ceux qui possèdent et nuisibles à ceux qui n'ont rien (ROUSSEAU, <u>Du contrat social</u>, I, 9, note).

17 La loi est l'expression de la volonté générale (<u>Déclaration des droits de l'homme et du citoyen</u>).

18 Il est plus facile de légaliser certaines choses que de les légitimer (CHAMFORT, <u>Maximes et Pensées</u>).

19 Sachent donc ceux qui l'ignorent, sachent les ennemis de Dieu et du genre humain, quelque nom qu'ils prennent, qu'entre le fort et le faible, entre le riche et le pauvre, entre le maître et le serviteur, c'est la liberté qui opprime et la loi qui affranchit (LACORDAIRE, <u>Conférences de Notre-Dame</u>, 52ᵉ Conférence) ; >* : /c'est la liberté qui affirme/.

20 Celui qui adhère à une loi ne craint pas le jugement qui le replace dans un ordre auquel il croit. Mais le plus haut des tourments humains est d'être jugé sans loi (A. CAMUS, <u>La Chute</u>).

loisirs-divertissement-ennui

1 *Panem et circenses* (« Du pain et les jeux du cirque » ; JUVÉNAL, <u>Satires</u>, 10, v. 81).

2 Peu de choses nous divertit et détourne, car peu de choses nous tient (MONTAIGNE, <u>Essais</u>, III, 4). *Cf.* PASCAL : Peu de choses nous console parce que peu de choses nous afflige (<u>Pensées</u>, 43), parodié par LAUTRÉAMONT : Peu de chose nous console. Beaucoup de chose nous afflige (<u>Poésies</u>, II).

3 L'extrême ennui sert à nous désennuyer (LA ROCHEFOUCAULD, <u>Maximes</u>, Maximes posthumes, 29).

4 M. de La Rochefoucauld a dit très sagement qu'un des plus grands secrets de la vie est de savoir s'ennuyer (CARDINAL DE RETZ, <u>Mémoires</u>, II ; sur une source probable de cette assertion, voir l'éd. des <u>Mémoires</u> dans les Classiques Garnier, éd. S. Bertière, t. II, p. 591-592).

5 [...] j'ai dit souvent que tout le malheur des hommes vient d'une seule chose, qui est de ne savoir pas demeurer en repos dans une chambre (PASCAL, <u>Pensées</u>, 136) ; > A. GIDE, <u>Journal</u> : Feuillets (« mot spécifiquement français ») ; F. MAURIAC, <u>Le Jeune Homme</u>, V ; >* : /de l'homme/, /demeurer seul au repos/. *Cf.* LA BRUYÈRE : Tout notre mal vient de ne pouvoir être seuls : de là le jeu, le luxe, la dissipation, le vin, les femmes, [...] l'oubli de soi-même et de Dieu (<u>Les Caractères</u>, « De l'homme », 99).

6 Les hommes n'ayant pu guérir la mort, la misère, l'ignorance, ils se sont avisés, pour se rendre heureux, de n'y point penser (PASCAL, <u>Pensées</u>, 33).

7 [...] qu'on laisse un roi tout seul sans aucune satisfaction des sens, sans aucun soin dans l'esprit, sans compagnies et sans divertissements, penser à lui tout à loisir ; et l'on verra qu'**un roi sans divertissement est un homme plein de misères** (PASCAL,

Pensées, 137); > J. Giono: Qui a dit: [...]? (Un roi sans divertissement).

8 [...] s'oublier soi-même, pour calmer la persécution de cet inexorable ennui, qui fait le fond de la vie humaine, depuis que l'homme a perdu le goût de Dieu (Bossuet, Lettre au P. Caffaro sur la comédie).

9 [...] l'ennui, qui seul suffirait pour nous rendre la vie insupportable (Bossuet, Dissertation sur l'honneur); > J. Green, Journal [1967].

10 L'ennui naquit un jour de l'uniformité (Lamotte-Houdar, Fables, « Les Amis trop d'accord »; ce topos moral était particulièrement connu dans l'esthétique rhétorique, *cf.* Quintilien, Institution oratoire, V, 14, 30).

11 Un dada est le milieu précis entre la passion et la monomanie (Balzac, Autre étude de femme).

12 On n'est guère malheureux que par réflexion (J. Joubert, Pensées, Maximes et Essais, V, 21).

13 Dans la ménagerie infâme de nos vices,// Il en est un plus laid, plus méchant, plus immonde!/ [...]/ Il ferait volontiers de la terre un débris,/ Et dans un bâillement avalerait le monde;// C'est l'Ennui! (Baudelaire, Les Fleurs du mal, « Au lecteur »).

14 Il faut travailler, sinon par goût, au moins par désespoir, puisque, tout bien vérifié, travailler est moins ennuyeux que s'amuser (Baudelaire, « Mon cœur mis à nu »).

15 Rien d'excellent ne se fait qu'à loisir (A. Gide, Journal [1946]).

16 Tout ce que l'homme a fait, et qui l'a fait homme, eut pour première fin et pour condition première, l'idée et l'acte de constituer des réserves. Des réserves du loisir (P. Valéry, « Economie de guerre de l'esprit », Regards sur le monde actuel).

17 Tout homme a droit aux tourments qu'apporte le loisir (J. Rostand, Carnet d'un biologiste).

18 S'il n'y avait pas l'étanchéité de l'ennui, le cœur s'arrêterait de battre (R. Char, Feuillets d'Hypnos).

19 La vie se crée dans le délire et se défait dans l'ennui (E. M. Cioran, Précis de décomposition, « Désarticulation du temps »).

20 S'ennuyer c'est chiquer du temps (E. M. Cioran, Syllogismes de l'amertume, « Temps et Anémie »).

M

mal

▷ Voir aussi **Morale, Vices-vertus**

1 *Vade retro me, Satana* («Arrière de moi, Satan», MARC, 8, 33, mot de JÉSUS à saint Pierre qui se poursuit par : «Car tes pensées ne sont pas celles de Dieu, mais des hommes»; *cf.* MATTHIEU, 4, 10 : mot de JÉSUS à Satan; MATTHIEU, 16, 23; mot de JÉSUS à saint Pierre).

2 — Quel est ton nom? — Légion (LUC, 8, 30, dialogue de Jésus et du possédé).

3 *O felix culpa, quae talem ac tantum meruit habere Redemptorem* («O heureuse faute, qui a mérité d'avoir un pareil et si grand Rédempteur», Liturgie de la nuit de Pâques, hymne «*Exsultet*»; il s'agit de la faute d'Adam, occasion de la Rédemption); > E. RENAN, Souvenirs d'enfance et de jeunesse, Préface; L. BLOY, Le Sang du pauvre, 8; >*.

4 Plût aux Dieux que ce fût le dernier de ses crimes! (RACINE, Britannicus, dernière scène, mot de Burrhus à propos de Néron assassin de sa mère); >*.

5 Je suis l'esprit qui toujours nie (*Ich bin der Geist der stets verneint*, mot de Méphistophélès dans GOETHE, Faust, «Cabinet d'étude»); > J.-P. SARTRE, Les Mots, «Lire».

6 Il m'a paru plaisant, et d'autant plus agréable que la tâche était plus difficile, d'extraire la *beauté* du *Mal* (BAUDELAIRE, Projet de Préface aux Fleurs du mal).

7 On ne voit bien le mal de ce monde qu'à condition de l'exagérer (L. BLOY, Journal [1912]).

8 Tout ce qui va mal va de soi (ALAIN, Propos [5. 06. 1927]).

9 Car le bien compose et le mal ne compose pas. Tristan et Yseult s'engloutissent dans un néant stérile. Mais Rodrigue a créé un monde et Prouhèze a créé Rodrigue (P. CLAUDEL interroge le «Cantique des cantiques», 5).

10 C'est le mal seul à dire vrai qui exige un effort, puisqu'il est contre la réalité [...] (P. CLAUDEL, Le Soulier de satin, 1re version, I, 1).

11 Le Mal, comme le Bien, est aimé pour lui-même et servi (G. BERNANOS, Sous le soleil de Satan, II, 3).

malheur

1 Un malheur suit un autre (TÉRENCE, L'Eunuque, v. 987).

2 Parce que je n'ignore pas le malheur, je sais secourir les malheureux (début en latin : *Non ignara mali* ...; VIRGILE,

Enéide, I, v. 630) ; > Rousseau, pour illustrer la maxime : On ne plaint jamais dans autrui que les maux dont on ne se croit pas exempt soi-même (Emile, IV) ; *cf.* Chateaubriand, Mémoires d'outre-tombe, I, 1, 2.

3 Dans toute adversité de la fortune, le genre le plus malheureux d'infortune est d'avoir été heureux (Boèce, De consolatione philosophiae, 2) ; > Dante : Il n'y a pas de plus grande douleur que de se rappeler le temps heureux dans la misère (Enfer, V, v. 121-122) ; A. de Musset : Il n'est pire malheur/ qu'un souvenir heureux dans un jour de malheur (« Le Saule »).

4 Et qui veut bien mourir peut braver les malheurs (Corneille, Horace, III, 5).

5 [...] je ne sais [...] qui m'afflige le plus, ou sa vie, ou sa mort (Corneille, Rodogune, V, 4) ; > A. Gide, Journal [1930].

6 Mon mal est sans remède, et le bien qui me reste,/ N'est que le repentir de mon premier malheur (A. Godeau, Poésies chrétiennes, « Paraphrase du *Cantique d'Ezechias* ») ; > M. Proust, Sodome et Gomorrhe (si c'est bien au sonnet de Godeau qu'il est fait référence).

7 Et c'est être innocent que d'être malheureux (La Fontaine, « Elégie pour Fouquet »).

8 Songe, songe, Céphise, à cette nuit cruelle/ Qui fut pour tout un peuple une nuit éternelle (Racine, Andromaque, III, 8).

9 Mes malheurs font encor toute ma renommée./ Infortuné, proscrit incertain de régner,/ Dois-je irriter les cœurs au lieu de les gagner ? (Racine, Bajazet, II, 1).

10 Une circonstance imaginaire qu'il nous plaît d'ajouter à nos afflictions, c'est de croire que nous serons inconsolables (Fontenelle, Du bonheur).

11 [...] je coûtai la vie à ma mère, et ma naissance fut le premier de mes malheurs (Rousseau, Les Confessions, I).

12 Tout homme, en qualité d'homme, est sujet à tous les malheurs de l'humanité : la loi est générale ; donc elle n'est pas injuste (J. de Maistre, Les Soirées de Saint-Pétersbourg, 1).

13 Il n'y a que deux maux bien réels dans le monde : le remords, et la maladie ; le reste est idéal... (J. de Maistre, Corr., 16. 07. 1807).

14 Si l'on n'y prend garde, on est porté à condamner les malheureux (J. Joubert, Pensées, Maximes et Essais, V, 70).

15 [...] les douleurs ne sont point éternelles ; il faut tôt ou tard qu'elles finissent, parce que le cœur de l'homme est fini ; c'est une de nos grandes misères : nous ne sommes pas capables d'être longtemps malheureux (Chateaubriand, Atala, « Le Récit : les funérailles »). *Cf.* Fontenelle : Nous ne sommes pas assez parfaits

pour être toujours affligés : notre nature est trop variable, et cette imperfection est une de ses plus grandes ressources (<u>Du bonheur</u>).

16 J'ai profité à ces leçons : la vie, sans les maux qui la rendent grave, est un hochet d'enfant (Chateaubriand, <u>Mémoires d'outre-tombe</u>, I, 10, 7).

17 [...]/ de tant de mal, de tant de bien,/ Il ne me restera plus rien (M. Desbordes-Valmore, <u>Elégies</u>, « Dernière entrevue ») ; > Alain-Fournier, <u>Le Grand Meaulnes</u>, I, 8 : /qu'il ne reste plus que poussière de tant/.

18 — Tu seras malheureux. — Qu'est-ce que ça fait ? (G. de Porto-Riche, <u>Amoureuse</u>, II, 6).

19 [...] l'essence de notre malheur est surnaturelle (G. Bernanos, <u>Les Grands Cimetières sous la lune</u>, 1).

20 Elle avait l'imagination du malheur, et, de fait, ce qu'elle craignait arriva (J. Guéhenno, <u>Changer la vie</u>, « La Peur »).

21 Tout le malheur des hommes vient de l'espérance [...] (A. Camus, <u>L'Homme révolté</u>).

22 Retirez à l'homme le mensonge du Malheur, donnez-lui le pouvoir de regarder au-dessous de ce vocable : il ne pourrait un seul instant supporter *son* malheur (E. M. Cioran, <u>Visages de la décadence</u>).

mariage

▷ Voir aussi **Hommes-femmes**

1 [...] Ils seront une seule chair (<u>Genèse</u>, 2, 24, repris en Matthieu, 19, 5 et parallèles).

2 Où tu iras, j'irai ; où tu demeureras, je demeurerai, ton peuple sera mon peuple, et **ton Dieu sera mon Dieu** (<u>Ruth</u>, I, 16) ; > a) V. Larbaud, <u>Amants, heureux amants...</u> ; b) Pascal, « Le Mémorial ».

3 [...] il vaut mieux se marier que de brûler (<u>I Corinthiens</u>, 7, 9) ; > J. Green, Journal [1944].

4 [...] je veux que ma femme ne puisse pas même être soupçonnée (mot de Jules César, Plutarque, <u>Vies parallèles</u>, 10, 6, connu sous la forme ordinaire : La femme de César doit être au-dessus du soupçon).

5 — Le muet prétend et dénote [= signifie] que serez marié, cocu, battu et dérobé. — Le mariage (dit Panurge) je concède ; je nie le demeurant (Rabelais, <u>Tiers Livre</u>, XX).

6 Celui-là s'y entendait, ce me semble, qui dit qu'un bon mariage se dressait d'une femme aveugle avec un mari sourd (Montaigne, <u>Essais</u>, III, 5 ; < Erasme, <u>Apophtegmes</u>).

7 Il y a de bons mariages, mais il n'y en a point de délicieux (La Rochefoucauld, <u>Maximes</u>, 113) ; > Alain, (<u>Propos</u> [10. 09. 1913],

attribué à La Bruyère; *cf.* La Bruyère, Les Caractères, «Des femmes», 78).

8 C'est mon homme, ou plutôt c'est celui de ma femme (Molière, Sganarelle, 9).

9 Oui, son mari, vous dis-je, et mari très-marri (Molière, Sganarelle, 9).

10 Le mariage, Agnès, n'est pas un badinage (Molière, L'Ecole des femmes, III, 2).

11 Du côté de la barbe est la toute-puissance (Molière, L'Ecole des femmes, III, 2).

12 [...]/ Pour son mari, son chef, son seigneur et son maître (Molière, L'Ecole des femmes, III, 2).

13 Il vaut mieux encore être marié qu'être mort (Molière, Les Fourberies de Scapin, I, 4); >*.

14 Il ne prétend à vous qu'en tout bien et en tout honneur (Molière, Les Fourberies de Scapin, III, 1).

15 Quinze ans de mariage épuisent les paroles,/ Et depuis un long temps, nous nous sommes tout dit (Molière, Amphitryon, I, 4).

16 On fait des reproches à un amant; mais en fait-on à un mari, quand on n'a qu'à lui reprocher de n'avoir plus d'amour? (Mme de La Fayette, La Princesse de Clèves, II).

17 Comme plus on a d'esprit et plus on a de peine à prendre une ferme résolution sur cette affaire [...] (Ch. Perrault, Riquet à la houppe); > J. Grenier, Lexique, «Comme».

18 Ne pourrait-on point découvrir l'art de se faire aimer de sa femme? (La Bruyère, Les Caractères, «Des femmes», 89).

19 — Elle se marie. — Contre qui? (F. C. Dancourt, La Femme d'intrigues, I, 1).

20 Tous les maris sont laids (Montesquieu, Mes pensées, 1260). *Cf.* G. Feydeau: Les maris des femmes qui nous plaisent sont toujours des imbéciles (Le Dindon, I, 1).

21 Les conjonctions illicites contribuent peu à la propagation de l'espèce (Montesquieu, De l'esprit des lois, XXIII, 2).

22 Elle a de l'amitié pour le Chevalier, le Chevalier en a pour elle; ils pourraient fort bien se faire l'amitié de s'épouser par amour [...] (Marivaux, La Seconde Surprise de l'amour, II, 2).

23 Dans le mariage, on a plus souvent affaire à l'homme raisonnable qu'à l'aimable homme (Marivaux, Le Jeu de l'amour et du hasard, I, 1).

24 Maris jaloux, [...] croyez l'objet de vos amours,/ Car on ne gagne pas toujours/ A le mettre à l'épreuve (Marivaux, L'Epreuve, conclusion); > Titre de Maupassant.

25 Souvenez-vous toujours que même dans le mariage le plaisir n'est légitime que quand le désir est partagé (Rousseau, Emile, V).

26 J'ai souvent pensé que si l'on pouvait prolonger le bonheur de l'amour dans le mariage, on aurait le paradis sur la terre (Rousseau, Emile, V).

27 Désirer du bien à une femme, est-ce vouloir du mal à son mari ? (Beaumarchais, Le Mariage de Figaro, I, 9).

28 De toutes les chose sérieuses, le mariage étant la plus bouffonne [...] (Beaumarchais, Le Mariage de Figaro, I, 9).

29 [...] me voilà faisant le sot métier de mari, quoique je ne le sois qu'à moitié (Beaumarchais, Le Mariage de Figaro, V, 3).

30 Il faut ne choisir pour épouse que la femme qu'on choisirait pour ami, si elle était homme (J. Joubert, Pensées, Maximes et Essais, VIII, 9).

31 C'est dans le mariage que la sensibilité est un devoir ; dans toute autre relation, la vertu peut suffire (Mme de Staël, De l'Allemagne, III, 19).

32 La femme est pour son mari, ce que son mari l'a faite (Balzac, Physiologie du mariage, « Méditation XVII »).

33 Le mariage est une science (Balzac, Physiologie du mariage, « Catéchisme conjugal »).

34 Veuve d'Hector, hélas ! et femme d'Hélénus ! (Baudelaire, Les Fleurs du mal, « Le Cygne ») ; > A. Gide, Journal [1945].

35 [...] un véritable mariage dont la forme est non pas un *oui*, mais un *non*, un refus donné à la chair dans l'intérêt de l'étoile ? (P. Claudel interroge le « Cantique des cantiques », 5 ; *cf.* Le Père humilié, II, 2).

36 L'espèce de mortification n'importe guère. Ainsi nul ne se mortifie mieux, s'il se tient né pour l'amour, que dans l'état de mariage (A. Suarès, Le Prisme) ; > A. Gide, Journal [1906].

37 On se fiance par procuration, et on se croit obligé d'épouser ensuite la personne interposée (M. Proust, A l'ombre des jeunes filles en fleurs, II).

38 Le mariage en France, fut chose classique ; — il l'est encore un peu (P. Valéry, Tel quel, I, « Littérature »).

39 Tu parles comme une femme d'avant le divorce (Colette, Le Toutounier).

40 On ne s'entend pas, dans l'amour. La vie de deux époux qui s'aiment, c'est une perte de sang-froid perpétuelle. La dot des vrais couples est la même que celle des couples faux : le désaccord originel (J. Giraudoux, La guerre de Troie n'aura pas lieu, II, 8).

41 Beaucoup de maisons ne sont faites que pour les visiteurs, comme beaucoup de mariages pour les autres (M. Jouhandeau, Chroniques maritales, I, 11).

42 L'important dans le divorce, c'est ce qui le suit (H. Bazin, Madame Ex) ; >**.

43 Tout mariage est une rencontre dramatique entre la nature et la culture, entre l'alliance et la parenté (Cl. Lévi-Strauss, Les Structures élémentaires de la parenté).

44 — Fiel !... Ma pitance ! — Fiel !... mon zébu !... (J. Tardieu, Un mot pour un autre ; pour la réplique de comédie de boulevard « Ciel ! mon mari », voir par exemple E. Labiche, Un chapeau de paille d'Italie, V, 7).

médecine-santé

1 **La vie est courte, la technique longue** à acquérir, le moment propice fugitif, l'expérience personnelle trompeuse, la décision difficile. Le médecin ne doit pas se contenter d'agir lui-même comme il convient : mais il doit faire en sorte que le malade, son entourage et même les influences extérieures concourent à la guérison (Hippocrate, début des Aphorismes, trad. P. Theil).

2 *Mens sana in corpore sano* (« Un esprit sain dans un corps sain » ; Juvénal, Satires, X, v. 356 et Sénèque, Épîtres, 10, 4) ; > S. A. Tissot, De la santé des gens de lettres.

3 Le médecin n'est rien d'autre qu'un réconfort pour l'esprit (Pétrone, Satiricon, 42).

4 Je le pansai, Dieu le guérit (attribué à A. Paré ; *cf.* l'aphorisme antique : Le médecin soigne, la nature guérit, *Medicus curat, natura sanat*) ; *cf.* Barbey d'Aurevilly : Les âmes se *pansent* (seulement !) et *Dieu les guérit* (quelquefois !) (Memoranda [6. 10. 1856]).

5 Les médecins ne se contentent point d'avoir la maladie en gouvernement, ils rendent la santé malade, pour garder qu'on ne puisse en aucune saison échapper leur autorité (Montaigne, Essais, II, 37).

6 [...] Certes, mon ami, répond-il, à force de bien être, je me meurs (Montaigne, Essais, II, 37).

7 L'expérience est proprement sur son fumier au sujet de la médecine, où la raison lui quitte toute la place (Montaigne, Essais, III, 13).

8 Je hais les remèdes qui importunent plus que la maladie (Montaigne, Essais, III, 13).

9 Tu ne meurs pas de ce que tu es malade, tu meurs de ce que tu es vivant (Montaigne, Essais, III, 13).

10 Quoi qu'en dise Aristote et sa docte Cabale,/ Le tabac est divin, il n'est rien qui l'égale (Th. Corneille, Le Festin de pierre, I, 1).

Cf. MOLIÈRE: Quoi que puisse dire Aristote et toute la Philosophie, il n'est rien d'égal au tabac: c'est la passion des honnêtes gens, et qui vit sans tabac n'est pas digne de vivre (Dom Juan, I, 1, Ouverture, dans la bouche de Sganarelle).

11 Si on examine la nature des maladies, on trouvera qu'elles tirent leur origine des passions et des peines de l'esprit (LA ROCHEFOUCAULD, «De l'origine des maladies», Réflexions diverses).

12 Il ne faut que demeurer en repos [...] et presque tous les hommes meurent de leurs remèdes, et non pas de leurs maladies (MOLIÈRE, Le Malade imaginaire, III, 3).

13 Comment, Monsieur, vous êtes aussi impie en médecine? (MOLIÈRE, Dom Juan, III, 1).

14 Il vaut mieux mourir selon les règles, que de réchapper contre les règles (MOLIÈRE, L'Amour médecin, II, 5); > H. BERGSON, Le Rire.

15 Mais le plus grand faible des hommes, c'est l'amour qu'ils ont pour la vie; et nous en profitons [...] (MOLIÈRE, L'Amour médecin, III, 1).

16 Voilà justement ce qui fait que votre fille est muette (MOLIÈRE, Le Médecin malgré lui, II, 4).

17 — [...] le cœur est du côté gauche et le foie du côté droit. — Oui, cela était autrefois ainsi, mais nous avons changé tout cela (MOLIÈRE, Le Médecin malgré lui, II, 4); > H. BERGSON, Le Rire.

18 — Comment se porte la malade? — Un peu plus mal depuis votre remède. — Tant mieux: c'est signe qu'il opère (MOLIÈRE, Le Médecin malgré lui, III, 5).

19 Mauvais signe, lorsqu'un malade ne sent pas son mal (MOLIÈRE, Monsieur de Pourceaugnac, I, 8).

20 [...] presque tous les hommes meurent de leurs remèdes, et non pas de leurs maladies (MOLIÈRE, Le Malade imaginaire, III, 3).

21 Le poumon. [...] Le poumon, le poumon, vous dis-je (MOLIÈRE, Le Malade imaginaire, III, 10).

22 Si [les magistrats] avaient la véritable justice, et si les médecins avaient le vrai art de guérir ils n'auraient que faire de bonnets carrés (PASCAL, Pensées, 44).

23 Quand on se porte bien on admire comment on pourrait faire si on était malade. Quand on l'est on prend médecine gaiement, le mal y résout [...] la nature donne alors des passions et des désirs conformes à l'état présent (PASCAL, Pensées, 638).

24 La médecine est à la mode parmi nous; elle doit l'être. C'est l'amusement des gens oisifs et désœuvrés qui ne sachant que faire de leur temps le passent à se conserver (ROUSSEAU, Emile, I).

25 Souffre, meurs ou guéris ; mais surtout vis jusqu'à ta dernière heure (Rousseau, Emile, II).

26 Mon ami tomba malade, je le traitai ; il mourut, je le disséquai (mot de Ferrein, rapporté par Diderot, Satire I, «Sur les caractères... »).

27 Il est impossible d'être sobre, et il est impossible de ne pas être sobre et de se bien porter (Diderot, Corr., à S. Volland, 5. 10. 1759).

28 L'important n'est pas de guérir, mais bien de vivre avec ses maux (mot de l'abbé F. Galiani à Mme d'Epinay) ; > A. Gide, Corydon, I, 2.

29 [...] la phrase est dans le sens de celle-ci : ou *la maladie vous tuera*, ou *ce sera le médecin* [...] (Beaumarchais, Le Mariage de Figaro, III, 15).

30 [...] quel nombre effrayant de maladies en général et d'accidents particuliers qui ne sont dus qu'à nos vices ! (J. de Maistre, Les Soirées de Saint-Pétersbourg, 1).

31 La vie est l'ensemble des fonctions qui résistent à la mort (Fr.-X. Bichat, Recherches physiologiques sur la vie et la mort, I, 1).

32 Il y a souvent obligation pour les médecins de lâcher sciemment des niaiseries afin de sauver l'honneur ou la vie des gens bien portants qui sont autour du malade (Balzac, Histoire de César Birotteau, éd. Garnier, 1964, p. 236-237).

33 C'est ce qui arrive de presque toutes les maladies de l'esprit humain que l'on se flatte d'avoir guéries. On les répercute seulement, comme on dit en médecine, et on leur en substitue d'autres (Sainte-Beuve, Causeries du lundi, I) ; > A. Gide, Les Faux-Monnayeurs, II, 5.

34 Je ne crois nullement à la médecine, mais à de certains médecins, à des innéités spéciales, de même que je ne crois pas aux poétiques mais aux poètes (Flaubert, Corr., 9. 12. 1853).

35 Une opération n'est jamais inutile. Elle peut ne pas profiter à l'opéré... elle profite toujours à l'opérateur (G. Feydeau, La Dame de chez Maxim, I, 2).

36 Votre inhumanité intellectuelle et technique se concilie fort aisément, et même fort heureusement, avec votre humanité, qui est des plus compatissantes, et parfois, des plus tendres (P. Valéry, «Discours aux chirurgiens », Variété).

37 Les progrès de l'insomnie sont remarquables et suivent exactement tous les autres progrès (P. Valéry, «Le Bilan de l'intelligence », Variété).

38 Il n'y a pas de maladies, il n'y a que des malades (mot de Henri
   Mondor, source non retrouvée) ; > J. Green, Journal [1980]

39 Les gens bien portants sont des malades qui s'ignorent (J.
   Romains, Knock, I).

40 Il en est de la médecine comme de toutes les techniques. Elle
   est une activité qui s'enracine dans l'effort spontané du vivant
   pour dominer le milieu et l'organiser selon ses valeurs de vivant
   (G. Canguilhem, Le Normal et le Pathologique, I).

41 Ce n'est pas de la découverte, mais de la recherche elle-même,
   de ses exigences artisanales, de l'attitude d'esprit qu'elle
   réclame, [...] que naît l'étrange vertu qui crée l'authenticité de la
   connaissance médicale (J. Hamburger, La Puissance et la
   Fragilité, 2).

42 A vouloir enseigner trop de médecine, on n'a plus le loisir de
   former le médecin (J. Hamburger, La Puissance et la Fragilité,
   3).

43 Choisir comme objet du combat médical, non la chose vivante
   en soi, mais l'individu spirituel qu'elle sous-tend [...] (J.
   Hamburger, La Puissance et la Fragilité, 4).

mémoire-souvenir

1 La mémoire diminue à moins qu'on ne l'exerce (Cicéron, Cato
   major, 21).

2 *Laudator temporis acti* (« Panégyriste du temps passé » ; Horace,
   Art poétique, 174 ; contexte : il s'agit du vieillard « [...] quinteux,
   grondeur, panégyriste du temps passé de son enfance, censeur
   prompt à gourmander les jeunes ») ; *cf.* Boileau : la vieillesse
   chagrine [...] toujours plaint le présent et vante le passé (Art poétique,
   III).

3 Reste l'ombre d'un grand nom (latin : *Stat magni nominis
   umbra* ; Lucain, Pharsale, I, v. 135).

4 Dites-moi où, n'en quel pays/ Est Flora la belle Romaine/ [...]
   Mais où sont les neiges d'antan ? (F. Villon, « Ballade des dames
   du temps jadis », dont le vers en gras est le refrain).

5 Savoir par cœur n'est pas savoir ; c'est tenir ce qu'on a donné en
   garde à sa mémoire (Montaigne, Essais, I, 26).

6 *Remember* (« Souviens-toi », dernier mot de Charles Ier d'Angleterre sur l'échafaud).

7 Tout le monde se plaint de sa mémoire, et personne ne se plaint
   de son jugement (La Rochefoucauld, Maximes, 89).

8 En me disant, j'ai joui, je jouis encore (Rousseau, Fragments
   autobiographiques).

9 Qui me délivrera des Grecs et des Romains ! (J. Berchoux,

Elégie) ; > Baudelaire : /Qui nous/ («Quelques caricaturistes français»).

10 Le souvenir est le seul paradis dont nous ne puissions être expulsés (Jean-Paul [Richter], Die unsichtbare Loge).

11 Nous vivions, pour ainsi dire, d'une espèce de mémoire du cœur [...] (B. Constant, Adolphe, 6).

12 O misère de nous ! notre vie est si vaine qu'elle n'est qu'un reflet de notre mémoire (Chateaubriand, Mémoires d'outre-tombe, I, 2, 3).

13 Je fus tiré de mes réflexions par le gazouillement d'une grive perchée sur la plus haute branche d'un bouleau. A l'instant ce son magique fit reparaître à mes yeux le domaine paternel ; [...] et, transporté subitement dans le passé, je revis ces campagnes où j'entendis si souvent siffler la grive (Chateaubriand, Mémoires d'outre-tombe, I, 3, 1) ; > M. Proust, Le Temps retrouvé.

14 Les plaisirs de la jeunesse reproduits par la mémoire sont des ruines vues au flambeau (Chateaubriand, Mémoires d'outre-tombe, I, 12, 5, texte repris du Génie du Christianisme) ; > J. Green, Journal [1958].

15 Lorsqu'on regarde [...] sa vie passée, on croit voir sur une mer déserte la trace d'un vaisseau qui a disparu (Chateaubriand, Mémoires d'outre-tombe, III, II, 3, 12).

16 [...] Ils n'ont **rien oublié ni rien appris** (Napoléon, Proclamation du 1er mars 1815 ; voir Dupré, 1787, pour l'attribution à Dumouriez ; la phrase est déjà attribuée à Talleyrand par le chevalier de Panat, Corr., janvier 1796) ; > M. Proust, Sodome et Gomorrhe II, 2 ; >*. Cf. Corneille : [...] Auguste a tout appris et veut tout oublier (dernier vers de Cinna).

17 Soldats, songez que, du haut de ces pyramides, quarante siècles vous contemplent (Napoléon Bonaparte aurait prononcé ce mot avant la bataille des Pyramides, en 1798).

18 Parle-nous de lui, grand-mère (Béranger, «Les Souvenirs du peuple» ; il s'agit de Napoléon).

19 Mais si de la mémoire on ne doit pas guérir,/ A quoi sert, ô mon âme, à quoi sert de mourir ? (M. Desbordes-Valmore, Bouquets et Prières) ; > Baudelaire, «Réflexions sur mes contemporains», 2.

20 L'amas des souvenirs se disperse à tout vent ! /[...]/ Chantez, oiseaux ! ruisseaux, coulez ! croissez, feuillages !/ Ceux que vous oubliez ne vous oublieront pas (Hugo, Les Rayons et les Ombres, «Tristesse d'Olympio»).

21 C'est toi qui dors dans l'ombre, ô sacré souvenir ! (Hugo, Les Rayons et les Ombres, XXXIV, «Tristesse d'Olympio», dernier vers).

22 Ô temps évanouis ! ô splendeurs éclipsées ! / O soleils descen-
    dus derrière l'horizon (HUGO, Les Voix intérieures, XVI) ; >
    BAUDELAIRE : /O soleil/ (L'Art romantique, 14).

23 Comme le souvenir est voisin du remords ! / Comme à pleurer
    tout nous ramène ! (HUGO, Les Contemplations, V, 13) ; > A. GIDE,
    Journal [1934].

24 Les morts durent bien peu [...]/ Hélas, dans le cercueil ils
    tombent en poussière,/ Moins vite qu'en nos cœurs ! (HUGO,
    Feuilles d'automne, « A un voyageur ») ; > M. PROUST, Le Côté de
    Guermantes, II, 2.

25 Il est un air pour qui je donnerais/ Tout Rossini, tout Mozart et
    tout Weber,/ Un air très vieux, languissant et funèbre,/ Qui pour
    moi seul a des charmes secrets ! // [...] une dame, à sa haute
    fenêtre,/ [...]/ Que, dans une autre existence, peut-être,/ J'ai déjà
    vue... et dont je me souviens ! (NERVAL, « Fantaisie »).

26 A défaut du pardon, laisse venir l'oubli (A. DE MUSSET, « Nuit
    d'octobre »).

27 J'ai longtemps habité sous de vastes portiques/ Que les soleils
    marins teignaient de mille feux/ [...]/ C'est là que j'ai vécu dans
    les voluptés calmes,/ Au milieu de l'azur, des vagues, des
    splendeurs/ Et des esclaves nus, tout imprégnés d'odeurs
    (BAUDELAIRE, Les Fleurs du mal, « La Vie antérieure »).

28 J'ai plus de souvenirs que si j'avais mille ans (BAUDELAIRE, Les
    Fleurs du mal, « Spleen ») ; > F. MAURIAC, Un adolescent d'autrefois, II.

29 Le soleil s'est noyé dans son sang qui se fige.../ Ton souvenir en
    moi luit comme un ostensoir (BAUDELAIRE, Les Fleurs du mal,
    « Harmonie du soir »).

30 **La servante au grand cœur** dont vous étiez jalouse,/ Et qui dort
    son sommeil sous une humble pelouse,/ Nous devrions
    pourtant lui porter quelques fleurs (BAUDELAIRE, Les Fleurs du
    mal, C) ; > P. VALÉRY, Tel quel, I.

31 Ah ! que le monde est grand à la clarté des lampes ! / Aux yeux du
    souvenir que le monde est petit ! (BAUDELAIRE, Les Fleurs du mal,
    « Le Voyage »).

32 Je sais l'art d'évoquer les minutes heureuses (BAUDELAIRE, Les
    Fleurs du mal, « Le Balcon »).

33 Charme profond, magique, dont nous grise/ Dans le présent le
    passé restauré ! (BAUDELAIRE, Les Fleurs du mal, « Un fantôme : II,
    Le Parfum »).

34 — C'est là ce que nous avons eu de meilleur ! dit Frédéric. —
    Oui, peut-être bien ? C'est là ce que nous avons eu de meilleur !
    dit Deslauriers (FLAUBERT, L'Education sentimentale, II, 7, fin du
    roman, où les personnages vieillis évoquent un épisode de leur
    adolescence).

35 Nous vivons d'une ombre, [...] du parfum d'un vase vide [...] (E. Renan, Discours et conférences, «Réponse au discours de Cherbuliez»); > F. Mauriac : /vivre du parfum d'un vase brisé/ (Le Roman, II).

36 Par ce soir doré de septembre,/ La mort, l'amour, la mer,/ Me noyer dans l'oubli complet (Ch. Cros, Le Collier de griffes, «Hiéroglyphe»).

37 Dans le vieux parc solitaire et glacé,/ Deux spectres ont évoqué le passé (P. Verlaine, Fêtes galantes, «Colloque sentimental»; sert de refrain; dans le même poème : — Te souvient-il de notre extase ancienne? — Pourquoi voulez-vous donc qu'il m'en souvienne?); > H. de Montherlant, Mors et Vita, «Un Petit Juif à la guerre»: /Deux ombres/.

38 Souvenir, souvenir, que me veux-tu? L'automne/ faisait voler la grive à travers l'air atone/ [...] (P. Verlaine Poèmes saturniens, «Nevermore»).

39 Oui, une partie de mon âme, toute celle qui n'est pas attachée au monde extérieur, a vécu de longs siècles avant de s'établir en moi (M. Barrès, Un homme libre, III, «L'Eglise triomphante»).

40 Les mois passent... Des îles de mémoire commencent à surgir du fleuve de la vie (R. Rolland, Jean-Christophe, «L'Aube», I).

41 Longtemps, je me suis couché de bonne heure (M. Proust, 1re phrase de Du côté de chez Swann, «Combray», I).

42 [...] et l'église et tout Combray et ses environs, tout cela qui prend forme et solidité, est sorti, ville et jardins, de ma tasse de thé (M. Proust, Du côté de chez Swann, dernière phrase de «Combray» I).

43 Il n'est de souvenir douloureux que des morts. Or ceux-ci se détruisent vite, et il ne reste plus autour de leurs tombes mêmes que la beauté de la nature, le silence, la pureté de l'air (M. Proust, Le Temps retrouvé).

44 Mon beau navire ô ma mémoire/ Avons-nous assez navigué/ Dans une onde mauvaise à boire (Apollinaire, Alcools, «La Chanson du mal-aimé»); >*.

45 Regrets sur quoi l'enfer se fonde/ Qu'un ciel d'oubli s'ouvre à mes vœux (Apollinaire, Alcools, «La Chanson du mal-aimé»).

46 Les souvenirs sont cors de chasse/ Dont meurt le bruit parmi le vent (Apollinaire, Alcools, «Cors de chasse»).

47 Hommes de l'avenir souvenez-vous de moi/ Je vivais à l'époque où finissaient les rois (Apollinaire, Alcools, «Vendémiaire»).

48 Mais avec tant d'oubli comment faire une rose,/ Avec tant de départs comment faire un retour (J. Supervielle, Oublieuse mémoire, «Pâle soleil d'oubli»).

49 La vie serait impossible si l'on se souvenait. Le tout est de choisir

ce que l'on doit oublier (M. Martin du Gard, <u>Petite suite de maximes et de caractères</u>).

50 Chacun de nous se promène avec bienveillance dans cette galerie de portraits de lui-même qu'est sa mémoire. [...] Tout au bout de la galerie, le dernier portrait n'est qu'un miroir où, bon gré mal gré, nous devons nous regarder et nous voir, tels que la vie nous a faits (J. Guéhenno, <u>Changer la vie</u>, «Actions de grâces»).

51 [...] abolition de la mémoire : DADA ; abolition de l'archéologie : DADA ; abolition des prophètes : DADA ; abolition du futur : DADA (T. Tzara, <u>Manifeste dada</u>).

52 Quel est ce vers inoubliable ? [...] Le vieux style ! (S. Beckett, <u>Oh ! les beaux jours</u>).

53 Tous les pays qui n'ont plus de légende/ Seront condamnés à mourir de froid (P. de La Tour du Pin, <u>La Quête de joie</u>, «Prélude»).

54 J'ai fini par ne plus m'ennuyer du tout à partir de l'instant où j'ai appris à me souvenir (A. Camus, <u>L'Etranger</u>, II, 2).

55 J'ai la mémoire qui flanche (chanson interprétée par J. Moreau jouant Catherine dans <u>Jules et Jim</u>, film de F. Truffaut).

56 Je vous parle d'un temps/ Que les moins de vingt ans/ Ne peuvent pas connaître («La Bohême», chanson d'Aznavour) ; >*.

57 <u>Hitler, connais pas</u> (titre d'un film de B. Blier, 1963).

métier-vocation

▷ Voir aussi **Travail**

1 [...] il n'y aura œuvre si vile ne sordide, laquelle ne reluyse devant Dieu, et ne soit fort précieuse, moyennant qu'en icelle nous servions à notre vocation (J. Calvin, <u>Institution de la religion chrétienne</u>, éd. de 1541, dernière phrase).

2 Le plus âpre et difficile métier du monde, à mon gré, c'est faire dignement le Roi [...] (Montaigne, <u>Essais</u>, III, 7).

3 Et moi aussi, je suis peintre ! (mot qu'aurait prononcé Le Corrège devant la Sainte-Cécile de Raphaël) ; > Montesquieu, <u>De l'esprit des lois</u>, Préface. *Cf.* Balzac : Il s'était dit : Et moi aussi je serai épicier ! (<u>La Rabouilleuse</u>) ; *cf.* A. Malraux : «Pourquoi pas moi ?» (<u>L'Intemporel</u>, 11, à propos des peintres naïfs).

4 Est-ce à votre cocher, Monsieur, ou bien à votre cuisinier, que vous voulez parler ? car je suis l'un et l'autre (Molière, <u>L'Avare</u>, III, 1).

5 De toutes les circonstances de la vie, le choix d'un état est celle où la méprise est plus ordinaire (J.-B. Massillon, <u>Sermon sur la vocation</u>).

6 Tout métier utile au public n'est-il pas honnête ? (Rousseau, Emile, III).

7 [...] on pense à moi pour une place, mais par malheur j'y étais propre [...] (Beaumarchais, Le Mariage de Figaro, III, 15).

8 Les vocations manquées déteignent sur toute l'existence (Balzac, La Maison Nucingen, dédicace à Mme Zulma Caraud).

9 Il n'existe que trois êtres respectables : le prêtre, le guerrier, le poète. Savoir, tuer, créer. Les autres hommes sont taillables et corvéables, faits pour l'écurie, c'est-à-dire pour exercer ce qu'on appelle des *professions* (Baudelaire, « Mon cœur mis à nu », 22) ; paraphrasé par E. Ionesco :/méritent l'estime/, /ne méritent que le fouet/ (Présent passé, Passé présent, II).

10 La vraie marque d'une vocation est l'impossibilité d'y forfaire, c'est-à-dire de réussir à autre chose que ce pour quoi l'on a été créé (E. Renan, Souvenirs d'enfance et de jeunesse, II).

11 Il faut avoir une haute idée, non pas de ce qu'on fait, *mais de ce qu'on pourra faire un jour* ; sans quoi, ce n'est pas la peine de travailler (mot de Degas, rapporté par P. Valéry, « Degas Danse Dessin », Pièces sur l'art).

12 Ce qui me tourmente, ce ne sont ni ces creux, ni ces bosses, ni cette laideur. **C'est un peu, dans chacun de ces hommes, Mozart assassiné** (A. de Saint-Exupéry, Terre des hommes, VIII, 4 avant-dernière phrase du roman) ; > titre de G. Cesbron ; >* Radio.

13 Nul ne peut se sentir, à la fois, responsable et désespéré (A. de Saint-Exupéry, Pilote de guerre, XXIV).

14 Toutes les vocations suscitent des haines, antimilitarisme ou anticléricalisme, que ne suscitent pas les professions (A. Malraux, Antimémoires, I, p. 153).

mode

1 Il n'y a rien de nouveau sous le soleil (*Nihil sub sole novum*, Ecclésiaste, 1, 9 ; *cf.* la version courante *nil novi*).

2 [...] il était l'arbitre de l'élégance (Tacite, Annales, XVI, 18, à propos de Pétrone).

3 Racine passera comme le café (mot attribué à tort à Mme de Sévigné ; voir Dupré, 757) ; > J. Green, Journal [1967].

4 Vite, voiturez-nous ici les commodités de la conversation (Molière, Les Précieuses ridicules, 9 ; langage de Précieuse).

5 Est-ce qu'on n'en meurt point ? (Molière, Les Précieuses ridicules, 9 ; il s'agit de la beauté d'un air de musique).

6 En vain contre Le Cid un Ministre se ligue./ Tout Paris pour Chimène a les yeux de Rodrigue (Boileau, Satires, IX).

7 Tout ce qui est nouveau n'est pas hardi (Montesquieu, Mes pensées, 191).

8 La mode domine les provinciales, mais les Parisiennes dominent la mode (Rousseau, La Nouvelle Héloïse, II, 21).

9 Le changement de modes est l'impôt que l'industrie du pauvre met sur la vanité du riche (Chamfort, Maximes et Pensées).

10 Le Dandysme introduit le calme antique au sein des agitations modernes [...] (Barbey d'Aurevilly, Du dandysme, VII).

11 Dans le monde, tout le temps que vous n'avez pas produit d'effet, restez : si l'effet est produit, allez-vous-en (Barbey d'Aurevilly, Du dandysme, IX, « Fameux principe du dandysme » illustré par Brummell).

12 Tout Dandy est un *oseur*, mais un oseur qui a du tact, qui s'arrête à temps et qui trouve, entre l'originalité et l'excentricité, le fameux point d'intersection de Pascal (Barbey d'Aurevilly, Du dandysme, X).

13 Un des caractères des Dandys, c'est de ne jamais faire ce qu'on attend d'eux (Barbey d'Aurevilly, Du dandysme, « Un Dandy d'avant les Dandys », 1).

14 Il s'agit [...] de dégager de la mode ce qu'elle peut contenir de poétique dans l'historique, de tirer l'éternel du transitoire (Baudelaire, « Le Peintre de la vie moderne », 4).

15 La mode doit donc être considérée comme un symptôme du goût de l'idéal surnageant dans le cerveau humain au-dessus de tout ce que la vie naturelle y accumule de grossier, de terrestre et d'immonde [...] comme un essai permanent et successif de réformation de la nature (Baudelaire, « Le Peintre de la vie moderne », 11).

16 Le dandy doit aspirer à être sublime sans interruption. Il doit vivre et dormir devant un miroir (Baudelaire, « Mon cœur mis à nu », 5).

17 Assurément les sentiments aussi vieillissent ; il est des modes jusque dans la façon de souffrir ou d'aimer (A. Gide, Journal [1931]).

18 On le trouvait « avant-guerre », démodé, car ceux-là mêmes qui sont le plus incapables de juger les mérites, sont ceux qui pour les classer adoptent le plus l'ordre de la mode [...] (M. Proust, Le Temps retrouvé).

19 La mode étant l'imitation de qui veut se distinguer par celui qui ne veut pas être distingué, il en résulte qu'elle change automatiquement. Mais le marchand règle cette pendule (P. Valéry, Tel quel, II).

20 Le vrai « snob » est celui qui craint d'avouer qu'il s'ennuie quand

il s'ennuie ; et qu'il s'amuse, quand il s'amuse (P. VALÉRY, Mélange).

21 La mode se démode, le style jamais (mot de COCO CHANEL) ; > MONTREYNAUD.

22 Le dandysme, forme moderne du stoïcisme, est finalement une religion dont le seul sacrement est le suicide (M. BUTOR, Histoire extraordinaire, 7, « La Peine de mort »).

modernité

1 Le *romanticisme* est l'art de présenter aux peuples les œuvres littéraires qui, dans l'état actuel de leurs habitudes et de leurs croyances, sont susceptibles de leur donner le plus de plaisir possible. Le *classicisme*, au contraire, leur présente la littérature qui donnait le plus grand plaisir possible à leurs arrière-grands-pères (STENDHAL, Racine et Shakespeare, 3). *Cf. infra*, BAUDELAIRE.

2 [...] j'ai rassemblé les éléments généraux les plus communs de l'homme sensible moderne, de ce que l'on pourrait appeler la *forme banale de l'originalité* (BAUDELAIRE, « Le Poème du haschisch »).

3 La modernité, c'est le transitoire, le fugitif, le contingent, la moitié de l'art, dont l'autre moitié est l'éternel et l'immuable. Il y a eu une modernité pour chaque peintre ancien [...] (BAUDELAIRE, Le Peintre de la vie moderne, 4) ; > M. WINOCK, Chronique des années soixante.

4 Au vent qui soufflera demain nul ne tend l'oreille ; et pourtant *l'héroïsme de la vie moderne* nous entoure et nous presse (BAUDELAIRE, Salon de 1845 ; l'expression est reprise en sous-titre dans le Salon de 1846).

5 [...] si l'on veut entendre par romantisme l'expression la plus récente et la plus moderne de la beauté [...] (BAUDELAIRE, Salon de 1846, 1 ; *cf.* idem, 2) ; *cf. idem*, STENDHAL.

6 Puissent les vrais chercheurs nous donner l'année prochaine cette joie singulière de célébrer l'avènement du *neuf* (BAUDELAIRE, Salon de 1846, 1).

7 Il faut être absolument moderne (RIMBAUD, « Adieu », Une saison en enfer) ; > radio.

8 Ce qui paraîtra bientôt le plus vieux, c'est ce qui d'abord aura paru le plus moderne (A. GIDE, Les Faux-Monnayeurs, I, 8).

9 Le moderne se contente de peu (P. VALÉRY, Tel quel, I).

10 Un homme moderne, et c'est en quoi il est moderne, vit familièrement avec une quantité de contraires établis dans la pénombre de sa pensée et qui viennent tour à tour sur la scène (P. VALÉRY, « La Politique de l'esprit », Variété).

11 Je vois passer « l'homme moderne » avec une idée de lui-même et du monde qui n'est plus une idée déterminée. — Il ne peut pas ne pas en porter plusieurs ; ne pourrait presque vivre sans cette multiplicité contradictoire de visions ; — il lui est devenu impossible d'être homme d'un seul point de vue, et d'appartenir réellement à une seule langue, à une seule nation, à une seule confession, à une seule physique (P. Valéry, « La Politique de l'esprit », Variété).

12 L'homme moderne est l'esclave de la modernité : il n'est point de progrès qui ne tourne à sa plus complète servitude (P. Valéry, Regards sur le monde actuel).

13 [...] le monde moderne, lui seul et de son côté, se contrarie d'un seul coup à tous les autres mondes, à tous les anciens mondes ensemble en bloc et de leur côté (Ch. Péguy, L'Argent).

14 Une fois dans sa vie, fût-ce pendant trois quarts d'heure, tout le monde a été à l'avant-garde de quelqu'un (F. Schmitt, Le Critique musical).

15 Le monde moderne est plein des anciennes vertus chrétiennes devenues folles. Elles sont devenues folles parce qu'isolées l'une de l'autre et parce qu'elles vagabondent toutes seules (G. K. Chesterton, Orthodoxie, 3) ; > P. Claudel : /Le monde est plein de vérités chrétiennes devenues/ (Propositions sur la justice) ; G. Bernanos, La Grande Peur des bien-pensants, « Conclusion ».

16 L'Européen le plus moderne c'est vous Pape Pie X (Apollinaire, Alcools, « Zone »).

17 J'ai connu le temps où le mot de moderne avait le sens de meilleur (G. Bernanos, Les Grands Cimetières sous la lune, II, 2).

18 Le monde moderne avait bien besoin d'une mystique, mais ce sont les dictateurs qui l'ont rassasié, comblé, rempli (G. Bernanos, Les Enfants humiliés).

19 On ne comprend absolument rien à la civilisation moderne si l'on n'admet pas d'abord qu'elle est une **conspiration universelle contre toute espèce de vie intérieure** (G. Bernanos, La France contre les robots) ; > F. Mauriac, Bloc-Notes (1945).

20 Etre *moderne*, c'est bricoler dans l'Incurable (E. M. Cioran, Syllogismes de l'amertume, « Atrophie du verbe »).

21 La modernité se définit comme un progrès décisif de la conscience de soi (E. Borne, dans France-Forum, 1988) ; > J.-M. Domenach, Enquête sur les idées contemporaines.

moi-individu

1 Mais Toi, tu étais plus intime que l'intime de moi-même, et plus élevé que les cimes de moi-même (saint Augustin, Les

Confessions, III, VI, 11, prière à Dieu) ; *cf.* P. Claudel : Quelqu'un qui soit en moi plus moi-même que moi (Vers d'exil, VII).

2 Il se faut réserver une **arrière-boutique toute nostre, toute franche, en laquelle nous établissons notre vraie liberté et principale retraite et solitude** (Montaigne, Essais, I, 39) ; > Flaubert, Corr., 8. 05. 1852.

3 Et se trouve autant de différence de nous à nous-même que de nous à autrui (Montaigne, Essais, II, 1) ; *cf.* Pascal : [...] il n'y a point d'homme plus différent d'un autre que de soi-même dans les divers temps (De l'esprit géométrique et de l'art de persuader ; > A. Gide, Journal [1943]) ; La Rochefoucauld : On est quelquefois aussi différent de soi-même que des autres (Maximes, 135 ; 1re version : Chaque homme se trouve quelquefois aussi différent de lui-même qu'il l'est des autres). *Cf.* H. de Montherlant : L'important n'est pas d'être différent des autres, mais d'être différent de soi (Carnets, XXXV).

4 J'ai pu me mêler des charges publiques sans me départir de moi de la largeur d'une ongle, [ajout] et me donner à autrui sans m'ôter à moi (Montaigne, Essais, III, 10 ; *cf. ibidem* : [...] il se faut prêter à autrui et ne se donner qu'à soi-même).

5 Je m'étudie plus qu'autre sujet. C'est ma métaphysique, c'est ma physique (Montaigne, Essais, III, 13).

6 La plus grande chose du monde, c'est de savoir être à soi (Montaigne, Essais, III, 13) ; > H. de Montherlant, Service inutile, « L'Ame et son Ombre ».

7 C'est une absolue perfection, et comme divine, de savoir jouir loyalement de son être (Montaigne, Essais, III, 13).

8 Je ne suis pas ce que je suis (Shakespeare, Othello, I, 1) ; > J. Green, Journal [1951].

9 Je pense donc je suis (Descartes, Discours de la méthode, IV) ; *cf.* P. Valéry : Parfois je pense ; et parfois je suis (Tel quel, « Choses tues », VIII) ; A. Camus : Je me révolte, donc je suis (L'Eté) ; Je me révolte, donc nous sommes (L'Homme révolté, I) ; J. Lacan : « Je pense où je ne suis pas, donc je suis où je ne pense pas » (glose de Descartes dans Ecrits). Voir « Conscience », saint Augustin.

10 Dans un si grand revers, que vous reste-t-il ? — **Moi.**/ Moi, dis-je, et c'est assez (Corneille, Médée, I, 5) ; > Saint-Lambert, article « Génie » de l'Encyclopédie ; H. de Montherlant, L'Equinoxe de septembre, « Que 1938 est bon » (cite le premier vers).

11 Je suis toujours moi-même, et mon cœur n'est point autre (Corneille, Cinna, III, 3).

12 Je suis maître de moi comme de l'univers (Corneille, Cinna, V, 3 ; *cf.* La Rochefoucauld, Maximes, Maximes supprimées, 51) ; > Voltaire, Le Siècle de Louis XIV.

13 On aime mieux dire du mal de soi-même que de n'en point parler (La Rochefoucauld, Maximes, 138). *Cf.* Mme de Longueville.

L'amour-propre fait qu'on aime mieux parler de soi en mal que de n'en rien dire du tout (cité par Sainte-Beuve, <u>Portraits de femmes</u>).

14 Quelque bien qu'on nous dise de nous, on ne nous apprend rien de nouveau (La Rochefoucauld, <u>Maximes</u>, 303).

15 [...] moi qui me suis si cher [...] (Molière, <u>Le Dépit amoureux</u>, V, 1).

16 Pourtant, quand je me tâte et que je me rappelle,/ Il me semble que je suis moi (Molière, <u>Amphitryon</u>, I, 2).

17 **Le moi est haïssable.** Vous Miton le couvrez, vous ne l'ôtez point pour cela. Vous êtes donc toujours haïssable (Pascal, <u>Pensées</u>, 597) ; > A. Gide : [...], dites-vous. Pas le mien (« Littérature et morale ») ; P. Valéry : [...] mais il s'agit de celui des autres (<u>Mélange</u>) ; Que si le *moi* est haïssable, aimer son prochain *comme soi-même* devient une atroce ironie (<u>Tel quel</u>, I). *Cf.* J. Grenier : Il n'est pas raisonnable de l'aimer. C'est la seule chose que l'on soit obligé de supporter jusqu'à la mort (<u>Lexique</u>, « Moi »).

18 Le sot projet qu'il a de se peindre [...] (Pascal, <u>Pensées</u>, 780 ; il s'agit de l'autoportrait de Montaigne dans ses <u>Essais</u>) ; > Voltaire : [...] le charmant projet que Montaigne a eu de se peindre naïvement [...] (<u>Lettres philosophiques</u>, XXV).

19 Il faut aller jusqu'à l'horreur quand on se connaît (Bossuet, Corr., 3. 03. 1674) ; > F. Mauriac, <u>Dieu et Mammon</u>, V.

20 C'est à vous, mon esprit, à qui je veux parler :/ Vous avez des défauts que je ne puis celer (Boileau, <u>Epîtres</u>, IX) ; > Chateaubriand, <u>Mémoires d'outre-tombe</u>, I, I, 4.

21 Tu es devenu — oh ! le pire des emprisonnements — le donjon de toi-même (Milton, <u>Samson Agonistes</u>) ; > J. Green, <u>Fin de jeunesse</u>.

22 Je forme une entreprise qui n'eut jamais d'exemple, et dont l'exécution n'aura point d'imitateur. Je veux montrer à mes semblables un homme dans toute la vérité de la nature ; et cet homme, ce sera moi (Rousseau, <u>Les Confessions</u>, début du Livre I).

23 Si je ne vaux pas mieux, au moins je suis autre (Rousseau, <u>Les Confessions</u>, début du Livre I).

24 [...] qu'un seul te dise, s'il l'ose : *je fus meilleur que cet homme-là* (Rousseau, <u>Les Confessions</u>, début du Livre I ; « un seul » est censé s'adresser à Dieu, comme le fait Rousseau lui-même). *Cf.* le même Rousseau : Qu'on me montre un homme meilleur que moi ! (Corr., 2. 11. 1757).

25 Puis-je n'être pas moi ? Et étant moi, puis-je faire autrement que moi ? Puis-je être moi et un autre ? Et depuis que je suis au monde, y a-t-il eu un seul instant où cela n'ait été vrai ? (Diderot, <u>Jacques le Fataliste et son maître</u>, éd. la Pléiade, p. 479).

26 Je parle éternellement de moi (CHATEAUBRIAND, <u>Itinéraire de Paris à Jérusalem</u>, Préface).

27 Tout homme commence le monde, et tout homme le finit (ACHIM VON ARNIM, «Les Héritiers du majorat», <u>Romantiques allemands</u>, éd. la Pléiade, t. II, p. 783); > J. GREEN, Journal [1937]: /Chaque homme recommence l'histoire du monde, chaque homme la finit/.

28 Grand Dieu! Pourquoi suis-je moi? (STENDHAL, <u>Le Rouge et le Noir</u>, II, 28).

29 Hélas! Quand je vous parle de moi, je vous parle de vous. [...] Ah! insensé, qui crois que je ne suis pas toi! (HUGO, Préface des <u>Contemplations</u>).

30 Un jeune homme vêtu de noir,/Qui me ressemblait comme un frère (A. DE MUSSET, «La Nuit de décembre», refrain avec des variations: /Un pauvre enfant/, /Un étranger/, /Un convive/, /Un orphelin/, /Un malheureux/); >**.

31 Si je pouvais seulement sortir de ma peau pendant une heure ou deux! Si je pouvais être ce monsieur qui passe! (A. DE MUSSET, <u>Fantasio</u>, I, 2).

32 Je suis la plaie et le couteau!/ Je suis le soufflet et la joue!/ Je suis les membres et la roue,/ Et la victime et le bourreau (BAUDELAIRE, <u>Les Fleurs du mal</u>, «L'Héautontimorouménos»).

33 C'est une espèce de **culte de soi-même**, qui peut survivre à la recherche du bonheur à trouver dans autrui, dans la femme, par exemple; qui peut survivre même à tout ce qu'on appelle les illusions (BAUDELAIRE, à propos du dandysme, dans <u>Le Peintre de la vie moderne</u>, 9: «Le Dandy»).

34 C'est faux de dire: Je pense. On devrait dire: On me pense. Pardon du jeu de mots (RIMBAUD, lettre du [13.] 05. 1871 à G. Izambard).

35 Car Je est un autre. Si le cuivre s'éveille clairon, il n'y a rien de sa faute. Cela m'est évident: j'assiste à l'éclosion de ma pensée [...] (RIMBAUD, Lettre à P. Demeny, du 15. 05. 1871).

36 — Que dit ta conscience? — «Tu dois devenir qui tu es» (F. NIETZSCHE, <u>Le Gai Savoir</u>, III, aphorisme 270; autres occurrences chez F. NIETZSCHE); *Cf.* VILLIERS DE L'ISLE ADAM: [...] et tu es le dieu que tu peux devenir (<u>Axël</u>); F. MAURIAC: Devenir ce qu'ils sont (<u>Thérèse Desqueyroux</u>, VII, mot favori de Jean Azévédo); J. GREEN: [...] il était devenu ce qu'il était [...] (<u>Vie et Mort d'un poète</u>); A. CAMUS: Ce n'est pas si facile de devenir ce qu'on est, de retrouver sa mesure profonde [...] («Noces à Tipasa», <u>L'Eté</u>).

37 La personnalité, l'individualité, c'est la vision particulière que chaque homme a de Dieu (L. BLOY, Journal [1898]).

38 Ainsi, jusque dans notre propre individu, l'individualité nous échappe. [...] nous vivons dans une zone mitoyenne entre les

chòses et nous, extérieurement aux choses, extérieurement aussi à nous-mêmes (H. Bergson, Le Rire, III).

39 [...] Il faut sentir le plus possible en analysant le plus possible (M. Barrès, Un homme libre, I, « En état de grâce », dans Le Culte du moi).

40 Je m'entrevis comme quelqu'un qui s'apparaît (H. de Régnier, Les Jeux rustiques et divins, « L'Allusion à Narcisse »).

41 Soyez à vous-même votre propre refuge. Soyez à vous-même votre propre lumière (verset du Dhammapada); > Montreynaud.

42 Il faut entrer en soi-même armé jusqu'aux dents (P. Valéry, « Quelques pensées de M. Teste », Monsieur Teste).

43 Ce qui est le plus vrai d'un individu, et le plus Lui-même, c'est son *possible*, — que son histoire ne dégage qu'incertainement (P. Valéry, « Note et Digression », Variété).

44 *Oser être soi*. Il faut le souligner aussi dans ma tête (A. Gide, Journal [1891]).

45 [...] d'une manière générale, je prends difficilement mon parti de moi-même (A. Gide, Journal [1908]).

46 Le meilleur moyen pour apprendre à se connaître, c'est de chercher à comprendre autrui (A. Gide, Journal [1922]).

47 Quelle erreur de croire que c'est en se laissant aller à soi qu'on est ou qu'on devient le plus personnel (A. Gide, Journal [1928]).

48 Même à soi-même, il importe de ne point s'attarder (A. Gide, Journal [1946]).

49 Oh ! ne pouvoir jamais être que quelque part ! ne jamais être que quelqu'un (A. Gide, Feuillets d'automne).

50 [...] crée de toi, impatiemment ou patiemment, ah ! le plus irremplaçable des êtres (A. Gide, Les Nourritures terrestres, « Envoi ») ; > F. Mauriac, Le Roman, VI (qui commente : à la lettre, un monstre).

51 Il est bon de suivre sa pente, pourvu que ce soit en montant (A. Gide, Les Faux-Monnayeurs, III, 14). *Cf.* Pascal : Il faut tendre au général, et la pente vers soi est le commencement de tout désordre [...] (Pensées, 421).

52 Nous nous développons dans la sympathie, mais c'est en nous opposant que nous apprenons à nous connaître (A. Gide, Geneviève).

53 Chaque homme est une histoire qui n'est identique à aucune autre (A. Carrel, L'Homme, cet inconnu, VII, 2 : « L'individualité tissulaire et humorale » ; *cf.* J. Michelet : Chaque homme est une humanité, une histoire universelle, Histoire de France, VIII, 1).
Cf. J. Hamburger : [...] aucun de nous n'a son semblable chimique sur

cette terre, si l'on oublie le cas exceptionnel des jumeaux vrais (La Puissance et la Fragilité, 1).

54 Imaginez-vous, à me lire, que je fais mon portrait ? Patience : c'est seulement mon modèle (COLETTE, épigraphe de La Naissance du jour) ; > MONTREYNAUD.

55 Il y a quelque chose en moi qui ne peut être ni atteint ni changé. Moi (DOROTHY RICHARDSON, Backwater) ; > MONTREYNAUD.

56 La vie la plus belle est celle que l'on passe à se créer soi-même, non à procréer (NATHALIE BARNEY, Eparpillements) ; > MONTREYNAUD.

57 Il est plus important d'être soi-même que qui que ce soit d'autre (V. WOOLF, Une chambre à soi) ; > MONTREYNAUD.

58 Mon corps est le frémissement de la cité.// Je ne sens rien, sinon que la rue est réelle,/ Et que je suis très sûr d'être pensé par elle (J. ROMAINS, La Vie unanime).

59 Je prends le monde tel que je suis (L. SCUTENAIRE, Mes inscriptions).

60 La personnalité est la garde-robe du moi (L. SCUTENAIRE, Mes inscriptions).

61 Tout homme est une histoire sacrée (P. DE LA TOUR DU PIN, Une somme de poésie, III, 3e Interlude).

62 Il faut absolument convaincre l'homme qu'une fois acquis le consentement général sur un sujet, la résistance individuelle est la seule clef de la prison (A. BRETON, Prolégomènes à un troisième Manifeste du surréalisme).

63 Tu veux vraiment savoir quel genre d'hommes tu es ? Ouvre la bouche et écoute (J. GREEN, Journal [1959]).

64 Déclinaison :
Nom. : moi
Gén. : mythe
Dat. : mie
Voc. : merde !
Acc. : mue
Abl. : mort (M. LEIRIS, Aurora, 3).

65 Tout être qui a vécu l'aventure humaine est moi (M. YOURCENAR, Carnet de notes des Mémoires d'Hadrien).

66 [...] je vois qu'*il m'arrive que je suis moi et que je suis ici* ; c'est *moi* qui fends la nuit, je suis heureux comme un héros de roman [*sic !*] (J.-P. SARTRE, La Nausée, Gallimard, p. 76).

67 Que veut dire exister ? Je suis sans être moi (A. BOSQUET, « Quatre testaments », Poèmes, I) ; >**.

68 Avoir été toujours celle que je suis — et être si différente de celle que j'étais. (*Un temps*). Je suis l'une, je dis l'une, puis l'autre (S. BECKETT, Oh ! les beaux jours).

69 [...] je sais que ce n'est pas moi, c'est tout ce que je sais, je dis je
   en sachant que ce n'est pas moi, moi je suis loin [...] (S. Beckett,
   L'Innommable, éd. de Minuit, p. 197).

70 La mélancolie est l'*état de rêve de l'égoïsme* [...] (E. M. Cioran,
   Précis de décomposition, «Sur la mélancolie»).

71 Mais s'il se trouvait qu'un conflit dût éclater entre certaines
   facultés de l'individu d'une part, et l'organisation nécessaire à la
   survie de l'espèce, d'autre part, le biologiste ne peut manquer
   d'avoir des doutes sur la victoire de l'individu (J. Hamburger, La
   Puissance et la Fragilité, 4).

72 L'histoire de ma vie n'existe pas. Ça n'existe pas. Il n'y a jamais
   de centre, pas de chemin, pas de ligne (M. Duras, L'Amant) ;
   >**.

73 Etant simplement moi, n'étais-je pas libre d'éprouver ce qui
   arrivait (F. Sagan, Bonjour tristesse).

74 Il n'y a pas d'individu absolument, mais des individués
   relativement au niveau adopté (P. Veyne, L'Inventaire des
   différences) ; > J.-M. Domenach, Enquête sur les idées contemporaines.

morale

▷ Voir aussi **Conscience, Vices-vertus**

1 Où est ton frère Abel? Il répondit: Je ne sais pas. **Suis-je le
   gardien de mon frère**, moi? Alors Dieu dit: Qu'as-tu fait?
   (Genèse, 4, 9-10, dialogue entre Dieu et Caïn) ; > L. Bloy, Le Sang
   du pauvre, 17 ; Cf. F. Mauriac: Qu'as-tu fait de ton frère? (L'Agneau, 12) ;
   Oui, je suis responsable de mon frère (Dieu et Mammon, IV).

2 Que celui de vous qui est sans péché lui jette le premier la
   pierre (Jean, 8, 7, épisode de la femme adultère).

3 Aux purs, tout est pur [...] (Tite, 1, 15).

4 Ce que tu ne veux pas qu'on te fasse, ne le fais pas à autrui
   (Lampridius, Vie d'Alexandre Sévère, 51 ; maxime proverbiale).

5 [...] je me formai une morale par provision, qui ne consistait
   qu'en trois ou quatre maximes [...] (Descartes, Discours de la
   méthode, III).

6 Il y a des héros en mal comme en bien (La Rochefoucauld,
   Maximes, 185). Cf. Pascal, *infra.*

7 Oui, ma foi! il faut s'amender ; encore vingt ou trente ans de
   cette vie-ci, et puis nous songerons à nous (Molière, Dom Juan,
   IV, 7).

8 [...] la vraie morale se moque de la morale. C'est-à-dire que la
   morale du jugement se moque de la morale de l'esprit qui est
   sans règles (Pascal, Pensées, 513, «Géométrie. Finesse»).

9 Le mal est aisé. Il y en a une infinité, le bien presque unique. Mais un certain genre de mal est aussi difficile à trouver que ce qu'on appelle bien, et souvent on fait passer pour bien à cette marque ce mal particulier. Il faut même une grandeur extraordinaire d'âme pour y arriver aussi bien qu'au bien (Pascal, Pensées, 526).

10 Jamais on ne fait le mal si pleinement et si gaîment que quand on le fait par conscience (Pascal, Pensées, 813).

11 Morale et langage sont des sciences particulières mais universelles (Pascal, Pensées, 720).

12 Tous les premiers forfaits coûtent quelques efforts ;/ Mais, Attale, on commet les seconds sans remords (Racine, La Thébaïde III, 6) ; > A. Gide, Journal [1941].

13 Quoi donc ! qui vous arrête,/ Seigneur ? — Tout : Octavie, Agrippine, Burrhus,/ Sénèque, Rome entière, et trois ans de vertu (Racine, Britannicus, II, 2).

14 Hélas ! du crime affreux dont la honte me suit/ Jamais mon triste cœur n'a recueilli le fruit (Racine, Phèdre, IV, 6) ; > Chateaubriand, Génie du christianisme, II, 3, 3, comme exemple de la lumière apportée par le christianisme sur les passions.

15 « Il faut faire comme les autres » : maxime suspecte, qui signifie presque toujours : « il faut mal faire » dès qu'on l'étend au delà des choses purement extérieures, qui n'ont point de suite, qui dépendent de l'usage, de la mode ou des bienséances (La Bruyère, Les Caractères, « Des jugements », 10).

16 Dieu a mis dans tous les cœurs la conscience du bien avec quelque inclination pour le mal (Voltaire, Dictionnaire philosophique, « Aristote »).

17 J'ai fait un peu de bien ; c'est mon meilleur ouvrage (Voltaire, Epîtres, 121) ; > J. Benda, La Trahison des clercs, 4.

18 [...] les hommes n'ont jamais de remords des choses qu'ils sont dans l'usage de faire (Voltaire, Dialogue du Chapon et de la Poularde).

19 O vertu, science sublime des âmes simples, faut-il donc tant de peines et d'appareil pour te connaître ? (Rousseau, Discours sur les sciences et les arts).

20 [...] écouter la voix de sa conscience dans le silence des passions. Voilà la véritable philosophie [...] (Rousseau, Discours sur les sciences et les arts).

21 Jusqu'alors les Romains s'étaient contentés de pratiquer la vertu ; tout fut perdu quand ils commencèrent à l'étudier (Rousseau, Discours sur les sciences et les arts). cf. Sénèque, Epîtres, 95.

22 Nous voilà dans le monde moral ; voilà la porte ouverte au vice.

Avec les conventions et les devoirs naissent la tromperie et le mensonge (Rousseau, Emile, II).

23 [...] la conscience ne trompe jamais; elle est le vrai guide de l'homme : elle est à l'âme ce que l'instinct est au corps [...] (Rousseau, Emile, IV, « Profession de foi du vicaire savoyard »).

24 Conscience! conscience! instinct divin, immortelle et céleste voix [...] (Rousseau, Emile, IV, « Profession de foi du vicaire savoyard »).

25 Qu'est-il besoin d'aller chercher l'enfer dans l'autre vie ? il est dès celle-ci dans le cœur des méchants (Rousseau, Emile, IV). *Cf.* Lucrèce, De natura rerum, III, 1023, et Rousseau : L'enfer du méchant est d'être réduit à vivre seul avec lui-même, mais c'est le paradis de l'homme de bien, et il n'y a point pour lui de spectacle plus agréable que celui de sa propre conscience (« Mon portrait », 20).

26 Ce n'est pas ce qui est criminel qui coûte le plus à dire, c'est ce qui est ridicule et honteux (Rousseau, Les Confessions, I).

27 On est dédommagé de la perte de son innocence par celle de ses préjugés (Diderot, Le Neveu de Rameau) ; > M. Galley, Journal [1978].

28 S'il importe d'être sublime en quelque genre, c'est surtout en mal (Diderot, Le Neveu de Rameau).

29 Je ne suis bien avec moi-même que quand je fais ce que je dois (Diderot, Corr., à S. Volland, 8. 10. 1760) ; > A. Gide, Journal [1944].

30 [...] que la morale des aveugles est différente de la nôtre ! que celle d'un sourd différerait encore de celle d'un aveugle, et qu'un être qui aurait un sens de plus que nous trouverait notre morale imparfaite, pour ne rien dire pis ! (Diderot, Lettre sur les aveugles à l'usage de ceux qui voient, éd. la Pléiade, p. 820).

31 La théorie des mœurs et son utilité sur la vie de l'homme peuvent être comparées à l'avantage qu'on retire de parcourir l'index d'un livre avant de le lire ; quand on l'a lu, on ne se trouve informé que de la matière (Casanova, Mémoires, 3).

32 Agis toujours d'après une maxime telle, que tu puisses également vouloir qu'elle devienne une loi universelle (E. Kant, Fondation de la métaphysique des mœurs, 1re section).

33 La conviction est la conscience de l'esprit (Chamfort, Maximes et Pensées).

34 On a, dans le monde, ôté des mauvaises mœurs tout ce qui choque le bon goût ; c'est une réforme qui date des dix dernières années (Chamfort, Maximes et Pensées).

35 Jouis et fais jouir, sans faire de mal ni à toi ni à personne, voilà, je crois, toute la morale (Chamfort, Maximes et Pensées).

36 L'humanité n'est parfaite dans aucun genre, pas plus dans le mal

que dans le bien (Choderlos de Laclos, Les Liaisons dangereuses, Lettre 32).

37 Il faut que les hommes soient les esclaves du devoir, ou les
esclaves de la force (J. Joubert, Pensées, Maximes et Essais,
IX, 73).

38 Qu'est-ce que ton devoir ? L'exigence de chaque jour (Goethe,
Pensées jointes à la trad. française des Affinités électives, 1844) ;
> Flaubert, Corr., 23. 10. 1851.

39 [...] l'âme supérieure n'est pas celle qui pardonne ; c'est celle qui
n'a pas besoin de pardon (Chateaubriand, Mémoires d'outre-
tombe, III, I, 6, 6).

40 Persécuteur et persécuté sont identiques. L'un s'abuse en ne
croyant pas avoir sa part de souffrance ; l'autre s'abuse en ne
croyant pas participer à la culpabilité (Schopenhauer, Le Monde
comme volonté et comme représentation, trad. J. Cantacuzène) ;
> A. Gide, Dostoïevski.

41 [...] laissez-nous rêver que parfois ont paru des hommes plus
forts et plus grands, qui furent des bons ou des méchants plus
résolus ; cela fait du bien (A. de Vigny, Préface de Cinq-Mars).

42 L'honneur, c'est la poésie du devoir (A. de Vigny, Journal d'un
poète, [1835]).

43 Les mœurs sont l'hypocrisie des nations ; l'hypocrisie est plus ou
moins perfectionnée (Balzac, Physiologie du mariage, 16) ; > A.
Gide : /d'une nation/ (Journal : Feuillets ; Corydon, IV).

44 Lorsqu'avec ses enfants vêtus de peaux de bêtes,/ Echevelé,
livide au milieu des tempêtes,/ Caïn se fut enfui de devant
Jéhovah,/ Comme le soir tombait, l'homme sombre arriva/ Au
bas d'une montagne [...] (Hugo, La Légende des siècles, début
de « La Conscience »).

45 Si tu n'as vu que le mal, je te plains ; mais je ne puis te croire. Le
mal existe, mais non pas sans le bien, comme l'ombre existe,
mais non sans la lumière (A. de Musset, Lorenzaccio, III, 3).

46 Il est trop tard. Je me suis fait à mon métier. Le vice a été pour
moi un vêtement ; maintenant il est collé à ma peau (A. de
Musset, Lorenzaccio, III, 3).

47 Tête-à-tête sombre et limpide/ qu'un cœur devenu son miroir !/
[...] — La conscience dans le Mal ! (Baudelaire, Les Fleurs du
mal, « L'Irrémédiable »).

48 Il n'y a pas de Dieu ? Mais alors... alors tout est permis (A. Gide,
Dostoïevski, citant ainsi les idées exprimées chez Dostoïevski,
Les Frères Karamazov, I, 6 et I, 8).

49 Je viens de commettre une mauvaise action : je viens de faire
l'aumône (A. France, M. Bergeret à Paris, 17) ; > M. Tournier, Le
Médianoche amoureux.

50 La morale n'est qu'une interprétation — ou plus exactement une fausse interprétation — de certains phénomènes (F. Nietzsche, Le Crépuscule des idoles ou Comment philosopher à coups de marteau).

51 Comme la conscience avait été envoyée par le Créateur, je crus convenable de ne pas me laisser barrer le passage par elle (Lautréamont, Les Chants de Maldoror, II).

52 **Tout chrétien sans héroïsme** est un porc, prononcera un jour, un envoyé de l'Esprit-Saint (L. Bloy, Journal [1901]) ; > épigraphe de J. Irwing : /qui n'est pas un héros/ (Une prière pour Owen).

53 Le seul moyen de se débarrasser d'une tentation est d'y céder (O. Wilde, Le Portrait de Dorian Gray, 2).

54 Il n'y a pas de Paradis, mais il faut tâcher de mériter qu'il y en ait un (J. Renard, Journal [1895]).

55 Moi, c'est moralement que j'ai mes élégances (E. Rostand, Cyrano de Bergerac, I, 4).

56 C'est au contraire parce que je ne suis pas meilleur qu'elle que je la juge (A. Gide, Les Faux-Monnayeurs, III, 2).

57 Car l'instinct dicte le devoir et l'intelligence fournit les prétextes pour l'éluder (M. Proust, Le Temps retrouvé).

58 Toute morale prophétise (P. Valéry, « Rhumbs », Tel quel).

59 Ce ne sont pas du tout les « méchants » qui font le plus de mal en ce monde. Ce sont les maladroits, les négligents et les crédules. Les « méchants » seraient impuissants sans une quantité de « bons » (P. Valéry, Mélange).

60 **Le kantisme a les mains pures, mais il n'a pas de mains** (Ch. Péguy, Victor-Marie, comte Hugo ; la seconde partie de la phrase est en gras dans le texte original) ; > M. Winock : /Ils ont les mains blanches, mais ils n'ont pas de mains/ (Chronique des années soixante) ; >**.

61 L'humanité consiste dans le fait qu'aucun homme n'est sacrifié à un objectif (A. Schweitzer, Culture et Morale, 19).

62 C'est cela que c'est la Tragédie, avec ses incestes, ses parricides : de la pureté, c'est-à-dire en somme de l'innocence (J. Giraudoux, Electre, I, Entracte, « Lamento du jardinier »). Cf. J. Anouilh : Dans la tragédie, on est tranquille. D'abord, on est entre soi. On est tous innocents, en somme (Antigone, le Chœur).

63 La raison a découvert la lutte pour la vie [...] mais le commandement d'aimer son prochain, la raison n'a pu le produire, car il contredit la raison (Tolstoï, Anna Karénine, VIII, 12 ; sur la lutte pour la vie, voir « Humanité », Darwin).

64 [...] il n'est pas d'homme qui, sa décision prise et le remords d'avance accepté, ne se soit, au moins une minute, rué au mal avec une claire cupidité, comme pour en tarir la malédiction [...]

(G. Bernanos, Sous le soleil de Satan, « La Tentation du désespoir »).

65 [L'homme] naît capable de plus de bien et de plus de mal que n'en sauraient imaginer les Moralistes, car il n'a pas été créé à l'image des Moralistes, il a été créé à l'image de Dieu (G. Bernanos, Les Grands Cimetières sous la lune, I, 2).

66 Une chose permise ne peut pas être pure (Cocteau, Poésie critique I, « Essai de critique indirecte »).

67 La morale, c'est ce qui reste de la peur quand on l'a oubliée (J. Rostand, Pensées d'un biologiste, 10).

68 Vivre en fonction d'une morale est toujours un drame. Pas moins dans la révolution qu'ailleurs (A. Malraux, L'Espoir, éd. la Pléiade, p. 612).

69 Le péché est la place béante de Dieu (S. Fumet, Notre Baudelaire) ; > S. de Beauvoir, Mémoires d'une jeune fille rangée, III.

70 Faire le mal, c'était la manière la plus radicale de répudier toute complicité avec les gens de bien (S. de Beauvoir, Mémoires d'une jeune fille rangée, III).

71 C'est peut-être ma faute, c'est peut-être la vôtre, peut-être ce n'est ni la mienne ni la vôtre. Il n'y a peut-être pas de faute du tout (E. Ionesco, Tueur sans gages).

72 Peut-on être un saint sans Dieu, c'est le seul problème concret que je connaisse aujourd'hui (A. Camus, La Peste, IV).

73 Ce que veut le mauvais instinct, ce n'est pas tellement de nous précipiter dans le péché, mais c'est de nous faire tomber dans le désespoir à travers le péché (M. Buber, Die Chassidim Bücher, trad. de J. Green, Journal [1958]).

74 *Nous Deux* — le magazine — est plus obscène que Sade (R. Barthes, Fragments d'un discours amoureux, « Obscène »).

75 La pureté est l'inversion maligne de l'innocence (M. Tournier, Le Roi des aulnes, I) ; >**.

mort

▷ Voir aussi **Vie-mort**

1 [Souviens-toi, tu es poussière et tu retourneras à la poussière (*Memento quia pulvis es...* ; Genèse, 3, 19 ; le « souviens-toi » est un ajout au texte biblique, qui figure dans la liturgie du mercredi des Cendres) ; > Diderot, Entretien entre d'Alembert et Diderot ; H. de Montherlant, La Vie en forme de proue, « Mors et Vita ».

2 Suis-moi, et laisse les morts ensevelir leurs morts (Matthieu, 8, 22) ; > A. Gide, Ainsi soit-il.

3 O Mort, où est ta victoire ? (I Corinthiens, 15, 55) ; > Nerval, Aurelia ; titre de Daniel-Rops.

4 Il meurt jeune celui que les dieux chérissent (vers de Ménandre, repris par Plaute, Les Bacchides, v. 816-817).

5 Toute la vie des philosophes est une méditation de la mort (Cicéron, Tusculanes, I, 30, 74 ; le thème remonte à Socrate) ; cf. le titre de Montaigne : Que philosopher, c'est apprendre à mourir (Essais, I, 20).

6 Car c'est d'éternité qu'il est question, non pas d'une seule heure ; il s'agit de connaître ce qui attend les mortels dans cette durée sans fin qui s'étend au-delà de la mort (Lucrèce, De natura rerum, III, v. 1090) ; > Montaigne, Essais, I, 20 ; Nerval, La Main enchantée (traduction : Vivez aussi longtemps que vous pourrez, vous n'ôterez rien à l'éternité de votre mort).

7 Je ne mourrai pas tout entier [...] (Horace, Odes, XXX, 6). Cf. A. Camus : [la maladie] appuie l'homme dans son grand effort qui est de se dérober à la certitude de mourir tout entier («Le Vent à Djémila», Noces).

8 Qu'est-ce que le sommeil, sinon une image de la froide mort ? (Ovide, Amours, II, 9, v. 41 ; cf. Cicéron, Tusculanes, I, 38 : Le sommeil est une image de la mort). > Pascal : [...] dites-vous ; et moi je dis qu'il est plutôt l'image de la vie (Pensées, Pensées inédites, éd. J. Mesnard).

9 La mort rend égales toutes les choses (Omnia mors aequat ; Claudien, De raptu Proserpinae, 2, 302 ; origine prov.).

10 En naissant, nous mourons, et la fin dépend de l'origine (Manilius, Astronomica, IV, 16).

11 Memento mori («Souviens-toi que tu dois mourir» ; sentence médiévale, devise des Trappistes qui se la répètent chaque fois qu'ils se rencontrent).

12 La mort finit tout (latin : Mors omnia absolvit ; sentence juridique, qui n'a aucune portée morale ni religieuse).

13 Et meure Pâris ou Hélène,/ Quiconque meurt meurt à douleur/ Telle qu'il perd vent et haleine (F. Villon, «Le Testament», strophe 40).

14 Je m'en vais chercher un **grand peut-être** (mot faussement attribué à Rabelais mourant).

15 Qui apprendrait les hommes à mourir, leur apprendrait à vivre (Montaigne, Essais, I, 20 ; cf. Sénèque : il vivra mal celui qui ne saura pas bien mourir, De la tranquillité de l'âme, 11, 4).

16 La mort est moins à craindre que rien [...]. Elle ne vous concerne ni mort ni vif : vif, parce que vous êtes ; mort, parce que vous n'êtes plus (Montaigne, Essais, I, 20) ; > Nerval, La Main enchantée, avec une étrange déformation du sens.

17 Cette partie n'est pas du rôle de la société : c'est l'acte à un seul personnage. Vivons et rions entre les nôtres, allons mourir et rechigner entre les inconnus (Montaigne, Essais, III, 9).

18 Mourant sans déshonneur, je mourrai sans regret (Corneille, Le Cid, II, 8).

19 Je mourrai trop heureux, mourant d'un si beau coup (Corneille, Le Cid, III, 4).

20 Le trépas que je cherche est ma plus douce peine (Corneille, Le Cid, III, 6).

21 Le soleil ni la mort ne se peuvent regarder fixement (La Rochefoucauld, Maximes, 26) ; > A. Gide, Journal [1925 et 1943], d'abord attribué à Pascal. *Cf.* H. Barbusse : On ne peut pas plus regarder face à face la destinée que le soleil et pourtant elle est grise (L'Enfer, I) ; P. Claudel : C'est bon que l'on puisse voir la mort en face et j'ai force pour lui résister (Partage de midi, 1re version, I).

22 [...] je voudrais qu'à cet âge/ **On sortît de la vie ainsi que d'un banquet,**/ Remerciant son hôte, et qu'on fît son paquet ;/ Car de combien peut-on retarder le voyage ? (La Fontaine, « La Mort et le Mourant » ; < Lucrèce, De natura rerum, III, v. 938) ; topos fréquent de la poésie classique et néo-classique (Gilbert, Chénier, etc.).

23 Quand le moment viendra d'aller trouver les morts,/ J'aurai vécu sans soins, et mourrai sans remords (La Fontaine, « Le Songe d'un Habitant du Mogol »).

24 N'y a-t-il point quelque danger à contrefaire le mort ? (Molière, Le Malade imaginaire, III, 11) ; > Flaubert : N'y aurait-il pas du danger à parler de toutes ces maladies ? (Corr., 8. 05. 1852).

25 On ne meurt qu'une fois, et c'est pour si longtemps (Molière, Le Dépit amoureux, V, 3).

26 Nous sommes plaisants de nous reposer dans la société de nos semblables, misérables comme nous, impuissants comme nous ; ils ne nous aideront pas : **on mourra seul** (Pascal, Pensées, 151). *Cf.* A. Malraux : On meurt tout seul, Hernandez, souvenez-vous de ça (L'Espoir, éd. la Pléiade, p. 645).

27 [...] les mortels n'ont pas moins de soin d'ensevelir les pensées de la mort que d'enterrer les morts mêmes (Bossuet, Sermon sur la mort).

28 O mort, nous te rendons grâces des lumières que tu répands sur notre ignorance [...] (Bossuet, Sermon pour le jour de Pâques de 1685).

29 Le corps prendra un autre nom [...] il deviendra, dit Tertullien, un je ne sais quoi qui n'a plus de nom dans aucune langue (Bossuet, Sermon pour le jour de Pâques de 1685 ; < Tertullien, De resurrectione carnis, n. 4) ; > E. Hello, L'Homme. La Vie, la Science, l'Art, éd. 1894, p. 136).

30 [...] toutes nos pensées qui n'ont pas Dieu pour objet sont du domaine de la mort (Bossuet, Oraison funèbre de Henriette d'Angleterre).

31 O nuit désastreuse ! ô nuit effroyable où retentit tout à coup

comme un éclat de tonnerre cette étonnante nouvelle : **MADAME se meurt ! MADAME est morte** (Bossuet, Oraison funèbre de Henriette d'Angleterre) ; > F. Mauriac : Je vous jure que Madame ne se meurt pas, que Madame n'est pas morte (Un adolescent d'autrefois, 9).

32 Oui, MADAME fut douce envers la mort, comme elle l'était envers tout le monde (Bossuet, Oraison funèbre de Henriette d'Angleterre).

33 Après que par le dernier effort de notre courage, nous avons pour ainsi dire surmonté la mort, elle éteint en nous jusqu'à ce courage par lequel nous semblions la défier (Bossuet, Oraison funèbre de Henriette d'Angleterre).

34 Orcan et les muets attendent leur victime./ Je suis pourtant toujours maîtresse de son sort ;/ Je puis le retenir ; mais s'il sort, il est mort./ [...] **Sortez** (Racine, Bajazet, V, 3, puis 4 ; mot de Roxane à Bajazet, qui scelle ainsi sa perte) ; > Stendhal, Lamiel, 4.

35 Soleil, je te viens voir pour la dernière fois (Racine, Phèdre, I, 3).

36 Je péris la dernière et la plus misérable (Racine, Phèdre, II, 3) ; > Chateaubriand, Mémoires d'outre-tombe, II, 3, 1.

37 Et la mort, à mes yeux dérobant la clarté,/ Rend au jour qu'ils souillaient toute sa pureté (Racine, Phèdre, V, 7).

38 Quand vous périrez tous, en périra-t-il moins ? (Racine, Athalie, V, 2).

39 On ne veut pas mourir. Chaque homme est proprement une suite d'idées qu'on ne veut pas interrompre (Montesquieu, Mes pensées, 2086).

40 Nous respectons plus les morts que les vivants. Il aurait fallu respecter les uns et les autres (Voltaire, Dictionnaire philosophique, « Anthropophages »).

41 Si l'on observait les hommes, on verrait que [...] la plupart meurent de chagrin (Buffon, Histoire naturelle, « Discours sur la nature des animaux ») ; > J. Green, Journal [1948].

42 Je sais à présent comment on meurt. La mort n'est que du laisser-aller (A. de Custine, Mémoires et Voyages [Calabre]).

43 Davantage de lumière (Goethe, sur son lit de mort ; en allemand : *Mehr Licht*, mot auquel on a donné après coup un sens spirituel) ; > J. Michelet, Le Peuple, 3 ; A. Gide, Journal [1940] ; A. Camus, « L'Eté à Alger », Noces.

44 Et tant que tu ne tiens pas ceci :/ **Meurs et deviens,**/ Tu n'es qu'un hôte triste/ Sur la terre obscure (Goethe, Le Divan occidental-oriental, I, 17, « Sainte nostalgie »).

45 Qu'on sauve mes restes d'une sacrilège autopsie ; qu'on

s'épargne le soin de chercher dans mon cerveau glacé et dans mon cœur éteint le mystère de mon être. La mort ne révèle point les secrets de la vie (CHATEAUBRIAND, Avant-Propos des Mémoires d'outre-tombe).

46 La mort est belle, elle est notre amie : néanmoins, nous ne la reconnaissons pas, parce qu'elle se présente à nous masquée et que son masque nous épouvante (CHATEAUBRIAND, Mémoires d'outre-tombe, I, 2, 6).

47 Tant que l'on peut donner, on ne veut pas mourir ! (M. DESBORDES-VALMORE, Bouquets et Prières) ; > BAUDELAIRE : /on ne peut pas/ (« Réflexions sur mes contemporains », 2).

48 Je ne vois que la condamnation à mort qui distingue un homme, pensa Mathilde : c'est la seule chose qui ne s'achète pas (STENDHAL, Le Rouge et le Noir, II, 8).

49 **Les vivants sont** toujours, et de plus en plus, **gouvernés** nécessairement **par les morts** ; telle est la loi fondamentale de l'ordre humain (A. COMTE, Catéchisme positiviste, 2e Entretien ; *cf.* Système de politique positiviste, II : /dominés/) ; > Alain, Propos [15. 01. 1922].

50 C'est ici le combat du jour et de la nuit (mot de HUGO sur son lit de mort ; voir DUPRÉ, 2223).

51 Où sont nos amoureuses ?/ Elles sont au tombeau ! (NERVAL, Odelettes, « Les Cydalises ») ; > M. LEIRIS, Aurora, 3.

52 O Mort, vieux capitaine, il est temps ! levons l'ancre !/ Ce pays nous ennuie, ô Mort ! Appareillons !/ [...]/ Plonger au fond du gouffre, Enfer ou Ciel, qu'importe ?/ Au fond de l'Inconnu pour trouver du nouveau ! (BAUDELAIRE, Les Fleurs du mal, « Le Voyage ») : > V. LARBAUD, Sous l'invocation de saint Jérôme ; B. CENDRARS, Bourlinguer, « Rotterdam ».

53 [...] Eh quoi ! n'est-ce donc que cela ?/ La toile était levée et j'attendais encore (BAUDELAIRE, Les Fleurs du mal, « Le Rêve d'un curieux »).

54 Ici-bas tous les lilas meurent (SULLY-PRUDHOMME, La Vie intérieure, « Ici-bas ») ; > M. PROUST, Sodome et Gomorrhe, II, 2.

55 Les morts se prêtent aux réconciliations avec une extrême facilité (A. FRANCE, Le Jardin d'Epicure, éd. Calmann-Lévy, 1949, p. 95).

56 — Il faudrait donc mourir pour être innocent et tranquille ? — Prenez-y garde encore : **mourir, c'est accomplir un acte d'une portée incalculable** (A. FRANCE, Le Jardin d'Epicure, derniers mots).

57 Le suicide ! mais c'est la force de ceux qui n'en ont plus, c'est l'espoir de ceux qui ne croient plus, c'est le sublime courage des vaincus (G. DE MAUPASSANT, « L'Endormeuse »).

58 La mort est une maladie de l'imagination (ALAIN, Propos [15. 07. 1930]).

59 La mort enlève tout sérieux à la vie (P. VALÉRY, « Analecta », Tel quel).

60 Ne me parle pas de ne pas mourir tant qu'il n'y aura pas un légume immortel. Devenir immortel, c'est trahir, pour un humain (J. GIRAUDOUX, Amphitryon 38, II, 2).

61 Cette convention, qu'est la mort (J. GIRAUDOUX, Sodome et Gomorrhe, I, 1).

62 Le suicide est moins un acte qu'un état d'âme (M. JOUHANDEAU, Chroniques maritales, I, 5).

63 Ma mort à moi ! [...] je veux la voir [...] Elle ne voulait plus mourir, jamais. C'était net. Elle n'y croyait plus à sa mort (L.-F. CÉLINE, Voyage au bout de la nuit).

64 Peu m'importe de mourir, si c'est mourir dans un ordre que j'approuve (H. DE MONTHERLANT, Le Songe).

65 [...] il est nécessaire à la vie commune de se tenir *à hauteur de mort* (G. BATAILLE, La Limite de l'utile, 5).

66 La mort est en un sens une imposture (G. BATAILLE, L'Expérience intérieure, III, titre de la première sous-partie, repris dans le texte).

67 C'est bien entendu la fumisterie la plus profonde que de parler de la mort (G. BATAILLE, « L'Enseignement de la mort », Œuvres complètes, t. VIII, p. 199).

68 Vive la mort ! (*Viva la muerte !*; slogan des anarchistes espagnols ; repris par exemple dans A. MALRAUX, en français, L'Espoir, « Le Sang de gauche », 9).

69 Tâchons d'entrer dans la mort les yeux ouverts... (derniers mots des Mémoires d'Hadrien, de M. YOURCENAR).

70 Etre mort, c'est être en proie aux vivants (J.-P. SARTRE, L'Etre et le Néant, IV, I, 2).

71 On meurt toujours trop tôt — ou trop tard (J.-P. SARTRE, Huis clos, V).

72 Enfin ! je vais savoir (mot d'A. LACAZE, en sortant de la tranchée pour l'assaut en 1914, rapporté par F. MAURIAC, Bloc-Notes, III, et repris dans Le Démon de la connaissance, IV).

73 Sa mort nous sépare. Ma mort ne nous réunira pas (S. DE BEAUVOIR, La Cérémonie des adieux, à propos de Sartre).

74 Il n'y a qu'un problème philosophique vraiment sérieux : c'est le suicide (A. CAMUS, Première phrase du Mythe de Sisyphe, « L'Absurde et le Suicide » ; repris dans L'Homme révolté, I).

75 La fin dernière, attendue mais jamais souhaitée, la fin dernière est méprisable (A. CAMUS, Le Mythe de Sisyphe, « Le Mythe de Sisyphe ») ; > M. WINOCK, Chronique des années soixante.

76 En disparaissant, nous retrouvons ce qui était avant que la terre et les astres ne fussent constitués, c'est-à-dire l'espace (R. Char, Aromates chasseurs). >**.

77 La mort est belle. Elle seule donne à l'amour son vrai climat (J. Anouilh, Eurydice, IV).

78 On ne sait jamais pourquoi on meurt (J. Anouilh, Antigone).

79 Le programme génétique prescrit la mort de l'individu, dès la fécondation de l'ovule (F. Jacob, La Logique du vivant). *Cf.* Montaigne : Tu ne meurs pas de ce que tu es malade ; tu meurs de ce que tu es vivant (Essais, III, 13) ; A. Langaney : L'invention du sexe imposait comme conséquence, l'invention de la mort (Le Sexe et l'Innovation, formule reprise par J. Hamburger, Le Miel et la Ciguë).

80 Sœur la mort ô sœur difficile (J. Roubaud, Epsilon ; *cf.* saint François d'Assise : Loué sois-tu, Seigneur, pour notre sœur,/ la mort corporelle/ à qui nul homme vivant/ ne peut échapper, Cantique des créatures) ; >**.

mots historiques

▷ Voir aussi aux différentes rubriques thématiques

1 Ote-toi de mon soleil (mot du philosophe cynique Diogène à Alexandre, Plutarque, Vies parallèles, 14).

2 Toi aussi mon fils (*Tu quoque, fili mi* ; mot de Jules César à son fils adoptif Brutus, complice de son assassinat ; autres versions : *Tu quoque, Brute* ; *Et tu, Brute*) ; Corneille : Et toi, ma fille, aussi ! (Cinna, V, 2).

3 Père, gardez-vous à droite ; Père, gardez-vous à gauche (futur Philippe le Hardi à son père Jean le Bon ; voir Dupré, 9) ; > M. Winock, Chronique des années soixante, dans un sens politique.

4 *Dicebamus hesterna die* («Nous disions hier», mot de Luis de Leon, reprenant ainsi son cours à Salamanque après une interruption de cinq années passées en prison).

5 Je ne peux pas autrement (*Ich kann nicht anders*, mot de Luther lors de sa comparution devant la Diète de Worms en 1521 ; le mot est gravé sur la statue de Luther à Worms) ; *cf.* Actes, IV, 19-20 : [...] *Non possumus* [...], «Nous ne pouvons pas».

6 Ralliez-vous à mon panache blanc (mot de Henri IV prenant la tête de ses troupes lors de la bataille d'Ivry).

7 Paris vaut bien une messe (mot attribué à Henri IV sur le point de se convertir au catholicisme pour pouvoir être reconnu roi légitime dans la capitale).

8 Il n'y a plus de Pyrénées (mot attribué à Louis XIV, à propos de l'accession de son petit-fils au trône d'Espagne ; voir Dupré, 899) ; > J. Joubert, Pensées, Maximes et Essais, XVI, 84.

9 S'ils n'ont pas de pain, qu'ils mangent de la brioche (mot

attribué à MARIE-ANTOINETTE, mais un mot similaire est déjà
attesté à propos de MARIE-THÉRÈSE, épouse de Louis XIV : Que ne
mangent-ils de la croûte de pâté ?).

10 Allez dire à ceux qui vous envoient que nous sommes ici par la
volonté nationale et que nous n'en sortirons que par la
puissance des baïonnettes (réponse de MIRABEAU à Dreux-Brézé,
représentant du roi lors de la séance des Etats généraux du 23.
06. 1789) ; voir DUPRÉ, 1561 ; voici la version dans les <u>Discours</u>
de MIRABEAU, éd. Folio, p. 65 : [...] vous devez demander des
ordres pour employer la force ; car nous ne quitterons nos
places que par la puissance des baïonnettes ; J. MICHELET
rapporte la version suivante : /par la volonté du peuple, et qu'on
ne nous en arrachera que/ (<u>Histoire de la Révolution française</u>,
I, 4).

11 **L'ordre règne** à Varsovie (mot du COMTE SÉBASTIANI, à propos de
la répression russe en Pologne en 1831, déformé sous cette
forme par la presse ; voir DUPRÉ, 1816) ; >*.

12 **La garde meurt mais ne se rend pas** (attribué au GÉNÉRAL
CAMBRONNE, lors de la bataille de Waterloo ; voir DUPRÉ, 4744) ; >
BARBEY D'AUREVILLY, <u>Le Rideau cramoisi</u>, à propos de la vieillesse, « qui n'a
pas, elle, la poésie des baïonnettes pour nous frapper ».

13 **J'y suis, j'y reste** (mot de MAC-MAHON, lors du siège de
Sébastopol) ; > G. BERNANOS, <u>La Grande Peur des bien-pensants</u>, 4.

14 **Que d'eau ! que d'eau** (mot attribué à MAC-MAHON, à propos
d'inondations catastrophiques) ; >*.

15 **Il n'y a pas d'affaire Dreyfus** (PRÉSIDENT MÉLINE, 1898) ; > M.
WINOCK, <u>Chronique des années soixante</u>.

16 **Ils ne passeront pas** (mot des « POILUS », et de PH. PÉTAIN lors de la
défense de Verdun en 1916-1917 ; de DOLORÈS IBARRURI, pendant
la guerre d'Espagne, 19. 07. 1936).

17 **J'attends les chars et les Américains** (mot de PH. PÉTAIN en
1917).

18 **Je vous engage à une nouvelle donne pour le peuple américain**
(*I pledge you to **a new deal** for the American people*; F. D.
ROOSEVELT, Discours du 2. 07. 1932).

19 **Ils ne savent pas que nous leur apportons la peste** (S. FREUD, lors
de son arrivée en Amérique ; cité par J. LACAN, authenticité
incertaine) ; >*.

20 **La maxime du peuple britannique est « les affaires comme
d'habitude »** (*Business as usual* ; W. CHURCHILL, Discours du 09.
11. 1914).

21 **Je n'ai rien à offrir que du sang, du labeur, des larmes et de la
sueur** (W. CHURCHILL, Discours du 13. 05. 1940).

22 **Un rideau de fer est tombé sur le continent** (W. CHURCHILL,

discours du 5. 03. 1946 ; l'expression est empruntée à H. G. Wells, The Food of the Gods, 1904).

23 Hélas, Hélas, Hélas ! [...] Ce pouvoir a une apparence : un quarteron de généraux en retraite. Il a une réalité : un groupe d'officiers, partisans, ambitieux et fanatiques (Général de Gaulle, discours du 23. 04. 1961, à l'annonce du coup de force des généraux en Algérie) ; > M. Winock, Chronique des années soixante.

24 Le gaullisme vit sans loi. Il avance au flair. D'un coup d'Etat à l'autre, il prétend construire un Etat, ignorant qu'il n'a réussi qu'à sacraliser l'aventure (F. Mitterrand, Le Coup d'Etat permament, 1964) ; > M. Winock, Chronique des années soixante.

25 Nous sommes plus célèbres que le Christ (mot de John Lennon, du groupe des Beatles, en 1966) ; > M. Winock, Chronique des années soixante.

26 Vive le Québec libre (Général de Gaulle à Montréal, 1967) ; > M. Winock, Chronique des années soixante.

27 Oui, mais... (mot de V. Giscard d'Estaing se ralliant ainsi à la majorité en 1967) ; > M. Winock, Chronique des années soixante.

28 La Réforme, oui, la chienlit, non (discours du Général de Gaulle, 19 mai 1968) ; > M. Winock, Chronique des années soixante.

mystère

1 *Noli me tangere* («Ne me touche pas», parole du Christ ressuscité à Marie-Madeleine, Jean, 20, 17) ; > R. Rolland : [...] L'esprit se repliait dans un lointain secret, profond, obscur, un Noli [...] (Souvenirs de jeunesse).

2 Aujourd'hui nous voyons au moyen d'un miroir, d'une manière confuse, mais alors nous verrons face à face (I Corinthiens, 13, 12).

3 Il y a plus de choses sur la terre et dans le ciel, Horatio,/ Que votre philosophie n'en rêve (Shakespeare, Hamlet, I, 5 ; trad. d'Y. Bonnefoy) ; > A. Malraux : [...] Il y a plus de choses dans la peinture, Horatio, que dans ta conscience et même ton inconscience (L'Intemporel, Gallimard, p. 289).

4 [...] on ne doit pas regarder fixement nos mystères, de peur d'en être ébloui [...] (Malebranche, La Recherche de la vérité, III, 8 ; il s'agit des mystères de la religion chrétienne) ; > J. Green, suivant une tradition usuelle : Il ne faut pas regarder fixement les mystères (Journal [1975]).

5 Il n'est rien de beau, de doux, de grand dans la vie, que les choses mystérieuses (Chateaubriand, Génie du christianisme, I, 1, 2).

6 Sa condamnation, secousse profonde, avait en quelque sorte rompu çà et là autour de lui cette cloison qui nous sépare du

mystère des choses et que nous appelons la vie (Hugo, Les Misérables, I, I, 2) ; > J. Green, Journal.

7 Mon âme a son secret, ma vie a son mystère (A. F. Arvers, Mes heures perdues, « Sonnet imité de l'italien »).

8 Je vais dévoiler tous les mystères : mystères religieux ou naturels, mort, naissance, avenir, passé, cosmogonie, néant. Je suis maître en fantasmagories (Rimbaud, Une saison en enfer, « Nuit de l'enfer »).

9 Me voici,
Imbécile, ignorant,
Homme nouveau devant les choses inconnues [...] (P. Claudel, Tête d'or, 1re version, début).

10 Au fond, le seul courage qui nous est demandé est de faire face à l'étrange, au merveilleux, à l'inexplicable (Rilke, Lettres à un jeune poète, 12. 08. 1904).

11 Ce qui reste éternellement incompréhensible dans la nature, c'est qu'on puisse la comprendre (A. Einstein, dans Albert Einstein et la relativité, Choix de textes..., de H. Guy, 1961).

12 L'homme auquel le sentiment du mystère n'est pas familier, qui a perdu la faculté de s'émerveiller, de s'abîmer dans le respect, est comme un homme mort (A. Einstein, dans Albert Einstein et la relativité, Choix de textes..., de H. Guy, 1961).

13 Puisque ces mystères me dépassent, feignons d'en être l'organisateur (Cocteau, Les Mariés de la tour Eiffel, « phrase par excellence » de l'auteur, qu'il cite dans la Préface de 1922).

14 Chacun fixe le seuil de ses ébahissements. Les miens commencent dès l'animal. Expliquez-moi le crapaud, je vous tiens quitte de l'homme (J. Rostand, Carnet d'un biologiste).

15 Ce qu'il y a d'admirable dans le fantastique, c'est qu'il n'y a plus de fantastique : il n'y a que le réel (A. Breton, Premier Manifeste du surréalisme, note).

16 « S'il y en avait un dans le monde, cela se saurait », me dit une personne de l'entourage de Gide. — Mais si c'est déjà un mystère qu'il y en ait un ? (J. Grenier, Lexique, « Mystère »).

17 Si l'homme parfois ne fermait pas *souverainement* les yeux, il finirait par ne plus voir ce qui vaut d'être regardé (R. Char, Feuillets d'Hypnos) ; > G. Bataille : /ce qui vaut la peine/ (L'Expérience intérieure, en exergue de « Méthode de méditation »).

18 Mais les grands anti-soleils noirs, puits de vérité dans la trame essentielle, dans le voile gris du ciel courbe, vont et viennent et s'aspirent l'un l'autre, et les hommes les nomment Absences (R. Daumal, Le Grand Jeu, « Feux à volonté ») ; > A. Breton, Second Manifeste du surréalisme.

19 C'est qu'ils ne savent pas combien sont mystérieuses les clefs

qui ouvrent nos Paradis perdus... (R. Brasillach, Comme le temps passe, 6).

20 *Mystère*, — mot dont nous nous servons pour tromper les autres, pour leur faire croire que nous sommes plus profonds qu'eux (E. M. Cioran, Syllogismes de l'amertume, « Atrophie du verbe »).

21 Ce qui nous distingue de nos prédécesseurs, c'est notre sans-gêne à l'égard du Mystère. Nous l'avons même débaptisé : ainsi est né l'Absurde... (E. M. Cioran, Syllogismes de l'amertume, « Atrophie du verbe »).

N

nations

▷ Voir aussi **France**

1 *Civis Romanus sum* (« Je suis citoyen romain », Cicéron, Verrines, V, 57, 147) ; *cf.* le mot de saint Paul, Actes, 22, 27 ; le mot de Phileas Fogg dans J. Verne, Le Tour du monde en quatre-vingts jours : Je suis citoyen britannique ; le mot de J. F. Kennedy dans son discours de Berlin de 1963 : *Ich bin ein Berliner* (« Je suis un Berlinois »).

2 Je vois que l'injustice en secret vous irrite,/ Que vous avez encor le cœur israélite (Racine, Athalie, I, 1).

3 L'Angleterre, ah ! **la perfide Angleterre**, que le rempart de ses mers rendait inaccessible aux Romains, la foi du Sauveur y est abordée (Bossuet, 1er Sermon sur la circoncision). *Cf.* dans la France de la Révolution et du xixe siècle, « la perfide Albion ».

4 Si je savais quelque chose qui me fût utile et qui fût préjudiciable à ma famille, je la rejetterais de mon esprit. Si je savais quelque chose d'utile à ma famille et qui ne le fût pas à ma patrie, je chercherais à l'oublier. Si je savais quelque chose qui fût utile à ma patrie et qui fût préjudiciable à l'Europe, ou bien qui fût utile à l'Europe et préjudiciable au genre humain, je la regarderais comme un crime (Montesquieu, Mes pensées, 11) ; >**.

5 Ah ! ah ! Monsieur est Persan ? c'est une chose bien extraordinaire ! **Comment peut-on être Persan ?** (Montesquieu, Lettres persanes, XXX) ; > Rousseau, Emile, V ; A. Gide, Journal [1931].

6 Les nations, qui sont à l'égard de tout l'univers ce que les particuliers sont dans un Etat, se gouvernent comme eux par le droit naturel [...] (Montesquieu, De l'esprit des Lois, XXI, 21).

7 Il faut avouer aussi que les caractères originaux des peuples s'effaçant de jour en jour deviennent en même raison plus difficiles à saisir (Rousseau, Emile, V).

8 L'Anglais respecte la loi et repousse ou méprise l'autorité. Le
  Français, au contraire, respecte l'autorité et méprise la loi
  (Chamfort, Maximes et Pensées).

9 Il faut, dans nos temps modernes, avoir l'esprit européen [...]
  (Mme de Staël, De l'Allemagne, II, éd. Hachette, 1958-1960, t. 3,
  p. 275) ; > épigraphe de P. Morand, Les Extravagants, Scènes de la vie
  cosmopolite : /Désormais, il faut avoir/.

10 Voilà pour ce qui est de la vieille Europe ; elle ne revivra jamais :
   la jeune Europe offre-t-elle plus de chances ? (Chateaubriand,
   Mémoires d'outre-tombe, IV, 12, 6).

11 L'Angleterre est une nation de boutiquiers (mot attribué à
   Napoléon par B. B. E. O'Meara, Napoléon à Sainte-Hélène, t. 2 ;
   Napoléon citait volontiers par ailleurs une phrase de Paoli : *Sono
   mercanti*).

12 Comment Dieu, qui est l'auteur de la société des individus, n'a-
   t-il pas permis que l'homme, sa créature chérie, [...] n'ait pas
   seulement essayé de s'élever jusqu'à la société des nations ? (J.
   de Maistre, Les Soirées de Saint-Pétersbourg, 7 ; l'expression
   société des nations remonte au moins au xviiie siècle, et aux
   juristes du « droit des gens »).

13 La foi aveugle, les cérémonies grossières, les doctrines philosophiques, l'illuminisme, l'esprit de liberté, l'obéissance passive,
   l'isba et le palais, les raffinements du luxe et les rudesses de la
   sauvagerie, que deviendront tant d'éléments discordants mis en
   mouvement par ce goût de nouveauté qui forme peut-être le
   trait le plus saillant de votre caractère [...] ? (J. de Maistre, Les
   Soirées de Saint-Pétersbourg, Esquisse du morceau final, il s'agit
   de la Russie).

14 [...] le plus grand des crimes, c'est de tuer la langue d'une nation
   avec tout ce qu'elle renferme d'espérance et de génie. [...] avec
   une langue, on referait un monde (Ch. Nodier, La Fée aux
   miettes, 19).

15 Les autres peuples ont eu des historiens, des jurisconsultes, des
   sages, des poètes, mais qui sont à eux seuls et forment comme
   une gloire privée, le peuple juif a été l'historien, le sage, le poète
   de l'humanité (Lacordaire, 40e Conférence à Notre-Dame).

16 La nation est donc une grande solidarité, constituée par le
   sentiment des grands sacrifices qu'on a faits et de ceux qu'on est
   disposé à faire encore. Elle suppose un passé ; elle se résume
   pourtant dans le présent par un fait tangible : le consentement,
   le désir clairement exprimé de continuer la vie commune.
   L'existence d'une nation est [...] un plébiscite de tous les jours,
   comme l'existence de l'individu est une affirmation perpétuelle
   de vie (E. Renan, « Qu'est-ce qu'une nation ? », Conférence du
   11. 05. 1882) ; >** : /un fait intangible/.

17 Les nations ne sont pas quelque chose d'éternel. Elles ont
commencé, elles finiront. La confédération européenne, probablement, les remplacera. Mais telle n'est pas la loi du siècle où
nous vivons. A l'heure présente, l'existence des nations, est
bonne, nécessaire même. Leur existence est la garantie de la
liberté, qui serait perdue si le monde n'avait qu'une loi et qu'un
maître (E. Renan, «Qu'est-ce qu'une nation?», Conférence du
11.05.1882).

18 L'histoire des Juifs barre l'histoire du genre humain comme une
digue barre un fleuve, pour élever le niveau (L. Bloy, Le Salut
par les Juifs, 8).

19 La jeunesse de l'Amérique est sa plus ancienne tradition. Elle
dure maintenant depuis trois siècles (O. Wilde, Une femme sans
importance, 1).

20 [...] Il y a en Europe vingt millions d'Allemands de trop (J. et F.
Régamey, L'Allemagne ennemie, Conclusion).

21 L'Amérique est la seule nation idéaliste du monde (Th. W.
Wilson, discours de 1919).

22 C'est pour n'avoir consenti ni à la souffrance ni au péché que
l'Amérique n'a pas d'âme (W. Rathenau à A. Gide, A. Gide,
Dostoïevski, «Conférences», IV).

23 Toutes les nations ont des raisons présentes, ou passées, ou
futures de se croire incomparables. Et d'ailleurs, elles le sont (P.
Valéry, Regards sur le monde actuel).

24 Je crois devoir vous avertir que je fais moi-même partie de ce
peuple qu'on a souvent appelé «le peuple élu». Elu? Enfin,
disons: en ballottage (mot de T. Bernard, rapporté par A. Gide,
Journal [1948]).

25 L'Allemagne n'est pas une entreprise sociale et humaine, c'est
une conjuration poétique et démoniaque (J. Giraudoux,
Siegfried, I, 2).

26 [l'Allemagne et la France,] les deux seules nations qui ne soient
pas seulement des entreprises de commerce et de beauté, mais
qui aient une notion différente du bien et du mal [....] (J.
Giraudoux, Siegfried, III, 5).

27 [...] rien n'est plus difficile que de prendre conscience d'un pays,
de son ciel et de ses horizons, il y faut énormément de
littérature (G. Bernanos, La France contre les robots, 5).

28 J'aime tellement l'Allemagne que je suis ravi qu'il y en ait deux
(mot de F. Mauriac, dans J. Chancel, Le Temps d'un regard).

29 [L'Orient] ne peut pas plus entrer en conflit avec l'Occident que
l'huile avec l'eau. Il est imperméable. [...] C'est l'Occident qui
lutte contre l'Occident (J. Grenier, Lexique, «Orient»).

30 Dans le domaine de l'histoire, le premier fait capital des vingt

dernières années, à mes yeux, c'est le primat de la nation. Différent de ce que fut le nationalisme : la particularité, non la supériorité. Marx, Victor Hugo, Michelet (Michelet qui avait écrit : « La France est une personne ! ») croyaient aux Etats-Unis d'Europe. Dans ce domaine, ce n'est pas Marx qui a été prophète, c'est Nietzsche, qui, lui, avait écrit : « Le xxᵉ siècle sera le siècle des guerres nationales » (GÉNÉRAL DE GAULLE, in A. MALRAUX, Antimémoires, I, Gallimard, p. 126).

nature-cosmos
▷ Voir aussi **Nature : sites-paysages**

1 Dieu dit : Que la lumière soit ! Et la lumière fut (Genèse, 1, 3 ; ce passage a été rendu célèbre par le traité antique Du sublime, du PSEUDO-LONGIN, 9, 9, qui ajoute immédiatement, en paraphrasant le texte de la Genèse de façon inexacte : Que la terre soit ! Et la terre fut).

2 Les cieux racontent la gloire de Dieu (Psaumes, 18, 2 ; en latin : *Coeli narrant gloriam Dei*) ; > CHATEAUBRIAND, Mémoires d'outre-tombe, I, 6, 3.

3 *De nihilo nihil* (« Rien ne naît de rien », principe de la philosophie atomistique d'ÉPICURE, repris par LUCRÈCE, De natura rerum, I, 149 : *Nullam rem e nihilo gigni*).

4 La nature **a horreur du vide** (maxime de l'alchimie médiévale) ; *cf.* P. VALÉRY : /La conscience [...]/ (« Analecta », Tel quel) ; /La sensibilité [...]/ (« Notion générale de l'art », Variété).

5 Physis (c'est Nature) en sa première portée enfanta Beauté et Harmonie sans copulation charnelle [...] Antiphysis, laquelle de tout temps est partie adverse de Nature, [...] enfanta Amodunt et Discordance par copulation de Tellumon (RABELAIS, Quart Livre, XXXII).

6 Notre bâtiment, et public et privé, est plein d'imperfection. Mais il n'y a rien d'inutile en nature ; non pas l'inutilité même ; rien ne s'est ingéré en cet univers, qui n'y tienne place opportune (MONTAIGNE, Essais, III, 1).

7 Le monde n'est qu'une branloire pérenne. Toutes choses y branlent sans cesse : la terre, les rochers du Caucase, les pyramides d'Egypte, et du branle public et du leur. La constance même n'est autre chose qu'un branle plus languissant. Je ne puis assurer mon objet. Il va trouble et chancelant, d'une ivresse naturelle. Je le prends en ce point comme il est, en l'instant que je m'amuse à lui. Je ne peins pas l'être. **Je peins le passage** [...] (MONTAIGNE, Essais, III, 2) ; > P. SOLLERS : Je peins seulement le passage (La Fête à Venise).

8 La nature ne fait pas de sauts (*Natura non facit saltum*, c'est-à-dire procède par degrés et lentes transformations ; aphorisme inspiré

d'Aristote, Histoire des animaux, 588b et Traité sur les parties des animaux, 681a ; mais l'expression avec son image ne se trouve que chez Maxime de Tyr, Discussions, 15, 4 ; cité en latin par Linné, Philosophia botanica, § 77) ; > J. Fourastié : *Natura facit saltus*, la Nature opère par sauts et ces sauts sont parfois désagréables pour les gens qui se trouvent justement être la victime d'une de ces perturbations (Le Grand Espoir du xxᵉ siècle, Conclusion).

9 Elle se plaît à nous séduire./ Sur celui qui, pour lui ou pour les autres,/ abîme son voile d'illusion, elle se venge/ Comme le plus implacable des tyrans./ Mais celui qui lui fait confiance,/ Elle le presse sur son cœur, comme un enfant (Goethe, « Die Natur ») ; > A. Gide, en allemand et dans sa trad., Journal [1940].

10 L'invisible est réel. Les âmes ont leur monde/ Où sont accumulés d'impalpables trésors (A. de Vigny, « La Maison du berger »).

11 Nature au front serein, comme vous oubliez !/ Et comme vous brisez dans vos métamorphoses/ Les fils mystérieux où nos cœurs sont liés (Hugo, Les Rayons et les Ombres, « Tristesse d'Olympio ») ; > Flaubert, Corr., 7. 10. 1850 ; F. Mauriac, Le Mystère Frontenac, I, 3, reprend le seul premier vers.

12 Le vent lit à quelqu'un d'invisible un passage/ Du poème inouï de la création ;/ L'oiseau parle au parfum ; la fleur parle au rayon (Hugo, Les Contemplations, I, 4 ; *cf.* saint Augustin : *carmen universitatis*, La Cité de Dieu, XI, 8).

13 Et que tout cela fasse un astre dans les cieux (Hugo, Les Contemplations, III, 11) ; > M. Proust : /dans la nuit/(Le Temps retrouvé, à propos du monde social).

14 Et l'on voit tout au fond, quand l'œil ose y descendre ;/ Au delà de la vie, et du souffle et du bruit,/ **Un affreux soleil noir d'où rayonne la nuit !** (Hugo, Les Contemplations, III, 11) ; > P. Valéry, Tel quel I.

15 Tout dit dans l'infini quelque chose à quelqu'un/[...]/ Arbres, roseaux, rochers, tout vit ! **Tout est plein d'âmes** (Hugo, Les Contemplations, VI, 26, « Ce que dit la Bouche d'Ombre »).

16 **La Nature est un temple où de vivants piliers**/ Laissent parfois sortir de confuses paroles ; / L'homme y passe à travers des forêts de symboles/ Qui l'observent avec des regards familiers (Baudelaire, « Correspondances »).

17 La Nature se rit des souffrances humaines (Leconte de Lisle, « La Fontaine aux lianes », Poèmes barbares).

18 L'homme connaît le monde non point par ce qu'il y dérobe, mais par ce qu'il y ajoute : lui-même (P. Claudel, Art poétique, « Connaissance du temps », I).

19 O credo entier des choses visibles et invisibles, je vous accepte avec un cœur catholique !

Où que je tourne la tête
J'envisage l'immense octave de la Création (P. Claudel, Cinq
Grandes Odes, « L'Esprit et l'Eau »).

20 Il faut reconnaître que le pouvoir de détruire est énormément
    supérieur au pouvoir de construire, car il est en plein accord
    avec la plus puissante loi du monde (P. Valéry, Mélange ; *cf.*
    Héraclite : La guerre est le Père de toutes choses et le Roi de
    toutes choses, Fragments).

21 Le principe de l'approfondissement de notre être, c'est la
    communion de plus en plus profonde avec la nature (G.
    Bachelard, référence non retrouvée, cité par J. Brosse, Le Chant
    du loriot).

22 Nous sommes responsables de l'univers [...] (R. Magritte,
    Manifestes et autres Ecrits).

23 La nature est toujours là, pourtant. Elle oppose ses ciels calmes
    et ses raisons à la folie des hommes (A. Camus, « L'Exil d'Hélène »,
    L'Eté).

24 [...] je m'ouvrais pour la première fois à la tendre indifférence du
    monde (A. Camus, L'Etranger, dernière page).

25 Sur le plan de l'intelligence, je puis donc dire que l'absurde n'est
    pas dans l'homme (si une pareille métaphore pouvait avoir un
    sens), ni dans le monde, mais dans leur présence commune (A.
    Camus, Le Mythe de Sisyphe, « Un raisonnement absurde ») ; > J.
    Grenier, Lexique, « Absurde ».

26 Cette maison de lumière qui nous abrite du reste de l'univers
    devrait être le lieu des plus shakespeariens de nos rêves. Nous
    en faisons brusquement le tripot de notre orgueil (J. Giono, Le
    Poids du ciel, II : « Les Grandeurs libres »).

27 [...] l'univers nous appartient dans la proportion où nous lui
    appartenons (J. Giono, Le Poids du ciel, II : « Les Grandeurs
    libres »).

28 [...] l'homme doit s'intégrer pleinement dans la nature, dont il
    fait partie ; mais, dans le même temps, il a choisi de prendre ses
    distances avec la froide cruauté des règles naturelles (J.
    Hamburger, Le Miel et la Ciguë).

29 Où gis-tu secret du monde/ à l'odeur si puissante ? (J. Follain,
    Exister).

nature : sites-paysages

▷ Voir aussi **Heures du jour et de la nuit, Saisons**

1 La mer ! la mer ! (Xénophon, Anabase, IV, 7, cri des Grecs
   apercevant le rivage).

2 Halt sunt li pui, e li val tenebrus (« Hauts sont les monts, et les
   vallées ténébreuses », Chanson de Roland, 63).

3 Ecoute, bûcheron, arreste un peu le bras :/ Ce ne sont pas des
   bois que tu jettes à bas ;/ Ne vois-tu pas le sang, lequel degoutte
   à force/ Des Nymphes, qui vivaient dessous la dure écorce ?
   (RONSARD, Elégies, XXIV) ; > NERVAL, Les Nuits d'octobre.

4 On aperçevait de loin des collines et des montagnes qui se
   perdoient dans les nues et dont la figure bizarre formait un
   horizon à souhait pour le plaisir des yeux (FÉNELON, Les
   Aventures de Télémaque, I) ; > CH. PÉGUY : /un horizon fait à
   souhait/ (Victor-Marie comte Hugo ; cité comme cliché).

5 [...] c'est dans le cœur de l'homme qu'est la vie du spectacle de
   la nature ; pour le voir, il faut le sentir (ROUSSEAU, Emile, III).

6 L'or des genêts et la pourpre des bruyères frappaient mes yeux
   d'un luxe qui touchait mon cœur [...] (ROUSSEAU, Lettres à
   Malesherbes, III).

7 Vous voilà donc à la campagne, ennuyeuse comme le sentiment,
   et triste comme la fidélité ! (CHODERLOS DE LACLOS, Les Liaisons
   dangereuses, Lettre 115).

8 Les lieux meurent comme les hommes, quoiqu'ils paraissent
   subsister (J. JOUBERT, Pensées, Maximes et Essais, XIII, 35).

9 Bientôt [la lune] **répandit** dans les bois **ce grand secret de
   mélancolie**, qu'elle aime à raconter aux vieux chênes et aux
   rivages antiques des mers (CHATEAUBRIAND, Atala, « Le Récit ») ; >
   M. PROUST, A l'ombre des jeunes filles en fleurs, II : /Elle répandait ce
   vieux/.

10 Les paysages étaient comme un *archet* qui jouait sur mon âme
   (STENDHAL, Vie de Henry Brulard, 2).

11 Mais la nature est là qui t'invite et qui t'aime (LAMARTINE,
   Méditations poétiques, V).

12 Objets inanimés, avez-vous donc une âme/ Qui s'attache à notre
   âme et la force d'aimer ? (LAMARTINE, Harmonies, « Milly »).

13 La Nature t'attend dans un silence austère ;/ [...] Et le soupir
   d'adieu du soleil à la terre/ Balance les beaux lis comme des
   encensoirs (A. DE VIGNY, « La Maison du berger »).

14 Et je regardais, sourd à ce que nous disions,/ Sa bure, où je
   voyais des constellations (HUGO, Les Contemplations, V, 9, « Le
   Mendiant »).

15 Le pâtre promontoire au chapeau de nuées/ S'accoude et rêve
   au bruit de tous les infinis (HUGO, Les Contemplations, V, 23,
   « Pasteurs et Troupeaux »).

16 [...]/ Pendant que, déployant ses voiles,/ L'ombre, où se mêle
   une rumeur,/ Semble élargir jusqu'aux étoiles/ Le geste auguste
   du semeur (HUGO, Les Chansons des rues et des bois, II, 1, 3).

17 Un paysage quelconque est un état de l'âme (AMIEL, Journal [31.
   10. 1852]) ; > A. CAMUS, « Le Vent à Djémila », Noces.

18 J'aime les nuages... les nuages qui passent... là-bas... là-bas... **les merveilleux nuages !** (Baudelaire, Le Spleen de Paris, « L'Etranger ») ; > A. Breton, L'Amour fou, éd. Folio, p. 124 ; Titre de F. Sagan (1961).

19 Pourquoi le spectacle de la mer est-il si infiniment et si éternellement agréable ? Parce que la mer offre à la fois l'idée de l'immensité et du mouvement (Baudelaire, « Mon cœur mis à nu »).

20 Mais nous que la campagne a toujours embêtés et qui l'avons toujours vue, comme nous en connaissons d'une façon plus rassise toutes les saveurs et toutes les mélancolies ! (Flaubert, Corr., 16. 12. 1852).

21 [...] la nature a fait son temps ; elle a définitivement lassé, par la dégoûtante uniformité de ses paysages et de ses ciels, l'attentive patience des raffinés (J.-K. Huysmans, A rebours, II).

22 [...] la Mer, immense et verte comme une aube à l'orient des hommes [...] (Saint-John Perse, Amers, « Et vous, mers... », 1).

23 [...] les fleuves sont sur leurs lits comme des cris de femmes et ce monde est plus beau
qu'une peau de bélier peinte en rouge ! (Saint-John Perse, Anabase, III).

24 La terre est bleue comme une orange (P. Eluard, L'Amour, la Poésie, « Premièrement »).

naturel : nature

1 [... l'obsession de l'avenir] à quoy **nature** même nous achemine, pour le service de la continuation de son ouvrage, nous imprimant, comme assez d'autres, cette imagination fausse, **plus jalouse de notre action que de notre science** (Montaigne, Essais, I, 3) ; > V. Larbaud, Amants, heureux amants...

2 L'accoutumance est une seconde nature, et non moins puissante (Montaigne, Essais, III, 10 ; cf. Cicéron, De finibus, V, 25, 74, lui-même inspiré d'Aristote, Ethique à Nicomaque, 1152a, qui cite le poète Evénus, et Rhétorique, I, 11) ; cf. Pascal : La coutume est une seconde nature qui détruit la première. Mais qu'est-ce que nature ? pourquoi la coutume n'est-elle pas naturelle ? **J'ai grand peur que cette nature ne soit elle-même qu'une première coutume, comme la coutume est une seconde nature** (Pensées, 93 ; > A. Gide, Corydon, II, 1) ; L. Bloy commente la sentence ainsi connue : L'habitude est une seconde nature (Exégèse des lieux communs, LIV).

3 Rien n'empêche tant d'être naturel que l'envie de le paraître (La Rochefoucauld, Maximes, 431).

4 Jamais de la nature il ne faut s'écarter (Boileau, Art poétique, III ; à propos de l'art comique).

5 La nature de l'homme est tout nature, *omne animal.* Il n'y a rien

qu'on ne rende naturel. Il n'y a naturel qu'on ne fasse perdre (Pascal, Pensées, 630).

6 La nature s'imite. Une graine jetée en bonne terre produit. Un principe jeté dans un bon esprit produit (Pascal, Pensées, 698).

7 Ventre affamé n'a point d'oreilles (proverbe repris entre autres par La Fontaine, « Le Milan et le Rossignol »).

8 [...]/ Et maintenant il ne faut pas/ Quitter la nature d'un pas (Lettre de La Fontaine à M. de Maucroix, à l'issue d'une représentation de Molière).

9 Chassez le naturel, il revient au galop (Destouches, Le Glorieux, III, 5 ; < Horace, Epîtres, I, 10, 24, où la nature est chassée à coups de fourche) ; > Diderot : La nature [...] il faut ou la chasser ou lui obéir (Discours sur la poésie dramatique) ; A. Gide, Journal [1932] et Corydon, III, 4, en latin ; J. Renard : Il a chassé le naturel : le naturel n'est pas revenu (Journal [1894]).

10 Insensés qui vous plaignez sans cesse de la nature, apprenez que tous vos maux viennent de vous (Rousseau, Les Confessions, VIII).

11 Je suis l'homme de la nature avant que d'être celui de la société (marquis de Sade, La Nouvelle Justine).

12 L'anormalité est aussi légitime que la règle (Flaubert, Corr., 26. 10. 1852).

13 Quelle mécanique que le naturel, et comme il faut de ruses pour être vrai (Flaubert, Corr., 6. 04. 1853).

14 [...] le naturel de chacun, c'est sa nature. (P. Bourget, Le Disciple, IV, 3).

15 C'est dans l'extraordinaire que je me sens le plus naturel (A. Gide, Les Faux-Monnayeurs, I, 1).

16 La tendance la plus naïve est celle qui fait découvrir la « nature » tous les trente ans (P. Valéry, « Rhumbs », Tel quel).

17 On ne sortira de son vingtième étage, pourvu de tous les perfectionnements modernes : eau, gaz, électricité, et eau froide et eau chaude, air chaud et air froid, dévaloir, T.S.F., frigidaire etc., que pour camper tout nu.sous une tente dans une espèce de désert (Ramuz, Questions, 7).

18 Ne parfumons pas trop les roses (Cocteau ; référence non retrouvée).

19 Le naturel n'est nullement un attribut de la Nature physique ; c'est l'alibi dont se pare une majorité sociale : le naturel est une légalité (R. Barthes par lui-même).

20 Il n'y a rien dans l'univers qui ne soit pas naturel. Les villes et leurs paysages sont naturels, comme les déserts, les forêts, les plaines, les mers... En créant les villes, en inventant le béton, le

goudron et le verre, les hommes ont inventé une nouvelle jungle dont ils ne sont pas encore les habitants. Peut-être qu'ils mourront avant de l'avoir reconnue (Le Clézio, Haï) ; >**.

O

opinions

▷ Voir aussi **Idées, Information**

1 [...] il n'y a rien de véritable, l'opinion de tous fait l'opinion de chacun (Démocrite, Fragments).

2 Autant d'individus, autant d'avis : à chacun sa règle (*Quot homines, tot sententiae : suus cuique mos* ; Térence, Phormion, v. 454 ; la première partie du vers est proverbiale)

3 Toute opinion est assez forte pour se faire épouser au prix de la vie (Montaigne, Essais, I, 14) ; *cf.* Pascal : Toute opinion peut être préférable à la vie, dont l'amour paraît si fort et si naturel (Pensées, 29). *Cf. infra*, J. Rostand.

4 Car aussi ce sont ici mes humeurs et opinions ; je les donne pour ce qui est en ma créance, non pour ce qui est à croire (Montaigne, Essais, I, 26) ; > Voltaire : Je donne mon avis, dit Montaigne, non comme bon, mais comme mien (Dictionnaire philosophique, «Epopée»).

5 Il n'est rien à quoi communément les hommes soient plus tendus qu'à donner voie à leurs opinions : où le moyen ordinaire nous faut, nous y ajoutons les commandement, la force, le fer, et le feu. Il y a du malheur d'en être là, que la meilleure touche de la vérité ce soit la multitude des croyants, en une presse où les fols surpassent de tant les sages en multitude (Montaigne, Essais, III, 11).

6 Il n'y a que les fols certains et résolus (Montaigne, Essais, I, 26).

7 La force est la reine du monde et non pas l'opinion, mais l'opinion est celle qui use de la force (Pascal, Pensées, 554 ; *cf.* 665 : Ainsi l'opinion est comme la reine du monde mais la force en est le tyran).

8 Il ne faut pas juger les hommes d'après leurs opinions, mais d'après ce que ces opinions font d'eux (G. C. Lichtenberg, Aphorismes, 3).

9 Mais les fausses opinions ressemblent à la fausse monnaie qui est frappée d'abord par de grands coupables, et dépensée ensuite par d'honnêtes gens qui perpétuent le crime sans savoir ce qu'ils font (J. de Maistre, Les Soirées de Saint-Pétersbourg, 1).

10 L'homme absurde est celui qui ne change jamais (A. M. Barthélemy, <u>Ma justification</u>, v. 412). Même mot dans la bouche de G. Clemenceau, discours du 22. 07. 1917.

11 Il n'y a pas de mérite à être convaincu de quelque chose. Il n'y a pas démérite à n'être convaincu de rien (H. de Montherlant, <u>Aux fontaines du désir</u>, « Syncrétisme et Alternance »).

12 Il est plus facile de mourir pour ce qu'on croit que d'y croire un peu moins (J. Rostand, <u>Pensées d'un biologiste</u>, 10).

13 Il m'arrive d'adopter une opinion sans avoir eu le temps de m'en donner les raisons : je me fais crédit (J. Rostand, <u>Carnet d'un biologiste</u>).

14 C'est mon opinion, et je ne la partage pas (L. Scutenaire, <u>Mes inscriptions</u>). *Cf.* H. Monnier : [...] c'est mon opinion, et je la partage, que l'oisiveté est la mère de tous les vices (<u>Mémoires de M. Joseph Prudhomme</u>) ; Mme de Sévigné : Je suis bien loin d'abonder dans mon sens (Corr., 15. 01. 1690 ; > A. Gide, <u>Journal</u> [1927]).

P

passions

1 J'aime et je hais ; tu demandes peut-être pourquoi j'en suis là ?/ Je l'ignore, mais je sens que j'en suis là, et c'est ce qui me torture (*Odi et amo*, Catulle, poème 85).

2 Je reconnais les traces de l'ancienne flamme (*Agnosco veteris vestigia flammae* ; Virgile, <u>Enéide</u>, IV, v. 23) ; > Chateaubriand, <u>Mémoires d'outre-tombe</u>, III, II, 8, 1, en latin ; *cf. infra*, Racine.

3 Je ne peux ni vivre avec toi ni vivre sans toi (Martial, <u>Epigrammes</u>, XII, 47).

4 La colère est un bref accès de folie (Horace, <u>Epîtres</u>, I, 2, 62).

5 Je te haïrais peu si je ne t'aimais pas (Corneille, <u>La Toison d'or</u>, II, 2).

6 Les passions sont les seuls orateurs qui persuadent toujours. Elles sont comme un art de la nature dont les règles sont infaillibles ; et l'homme le plus simple qui a de la passion persuade mieux que le plus éloquent qui n'en a point (La Rochefoucauld, <u>Maximes</u>, 8).

7 J'avoue, répondit-elle, que les passions peuvent me conduire ; mais elles ne sauraient m'aveugler (Mme de La Fayette, <u>La Princesse de Clèves</u>, 2).

8 L'esprit n'est point ému de ce qu'il ne croit pas (BOILEAU, <u>Art poétique</u>, I ; l'idée remonte aux rhétoriciens antiques) ; > VOLTAIRE, <u>Le Siècle de Louis XIV</u>, « Catalogue des écrivains ».

9 [...]/ De mes feux mal éteints je reconnus la trace ;/ Je sentis que ma haine allait finir son cours ;/ Ou plutôt je sentis que je l'aimais toujours (RACINE, <u>Andromaque</u>, I, 1) ; *cf. supra*, VIRGILE.

10 Et fallait-il encor que pour comble d'horreurs/ Je ne pusse imputer sa mort qu'à mes fureurs./ Oui, c'est moi, cher amant, qui t'arrache la vie (RACINE, <u>Bajazet</u>, V, 12).

11 Je le vis, je rougis, je pâlis à sa vue ;/ Un trouble s'éleva dans mon âme éperdue ;/ [...] / Je reconnus Vénus et ses feux redoutables/ [...] Ma blessure trop vive aussitôt a saigné./ Ce n'est plus une ardeur dans mon âme cachée :/ C'est Vénus tout entière à sa proie attachée (RACINE, <u>Phèdre</u>, I, 3) ; > P. VALÉRY, « Sur Phèdre femme », <u>Variété</u>.

12 La conscience est la voix de l'âme, les passions sont la voix du corps (ROUSSEAU, <u>Emile</u>, IV).

13 Nous devons peut-être aux passions les plus grands avantages de l'esprit (VAUVENARGUES, <u>Réflexions et Maximes</u>, 151). *Cf.* la citation suivante.

14 Les passions ont appris aux hommes la raison (VAUVENARGUES, <u>Réflexions et Maximes</u>, 154) ; > J. BENDA, <u>La Trahison des clercs</u>, 4.

15 Si la passion conseille quelquefois plus hardiment que la réflexion, c'est qu'elle donne plus de force pour exécuter (VAUVENARGUES, <u>Réflexions et Maximes</u>, 125).

16 Toutes les passions sont exagératrices, et elles ne sont des passions que parce qu'elles exagèrent (CHAMFORT, <u>Maximes et Pensées</u>).

17 Les passions font *vivre* l'homme, la sagesse le fait seulement *durer* (CHAMFORT, <u>Maximes et Pensées</u>).

18 Les passions de l'homme ne sont que les moyens que [la nature] emploie pour parvenir à ses desseins (MARQUIS DE SADE, <u>Justine ou Les Malheurs de la vertu</u>, éd. Pauvert, 1966, p. 98).

19 **Levez-vous** vite, **orages désirés**, qui devez emporter René dans les espaces d'une autre vie (CHATEAUBRIAND, <u>René</u>) ; > F. MAURIAC, <u>Le Jeune Homme</u>, VII ; SAINTE-BEUVE (article du 1. 10. 1832) a rapproché ce passage de celui de LAMARTINE : Et moi je suis semblable à la feuille flétrie/ Emportez-moi comme elle, orageux Aquilons ! (« L'Isolement »).

20 La passion est toute l'humanité. Sans elle, la religion, l'histoire, le roman, l'art seraient inutiles (BALZAC, Avant-Propos de <u>La Comédie humaine</u>).

21 Oui, morte ! Elle me résistait, je l'ai assassinée (A. DUMAS, <u>Antony</u>, V, 4) ; > COLETTE : *Il te résistait, tu l'as assassiné* (<u>Le Toutounier</u>).

22 [...] il est comme tous les êtres vulgaires de cœur et grossiers de sens, qui prennent la passion pour de l'amour (BARBEY D'AUREVILLY, Une vieille maîtresse, I, 1).

23 Moi je suis las des grandes passions, des sentiments exaltés, des amours furieux et des désespoirs hurlants. J'aime beaucoup le bon sens avant tout, peut-être parce que je n'en ai pas (FLAUBERT, Corr., [fin déc. 1846 ?]).

24 Les grandes passions, je ne dis pas les turbulentes, mais les hautes, les larges, sont celles à qui *rien ne peut nuire*, et dans lesquelles plusieurs autres peuvent se mouvoir (FLAUBERT, Corr., 12. 04. 1854).

25 Prenez la vie, les passions et vous-même comme un *sujet à exercices intellectuels* (FLAUBERT, Corr., 18. 05. 1857).

26 L'attrait du danger est au fond de toutes les grandes passions (A. FRANCE, Le Jardin d'Epicure, éd. Calmann-Lévy, 1949, p. 18).

27 Il y a du supplice dans la passion, et le mot l'indique (ALAIN, Les Arts et les Dieux, « Définitions »).

28 — Qu'êtes-vous donc ? — Une Epée au travers de son cœur (P. CLAUDEL, Le Soulier de satin, 1re version, I, 10).

29 Tous deux séparés par d'épais murs parcourent en vain pour essayer de se rejoindre les escaliers du délire (P. CLAUDEL, Le Soulier de satin, 1re version, II, 2).

30 De toutes les passions, celle qui est la plus inconnue à nous-mêmes, c'est la paresse ; elle est la plus ardente et la plus maligne de toutes [...] (A. GIDE, Les Faux-Monnayeurs, II, 5).

31 [...] l'art de vivre consiste à sacrifier une passion basse à une passion plus haute (F. MAURIAC, Le Nœud de vipères, I, 6).

32 C'est une grande duperie de croire que l'homme moyen n'est susceptible que de passions moyennes (G. BERNANOS, Les Grands Cimetières sous la lune, II, 2).

33 On demande toujours une passion où se reposer (H. DE MONTHERLANT, Aux fontaines du désir, « L'Ennui à Aranjuez »).

34 Les passions ne favorisent pas la faiblesse. L'ascèse est un repos comparée aux voies fiévreuses de la chair (G. BATAILLE, Somme athéologique, II, « L'Alléluiah », 4 ; var. manuscrite : /aux voies ardentes de la vulve/).

35 [...] tu n'as pas même contracté ce qui, du côté cour se nomme vice, et passion du côté jardin [...] (R. CREVEL, Etes-vous fous ?).

36 Du joli, la passion dite amour. Si pas de jalousie, ennui. Si jalousie, enfer bestial (A. COHEN, Belle du seigneur, CI).

patrie

1. Passant, va dire à Sparte que nous sommes morts ici pour obéir à ses saintes lois (inscription des Thermopyles, rapportée par le poète SIMONIDE dans ses Epigrammes, et par HÉRODOTE, Histoires, VII, 228) ; > ROUSSEAU, Emile, IV.

2. La patrie se trouve partout où l'on est bien (PACUVIUS, cité par CICÉRON, Tusculanes, 5, 108) ; forme latine abrégée : *Ubi bene, ibi patria* ; > FLAUBERT, Corr., 06. 08. [1846] ; >*.

3. Il est doux et honorable de mourir pour la patrie (HORACE, Odes, III, 2, v. 13).

4. Je ne suis pas né pour un petit coin, ma patrie, c'est, autour de moi, le monde tout entier (SÉNÈQUE, Epîtres, 28, 4).

5. Quand reverrai-je, hélas, de mon petit village/ Fumer la cheminée, et en quelle saison/ Reverrai-je le clos de ma pauvre maison,/ Qui m'est une province, et beaucoup d'avantage ? (J. DU BELLAY, Les Regrets, XXXI, qui réécrit OVIDE, Pontiques, I, 3, 34).

6. Mourir pour le pays n'est pas un triste sort ;/ C'est s'immortaliser par une belle mort (CORNEILLE, Le Cid, IV, 5) ; *cf.* du même CORNEILLE, dans Horace : Mourir pour le pays est un si digne sort/ Qu'on briguerait en foule une si belle mort (II, 3).

7. Albe, **mon cher pays et mon premier amour !** (CORNEILLE, Horace, I, 1) ; *cf.* CHATEAUBRIAND : /O France ! [...]/ (Mémoires d'outre-tombe, III, II, 6, 10).

8. J'ai le cœur aussi bon, mais enfin je suis homme./ [...] Je rends grâces aux Dieux de n'être pas Romain,/ Pour conserver encor quelque chose d'humain (CORNEILLE, Horace, II, 3).

9. Si vous n'êtes Romain soyez digne de l'être,/ Et si vous m'égalez, faites-le mieux paraître (CORNEILLE, Horace, II, 3).

10. — Albe vous a nommé, je ne vous connais plus. — Je vous connais encore, et c'est ce qui me tue (CORNEILLE, Horace, II, 3).

11. Rome, l'unique objet de mon ressentiment ! (CORNEILLE, Horace, IV, 6).

12. C'est trop, ma patience à la raison fait place,/ Va dedans les enfers plaindre ton Curiace (CORNEILLE, Horace, ; var. : /enfers joindre ton/).

13. Rome n'est plus dans Rome, elle est toute où je suis (CORNEILLE, Sertorius, III, 1) ; > F. MAURIAC, Dieu et Mammon, II.

14. **Ah ! pour être Romain** je n'en suis pas moins homme (CORNEILLE, Sertorius, IV, 1) ; *cf.* MOLIÈRE : /Ah ! pour être dévot/ (Tartuffe, III, 3).

15. La patrie est aux lieux où l'âme est enchaînée (VOLTAIRE, Le Fanatisme, ou Mahomet le prophète I, 2) ; > CHATEAUBRIAND,

Mémoires d'outre-tombe, IV, 2, 16, qui ajoute : Il en est de même de la beauté.

16 Mourir pour la Patrie,/ C'est le sort le plus beau, le plus digne d'envie (Cl. Rouget de Lisle, <u>Roland à Roncevaux</u>) ; > A. Dumas et A. Maquet, <u>Le Chevalier de Maison Rouge</u> (chœur des Girondins) ; G. Bernanos, <u>La France contre les robots</u>, 5.

17 Quoi qu'on puisse dire philosophiquement, **nous tenons au sol par bien des liens. On n'emporte pas les cendres de ses pères à la semelle de ses souliers,** et le plus pauvre garde quelque part un souvenir sacré qui lui rappelle ceux qui l'ont aimé (Nerval, <u>Les Filles du feu</u>, «Angélique», 5e lettre).

18 Une patrie se compose des morts qui l'ont fondée aussi bien que des vivants qui la continuent (E. Renan, Discours à l'Académie française du 23. 04. 1885).

19 Le patriotisme est fondé sur les yeux et le cœur, le nationalisme sur la connaissance abstraite [...] (Ramuz, <u>Besoin de grandeur</u>, 1).

20 La Patrie ? Ce mot ne signifie rien si vous ne dites pas petite patrie [...] si vraiment elle est le morceau de terre où votre cœur est irrémédiablement enchaîné, ce morceau de terre — honnêtement — est très petit (J. Giono, <u>Le Poids du ciel</u>, II : «Les Grandeurs libres»).

21 Pour le meilleur comme pour le pire, nous sommes liés à la patrie. Et nous savons que nous ne ferons pas l'Européen sans elle ; que nous devons faire, que nous le voulions ou non, l'Européen sur elle (A. Malraux, Postface des <u>Conquérants</u>).

plaisir

1 De la source même des plaisirs surgit je ne sais quelle amertume, qui jusque dans les fleurs prend l'amant à la gorge (Lucrèce, <u>De natura rerum</u>, IV, v. 1133) ; > début, en latin, J. Green, <u>Journal</u> [1943].

2 Il enlève tous les suffrages, celui qui **mêle l'utile à l'agréable** en charmant le lecteur et en l'instruisant à la fois (Horace, <u>Art poétique</u>, v. 343-344) ; paraphrasé par Boileau : [...] votre muse fertile/ Joigne au plaisant le solide et l'utile (<u>Art poétique</u>, IV) ; souvent cité sous la forme résumée latine *Utile dulci* (Flaubert, Corr., 29. 05. 1852).

3 [...] un porc du troupeau d'Épicure (Horace, à propos de lui-même, <u>Épîtres</u>, I, 4, 16).

4 Foin des plaisirs que le remords doit suivre (Pseudo-Gallus, 1, 180, cité en latin et trad. par S. A. Tissot, <u>L'Onanisme</u> ; *cf. infra*, La Fontaine).

5 Nul plaisir n'a goût pour moi sans communication (Montaigne, <u>Essais</u>, III, 9) ; > Pascal : [...] /saveur/ [...]: marque de l'estime que l'homme fait de l'homme (<u>Pensées</u>, Pensées inédites).

6 Honteux attachements de la chair et du monde,/ Que ne me quittez-vous quand je vous ai quittés ? (CORNEILLE, Polyeucte, IV, 2) ; > CH. PÉGUY, Victor-Marie, comte Hugo.

7 Mais quelqu'un troubla la fête,/ Pendant qu'ils étaient en train./ [...]/Adieu donc ; fi du plaisir/ Que la crainte peut corrompre (LA FONTAINE, « Le Rat de ville et le Rat des champs »). *Cf. supra*, PSEUDO-GALLUS.

8 [...] Si Peau d'âne m'était conté,/ J'y prendrais un plaisir extrême,/ Le monde est vieux, dit-on ; je le crois, cependant/ Il le faut amuser encor comme un enfant (LA FONTAINE, « Le Pouvoir des fables ») ; > A. BRETON, Premier Manifeste du surréalisme. *Cf.* CH. PERRAULT : Je vais, pour contenter votre juste désir,/ Vous conter tout au long l'histoire de Peau d'Ane (Contes, « Peau d'Ane ») ; *Cf.* le film de S. GUITRY : Si Versailles m'était conté... ; et de nombreuses variations.

9 Jean s'en alla comme il était venu,/ Mangea le fonds avec le revenu,/ Tint les trésors chose peu nécessaire./ Quant à son temps, bien sut le dispenser :/ Deux parts en fit, dont il souloit passer/ L'une à dormir, et l'autre à ne rien faire (LA FONTAINE, « Epitaphe d'un paresseux ou Epitaphe de lui-même »).

10 Même beauté, tant soit exquise,/ Rassasie et soûle à la fin./ Il me faut d'un et d'autre pain :/ Diversité, c'est ma devise (LA FONTAINE, Contes, « Pâté d'anguille »).

11 Le moyen de chasser ce qui fait du plaisir ? (MOLIÈRE, L'Ecole des femmes, V, 4).

12 J'aurai le plaisir de perdre mon procès (MOLIÈRE, Le Misanthrope, I, 1).

13 Ce sont petits chemins tout parsemés de roses (MOLIÈRE, Les Femmes savantes, III, 2).

14 On ne quitte les plaisirs que pour d'autres plus grands (PASCAL, Lettre à Mlle de Roannez) ; > A. GIDE, Journal [1943].

15 Qui saurait connaître ce que c'est en l'homme qu'un certain fonds de joie sensuelle, et je ne sais quelle disposition inquiète et vague au plaisir des sens, qui ne tend à rien et qui tend à tout, connaîtrait la source secrète des plus grands péchés (BOSSUET, Maximes et Réflexions sur la comédie, VIII) ; > F. MAURIAC, Dieu et Mammon, V.

16 Le plaisir de l'homme, c'est l'homme (BOSSUET, 1er Sermon sur la circoncision).

17 Les biens les plus charmants n'ont rien de comparable/ Aux torrents de plaisirs qu'il répand dans un cœur (RACINE, Esther, III, 9 ; il s'agit de Dieu) ; > PH. SOLLERS : /dans nos cœurs/ (La Fête à Venise).

18 [...] et le plaisir le plus délicat est de faire celui d'autrui (LA BRUYÈRE, Les Caractères, « De la société et de la conversation », 16).

19 Le plaisir donne ce que la sagesse promet (Voltaire, Le Sottisier, dans les Mélanges des Œuvres complètes).

20 Le superflu, chose très nécessaire (Voltaire, Satires, « Le Mondain »).

21 Les vieillards et les sages ont tort ; il faut être jeune et ardent pour juger, surtout des plaisirs (Vauvenargues, Réflexions et Maximes, 384).

22 Sous un mince cristal l'hiver conduit leurs pas ;/ Le précipice est sous la glace ;/ Telle est de vos plaisirs la légère surface./ **Glissez, mortels, n'appuyez pas** (P.-Ch. Roy, vers sous une gravure, « L'Hiver », représentant des patineurs, cité par Chamfort, Caractères et Anecdotes) ; > Balzac, Le Cabinet des antiques ; Sartre, Les Mots (mot cité par la grand-mère du narrateur) ; *cf.* « Sagesse », Montaigne.

23 Dieu n'avait fait que l'eau, mais l'homme a fait le vin ! (Hugo, Les Contemplations, « La Fête chez Thérèse »).

24 Et d'un secours furtif aidant la volupté/ Je goûte avec moi-même un bonheur emprunté (Flaubert, « La Découverte de la vaccine » [Œuvres de jeunesse]) ; > Flaubert, Corr., 8. 05. 1852.

25 Les plaisirs de ce monde pourraient bien être les supplices de l'enfer, vus *à l'envers*, dans un miroir (L. Bloy, Journal [1908]).

26 L'homme s'ennuie du plaisir reçu et préfère de bien loin le plaisir conquis (Alain, Propos sur le bonheur, « Diogène »).

27 Les plaisirs de l'amour font oublier l'amour des plaisirs (Alain, Propos sur le bonheur, « L'Egoïste »).

28 Tout ce que j'aime est immoral ou défendu, ou engraissant (A. Woolcott, référence non retrouvée) ; > J. Green, Journal [1956].

29 C'est là le point : la volupté se meurt. On ne sait plus jouir. Nous en sommes à l'intensité, à l'énormité, à la vitesse, aux actions directes sur les centres nerveux, par le plus court chemin (P. Valéry, « Degas Danse Dessin », Pièces sur l'art).

30 J'y penserai demain (phrase talisman de Scarlett O'Hara, Autant en emporte le vent, de M. Mitchell). *Cf.* le « A demain les choses sérieuses » d'Archias ; voir Dupré, 5030.

31 Sur ce mot volupté, comme sur le mot plaisir, il faut s'entendre. Vocabulaire tout personnel. Pour Epicure, la volupté, c'était un bol d'eau fraîche (J. Chardonne, L'Amour, c'est beaucoup plus que l'amour, III).

32 Pour ceux qui ont l'austérité trop facile, le devoir peut être dans le plaisir (J. Rostand, Carnet d'un biologiste).

33 Tout plaisir est plaisir d'amour (J. Rostand, Carnet d'un biologiste).

34 Il n'y a pas pour moi de ces bonheurs d'habitude. Pour moi, tout

ce qui n'est pas plaisir est douleur (H. DE MONTHERLANT, Aux
fontaines du désir, «Appareillage, et leur sinistre patience»).

35 «J'enseigne l'art de tourner l'angoisse en délice», «glorifier»:
tout le sens de ce livre (G. BATAILLE, L'Expérience intérieure,
II, 1).

36 Ce n'est pas dans la nouveauté, c'est dans l'habitude que nous
trouvons les plus grands plaisirs (R. RADIGUET, Le Diable au
corps, 7).

37 On s'essaye à jouir et à «faire des expériences». Mais c'est une
vue de l'esprit. Il faut une rare vocation pour être un jouisseur
(A. CAMUS, «L'Eté à Alger», Noces).

pleurs

1 Heureux ceux qui pleurent, car ils seront consolés (MATTHIEU, V,
5; littéralement: «ceux qui mènent deuil»); *cf.* Psaumes, 84, 7:
Heureux l'homme dont la force est en Toi;/ Il a dans son cœur des
chemins tout tracés,/ Dans la vallée des larmes (*in valle lacrimarum* ;
l'expression a été reprise dans le Salve Regina: «dans cette vallée de
larmes»).

2 *Sunt lacrimae rerum et mentem mortalia tangunt* («Il y a des
larmes pour l'infortune, et les malheurs des mortels touchent le
cœur», VIRGILE, Enéide, I, v. 462).

3 [...] il y a un certain plaisir à pleurer./ Par les larmes, la douleur
s'épuise et s'exhale (OVIDE, Tristes, IV, 3, v. 37-38).

4 [...] le doute qui troublait son entendement était à savoir s'il
devait pleurer pour le deuil de sa femme ou rire pour la joie de
son fils (RABELAIS, Pantagruel, III, doute de Gargantua lors de la
naissance de son fils et de la mort de Badebec; pour les deux
attitudes, celle de Démocrite qui riait de tout, et celle d'Héraclite
qui pleurait de tout, voir SÉNÈQUE, De ira, II, 10, 5; Gargantua
résout ainsi le dilemme: Et, ce disant, pleuroit comme une
vache; mais tout soudain, riait comme un veau, *ibidem*).

5 Je ne chante (Magny) je pleure mes ennuys,/ Ou, pour le dire
mieux, en pleurant je les chante,/ Si bien qu'en les chantant,
souvent je les enchante (J. DU BELLAY, Les Regrets, XII).

6 [...] l'extrémité du rire se mêle aux larmes (MONTAIGNE, Essais,
II, 20).

7 Vous êtes roi, vous pleurez et je pars (MARIE MANCINI à son amant
Louis XIV, au moment de se séparer définitivement); > MME DE
STAËL, De l'Allemagne, Préface. *Cf.* RACINE: Vous êtes Empereur,
Seigneur, et vous pleurez! (Bérénice, IV, 5; > CH. PÉGUY, Victor-Marie,
comte Hugo).

8 Je cherche le silence et la nuit pour pleurer (CORNEILLE, Le Cid,
III, 4).

9 C'est en séchant vos pleurs que vous vous montrerez/ La

véritable sœur de ceux que vous pleurez (CORNEILLE, Horace, V, 3).

10 Joie, joie, joie, pleurs de joie (PASCAL, « Le Mémorial ») ; *cf.* M. PROUST : *Joie! Pleurs de joie! Félicité inconnue* (Le Côté de Guermantes, I) ; F. MAURIAC : Joie! pleurs de joie! Traversée sans fin dont même les orages ne seront au fond que délices (Un adolescent d'autrefois, 9).

11 Pour me tirer des pleurs, il faut que vous pleuriez (BOILEAU, Art poétique, III ; *cf.* « Passions », BOILEAU ; *cf.* HORACE, Art poétique, v. 102-103) ; > A. GIDE, Journal [1928] ; P. VALÉRY, Tel quel, « Analecta ».

12 [...] cette tristesse majestueuse qui fait tout le plaisir de la tragédie [...] le plaisir de pleurer et d'être attendris (RACINE, Préface de Bérénice). *Cf.* OVIDE, *supra.*

13 Le triste Agamemnon,/ [...]/ Pour détourner ses yeux des meurtres qu'il présage,/ Ou pour cacher ses pleurs, s'est voilé le visage (RACINE, Iphigénie, V, 5 ; topos d'Agamemnon cachant son visage, exemple d'une douleur que les peintres sont incapables de représenter, et que RACINE amalgame ici à une double interprétation psychologique : *cf.* CICÉRON, Orator, 21, 74, et QUINTILIEN, Institution oratoire, II, 13, 13).

14 Comme le premier état de l'homme est la misère et la faiblesse, ses premières voix sont la plainte et les pleurs. [...] De ces pleurs qu'on croirait si peu dignes d'attention naît le premier rapport de l'homme à tout ce qui l'environne (ROUSSEAU, Emile, I).

15 Pleurez, doux alcyons, ô vous, oiseaux sacrés,/ Oiseaux chers à Thétis, doux alcyons, pleurez./ Elle a vécu, Myrto, la jeune Tarentine (A. CHÉNIER, « La Jeune Tarentine »).

16 [...]/ Pleurant comme Diane au bord de ses fontaines/ [...] (A. DE VIGNY, « La Maison du berger ») ; > M. PROUST, A l'ombre des jeunes filles en fleurs, II.

17 Vive le mélodrame où Margot a pleuré (A. DE MUSSET, « Après une lecture ») ; > FLAUBERT, CORR., 26. 06. 1852 : /Le mélodrame est bon/.

18 Le seul bien qui me reste au monde/ Est d'avoir quelquefois pleuré (A. DE MUSSET, « Tristesse »).

19 Tes traîtres yeux/ Brillent à travers leurs larmes (BAUDELAIRE, Les Fleurs du mal, « Spleen et Idéal »).

20 Il est dangereux de se laisser aller à la volupté des larmes ; elle ôte le courage et même la volonté de guérir (AMIEL, Journal [29. 12. 1871]).

21 Les larmes qu'on ne pleure pas/ Dans notre âme retombent toutes,/ Et de leurs patientes gouttes/ Martèlent le cœur triste et las (E. BLAU et P. MILLIET, Werther, opéra sur une musique de MASSENET, III). *Cf.* J. RENARD : Que deviennent toutes les larmes qu'on ne verse pas ? (Journal [1906]).

22 Ecoutez la chanson bien douce/ Qui ne pleure que pour vous plaire./ Elle est discrète, elle est légère./ Un frisson d'eau sur de la mousse ! (P. VERLAINE, <u>Sagesse</u>, I, 16).

23 Il pleure dans mon cœur/ Comme il pleut sur la ville ;/ Quelle est cette langueur/ Qui pénètre mon cœur ? (P. VERLAINE, <u>Romances sans paroles</u>, «Ariettes oubliées», III).

24 Qui pleure là, sinon le vent simple, à cette heure/ Seule, avec diamants extrêmes ?... Mais qui pleure,/ Si proche de moi-même au moment de pleurer ? (P. VALÉRY, premiers vers de <u>La Jeune Parque</u>).

25 Les larmes ne sont pas toujours belles ; la douleur reflète notre image. Elle laisse voir la vanité, la méchanceté, la rancune, tous les poisons du sang (J. CHARDONNE, <u>L'Amour, c'est beaucoup plus que l'amour</u>, II).

26 Ouvrez-moi cette porte où je frappe en pleurant (APOLLINAIRE, <u>Alcools</u>, «Le Voyageur»).

27 Les larmes du monde sont immuables. Pour chacun qui se met à pleurer, quelque part un autre s'arrête. Il en va de même du rire (S. BECKETT, <u>En attendant Godot</u>, I).

28 Les larmes méprisent leur confident (R. CHAR, <u>Le Poème pulvérisé</u>).

29 Pourtant la fonction des yeux n'est pas de voir mais de pleurer ; et pour _voir_ réellement il nous faut les fermer [...] (E. M. CIORAN, <u>Précis de décomposition</u>, «Lypémanie»).

poésie-poète

1 Ce n'est pas de raconter les choses réellement arrivées qui est l'œuvre propre du poète, mais bien de raconter ce qui pourrait arriver (ARISTOTE, <u>Poétique</u>, 1451a) ; > J. GIONO, <u>Triomphe de la vie</u>.

2 La poésie est quelque chose de plus philosophique et de plus grande importance que l'histoire (ARISTOTE, <u>Poétique</u>, 1451b).

3 _Quandoque bonus dormitat Homerus_ («Parfois le bon Homère dort», HORACE, <u>Art poétique</u>, v. 359 ; ce vers signifie que même les meilleurs poètes, écrivains, etc. peuvent avoir des faiblesses) ; > R. ROLLAND, <u>Souvenirs de jeunesse</u>.

4 _Disjecti membra poetae_ («les membres du poète écartelé», Horace, <u>Satires</u>, I, 4, v. 62, à propos des vers où l'ordre des mots est bouleversé) ; souvent paraphrasé, en d'autres sens, par l'expression _disjecta membra_, «des membres disjoints».

5 _Odi profanum vulgus et arceo_ («Je hais la foule profane et l'écarte», HORACE, <u>Odes</u>, III, 1, v. 1) ; > BAUDELAIRE, <u>Œuvre et Vie d'E. Delacroix</u>, 6.

6 J'ai achevé un monument plus durable que l'airain (_Exegi_

monumentum aere perennius; Horace, Odes, III, 30, v. 1 ; *cf.* le
v. 6 : Je ne mourrai pas tout entier, *Non omnis moriar*). *Cf.*
« Littérature-livres », Thucydide.

7 On naît poète, on devient orateur (*Nascimur poetae, fimus
oratores*; Cicéron, De oratore, I). *Cf.* S. de Beauvoir : On ne naît pas
femme, on le devient (Le Deuxième Sexe, IV, 1, 1re phrase). *Cf. infra*,
Boileau.

8 La théologie n'est pas autre chose que la poésie de Dieu
(Boccace, Commentaire sur *La Divine Comédie* de Dante).

9 [...] celui sera véritablement le poète que je cherche en notre
langue, qui me fera indigner, apaiser, éjouir, douloir [= souffrir],
aimer, haïr, admirer, étonner, bref, qui tiendra la bride de mes
affections, me tournant çà et là à son plaisir (J. du Bellay,
Défense et Illustration de la langue française, II, 11 ; paraphrase
de Cicéron, De oratore, I, 12, 53, où il est question de
l'orateur).

10 On peut faire le sot par tout ailleurs, mais non en la Poésie [...]
(Montaigne, Essais, II, 17 ; *cf.* Horace : il n'est pas permis aux
poètes d'être médiocres, Art poétique, v. 372, paraphrasé par
Boileau : Mais dans l'art dangereux de rimer et d'écrire,/ Il n'est
point de degrés du médiocre au pire, Art poétique, IV).

11 Je m'avoue, il est vrai [...]/ **Papillon du Parnasse et semblable
aux abeilles/ A qui le bon Platon compare nos merveilles./ Je
suis chose légère et vole à tout sujet ;/ Je vais de fleur en fleur
et d'objet en objet** ;/ A beaucoup de plaisirs je mêle un peu de
gloire (La Fontaine, Discours à Mme de la Sablière) ; > A. Gide,
Les Faux-Monnayeurs, III, 5.

12 Comme on dit beauté poétique on devrait aussi dire beauté
géométrique et beauté médecinale, mais on ne le dit pas et la
raison en est qu'on sait bien quel est l'objet de la géométrie et
qu'il consiste en preuve, et quel est l'objet de la médecine et
qu'il consiste en la guérison ; mais on ne sait pas en quoi
consiste l'agrément qui est l'objet de la poésie (Pascal, Pensées,
586).

13 **Enfin Malherbe vint**, et, le premier en France,/ Fit sentir dans les
vers une juste cadence,/ D'un mot mis en sa place enseigna le
pouvoir,/ et réduisit la Muse aux règles du devoir (Boileau, Art
poétique, I) ; > V. Larbaud, Sous l'invocation de saint Jérôme, cité
comme « le vers le plus repris » avec « Et tout le reste est littérature », de
P. Verlaine (voir « Discours-parole »).

14 C'est en vain qu'au Parnasse un téméraire Auteur/ Pense de l'Art
des Vers atteindre la hauteur./ S'il ne sent point du Ciel
l'influence secrète,/ **Si son Astre en naissant ne l'a formé Poète**
[...] (Boileau, début de l'Art poétique ; *cf. supra*, Cicéron) ; > G.
Feydeau, La Dame de chez Maxim, I, 6 : /Si le ciel en naissant ne l'a créé
poète/.

15 Que toujours le bon sens s'accorde avec la rime (Boileau, Art poétique, I).

16 La rime est une esclave et ne doit qu'obéir (Boileau, Art poétique, I).

17 Les Français n'ont pas la tête épique (mot de N. de Malezieu rapporté par Voltaire, Essai sur la poésie épique).

18 La poésie veut quelque chose d'énorme, de barbare et de sauvage (Diderot, De la poésie dramatique, 18).

19 Qu'est-ce que cela prouve ?... (question du « géomètre » à la lecture d'Iphigénie de Racine, Diderot, Satire I, « Sur les caractères... ») ; > Nerval : « Et puis qu'est-ce que cela prouve ? » — comme disait Denis Diderot (Les Nuits d'octobre, II) ; cf. E. M. Cioran : Comment ne pas se tourner alors vers la poésie ? Elle a — comme la vie — l'excuse de ne rien prouver (Précis de décomposition, « Exégèse de la déchéance »).

20 La puissance dépend de l'empire de l'onde ;/ **Le Trident de Neptune est le sceptre du monde** (Vers de Lemierre, Le Commerce, salué comme « le vers du siècle » ; du même poète, ce vers des Fastes, I, souvent parodié : Même quand l'oiseau marche, on sent qu'il a des ailes) ; > G. de Maupassant, Un cas de divorce.

21 Le monde est si grand, si riche, et la vie offre un spectacle si divers que les sujets de poésie ne feront jamais défaut. Mais il est nécessaire que ce soient toujours des poésies de circonstance, autrement dit que la réalité fournisse l'occasion et la matière (Goethe, Conversations avec Eckermann, 18. 09. 1823, trad. Chuzeville ; cf. du même : Les circonstances sont les vraies Muses, mot rapporté par Fr. von Müller, Conversations avec Goethe, trad. française, p. 76).

22 Le véritable poète a pour vocation d'accueillir en lui la splendeur du monde (Goethe, Divan occidental-oriental, « Notes et Dissertations », Hamburger-Ausgabe, p. 156).

23 Sur des pensers nouveaux faisons des vers antiques (A. Chénier, « L'Invention ») ; > Ch. Nodier, Préface de Smarra : /des sujets nouveaux/.

24 L'énigme de la destinée humaine n'est de rien pour la plupart des hommes ; le poète l'a toujours présente à l'imagination (Mme de Staël, De l'Allemagne, II, 10, éd. Hachette, 1958-1960, t. 2, p. 118).

25 La poésie est le langage naturel de tous les cultes. La Bible est pleine de poésie, Homère est plein de religion (Mme de Staël, De l'Allemagne, II, éd. Hachette, 1958-1960, t. 2, p. 113).

26 Séparer la vie poétique de la vie politique [...] Seul et libre, accomplir sa mission [...]. La solitude est sainte (A. de Vigny, Stello, XL, « Ordonnance du docteur Noir »).

27 Il lit dans les astres la route que nous montre le doigt du Seigneur (A. DE VIGNY, Chatterton, III, 6).

28 La poésie, c'est tout ce qu'il y a d'intime dans tout (HUGO ; 1re Préface des Odes).

29 Tout est sujet ; tout relève de l'art ; tout a droit de cité en poésie. [...] Le poète est libre (HUGO, Préface des Orientales).

30 Peuples ! Ecoutez le poète !/ Ecoutez le rêveur sacré !/ Dans votre nuit, sans lui complète,/ Lui seul a le front éclairé (HUGO, Les Rayons et les Ombres, "Fonction du poète").

31 Soyez comme l'oiseau posé pour un instant/ Sur des rameaux trop frêles,/ Qui sent ployer la branche et qui chante pourtant,/ Sachant qu'il a des ailes (HUGO, Les Rayons et les Ombres, "Dans l'église de***") ; > J. GREEN, Ce qu'il faut d'amour à l'homme, VIII.

32 Je suis quelqu'un qui pense à autre chose (HUGO, Journal [1863]) ; > H. GUILLEMIN, Pierres, 1951 ; J. GREEN, Journal [1960].

33 Et j'ai deux fois vainqueur traversé l'Achéron :/ Modulant tour à tour sur la lyre d'Orphée/ Les soupirs de la Sainte et les cris de la Fée (NERVAL, Les Chimères, "El Desdichado").

34 Depuis qu'un duc normand brisa tes dieux d'argile,/ Toujours, sous les rameaux du laurier de Virgile,/ Le pâle Hortensia s'unit au Myrte vert (NERVAL, Les Chimères, "Myrtho").

35 Château de cartes, château de Bohême, château en Espagne, — telles sont les premières stations à parcourir pour le poète (NERVAL, Petits châteaux de Bohême).

36 Poète, prends ton luth et me donne un baiser (A. DE MUSSET, "La Nuit de mai") ; > G. BACHELARD, : Comment dire avec conviction, comment réciter en retenant un fou-rire, ce premier vers d'un grand poème [...] ? (Poétique de la rêverie).

37 Exilé sur le sol au milieu des huées,/ Ses **ailes de géant l'empêchent de marcher** (BAUDELAIRE, Les Fleurs du mal, "L'Albatros" ; cf. supra le vers de LEMIERRE) ; > M. PROUST, Sodome et Gomorrhe, II, 2 (cité par Mme de Cambremer "confondant les mouettes avec les albatros").

38 [...]/ Qui plane sur la vie, et comprend sans effort/ Le langage des fleurs et des choses muettes (BAUDELAIRE, Les Fleurs du mal, "Elévation").

39 (Car le tombeau toujours comprendra le poëte) (BAUDELAIRE, Les Fleurs du mal, "Remords posthume").

40 **Je te donne ces vers afin que si mon nom/ Aborde heureusement aux époques lointaines,/** [...] Ta mémoire, pareille aux fables incertaines,/ Fatigue le lecteur ainsi qu'un tympanon,/ Et par un fraternel et mystique chaînon/ Reste comme pendue à mes rimes hautaines (BAUDELAIRE, Les Fleurs du mal, XXXIX) ; > P. VALÉRY, "Situation de Baudelaire", Variété ; F.

MAURIAC, Dieu et Mammon, V, qui cite aussi les vers ici omis : **Et fait rêver un soir les cervelles humaines,/ Vaisseau favorisé par un grand aquilon.**

41 J'ai pétri de la boue et j'en ai fait de l'or (BAUDELAIRE, Les Fleurs du mal, «Bribes»; *cf.* un projet d'épilogue pour la seconde édition des Fleurs du mal : Tu m'as donné ta boue et j'en ai fait de l'or).

42 La poésie est un des arts qui rapportent le plus ; mais c'est une espèce de placement dont on ne touche que tard les intérêts, — en revanche très-gros (BAUDELAIRE, «Conseils aux jeunes littérateurs», 7).

43 Tout homme bien portant peut se passer de manger pendant deux jours, — de poésie, jamais (BAUDELAIRE, «Conseils aux jeunes littérateurs», 7).

44 La Poésie est ce qu'il y a de plus réel, c'est ce qui n'est complètement vrai que dans *un autre monde* (BAUDELAIRE, Appendice à L'Art romantique, «Puisque réalisme il y a»; ce sous-titre est repris par A. MALRAUX, dans L'Intemporel, 6).

45 Je t'apporte l'enfant d'une nuit d'Idumée (MALLARMÉ, Poésies, «Don du poème»); > A. MALRAUX, L'Intemporel, Gallimard, p. 149.

46 **Le vierge, le vivace et le bel aujourd'hui/** Va-t-il nous déchirer avec un coup d'aile ivre/ Ce lac dur oublié que hante sous le givre/ Le transparent glacier des vols qui n'ont pas fui ! (MALLARMÉ, Plusieurs sonnets, «Le Vierge, le Vivace...»).

47 **Tel qu'en Lui-même enfin l'éternité le change,/** Le poète suscite avec un glaive nu/ Son siècle épouvanté de n'avoir pas connu/ Que la mort triomphait dans cette voix étrange ! (MALLARMÉ, «Le Tombeau d'Edgar Poe»).

48 [...] oyant jadis l'ange/ **Donner un sens plus pur aux mots de la tribu** (MALLARMÉ, «Le Tombeau d'Edgar Poe»).

49 Calme bloc ici-bas **chu d'un désastre obscur/** [...] (MALLARMÉ, «Le Tombeau d'Edgar Poe»).

50 Tout, certes, aurait existé, depuis, sans **ce passant considérable,** comme aucune circonstance littéraire vraiment n'y prépara : le cas personnel demeure, avec force (MALLARMÉ, Quelques médaillons et portraits en pied, «Arthur Rimbaud»).

51 **De la musique avant toute chose,/** Et pour cela préfère l'impair/ Plus vague et plus soluble dans l'air ;/ Sans rien **qui pèse ou qui pose** (P. VERLAINE, «Art poétique»); > A. GIDE, Journal [1946].

52 Le poète est le plus sublime des persécutés et le plus impatient des persécuteurs (L. BLOY, Corr. 01. 03. 1882, repris au début des Propos d'un entrepreneur de démolitions).

53 **La poésie doit être faite par tous.** Non par un. Pauvre Hugo ! [...]

(Lautréamont, Poésies II) ; > G. Bataille, L'Expérience intérieure, IV, 6.

54 Je m'en allais, les poings dans mes poches crevées ;/ Mon paletot aussi devenait idéal,/ J'allais sous le ciel, Muse, et j'étais ton féal ;/ [...]// Comme des lyres, je tirais les élastiques/ de mes souliers blessés, un pied près de mon cœur ! (Rimbaud, « Ma Bohême »).

55 Je veux être poète, et je travaille à me rendre *voyant* [...] Il s'agit d'arriver à l'inconnu par le dérèglement de *tous les sens*. [...] (Rimbaud, Lettre à G. Izambard, [13] mai 1871 ; voir citation suivante).

56 Je dis qu'il faut être *voyant*, se faire *voyant*.
Le Poète se fait *voyant* par un **long, immense et raisonné dérèglement** de *tous les sens*. Toutes les formes d'amour, de souffrance, de folie [...] Donc le poète est vraiment voleur de feu. [...] (Rimbaud, Lettre du 15 mai 1871 à P. Demeny ; voir *supra*) ; > A. Breton, Second Manifeste du surréalisme.

57 Trouver une langue ; — du reste, toute parole étant idée, le temps d'un langage universel viendra ! (Rimbaud, Lettre du 15 mai 1871 à P. Demeny).

58 Le poète définirait la quantité d'inconnu s'éveillant en son temps dans l'âme universelle : il donnerait plus — que la formule de sa pensée, que la notation de *sa marche* au Progrès ! [...] il serait vraiment *un multiplicateur de progrès* (Rimbaud, Lettre du 15 mai 1871 à P. Demeny).

59 [...] Je sais le soir,/ L'Aube exaltée ainsi qu'un peuple de colombes,/ Et j'ai vu quelquefois ce que l'homme a cru voir ! (Rimbaud, « Le Bateau ivre »).

60 La vieillerie poétique avait une bonne part dans mon alchimie du verbe (Rimbaud, Une saison en enfer, « **Alchimie du verbe** ») ; > A. Breton, Second Manifeste du surréalisme.

61 J'ai seul la clef de cette parade sauvage (Rimbaud, Illuminations, « Parade »).

62 Les mots que j'emploie,
Ce sont les mots de tous les jours, et ce ne sont point les mêmes ! (P. Claudel, Cinq grandes odes, « La Muse qui est la grâce »).

63 Ce n'est pas que l'éducation des enfants, c'est celle des poètes qui se fait à coups de gifles (M. Proust, Le Temps retrouvé).

64 La plupart des hommes ont de la poésie une idée si vague que ce vague même de leur idée est pour eux la définition de la poésie (P. Valéry, « Littérature », Tel quel).

65 Mais, Degas, ce n'est point avec des idées que l'on fait des vers...

C'est avec des mots (P. Valéry, rapportant un propos de Mallarmé, « Degas Danse Dessin », <u>Pièces sur l'art</u>).

66 La poésie est l'ambition d'un discours qui soit chargé de plus de sens, et mêlé de plus de musique, que le langage ordinaire n'en porte et n'en peut porter (P. Valéry, « Passage de Verlaine », <u>Variété</u>).

67 Honneur des Hommes, Saint LANGAGE,/ Discours prophétique et paré/ [...] (P. Valéry, <u>Charmes</u>, « La Pythie »).

68 Comme un bateau est le poète âgé/ Ainsi qu'un dahlia, le poème étagé/ Dahlia ! Dahlia ! que Dalila lia (Max Jacob, <u>Le Cornet à dés</u>, « Le Coq et la Perle »).

69 Et l'unique cordeau des trompettes marines (Apollinaire, <u>Alcools</u>, vers unique de « Chantre »).

70 Ecoutez mes chants d'universelle ivrognerie (Apollinaire, <u>Alcools</u>, « Vendémiaire »).

71 Et c'est ainsi que le lyrisme de la vie de fonctionnaire n'a d'égal que son imprévu ! (J. Giraudoux, <u>Intermezzo</u>, III, 3).

72 Ha ! très grand arbre du langage peuplé d'oracles, de maximes et murmurant murmure d'aveugle-né dans les quinconces du savoir (Saint-John Perse, <u>Vents</u>, I).

73 Et c'est assez, pour le poète, d'être la mauvaise conscience de son temps (Saint-John Perse, Allocution au Banquet Nobel du 10. 12. 1960, dernière phrase).

74 La poésie est une religion sans espoir (Cocteau, <u>Journal d'un inconnu</u>, « De l'invisibilité »).

75 La poésie est à la vie ce qu'est le feu au bois. Elle en émane et la transforme (P. Reverdy, <u>Le Livre de mon bord</u>).

76 Conflit entre lettres et sciences : les lettres peuvent enseigner la vérité, et les sciences la poésie (J. Rostand, <u>Carnet d'un biologiste</u>).

77 [Le poète] tendra le fruit magnifique de l'arbre aux racines enchevêtrées et saura persuader ceux qui le goûtent qu'il n'a rien d'amer (A. Breton, <u>Les Vases communicants</u>).

78 Un poète ne justifie pas — il n'accepte pas — tout à fait la nature. La vraie poésie est en dehors des lois. Mais la poésie, finalement, accepte la poésie (G. Bataille, <u>L'Abbé C.</u>, III, « Etre Oreste »).

79 De tout poème authentique s'échappe un souffle de liberté entière et agissante, même si cette liberté n'est pas évoquée sous son aspect politique et social, et, par là, contribue à la libération effective de l'homme (B. Péret, <u>Le Déshonneur des poètes</u>, 1945).

80 Le poète, conservateur des infinis visages du vivant (R. Char, Feuillets d'Hypnos).

81 Le poème est toujours marié à quelqu'un (R. Char, Fureur et Mystère) ; > M. Galley, Journal [1982].

82 La poésie est de toutes les eaux claires celle qui s'attarde le moins aux reflets de ses ponts.
Poésie, la vie future à l'intérieur de l'homme requalifié (R. Char, Le Poème pulvérisé).

83 Un poète doit laisser les traces de son passage, non des preuves. Seules les traces font rêver (R. Char, Les Matinaux, « Les Compagnons dans le jardin »).

84 Le poème est l'amour réalisé du désir demeuré désir (R. Char, Seuls demeurent, « Partage formel », 30).

85 C'est le poème en moi qui écrit mon poème,/ le mot par le mot engendré./ Il est mon occupant ; je ne sais pas s'il m'aime (A. Bosquet, Un jour après la vie, « Le Mot par le mot »).

86 La poésie : ces paroles à l'infini où il n'est question que du mortel et de l'inutile (P. Celan, Le Méridien) ; >**.

87 J'attache ma pensée à ce qui n'a/ Pas de nom, pas de sens (Y. Bonnefoy, Début et Fin de la neige) ; >**.

88 Mais quel poète a jamais douté que la parole fût fleuve dans le fleuve et souffle dans le souffle ? (L. Gaspar, Approche de la parole).

politique : vie politique

▷ Voir aussi **Pouvoir-Etat**

1 Jusqu'à quand enfin, Catilina, abuseras-tu de notre patience ? (Cicéron, 1ers mots de la 1re Catilinaire).

2 Qu'on me haïsse, pourvu qu'on me craigne (*Oderint dum metuant* ; dans la bouche du tyran Atrée : Cicéron, Des devoirs, I, 28, et dans celle de Caligula : Sénèque, De ira, 1, 20, 4 ; < Ennius, Atrée). *Cf.* Montaigne : Quand je pourrai me faire craindre, j'aimerai encore mieux me faire aimer (Essais, II, 8).

3 Toujours l'adulation accompagne une grande fortune (Velleius Paterculus, Historiae, II, 102).

4 Diviser pour régner (*Divide et impera* ou *Divide ut imperes* ; maxime d'origine médiévale, souvent attribuée à Louis XI, puis à Machiavel).

5 La fin justifie les moyens (proverbe) ; maxime attribuée faussement aux Jésuites par Villiers de L'Isle-Adam, Axël. *Cf.* Th. Hobbes : *Cui licitus est finis, etiam licet,* maxime qui suppose que toute fin est licite (Traités, 6, chap. 2).

6 — Qui t'a fait comte ? — Qui t'a fait roi ? (dialogue dont les

paroles sont attribuées à Hugues Capet et Adalbert de Périgord ; voir Dupré, 3).

7 Il y a quelque chose de pourri dans le royaume de Danemark (Shakespeare, Hamlet, I, 4).

8 Tous ces crimes d'Etat qu'on fait pour la couronne,/ Le ciel nous en absout alors qu'il nous la donne,/ Et dans le sacré rang où sa faveur l'a mis,/ Le passé devient juste et l'avenir permis (Corneille, Cinna, V, 2).

9 J'ai pris ses sentiments lorsque j'ai pris sa place (Corneille, Tite et Bérénice, II, 2).

10 Il ne faut craindre rien quand on a tout à craindre (Corneille, Héraclius, I, 1).

11 Aussitôt qu'un sujet s'est rendu trop puissant,/ Encor qu'il soit sans crime, il n'est pas innocent (Corneille, Nicomède, II, 1).

12 Ah ! Ne me brouillez point avec la République (Corneille, Nicomède, II, 3).

13 Ou faites-le périr ou faites en un gendre (Corneille, Suréna, II, 1) ; > J. Green, Journal [1948].

14 Ils étaient plus que rois, ils sont moindres qu'esclaves (Corneille, Sertorius, III, 1) ; > A. Gide, Journal [1944].

15 Il n'y a rien de si fâcheux que d'être le ministre d'un prince dont l'on n'est pas le favori, parce qu'il n'y a que la faveur qui donne le pouvoir sur le petit détail de sa maison, dont l'on ne laisse pas d'être responsable au public [...] (cardinal de Retz, Mémoires, II).

16 [...] Ce qui est même méprisable n'est pas toujours à mépriser (cardinal de Retz, Mémoires, II).

17 [...] Ceux qui sont à la tête des grandes affaires ne trouvent pas moins d'embarras dans leur propre parti que dans celui de leurs ennemis (cardinal de Retz, Mémoires, II).

18 [...] Il est inexcusable de n'avoir pas prévu et de n'avoir pas prévenu les conjonctures dans lesquelles l'on ne peut plus faire que des fautes (cardinal de Retz, Mémoires, II).

19 Il ne balança pas un moment ; et rien ne marque tant le jugement solide d'un homme, que de savoir choisir entre les grands inconvénients (cardinal de Retz, Mémoires, II).

20 [...] l'esprit dans les grandes affaires n'est rien sans le cœur (cardinal de Retz, Mémoires, II).

21 [...] Diminuer l'envie ; ce qui est le plus grand de tous les secrets (cardinal de Retz, Mémoires, II).

22 [...] Il est impossible que la cour conçoive ce que c'est que le public. La flatterie, qui est la peste, l'infecte toujours au point

qu'elle lui cause un délire incurable sur cet article [...] (CARDINAL DE RETZ, Mémoires, II).

23 Vous leur fîtes Seigneur/ En les croquant beaucoup d'honneur (LA FONTAINE, « Les Animaux malades de la peste ») ; > DIDEROT, Satire I ; CH. PÉGUY, L'Argent suite.

24 Le plaisir des Grands est de pouvoir faire des heureux (PASCAL, Pensées, 797).

25 S'ils ont écrit de politique c'était comme pour régler un hôpital de fous (PASCAL, Pensées, 533, à propos de Platon et d'Aristote).

26 Toutes les fois que je donne une place vacante, je fais cent mécontents et un ingrat (mot de LOUIS XIV rapporté par VOLTAIRE, Le Siècle de Louis XIV, 26).

27 Las de se faire aimer, il veut se faire craindre (RACINE, Britannicus, I, 1).

28 Je le craindrais bientôt, s'il ne me craignait plus (RACINE, Britannicus, I, 1).

29 [...]/ Que vous m'osiez compter pour votre créature,/ Vous dont j'ai pu laisser vieillir l'ambition/ Dans les honneurs obscurs de quelque légion (RACINE, Britannicus, I, 2).

30 Suivons jusques au bout ses ordres favorables,/ Et, pour nous rendre heureux, perdons les misérables (RACINE, Britannicus, II, 8).

31 J'obéissais alors, et vous obéissez (RACINE, Britannicus, III, 8).

32 J'embrasse mon rival, mais c'est pour l'étouffer (RACINE, Britannicus, IV, 3). *Cf.* MONTAIGNE : Car la plupart des plaisirs, disent-ils, nous chatouillent et embrassent pour nous étrangler comme faisaient les larrons que les Egyptiens appelaient Philistas (Essais, I, 39).

33 Ce palais est tout plein... — Oui, d'esclaves obscurs,/ Nourris loin de la guerre, à l'ombre de ces murs (RACINE, Bajazet, IV, 7).

34 Nourri dans le Sérail, j'en connais les détours (RACINE, Bajazet, IV, 7) ; > A. GIDE : /dans ce palais/ (Journal [1927]).

35 Vivre avec ses ennemis comme s'ils devaient un jour être nos amis, et vivre avec nos amis comme s'ils pouvaient devenir nos ennemis, n'est ni selon la nature de la haine, ni selon les règles de l'amitié ; ce n'est point une maxime morale, mais politique (LA BRUYÈRE, Les Caractères, « Du cœur », 55 ; var. : /comme nos ennemis/ ; la maxime provient de PUBLILIUS SYRUS, Sententiae).

36 La cour ne rend pas content ; elle empêche qu'on le soit ailleurs (LA BRUYÈRE, Les Caractères, « De la cour », 8).

37 Jeunesse du prince, source des belles fortunes (LA BRUYÈRE, Les Caractères, « De la cour », 55).

38 Qui est plus esclave qu'un courtisan assidu, si ce n'est un courtisan plus assidu ? (La Bruyère, Les Caractères, « De la cour », 69).

39 Ne songer qu'à soi et au présent, source d'erreur dans la politique (La Bruyère, Les Caractères, « Des jugements », 87).

40 Voilà le règne de M. Turcaret fini ; le mien va commencer (Lesage, Turcaret, V, 18 ; c'est Frontin qui parle).

41 Dans le cours d'un long gouvernement, on va au mal par une pente insensible, et on ne remonte au bien que par un effort (Montesquieu, De l'esprit des lois, V, 7).

42 Il est quelquefois plus facile de former un parti, que de venir par degrés à la tête d'un parti déjà formé (Vauvenargues, Réflexions et Maximes, 91).

43 — J'étais né pour être courtisan. — On dit que c'est un métier si difficile ! — Recevoir, prendre et demander, voilà le secret en trois mots (Beaumarchais, Le Mariage de Figaro, II, 2, dialogue de Figaro et Suzanne).

44 Mais, feindre d'ignorer ce qu'on sait, de savoir tout ce qu'on ignore, [...] ; surtout, de pouvoir au-delà de ses forces ; [...] et tâcher d'ennoblir la pauvreté des moyens par l'importance des objets : voilà toute la politique, ou je meure ! (Beaumarchais, Le Mariage de Figaro, III, 5).

45 C'est l'art de créer des faits, de dominer, en se jouant, les événements et les hommes (Beaumarchais, La Mère coupable, IV, 4).

46 Sans le gouvernement, on ne rirait plus en France (mot rapporté par Chamfort, Caractères et Anecdotes).

47 Les extrêmes se touchent (L.-S. Mercier, Tableau de Paris, t. IV, épigraphe du chapitre 348) ; *cf.* Pascal : Ces extrémités se touchent et se réunissent à force de s'être éloignées et se retrouvent en Dieu et en Dieu seulement (Pensées, 199, passage dit des « deux infinis ») ; pour le sens social, *cf.* La Bruyère : Il y a peu de familles dans le monde qui ne touchent aux plus grands princes par une extrémité et par l'autre au simple peuple (Les Caractères, « De quelques usages », 12).

48 En politique, il faut toujours laisser un os à ronger aux frondeurs (J. Joubert, Pensées, Maximes et Essais, XVI, 56).

49 Toute nation a le gouvernement qu'elle mérite (J. de Maistre, Corr., 15. 08. 1811).

50 [...] c'est une règle éternelle de morale et de politique qu'il ne faut jamais pousser son ennemi jusqu'au désespoir (J. de Maistre, Corr., janvier 1804).

51 Tout se réduit donc à ce grand problème, pour celui qui veut employer ses semblables à son profit : Trouver des hommes que

l'orgueil engage à me servir, et que l'intérêt n'en éloigne pas (J. DE MAISTRE, Cinq Paradoxes à Mme la marquise de Nav...).

52 Rien n'est changé en France, si ce n'est qu'il s'y trouve un Français de plus (J.-C. Beugnot attribue ce mot au COMTE D'ARTOIS revenant d'exil avec Louis XVIII en 1813 ; voir DUPRÉ, 1686). *Cf.* J. ELLUL : Rien n'a changé (titre d'un article du Monde, 06. 1981).

53 C'est plus qu'un crime, c'est une faute (A. BOULAY DE LA MEURTHE ; var. : /c'est pire/ ; ce mot est aussi attribué à TALLEYRAND et à FOUCHÉ : voir DUPRÉ, 1687) ; > M. PROUST, A l'ombre des jeunes filles en fleurs, I (dans la bouche de M. de Norpois) ; *cf.* E. CHÂTELAIN : En politique, toute faute est un crime (mot de 1871).

54 Il ne faut pas être plus royaliste que le roi (CHATEAUBRIAND, La Monarchie selon la Charte ; voir DUPRÉ, 1760).

55 [...] il avait eu *le malheur de déplaire* à Bonaparte en lui dévoilant l'avenir (formule de TALLEYRAND citée par CHATEAUBRIAND, Mémoires d'outre-tombe, IV, 11, 8).

56 Metternich est tout près d'être un homme d'Etat, il ment très bien (mot de NAPOLÉON, repris par A. MALRAUX, Vie de Napoléon par lui-même).

57 Quelque idée que l'on ait de la crédulité du peuple et de la bassesse des courtisans, on est toujours au-dessous de la vérité (GASTON, DUC DE LÉVIS, Maximes, Préceptes et Réflexions, 59).

58 Avec ces propos de république, les fous nous empêcheraient de jouir de la meilleure des monarchies (STENDHAL, La Chartreuse de Parme, II, 23 et en épigraphe de la seconde partie : /Par ses cris continuels, cette république nous empêcherait/).

59 La République sera conservatrice, ou elle ne sera pas (A. THIERS, Message à l'Assemblée nationale, 13. 11. 1872).

60 Un pouvoir impunément bravé touche à sa ruine (BALZAC, La Peau de chagrin, « L'Agonie »).

61 [...] quand les grands partis politiques commencent à s'attiédir dans leurs amours sans s'adoucir dans leurs haines, et en arrivent enfin à ce point de désirer moins réussir qu'empêcher le succès de leurs adversaires, il faut se préparer à la servitude ; le maître est proche (A. DE TOCQUEVILLE, L'Ancien Régime et la Révolution, fragments, III, 2).

62 La dernière chose qu'un parti abandonne est sa langue [...] (A. DE TOCQUEVILLE, L'Ancien Régime et la Révolution, fragments, III, 1).

63 [...] le moment le plus dangereux pour un mauvais gouvernement est d'ordinaire celui où il commence à se réformer (A. DE TOCQUEVILLE, L'Ancien Régime et la Révolution, III, 4).

64 Vous avez beau ne pas vous occuper de politique, la politique

s'occupe de vous (mot attribué à M. R. DE MONTALEMBERT ; voir O. GUERLAC, p. 227).

65 La bonne politique n'est pas de s'opposer à ce qui est inévitable ; la bonne politique est d'y servir et de s'en servir (E. RENAN, La Réforme intellectuelle et morale de la France) ; > A. GIDE, Journal [1941].

66 Plus ça change, plus c'est la même chose (A. KARR, titre de deux recueils d'articles successifs ; voir DUPRÉ, 2295).

67 [...] se soumettre ou se démettre (L. GAMBETTA, Discours du 15. 08. 1877, à propos du Président Mac-Mahon dans la perspective des prochaines élections législatives).

68 L'Union sacrée (expression employée par R. POINCARÉ dans son message aux Chambres du 04. 08. 1914).

69 Tout désespoir en politique est une sottise absolue (CH. MAURRAS, L'Avenir de l'intelligence) ; > G. BERNANOS, Scandale de la vérité.

70 **Par tous les moyens**, même légaux (slogan maurrassien pour le renversement de la République) ; > G. BERNANOS, Nous autres Français, 2.

71 Erotique ou politique (CH. MAURRAS, sous-titre d'un éditorial de L'Action française, 19. 04. 1939) ; > G. BERNANOS : /La politique n'est pas une érotique/ (Les Enfants humiliés).

72 Le monde ne vaut que par les extrêmes et ne dure que par les moyens.
    Il ne vaut que par les ultras et ne dure que par les modérés (P. VALÉRY, « Cahier B 1910 », Tel quel).

73 La politique fut d'abord l'art d'empêcher les gens de se mêler de ce qui les regarde.
    A une époque suivante, on y adjoignit l'art de contraindre les gens à décider sur ce qu'ils n'entendent pas.
    Ce deuxième principe se combine avec le premier (P. VALÉRY, « Des partis » Regards sur le monde actuel).

74 L'intérêt, la question, l'essentiel est que *dans chaque ordre, dans chaque système* **la mystique ne soit point dévorée par la politique à laquelle elle a donné naissance** (CH. PÉGUY, Notre jeunesse ; les mots en gras le sont dans le texte, qui évoque plus loin cette « dégradation ») ; *cf.* J. BENDA, La Trahison des clercs, Préface de 1946.

75 Tout commence par *la* mystique, par une mystique, par sa (propre) mystique et tout finit par *de la* politique. [...] (CH. PÉGUY, Notre jeunesse).

76 La politique se moque de la mystique (CH. PÉGUY, Notre jeunesse ; voir citation suivante).

77 La politique se moque de la mystique, mais c'est encore la

mystique qui nourrit la politique même (Ch. Péguy, <u>Notre jeunesse</u>) > G. Bernanos, <u>Scandale de la vérité</u>.

78 On ne s'entendra jamais. Mais c'est peut-être ce que demandent les partis.
C'est peut-être **le jeu des partis** (Ch. Péguy, <u>Notre jeunesse</u>).

79 Les peuples bien gouvernés sont en général des peuples qui pensent peu (A. Siegfried, <u>Quelques maximes</u>).

80 Les pays sont comme les fruits, les vers sont toujours à l'intérieur (J. Giraudoux, <u>Siegfried</u>, I, 6).

81 En politique, ceux qui ont prévu les événements, les voient d'emblée quand ils se produisent ; les autres ne comprennent jamais (J. Chardonne, <u>L'Amour, c'est beaucoup plus que l'amour</u>, IV).

82 Il y a une bourgeoisie de gauche et une bourgeoisie de droite. Il n'y a pas de peuple de gauche ou de peuple de droite, il n'y a qu'un peuple (G. Bernanos, <u>Les Grands Cimetières sous la lune</u>, I, 1).

83 Ne flatte pas le peuple qui veut (G. Bernanos, <u>Nous autres Français</u>, 6).

84 Qui dit conservateur dit surtout conservateur de soi-même (G. Bernanos, <u>La Grande Peur des bien-pensants</u>, 4).

85 La politique est l'art de se servir des gens (H. de Montherlant, <u>Carnets</u>, XXII).

86 On reconnaît l'homme libre à ce qu'il est attaqué simultanément ou successivement par les partis opposés (H. de Montherlant, <u>Carnets</u>, XXVII).

87 J'aime les idées de gauche et les hommes de droite (mot d'un ami de J. Grenier, rapporté dans son <u>Lexique</u>, « Les »).

88 Ce qu'il y a de scandaleux dans le scandale, c'est qu'on s'y habitue (S. de Beauvoir, interview dans <u>Le Monde</u>, 1960) ; > Montreynaud.

89 On ne tire pas sur une ambulance (F. Giroud à propos de la candidature prématurée de J. Chaban-Delmas aux élections présidentielles de 1974).

pouvoir-Etat

1 Nul ne peut servir deux maîtres (Matthieu, 6, 24) ; > Voltaire : [...] aussi, pour ne point le contredire, je n'en sers aucun (Corr., 28. 10. 1750).

2 Rendez donc à César ce qui est à César, et à Dieu ce qui est à Dieu (Matthieu, 22, 21) ; *cf.* S. de Beauvoir : On m'apprit de bonne heure les conciliations de la casuistique, à séparer radicalement Dieu de César et à rendre à chacun son dû (<u>Mémoires d'une jeune fille rangée</u>, II).

3 Le salut public est la loi suprême (*Salus publica suprema lex*;
règle du droit romain; *cf.* la forme ordinaire de l'expression
dans la loi des XII tables : /*salus populi* [...] *esto*, /« que le salut
du peuple soit »/, reprise par Cicéron, Des lois, III, 3, 8); >
Préface d'Etiemble à J. Benda, La Trahison des clercs.

4 A moins [...] que les philosophes ne deviennent rois dans les
Etats, ou que ceux qu'on appelle actuellement rois et souverains
ne deviennent philosophes [...], les Etats ne peuvent connaître
aucun terme à leurs maux (Platon, République, V, 473d).

5 **Que les armes le cèdent à la toge**, que la couronne triomphale
le cède à l'éloge civil (*Cedant arma togae, concedat laurea
laudi* = le pouvoir militaire au pouvoir civil, Cicéron, De
consulatu suo; *cf.*, du même Cicéron, Philippiques, 2, 20 et Des
devoirs, I, 22, 82).

6 Jamais la puissance n'est assez sûre, quand elle est excessive
(Tacite, Histoires, II, 92).

7 [...] de loin, le respect s'impose davantage (*Major e longinqua
reverentia*, Tacite, Annales, I, 47).

8 *Vox populi, vox dei* (« La voix du peuple, c'est la voix de Dieu »;
sentence médiévale, attestée chez Alcuin, lettre à Charlemagne,
Epist. 127, puis chez G. de Malmesbury, xii⁰ siècle).

9 Un cheval! Un cheval! **Mon royaume pour un cheval!** (Richard
III d'Angleterre à la bataille de Bosworth); > Shakespeare, Richard
III; > titre de M. Mohrt.

10 Le Roi est mort, vive le Roi (exclamation prononcée à la mort
des rois de France, qui signifie ainsi la distinction du pouvoir et
de la personne royale; titre d'un écrit de Chateaubriand).

11 Car tel est notre plaisir (mots qui achevaient les décrets royaux;
« plaisir », qui vient du latin *placet*, désigne non un caprice, mais
une décision; la formule remonte à 1472; voir O. Guerlac,
p. 259, pour la formule /bon plaisir/, qui date du xvii⁰ siècle).

12 Les Princes [...] me font assez de bien quand ils ne me font point
de mal (Montaigne, Essais, III, 9). *Cf.* La Fontaine : L'Univers leur sait
gré du mal qu'ils ne font pas (« Le Milan, le Roi et le Chasseur »);
Beaumarchais : Un grand nous fait assez de bien quand il ne nous fait pas
de mal (Le Barbier de Séville, I, 2).

13 Le Roi règne mais ne gouverne pas (J. Zamoiski, Discours devant
la Diète polonaise, 1605); > Chateaubriand, Mémoires d'outre-
tombe, III, II, 1, 3. Le mot a été aussi employé par A. Thiers, voir Dupré,
1993.

14 Pour grands que soient les rois, ils sont ce que nous sommes ;/
Ils peuvent se tromper comme les autres hommes (Corneille, Le
Cid, I, 3).

15 Et le plus innocent devient soudain coupable,/ Quand aux yeux
de son prince il paraît condamnable (Corneille, Horace, V, 2).

16 Et monté sur le faîte, il aspire à descendre (Corneille, <u>Cinna</u>, II, 1) ; >*.

17 Vous seul ne pourriez pas ce que peut le vulgaire,/ Et seriez devenu, pour avoir tout dompté,/ Esclave des grandeurs où vous êtes monté ! (Corneille, <u>Cinna</u>, II, 1).

18 Reprenez le pouvoir que vous m'avez commis,/ Si donnant des sujets il ôte les amis (Corneille, <u>Cinna</u>, IV, 2).

19 Mais quoi ? toujours du sang et toujours des supplices ! (Corneille, <u>Cinna</u>, IV, 2).

20 [...] la clémence est la plus belle marque/ Qui fasse à l'univers connaître un vrai monarque (Corneille, <u>Cinna</u>, IV, 3 ; l'idée remonte au moins à Sénèque, <u>De clementia</u>).

21 Ma faveur fait ta gloire, et ton pouvoir en vient ;/[...]/ C'est elle qu'on adore, et non pas ta personne (Corneille, <u>Cinna</u>, V, 1).

22 Je suis maître de moi comme de l'univers,/ Je le suis, je veux l'être (Corneille, <u>Cinna</u>, V, 3 ; *cf.* du même Corneille, : Maître de l'univers sans l'être de moi-même, <u>Tite et Bérénice</u>, II, 1).

23 Car c'est ne régner pas qu'être deux à régner./ Un roi qui s'y résout est mauvais politique,/ Il détruit son pouvoir quand il le communique (Corneille, <u>La Mort de Pompée</u>, I, 2 ; *cf.* Lucain : Tout pouvoir sera incapable de supporter le partage, <u>Pharsale</u>, I, v. 92-93).

24 Un cœur né pour servir sait mal comme on commande (Corneille, <u>La Mort de Pompée</u>, IV, 2).

25 Je sais ce que je suis, je sais ce que vous êtes (Corneille, <u>La Mort de Pompée</u>, IV, 3).

26 Je suis maître ; je parle ; allez, obéissez (Corneille, <u>La Mort de Pompée</u>, V, 6) ; repris tel quel par Molière, <u>L'Ecole des femmes</u>, II, 5.

27 Il est moins imprudent d'agir en maître que de ne pas parler en sujet (cardinal de Retz, <u>Mémoires</u>, II).

28 [...] à la différence de toutes les autres sortes de puissance, [les peuples] peuvent, quand ils sont arrivés à un certain point, tout ce qu'ils croient pouvoir (cardinal de Retz, <u>Mémoires</u>, II ; *cf.* Virgile : ils peuvent, parce qu'ils croient pouvoir, <u>Enéide</u>, V, v. 231).

29 Le bon homme disait : **Ce sont là jeux de Prince.**/ Mais on le laissait dire [...] (La Fontaine, « Le Jardinier et son Seigneur » ; l'expression est proverbiale).

30 Toute puissance est faible, à moins que d'être unie (La Fontaine, « Le Vieillard et ses Enfants » ; *cf.* Matthieu, 12, 25 : Tout royaume divisé contre lui-même est dévasté, et toute ville ou maison divisée contre elle-même ne peut subsister) ; > R. de Obaldia, <u>Du vent dans les branches de sassafras</u>, II, 3.

31 En quel sens est donc véritable/ ce que j'ai lu dans certain lieu,/ Que sa voix est la voix de Dieu ? (LA FONTAINE, « Démocrite et les Abdéritains » ; voir *supra*).

32 Il n'est pour voir que l'œil du Maître./ Quant à moi, j'y mettrais encor l'œil de l'Amant (LA FONTAINE, « L'Œil du Maître » ; *cf.* ARISTOTE : Ce qui engraisse le cheval, c'est l'œil du maître, Économique).

33 Notre ennemi c'est notre maître :/ Je vous le dis en bon françois (LA FONTAINE, « Le Vieillard et l'Ane » ; J. JOUBERT rapproche cette sentence de l'adage bourgeois « Nos valets sont nos ennemis », Pensées, Maximes et Essais, XXI, 21).

34 C'est à vous d'en sortir, vous qui parlez en maître :/ La maison m'appartient, je le ferai connaître (MOLIÈRE, Tartuffe, IV, 7).

35 Nous vivons sous un Prince ennemi de la fraude (MOLIÈRE, Tartuffe, V, dernière scène).

36 J'aurai aussi mes pensées de derrière la tête. [...] Grandeur d'établissement, respect d'établissement (PASCAL, Pensées, 797).

37 C'est aux sujets à attendre, et c'est aux rois à agir ; eux-mêmes ne peuvent pas tout ce qu'ils veulent, mais ils rendront compte à Dieu de ce qu'ils peuvent (BOSSUET, Sermon sur l'impénitence finale).

38 C'est tout ce qu'un sujet peut dire à votre majesté (BOSSUET, Sermon sur l'impénitence finale) ; > J. GREEN, Journal [1941].

39 Toujours la tyrannie a d'heureuses prémices (RACINE, Britannicus, I, 1).

40 Craint de tout l'univers, il vous faudra tout craindre,/ Toujours punir, toujours trembler dans vos projets,/ Et pour vos ennemis compter tous vos sujets (RACINE, Britannicus, IV, 3).

41 Ils adorent la main qui les tient enchaînés (RACINE, Britannicus, IV, 4).

42 Vous vous lassez de vivre où vous ne régnez pas (RACINE, Bérénice, I, 3).

43 [...] en quelque obscurité que le sort l'eût fait naître,/ Le monde en le voyant eût reconnu son maître (RACINE, Britannicus, I, 5).

44 Ah! que sous de beaux noms cette gloire est cruelle (RACINE, Britannicus, II, 2).

45 Plaignez ma grandeur importune :/ Maître de l'univers, je règle sa fortune ; /Je puis faire les rois, je puis les déposer ;/ Cependant de mon cœur je ne puis disposer (RACINE, Britannicus, III, 1).

46 Mais il ne s'agit plus de vivre, il faut régner (RACINE, Britannicus, IV, 5).

47 Tristes destins des rois! esclaves que nous sommes,/ Et des rigueurs du sort, et des discours des hommes (Racine, Iphigénie, I, 5); > Diderot, Entretiens sur le fils naturel.

48 Loin du trône nourri, de ce fatal honneur,/ Hélas! vous ignorez le charme empoisonneur ;/ De l'absolu pouvoir vous ignorez l'ivresse,/ Et des lâches flatteurs la voix enchanteresse (Racine, Athalie, IV, 3).

49 Dieu tient le cœur des rois entre ses mains puissantes (Racine, Esther, I, 1).

50 De soins tumultueux un prince environné/ Vers de nouveaux objets est sans cesse entraîné (Racine, Esther, II, 3); > M. Proust, Le Côté de Guermantes, II, 2.

51 Faut-il de mes états vous donner la moitié? (Racine, Esther, II, 7); > M. Proust, A l'ombre des jeunes filles en fleurs, II.

52 Hélas! ignorez-vous quelles sévères lois/ Aux timides mortels cachent ici les rois?/ Au fond de leur palais leur majesté terrible/ Affecte à leurs sujets de se rendre invisible ;/ Et la mort est le prix de tout audacieux/ Qui sans être appelé se présente à leurs yeux/ [...]/ Rien ne met à l'abri de cet ordre fatal,/ Ni le rang, ni le sexe, et le crime est égal./ [...]/ Moi-même sur son trône à ses côtés assise,/ Je suis à cette loi comme une autre soumise (Racine, Esther, I, 3); > M. Proust, La Prisonnière.

53 Jugez combien ce front irrité contre moi/ Dans mon âme troublée a dû jeter d'effroi./ Hélas! sans frissonner, quel cœur audacieux/ Soutiendrait les éclairs qui partaient de vos yeux? (Racine, Esther, II, 7); > M. Proust, La Prisonnière.

54 L'Etat, c'est moi (mot attribué à Louis XIV; voir Dupré, 896).

55 L'on doit se taire sur les puissants : il y a presque toujours de la flatterie à en dire du bien; il y a du péril à en dire du mal pendant qu'ils vivent, et de la lâcheté quand ils sont morts (La Bruyère, Les Caractères, «Des Grands», 56).

56 [...] il n'appartient de proposer des changements qu'à ceux qui sont assez heureusement nés pour pénétrer d'un coup de génie toute la constitution d'un Etat (Montesquieu, De l'esprit des lois, Préface).

57 Il n'est pas indifférent que le peuple soit éclairé (Montesquieu, De l'esprit des lois, Préface).

58 [...] le gouvernement le plus conforme à la nature est celui dont la disposition particulière se rapporte mieux à la disposition du peuple pour lequel il est établi (Montesquieu, De l'esprit des lois, I, 3).

59 Dans toute magistrature, il faut compenser la grandeur de la puissance par la brièveté de sa durée (Montesquieu, De l'esprit des lois, II, 3).

60 Mais dans un Etat populaire, il faut un ressort de plus, qui est la VERTU (Montesquieu, De l'esprit des lois, III, 3).

61 [...] le gouvernement changeait sans cesse : le peuple étonné cherchait la démocratie et ne la trouvait nulle part (Montesquieu, De l'esprit des lois, III, 3).

62 [...] tous les coups portèrent sur les tyrans, aucun sur la tyrannie (Montesquieu, De l'esprit des lois, III, 3).

63 [...] comme il ne faut que des passions pour l'établir [un gouvernement despotique], tout le monde est bon pour cela (Montesquieu, De l'esprit des lois, V, 14).

64 La démocratie a donc deux excès à éviter : l'esprit d'inégalité, qui la mène à l'aristocratie, ou au gouvernement d'un seul ; et l'esprit d'égalité extrême, qui la conduit au despotisme d'un seul, comme le despotisme d'un seul finit par la conquête (Montesquieu, De l'esprit des lois, VIII, 2).

65 Le principe du gouvernement despotique se corrompt sans cesse, parce qu'il est corrompu par sa nature (Montesquieu, De l'esprit des lois, VIII, 8).

66 [...] c'est une expérience éternelle que tout homme qui a du pouvoir est porté à en abuser ; il va jusqu'à ce qu'il trouve des limites. Qui le dirait ! la vertu même a besoin de limites (Montesquieu, De l'esprit des lois, XI, 4).

67 [...] il faut que, par la disposition des choses, le pouvoir arrête le pouvoir (Montesquieu, De l'esprit des lois, XI, 4).

68 [...] tous les vices politiques ne sont pas des vices moraux, et [...] tous les vices moraux ne sont pas des vices politiques (Montesquieu, De l'esprit des lois, XIX, 11).

69 [...] le bien politique, comme le bien moral, se trouve toujours entre deux limites (Montesquieu, De l'esprit des lois, XXIX, 1).

70 Messieurs, pourquoi êtes-vous tous Rois ? Je vous avoue que ni moi, ni Martin ne le sommes (Voltaire, Candide, XXVI) ; > Chateaubriand, Mémoires d'outre-tombe, IV, 8, 5.

71 Je suis las de régner sur des esclaves (mot de Frédéric II de Prusse) ; > A. Camus, L'Homme révolté.

72 A prendre le terme dans la rigueur de l'acception, il n'a jamais existé de véritable démocratie, et il n'en existera jamais. Il est contre l'ordre naturel que le grand nombre gouverne et que le petit soit gouverné (Rousseau, Du contrat social, III, 4) ; > J. Benda, La Grande Epreuve des démocraties.

73 O Richard ! O mon Roi !/ L'univers t'abandonne./ Sur la terre il n'est que moi/ Qui s'intéresse à ta personne (Sedaine, Richard Cœur de Lion, livret sur une musique de Grétry ; paroles d'un hymne royaliste sous la Révolution).

74 Le silence des peuples est la leçon des rois (MIRABEAU, Discours à la Constituante, 15. 07. 1789 ; le mot remonte à l'oraison funèbre de Louis XV par MGR DE BEAUVAIS ; voir DUPRÉ, 1438).

75 [...] trois épreuves auxquelles nulle institution fausse ne résistera jamais, le syllogisme, l'échafaud et l'épigramme (J. DE MAISTRE, Du pape, Conclusion).

76 [...] il y aura toujours, en dernière analyse, un pouvoir absolu qui pourra faire le mal impunément, qui sera donc despotique sous ce point de vue, dans toute la force du terme, et contre lequel il n'y aura d'autre rempart que celui de l'insurrection (J. DE MAISTRE, Etude sur la souveraineté). *Cf.* ALAIN : Tout pouvoir est absolu. La guerre fait comprendre ces choses-là (Propos [05. 12. 1923]).

77 Mais de tous les monarques, le plus dur, le plus despotique, le plus intolérable, c'est le monarque *peuple* (J. DE MAISTRE, Etude sur la souveraineté).

78 La démocratie est un état où le peuple souverain, guidé par des lois qui sont son ouvrage, fait par lui-même tout ce qu'il peut bien faire, et par des délégués tout ce qu'il ne peut faire lui-même (ROBESPIERRE, discours du 18 Pluviôse an II).

79 Gouverner, c'est choisir (GASTON, DUC DE LÉVIS, Maximes, Préceptes et Réflexions, « Pensées détachées »).

80 On ne peut régner innocemment (SAINT-JUST, 13.11.1790, Discours sur le jugement de Louis XVI).

81 Mourir prince ou vivre esclave,/ Ton choix est très ignoblement brave (BYRON « Ode to Napoléon Buonaparte ») ; > CHATEAUBRIAND, Mémoires d'outre-tombe, III, I, 7, 12.

82 Sans être cruel, ce roi n'était pas humain (CHATEAUBRIAND, Mémoires d'outre-tombe, III, II, 1, 4, à propos de Louis XVIII).

83 Sur le compte des Grands je ne suis pas suspect :/ Leurs malheurs seulement attirent mon respect (CHATEAUBRIAND, Moïse, III, 2, cité dans les Mémoires d'outre-tombe, III, II, 7, 23).

84 Tout pouvoir excessif meurt par son excès même (C. DELAVIGNE, Louis XI, V, 8).

85 O Seigneur ! j'ai vécu puissant et solitaire,/ Laissez-moi m'endormir du sommeil de la terre (A. DE VIGNY, « Moïse ») ; > BARBEY D'AUREVILLY : /Mon Dieu/ [...] (Du dandysme).

86 Tout sur terre appartient aux princes, hors le vent (HUGO, La Légende des siècles, « La Rose de l'infante »).

87 Bon appétit, Messieurs ! O ministres intègres !/ Conseillers vertueux ! Voilà votre façon/ De servir, serviteurs qui pillez la maison (HUGO, Ruy Blas, III, 2) ; >*.

88   Le gouvernement du peuple, par le peuple, pour le peuple (A. Lincoln, discours du 19. 11. 1863).

89   La politique n'est pas une science exacte (Bismarck, Discours du 18. 12. 1863).

90   Peu d'hommes ont le droit de régner, car peu d'hommes ont une grande passion (Baudelaire, Salon de 1846).

91   L'État, c'est le plus froid de tous les monstres froids : il ment froidement et voici le mensonge qui rampe de sa bouche : « Moi, L'État, je suis le Peuple » (F. Nietzsche, Ainsi parlait Zarathoustra, « De la nouvelle idole »).

92   De toutes les conceptions politiques [la démocratie] est en effet la plus éloignée de la nature, la seule qui transcende, en intention au moins, les conditions de la « société close » (H. Bergson, Les Deux Sources de la morale et de la religion, 4).

93   **Au-dessus de la mêlée** (Titre d'une série d'articles de R. Rolland, publiés dans le Journal de Genève, 1914-1915, puis édités ensemble sous ce titre ; *cf.* dans son Journal [1899], repris dans Souvenirs de jeunesse : Ma pensée tâche de s'élever au-dessus de l'obscure mêlée).

94   Tout pouvoir est triste (Alain, Propos [15. 06. 1924]).

95   La ruse des gouvernants est vieille comme le monde. La ruse des gouvernés est bien jeune (Alain, Propos [08. 09. 1928]).

96   L'État est l'organisation spéciale d'un pouvoir : c'est l'organisation de la violence destinée à mater une certaine classe (Lénine, L'État et la révolution, II).

97   Le pouvoir sans abus perd le charme (P. Valéry, « Cahier B 1910 », Tel quel).

98   [...]*Si l'État est fort, il nous écrase. S'il est faible, nous périssons* (P. Valéry, « Fluctuations sur la liberté », Regards sur le monde actuel).

99   Toute politique, même la plus grossière, suppose une idée de l'homme, car il s'agit de disposer de lui, de s'en servir, et même de le servir (P. Valéry, « Fluctuations sur la liberté », Regards sur le monde actuel).

100   Le pouvoir et l'argent ont le prestige de l'infini ; ce n'est pas telle chose, ni telle faculté d'agir que l'on désire précisément posséder (P. Valéry, « Rhumbs », Tel quel).

101   La politique consiste dans la volonté de conquête et de conservation du pouvoir ; elle exige, par conséquent, une action de contrainte ou d'illusion sur les esprits, qui sont la matière de tout pouvoir (P. Valéry, « La Liberté de l'esprit », Regards sur le monde actuel).

102   Il faut concevoir l'État contemporain comme une communauté humaine qui, dans les limites d'un territoire déterminé, — la

notion de territoire étant une de ses caractéristiques — revendique avec succès pour son propre compte le monopole de la violence physique légitime (M. WEBER, « La Politique comme vocation », dans Le Savant et le Politique).

103 Le privilège des grands, c'est de voir les catastrophes d'une terrasse (J. GIRAUDOUX, La guerre de Troie n'aura pas lieu, II, 13).

104 · [...] servir. — Belle devise ! — C'est la devise de tous ceux qui aiment commander (J. GIRAUDOUX, Siegfried, IV, 3, dialogue de Waldorf et Siegfried).

105 Pour moi, j'appelle Terreur tout régime où les citoyens, soustraits à la protection de la loi, n'attendent plus la vie ou la mort que du bon plaisir de la police d'Etat (G. BERNANOS, Les Grands Cimetières sous la lune, I, 4).

106 Toutes les terreurs se ressemblent, toutes se valent [...] (G. BERNANOS, Les Grands Cimetières sous la lune, I, 4).

107 L'Etat s'est substitué à la Patrie comme l'administration cléricale se serait substituée depuis longtemps — si Dieu n'y mettait ordre — à la moribonde Chrétienté (G. BERNANOS, Les Enfants humiliés).

108 Ce sont les démocrates qui font les Démocraties, c'est le citoyen qui fait la République (G. BERNANOS, La France contre les robots, 2).

109 Il n'est pas de gouvernement qui ne soit coupable. Par ce qu'il couvre (H. DE MONTHERLANT, Carnets, XXIX).

110 Nous, démocrates, nous croyons à tout, sauf à nous-mêmes (A. MALRAUX, L'Espoir, éd. la Pléiade, p. 756).

111 Mieux vaut mourir debout que vivre à genoux (A. MALRAUX, L'Espoir, éd. la Pléiade, p. 756 ; cf. « Liberté »).

112 La démocratie, ce n'est pas la loi de la majorité, mais la protection de la minorité (A. CAMUS, Carnets, III) ; >**.

113 La recherche du pouvoir, du fait même qu'elle est essentiellement impuissante à se saisir de son objet, exclut toute considération de fin, et en arrive, par un renversement inévitable, à tenir lieu de toutes les fins (S. WEIL, Oppression et Liberté).

114 La démocratie, cela ne consiste pas à s'unir, comme l'annoncent sans cesse les conservateurs attardés. C'est au contraire l'art de se diviser. Mais, si la division ne s'établit pas sur une plate-forme commune des faits, elle ne peut mener qu'à une affreuse mêlée (A. SAUVY, Le Coq, l'Autruche et le Bouc... émissaire ; cf. « Liberté », MONTESQUIEU) ; >*.

prudence-habileté

1 Ainsi, parce que tu es tiède et que tu n'es ni froid ni bouillant, je vais te vomir de ma bouche (<u>Apocalypse</u>, 3, 16 ; *cf.* l'expression proverbiale : Dieu vomit les tièdes).

2 Les Phrygiens sont **sages trop tard** (proverbe emprunté à Livius Andronicus, <u>Le Cheval de Troie</u>, cité par Cicéron, Corr. 7, 176, 1 ; *cf.* Euripide, <u>Oreste</u>, v. 99).

3 En toute chose il faut considérer la fin (La Fontaine, « Le Renard et le Bouc ») ; *cf.* Ésope : *Respice finem* (« Prends garde à la fin », c'est-à-dire aux conséquences ; <u>Fables</u>, 22, 5).

4 Servir les circonstances (*inservire temporibus* ; *cf.* Cornelius Nepos, <u>Alcibiade</u>, 1).

5 Dans le doute abstiens-toi (*In dubiis abstine* : maxime juridique).

6 [...] et, si désirez être bons Pantagruélistes (c'est-à-dire vivre en paix, joie, santé, faisant toujours grande chère), ne vous fiez jamais en gens qui regardent par un pertuis [= trou] (Rabelais, <u>Pantagruel</u>, fin de la « Conclusion »).

7 Le vrai moyen d'être trompé, c'est de se croire plus fin que les autres (La Rochefoucauld, <u>Maximes</u>, 127).

8 C'est une grande habileté que de savoir cacher son habileté (La Rochefoucauld, <u>Maximes</u>, 245). *Cf.* La Bruyère : C'est avoir fait un grand pas dans la finesse, que de faire penser de soi que l'on n'est que médiocrement fin (<u>Les Caractères</u>, « De la cour », 85).

9 La Cigale, ayant chanté/ Tout l'été,/ Se trouva fort dépourvue/ Quand la bise fut venue./ [...]/ La Fourmi n'est pas prêteuse ;/ C'est là son moindre défaut/ [...]/ Vous chantiez ? j'en suis fort aise :/ Et bien ! dansez maintenant (La Fontaine, « La Cigale et la Fourmi ») ; *cf.* P. Valéry : Vous chantez, j'en suis fort aise !/ Eh bien, osez maintenant !... Osez vous mettre aux vers (« Lettre à Mme C... », <u>Pièces sur l'art</u>).

10 Maître Corbeau, sur un arbre perché,/ Tenait en son bec un fromage./ Maître Renard, par l'odeur alléché,/ Lui tint à peu près ce langage :/ Et bonjour, Monsieur du Corbeau./ Que vous êtes joli ! que vous me semblez beau !/ Sans mentir, si votre ramage/ Se rapporte à votre plumage,/ Vous êtes le phénix des hôtes de ces bois./ [...]/ Apprenez que tout flatteur/ Vit aux dépens de celui qui l'écoute./ Cette leçon vaut bien un fromage sans doute (La Fontaine, « Le Corbeau et le Renard ») ; *cf.* le pastiche des deux premiers vers, P. Valéry, <u>Mauvaises pensées et autres</u>.

11 Parler de loin, ou bien se taire (La Fontaine, « L'Homme et la Couleuvre ») ; > A. Gide, <u>Journal</u> [1943].

12 Deux sûretés valent mieux qu'une ;/ Et le trop en cela ne fut

jamais perdu (La Fontaine, « Le Loup, la Chèvre et le Che-
vreau »).

13 **Je suis Oiseau** : voyez mes ailes ;/ Vive la gent qui fend les airs !
/ [...]/ **Je suis Souris** : vivent les rats (La Fontaine, « La Chauve-
Souris et les deux Belettes ») ; >*.

14 Petit poisson deviendra grand,/ Pourvu que Dieu lui prête vie./
Mais le lâcher en attendant,/ Je tiens pour moi que c'est folie (La
Fontaine, « Le Petit Poisson et le Pêcheur »).

15 Un Tiens vaut, ce dit-on, mieux que deux Tu l'auras./ L'un est
sûr, l'autre ne l'est pas (La Fontaine, « Le Petit Poisson et le
Pêcheur » ; formule déjà proverbiale avant La Fontaine).

16 Telle est la loi de l'univers ;/ *Si tu veux qu'on t'épargne, épargne
aussi les autres* (La Fontaine, « L'Oiseleur, l'Autour et l'Alouette » ;
seule moralité de La Fontaine imprimée en italique dans
l'édition originale ; *cf.* Matthieu, 7, 12 et une longue tradition
avant La Fontaine).

17 Les plus accommodants, ce sont les plus habiles :/ On hasarde
de perdre en voulant trop gagner (La Fontaine, « Le Héron »).

18 Il se faut entraider, c'est la loi de nature [...] (La Fontaine, « L'Ane
et le Chien »).

19 Rien ne sert de courir ; il faut partir à point./ Le Lièvre et la
Tortue en sont un témoignage./ [...] il laisse la Tortue/ Aller son
train de sénateur./ Elle part, s'évertue ; elle se hâte avec lenteur
(La Fontaine, « Le Lièvre et la Tortue »). Le premier vers était
proverbial ; la dernière expression correspond à la maxime latine
Festina lente, « hâte-toi lentement », que l'empereur Auguste aimait
prononcer en grec (Suétone, Vies des douze Césars, 25) ; > Boileau, Art
poétique, I.

20 Il n'est meilleur ami ni parent que soi-même (La Fontaine,
« L'Alouette et ses Petits avec le Maître d'un champ »).

21 Il ne faut point juger des gens sur l'apparence./ Le conseil en est
bon ; mais il n'est pas nouveau [...] (La Fontaine, « Le Paysan du
Danube »).

22 Le moins qu'on peut laisser de prise aux dents d'autrui/ C'est le
mieux (La Fontaine, « Le Chien à qui on a coupé les oreilles »).

23 Les plus courtes erreurs sont toujours les meilleures (Molière,
L'Etourdi, IV, 3).

24 La faiblesse humaine est d'avoir/ Des curiosités d'apprendre/ Ce
qu'on ne voudrait pas savoir (Molière, Amphitryon, II, 3) ; >
Voltaire, Corr., 4. 06. 1760. *Cf. infra*, Beaumarchais.

25 Ainsi, craignant toujours un funeste accident,/ J'imite de Conrart
le silence prudent (Boileau, Epîtres, I).

26 Il y a quelques rencontres dans la vie où la vérité et la simplicité

     sont le meilleur manège du monde (La Bruyère, Les Caractères, « De la cour », 89).

27 Personne n'est sujet à plus de fautes que ceux qui n'agissent que par réflexion (Vauvenargues, Réflexions et Maximes, 131).

28 Le terme de l'habileté est de gouverner sans la force (Vauvenargues, Réflexions et Maximes, 96).

29 Quelle rage a-t-on d'apprendre ce qu'on craint toujours de savoir ! (Beaumarchais, Le Barbier de Séville, II, 15). *Cf. supra*, Molière.

30 Vous devez tout voir, tout entendre, et tout oublier (Napoléon à la duchesse d'Abrantès ; source : Jean Autin, La Duchesse d'Abrantès ; *cf.* la maxime médiévale : *Audi, vide, tace si vis vivere in pace* : « Ecoute, regarde, tais-toi, si tu veux vivre en paix »).

31 *Wait and see* (« Attendre et voir », mot de Herbert H. Asquith, comte d'Oxford, souvent répété dans ses discours de 1910).

32 Manuel du mufle : Enseigne aux autres la bonté. Tu peux avoir besoin de leurs services (A. Gide, Journal [1945]).

Q

qualités-défauts

▷ Voir aussi **Vices-vertus**

1 C'est donc à leurs fruits que vous les reconnaîtrez [les bons arbres] (Matthieu, 7, 20) ; > A. Gide, Journal [1945].

2 Pourquoi vois-tu la paille qui est dans l'œil de ton frère, et ne remarques-tu pas la poutre qui est dans ton œil ? (Matthieu, 7, 3).

3 Il n'a aucun défaut, si ce n'est qu'il n'a aucun défaut (Pline le Jeune, Epîtres, IX, 26, 1). *Cf.* R. Char : Un homme sans défauts est une montagne sans crevasses. Il ne m'intéresse pas. (Règle de sourcier et d'inquiet) (Feuillets d'Hypnos).

4 [...] il me semble que nous ne pouvons jamais être assez méprisés selon notre mérite (Montaigne, Essais, I, 50) ; > Flaubert, Corr., 1854.

5 Mais que sert le mérite où manque la fortune ? (Corneille, Polyeucte, I, 3) ; > A. Gide, Journal [1941].

6 Si nous n'avions point de défauts, nous ne prendrions point tant de plaisir à en remarquer dans les autres (La Rochefoucauld, Maximes, 31).

7 Il y a de certains défauts qui, bien mis en œuvre, brillent plus

que la vertu même (La Rochefoucauld, Maximes, 354) ; > A. Gide, Les Faux-Monnayeurs, II, 6, en épigraphe. *Cf.* La Rochefoucauld : Il y a de méchantes qualités qui font de grandes qualités (Maximes, 468 ; « qualités » désigne ici des tendances).

8 Il y a des personnes à qui les défauts siéent bien, et d'autres qui sont disgraciées avec leurs bonnes qualités (La Rochefoucauld, Maximes, 251).

9 Nous n'avouons de petits défauts que pour persuader que nous n'en avons pas de grands (La Rochefoucauld, Maximes, 327).

10 [...] Il y a de certains défauts qui marquent plus une bonne âme que de certaines vertus (cardinal de Retz, Mémoires, II).

11 [...] La plus grande imperfection des hommes est la complaisance qu'ils trouvent à se persuader que les autres ne sont pas exempts des défauts qu'ils se reconnaissent à eux-mêmes (cardinal de Retz, Mémoires, II).

12 Les effets de la faiblesse sont inconcevables, et je maintiens qu'ils sont plus prodigieux que ceux des passions les plus violentes (cardinal de Retz, Mémoires, II). *Cf.* La Rochefoucauld : La faiblesse est le seul défaut que l'on ne saurait corriger (Maximes, 130).

13 Le Fabricateur souverain/ Nous créa Besaciers tous de même manière,/[...]/ Il fit pour nos défauts la poche de derrière/ Et celle de devant pour les défauts d'autrui (La Fontaine, « La Besace » ; < Plutarque, Vies parallèles, « Crassus », 61).

14 Elle a de très bonnes qualités, du moins je le crois. Mais dans ce commencement, je ne me trouve point disposée à **la louer que par des négatives. Elle n'est point ceci, elle n'est point cela** ; avec le temps, je dirai peut-être : elle est cela (Mme de Sévigné, Corr., 1. 10. 1684) ; > M. Proust, Sodome et Gomorrhe, II, 2.

15 C'est ainsi qu'un amant dont l'ardeur est extrême/ Aime jusqu'aux défauts des personnes qu'il aime (Molière, Le Misanthrope ; tout le passage est adapté de Lucrèce, De natura rerum, IV).

16 La faveur des princes n'exclut pas le mérite, et ne le suppose pas aussi (La Bruyère, Les Caractères, « Des jugements », 6).

17 Dans ce monde, il faut être un peu trop bon pour l'être assez (Marivaux, Le Jeu de l'amour et du hasard, I, 2).

18 Il y a des gens qui n'auraient jamais fait connaître leurs talents, sans leurs défauts (Vauvenargues, Réflexions et Maximes [Textes posthumes], 608).

19 [...] il arrive qu'on nous aime plus pour nos défauts que pour nos qualités (J. Joubert, Pensées, V, 44).

20 On peut tout acquérir dans la solitude, hormis du caractère (Stendhal, De l'amour, fragments divers).

21 On voit les qualités de loin et les défauts de près (Hugo, Post-scriptum de ma vie, « Tas de pierres » II).

22 Quand un homme a prouvé qu'il a du talent, il lui reste à prouver qu'il sait s'en servir (J. Renard, Journal [1908]).

23 Savoir reconnaître l'humain jusque dans l'inhumain. L'ignoble est souvent du noble ayant mal tourné (J. Rostand, Carnet d'un biologiste).

R

raison-jugement critique

1 Raison (dit Janotus), nous n'en usons point céans (Rabelais, Gargantua, XX).

2 **Le bon sens est la chose du monde la mieux partagée** [...] La puissance de bien juger, et distinguer le vrai d'avec le faux, qui est proprement ce qu'on appelle le bon sens, ou la raison, est **naturellement égale en tous les hommes** (Descartes, Discours de la méthode, I) ; > A. Gide, Journal [1927] ; *cf.* Montaigne : On dit communément que le plus juste partage que nature nous ait fait de ses grâces, c'est celui du sens, car il n'est aucun qui ne se contente de ce qu'elle lui en a distribué (Essais II, 17) ; P. Valéry : [...] il n'y a pas de quoi se vanter d'être *la chose du monde la plus répandue* (« Réflexions mêlées », Regards sur le monde actuel).

3 Le premier [précepte] était de ne recevoir jamais aucune chose pour vraie que je ne la connusse évidemment être telle [...] (Descartes, Discours de la méthode, II, « Principales règles de la méthode ») ; > A. Camus, « Le Minotaure », L'Eté.

4 Il avait du bon sens ; le reste vient ensuite (La Fontaine, « Le Berger et le Roi »).

5 Je crois que deux et deux sont quatre, Sganarelle, et que quatre et quatre sont huit (Molière, Dom Juan, III, 1 ; c'est la réponse qu'aurait donnée à un pasteur le prince Guillaume d'Orange sur son lit de mort) ; > J. Grenier, Lexique, « Croyance ».

6 Raisonner est l'emploi de toute ma maison,/ Et le raisonnement en bannit la raison (Molière, Les Femmes savantes, II, 7).

7 On se persuade mieux pour l'ordinaire par les raisons qu'on a soi-même trouvées que par celles qui sont venues dans l'esprit des autres (Pascal, Pensées, 737).

8 Plaisante raison qu'un vent manie et à tout sens (Pascal, Pensées, 44).

9 La dernière démarche de la raison est de reconnaître qu'il y a

une infinité de choses qui la surpassent. Elle n'est que faible si elle ne va jusqu'à connaître cela (PASCAL, Pensées, 188).

10 Tout notre raisonnement se réduit à céder au sentiment (PASCAL, Pensées, 530).

11 La raison nous commande bien plus impérieusement qu'un maître car en désobéissant à l'un on est malheureux et en désobéissant à l'autre on est un sot (PASCAL, Pensées, 768).

12 Nous n'avons pas assez de force pour suivre toute notre raison (LA ROCHEFOUCAULD, Maximes, 42) ; *cf.* MME DE SÉVIGNÉ : Nous n'avons pas assez de raison pour suivre toute notre force (Corr., 14. 07. 1680).

13 La Raison, pour marcher, n'a souvent qu'une voie (BOILEAU, Art poétique, I ; à propos du bon sens en matière littéraire).

14 Ainsi les vrais philosophes passent leur vie à ne point croire ce qu'ils voient, et à tâcher de deviner ce qu'ils ne voient point [...] (FONTENELLE, Entretiens sur la pluralité des mondes, Premier soir).

15 [...] moi qui crois que l'excès même de la raison n'est pas toujours désirable, et que les hommes s'accommodent presque toujours mieux des milieux que des extrémités (MONTESQUIEU, De l'esprit des lois, XI, 6).

16 [...] la raison. Elle est le plus noble, le plus parfait, le plus exquis de nos sens (MONTESQUIEU, De l'esprit des lois, XX, « Invocation aux muses »).

17 Commençons donc par écarter tous les faits, car ils ne touchent point à la question (ROUSSEAU, Discours sur l'origine de l'inégalité) ; > A. CAMUS, L'Homme révolté.

18 La raison nous trompe plus souvent que la nature (VAUVENARGUES, Réflexions et Maximes, 123).

19 La raison ne connaît pas les intérêts du cœur (VAUVENARGUES, Réflexions et Maximes, 124).

20 [...] la raison finira par avoir raison [...] (D'ALEMBERT, Corr., 23. 01. 1757).

21 La raison est à l'égard du philosophe ce que la grâce est à l'égard du chrétien. La grâce détermine le chrétien à agir ; la raison détermine le philosophe [...] (Encyclopédie, article « Philosophe »).

22 La voie des raisonnements n'est pas faite pour le peuple (Encyclopédie, article « Christianisme ») ; *cf.* « Idées », VOLTAIRE.

23 **La raison est aussi puissante que rusée.** Sa ruse consiste en général dans cette activité entremetteuse qui en laissant agir les objets les uns sur les autres conformément à leur propre nature, sans se mêler directement à leur action réciproque, en arrive néanmoins à atteindre uniquement le but qu'elle se propose

(HEGEL, Encyclopédie des sciences philosophiques, I, « La Science de la logique »).

24 Tout est dans tout (J.-J. JACOTOT ; voir DUPRÉ, 1798 ; une plaisanterie consacrée ajoute : et réciproquement).

25 Ce qu'il y a de plus extraordinaire peut-être dans le besoin de l'extraordinaire, c'est que c'est, de tous les besoins de l'esprit, celui qu'on a le moins de peine à contenter (NODIER, « Ossianisme », Examen critique des dictionnaires) ; > A. GIDE, Journal [1904].

26 La méthode expérimentale, considérée en elle-même, n'est rien d'autre qu'un raisonnement à l'aide duquel nous soumettons méthodiquement nos idées à l'expérience des faits (CL. BERNARD, Introduction à l'étude de la médecine expérimentale, Préface).

27 En un mot, dans la méthode expérimentale comme partout, le seul critérium réel est la raison (CL. BERNARD, Introduction à l'étude de la médecine expérimentale, I, 2, 4).

28 Tout est fécond excepté le bon sens (E. RENAN, L'Avenir de la science, 21).

29 L'illogisme irrite. Trop de logique ennuie. La vie échappe à la logique, et tout ce que la seule logique construit reste artificiel et contraint (A. GIDE, Journal [1927]).

30 [...] la raison consiste précisément, non pas à s'identifier aux choses, mais à prendre, en termes rationnels, des vues sur elles. Elle est une position *mystique* (J. BENDA, La Trahison des clercs, Préface de 1946).

31 On doit donner au problème une forme telle qu'il soit toujours possible de le résoudre (ABEL, géomètre cité par P. VALÉRY, « Fluctuations sur la liberté », Regards sur le monde actuel).

32 Poser les questions, c'est les résoudre (A. EINSTEIN, Conceptions scientifiques, morales et sociales).

33 L'univers peut se tromper. C'est à cela qu'on reconnaît l'erreur, elle est universelle (J. GIRAUDOUX, La guerre de Troie n'aura pas lieu, II, 13).

34 Tout autant que l'inspiré, le raisonneur prophétise (L. SCUTENAIRE, Mes inscriptions).

35 SURREALISME, n. m. Automatisme psychique pur par lequel on se propose d'exprimer, soit verbalement, soit par écrit, soit de toute autre manière, le fonctionnement réel de la pensée. Dictée de la pensée, en l'absence de tout contrôle exercé par la raison, en dehors de toute préoccupation esthétique ou morale (A. BRETON, Premier Manifeste du surréalisme).

36 Abolition de la logique, danse des impuissants de la création : DADA (T. TZARA, Manifeste dada).

37 Il n'y a pas d'esprit critique collectif (J. Monnerot, Sociologie du communisme) ; > J. Ellul, La Technique.

38 [...] Tout ce qui est rigoureux est insignifiant (R. Thom, « La Science malgré tout... », Encyclopœdia universalis, « Symposium ») ; > J.-M. Domenach, Enquête sur les idées contemporaines.

relations humaines

1 *Vae soli* (« **Malheur au solitaire** et qui tombe, sans avoir un autre pour le relever », Ecclésiaste, IV, 10) ; > A. Sauvy, Théorie générale de la population, 2.

2 Je me suis fait tout à tous, afin d'en sauver de toute manière quelques-uns (I Corinthiens, 9, 22 ; saint Paul décrit ainsi son apostolat).

3 Les mauvais entretiens gâtent les bonnes mœurs (I Corinthiens 15, 33) ; > Pascal, Pensées, 99, en latin. *Cf.* Pascal, *infra.*

4 L'homme solitaire est ou un dieu ou une bête (Aristote, Politique, 1, 1).

5 Nous ne sommes jamais seuls (Sénèque, Questions naturelles, IV, Préface).

6 Ils furent bien moins convaincus d'incendie que de **haine pour le genre humain** (Tacite, Annales, XV, 44 ; il s'agit des chrétiens accusés lors de l'incendie de Rome sous Néron).

7 Chaque fois que j'ai été parmi les hommes, j'en suis revenu moins homme (Thomas a Kempis, Imitation de Notre Seigneur Jésus-Christ) ; *cf.* Sénèque : Je m'en reviens plus cupide, plus ambitieux, plus voluptueux, que dis-je ? plus cruel, moins humain, pour être allé parmi les hommes (Epîtres, 7, 3).

8 Plus l'offenseur est cher et plus grande est l'offense (Corneille, Le Cid, I, 5) ; > Ch. Péguy, Victor-Marie, comte Hugo. *Cf.* Racine : Plus l'offenseur m'est cher, plus je ressens l'injure (La Thébaïde, II, 5 ; > A. Gide, Journal [1941]).

9 La vengeance éloignée est à demi perdue,/ Et quand il faut l'attendre, elle est trop cher vendue (Corneille, La Mort de Pompée, IV, 4).

10 La façon de donner vaut mieux que ce qu'on donne (Corneille, Le Menteur, I, 1 ; proverbial).

11 Envers un ennemi qui peut nous obliger ?/ D'un serment solennel qui peut nous dégager ? (Corneille, Horace, I, 2).

12 Nous avons tous assez de force pour supporter les maux d'autrui (La Rochefoucauld, Maximes, 19) ; > Alain : /Nous avons toujours assez/ (Propos [23. 05. 1910]).

13 Les querelles ne dureraient pas longtemps, si le tort n'était que d'un côté (La Rochefoucauld, Maximes, 496) ; > A. Gide, Journal [1949].

14 Je suis peu sensible à la pitié ; et voudrais ne l'y être point du
   tout [...] je tiens qu'il faut se contenter d'en témoigner et se
   garder soigneusement d'en avoir (La Rochefoucauld, « Portrait
   par lui-même ») ; > A. Gide, Les Faux-Monnayeurs, III, 12.

15 [...] L'on est plus souvent dupe par la défiance que par la
   confiance (cardinal de Retz, Mémoires, II) ; > J. Grenier, Lexique,
   « Dupe ».

16 [...] Un homme qui ne se fie pas à soi-même ne se fie jamais
   véritablement à personne (cardinal de Retz, Mémoires, II).

17 [...] l'on ne contente jamais personne quand l'on entreprend de
   contenter tout le monde (cardinal de Retz, Mémoires, II).

18 Il y a beaucoup moins d'ingrats qu'on ne croit ; car il y a bien
   moins de généreux qu'on ne pense (Saint-Evremond, « Sur les
   ingrats »).

19 Sur quelque préférence une estime se fonde,/ Et c'est n'estimer
   rien qu'estimer tout le monde (Molière, Le Misanthrope, I, 1).

20 L'ami du genre humain n'est pas du tout mon fait (Molière, Le
   Misanthrope, I, 1).

21 [...] je hais tous les hommes :/ Les uns, parce qu'ils sont
   méchants et malfaisants,/ Et les autres, pour être aux méchants
   complaisants (Molière, Le Misanthrope, I, 1) ; > Rousseau, Lettre à
   d'Alembert.

22 On n'y respecte rien, chacun y parle haut,/ Et c'est tout
   justement la cour du roi Pétaud (Molière, Tartuffe, I, 1 ; Pétaud
   est le roi des gueux).

23 Je ne veux pas qu'on m'aime (Molière, Tartuffe, II, 2 ; c'est
   Orgon qui parle).

24 [...] je te pardonne à la charge que tu mourras (Molière, Les
   Fourberies de Scapin, III, dernière scène).

25 Je respecte beaucoup Madame votre mère/ [...] (Molière, Les
   Femmes savantes, I, 3 ; la formule se trouve déjà dans La
   Comtesse d'Escarbagnas).

26 Qui veut noyer son chien l'accuse de la rage (Molière, Les
   Femmes savantes, II, 5 ; proverbial).

27 Comme on se gâte l'esprit on se gâte aussi le sentiment. On se
   forme l'esprit et le sentiment par les conversations, on se gâte
   l'esprit et le sentiment par les conversations (Pascal, Pensées,
   814).

28 On doit avoir pitié des uns et des autres, mais on doit avoir pour
   les uns une pitié qui naît de tendresse, et pour les autres une
   pitié qui naît de mépris (Pascal, Pensées, 194 bis, rayé).

29 Les respects signifient : incommodez-vous (Pascal, Pensées, 32
   bis).

30 Je vous cherche toujours, et je trouve que tout me manque, parce que vous me manquez (Mᵐᵉ ᴅᴇ Sᴇ́ᴠɪɢɴᴇ́, Corr., 5. 10. 1673). *Cf.* Lᴀᴍᴀʀᴛɪɴᴇ : Un seul être vous manque, et tout est dépeuplé ! (« L'isolement ») ; > J. Gɪʀᴀᴜᴅᴏᴜx : Un seul être vous manque et tout est repeuplé (La guerre de Troie n'aura pas lieu, I, 4 ; J. Gʀᴇᴇɴ, Journal, [1990]).

31 Quels effets voulez-vous de sa reconnaissance ?/ — Un peu moins de respect, et plus de confiance (Rᴀᴄɪɴᴇ, Britannicus, I, 1).

32 Que vois-je autour de moi, que des amis vendus/ [...]/ Qui, choisis par Néron pour ce commerce infâme,/ Trafiquent avec lui des secrets de mon âme ? (Rᴀᴄɪɴᴇ, Britannicus, I, 4).

33 J'ose dire pourtant que je n'ai mérité/ **Ni cet excès d'honneur, ni cette indignité** (Rᴀᴄɪɴᴇ, Britannicus, II, 3) ; >*.

34 Dans le fond de ton cœur je sais que tu me hais ;/ Tu voudras t'affranchir du joug de mes bienfaits (Rᴀᴄɪɴᴇ, Britannicus, V, 6).

35 Ma vengeance est perdue/ S'il ignore en mourant que c'est moi qui le tue (Rᴀᴄɪɴᴇ, Andromaque, IV, 4).

36 Personne presque ne s'avise de lui-même du mérite d'un autre (Lᴀ Bʀᴜʏᴇ̀ʀᴇ, Les Caractères, « Du mérite personnel », 5).

37 La politesse n'inspire pas toujours la bonté, l'équité, la complaisance, la gratitude ; elle en donne du moins les apparences, et fait paraître l'homme au dehors comme il devrait être intérieurement (Lᴀ Bʀᴜʏᴇ̀ʀᴇ, Les Caractères, « De la société et de la conversation », 32).

38 Messieurs les Anglais, tirez les premiers (mot prononcé à la bataille de Fontenoy, 1745, voir Dᴜᴘʀᴇ́ 4730) ; > Sᴛᴇɴᴅʜᴀʟ, Racine et Shakespeare, HI.

39 Les absents ont toujours tort (Dᴇsᴛᴏᴜᴄʜᴇs, L'Obstacle imprévu, I, 6).

40 Ah ! doit-on hériter de ceux qu'on assassine (Cʀᴇ́ʙɪʟʟᴏɴ ᴘᴇ̀ʀᴇ, Rhadamiste et Zénobie, II, 2) ; > Bᴀʟᴢᴀᴄ, Physiologie du mariage.

41 Ce qui m'a toujours beaucoup nui, c'est que j'ai toujours méprisé ceux que je n'estimais pas (Mᴏɴᴛᴇsǫᴜɪᴇᴜ, Pensées).

42 J'aurai besoin de lui encore un an, tout au plus ; **on presse l'orange, et on en jette l'écorce** (mot de Fʀᴇ́ᴅᴇ́ʀɪᴄ II ᴅᴇ Pʀᴜssᴇ à propos de Voltaire, Corr. de Vᴏʟᴛᴀɪʀᴇ, 2. 09. 1751 ; *cf.* 18. 12. 1752).

43 — Il faut que je vive. — Je n'en vois pas la nécessité (dialogue de l'ᴀʙʙᴇ́ Gᴜʏᴏᴛ Dᴇsғᴏɴᴛᴀɪɴᴇs et du ᴍᴀʀǫᴜɪs ᴅ'Aʀɢᴇɴsᴏɴ, rapporté par Vᴏʟᴛᴀɪʀᴇ, Discours préliminaire d'Alzire) ; > Rᴏᴜssᴇᴀᴜ, Emile, III.

44 Chacun a sa délicatesse d'amour-propre : la mienne va jusqu'à

croire que de certaines gens ne peuvent pas même m'offenser (Buffon, Corr.) ; > Sainte-Beuve, Port-Royal ; J. Green, Journal [1956].

45 Tel philosophe aime les Tartares pour être dispensé d'aimer ses voisins (Rousseau, Emile, I).

46 Il n'est pas dans le cœur humain de se mettre à la place des gens qui sont plus heureux que nous, mais seulement de ceux qui sont plus à plaindre (Rousseau, Emile, IV) ; *cf.* «Malheur», Virgile.

47 La véritable politesse consiste à marquer de la bienveillance aux hommes ; elle se montre sans peine quand on en a (Rousseau, Emile, IV).

48 Le plus malheureux effet de la politesse d'usage est d'enseigner l'art de se passer des vertus qu'elle imite (Rousseau, Emile, IV).

49 L'exactitude est la politesse des rois (mot attribué à Louis XVIII).

50 Brutus et Cassius **brillaient par leur absence** (M.-J. Chénier, Tibère, I, 1 ; l'expression provient de Tacite, Annales, III, 76).

51 [...] tout comprendre rend très-indulgent et sentir profondément inspire une grande bonté (Mme de Staël, Corinne, XVIII, 5).

52 Il est difficile d'écraser ce qui s'aplatit sous les pieds (Chateaubriand, Mémoire sur la captivité de Madame la duchesse de Berry).

53 Le pire des malheurs en prison, pensa-t-il, c'est de ne pouvoir fermer sa porte (Stendhal, Le Rouge et le Noir, II, 44).

54 Quand j'ai dit : *la solitude est sainte*, je n'ai pas entendu par solitude une séparation et un oubli entier des hommes et de la société, mais une retraite où l'âme se puisse recueillir en elle-même [...] (A. de Vigny, Journal d'un poète [1832] ; la phrase se trouve dans Stello, voir «Poésie»).

55 [...] commencer à Foule et finir à Solitude, n'est-ce pas, les proportions individuelles réservées, l'histoire de tous ? (Hugo, Préface des Contemplations).

56 Etre poli avec un sot, c'est s'en isoler. Quelle bonne politique ! (Barbey d'Aurevilly, Pensées détachées).

57 A quoi sert de se quereller, quand le raccommodement est impossible ? Le plaisir des disputes, c'est de faire la paix (A. de Musset, On ne badine pas avec l'amour, III, 6).

58 J'ai fait sa connaissance dans un omnibus... Son premier mot fut un coup de pied (E. Labiche, Un chapeau de paille d'Italie, I, 4, Fadinard seul).

59 Enfin ! seul ! [...] Enfin **la tyrannie de la face humaine** a disparu, et je ne souffrirai plus que par moi-même (Baudelaire, «A une

heure du matin », Le Spleen de Paris ; l'expression est empruntée
à De Quincey).

60 Il n'est pas donné à chacun de prendre un bain de multitude ;
jouir de la foule est un art [...] Qui ne sait pas peupler sa
solitude, ne sait pas non plus être seul dans une foule affairée
(BAUDELAIRE, « Les Foules », Le Spleen de Paris).

61 Tant il est difficile de s'entendre, mon cher ange, et tant la
pensée est incommunicable, même entre gens qui s'aiment !
(BAUDELAIRE, « Les Yeux des pauvres », Le Spleen de Paris).

62 Ce qu'il y a d'enivrant dans le mauvais goût, c'est **le plaisir
aristocratique de déplaire** (BAUDELAIRE, « Fusées », 18) ; >*.

63 Quand j'aurai inspiré le dégoût et l'horreur universels, j'aurai
conquis la solitude (BAUDELAIRE, « Fusées », 17).

64 Le monde ne marche que par le malentendu. — C'est par le
malentendu universel que tout le monde s'accorde. — Car si,
par malheur, on se comprenait, on ne pourrait jamais s'accorder
(BAUDELAIRE, « Mon cœur mis à nu »).

65 L'homme aime tant l'homme que quand il fuit la ville, c'est
encore pour chercher la foule, c'est-à-dire pour **refaire la ville à
la campagne** (BAUDELAIRE, « Mon cœur mis à nu »). L'idée a été
reprise de façon humoristique par A. ALLAIS.

66 Enfin seuls ! (Titre d'un tableau d'E. TOFFANO, exposé au Salon
de 1880 ; *cf. supra*, BAUDELAIRE). *Cf.* S. GUITRY : Je vais donc vivre
enfin seul ! Et, déjà, je me demande avec qui (Elles et Toi).

67 Tout le monde ne peut pas être orphelin (J. RENARD, Poil de
carotte, 5).

68 La mort des autres nous aide à vivre (J. RENARD, Journal,
[1892]).

69 Le véritable égoïste accepte même que les autres soient
heureux, s'ils le sont à cause de lui (J. RENARD, Journal [1908]).

70 Quand les autres me fatiguent, c'est que je me lasse de moi-
même (J. RENARD, Journal [1895]).

71 La complaisance envers autrui n'est pas beaucoup moins
ruineuse que celle envers soi-même (J. RENARD, Journal
[1905]).

72 [...] ce qui était dangereux dans le monde, c'était les dispositions
mondaines qu'on y apporte. Mais par lui-même il n'était pas plus
capable de vous rendre médiocre qu'une guerre héroïque de
rendre sublime un mauvais poète (M. PROUST, Le Temps
retrouvé).

73 Un homme seul est toujours en mauvaise compagnie (P. VALÉRY,
derniers mots de « L'Idée fixe », Dialogues) ; >*.

74 Injures sont pour la galerie (P. VALÉRY, Tel quel) ; > V. LARBAUD,
Sous l'invocation de saint Jérôme.

75 Frapper quelqu'un, c'est se placer à son point de vue (P. Valéry, « Cahier B 1910 », Tel quel).

76 Il y a du coupable dans tout être qui s'écarte. Un homme qui songe, songe toujours *contre* le monde habitable (P. Valéry, « Choses tues », VIII, Tel quel).

77 La politesse, c'est l'indifférence organisée (P. Valéry, « Rhumbs », Tel quel).

78 Voulez-vous nuire à quelqu'un ? N'en dites pas du mal, dites-en trop de bien (A. Siegfried, Quelques maximes).

79 Le monde est plein de braves gens qui ne voient partout que des gredins (J. Chardonne, L'Amour, c'est beaucoup plus que l'amour, IV).

80 Thérèse songeait que les êtres nous deviennent supportables dès que nous sommes sûrs de pouvoir les quitter (F. Mauriac, Thérèse Desqueyroux, 12).

81 Après tout, c'est nous qui nous décevons nous-mêmes, mais il nous plaît mieux d'incarner nos déceptions, de les nommer du nom du premier venu, qui se trouvait là par hasard [...] (G. Bernanos, Les Enfants humiliés).

82 Qui s'affecte d'une insulte, s'infecte (J. Cocteau, Journal d'un inconnu, « D'une conduite »).

83 On pardonne tout à un homme sauf de ne pas déjeuner en ville (J. Rostand, Carnet d'un biologiste).

84 Si on ne peut plus tricher avec ses amis, ce n'est plus la peine de jouer aux cartes (M. Pagnol, Marius, III, 1, 2).

85 Qui s'est fié à toi, ne le déçois pas ; ce serait te décevoir toi-même (H. de Montherlant, Carnets, XXII).

86 (si je veux que ma vie ait un sens pour moi, il faut qu'elle en ait *pour autrui* ; personne n'oserait donner à la vie un sens que lui seul apercevrait [...]) (G. Bataille, L'Expérience intérieure, II, 3).

87 Etre curieux des êtres que l'on ne connaît pas, c'est à quoi incline le voyageur, le séducteur. Etre curieux des êtres que l'on connaît, c'est à quoi incline le romancier, l'artiste [...]. S'intéresser à ceux que l'on connaît est l'affaire du concierge ou de l'homme bon. Les moralistes et les politiciens s'intéressent à ceux qu'ils ne connaissent pas (J. Grenier, Lexique, « Curiosité »).

88 La grandeur d'un métier est, peut-être, avant tout, d'unir les hommes : il n'est qu'un luxe véritable, et c'est celui des relations humaines (A. de Saint-Exupéry, Terre des hommes, II, 1).

89 Tiens vis-à-vis des autres ce que tu t'es promis à toi seul. Là est ton contrat (R. Char, Feuillets d'Hypnos).

90 Pas besoin de gril : **l'enfer, c'est les Autres** (J.-P. Sartre, Huis clos, V) ; > M. Galley, Journal [1980], qui ajoute : Sartre était-il polygame ?

91 Je réclame pour ma face la louange éclatante du crachat (A. Césaire, Cahier d'un retour au pays natal).

92 De tous les êtres, les moins insupportables sont ceux qui haïssent les hommes. Il ne faut jamais fuir un misanthrope (E. M. Cioran, Exercices d'admiration) ; >*.

93 C'est parce que nous sommes tous des imposteurs que nous nous supportons les uns les autres (E. M. Cioran, Précis de décomposition, « L'automate »).

94 Non, on ne pleure pas assez autour de moi, on ne me plaint pas assez. On ne s'angoisse pas assez (E. Ionesco, Le roi se meurt).

95 Non, rien de rien/ Non, je ne regrette rien/ Ni le bien qu'on m'a fait/ Ni le mal, tout ça m'est bien égal (chanson d'E. Piaf, paroles de Ch. Dumont).

96 Ce que nous emportons dans la tombe, c'est essentiellement ce que les autres nous ont donné (H. Laborit, Eloge de la fuite, « La mort ») ; > M. Galley, Journal [1985].

97 A force d'être insupportable, on finit par se rendre indispensable (J. Dutourd, Les Pensées) ; >*.

98 Ils croient poursuivre l'utilité, alors qu'ils recherchent l'admiration des autres (J.-P. Dupuy, dans Individu et Justice sociale) ; >**.

religion-spiritualité

▷ Voir aussi **Dieu, Foi**

1 Mon royaume n'est pas de ce monde (Jean, 18, 36). *Cf.* A. Camus : A cette heure, mon royaume est de ce monde (L'Envers et l'Endroit).

2 Force-les à entrer (Luc, 14, 23) ; *cf.* le Commentaire philosophique sur ces paroles de Jésus-Christ : « Contrains-les d'entrer », de P. Bayle ; Voltaire, « Si l'intolérance a été enseignée par Jésus-Christ » ; Villiers de L'Isle Adam, Axël, I, 1 ; J. Green, Journal [1939].

3 Il faut qu'il y ait des hérésies (I Corinthiens, 1, 19) ; > P. Valéry : — Oui. *Oportet haereses esse*. Il faut qu'il y ait des anormaux et des malades (« L'Idée fixe », Dialogues) ; Alain : Il faut qu'il y ait des hérétiques (Propos [septembre 1928]).

4 Tant la religion a pu persuader de crimes ! (*Tantum religio potuit suadere malorum* ; Lucrèce, De natura rerum, I, 101 ; il s'agit du sacrifice d'Iphigénie).

5 Les choses divines ne réclament point d'aide et ne peuvent recevoir de blessure (Sénèque, De constantia, VIII) ; >

CHATEAUBRIAND, <u>Mémoires d'outre-tombe</u>, III, II, 11, 6, traduit librement : Le privilège des choses éternelles est de ne pouvoir être offensées.

6 Le grand Pan est mort (PLUTARQUE, <u>De la disparition des oracles</u>, rapportant une voix entendue par un navigateur vers le temps d'Auguste) ; > PASCAL, <u>Pensées</u>, 343 ; VOITURE : Le grand car est mort, et le trépas [...] du grand Pan ne me semblerait pas si important (« Défense de car ») ; FONTENELLE, <u>Histoire des oracles</u> ; BAUDELAIRE : Le Dieu Pan est mort (<u>L'Art romantique</u>, 7) ; SAINTE-BEUVE : Paganisme immortel, es-tu mort ? On le dit./ Mais Pan, tout bas, s'en moque et la Sirène en rit (« Eglogue napolitaine » : > P. BOURGET, <u>Sensations d'Italie</u>) ; APOLLINAIRE : Le grand Pan l'amour Jésus-Christ/ Sont bien morts [...] (<u>Alcools</u>, « La Chanson du mal-aimé ») ; A. THÉRIVE : voir DUPRÉ, 4275.

7 C'est une semence que le sang des chrétiens (TERTULLIEN, <u>Apologétique</u>, 50, 13 ; souvent déformé en : /sang des martyrs/).

8 Hors de l'Eglise point de salut (latin : *Salus extra Ecclesiam non est* ; SAINT CYPRIEN DE CARTHAGE, Lettre 73, à Jubaianus, et SAINT AUGUSTIN, <u>De catholicae Ecclesiae unitate</u>, 6) ; > F. NIETZSCHE, Œuvres posthumes, fragment 530. *Cf.* MOLIÈRE : hors de Paris, il n'y a point de salut pour les honnêtes gens (<u>Les Précieuses ridicules</u>, 9) ; A. CAMUS : Le monde est beau, et hors de lui, point de salut (« Le Désert », <u>Noces</u>).

9 Tu as vaincu, Galiléen ! (attribué à l'empereur JULIEN L'APOSTAT, mourant après avoir échoué dans sa lutte contre le christianisme ; voir DUPRÉ, 5752, et THÉODORET, <u>Histoire ecclésiastique</u>, III, 20).

10 Courbe humblement la tête, fier Sicambre, adore ce que tu as brûlé, brûle ce que tu as adoré (parole de SAINT RÉMI à Clovis lors du baptême de celui-ci, rapportée par GRÉGOIRE DE TOURS, <u>Histoire des rois francs</u>, 1) ; > ALAIN, <u>Propos</u> [16. 02. 1922].

11 Nous sommes perdus : nous avons brûlé une sainte ! (cri d'un Anglais après le supplice de Jeanne d'Arc, J. MICHELET, <u>Jeanne d'Arc</u>, VI).

12 Aussi, quand je lis de tels traits de ces grands hommes, j'ai peine à me retenir de dire : saint Socrate, priez pour nous (ERASME, <u>Le Banquet religieux</u>, traduction de Jacques Chomarat ; il s'agit des païens vertueux).

13 Notre religion est faite pour extirper les vices ; elle les couvre, les nourrit, les incite (MONTAIGNE, <u>Essais</u>, II, 12).

14 Nous sommes Chrétiens à même titre que nous sommes ou Périgourdins ou Allemands (MONTAIGNE, <u>Essais</u>, II, 12).

15 Ces dieux que l'homme a faits et qui n'ont pas fait l'homme (CYRANO DE BERGERAC, <u>Mort d'Agrippine</u>) ; > CHATEAUBRIAND, <u>Mémoires d'outre-tombe</u>, III, II, 10, 1.

16 Elle a trop de vertus pour n'être pas chrétienne (CORNEILLE, <u>Polyeucte</u>, V, 3).

17 [...] Il n'y a rien qui soit si sujet à l'illusion que la piété. Toutes sortes d'erreurs se glissent et se cachent sous son voile ; elle consacre toutes sortes d'imaginations ; et la meilleure intention ne suffit pas pour y faire éviter les travers (CARDINAL DE RETZ, Mémoires, I).

18 Je ne faisais pas le dévot, parce que je ne me pouvais assurer que je pusse durer à le contrefaire ; mais j'estimais beaucoup les dévots ; et à leur égard c'est un des plus grands points de la piété (CARDINAL DE RETZ, Mémoires, I).

19 Athéisme marque de force d'esprit, mais jusqu'à un certain degré seulement (PASCAL, Pensées, 157).

20 Oui, mais il faut parier. Cela n'est pas volontaire, vous êtes embarqués. Lequel prendrez-vous donc ? (PASCAL, Pensées, 418).

21 C'est en faisant tout comme s'ils croyaient, en prenant de l'eau bénite, en faisant dire des messes, etc. Naturellement même **cela vous fera croire et vous abêtira.** — Mais c'est ce que je crains. — Et pourquoi ? qu'avez-vous à perdre ? (Pascal, Pensées, 418 ; *cf.* J. GREEN, Journal [1974]). *Cf.* MONTAIGNE : Il nous faut abêtir pour nous assagir, et nous éblouir pour nous guider (Essais, II, 12).

22 Pour les religions, il faut être sincère : vrais païens, vrais juifs, vrais chrétiens (PASCAL, Pensées, 480). *Cf. infra*, DIDEROT.

23 Il faut juger de la doctrine par les miracles, il faut juger des miracles par la doctrine (PASCAL, Pensées, 840).

24 Jésus sera en agonie jusqu'à la fin du monde. Il ne faut pas dormir pendant ce temps-là (PASCAL, « Le Mystère de Jésus ») ; > épigraphe de J. GREEN, Ce qu'il faut d'amour à l'homme.

25 Et sans être approuvé par le Clergé Romain, / **Tout Protestant fut Pape une Bible à la main** (BOILEAU, Satires, XII).

26 Un dévot est celui qui sous un roi athée serait athée (LA BRUYÈRE, Les Caractères, « De la mode », 21 ; note de l'auteur : Faux dévot) ; > M. PROUST : Un courtisan dévot sous un prince dévot eût été athée sous un prince athée, a dit La Bruyère (La Prisonnière).

27 Dans la condition où se trouve l'homme, Dieu se contente d'exiger de lui qu'il cherche la vérité le plus soigneusement qu'il pourra et que, croyant l'avoir trouvée, il l'aime et y règle sa vie (P. BAYLE, Commentaire philosophique sur ces paroles de Jésus-Christ : « Contrains-les d'entrer », II, 10).

28 Lorsque les lois d'un Etat ont cru devoir souffrir plusieurs religions, il faut qu'elles les obligent aussi à se tolérer entre elles (MONTESQUIEU, De l'esprit des lois, XXV, 9).

29 [...] une religion qui peut tolérer les autres ne songe guère à sa propagation [...] (MONTESQUIEU, De l'esprit des lois, XXV, 10).

30 On ne doit point statuer par les lois divines ce qui doit l'être par

les lois humaines, ni régler par les lois humaines ce qui doit l'être par les lois divines (Montesquieu, De l'esprit des lois, XXVI, 2).

31 Je n'aime pas le surnaturel dit Zadig ; les gens et les livres à prodiges m'ont toujours déplu (Voltaire, Zadig, XIV).

32 Dieu ne doit point pâtir des sottises du prêtre (Voltaire, Epîtres, « A l'auteur du livre Des trois imposteurs »).

33 Quoi que vous fassiez, écrasez l'infâme, et aimez qui vous aime (Voltaire, Corr., 28. 11. 1762 ; ce mot apparaît plusieurs fois dans la correspondance de Voltaire dans ses lettres des années 1759-1768, sous la forme Ecr.l'inf. ou Ecrlinf, qui sert de signature).

34 Si la vie et la mort de Socrate sont d'un sage, la vie et la mort de Jésus sont de Dieu (Rousseau, Emile, IV, « Profession de foi du vicaire savoyard »).

35 Il y a des mystères qu'il est non seulement impossible à l'homme de concevoir, mais de croire, et je ne vois pas ce qu'on gagne à les enseigner aux enfants, si ce n'est de leur apprendre à mentir de bonne heure (Rousseau, Emile, IV, « Profession de foi du vicaire savoyard »).

36 On demandait un jour à quelqu'un s'il y avait de vrais athées. Croyez-vous, répondit-il, qu'il y ait de vrais chrétiens ? (Diderot, Pensées philosophiques).

37 La superstition est la poésie de la vie (Goethe, Sprüche in Prosa, 3).

38 Un peu de philosophie écarte de la religion et beaucoup y ramène (Rivarol, Maximes ; < F. Bacon : Un peu de philosophie incline l'esprit de l'homme vers l'athéisme, mais la profondeur en philosophie conduit les esprits humains à la religion, Essais, 16) ; cf. A. Camus, « Noces à Tipasa », Noces.

39 [...] il ne peut y avoir de véritable impiété qu'au sein de la véritable religion (J. de Maistre, Essai sur le principe générateur des constitutions politiques).

40 La Religion est le seul pouvoir devant lequel on peut se courber sans s'avilir (Chateaubriand, Mémoires d'outre-tombe, III, II, 5, 25).

41 La religion est le sens et le goût de l'infini (F. Schleiermacher, Discours sur la religion) ; cf. Mme de Staël : Le sentiment de l'infini est le véritable attribut de l'âme (De l'Allemagne, IV, éd. Hachette, 1958-1960, t. V, p. 13).

42 Ainsi, toute l'histoire de l'Humanité se condense nécessairement dans celle de la religion. La loi générale du mouvement humain consiste, sous un aspect quelconque, en ce que l'homme devient de plus en plus religieux (A. Comte, Catéchisme positiviste, Conclusion, 12e Entretien).

43 Les hommes valent mieux que leur théologie (R. W. Emerson, Essais, I, 3).

44 Homme pieux, veux-tu être délivré des péchés? Deviens païen!/ Puisque le péché n'est entré dans le monde qu'avec le christianisme (L. Feuerbach, Pensées sur la mort et l'immortalité); >*.

45 Nous sommes pour la religion contre les religions (Hugo, Les Misérables, II, IV, 8).

46 Ils reviendront, ces Dieux que tu pleures toujours!/ Le temps va ramener l'ordre des anciens jours;/ La terre a tressailli d'un souffle prophétique... (Nerval, Les Chimères, «Delphica»; le deuxième vers est inspiré de Virgile, Bucoliques, IV).

47 Le cléricalisme? voilà l'ennemi (A. Peyrat, cité par Gambetta dans son discours du 04. 05. 1877).

48 **La religion est** le soupir de la créature accablée par le malheur, elle est le cœur d'un monde sans cœur, comme elle est l'esprit d'une époque sans esprit : elle est *l'opium du peuple* (Marx, Contribution à la critique de la philosophie du droit de Hegel; «soupir de la créature» provient de saint Paul, Romains, 8, 22); > J. Grenier, Lexique, «Opium» (où le mot est attribué à Lénine).

49 [...]/ Des Cieux Spirituels l'inaccessible azur, /Pour l'homme terrassé qui rêve encore et souffre,/ S'ouvre et s'enfonce avec l'attirance du gouffre (Baudelaire, Les Fleurs du mal, «L'Aube spirituelle»).

50 Terreur du libertin, espoir du fol ermite;/ Le Ciel! couvercle noir de la grande marmite/ Où bout l'imperceptible et vaste humanité (Baudelaire, Les Fleurs du mal, «Le Couvercle»).

51 Un ange furieux fond du ciel comme un aigle [...] (Baudelaire, Les Fleurs du mal, «Le Rebelle»); cf. Apollinaire : Un aigle descendit de ce ciel blanc d'archanges (Alcools, «Un soir»).

52 La superstition est le fond de la religion, la seule vraie, celle qui survit sous toutes les autres (Flaubert, Corr., 13. 06. 1852).

53 Si la société continue comme elle va, nous reverrons, je crois, des mystiques, comme il y en a eu à toutes les époques sombres (Flaubert, Corr., 4. 09. 1852).

54 Pas de Christ, pas de religion, pas de patrie, soyons humains (Flaubert, Corr., 23. 01. 1853).

55 J'aime les gens tranchants et énergumènes. On ne fait rien de grand sans le fanatisme. Le *fanatisme est la religion* (Flaubert, Corr., 31. 03. 1853; cf. «Action», Emerson).

56 Un immense fleuve d'oubli nous entraîne dans un gouffre sans nom. O abîme, tu es le Dieu unique (E. Renan, «Prière sur l'Acropole», Souvenirs d'enfance et de jeunesse).

57 Faut-il que la religion s'écroule du même coup? Non, non. La

religion est nécessaire. Le jour où elle disparaîtrait, ce serait le cœur même de l'humanité qui se dessécherait (E. RENAN, Questions contemporaines, « Chaire d'hébreu » ; sur la « religion nécessaire », voir FLAUBERT, Dictionnaire des Idées reçues).

58 Où fuir dans la révolte inutile et perverse ?/ *Je suis hanté*. L'Azur ! l'Azur ! l'Azur ! l'Azur ! (MALLARMÉ, « L'Azur ») ; > J. GREEN, Journal, [1980].

59 Christ ! ô Christ éternel voleur des énergies/ [...] (RIMBAUD, « Les Premières Communions », 9).

60 — Et pourtant plus de dieux ! plus de dieux ! l'Homme est Roi,/ l'Homme est Dieu ! Mais l'Amour, voilà la grande Foi ! (RIMBAUD, « Soleil et Chair », 1 ; *cf.* Corr., lettre à Banville du 24. 05. 1870).

61 La religion serait la névrose obsessionnelle universelle de l'humanité ; comme celle de l'enfant, elle dérive du complexe d'Œdipe (S. FREUD, L'Avenir d'une illusion).

62 Le vrai croyant se trouve à un haut degré à l'abri du danger de certaines affections névrotiques ; l'acceptation de la névrose universelle le dispense de la tâche de se créer une névrose personnelle (S. FREUD, L'Avenir d'une illusion).

63 Il y a des lieux où souffle l'esprit (M. BARRÈS, La Colline inspirée, I ; *cf.* dans le même chapitre, début : Il est des lieux qui tirent l'âme de sa léthargie ; *cf.* JEAN, 3, 8 : L'esprit souffle où il veut) ; > A. CAMUS : Il est des lieux où meurt l'esprit pour que naisse une vérité qui est sa négation même (« Le Vent à Djémila », Noces).

64 Dans la religion tout est vrai, excepté le sermon ; tout est bon, excepté le prêtre (ALAIN, Propos [29. 12. 1906]).

65 Les dieux sont nos métaphores, et nos métaphores sont nos pensées (ALAIN, Propos [03. 09. 1921]).

66 Il faut avoir souffert non seulement pour l'Eglise, mais par l'Eglise (mot du R.P. DE CLÉRISSAC rapporté par G. BERNANOS, Combat pour la vérité, lettre 156).

67 Ensemble et d'un geste magnifique nous avons éteint dans le ciel des lumières qu'on ne rallumera pas (R. VIVIANI, discours de novembre 1906) ; > P. CLAUDEL : [...] Les étoiles brillent encore mais les lumières de la chambre sont éteintes (Journal [1910]).

68 Si vous avez aimé chacun de nous/ Terriblement comme j'ai aimé cette femme [...] (P. CLAUDEL, Partage de midi, 1re version, III, « Cantique de Mésa ») ; > F. MAURIAC, Insomnie, IV.

69 Vie spirituelle. Il faut fermer ses portes et ouvrir ses fenêtres (P. CLAUDEL, Journal [1917]).

70 J'irai et je dirai aux ânes mes amis :/ Je suis Francis Jammes et je vais au Paradis,/ Car il n'y a pas d'enfer au pays du Bon Dieu./ Je leur dirai : Venez, doux amis du ciel bleu (F. JAMMES, Le Deuil des primevères, « Prière pour aller au paradis... »).

71 Etoile de la mer voici la lourde nappe/ Et la profonde houle et l'océan des blés/ Et la mouvante écume et nos greniers comblés/ Voici votre regard sur cette immense chape (Ch. Péguy, Tapisseries, «Présentation de la Beauce à Notre Dame de Chartres»).

72 Le chrétien médiocre est plus méprisable qu'un autre médiocre, tombe plus bas, de tout le poids de la grâce reçue (G. Bernanos, Nous autres Français, 2). *Cf.* Journal d'un curé de campagne, 2 : Le mauvais prêtre est le prêtre médiocre.

73 Tout est grâce (G. Bernanos, Journal d'un curé de campagne, dernier mot du curé rapporté par son ami Dufrety, et fin du roman). *Cf.* le mot de Luther sur son lit de mort : Nous ne sommes finalement que des mendiants, cela est vrai (*Wir sind doch alle Bettler, das ist wahr*).

74 C'est le Christ qui monte au ciel mieux que les aviateurs/ Il détient le record du monde de la hauteur (Apollinaire, Alcools, «Zone»).

75 Dormir parmi tes fétiches d'Océanie et de Guinée
Ce sont les Christs inférieurs des obscures espérances (Apollinaire, Alcools, «Zone») ; > A. Malraux, L'Intemporel, 9.

76 A considérer la plupart des croyants, j'admire que, différant si immensément de moi par la pensée, ils en diffèrent si peu par les gestes (J. Rostand, Nouvelles pensées).

77 Ceux qui croient en Dieu y pensent-ils aussi passionnément que nous, qui n'y croyons pas, à son absence ? (J. Rostand, Nouvelles pensées) ; > J. Green, Journal [1959].

78 Celui qui croyait au ciel/ Celui qui n'y croyait pas (Aragon, refrain de «La Rose et le Réséda», La Diane française) ; >*.

79 Bon Dieu, Seigneur ! delivrez-nous des saints ! (A. Malraux, Les Conquérants, éd. la Pléiade, p. 80).

80 Nous [chrétiens] sommes spirituellement des sémites (pape Pie XI, le 3. 09. 1938, encyclique «Mit brennender Sorge») ; > G. Bernanos : Je suis spirituellement un sémite (Nous autres Français, 5) ; J. Green : /nous sommes tous/ (Journal [1944]) ; source de «Nous sommes tous des Juifs allemands» (mot des contestataires berlinois de 1968) ?

81 La religion en tant que source de consolation est un obstacle à la véritable foi, et en ce sens l'athéisme est une purification (S. Weil, Cahiers II) ; > J. Hamburger, Le Miel et la Ciguë.

82 Le sacré est ce qui donne la vie et ce qui la ravit, c'est la source d'où elle coule, l'estuaire où elle se perd (R. Caillois, L'Homme et le Sacré, V, «Durée et Destin»).

83 Comment ne prévoir le moment où il n'y aura plus de religion, où l'homme, clair et vide, ne disposera plus d'aucun mot pour désigner ses gouffres ? (E. M. Cioran, Visages de la décadence).

réussite

1 Il faut une sorte d'esprit pour faire fortune, et surtout une grande fortune : ce n'est ni le bon ni le bel esprit, ni le grand ni le sublime, ni le fort ni le délicat ; je ne sais précisément lequel c'est, et j'attends que quelqu'un veuille m'en instruire (LA BRUYÈRE, Les Caractères, « Des biens de fortune », 38).

2 De tous les moyens de faire sa fortune, le plus court et le meilleur est de mettre les gens à voir clairement leurs intérêts à vous faire du bien (LA BRUYÈRE, Les Caractères, « Des biens de fortune », 45).

3 Il n'y a au monde que deux manières de s'élever, ou par sa propre industrie, ou par l'imbécillité des autres (LA BRUYÈRE, Les Caractères, « Des biens de fortune », 52).

4 N'ayant jamais pu réussir dans le monde, il se vengeait par en médire (VOLTAIRE, Zadig, « L'Envieux »).

5 On croit communément que l'art de plaire est un grand moyen de faire fortune : savoir s'ennuyer est un art qui réussit bien davantage. Le talent de faire fortune, comme celui de réussir auprès des femmes, se réduit presque à cet art-là (CHAMFORT, Maximes et Pensées).

6 Rien n'est humiliant comme de voir les sots réussir dans les entreprises où l'on échoue (FLAUBERT, L'Education sentimentale, I, 5).

7 *Ne pas réussir est un crime* [...] (FLAUBERT, Corr., 26. 05. 1874).

8 Quand on a le droit de se tromper impunément, on est toujours sûr de réussir (E. RENAN, Souvenirs d'enfance et de jeunesse, Préface).

9 Les grands succès rendent modeste, s'ils ne rendent sot (ALAIN, Propos [9. 09. 1921]).

10 Le danger du succès, c'est qu'il nous fait oublier l'effroyable injustice du monde (J. RENARD, Journal [1908]).

11 Il y a des moments où tout réussit. Il ne faut pas s'effrayer : ça passe (J. RENARD, Journal [1908]).

12 La fortune est au coin de la rue (F. D. ROOSEVELT) ; >* : /L'éternité est/.

rêve-réalité

1 Peut-être le monde qui nous apparaît n'est-il pas réel, peut-être sommes-nous en train de rêver (MARSILE FICIN, Theologia platonica).

2 Il ne faut point de cause pour agiter notre âme : une rêverie sans corps et sans sujet la régente et l'agite (MONTAIGNE, Essais, III, 4) ; > CHATEAUBRIAND, Mémoires d'outre-tombe, I, 3, 1.

3 *Eppur si muove* («Et pourtant elle tourne»; obligé de se rétracter, le savant GALILÉE aurait prononcé ce mot exprimant son absolue certitude du fait que la terre tourne; mot attesté seulement depuis 1761; voir DUPRÉ, 7754); > A. GIDE, <u>Ainsi soit-il</u>.

4 Etre ou ne pas être, c'est là la question. [...] **Mourir... dormir, dormir! peut-être rêver!** (SHAKESPEARE, <u>Hamlet</u>, III, I, 1); > CHATEAUBRIAND, <u>Mémoires d'outre-tombe</u>, IV, 11, 4, en anglais.

5 **Nous sommes de l'étoffe dont sont faits les rêves**, et notre petite vie est entourée de sommeil (SHAKESPEARE, <u>La Tempête</u>, IV, 1); > ALAIN, <u>Propos</u> [7. 01. 1908]; >*

6 [...] et il en est comme de ces beaux songes qui ne vous laissent au réveil que le déplaisir de les avoir crus (MOLIÈRE, <u>Le Malade imaginaire</u>, III, 3; il s'agit de la médecine).

7 Qui sait si cette autre moitié de la vie où nous pensons veiller n'est pas un autre sommeil un peu différent du premier (PASCAL, <u>Pensées</u>, 131); *cf.* BOSSUET: Je ne sais si ce que j'appelle veiller n'est peut-être pas une partie un peu plus excitée d'un sommeil profond [...] (<u>Sermon sur la mort</u>).

8 [...] il me semble que je rêve; car la vie est un songe un peu moins inconstant (PASCAL, <u>Pensées</u>, 832).

9 Un songe (me devrais-je inquiéter d'un songe!)/ Entretient dans mon cœur un chagrin qui le ronge :/ Je l'évite partout, partout il me poursuit./ C'était pendant l'horreur d'une profonde nuit/ [...] (RACINE, <u>Athalie</u>, II, 5).

10 O réveil plein d'horreur!/ O songe peu durable!/ O dangereuse erreur (RACINE, <u>Athalie</u>, II, 9).

11 [...] Mais enfin je l'ai vu, vu de mes yeux vous dis-je,/ Et ne vois rien qui vous oblige/ D'en douter un moment après ce que je dis (LA FONTAINE, « Le Dépositaire infidèle »).

12 [...] les fantômes changeants du songe de la vie,/ Tant de rêves détruits, tant de projets si vains (VOLTAIRE, « Ode sur la mort de la Princesse de Bayreuth »); > CHATEAUBRIAND, <u>Mémoires d'outre-tombe</u>, IV, 5, 6.

13 Il n'y a aucune différence entre un médecin qui veille et un philosophe qui rêve (DIDEROT, <u>Le Rêve de d'Alembert</u>).

14 Et ma vie solitaire, rêveuse, poétique, marchait au travers de ce monde de réalités, de catastrophes, de tumulte, de bruit, avec les fils de mes songes, Chactas, René [...] (CHATEAUBRIAND, Préface testamentaire des <u>Mémoires d'outre-tombe</u>).

15 Savoir, penser, rêver. Tout est là (HUGO, <u>Les Rayons et les Ombres</u>, fin de la Préface).

16 Donc, je marche vivant dans mon rêve étoilé! (HUGO, <u>Ruy Blas</u>, III, 4).

17 On jugerait bien plus sûrement un homme d'après ce qu'il rêve que d'après ce qu'il pense (Hugo, Les Misérables, III, V, 5).

18 Nous nous réveillons tous au même endroit du rêve./ Tout commence en ce monde et tout finit ailleurs (Hugo, Les Rayons et les Ombres, XXXIV).

19 Le rêve est une seconde vie. Je n'ai pu percer sans frémir ces portes d'ivoire ou de corne qui nous séparent du monde invisible (Nerval, Aurélia, I, 1 ; sur les portes de corne et d'ivoire, voir Virgile, Enéide, VI, v. 893-896).

20 Ici a commencé pour moi ce que j'appellerai l'épanchement du songe dans la vie réelle (Nerval, Aurélia, I, 3).

21 Chacun sait que dans les rêves on ne voit jamais le soleil, bien qu'on ait souvent la perception d'une clarté beaucoup plus vive (Nerval, Aurélia, I, 6).

22 Rien n'est vrai que l'unique et morne Eternité :/ O Brahma ! Toute chose est le rêve d'un rêve (Leconte de Lisle, « La vision de Brahma », Poèmes hindous).

23 — Certes, je sortirai quant à moi, satisfait/ **D'un monde où l'action n'est pas la sœur du rêve** ;/ [...]/ Saint Pierre a renié Jésus... Il a bien fait ! (Baudelaire, Les Fleurs du mal, « Le Reniement de saint Pierre »).

24 Qu'importe ce que peut être la réalité placée hors de moi, si elle m'a aidé à vivre, à sentir que je suis et ce que je suis ? (Baudelaire, Le Spleen de Paris, « Les Fenêtres »).

25 Nous avons beau enfler nos conceptions, nous n'enfantons que des atomes au prix de la réalité des choses (E. Renan, L'Avenir de la science, V).

26 Les larmes de tous les peuples sont de vraies larmes ; les rêves de tous les sages renferment une part de vérité. Tout n'est ici-bas que symbole et que songe (E. Renan, « Prière sur l'Acropole », Souvenirs d'enfance et de jeunesse). Pour la dernière phrase, voir « Hommes-femmes », Goethe.

27 Et sur elle courbé, l'ardent Imperator/ Vit dans ses larges yeux étoilés de points d'or/ Toute une mer immense où fuyaient des galères (J.-M. de Hérédia, Les Trophées, « Soir de bataille »).

28 Tout n'est que rêve, et, puisque personne ne rêve de vous, Sylvestre Bonnard, c'est vous qui n'existez pas (A. France, Le Crime de Sylvestre Bonnard, III, « Jeanne Alexandre »).

29 Le réel nous sert à fabriquer tant bien que mal un peu d'idéal. C'est peut-être sa plus grande utilité (A. France, Le Jardin d'Epicure, éd. Calmann-Lévy, 1949, p. 112).

30 Je fais souvent ce rêve étrange et pénétrant/ D'une femme inconnue, et que j'aime, et qui m'aime,/ Et qui n'est, chaque fois, ni tout à fait la même/ Ni tout à fait une autre, et m'aime et

me comprend.// [...] Et pour sa voix, lointaine, et calme, et grave, elle a/ L'inflexion des **voix chères qui se sont tues** (P. Verlaine, « Mon rêve familier ») ; > J. Green : /chères voix/ (Œuvres, éd. la Pléiade, t. V, p. 1507).

31 Dans toute société paraît un homme préposé aux Choses Vagues. Il les distille, les ordonne, les pare de règlements, de méthodes, d'initiations, de pompes, symboles, mètres, exercices « spirituels », jusqu'à leur donner l'aspect de lois primordiales. — C'est le prêtre, le mage, le poète, le maître de cérémonies intimes ; — encore le démagogue ou le héros (P. Valéry, « Rhumbs », Tel quel).

32 Le rêve est une hypothèse, puisque nous ne le connaissons jamais que par le souvenir, mais ce souvenir est nécessairement une fabrication (P. Valéry, « Swedenborg », Variété).

33 Un être privé de la *fonction de l'irréel* est un névrosé aussi bien que l'être privé de la *fonction du réel* (G. Bachelard, L'Air et les Songes, Introduction, 3).

34 Parfois, c'est par un long chemin à travers la vie que nous rejoignons notre rêve (J. Chardonne, L'Amour, c'est beaucoup plus que l'amour, I).

35 (J'ai fait ce songe, il nous a consumés sans reliques.) (Saint-John Perse, Eloges, « Pour fêter une enfance », 1).

36 Le rêve est une allusion (L. Scutenaire, Mes inscriptions).

37 Nous ne faisons pas la part assez grande à ce que furent nos rêves. Ce sont eux, cependant, bien plus que nos actes, qui nous accordent avec le temps et le monde (J. Guéhenno, Changer la vie, « Actions de grâces »).

38 L'oiseau s'est confondu avec le vent,/ Le ciel avec sa vérité,/ L'homme avec sa réalité (Eluard, Capitale de la douleur, « Le Miroir d'un moment »).

39 L'homme, **ce rêveur définitif**, de jour en jour plus mécontent de son sort, fait avec peine le tour des objets dont il a été amené à faire usage [...] (A. Breton, Premier Manifeste du surréalisme).

40 Je crois à la résolution future de ces deux états, en apparence si contradictoires, que sont le rêve et la réalité, en une sorte de réalité absolue, de *surréalité*, si l'on peut ainsi dire (A. Breton, Premier Manifeste du surréalisme).

41 Il faut que l'homme s'évade de cette lice ridicule qu'on lui a faite : le prétendu réel actuel avec la perspective d'un réel futur qui ne vaille guère mieux (A. Breton, Prolégomènes à un troisième Manifeste du surréalisme).

42 Ce n'est pas la réalité qui est vulgaire, c'est l'idéal (H. de Montherlant, Carnets, XXVI).

43 J'aime mieux ma réalité que mes rêves (H. DE MONTHERLANT, Carnets, XXXV).

44 Rivière des égards au songe, rivière qui rouille le fer,
   Où les étoiles ont cette ombre qu'elles refusent à la mer (R. CHAR, La Fontaine narrative).

45 L'intelligence est notre faculté de ne pas pousser jusqu'au bout ce que nous pensons afin que nous puissions croire encore à la réalité (L. BICKEL, « La Physique confirme la philosophie », dans Empédocle n° 7) ; > A. CAMUS, L'Homme révolté.

46 J'ai, avec résignation et calme et en mâle conscience, accepté la condition dictée : errer dans le réel et le rêve du réel dont chaque syllabe du livre est la raison (E. JABÈS, Le Retour au livre).

47 La plaque tournante du rêve donne sur tant de voies (M. BUTOR, Histoire extraordinaire, derniers mots).

48 [...] la frontière entre observateur et observé s'est quelque peu estompée. Le monde objectif n'est plus aussi objectif qu'il y semblait naguère (F. JACOB, Le Jeu des possibles, p. 32).

49 Je me suis très peu soucié de réalisme (j'ai de plus en plus l'impression que la réalité n'existe pas) (LE CLÉZIO, Le Procès-verbal, Préface).

50 L'irréalité du monde est dans sa foudroyante réalité (R. MUNIER, Le Moins du monde).

51 Le rêve [...] est un antiapprentissage (M. JOUVET, interview du Figaro, 12. 02. 1992).

révolution

1 Nous approchons de l'état de crise et du siècle des révolutions (ROUSSEAU, Emile, III ; note de l'auteur : Je tiens pour impossible que les grandes monarchies de l'Europe aient encore longtemps à durer : toutes ont brillé, et tout Etat qui brille est sur son déclin).

2 — C'est une révolte ? — Non, Sire, c'est une révolution (dialogue attribué à LOUIS XVI et au DUC DE LA ROCHEFOUCAULD-LIANCOURT à la nouvelle de la prise de la Bastille) ; > A. CAMUS, L'Homme révolté, III.

3 Les révolutions sont des temps où le pauvre n'est pas sûr de sa probité, le riche de sa fortune et l'innocent de sa vie (J. JOUBERT, Pensées, Maximes et Essais, XVI, 59).

4 [...] la Révolution française mène les hommes plus que les hommes ne la mènent (J. DE MAISTRE, Considérations sur la France).

5 Il a été permis de craindre que la Révolution, comme Saturne,

ne dévorât successivement tous ses enfants (P.-V. Vergniaud, rapporté par Lamartine, Histoire des Girondins, 38, 20).

6 Voilà le commencement de la fin (mot de Talleyrand à propos de la chute prochaine de Napoléon). *Cf.* W. Churchill : Ce n'est pas la fin. Pas même le début de la fin. Mais c'est peut-être la fin du commencement (discours du 10. 11. 1942 ; *cf.* Shakespeare, Le Songe d'une nuit d'été, V, 1).

7 Votre cri de guerre doit être : **la révolution permanente** (*Die Revolution in Permanenz*, Marx, Discours adressé à la ligue des communistes, 1850) ; > titre de Trotski.

8 Il y a dans tout changement quelque chose d'infâme et d'agréable à la fois, quelque chose qui tient de l'infidélité et du déménagement. Cela suffit à expliquer la révolution française (Baudelaire, « Mon cœur mis à nu »).

9 Quand on veut rendre les hommes bons et sages, libres, modérés, généreux, on est amené fatalement à vouloir les tuer tous (A. France, Les Opinions de Jérôme Coignard).

10 Il a peut-être des secrets pour **changer la vie**. Non, il ne fait qu'en chercher, me répliquai-je (Rimbaud, Une saison en enfer, « Délires I ») ; > Titre de J. Guéhenno, repris en épigraphe avec la mention : Karl Marx, A. Rimbaud, tant d'autres ; *cf.* Marx : Les philosophes n'ont fait qu'interpréter diversement le monde, il s'agit maintenant de le transformer (Thèses sur Feuerbach, 11).

11 Le chant des cieux, la marche des peuples ! Esclaves, ne maudissons pas la vie (Rimbaud, « Matin »).

12 Ce n'est pas seulement par la force des choses que s'accomplira la Révolution sociale ; c'est par la force des hommes, par l'énergie des consciences et des volontés. L'histoire ne dispensera jamais les hommes de la vaillance et de la noblesse individuelles. (J. Jaurès, Histoire socialiste de la Révolution française, Introduction).

13 Les révolutions sont nos vacances (G. Bernanos, Nous autres Français, 5 ; *cf.* A. Malraux : La Révolution, c'est les vacances de la vie, L'Espoir éd. la Pléiade, p. 602).

14 L'acte surréaliste le plus simple consiste, revolvers aux poings, à descendre dans la rue et à tirer au hasard, tant qu'on peut, dans la foule (A. Breton, Second Manifeste du surréalisme).

15 La révolution joue, entre autres rôles, celui que joua jadis la vie éternelle, ce qui explique beaucoup de ses caractères (A. Malraux, L'Espoir, éd. la Pléiade, p. 704).

16 La révolution consiste à aimer un homme qui n'existe pas encore (A. Camus, L'Homme révolté, II, « La poésie révoltée »).

17 La révolution se définit comme un acte cathartique destiné à révéler la charge politique du monde : elle *fait* le monde [...] (R. Barthes, Mythologies, « Le Mythe, aujourd'hui »).

rire

1 Le rire inextinguible des dieux (Homère, Iliade, I, 599 et *passim*).

2 Ris, si tu es sage (*ride, si sapis*; Martial, Epigrammes, II, 41, 1).

3 Mieux est de ris que de larmes écrire ;/ Pource que **rire est le propre de l'homme**// Vivez joyeux (Rabelais, Gargantua, « Aux lecteurs » ; < Aristote, De partibus animalium, X, 9) ; > J. Hamburger : [...] ; peut-être est-il le nécessaire palliatif du handicap de la conscience (Le Miel et la Ciguë, 10).

4 La soudaine glorification de soi est la passion qui accomplit ces grimaces qu'on appelle le rire ; elle naît [...] quand on aperçoit chez autrui quelque disgrâce en comparaison de quoi on s'applaudit soudain soi-même (Hobbes, Léviathan, I, 6, trad. de F. Tricaud) ; > paraphrasé par Stendhal, Racine et Shakespeare, II.

5 Le ridicule déshonore plus que le déshonneur (La Rochefoucauld, Maximes, 326).

6 Ce qui est nécessaire n'est jamais ridicule (cardinal de Retz, Mémoires, II).

7 C'est une étrange entreprise que celle de faire rire les honnêtes gens (Molière, La Critique de L'Ecole des femmes, 6) ; >*.

8 Deux visages semblables, dont aucun ne fait rire en particulier font rire ensemble par leur ressemblance (Pascal, Pensées, 13) ; > H. Bergson, Le Rire.

9 *Castigat ridendo mores* (« Elle corrige les mœurs par le rire », devise de la comédie, composée par Jean de Santeuil pour le comédien Biancolelli ; voir Dupré, 5826) ; *cf.* Molière : Le devoir de la comédie étant de corriger les hommes en les divertissant [...] (« Premier Placet présenté au Roi sur... *Tartuffe* »).

10 Dans ce sac ridicule où Scapin s'enveloppe,/ je ne reconnais plus l'auteur du Misanthrope (Boileau, Art poétique, III, qui critique ainsi l'inspiration farcesque de Molière).

11 Il ne faut point mettre un ridicule où il n'y en a point : c'est se gâter le goût, c'est corrompre son jugement et celui des autres [...] (La Bruyère, Les Caractères, « Des ouvrages de l'esprit », 68).

12 Il faut rire avant que d'être heureux, de peur de mourir sans avoir ri (La Bruyère, Les Caractères, « Du cœur », 63).

13 Le ridicule est l'arme favorite du vice. C'est par elle qu'en attaquant dans le fond des cœurs le respect qu'on doit à la vertu, il éteint enfin l'amour qu'on lui porte (Rousseau, Lettre à d'Alembert).

14 Je me presse de rire de tout, de peur d'être obligé d'en pleurer (Beaumarchais, Le Barbier de Séville, I, 2).

15 Tout finit par des chansons (Beaumarchais, Le Mariage de Figaro,
V, 19, dernier mot, dans la bouche de Brid'oison).

16 La plus perdue de toutes les journées est celle où l'on n'a pas ri
(Chamfort, Maximes et Pensées).

17 On n'imagine pas combien il faut d'esprit pour n'être jamais
ridicule (Chamfort, Maximes et Pensées).

18 Le Sage sourit souvent, et rit rarement (J. C. Lavater, Souvenirs
pour des voyageurs chéris ; *cf.* Ecclésiaste, 7, 6 : Le rire rend sot
le sage) ; > Baudelaire : Le Sage ne rit qu'en tremblant (« De l'essence
du rire », 2).

19 Du sublime au ridicule, il n'y a qu'un pas (mot qui serait de
Napoléon ; voir Dupré, 1785) ; > Hugo, Préface de Cromwell.

20 [...] le *comique* est comme la musique : c'est une chose dont *la*
beauté ne dure pas (Stendhal, Racine et Shakespeare, II).

21 Le calembour est incompatible avec l'assassinat (Stendhal, La
Chartreuse de Parme, II, 24).

22 Le rire est satanique, il est donc profondément humain
(Baudelaire, « De l'essence du rire »).

23 L'ironie n'enlève rien au pathétique. Elle l'outre au contraire
(Flaubert, Corr., 9. 10. 1852).

24 Rien n'est sérieux en ce bas monde que le rire (Flaubert, Corr.,
7. 04. 1854).

25 Dieux joyeux, je vous hais ; **Jésus n'a jamais ri** (Le Vavasseur,
Vers ; l'idée provient de saint Jean Chrysostome, Patrologie
grecque de Migne, t. 57, col. 69).

26 Fuis du plus loin la Pointe assassine,/ L'Esprit cruel et le Rire
impur,/ Qui font pleurer les yeux de l'Azur/ [...] (P. Verlaine, « Art
poétique »).

27 Riez, mais pleurez en même temps. Si vous ne pouvez pleurer
par les yeux, pleurez par la bouche. Est-ce encore impossible,
urinez ; mais j'avertis qu'un liquide quelconque est ici nécessaire, pour atténuer la sécheresse que porte, dans les flancs, le
rire, aux traits fendus en arrière (Lautréamont, Les Chants de
Maldoror, IV).

28 Il n'y a pas de comique en dehors de ce qui est proprement
humain (H. Bergson, Le Rire, I, 1).

29 *Du mécanique plaqué sur du vivant*, voilà une croix où il faut
s'arrêter [...] (H. Bergson, Le Rire, I, 5).

30 Nous sommes ici-bas pour rire.
Nous ne le pourrons plus au purgatoire ou en enfer.
Et, au paradis, ce ne serait pas convenable (J. Renard, Journal
[1907]).

31 Mon verre s'est brisé comme un éclat de rire (APOLLINAIRE, Alcools, « Nuit rhénane »).

32 Ne pas craindre d'être ridicule par rapport au ridicule. Ne haïr que la haine (J. COCTEAU, Journal d'un inconnu, « D'une conduite »).

33 Le rire commun suppose l'absence d'une véritable angoisse, et pourtant il n'a pas d'autre source que l'angoisse (G. BATAILLE, L'Expérience intérieure, III, « La Communication »).

34 L'humour, c'est de savoir que tout, absolument tout, est drôle ; dès l'instant que c'est aux autres que cela arrive (M. ACHARD, Discours de réception à l'Académie française) ; > H. LAUWICK, D'A. Allais à S. Guitry.

S

sagesse-folie

▷ Voir aussi **Folie**

1 Vanité des vanités, dit l'Ecclésiaste, vanité des vanités, **tout est vanité** (Ecclésiaste, 1, 2) ; > S. DE BEAUVOIR, Mémoires d'une jeune fille rangée, III ; *cf.* RIMBAUD : « Rien n'est vanité ; à la science, et en avant » crie l'Ecclésiaste moderne, c'est-à-dire *tout le monde* (Une saison en enfer, « L'Eclair ») ; H. DE MONTHERLANT : [...] Elle ne fait horreur à personne, cette maxime fausse et même blasphématoire (Aux fontaines du désir, « Appareillage, et leur sinistre patience »).

2 Il y a un moment pour tout, un temps pour toute chose sous le ciel : un temps pour enfanter et un temps pour mourir [etc.] (Ecclésiaste, 3, 1).

3 Le commencement de la sagesse, c'est la crainte de l'Eternel (Psaumes, 111, 10). *Cf.* CHAMFORT : je ne conçois pas de sagesse sans défiance. L'Ecriture a dit que [...] ; moi, je crois que c'est la crainte des hommes (Maximes et Pensées).

4 **Une seule chose est nécessaire.** Marie a choisi la bonne part, qui ne lui sera point ôtée (LUC, 10, 42) ; > E. RENAN, en capitales, première page de L'Avenir de la science ; J. GRENIER, Lexique, « Une », qui précise que le texte grec dit : « Peu de choses sont nécessaires et même une seule l'est ». *Cf.* A. GIDE : [...] une seule chose est nécessaire ? oui, mais à condition précisément d'être la *seule* (Journal [1905]).

5 Rien de trop (maxime delphique, citée par PLATON, Philèbe, 45e ; *cf.* en latin, TÉRENCE, Andria, v. 61 : *Ne quid nimis*) ; *cf.* LA FONTAINE ; Rien de trop est un point/ Dont on parle sans cesse, et qu'on n'observe point (« Rien de trop »). Voir citation suivante.

6 Je porte toute ma fortune avec moi (apophtegme d'un des sept

Sages vénérés par la Grèce antique, Bias) ; > Alain, Propos [06. 11. 1922].

7 Connais-toi toi-même (maxime gravée devant les portes du temple de Delphes ; voir Platon, Charmide, 164d-165a, notamment pour l'attribution à Apollon) ; *cf.* le commentaire de Montaigne, Essais, III, 9, dernière page, et J. Calvin, lui-même héritier d'une longue et complexe tradition : Toute la somme de notre sagesse, laquelle mérite d'être appelée vraie et certaine sagesse, est quasi comprise en deux parties, à savoir la connaissance de Dieu, et de nous-même (Institution de la religion chrétienne, éd. 1541, première phrase).

8 Vis caché (ou « Cache ta vie », précepte attribué par Suidas à Néoclès, père d'Epicure) ; > Flaubert, Corr., 22. 12. 1852 et 03. 01. 1853 ; *cf.* Florian : Pour vivre heureux, vivons caché (Fables, « Le Grillon »).

9 *Sustine et abstine* (« supporte [les maux] et abstiens-toi [des biens] », Manuel d'Epictète) ; > Flaubert, Corr., 22. 12. 1852, en français.

10 Il faut manger pour vivre, et non pas vivre pour manger (Plutarque attribuait cet adage à Socrate ; Cornificius, Rhétorique à Hérennius, 4, 28 ; *cf.* Quintilien, Institution oratoire IX, 3, 85) ; > Molière, L'Avare, III, 5 (Harpagon reprend ensuite la maxime en inversant les termes, puis déclare : Je les veux faire graver en lettres d'or sur la cheminée de ma salle) ; *cf.* J. Renard : Il faut vivre pour écrire, et non pas écrire pour vivre (Journal [1908]).

11 Il est doux, quand sur le grand océan les vents troublent les flots, de regarder de la terre la grande peine d'autrui (*Suave mari magno, turbantibus aequora ventis, terra magnum alterius spectare laborem* ; Lucrèce, De natura rerum, II, 1-2) ; > A. France, Les dieux ont soif.

12 Jamais le sage ne se met en colère (sentence stoïcienne, Cicéron, Pro murena, 30, 62).

13 La philosophie n'est rien d'autre [...] que l'amour de la sagesse (Cicéron, Des devoirs, 2, 2, 5 ; reprise d'une idée de Socrate, entre autres).

14 *Carpe diem* (« Cueille le jour présent », Horace, Odes, I, 11) ; > Chateaubriand, Mémoires d'outre-tombe, IV, 3, 10, qui commente : conseil du plaisir à vingt ans, de la raison à mon âge ; J. Rostand, qui corrige : Non : *Carpe minutam* (Carnet d'un biologiste) ; Le Cercle des poètes disparus, film de P. Weir.

15 *Aurea mediocritas* (« Une médiocrité dorée », une mesure dans la fortune qui confère le bonheur : l'expression vient d'Horace, Odes, II, 10) ; *cf.* R. Rolland : *Non aurea mediocritas* (Souvenirs de jeunesse).

16 **Nihil mirari** (« Ne s'étonner de rien » ; *cf.* pour une autre formulation, Horace : Ne s'étonner de rien *(Nil admirari)* est le

seul et unique moyen, Numicus, de nous rendre et de nous
conserver heureux, Epîtres, 1, 6, v. 1-2) ; > Montaigne, Essais, II,
12 ; Pascal, Pensées, 408 ; Barbey d'Aurevilly, Du dandysme, 8. *Cf.* A.
Gide : Que ta vision soit à chaque instant nouvelle. / Le sage est celui qui
s'étonne de tout (Les Nourritures terrestres, I) ; Flaubert, croyant citer La
Rochefoucauld : L'honnête homme est celui qui ne s'étonne de rien
(Corr., 14. 06. 1853, alors que La Rochefoucauld écrit : Le vrai honnête
homme est celui qui ne se pique de rien).

17 Ni tragédien, ni prostituée (Marc Aurèle, Pensées, V, 28 ; le
premier terme fait sans doute allusion à l'excès dramatique de la
colère, le second à la bassesse des complaisances).

18 *Primum vivere, deinde philosophari* (« D'abord vivre, ensuite
philosopher » ; adage latin).

19 Je suis, moyennant un peu de Pantagruélisme, (vous entendez
que c'est certaine gaieté d'esprit confite en mépris des choses
fortuites) sain et dégourd ; prêt à boire, si vous voulez (Rabelais,
Quart Livre, « Prologue de l'auteur » ; la parenthèse traduit une
phrase du traité latin de G. Budé, Du mépris des choses
fortuites).

20 [...] il faut un peu légèrement et superficiellement couler ce
monde. Il le faut glisser, non pas s'y enfoncer. La volupté même
est douloureuse en sa profondeur [...] (Montaigne, Essais, III,
10). *Cf.* « Plaisir », P.-Ch. Roy.

21 Nous appelons sagesse la difficulté de nos humeurs, le dégoût
des choses présentes. Mais, à mon avis, nous ne quittons pas tant
les vices, comme nous les changeons, et, à mon opinion, en pis
(Montaigne, Essais, III, 2).

22 Je me contente de jouir le monde sans m'en empresser, de vivre
une vie seulement excusable, et qui seulement ne pèse ni à moi
ni à autrui (Montaigne, Essais, III, 9).

23 Nous nous déplaisons volontiers de la condition présente
(Montaigne, Essais, III, 9).

24 **Notre grand et glorieux chef-d'œuvre c'est vivre à propos.**
Toutes autres choses, régner, thésauriser, bâtir, n'en sont
qu'appendicules et adminicules pour le plus (Montaigne, Essais,
III, 13).

25 Il n'y a rien si beau et légitime que de **faire bien l'homme et
dûment**, ni science si ardue que de bien et naturellement savoir
vivre cette vie ; et de nos maladies, la plus sauvage, c'est
mépriser notre être (Montaigne, Essais, III, 13).

26 **Pour moi donc, j'aime la vie** et la cultive telle qu'il a plu à Dieu
nous l'octroyer (Montaigne, Essais, III, 13).

27 Ma troisième maxime était de tâcher toujours plutôt à me
vaincre que la fortune, et à changer mes désirs que l'ordre du

monde [...] (Descartes, Discours de la méthode, III ; maxime de la « morale par provision »), voir « Morale », Descartes.

28 C'est une grande folie que de vouloir être sage tout seul (La Rochefoucauld, Maximes, 231) ; > Nerval, Les Nuits d'octobre, XIX. *Cf.* Molière, L'Ecole des maris, I, 1 ; Le Misanthrope, I, 1.

29 Qui vit sans folie n'est pas si sage qu'il croit (La Rochefoucauld, Maximes, 209).

30 On ne devrait s'étonner que de pouvoir encore s'étonner (La Rochefoucauld, Maximes, 384).

31 Quand on n'a pas ce que l'on aime,/ Il faut aimer ce que l'on a (R. de Bussy-Rabutin, Corr., 23. 05. 1667) ; repris par Th. Corneille, L'Inconnu, « Prologue » : Et quand on n'a pas ce qu'on aime/ [...].

32 Aide-toi, le Ciel t'aidera (La Fontaine, « Le Chartier embourbé » ; expression proverbiale).

33 Dieu fit bien ce qu'il fit, et je n'en sais pas plus (La Fontaine, « La Querelle des Chiens et des Chats et celle des Chats et des Souris »).

34 La parfaite raison fuit toute extrémité,/ Et veut que l'on soit sage avec sobriété (Molière, Le Misanthrope, I, 1).

35 Il résolut de ne pas même songer à corriger Persépolis, et de laisser aller *le monde comme il va*. Car, dit-il, *si tout n'est pas bien, tout est passable* (Voltaire, Le Monde comme il va : Vision de Babouc écrite par lui-même).

36 Cela est bien dit, répondit Candide ; mais il faut cultiver notre jardin (Voltaire, Candide, 30, derniers mots de la « Conclusion ») ; > A. Gide : Cultivons notre jardin (Journal : Feuillets).

37 La meilleure philosophie, relativement au monde, est d'allier, à son égard, le sarcasme de la gaieté avec l'indulgence du mépris (Chamfort, Maximes et Pensées).

38 La sagesse est la force des faibles (J. Joubert, Pensées, Maximes et Essais, IX, 4).

39 S'il y a dans le sublime de l'homme les trois quarts de folie, il y a dans la sagesse les trois quarts de mépris (Barbey d'Aurevilly, Pensées détachées).

40 Le moyen de vivre avec sérénité, et au grand air, c'est de se fixer sur une pyramide quelconque, n'importe laquelle, pourvu qu'elle soit élevée et la base solide (Flaubert, Corr., 29. 05. 1852).

41 La vie ! La vie ! bander, tout est là (Flaubert, Corr., 15. 07. 1853).

42 Il ne faut *rien regretter*, car n'est-ce pas reconnaître qu'il y a au monde quelque chose de bon ? (Flaubert, Corr., 5. 07. 1854).

43 Vivre ? les serviteurs feront cela pour nous (Villiers de l'Isle-

ADAM, Axël, IV, 5) ; >**. *Cf.* FLAUBERT : Quant à nous, *vivre ne nous regarde pas.* Ce qu'il faut chercher, c'est ne point souffrir (Corr., 23. 01. 1854).

44 **La vie humble, aux travaux ennuyeux et faciles**/ Est une œuvre de choix qui veut beaucoup d'amour (P. VERLAINE, Sagesse, I, 8) ; > S. DE BEAUVOIR, Mémoires d'une jeune fille rangée, III ; >**.

45 Les gens qui veulent suivre des règles m'amusent, car il n'y a dans la vie que de l'exceptionnel (J. RENARD, Journal [1894]).

46 Ma propre position dans le ciel, par rapport au ciel, ne doit pas me faire trouver l'aurore moins belle (A. GIDE, dernière ligne de Ainsi soit-il).

47 Que l'*importance* soit dans ton regard, non dans la chose regardée (A. GIDE, Les Nourritures terrestres, Livre premier).

48 La nécessité de l'option me fut toujours intolérable ; choisir m'apparaissait non tant élire, que repousser ce que je n'élisais pas (A. GIDE, Les Nourritures terrestres, IV).

49 Certains se dirigent vers un but. D'autres vont devant eux, simplement. Pour moi, je ne sais où je vais ; mais j'avance (A. GIDE, Journal [1924]).

50 Savoir souhaiter l'inévitable, toute la sagesse est là. Toute la sagesse du vieillard (A. GIDE, Journal [1927]).

51 L'optimiste et le pessimiste ne s'opposent que sur ce qui n'est pas (P. VALÉRY, « Moralités », Tel quel).

52 Rien de plus rare que de ne donner aucune importance aux choses qui n'ont aucune importance (P. VALÉRY, « Rhumbs », Tel quel).

53 Le vent se lève !... Il faut **tenter de vivre** (P. VALÉRY, « Le Cimetière marin », Charmes) ; > A. GIDE, Journal [1939].

54 ... Il y a des passions qui sont plates comme des billards, [...] et il y a des raisons qui sont pleines et mûres et lourdes comme des grappes (CH. PÉGUY, Prose, éd. la Pléiade, t. II, p. 1251) ; >**.

55 Il faut beaucoup d'esprit pour comprendre l'événement ; pris à la lettre, il écrase. La vie est presque toujours au-dessus de notre portée (J. CHARDONNE, L'Amour, c'est beaucoup plus que l'amour, III).

56 Dans la vie acceptée, il y a quelque chose qui est plus que la vie (J. CHARDONNE, L'Amour, c'est beaucoup plus que l'amour, VII).

57 Mais la sagesse est le vice des vieillards, et les vieillards ne survivent pas à leur vice, emportent avec eux son secret (G. BERNANOS, Les Grands Cimetières sous la lune, III, 1).

58 Mon pessimisme n'est qu'une forme de l'optimisme (J. COCTEAU, Lettre aux Américains).

59 MINIMUM. Par dégoût de l'inutile, par goût du dénuement, par peur du dieu jaloux, par imitation du Dieu pauvre (J. GRENIER, Lexique, « Minimum »).

60 — Dites donc, commandant, qu'est-ce qu'un homme peut faire de mieux de sa vie, selon vous ? [...] — **Transformer en conscience une expérience aussi large que possible**, mon bon ami (A. MALRAUX, L'Espoir, éd. la Pléiade, p. 764).

61 [...] à notre époque, le mépris des proverbes c'est le commencement de la fortune... (M. PAGNOL, Topaze, IV, 4).

62 J'appris aussi que pour entrer dans le secret des choses, il faut d'abord se donner à elles (S. DE BEAUVOIR, Mémoires d'une jeune fille rangée, II).

63 Si l'homme parfois ne fermait pas *souverainement* les yeux, il finirait par ne plus voir ce qui vaut la peine d'être regardé (R. CHAR, Feuillets d'Hypnos).

64 Donnez un but précis à la vie : elle perd instantanément son attrait (E. M. CIORAN, Précis de décomposition, « Variations sur la mort »).

65 Dans la vie faut pas s'en faire (chanson de MAURICE CHEVALIER).

66 Je ne connais qu'un seul mot qui me paraît irremplaçable : « provisoire » (A. BOSQUET, Le Gardien des rosées) ; >*

67 Pourquoi j'aime la vie ? Parce qu'elle ne résout rien (A. BOSQUET, Le Gardien des rosées) ; >*

68 La paix intérieure supprime le principe même de l'existence, qui est d'établir des hiérarchies, des désirs, des dégoûts (A. BOSQUET, L'Enfant que tu étais) ; >**

69 Celui qui vit de peu vit beaucoup (M. JOURDAN, Notes de ma grange des montagnes et des bois) ; >**

saisons

1 Le temps a laissé son manteau/ De vent, de froidure et de pluie,/ Et s'est vêtu de broderie,/ De soleil luisant, clair et beau (CHARLES D'ORLÉANS, « Rondel », refrain ; éd. Ch. d'Héricault).

2 L'orange en même jour y mûrit et boutonne ;/ Et durant tous les Mois on peut voir en ces lieux/ Le Printemps et l'Été confondus en l'Automne (M. A. DE SAINT-AMANT, Œuvres, « Sonnet » dit « L'Automne des Canaries »).

3 L'onde était transparente ainsi qu'aux plus beaux jours (LA FONTAINE, « Le Héron ») ; > A. GIDE, Journal [1940].

4 [...] la végétation s'arrête, elle meurt ; nous, nous restons pour des générations nouvelles, et l'automne est délicieuse parce que le printemps doit venir encore pour nous (SENANCOUR, Oberman, XXIV).

5 Salut, bois couronnés d'un reste de verdure !/ Feuillages jaunissants sur les gazons épars !/ Salut, derniers beaux jours ! [...] (Lamartine, Méditations, « L'Automne »).

6 Le mur est gris, la tuile est rousse,/ L'hiver a rongé le ciment (Lamartine, La Vigne et la Maison).

7 Midi, Roi des étés, épandu sur la plaine,/ Tombe en nappes d'argent des hauteurs du ciel bleu./ Tout se tait. L'air flamboie et brûle sans haleine ;/ La Terre est assoupie en sa robe de feu (Leconte de Lisle, « Midi », Poésies diverses).

8 Et saurai-je tirer de l'implacable hiver/ Des plaisirs plus aigus que la glace et le fer ? (Baudelaire, Les Fleurs du mal, « Ciel brouillé »).

9 **Bientôt nous plongerons dans les froides ténèbres ;/ Adieu, vive clarté de nos étés trop courts !**/ [...] C'était hier l'été ; voici l'automne !/ Ce bruit mystérieux sonne comme un départ (Baudelaire, Les Fleurs du mal, « Chant d'automne ») ; > R. Brasillach : /Demain, nous entrerons/ (épigraphe de Comme le temps passe).

10 O fins d'automne, hivers, printemps trempés de boue,/ Endormeuses saisons ! je vous aime et vous loue/ D'envelopper ainsi mon cœur et mon cerveau/ D'un linceul vaporeux et d'un vague tombeau./ [...]/ O blafardes saisons, reines de nos climats [...] (Baudelaire, Les Fleurs du mal, « Brumes et Pluies »).

11 Le printemps maladif a chassé tristement/ L'hiver, saison de l'art serein, l'hiver lucide (Mallarmé, « Renouveau »).

12 Les sanglots longs/ Des violons/ De l'automne/ Blessent mon cœur/ D'une langueur/ Monotone (P. Verlaine, Poèmes saturniens « Chanson d'automne »).

13 O saisons, ô châteaux,/ Quelle âme est sans défauts ? (Rimbaud, derniers vers ; repris dans Une saison en enfer, « Délires II »).

14 L'AUTOMNE déjà ! — Mais pourquoi regretter un éternel soleil, si nous sommes engagés à la découverte de la clarté divine, — loin des gens qui meurent sur les saisons (Rimbaud, Une saison en enfer, « Adieu »).

15 Et je redoute l'hiver parce que c'est la saison du comfort ! (Rimbaud, Une saison en enfer, « Adieu »).

16 J'ai embrassé l'aube d'été (Rimbaud, Illuminations, « Aube »).

17 Blocus sentimental ! Messageries du Levant !.../ Oh ! tombée de la pluie ! Oh ! tombée de la nuit,/ Oh ! le vent !.../ La Toussaint, la Noël et la Nouvelle année,/ Oh ! dans les bruines, toutes mes cheminées !.../ D'usines... (J. Laforgue, « L'Hiver »).

18 Dans Arle, où sont les Aliscamps/ Quand l'ombre est rouge sous les roses/ Et clair le temps,// **Prends garde à la douceur des choses/ Lorsque tu sens battre sans cause/ Ton cœur trop**

lourd (P.-J. TOULET, Les Contrerimes, « En Arles ») ; > R. DE FLERS citait souvent ces vers (H. LAUWICK, D'A. Allais à S. Guitry).

19 L'insecte net gratte la sécheresse (P. VALÉRY, « Le Cimetière marin », Charmes).

20 Je me suis appuyée à la beauté du monde/ Et j'ai tenu l'odeur des saisons dans mes mains (A. DE NOAILLES, Le Cœur innombrable, « Offrande à la nature »).

21 Je suis soumis au Chef du Signe de l'Automne/ Partant j'aime les fruits je déteste les fleurs/ Je regrette chacun des baisers que je donne (APOLLINAIRE, Alcools, « Signe »).

22 Mon Automne éternelle ô ma saison mentale (APOLLINAIRE, Alcools, « Signe »).

23 L'Eté plus vaste que l'empire suspend aux tables de l'espace plusieurs étages de climats (SAINT-JOHN PERSE, Anabase, VII).

24 Je t'aime,
Hiver aux graines belliqueuses.
Maintenant ton image luit
Là où son cœur s'est penché (R. CHAR, Les Loyaux Adversaires).

25 Novembre de brumes, entends sous le bois la cloche du dernier sentier franchir le soir et disparaître.
Le vœu lointain du vent séparer le retour dans les fers de l'absence qui passe (R. CHAR, Le Poème pulvérisé).

savoir-science

1 Père, pardonne-leur. **Ils ne savent ce qu'ils font** (LUC, 23, 34, omis dans quelques manuscrits) ; > P. VALÉRY, « Voltaire », Variété.

2 Je sais une chose, c'est que je ne sais rien (réponse de SOCRATE à l'oracle de Delphes, qui l'avait déclaré l'homme le plus sage de la Grèce).

3 Nul n'entre ici s'il n'est géomètre (inscription sur la porte de l'Académie de PLATON).

4 Il ne sait rien celui qui sait également tout (VARRON, Sentences).
Cf. au contraire : Je crains l'homme d'un seul livre (mot attribué à SAINT THOMAS D'AQUIN).

5 Heureux qui peut pénétrer les causes des choses [...] (VIRGILE, Géorgiques, II, 490, faisant allusion à LUCRÈCE, auteur du De natura rerum) ; > MONTAIGNE, Essais, III, 10 ; PASCAL cite le début en latin (*Felix qui potuit*), Pensées, 408, et NERVAL la fin (*rerum cognoscere causas*), Sylvie, IX.

6 La science toujours progresse et jamais ne faillit, toujours se hausse et jamais ne dégénère, toujours dévoile et jamais n'occulte (Piccatrix, texte hermétique de l'Antiquité tardive).

7 *De omni re scibili* (« De tout ce qui peut être su », devise de PIC

DE LA MIRANDOLE, à laquelle VOLTAIRE a ajouté par dérision *et quibusdam aliis* : « et de certaines autres choses ».

8 Somme, que je voie un abîme de science [...] (RABELAIS, <u>Pantagruel</u>, VIII ; voir la suite *infra*).

9 Mais, parce que, selon le sage Salomon, Sapience n'entre point en âme malivole, et **science sans conscience n'est que ruine de l'âme**, il te convient servir, aimer et craindre Dieu... (RABELAIS, <u>Pantagruel</u>, VIII ; voir le début *supra* ; adage scolastique ; le « Sage Salomon » désigne un recueil médiéval de maximes).

10 Nous nous enquérons volontiers : Sait-il du grec ou du latin ? écrit-il en vers ou en prose ? Mais s'il est devenu meilleur ou plus avisé, c'était le principal, et c'est ce qui demeure derrière. Il fallait s'enquérir qui est mieux savant, non qui est plus savant (MONTAIGNE, <u>Essais</u>, I, 25) ; > ROUSSEAU, « Réponse à M. Gautier ».

11 L'ignorance qui se sait, qui se juge et qui se condamne, ce n'est pas une entière ignorance : pour l'être, il faut qu'elle s'ignore soi-même (MONTAIGNE, <u>Essais</u>, II, 12) ; *cf. supra*, SOCRATE ; PASCAL : [...] une ignorance savante qui se connaît [...] (<u>Pensées</u>, 83).

12 Cette fantaisie [des sceptiques, qui doutent] est plus sûrement conçue par interrogation : **Que sais-je ?** [...] (MONTAIGNE, <u>Essais</u>, II, 12) ; > HUGO : Montaigne eût dit : [...], et Rabelais : peut-être (<u>Marion Delorme</u>, IV, 8 ; sur Rabelais, voir « Mort », RABELAIS) ; titre d'une collection des Presses Universitaires de France.

13 L'admiration est fondement de toute philosophie, l'inquisition le progrès, l'ignorance, le bout (MONTAIGNE, <u>Essais</u>, II, 12 ; III, 11 ; le mot sur l'admiration provient de PLATON, <u>Théétète</u>, 155d). *Cf.* « Sagesse », A. GIDE, HORACE.

14 O que c'est un doux et mol chevet, et sain, que l'ignorance et l'incuriosité, à reposer une tête bien faite (MONTAIGNE, <u>Essais</u>, III, 13) ; > PASCAL, <u>Entretien avec M. de Saci</u> ; DIDEROT, <u>Pensées philosophiques</u> ; J. GREEN, <u>Journal</u> [1950], signale la déformation /mol oreiller du doute/, attestée par exemple chez DIDEROT et chez A. GIDE, <u>Les Faux-Monnayeurs</u>, II, 4.

15 [...] *ipsa scientia potestas est* (« la science est en soi un pouvoir » ; F. BACON, <u>Meditationes sacrae</u>, « De haeresibus » ; *cf.* <u>Novum organum</u>, I, 3). *Cf. infra*, SCHURÉ ; ALAIN : savoir ou pouvoir, il faut choisir (<u>Propos</u> [20. 06. 1924]).

16 Penser savoir ce qu'on ne sait pas, c'est une sottise expresse ; vouloir faire le savant de ce qu'on connaît bien que l'on ne sait pas, c'est une vanité insupportable : pour moi, je ne voudrais pas même faire le savant de ce que je saurais, comme au contraire je n'en voudrais non plus faire l'ignorant (SAINT FRANÇOIS DE SALES, <u>Introduction à la vie dévote</u>, III, 5).

17 — Hippocrate dit cela ? — Oui. — Dans quel chapitre, s'il vous

plaît ? — Dans son chapitre... des chapeaux (MOLIÈRE, Le Médecin malgré lui, II, 2).

18 Ah ! permettez de grâce,/ Que pour l'amour du grec, Monsieur, on vous embrasse (MOLIÈRE, Les Femmes savantes, III, 3).

19 Excusez-moi, Monsieur, je n'entends pas le grec (MOLIÈRE, Les Femmes savantes, III, 3).

20 Un sot savant est sot plus qu'un sot ignorant (MOLIÈRE, Les Femmes savantes, IV, 3).

21 *Bene, bene, bene, bene respondere :/ Dignus, dignus est entrare/ In nostro docto corpore* (MOLIÈRE, Le Malade imaginaire, Intermède III).

22 Tout ce qui est incompréhensible ne laisse pas d'être (PASCAL, Pensées, 230).

23 Toutes les sciences ont leur chimère, après laquelle elles courent, sans la pouvoir attraper ; mais elles attrapent en chemin d'autres connaissances fort utiles (FONTENELLE, Artémise, « Raymond Lulle »).

24 Voulez-vous apprendre les sciences avec facilité ? Commencez par apprendre votre langue (CONDILLAC, Traité des systèmes).

25 Philosophie, droit, médecine, théologie aussi, hélas ! J'ai tout étudié à fond avec un ardent effort. Et me voici, pauvre fou, tout juste aussi avancé que naguère (GOETHE, Premier Faust, « Nuit »).

26 [...] les savants doivent aujourd'hui élever la politique au rang des sciences d'observation (A. COMTE, Plan des travaux scientifiques nécessaires pour réorganiser la société, Introduction).

27 Les sciences dans lesquelles on n'est pas versé et qu'on pénètre seulement par *échappées*, sont les plus beaux poèmes possibles pour l'imagination des hommes (BARBEY D'AUREVILLY, Memoranda [01. 10. 1836]).

28 Cependant, pouvons-nous rejeter de notre esprit ce que tant de générations intelligentes y ont versé de bon ou de funeste ? **L'ignorance ne s'apprend pas** (NERVAL, Aurélia, II, 1).

29 Quand nous faisons une théorie générale dans nos sciences, la seule chose dont nous soyons certains, c'est que toutes ces théories sont fausses absolument parlant (CL. BERNARD, Introduction à l'étude de la médecine expérimentale, I, 2, 3).

30 Comme l'on serait savant, si l'on connaissait bien seulement cinq à six livres ! (FLAUBERT, Corr., 17. 02. 1853).

31 C'est là ce qu'ont de beau les sciences naturelles : elles ne veulent rien prouver (FLAUBERT, Corr., 31. 03. 1853).

32 Car le monde véritable que la science nous révèle est de beaucoup supérieur au monde fantastique créé par l'imagina-

tion (E. Renan, L'Avenir de la science, 5). *Cf.* Amiel : La vraie poésie est plus vraie que la science... (Fragments d'un journal intime).

33 Organiser scientifiquement l'humanité, tel est donc le dernier mot de la science moderne, telle est son audacieuse, mais légitime prétention (E. Renan, L'Avenir de la science, 2).

34 Oui, il viendra un jour où l'humanité ne croira plus, mais où elle saura [...] (E. Renan, L'Avenir de la science, 2).

35 Le savant seul a le droit d'admirer (E. Renan, L'Avenir de la science, 15).

36 Quand la Science saura, la Religion pourra, et l'Homme agira avec une énergie nouvelle (E. Schuré, Les Grands Initiés, Introduction) ; *cf. supra*, Bacon.

37 La connaissance explique la naissance, toute substance implique sa preuve [...] (P. Claudel, Traité de la co-naissance au monde et de soi-même ; l'idée et le jeu de mots du titre reviennent constamment et sous des formes diverses dans ce texte ; *cf.* Hugo : Dans « connaître », il y a « naître », Post-scriptum de ma vie, Pierres, 04. 03. 1869) ; *cf.* L. S. Senghor : Il con-naît à l'autre (« Ce que l'homme noir apporte », dans Liberté, I).

38 Il faut n'appeler *Science* : que l'*ensemble des recettes qui réussissent toujours.* Tout le reste est littérature (P. Valéry, « Moralités », Tel quel).

39 Il y a *science* des choses simples, et *art* des choses compliquées (P. Valéry, « Rhumbs », Tel quel).

40 La science, il est vrai, ne progresse qu'en remplaçant partout le *pourquoi* par le *comment* ; mais, si reculé qu'il soit, un point reste toujours où les deux interrogations se rejoignent et se confondent (A. Gide, Journal [1942]).

41 Nous autres [...], gens de la science, nous avons aussi nos dieux, nos rites, nos dogmes, nos lois et d'étonnantes liturgies. Les hommes se sont imaginé qu'ils pourraient vivre sans dieux, mais les plus sages commencent à comprendre que c'est impossible (G. Duhamel, Cécile parmi nous, 28).

42 — Ceux-là qui, de naissance, tiennent leur connaissance au-dessus du savoir (Saint-John Perse, Amers, « Et vous, mers... », 6).

43 Depuis que la science est largement diffusée dans le public, il commence à y avoir un « café du commerce » de la science (J. Rostand, Carnet d'un biologiste).

44 Les gens en savent déjà trop pour leur ignorance (J. Rostand, Carnet d'un biologiste).

45 Il faut renoncer au monde pour le comprendre (J. Grenier, Lexique, « Comprendre »).

46 Nous sommes écartelés entre l'avidité de connaître et le

désespoir d'avoir connu. L'aiguillon ne renonce pas à sa cuisson et nous à notre espoir (R. Char, Feuillets d'Hypnos).

47 Comprendre le monde pour un homme, c'est le réduire à l'humain (A. Camus, Le Mythe de Sisyphe, « Un raisonnement absurde »).

48 Le savant n'est pas l'homme qui fournit les vraies réponses ; c'est celui qui pose les vraies questions (Cl. Lévi-Strauss, Le Cru et le Cuit, « Ouverture » ; *cf.* Cl. Bernard, Introduction à l'étude de la médecine expérimentale, Introduction, où le thème affleure).

49 Nous sommes trop savants et trop ignorants. Trop savants pour effacer tout et revenir à zéro. Trop ignorants pour être à l'aise dans les données qui motivent nos choix. [...] Nous avons une issue, et une seule : aller plus avant sur le chemin de la connaissance (J. Hamburger, La Puissance et la Fragilité, 4).

50 La science n'est pas au service de l'homme, mais un moyen de potentialiser la puissance des puissants (S. Dion et G. Mathé, Biomedicine and Pharmacotherapy) ; >**.

séduction

1 Il m'a plu, sans peut-être aspirer à me plaire (Racine, Bajazet, I, 3).

2 Vous ne pouvez ni aimer ni haïr, et vous êtes comme les roses du Bengale, Mariane, sans épine et sans parfum (A. de Musset, Les Caprices de Mariane, II, 1) ; > J. Grenier, Lexique, « Indifférence ».

3 Votre âme est un paysage choisi/ Que vont charmant masques et bergamasques/ [...] (P. Verlaine, Fêtes galantes, « Clair de lune »).

4 Une femme sans parfum est une femme sans avenir (mot de Coco Chanel) ; >*.

5 — J'ai besoin de changer d'atmosphère, et mon atmosphère, c'est toi. — [...] Atmosphère, atmosphère, est-ce que j'ai une gueule d'atmosphère ? (Film de M. Carné, Hôtel du Nord, dialogue de L. Jouvet et d'Arletty).

6 Condamné à plaire, je me donnai des grâces qui se fanaient sur l'heure (J.-P. Sartre, Les Mots) ; >*.

7 [...] Il pouvait bien les séduire, il ne les avait jamais conquises (M. Mohrt, Mon royaume pour un cheval).

8 [...] *la séduction représente la maîtrise de l'univers symbolique, alors que le pouvoir ne représente que la maîtrise de l'univers réel* (J. Baudrillard, De la séduction).

sentiment-sensibilité

- 1 Ma raison, il est vrai, dompte mes sentiments,/ Mais quelque autorité que sur eux elle ait prise, elle n'y règne pas, elle les tyrannise (CORNEILLE, Polyeucte, II, 2).

2 Je porte un cœur sensible, et vous l'avez percé (CORNEILLE, Polyeucte, V, 3).

3 [...] même les propositions géométriques deviennent sentiments, car la raison rend les sentiments naturels et les sentiments naturels s'effacent par la raison (PASCAL, Pensées, 646).

4 O Julie ! que c'est un fatal présent du ciel qu'une âme sensible ! (ROUSSEAU, La Nouvelle Héloïse, I, 26).

5 On m'a fait boire jusqu'à la lie la coupe amère et douce de la sensibilité (ROUSSEAU, La Nouvelle Héloïse, VI, 11).

6 Jamais les cœurs sensibles n'aimèrent les plaisirs bruyants, vain et stérile bonheur des gens qui ne sentent rien et qui croient qu'étourdir sa vie c'est en jouir (ROUSSEAU, Emile, V).

7 — Jacques, vous êtes un barbare ; vous avez un cœur de bronze. — Non, Monsieur, non, j'ai de la sensibilité ; mais je la réserve pour une meilleure occasion (DIDEROT, Jacques le Fataliste).

8 Multipliez les âmes sensibles, et vous multiplierez en même proportion les bonnes et les mauvaises actions en tout genre, les éloges et les blâmes outrés (DIDEROT, Paradoxe sur le comédien).

9 Qu'est-ce qu'un être sensible ? Un être abandonné à la discrétion du diaphragme (DIDEROT, Le Rêve de d'Alembert).

10 [...] mais que peut, pour ranimer un sentiment qui s'éteint, une résolution prise par devoir ? (B. CONSTANT, Adolphe, 5).

11 [...] les sentiments que nous feignons, nous finissons par les éprouver (B. CONSTANT, Adolphe, 6).

12 La sensibilité de chacun, c'est son génie (BAUDELAIRE, « Fusées »).

13 Un sentiment bien *circonscrit* est un sentiment mutilé (P. VALÉRY, Mélange).

14 Les sentiments viennent parfois d'un travers de l'esprit (J. CHARDONNE, L'Amour, c'est beaucoup plus que l'amour, IV).

sincérité-hypocrisie

1 Personne ne peut longtemps porter un masque (SÉNÈQUE, De clementia, 1, 1, 6).

2 Ci n'entrez pas, hypocrites, bigots,/ Vieux matagots, marmiteux, boursoufflés/ [...] (RABELAIS, Gargantua, LIV, « Inscription mise sur la grande porte de Thélème »).

3 Ah! voici le poignard qui du sang de son Maître/ S'est souillé
   lâchement : il en rougit, le Traître (Th. de Viau, Pyrame et Thisbé,
   V, 2) ; > Boileau, Préface à ses Œuvres ; le dernier hémistiche est repris
   par E. Rostand : Le voilà donc ce nez qui des traits de son maître/ A
   détruit l'harmonie. Il en rougit, le traître (Cyrano de Bergerac, I, 2).

4 Je m'avance masqué (*Larvatus prodeo* ; devise de Descartes ;
   Cogitationes privatae, 1ʳᵉ maxime).

5 Et ne voulant déplaire à pas un de vous deux,/ Je veux, ainsi que
   vous, douter où vont mes vœux (Corneille, Tite et Bérénice,
   II, 3).

6 Il faut bonne mémoire après qu'on a menti (Corneille, Cliton,
   IV, 5).

7 L'hypocrisie est un hommage que le vice rend à la vertu (La
   Rochefoucauld, Maximes, 218).

8 Les personnes faibles ne peuvent être sincères (La
   Rochefoucauld, Maximes, 216) ; > A. Gide, Journal [1938].

9 L'envie de parler de nous, et de faire voir nos défauts du côté
   que nous voulons bien les montrer, fait une grande partie de
   notre sincérité (La Rochefoucauld, Maximes, 383).

10 [...] je n'alléguerais pas ces grands noms [de Jules César et
   J. A. de Thou] sur un sujet qui me regarde, si la sincérité n'était
   une vertu dans laquelle il est permis et même commandé de
   s'égaler aux héros (cardinal de Retz, Mémoires, I).

11 [...] La sincérité [...] est toujours aussi inutile qu'elle est odieuse,
   toutes les fois que l'on ne l'emploie qu'au défaut du succès de
   l'artifice (cardinal de Retz, Mémoires, II).

12 Arrière ceux dont la bouche/ **Souffle le chaud et le froid!** (La
   Fontaine, « Le Satyre et le Passant » ; Erasme avait classé
   l'expression, d'Aristote, parmi ses Adages, pour désigner celui
   auquel on ne peut se fier).

13 — Tartuffe ? Il se porte à merveille./ Gros et gras, le teint frais,
   et la bouche vermeille. — Le pauvre homme (Molière, Le
   Tartuffe, I, 4, dialogue de Dorine et d'Orgon).

14 Il est de faux dévots ainsi que de faux braves (Molière, Le
   Tartuffe, I, 4).

15 C'est un homme... qui,... ha! un homme... un homme enfin
   (Molière, Le Tartuffe, I, 5 ; dans la bouche d'Orgon, à propos de
   Tartuffe).

16 Il s'impute à péché la moindre bagatelle (Molière, Le Tartuffe,
   I, 5).

17 Ces gens, dis-je, qu'on voit d'une ardeur non commune/ Par le
   chemin du Ciel courir à leur fortune (Molière, Le Tartuffe, I, 5 ;
   Cléante à propos de Tartuffe).

18 Ah ! vous êtes dévot, et vous vous emportez ? (MOLIÈRE, Le Tartuffe, II, 2).

19 Laurent, serrez ma haire avec ma discipline (MOLIÈRE, Le Tartuffe, III, 2). > LA BRUYÈRE : Il ne dit point, *Ma haire et ma discipline* (Les Caractères, « De la mode », 24).

20 Que d'affectation et de forfanterie (MOLIÈRE, Le Tartuffe, III, 2 ; dans la bouche de Dorine) ; > CHATEAUBRIAND, Mémoires d'outre-tombe, IV, 7, 10.

21 Couvrez ce sein que je ne saurais voir (MOLIÈRE, Le Tartuffe, III, 2).

22 Je tâte votre habit : l'étoffe en est moelleuse (MOLIÈRE, Le Tartuffe, III, 3).

23 Ah ! pour être dévot, je n'en suis pas moins homme (MOLIÈRE, Le Tartuffe, III, 3) ; *cf.* CORNEILLE, Sertorius : /être Romain/, voir « Patrie ».

24 Le Ciel défend, de vrai, certains contentements ;/ Mais on trouve avec lui des accommodements (MOLIÈRE, Le Tartuffe, IV, 5 ; *infra*) ; *cf.* S. DE BEAUVOIR : Je ne concevais pas d'accommodements avec le ciel (Mémoires d'une jeune fille rangée, II). *Cf.* L. BLOY : Il est avec le ciel des accommodements (Exégèse des lieux communs, 75).

25 C'est un scélérat qui parle (indication scénique placée entre les deux vers de la citation précédente) ; repris tel quel, en note de l'auteur, STENDHAL, Le Rouge et le Noir.

26 Le scandale du monde est ce qui fait l'offense,/ Et ce n'est pas pécher que pécher en silence (MOLIÈRE, Le Tartuffe, IV, 5).

27 Morbleu ! c'est une chose indigne, lâche, infâme,/ De s'abaisser ainsi jusqu'à **trahir son âme** (MOLIÈRE, Le Misanthrope, I, 1) ; > ALAIN, Propos [26. 05. 1924].

28 Je ne dis pas cela (MOLIÈRE, Le Misanthrope, I, 2, dans la bouche d'Alceste ; expression souvent utilisée chez Molière par les valets face à leurs maîtres).

29 Nos prêtres ne sont pas ce qu'un vain peuple pense ;/ Notre crédulité fait toute leur science (VOLTAIRE, Œdipe, IV, 1).

30 On peut être menteur ; mais il ne faut jamais être faux (mot de MME DU DEFFAND, rapporté par MONTESQUIEU, Mes pensées).

31 Enfin c'est toujours un mauvais moyen de lire dans le cœur des autres que d'affecter de cacher le sien (ROUSSEAU, Les Confessions, II).

32 [...] il y a des visages plus beaux que le masque qui les couvre (ROUSSEAU, Emile, IV). *Cf.* La Nouvelle Héloïse, II, 21.

33 — Autrefois tu me disais tout. — Et maintenant je ne vous cache rien (BEAUMARCHAIS, Le Mariage de Figaro, III, 5).

34 Cet homme ira loin, car il croit ce qu'il dit (mot attribué à MIRABEAU sur Robespierre, vers 1790).

35 Le génie poétique est mort, mais **le génie du *soupçon* est venu au monde**. Je suis profondément convaincu que le seul antidote qui puisse faire oublier au lecteur les éternels *Je* que l'auteur va écrire, c'est une parfaite sincérité (Stendhal, Souvenirs d'égotisme, I) ; > N. Sarraute, L'Ere du soupçon.

36 Quand la bouche dit oui, le regard dit peut-être (Hugo, Ruy Blas, I, 2).

37 Je comprends qu'on déserte une cause pour savoir ce qu'on éprouvera à en servir une autre (Baudelaire, « Mon cœur mis à nu »).

38 Tous les hypocrites ont commencé par avoir les vertus dont ils gardent la marque (P. Bourget, Le Démon de midi, t. II) ; > A. Gide, Journal [1930].

39 Pour paraître affecté, il n'est que de chercher à être sincère (A. Gide, Journal [1922]).

40 Quiconque aime vraiment renonce à la sincérité (A. Gide, Les Faux-Monnayeurs, I, 8).

41 Nos actes les plus sincères sont aussi les moins calculés ; l'explication qu'on en cherche après coup reste vaine (A. Gide, Si le grain ne meurt, II, 2).

42 L'expression du sentiment vrai est toujours banale. Plus on est vrai, plus on est banal. Car il faut chercher pour ne pas l'être (P. Valéry, « Choses tues », IV, Tel quel).

43 D'ailleurs, l'Hypocrisie est éternelle ; elle durera aussi longtemps qu'un idéal quelconque sera en honneur chez les hommes, et qu'il y aura du profit à paraître le servir (P. Valéry, « Rapport sur les prix de vertu », Variété).

44 Mieux vaut que cent dévots passent pour Tartuffes, qu'un seul Tartuffe pour dévot. Car dans le premier cas, l'erreur ne saurait compromettre que l'honneur de cent chrétiens. Au lieu que l'imposture d'un seul Tartuffe engage l'honneur même du Christ (G. Bernanos, Nous autres Français, 2).

45 L'on veut être pour paraître (L. Scutenaire, Mes inscriptions).

46 Pour le reste, plus une cause est grande, plus elle offre un grand asile à l'hypocrisie et au mensonge... (A. Malraux, L'Espoir, éd. la Pléiade, p. 581).

47 Ne pas vouloir être dupe, c'était la maladie de Paul Robin. C'est la maladie du siècle. Elle peut parfois pousser jusqu'à duper les autres (R. Radiguet, Le Bal du comte d'Orgel, éd. Grasset, p. 69).

48 Au théâtre, l'habit fait parfois le moine (J. Vilar, De la tradition théâtrale, « Assassinat du metteur en scène » ; *cf.* le proverbe d'origine médiévale : L'habit ne fait pas le moine).

49 Mensonge et vérité, donc. Secrets et découvertes. Le théâtre est

en son essence même fait de notre essence même. Il ne mourra jamais (J. Vilar, <u>De la tradition théâtrale</u>, « Les Secrets »).

50　[...] un homme se définit aussi bien par ses comédies que par ses élans sincères (A. Camus, <u>Le Mythe de Sisyphe</u>, « Un raisonnement absurde »).

société

1　La plus grande partie surmonte la meilleure (Tite-Live, <u>Histoire romaine</u>, XXI, IV, 1 ; sentence proverbiale souvent reprise au xvie siècle).

2　La preuve du pire, c'est la foule (Sénèque, <u>De la vie heureuse</u>, 2).

3　Oignez vilain, il vous poindra./ Poignez vilain, il vous oindra (ancien proverbe ; Rabelais, <u>Gargantua</u>, XXXII ; Flaubert, Corr., 7. 10. 1853).

4　La condition de l'homme [...] est celle d'une guerre de chacun contre chacun (Hobbes, <u>Leviathan</u>, I, 13, « De la condition naturelle des hommes » ; *cf.* la forme latine *Bellum omnium contra omnes*, « la guerre de tous contre tous », qui se trouve chez le même auteur, <u>Elementa philos. de cive</u>, Préface, et la source chez Platon, <u>Lois</u>, 625e).

5　L'éminente dignité des pauvres dans l'Eglise (titre d'un sermon de Bossuet).

6　Mais un grand seigneur méchant homme est une terrible chose (Molière, <u>Dom Juan</u>, I, 1).

7　Une grande naissance ou une grande fortune annonce le mérite, et le fait plus tôt remarquer (La Bruyère, <u>Les Caractères</u>, « Des biens de fortune », 2). *Cf.* Pascal : C'est trente ans gagnés sans peine (<u>Pensées</u>, 104, à propos d'une naissance noble).

8　Il y en a de tels, que s'ils pouvaient connaître leurs subalternes et se connaître eux-mêmes, ils auraient honte de primer (La Bruyère, <u>Les Caractères</u>, « Des Grands », 21).

9　L'on voit certains animaux farouches, des mâles et des femelles, répandus par la campagne, noirs, livides, et tout brûlés du soleil, attachés à la terre qu'ils fouillent et qu'ils remuent avec une opiniâtreté invincible [...] (La Bruyère, <u>Les Caractères</u>, « De l'homme », 128).

10　[...] tant **ce long règne de vile bourgeoisie** adroite à gouverner pour soi, et à prendre le Roi par ses faibles, avait su tout anéantir, et empêcher tout homme d'être des hommes en exterminant toute émulation, toute capacité (Louis, duc de Saint-Simon, <u>Mémoires</u>, éd. Folio, p. 361).

11　Ce qu'on appelle union dans un corps politique, est une chose très équivoque. La vraie est une union d'harmonie, qui fait que toutes les parties, quelque opposées qu'elles nous paraissent, -

concourent au bien général de la société [...]. Il peut y avoir de l'union dans un Etat où on ne croit voir que du trouble (Montesquieu, <u>Considérations sur les causes de la grandeur des Romains et de leur décadence</u>, 9).

12 Ce monde-ci est composé de fripons, de fanatiques et d'imbéciles parmi lesquels il y a un petit troupeau séparé qu'on appelle la bonne compagnie ; ce petit troupeau étant riche, bien élevé, instruit, poli, est comme la fleur du genre humain (Voltaire, <u>Dialogues</u>, XI).

13 Mon nom, je le commence, et vous finissez le vôtre (mot de Voltaire au chevalier de Rohan).

14 Dans une ville de huit cent mille âmes, il faut de toute nécessité qu'il y ait plus de bonnes gens et plus de vicieux que partout ailleurs : on n'a qu'à choisir (Goldoni, <u>Mémoires</u>, III).

15 Le premier qui, ayant enclos un terrain, s'avisa de dire : *Ceci est à moi*, et trouva des gens assez simples pour le croire, fut le vrai fondateur de la société civile. Que de crimes, de guerres, de meurtres, que de misères et d'horreurs n'eût point épargnés au genre humain celui qui, arrachant les pieux et comblant le fossé, eût crié à ses semblables : «Gardez-vous d'écouter cet imposteur ; vous êtes perdus et vous oubliez que les fruits sont à tous, et que la terre n'est à personne !» (Rousseau, <u>Discours sur l'origine et les fondements de l'inégalité parmi les hommes</u>, I) ; *cf.* Pascal : Ce chien est à moi, disaient ces pauvres enfants. C'est là ma place au soleil. Voilà le commencement et l'image de l'usurpation de toute la terre (<u>Pensées</u>, 64) ; le thème, avec l'expression «C'est à moi» pour caractériser le contraire d'une cité heureuse et juste, proviennent de Platon, (<u>République</u>, V, 462c : Lorsque la plupart des citoyens disent de la même chose sous le même rapport : ceci est à moi, ceci n'est pas à moi, n'est-ce pas la marque du meilleur gouvernement ?).

16 Aucune société ne peut prospérer et être heureuse, dans laquelle la plus grande partie des membres est pauvre et misérable (A. Smith, <u>Recherches sur la nature et les causes de la richesse des nations</u>).

17 Aux vertus qu'on exige dans un domestique, Votre Excellence connaît-elle beaucoup de maîtres qui fussent dignes d'être valets ? (Beaumarchais, <u>Le Barbier de Séville</u>, I, 1 ; 1re version /domestique, il y aurait des maîtres qui ne seraient pas dignes/).

18 On-on est toujours l'enfant de quelqu'un (Beaumarchais, <u>Le Mariage de Figaro</u>, III, 18).

19 Parce que vous êtes un grand seigneur, vous vous croyez un grand génie !... (Beaumarchais, <u>Le Mariage de Figaro</u>, V, 3).

20 Qu'avez-vous fait pour tant de biens ? Vous vous êtes donné la

peine de naître, et rien de plus. Du reste, homme assez ordinaire (BEAUMARCHAIS, Le Mariage de Figaro, V, 3 ; suite *infra*).

21 Tandis que moi, morbleu ! perdu dans la foule obscure, il m'a fallu déployer plus de science et de calculs, pour subsister seulement, qu'on n'en a mis depuis cent ans à gouverner toutes les Espagnes [...] (BEAUMARCHAIS, Le Mariage de Figaro, V, 3).

22 Dans le monde tout tend à me faire descendre, dans la solitude tout tend à me faire monter (CHAMFORT, Caractères et Anecdotes, 828, rapportant ainsi le mot d'un philosophe aimant la solitude) ; > V. LARBAUD : Quel moraliste a dit : « Dans la société tout me rapetisse ; dans la solitude, tout me grandit » ? Faux (Mon plus secret conseil, éd: Folio, p. 219).

23 Guerre aux châteaux ! Paix aux chaumières ! (GUINGUENÉ, dans son édition des Œuvres de Chamfort, attribue ce mot à CHAMFORT).

24 Qu'est-ce que le Tiers Etat ? (Titre d'une brochure de E. J. SIEYÈS, qui constatait : « Rien ! Que doit-il être ? Tout »).

25 Voici donc la vie privée murée (P. P. ROYER-COLLARD, 27. 04. 1819, à propos des délits de presse ; voir DUPRÉ, 1711).

26 Plus l'oppresseur est vil, plus l'esclave est infâme (LAHARPE, « La Révolution ») ; > CHATEAUBRIAND, Mémoires d'outre-tombe, I, 12, 5.

27 Le bourreau est la pierre angulaire de l'édifice social (J. DE MAISTRE, Les Soirées de Saint-Pétersbourg, 1) ; > L. BLOY, Le Sang du pauvre, 13.

28 L'aristocratie a trois âges successifs : l'âge des supériorités, l'âge des privilèges, l'âge des vanités : sortie du premier, elle dégénère dans le second et s'éteint dans le dernier (CHATEAUBRIAND, Mémoires d'outre-tombe, I, 2, 2).

29 Je préfère mon nom à mon titre (CHATEAUBRIAND, Mémoires d'outre-tombe, I, 2, 2).

30 Silence au pauvre (LA MENNAIS, dernier mot du journal Peuple constituant, condamné à disparaître).

31 La société paye les services qu'elle voit (STENDHAL, Vie de Henry Brulard, 37).

32 En un mot, je fus alors comme aujourd'hui, j'aime le peuple, je déteste ses oppresseurs, mais ce serait pour moi un supplice de tous les instants que de vivre avec le peuple (STENDHAL, Vie de Henry Brulard, éd. Martineau, p. 183).

33 Un grand peuple sans âme est une vaste foule ! (LAMARTINE, « Ressouvenir du lac »).

34 L'homme est un animal sociable qui déteste ses semblables (E. DELACROIX, Journal [17. 11. 1852]).

35 Le bonheur est la fin que doivent se proposer toutes les sociétés (BALZAC, en épigraphe de la Physiologie du mariage).

36 Quant à flatter la foule, ô mon esprit, non pas !/ Car le peuple est
en haut, mais la foule est en bas (Hugo, L'Année terrible,
« Prologue »).

37 Je suis tenté de croire que ce que l'on appelle les institutions
nécessaires ne sont souvent que les institutions auxquelles on
est accoutumé et qu'en matière de constitution sociale, le
champ du possible est bien plus vaste que les hommes qui
vivent dans chaque société ne se l'imaginent (A. de Tocqueville,
Souvenirs) ; > A. Gide, Journal [1935].

38 Tyrannie de la majorité (A. de Tocqueville, sous-titre de De la
démocratie en Amérique, II, 7).

39 L'homme des foules (Titre d'une nouvelle de Poe).

40 Je fais la guerre à la société qui me fait la guerre (Lacenaire,
exécuté en 1836) ; *cf.* Stendhal, plan de Lamiel, 25. 11. 1839.

41 Une société n'est en elle-même, ni vertueuse ni vicieuse ; elle
n'est ni sage, ni folle ; elle est (Gobineau, Essai sur l'inégalité des
races, « Conclusion générale »).

42 Prolétaires de tous les pays, unissez-vous ! (Marx et Engels,
Manifeste du Parti communiste, fin).

43 Le temps des grands hommes s'en va ; l'époque de la
fourmilière, de la vie multiple arrive. Le siècle de l'individua-
lisme, si l'égalité abstraite triomphe, risque fort de ne plus voir
de véritables individus. Par le nivellement continu et la division
du travail, la société deviendra tout et l'homme ne sera rien
(Amiel, Journal [6. 09. 1851]).

44 Le plaisir d'être dans les foules est une expression mystérieuse
de la jouissance de la multiplication des nombres (Baudelaire,
« Fusées », I).

45 [...] ce solitaire doué d'une imagination active, toujours
voyageant à travers *le grand désert d'hommes* [...] (Baudelaire, Le
Peintre de la vie moderne, IV).

46 On oublie à chaque instant qu'injurier une foule, c'est
s'encanailler soi-même (Baudelaire, Théophile Gautier, I).

47 Ah ! ce qui manque à la société moderne, ce n'est pas un Christ,
ni un Washington, ni un Socrate, ni un Voltaire même ; c'est un
Aristophane, mais il serait lapidé par le public (Flaubert, Corr.,
16. 12. 1852).

48 La minorité a toujours raison (H. Ibsen, Un ennemi du peuple,
4).

49 Trois sources différentes contribuent à produire cet état moral
élémentaire, *la race, le milieu et le moment* (Taine, Histoire de
la littérature anglaise, Introduction, 5).

50 La première règle et la plus fondamentale est de considérer les

faits sociaux comme des choses (E. Durkheim, Les Règles de la méthode sociologique, 2) ; >**.

51 C'est la **ville tentaculaire**. [...] // La ville au loin s'étale et domine la plaine/ Comme un nocturne et colossal espoir (E. Verhaeren, Les Campagnes hallucinées, « Les Villes »).

52 De la société close à la **société ouverte**, de la cité à l'humanité, on ne passera jamais par voie d'élargissement (H. Bergson, Les Deux Sources de la religion et de la morale, 4).

53 Ce qui m'étonne, ce n'est pas le désordre, c'est l'ordre (mot de Ch. Maurras, rapporté par G. Bernanos, Les Grands Cimetières sous la lune, I, 1).

54 Cultiver les différences... [...] Nul besoin de cultiver le reste, et qui se retrouvera bien toujours. Mais le rare, l'exceptionnel, l'unique, quelle perte pour tous si cela vient à disparaître (A. Gide, Journal [1935]).

55 Le monde ne sera sauvé, s'il peut l'être, que par des *insoumis* (A. Gide, Journal [1946]).

56 Le civilisé des villes immenses revient à l'état sauvage, c'est-à-dire isolé, parce que le mécanisme social lui permet d'oublier la nécessité de communauté et de perdre les sentiments de lien entre individus, autrefois réveillés incessamment par le besoin (P. Valéry, « Cahier B 1910 », Tel quel).

57 Un grand nom en impose à tout le monde. Mais il agit singulièrement sur celui qui le porte, et qui s'en trouve gêné pour être *quelqu'un*, enhardi pour être *quelque chose* (P. Valéry, « Rhumbs », Tel quel).

58 [...] *si tous les hommes étaient également éclairés, également critiques, et surtout également courageux, toute société serait impossible !* (P. Valéry, « La Politique de l'esprit », Variété).

59 On s'exprime toujours comme les gens de sa classe mentale et non de sa caste d'origine (M. Proust, Le Temps retrouvé).

60 Tout le monde est bourgeois. Puisque tout le monde lit son journal. Il n'y a plus de peuple (Ch. Péguy, L'Argent).

61 Je suis rarement enthousiaste de ce que la société a fait ou n'a pas fait, mais je lui suis toujours reconnaissant d'exister (A. Einstein, « Quelques pensées », dans H. Guy, Einstein et la relativité).

62 [...] ce qu'on appelle un milieu fermé l'est à la lettre : y pénétrer semblait difficile, presque impossible ; mais en sortir !... (F. Mauriac, Le Sagouin, I).

63 La confiance est nécessaire. Tout repose sur des croyances. Vivre, c'est faire crédit. On ne vérifie rien (J. Chardonne, L'Amour, c'est beaucoup plus que l'amour, II).

64 Les honneurs, le succès, les grades, sont à peu près répartis au

hasard. Rien ne distingue le vrai mérite. Même l'estime des meilleurs suit la mode. Personne n'est exactement à sa place. Cela vaut mieux. Une stricte justice serait intolérable (J. Chardonne, L'Amour, c'est beaucoup plus que l'amour, V).

65 *Il n'y a pas de société, il y a des états de société, des états sociaux vécus par les hommes, qui situent et qui datent les conditions- humaines* (J. Monnerot, Les Faits sociaux ne sont pas des choses, I, 6).

66 Possible que l'individu trouve son profit et même son aise à se fondre dans la collectivité, mais ce ne serait qu'au détriment de celle-ci. Pour elle, et non pour lui, il doit se défendre contre elle (J. Rostand, Carnet d'un biologiste).

67 Je définis la masse : l'ensemble des hommes qui ont abandonné toute liberté d'action et de pensée, tout droit à la noblesse et tout droit à la pureté (J. Giono, Le Poids du ciel, II, «Les Grandeurs libres»).

68 En réalité, la société actuelle, société de transition, de compromis, dite moderne, n'a aucun plan, ne se propose aucun but déterminé, sinon celui de durer le plus longtemps possible grâce à la méthode qui l'a servie jusqu'ici, celle d'un dégoûtant empirisme (G. Bernanos, La Grande Peur des bien-pensants, Conclusion).

69 [...] la Guerre Totale est la Société Moderne elle-même, à son plus haut degré d'efficience (G. Bernanos, La France contre les robots, 5).

70 La Société moderne est désormais un ensemble de problèmes techniques à résoudre (G. Bernanos, La France contre les robots, 7).

71 S'il est important de bien conduire un mouvement revendicatif, **il faut** aussi **savoir terminer une grève** (mot de M. Thorez en 1936 repris sous cette forme dans ses Mémoires, Fils du peuple, 7) ; > M. Winock : /une guerre/ (Chronique des années soixante).

72 Il y a des ordres injustes, qui cachent les pires désordres (Ch. Péguy, Notre jeunesse) ; >**.

73 Aucune société n'est foncièrement bonne, mais aucune n'est absolument mauvaise ; toutes offrent certains avantages à leurs membres, compte tenu d'un résidu d'iniquité dont l'importance apparaît approximativement constante [...] (Cl. Lévi-Strauss, Tristes Tropiques, 38).

74 Dans les pays occidentaux, depuis le déclin du Parlement devant les groupes de pression, syndicats compris, la victoire appartient toujours au plus fort, disons à celui qui est le plus apte à compromettre l'ordre public et, par suite, à inquiéter le gouvernement (A. Sauvy, La Fin des riches) ; >*.

75 Il s'agit donc de faire une société, après quoi nous ferons peut-
être du bon théâtre (J. Vilar, <u>De la tradition théâtrale</u>, « L'Œuvre
dramatique »).

76 C'est aujourd'hui le colonisé qui assume pleinement la
condition éthique et politique décrite par Marx comme
condition du prolétaire (R. Barthes, <u>Mythologies</u>, « Le Mythe,
aujourd'hui », note).

77 Qu'est-ce que le système ? — Je ne sais pas. — Alors pourquoi
tu en as peur ? (dialogue de l'enfant et de la femme, dans <u>Gloria</u>,
film de Cassavetes).

78 L'idéologie n'est pas le reflet du vécu, c'est un projet d'agir sur
lui (G. Duby, <u>Les Trois Ordres ou L'Imaginaire féodal</u>).

souffrance

1 Souffrir pour comprendre (Eschyle, <u>Agamemnon</u>, v. 176) ; >**.
Cf. <u>Ecclésiaste</u>, I, 18 : Beaucoup de sagesse, beaucoup de chagrin. Qui
accroît sa sagesse augmentera sa peine.

2 Il est doux, quand sur la vaste mer les vents agitent les flots, de
contempler de la terre la détresse d'un autre. Non qu'il y ait une
agréable jouissance à voir souffrir autrui, mais parce qu'il est
doux de voir à quels maux on échappe (Lucrèce, <u>De natura
rerum</u>, début du chant II, connu par son *incipit* : ***Suave mari
magno***).

3 Aucun jour n'a suivi la nuit, aucune nuit n'a été suivie de
l'aurore, qui n'ait entendu des pleurs mêlés à des vagissements,
douloureux compagnons de la mort et du noir trépas (Lucrèce,
<u>De natura rerum</u> II, v. 578-580) ; > Chateaubriand, <u>Mémoires
d'outre-tombe</u>, I, 8, 6.

4 Les douleurs légères parlent, les grandes sont muettes (Sénèque,
<u>Phèdre</u> ; en latin : *Curae leves loquuntur, ingentes stupent*) ; *cf.*
La Bruyère : Les douleurs muettes et stupides sont hors d'usage : on
pleure, on récite, on répète, on est si touchée de la mort de son mari,
qu'on n'en oublie pas la moindre circonstance (<u>Les Caractères</u>, « Des
femmes », 79) ; Baudelaire : Je me souviens de la sentence connue : « Les
douleurs les plus terribles sont les douleurs muettes » (<u>Le Spleen de
Paris</u>, « La Corde ») ; L. Bloy : Les grandes douleurs sont muettes (<u>Exégèse
des lieux communs</u>, 69) ; >* (à propos de M. Duras) : C'est
l'inconvénient des fameuses douleurs muettes : elles ne disent rien,
mais le font savoir.

5 **Percé jusques au fond du cœur**/ D'une atteinte imprévue aussi
bien que mortelle,/ [...] je demeure immobile, et mon âme
abattue/ Cède au coup qui me tue (Corneille, <u>Le Cid</u>, I, 6,
stances de Rodrigue) ; > Molière, <u>L'Impromptu de Versailles</u>, 1 (où
Molière imite la diction du comédien Beauchâteau).

6 Plutôt souffrir que mourir,/ C'est la devise des hommes (La
Fontaine, « La Mort et le Bûcheron »).

7 J'ai beau chercher ma chère fille, je ne la trouve pas, et tous les pas qu'elle fait l'éloignent de moi (Mᵐᵉ ᴅᴇ Sᴇ́ᴠɪɢɴᴇ́, Corr., 6. 02. 1671).

8 Je vois ce carrosse qui avance toujours et qui n'approchera jamais de moi (Mᵐᵉ ᴅᴇ Sᴇ́ᴠɪɢɴᴇ́, Corr., 9. 02. 1671 ; *cf.* Corr., 5. 10. 1673).

9 Tous les jours se levaient clairs et sereins pour eux,/ Et moi, triste rebut de la nature entière,/ Je me cachais au jour, je fuyais la lumière (Rᴀᴄɪɴᴇ, Phèdre, IV, 6).

10 Grace aux Dieux ! Mon malheur passe mon espérance : / Oui, je te loue, ô Ciel, de ta persévérance (Rᴀᴄɪɴᴇ, Andromaque, V, 5) ; > M. Pʀᴏᴜsᴛ, Le Côté de Guermantes, II, 2.

11 Sans doute on ne veut pas que, mêlant nos douleurs,/ Nous nous aidions l'un l'autre à porter nos malheurs (Rᴀᴄɪɴᴇ, Britannicus, I, 3).

12 Nous qui sommes bornées en tout, comment le sommes-nous si peu quand il s'agit de souffrir ? (Mᴀʀɪᴠᴀᴜx, La Vie de Marianne, 9) ; > J. Gʀᴇᴇɴ : /bornés/ (Fin de jeunesse).

13 *Meine Ruh' ist hin,/ Mein Herz ist schwer* («Mon repos s'est enfui, mon cœur est lourd», Gᴏᴇᴛʜᴇ, Premier Faust, «Marguerite au rouet»).

14 J'aime la majesté des souffrances humaines (A. ᴅᴇ Vɪɢɴʏ, «La Maison du berger») ; > P. Vᴀʟᴇ́ʀʏ, Tel quel, I.

15 L'homme est un apprenti, la douleur est son maître,/ Et nul ne se connaît tant qu'il n'a pas souffert (A. ᴅᴇ Mᴜssᴇᴛ, «Nuit d'octobre»).

16 Je viens de la nuit où l'on souffre (Hᴜɢᴏ, «Viro major», dans la bouche de Louise Michel) ; > Mᴏɴᴛʀᴇʏɴᴀᴜᴅ.

17 Soyez béni, mon Dieu, qui donnez la souffrance/ Comme un divin remède à nos impuretés (Bᴀᴜᴅᴇʟᴀɪʀᴇ, Les Fleurs du mal, «Bénédiction»).

18 **Car c'est vraiment, Seigneur, le meilleur témoignage/ Que nous puissions donner de notre dignité/ Que cet ardent sanglot qui roule d'âge en âge/ Et vient mourir au bord de** votre éternité (Bᴀᴜᴅᴇʟᴀɪʀᴇ, Les Fleurs du mal, «Les Phares») ; > F. Mᴀᴜʀɪᴀᴄ : /de votre dignité/ (Ce qui était perdu, XV).

19 Encore la plupart n'ont-ils jamais connu/ La douceur du foyer et n'ont jamais vécu (Bᴀᴜᴅᴇʟᴀɪʀᴇ, Les Fleurs du mal, «Le Crépuscule du soir»).

20 Sois sage, ô ma douleur, et tiens-toi plus tranquille./ Tu réclamais le Soir ; il descend ; le voici (Bᴀᴜᴅᴇʟᴀɪʀᴇ, Les Fleurs du mal, «Recueillement») ; > P. Vᴀʟᴇ́ʀʏ, «Poésie et pensée abstraite», Variété ; V. Lᴀʀʙᴀᴜᴅ, Mon plus secret conseil...

21 Chose étrange, à mesure qu'on s'élève dans l'échelle des êtres,

la faculté nerveuse augmente, c'est-à-dire la faculté de souffrir.
Souffrir et penser seraient-ils donc la même chose ? (FLAUBERT,
Corr., 30. 09. 1853).

22 L'exprimer [la souffrance de la solitude] aussi délivre ; mais peu
de mots sont moins connus des hommes que ceux de leurs
douleurs profondes (A. MALRAUX, <u>La Condition humaine</u>, éd. la
Pléiade, p. 335).

23 L'exil, c'est la faim et la soif et le froid quand ils passent du plan
physique au plan moral (J. GREEN, <u>Quand nous habitions tous
ensemble</u>).

24 La souffrance est dans le manque de ce qu'elle retire, interdit,
mais nulle part en elle-même (M. CHOLODENKO, <u>Métamorphoses</u>,
« Quelques minutes d'une année d'absence ») ; >*.

style-expression

▷ Voir aussi **Art, Arts, Littérature-livres**

1 Quand on lui demandait son avis de quelques vers français, il
renvoyait ordinairement aux crocheteurs du Port-au-foin et disait
que c'étaient ses maîtres pour le langage (Mot de MALHERBE
rapporté par RACAN, <u>Mémoires pour la vie de Malherbe</u>) ; *cf.*
MONTAIGNE : [...] au langage, la recherche de phrases nouvelles, de mots
peu connus vient d'une ambition puérile et pédantesque. Puissé-je ne
me servir que de ceux qui servent aux halles à Paris (<u>Essais</u>, I, 26 ;
« phrases » veut dire « expressions »).

2 Quand on voit le style naturel on est tout étonné et ravi, car on
s'attendait de voir un auteur et on trouve un homme (PASCAL,
<u>Pensées</u>, 675).

3 Pour écrire bien, il faut **sauter les idées intermédiaires**, assez
pour n'être pas ennuyeux ; pas trop, de peur de n'être pas
entendu (MONTESQUIEU, <u>Mes pensées</u>, « Sur les ouvrages de
l'esprit ») ; > A. GIDE, <u>Journal</u> [1923] ; J. GRENIER : [...] /c'est le secret de
bien écrire/ (<u>Lexique</u>, « Saut »).

4 Le style n'est que l'ordre et le mouvement qu'on met dans ses
pensées (BUFFON, Discours sur le style).

5 [...] les connaissances, les faits et les découvertes s'enlèvent
aisément, se transportent, et gagnent même à être mis en œuvre
par des mains plus habiles. Ces choses sont hors de l'homme, **le
style est l'homme même** (BUFFON, Discours sur le style).

6 Le style n'est que le mouvement de l'âme (J. MICHELET, <u>Mon
journal</u> [4. 07. 1820]). *Cf. supra*, BUFFON.

7 Je mis un bonnet rouge au vieux dictionnaire (HUGO, <u>Les
Contemplations</u>, I, « Réponse à un acte d'accusation »).

8 Tout le talent d'écrire ne consiste après tout que dans le choix
des mots (FLAUBERT, Corr., 22. 07. 1852).

9 Il y a dans le mot, dans le *verbe*, quelque chose de *sacré* qui nous défend d'en faire un jeu de hasard. Manier savamment une langue, c'est pratiquer une espèce de **sorcellerie évocatoire** (BAUDELAIRE, Théophile Gautier, III ; *cf.* Les Paradis artificiels, « Le Poème du haschisch »).

10 Le style, c'est l'oubli de tous les styles (J. RENARD, Journal [1891]).

11 Classique est l'écrivain qui porte un critique en soi-même, et qui l'associe intimement à ses travaux (P. VALÉRY, « Situation de Baudelaire », Variété).

12 C'est une langue bien difficile que le français. A peine écrit-on depuis quarante-cinq ans qu'on commence à s'en apercevoir (COLETTE, Journal à rebours) ; > MONTREYNAUD.

13 Il importe que, d'un style, tout ait l'air d'avoir été voulu, — et surtout peut-être les faiblesses (J. ROSTAND, Carnet d'un biologiste).

14 Dans le style le plus simple que la phrase soit vierge. On veut une neige fraîche où personne n'a encore marché (J. CHARDONNE, L'Amour, c'est beaucoup plus que l'amour, V).

15 Penser, lorsque j'écris, que j'écris déjà dans une langue morte (R. MUNIER, L'Ordre du jour).

16 Il n'y a pas de langues mortes ; il y a des écrivains morts qui tuent les langues (E. MORANTE à M. GALLEY, Journal [1986]).

technique

1 La *technè* en général ou bien imite la *physis* ou bien effectue ce que la nature est dans l'impossibilité d'accomplir (ARISTOTE, Physique, VIII, 199a) ; > Encyclopœdia universalis, « Technique ».

2 Donne-moi un point où m'appuyer, et je mouvrai la terre (ARCHIMÈDE).

3 On ne commande à la nature qu'en lui obéissant (F. BACON, Novum organum, Aphorisme 129).

4 [...] au lieu de cette philosophie spéculative qu'on enseigne dans les écoles, on en peut trouver une pratique, par laquelle, connaissant la force et les actions du feu, de l'eau, de l'air, des astres, des cieux et de tous les autres corps qui nous environnent, aussi distinctement que nous connaissons les divers métiers de nos artisans, nous les pourrions employer en même façon à tous les usages auxquels ils sont propres, et ainsi nous rendre comme **maîtres et possesseurs de la nature** (DESCARTES, Discours de la méthode, VI) ; >*.

5 L'uniformité en tout genre d'administration est une vertu (VOLTAIRE, Le Siècle de Louis XIV, 29).

6 L'industrie moderne ne considère et ne traite jamais comme

définitif le mode actuel d'un procédé. Sa base est donc révolutionnaire, tandis que celle de tous les modes de production antérieurs était essentiellement conservatrice (MARX, Le Capital, I, 15).

7 L'invention de la machine à vapeur a changé de mille façons les idées, la morale, la politique, et même la religion (ALAIN, Les Arts et les Dieux : Histoire de mes pensées, « Rouen »).

8 Jusqu'à présent, il n'est pas une révolution qui, en fin de compte, n'ait abouti à un renforcement de la technique administrative (LÉNINE, L'Etat et la Révolution) ; > A. GIDE, Journal : Feuillets.

9 Notre époque tend à la glorification du record bien plus qu'à la standardisation. C'est miser sur l'heure présente et perdre souci de la durée (A. GIDE, Journal [1935]).

10 La puissance du moderne est fondée sur « l'objectivité ». Mais à y regarder de plus près, on trouve que c'est... l'objectivité même qui est puissante, — et non l'homme même (P. VALÉRY, « L'Idée fixe », Dialogues).

11 De même que la diffusion de la culture dans un peuple y rend peu à peu impossible la conservation des castes, et de même que les possibilités d'enrichissement rapide de toute personne par le commerce et l'industrie ont rendu illusoire et caduque toute hiérarchie sociale stable, — ainsi en sera-t-il de l'inégalité fondée sur le pouvoir technique (P. VALÉRY, Regards sur le monde actuel, « Avant-Propos »).

12 Je me suis essayé autrefois à me faire une idée positive de ce que l'on nomme *progrès*. Eliminant donc toute considération d'ordre moral, politique ou esthétique, le progrès me parut se réduire à l'accroissement très rapide et très sensible de la *puissance* (mécanique) utilisable par les hommes, et à celui de la *précision* qu'ils peuvent atteindre dans leurs prévisions (P. VALÉRY, « Propos sur le progrès », Regards sur le monde actuel).

13 [...]*le monde moderne dans toute sa puissance, en possession d'un capital technique prodigieux, entièrement pénétré de méthodes positives, n'a su toutefois se faire ni une politique, ni une morale, ni un idéal, ni des lois civiles ou pénales, qui soient en harmonie avec les modes de vie qu'il a créés, et même avec les modes de pensée que la diffusion universelle et le développement d'un certain esprit scientifique imposent peu à peu à tous les hommes* (P. VALÉRY, « La Politique de l'esprit », Variété).

14 Le monde qui baptise du nom de progrès sa tendance à une précision fatale cherche à unir aux bienfaits de la vie les avantages de la mort (P. VALÉRY, « La Crise de l'esprit », Variété, repris dans « La Politique de l'esprit », *idem*).

15 L'éminence même d'un spécialiste le rend plus dangereux (A. Carrel, L'Homme, cet inconnu, II, 4).

16 Il s'agirait de voir jusqu'à quel point vont aller nos pouvoirs, à nous, les hommes, car ils augmentent sans cesse, tandis que ceux de la nature diminuent d'autant (Ramuz, Questions, 7).

17 L'homme par ses prodigieuses techniques dépasse, semble-t-il, les cadres de sa propre pensée (G. Bachelard, Le Matérialisme rationnel).

18 Il faudra s'efforcer d'apprendre aux hommes étonnés que le bonheur ne consiste point à parcourir cent kilomètres en une heure, à s'élever dans l'atmosphère dans une machine ou à converser par-dessus les océans [...] (G. Duhamel, La Possession du monde, 10).

19 Il serait fou d'imaginer un équipement planétaire arrivé au dernier degré de la perfection, et resté néanmoins sous le contrôle de la multitude. L'aristocratie polytechnique, à laquelle seront finalement remis les destins de notre minuscule univers, apparaîtra bientôt ce qu'elle est réellement, la plus inhumaine de toutes, la plus fermée (G. Bernanos, La Grande Peur des bien-pensants, « Conclusion »).

20 Un monde gagné pour la Technique est perdu pour la Liberté (G. Bernanos, La France contre les robots, 1).

21 Tout problème authentique est justiciable d'une technique et toute technique consiste à résoudre des problèmes d'un type déterminé (G. Marcel, Etre et Avoir).

22 Quand nous considérons la technique comme quelque chose de neutre, c'est alors que nous lui sommes livrés de la pire façon : car cette conception [...] nous rend complètement aveugles en face de l'essence de la technique (M. Heidegger, Essais et Conférences, « La Question de la technique »).

23 Tous les espoirs sont permis à l'homme, même celui de disparaître (J. Rostand, Pensées d'un biologiste).

24 La vie brûle tout le temps dans le corps des habitants de la ville, non plus pour la joie de la flamme mais pour l'utilisation de la flamme (J. Giono, Les Vraies Richesses, I).

25 La beauté est un mot poétique. Ce sera désormais un mot technique. Cette chair sera belle. Sa beauté est son exacte utilité (J. Giono, Le Poids du ciel, III : « Beauté de l'individu »).

26 Il faut se méfier des ingénieurs, ça commence par la machine à coudre, ça finit par la bombe atomique (M. Pagnol, Critique des critiques, 3).

27 Chaque progrès nous a chassés un peu plus loin hors d'habitudes que nous avions à peine acquises, et nous sommes

véritablement des émigrants qui n'ont pas encore fondé leur patrie (A. DE SAINT-EXUPÉRY, Terre des hommes, III).

28 Au-delà de l'outil, et à travers lui, c'est la vieille nature que nous retrouvons, celle du jardinier, du navigateur, ou du poète (A. DE SAINT-EXUPÉRY, Terre des hommes, III).

29 Une administration n'est pas conçue pour résoudre des problèmes neufs. Si, dans une machine à emboutir, on introduit des pièces de bois, il n'en sortira point des meubles (A. DE SAINT-EXUPÉRY, Pilote de guerre, XII).

30 Plus le niveau de la technique est élevé, plus les avantages que peuvent apporter des progrès nouveaux diminuent par rapport aux inconvénients (S. WEIL, Oppression et Liberté).

31 [...] le machinisme semble aujourd'hui devoir favoriser à long terme les tendances individualistes de l'homme évolué (J. FOURASTIÉ, Le Grand Espoir du XXᵉ siècle, Conclusion générale).

32 La machine conduit ainsi l'homme à se spécialiser dans l'humain (J. FOURASTIÉ, Le Grand Espoir du XXᵉ siècle, Conclusion générale).

33 Despote conquérant, le progrès technique ne souffre pas l'arrêt. Tout ralentissement équivalant à un recul, l'humanité est condamnée au progrès à perpétuité. Son avenir n'est assuré que si elle tourne son génie inventif vers l'exploitation du revenu naturel, et non vers une consommation plus rapide de son capital (A. SAUVY, Théorie générale de la population, I, «Vue d'ensemble»).

34 Puisque c'était possible, c'était obligatoire (mot de J. SOUSTELLE, à propos de la bombe atomique, rapporté par J. ELLUL, La Technique ou L'Enjeu du siècle, 1960).

35 La science est devenue un moyen de la technique (J. ELLUL, La Technique).

36 Nous sommes actuellement au stade d'évolution historique d'élimination de tout ce qui n'est pas technique (J. ELLUL, La Technique).

37 L'homme n'a pas de besoins? Il faut lui en créer (J. ELLUL, La Technique).

38 La civilisation technique a un tort énorme: elle n'a pas encore supprimé la mort (J. ELLUL, La Technique).

39 Peut-être faut-il développer une spécialité nouvelle, la spécialité de la non-spécialisation (J. HAMBURGER, Le Miel et la Ciguë, 7).

temps-éternité

1 O mon âme, n'aspire pas à la vie éternelle, mais épuise le champ du possible (PINDARE, Pythiques, III, épigraphe, en grec, du

« Cimetière marin » de P. Valéry ; trad. proposée par Lagarde et Michard, Le xxᵉ Siècle).

2 Nous nous baignons et nous ne nous baignons pas dans le même fleuve (Héraclite, Fragments, trad. J. Voilquin ; *cf.* du même : On ne peut pas descendre deux fois dans le même fleuve).

3 *Fugit irreparabile tempus* (« Le temps, irréparable, fuit », Virgile, Géorgiques, III, 284). Sur de nombreux cadrans solaires, ces mots sont introduits par *Dum fugit umbra* [...], « pendant que l'ombre fuit ».

4 Pendant que je parle, l'heure fuit (Ovide, Amours, I, 11, 15 ; *cf.* Perse, Satires, V, 153) ; *cf.* Boileau : Hâtons-nous : le Temps fuit, et nous traîne avec soi : / Le moment où je parle est déjà loin de moi (Epîtres, III).

5 Le temps révèle toute chose (*Tempus omnia revelat* ; Tertullien, Apologétique, 7). *Cf.* « Vérité », Aulu-Gelle.

6 *Sic transit gloria mundi* (« C'est ainsi que passe la gloire du monde » ; adage médiéval ; il était répété trois fois lors du couronnement d'un nouveau pape ; *cf.* Thomas. a Kempis : *O quam cito transit gloria mundi* (Imitation de Notre Seigneur Jésus-Christ, I, 3 ; *cf.*, I Jean, 2, 17) ; *cf.* Malherbe : Ainsi fuit la gloire du monde (« Pour une fontaine », Poésies).

7 Le passé me tourmente, et je crains l'avenir (Corneille, Le Cid, II, 3).

8 Le temps est un grand maître, il règle bien des choses (Corneille, Sertorius, II, 4).

9 Vingt siècles descendus dans l'éternelle nuit, / Y sont sans mouvement, sans lumière et sans bruit (le père Le Moyne, Saint Louis) ; > Chateaubriand, Mémoires d'outre-tombe, III, I, 1, 14)

10 Nous ne nous tenons jamais au temps présent. Nous rappelons le passé ; nous anticipons l'avenir comme trop lent à venir, comme pour hâter son cours, ou nous rappelons le passé pour l'arrêter comme trop prompt, si imprudents que nous errons dans des temps qui ne sont point nôtres, et ne pensons point au seul qui nous appartient, et si vains que nous songeons à ceux qui ne sont rien, et échappons sans réflexion le seul qui subsiste. C'est que le présent d'ordinaire nous blesse (Pascal, Pensées, 47).

11 Comment en un plomb vil l'or pur s'est-il changé ? (Racine, Athalie, III, 7).

12 Jours devenus moments, moments filés de soie/ [...]/ Moments pour qui le sort rend leurs vœux superflus,/ Délicieux moments, vous ne reviendrez plus (La Fontaine, « Adonis ») ; > P. Valéry, « Au sujet d'Adonis », Variété.

13 Rien ne dure cette année, pas même la mort de M. Vallot (Mme de Sévigné, Corr., 27. 02. 1671).

14 Cela fait toujours passer une heure ou deux (Racine, Les
   Plaideurs, III, 4).

15 Oiseau bleu, couleur du temps,/ Vole à moi promptement (Mme
   d'Aulnoy, L'Oiseau bleu, chanson de Florine) ; > Barbey
   d'Aurevilly, Memoranda [1938] ; *cf.* Beaumarchais : Allons, bel oiseau
   bleu, chantez la romance à Madame (Le Mariage de Figaro, II, 4, paroles
   de Suzanne à Chérubin).

16 Souviens-toi que **le temps est de l'argent** (*Time is money*,
   B. Franklin, Écrits, II, « Conseil à un jeune négociant ») ; > L. Bloy,
   Exégèse des lieux communs, 117 ; P. Valéry : L'idée que *le temps est de
   l'argent* est le comble de la vilenie. Le temps est de la maturation, de la
   classification, de l'ordre, de la perfection (« Rhumbs », Tel quel).

17 Nous avons toujours vu le même jardinier ; **de mémoire de rose**,
   on n'a vu que lui [...] assurément il ne meurt point comme nous,
   il ne change seulement pas (Fontenelle, Entretiens sur la
   pluralité des mondes) ; > Diderot : La rose de Fontenelle qui disait
   que de mémoire de rose on n'avait vu mourir un jardinier ? (Le Rêve de
   d'Alembert).

18 Les idées que les ruines réveillent en moi sont grandes. Tout
   s'anéantit, tout périt, tout passe. Il n'y a que le monde qui reste.
   Il n'y a que le temps qui dure. Qu'il est vieux ce monde ! Je
   marche entre deux éternités (Diderot, Salon de 1767).

19 *Tempo e galant'uomo* (sentence italienne) ; > Beaumarchais, Le
   Mariage de Figaro, III, 5.

20 Si je dis à **l'instant** qui passe :/ Attarde-toi, **tu es si beau !**/ Alors
   tu peux me charger de chaînes,/ Alors je consens volontiers à
   périr (Goethe, Premier Faust, « Cabinet de travail », scène du
   pacte avec Méphistophélès) ; > P. Valéry, « Discours en l'honneur de
   Goethe », Variété ; J. Gracq, Carnets du grand chemin.

21 Le temps emporte et sépare les voyageurs sur la terre [...] on se
   fait un signe de loin : *Adieu, va !* Le port commun est l'éternité
   (Chateaubriand, Mémoires d'outre-tombe, I, 1, 6, 2).

22 [...] le temps est un voile interposé entre nous et Dieu, comme
   notre paupière entre notre œil et la lumière (Chateaubriand,
   Mémoires d'outre-tombe, I, 1, 10, 5).

23 Alors commença entre nous la série des ces *vous souvient-il ?* qui
   font renaître toute une vie (Chateaubriand, Mémoires d'outre-
   tombe, I, 1, 10, 11).

24 [...] que suis-je entre les mains de ce Temps, de ce grand
   dévorateur des siècles que je croyais arrêtés, de ce Temps qui
   me fait pirouetter dans les espaces avec lui ? (Chateaubriand,
   Mémoires d'outre-tombe, III, I, 5, 2).

25 Ta croyance à l'immortalité n'est vraie que si elle est croyance à
   cette vie (L. Feuerbach, Pensées sur la mort et l'immortalité).

26 **O temps suspends ton vol!** et vous, heures propices,/ Suspendez votre cours! (Lamartine, Méditations poétiques, «Le Lac»); > Alain: [...] Combien de temps le temps va-t-il suspendre son vol? (Eléments de philosophie, I, XVII).

27 Aimez ce que jamais on ne verra deux fois (A. de Vigny, Les Destinées, «La Maison du berger», III); > F. Mauriac, Le Jeune Homme, III.

28 Oh! demain, c'est la grande chose!/ De quoi demain sera-t-il fait?/ L'homme aujourd'hui sème la cause;/ Demain Dieu fait mûrir l'effet (Hugo, Les Chants du crépuscule, «Napoléon II»).

29 L'âme de deuils en deuils, l'homme de rive en rive,/ Roule à l'éternité (Hugo, Les Contemplations, «A Villequier»).

30 Depuis quatre mille ans il tombait dans l'abîme (Hugo, La Fin de Satan, «Et nox facta est»).

31 Notre passé et notre avenir sont solidaires. Nous vivons dans notre race, et notre race vit en nous (Nerval, Aurélia, I, 4).

32 Je me dis: «La nuit éternelle commence, et elle va être terrible. Que va-t-il arriver quand les hommes s'apercevront qu'il n'y a plus de soleil?» (Nerval, Aurélia, II, 4).

33 «Dis-moi quel est ton nom seigneurial aux rivages de la nuit plutonienne!» Le corbeau dit: «**Jamais plus!**» (E. A. Poe, Poèmes, «Le Corbeau», trad. de Baudelaire).

34 O douleur! ô douleur! Le Temps mange la vie,/ Et l'obscur ennemi qui nous ronge le cœur/ Du sang que nous perdons croît et se fortifie! (Baudelaire, Les Fleurs du mal, «L'Ennemi»); *cf.* «Vieillesse», Ovide.

35 C'est que demain, hélas! il faudra vivre encore!/ Demain, après-demain et toujours! — comme nous! (Baudelaire, Les Fleurs du mal, «Le Masque»).

36 Je jalouse le sort des plus vils animaux/ Qui peuvent se plonger dans un sommeil stupide,/ Tant l'écheveau du temps lentement se dévide (Baudelaire, Les Fleurs du mal, «De profundis clamavi»).

37 *Souviens-toi* que le Temps est un joueur avide/ Qui gagne sans tricher, à tout coup! c'est la loi./ Le jour décroît, la nuit augmente; *souviens-toi!*/ [...] Meurs, vieux lâche, il est trop tard (Baudelaire, Les Fleurs du mal, «L'Horloge»).

38 Le vieux Paris n'est plus. **La forme d'une ville**/ Change plus vite, hélas! que le cœur d'un mortel;/[...]/**Paris change! mais rien dans ma mélancolie**/ **N'a bougé** [...] (Baudelaire, Les Fleurs du mal, «Le Cygne»); > b) Ch. Péguy, Notre jeunesse; J. Green, Journal [1939]; a) titre de J. Gracq.

39 Il faut être toujours ivre. Tout est là: c'est l'unique question.

Pour ne pas sentir l'horrible fardeau du Temps qui brise vos
épaules et vous penche vers la terre, il faut vous enivrer sans
cesse.
Mais de quoi ? De vin, de poésie ou de vertu, à votre guise. Mais
enivrez-vous (Baudelaire, Le Spleen de Paris, « Enivrez-vous »).

40 Ensuite on fit apporter de nouvelles bouteilles, pour tuer le
Temps qui a la vie si dure, et accélérer la Vie qui coule si
lentement (Baudelaire, Le Spleen de Paris, « Portraits de
maîtresses »).

41 Nous n'irons plus au bois,/ Les lauriers sont coupés (Th. de
Banville, Les Stalactites, premiers et derniers vers du poème,
sans titre) ; cf. T. Corbière : Au bois, les lauriers sont coupés,/ Mais le
persil verdit encore (Les Amours jaunes, « Déjeuner de soleil »).

42 **Tel qu'en Lui-même enfin l'éternité le change,**/ Le Poète suscite
avec un glaive nu/ Son siècle épouvanté de n'avoir pas connu/
Que la mort triomphait dans cette voix étrange (Mallarmé, « Le
Tombeau d'Edgar Poe »).

43 (l'éternité est longue) (Lautréamont, Les Chants de Maldoror, III).

44 Elle est retrouvée./ **Quoi ? — L'Eternité/ C'est la mer allée/
Avec le soleil** (Rimbaud, Derniers vers, « Fêtes de la patience »,
3) ; > a) Titre de M. Yourcenar ; a) et b) épigraphe de J. Green, Frère
François. Cf. T. Corbière : En fumée elle est donc chassée/ L'Eternité, la
traversée/ Qui fit de Vous ma sœur d'un jour,/ Ma sœur d'amour (Les
Amours jaunes, « Steam-Boat »).

45 Nous ne *pensons* pas le temps réel. Mais nous le vivons, parce
que la vie déborde l'intelligence (H. Bergson, L'Evolution
créatrice, I).

46 [...] le passé est du déjà inventé, du mort, et non plus de la
création et de la vie (H. Bergson, L'Evolution créatrice, IV).

47 Le temps est invention ou il n'est rien du tout (H. Bergson,
L'Evolution créatrice, IV).

48 Ce n'est point le temps qui manque, c'est nous qui lui
manquons (P. Claudel, Partage de midi, 1re version, I).

49 La vie n'est ni longue ni courte : elle a des longueurs (J. Renard,
Journal [1909]).

50 L'important est [...] de faire flamber l'éternité dans nos actes à
tous (R. Rolland, « Note pour *Jean-Christophe* »).

51 Un couchant des Cosmogonies !/ Ah ! que la Vie est quotidienne.../ Et du plus vrai qu'on se souvienne/ Comme on fut
piètre et sans génie (J. Laforgue, « Complainte sur certains
ennuis »).

52 Le temps est le péché de l'éternité (P. Claudel, Journal [1927] ;
repris dans Vitraux de l'Apocalypse).

53 L'éternité occupe ceux qui ont du temps à perdre. Elle est une

forme du loisir (P. Valéry, <u>Mauvaises pensées et autres</u>). *Cf.*
« Dieu », J. Calvin.

54 Vienne la nuit sonne l'heure/ Les jours s'en vont je demeure
(Apollinaire, <u>Alcools</u>, « Le Pont Mirabeau »).

55 La vie est variable aussi bien que l'Euripe (Apollinaire, <u>Alcools</u>,
« Le Voyageur »).

56 Les feuilles/ Qu'on foule/ Un train/ Qui roule/ La vie/ S'écoule
(Apollinaire, <u>Alcools</u>, « Automne malade »).

57 Il faut laisser du temps au temps (mot du pape Jean XXIII) ; >
déformation fréquente /donner/.

58 Ainsi les morts font les vivants. Ainsi le passé livre naissance à
l'avenir. Ainsi la race des hommes survit aux hommes mêmes
(E. Henriot, <u>Aricie Brun ou Les Vertus bourgeoises</u>, III, 4). Voir
« Mort », A. Comte.

59 Celui qui parle de l'avenir est un coquin, c'est l'actuel qui
compte. Invoquer la postérité, c'est faire un discours aux asticots
(L.-F. Céline, <u>Voyage au bout de la nuit</u>) ; > J. Grenier, <u>Lexique</u>,
« Avenir ».

60 Le temps qui passe passe passe
Avec sa corde fait des nœuds (Aragon, <u>Elsa</u>).

61 L'éternité n'est guère plus longue que la vie (R. Char, <u>Feuillets
d'Hypnos</u>).

62 Si nous habitons un éclair, il est le cœur de l'éternité (R. Char,
<u>Le Poème pulvérisé</u>).

63 Nous vivons ici-bas dans un mélange de temps et d'éternité.
L'enfer serait du temps pur (S. Weil, <u>La Connaissance surnatu-
relle</u>).

64 La vraie générosité envers l'avenir consiste à tout donner au
présent (A. Camus, <u>La Peste</u>).

65 Que de temps perdu à gagner du temps ! (P. Morand,
<u>Venises</u>).

66 — Quelle heure est-il ? — La même que d'habitude (S. Beckett,
<u>Fin de partie</u>).

67 L'homme a appris à concentrer le temps (J. Hamburger, <u>Le Miel
et la Ciguë</u>, 6).

travail

▷ Voir aussi **Loisirs-divertissement-ennui, Métier-vocation**

1 [...] le sol sera maudit à cause de toi ; c'est avec peine que tu en
tireras ta nourriture tous les jours de ta vie. [...] C'est à la sueur
de ton visage que tu mangeras du pain [...] (<u>Genèse</u>, 3, 17-19).

2 A chaque jour suffit sa peine (<u>Matthieu</u>, 6, 34) ; > A. Gide, <u>Journal</u>
[1945].

3 *Labor omnia vincit/ improbus* («Un travail constant vient à bout de tout»; Virgile, Géorgiques, I, 145-146).

4 *Nulla dies sine linea* («Aucun jour sans [écrire] une ligne»; Pline, Histoire naturelle, 35, 84, rapportant un mot attribué au peintre Apelle); > H. de Montherlant, Carnets, XXI, qui critique implicitement M. Jouhandeau, dont c'était la devise; J.-P. Sartre, Les Mots, «Ecrire».

5 A l'œuvre on connaît l'artisan (La Fontaine, «Les Frelons et les Mouches à miel»; proverbial).

6 Travaillez, prenez de la peine :/ C'est le fonds qui manque le moins (La Fontaine, «Le Laboureur et ses Enfants»).

7 Mon siège est fait (R. Aubert, abbé de Bertot, pour exprimer l'idée qu'il est trop tard pour retoucher un travail fini; voir Dupré, 1093).

8 Les plus grandes améliorations dans la puissance productive du travail, et la plus grande partie de l'habileté, de l'adresse et de l'intelligence avec laquelle il est dirigé ou appliqué, sont dues, à ce qu'il semble, à la *Division du travail* (A. Smith, Recherches sur la nature et les causes de la richesse des nations, I, 1).

9 Le travail est la seule mesure universelle, aussi bien que la seule exacte, des valeurs, le seul étalon qui puisse nous servir à comparer les valeurs de différentes marchandises à toutes les époques et dans tous les lieux (A. Smith, Recherches sur la nature et les causes de la richesse des nations, I, 5).

10 Mais pourquoi, dis-je, a-t-il quitté le service? — Il ne l'a point quitté, me répondit-il, mais le service l'a quitté (Montesquieu, Lettres persanes, 48).

11 Le travail éloigne de nous trois grands maux, l'ennui, le vice et le besoin (Voltaire, Candide, 30, «Conclusion»).

12 Travaillons sans raisonner, dit Martin; c'est le seul moyen de rendre la vie supportable (Voltaire, Candide, 30, «Conclusion»); voir «Sagesse», Voltaire.

13 Riche ou pauvre, puissant ou faible, tout citoyen oisif est un fripon (Rousseau, Emile, III).

14 [...] ambitieux par vanité, laborieux par nécessité, mais paresseux... avec délices! (Beaumarchais, Le Mariage de Figaro, III, 15).

15 Dans la vie, il y a l'amour, et puis le travail, et puis rien (Gobineau, Corr., 5. 04. 1877; seule une version allemande de ce mot subsiste, l'original français étant perdu); > H. de Montherlant (Carnets, XIV), lui-même cité ainsi *: Il y a les livres, il y a le plaisir, il y a rien.

16 La peur de l'ennui est la seule excuse du travail (J. Renard, Journal [1892]).

17 L'oisiveté est mère de tous les vices, mais de toutes les vertus aussi (ALAIN, Propos [21. 02. 1910]; la première partie est proverbiale).

18 Le propre du travail, c'est d'être forcé (ALAIN, Les Arts et les Dieux, «Préliminaires à la mythologie»).

19 Travail est toute dépense d'actes qui tend à rendre les choses, les êtres, les circonstances, profitables ou délectables à l'homme ; et l'homme lui-même, plus sûr et plus fier de soi (P. VALÉRY, «La France travaille», Regards sur le monde actuel).

20 [...] car ce sont toujours les meilleurs qui font le sacrifice d'eux-mêmes, qui acceptent l'exigence dévorante du travail profes-sionnel... (R. MARTIN DU GARD, Les Thibault, «L'Été 14», Gallimard, 1959, p. 146).

21 [...] le grand fait actuel est l'éveil d'une *Religion nouvelle* qui fait, petit à petit, adorer le Monde et qui est indispensable à l'humanité pour qu'elle continue à travailler (TEILHARD DE CHARDIN, Œuvres, Journal, p. 220).

22 Rien ne sert d'être vivant s'il faut que l'on travaille (A. BRETON, Nadja).

23 Je ne suis pas égoïste, je partage mon travail (L. SCUTENAIRE, Mes inscriptions).

tristesse-mélancolie

1 L'âme pleine d'amour et de mélancolie,/ Et couché sur des fleurs ou sous des orangers,/ J'ai montré ma blessure aux deux mers d'Italie (F. MAINARD, Poésies, «Cloris que dans mon cœur»).

2 Je m'ennuie de la vie ; l'ennui m'a toujours dévoré : ce qui intéresse les autres hommes ne me touche pas (CHATEAUBRIAND, Les Natchez, 2, «Lettre de René à Céluta»).

3 Plus les peuples avancent en civilisation, plus cet état du *vague* des passions augmente ; [...] On est détrompé sans avoir joui ; il reste encore des désirs et l'on n'a plus d'illusions [...] On habite avec un cœur plein un monde vide, et sans avoir usé de rien on est désabusé de tout (CHATEAUBRIAND, Génie du christianisme, II, III, 9, chapitre qui sert d'introduction à René).

4 Seras-tu plus heureux ? du moins, es-tu content ?/ — Plus triste que jamais. — Qui donc es-tu ? — Satan (A. DE VIGNY, Eloa, III, v. 267-268) ; > H. DE MONTHERLANT, Aux fontaines du désir, «Palais Ben Ayed».

5 Je suis le Ténébreux, — le Veuf, — l'Inconsolé,/ Le Prince d'Aquitaine à la Tour abolie :/ Ma seule *Etoile* est morte, — et mon luth constellé/ Porte le *Soleil noir* de la *Mélancolie* (NERVAL, Les Chimères, «El Desdichado»).

6 J'ai perdu ma force et ma vie,/ Et mes amis et ma gaîté ;/ J'ai perdu jusqu'à la fierté/ Qui faisait croire à mon génie (MUSSET, «Tristesse»).

7 Je suis triste comme un lendemain de fête (A. DE MUSSET, Les Caprices de Marianne, II, 6).

8 [...]/ Le secret douloureux qui me faisait languir (BAUDELAIRE, Les Fleurs du mal, «La Vie antérieure»).

9 Quand le ciel bas et lourd pèse comme un couvercle/ Sur l'esprit gémissant en proie aux longs ennuis,/ [...] (BAUDELAIRE, Les Fleurs du mal, «Spleen»).

10 Mais la tristesse en moi monte comme la mer,/ Et laisse en refluant sur ma lèvre morose/ Le souvenir cuisant de son limon amer (BAUDELAIRE, Les Fleurs du mal, «Spleen»).

11 Il n'y a qu'une tristesse [...] c'est de ne pas être des saints (L. BLOY, La Femme pauvre, II, 28).

12 «Ce paradis que Dieu ne m'a pas ouvert et que tes bras pour moi ont refait un court moment, ah ! femme, tu ne me le donnes que pour me communiquer que j'en suis exclu» (P. CLAUDEL, Le Soulier de satin, 1re version, II, 14).

13 La mélancolie n'est que de la ferveur retombée (A. GIDE, Les Nourritures terrestres, Livre premier).

14 Je souffre d'un lointain musical que j'ignore (CÉCILE SAUVAGE, L'Ame en bourgeon) ; >**, cité par le fils de la poétesse, O. MESSIAEN.

15 Sur ce sentiment inconnu dont l'ennui, la douceur m'obsèdent, j'hésite à apposer le nom, le beau nom grave de tristesse (F. SAGAN, début de Bonjour tristesse ; l'expression du titre provient d'ELUARD, La Vie immédiate, «A peine défigurée»).

16 Quelque chose monte en moi, que j'accueille par son nom, les yeux fermés. Bonjour Tristesse (F. SAGAN, Bonjour tristesse, fin ; voir citation précédente).

V

vérité

1 Qu'est-ce que la vérité ? (PONCE-PILATE à Jésus, JEAN, 18, 38) ; > P. CLAUDEL, L'Echange, I, qui ajoute : Est-ce qu'elle n'a pas dix-sept enveloppes comme les oignons ?

2 En réalité, nous ne savons rien, car la vérité est au fond de l'abîme (DÉMOCRITE, Fragments, trad. de J. Voilquin).

3 Le langage de la vérité est simple (SÉNÈQUE, Epîtres, 49, 12).

4 *In vino veritas* (C'est dans le vin qu'est la vérité, = sincérité de l'homme libre de soucis, de craintes et de calculs ; *cf.* pour l'expression PLINE, Histoire naturelle, XIV, 141 ; sources : ALCÉE, fragment 53 : Le vin est un miroir pour l'homme, et fragment 57 : Le vin, ami, est aussi vérité ; PLATON, Le Banquet, 217e).

5 Platon m'est cher, mais la vérité me l'est encore davantage (attribué à ARISTOTE, voir DUPRÉ, 5022). *Cf.* DIDEROT, à propos de Rabelais (Jacques le Fataliste, «Jacques et sa gourde») ; A. GIDE : J'aime Francis Jammes, [...] (Je ne sais plus comment cela se dit en latin) (Journal : Feuillets). En latin : *Amicus Plato, sed magis amica veritas.*

6 La vérité est la fille du temps (*Veritas filia temporis*; AULU-GELLE, Nuits attiques, 12, 11, 2).

7 La vérité et la raison sont communes à un chacun, et ne sont pas plus à qui les a dictes premièrement, qu'à qui les dit après (MONTAIGNE, Essais, I, 26).

8 Quelle vérité que ces montagnes bornent, qui est mensonge au monde qui se tient au delà ? (MONTAIGNE, Essais, II, 12) ; *cf.* PASCAL : Plaisante justice qu'une rivière borne. Vérité au deçà des Pyrénées, erreur au delà (Pensées, 60).

9 Belle religion, où je me suis réfugié comme un malade qui cherche sa délivrance, et quand il s'enquiert de cette vérité qui doit le délivrer, on estime qu'il lui est bon d'être pipé (MONTAIGNE, Essais, II, 12 ; < SAINT AUGUSTIN, La Cité de Dieu, IV, 27, déformé) ; *cf.* PASCAL, Pensées, 60.

10 Nous sommes nés à quêter la vérité ; il appartient de la posséder à une plus grande puissance (MONTAIGNE, Essais, III, 8).

11 Je vois ordinairement que les hommes, aux faits qu'on leur propose, s'amusent plus volontiers à en chercher la raison qu'à en chercher la vérité : ils laissent là les choses, et s'amusent à traiter les causes. Plaisants causeurs (MONTAIGNE, Essais, III, 11).

12 *Se non è vero, è molto ben trovato* («Si ce n'est pas vrai, c'est en tout cas très bien trouvé»; G. BRUNO, Gli Eroici Furori, II, 3).

13 Il est certain que nous ne prendrons jamais le faux pour le vrai tant que nous ne jugerons que de ce que nous apercevons clairement et distinctement (DESCARTES, Principes de la philosophie, I).

14 [...] l'expérience nous fait connaître que tout ce qui est incroyable n'est pas faux (CARDINAL DE RETZ, Mémoires, II).

15 La vérité jette, lorsqu'elle est à un certain carat, une manière d'éclat auquel l'on ne peut résister (CARDINAL DE RETZ, Mémoires, II).

16 De quelqu'ordre ou de quelques païs que vous soyez, vous ne devez croire que ce qui est vray, et que ce que vous seriez disposé à croire, si vous estiez d'un autre païs, d'un autre ordre,

d'une autre profession [...] (<u>Logique de Port-Royal</u>, III, 19-20) ; >
A. GIDE, <u>Journal</u> : Feuillets) ; J. BENDA, <u>La Trahison des clercs</u>, 3.

17 Vous savez que nul n'est prophète/ En son pays [...] (LA
FONTAINE, « L'Homme qui court après la Fortune et l'Homme qui
l'attend dans son lit » ; expression proverbiale, *cf.* <u>JEAN</u>, 4, 44).

18 Je l'ai vu, dis-je, vu, de mes propres yeux vu,/ Ce qu'on appelle
vu (MOLIÈRE, <u>Le Tartuffe</u>, V, 3).

19 Juste retour, Monsieur, des choses d'ici-bas ;/ Vous ne vouliez
point croire, et l'on ne vous croit pas (MOLIÈRE, <u>Le Tartuffe</u>, V,
3).

20 **On se fait une idole de la vérité même, car la vérité** hors de la
charité **n'est pas Dieu**, et est son image et une idole qu'il ne faut
point aimer ni adorer, et encore moins faut-il aimer ou adorer
son contraire, qui est le mensonge (PASCAL, <u>Pensées</u>, 926) ;
> J. GRENIER, <u>Lexique</u>, « Idole ».

21 Je ne crois que les histoires dont les témoins se feraient égorger
(PASCAL, <u>Pensées</u>, 822) ; > J. ROSTAND : /qu'aux témoins qui ne se
feraient pas égorger/ (<u>Carnet d'un biologiste</u>) ; J. Green, <u>Journal</u>
[1945].

22 Ils ont quelques principes vrais, mais ils en abusent, or l'abus
des vérités doit être autant puni que l'introduction du
mensonge. Comme s'il y avait deux enfers, l'un pour les péchés
contre la charité, l'autre contre la justice (PASCAL, <u>Pensées</u>,
906).

23 Le Vrai peut quelquefois n'être pas vraisemblable (BOILEAU, <u>Art
poétique</u>, III) ; > VOLTAIRE, <u>Le Siècle de Louis XIV</u>, « Catalogue des
écrivains » ; E. RENAN, <u>Souvenirs d'enfance et de jeunesse</u>, V.

24 Nous éviterons le ridicule d'avoir trouvé la cause de ce qui n'est
point (FONTENELLE, <u>Histoire des oracles</u>, I, IV).

25 Selon moi, il n'y a pas jusqu'aux vérités à qui l'agrément ne soit
nécessaire (FONTENELLE, <u>Entretiens sur la pluralité des mondes</u>,
« Premier soir »).

26 Si je tenais toutes les vérités dans ma main, je me donnerais bien
garde de l'ouvrir pour les découvrir aux hommes (FONTENELLE,
<u>Par amour de la paix</u>).

27 On doit des égards aux vivants ; on ne doit aux morts que la
vérité (VOLTAIRE, Lettres écrites en 1719, sur Œdipe, I, note).

28 Aime la vérité, mais pardonne à l'erreur (VOLTAIRE, <u>Discours en
vers sur l'homme</u>, II).

29 Gardons-nous d'annoncer la vérité à ceux qui ne sont pas en état
de l'entendre, car c'est y vouloir substituer l'erreur (ROUSSEAU,
<u>Emile</u>, IV).

30 [...] les avantages du mensonge sont d'un moment, et ceux de la
vérité sont éternels ; mais les suites fâcheuses de la vérité, quand

elle en a, passent vite, et celles du mensonge ne finissent qu'avec lui (Diderot, Le Rêve de d'Alembert).

31 Ce qu'on n'a jamais mis en question n'a point été prouvé (Diderot, Pensées philosophiques, XXI).

32 *Vitam impendere vero* (« Consacrer sa vie au vrai »; devise de J.-J. Rousseau, empruntée à Juvénal, Satires, IV, v. 91); *cf.* à propos de Socrate : Platon, Apologie de Socrate, 17e; devise citée par J. de Maistre, reprise par Louis Blanc, attribuée aussi à G. Sand par Baudelaire, « Marginalia ».

33 Nous ne voulons pas voir que les vérités les plus difficiles à découvrir, sont très aisées à comprendre (J. de Maistre, Les Soirées de Saint-Pétersbourg, 2).

34 Le vrai est ce qu'il peut (mot de M. de Fongeray); > Nerval, Les Nuits d'octobre, XXI.

35 La vérité, l'âpre vérité (mot attribué à Danton par Stendhal, en exergue du Rouge et Noir).

36 Je suis concitoyen de toute âme qui pense :/ La vérité est mon pays (Lamartine, Poésies diverses, « La Marseillaise de la paix »).

37 La vérité est dans la consistance (E. A. Poe, Eurêka); > R. Barthes par lui-même.

38 Une erreur est d'autant plus dangereuse qu'elle contient plus de vérité (Amiel, Journal [26. 12. 1852]).

39 Qui sait si la vérité n'est pas triste? (E. Renan, Préface aux Dialogues philosophiques; *cf.* le mot de son ami de Pange à J. Joubert : triste comme la vérité, dans J. Joubert, Pensées, Maximes et Essais, XXIV, 68); > J. Guéhenno, Changer la vie; J. Green, Journal [1940]; A. Gide : La vérité est peut-être triste (Journal [1940], où la citation est donnée comme sans doute inexacte).

40 Le plus simple écolier sait maintenant des vérités pour lesquelles Archimède eût sacrifié sa vie (E. Renan, Préface aux Dialogues philosophiques).

41 La vérité sera un jour la force. « Savoir, c'est pouvoir » est le plus beau mot qu'on ait dit (E. Renan, Dialogues philosophiques, 3e Dialogue : « Rêves »); *cf.* « Savoir », Bacon.

42 Celui qui, pour des raisons quelles qu'elles soient, patriotiques, politiques, religieuses et même morales, se permet le moindre arrangement de la vérité, doit être rayé de l'ordre des savants (G. Paris, Leçon d'ouverture au Collège de France, 1870); > J. Benda, La Trahison des clercs, « Appendice des valeurs cléricales ».

43 La vérité est en marche; rien ne peut plus l'arrêter (Zola, dans un article du 25. 11. 1897 à propos de l'affaire Dreyfus; voir Dupré, 2724).

44 La vérité finit par triompher (A. Scheurer-Kestner, le 7. 12. 1897,

à propos de l'affaire Dreyfus ; repris par ZOLA dans un article, voir
O. GUERLAC).

45 Les vérités sont des illusions dont on a oublié qu'elles le sont (F.
NIETZSCHE, Le Livre du philosophe).

46 [...] — et il me sera loisible de *posséder la vérité dans une âme
et un corps* (RIMBAUD, Une saison en enfer, «Adieu»).

47 Je suis la promesse qui ne peut être tenue et ma grâce consiste
en cela même. [...] Je suis la vérité avec le visage de l'erreur,
et qui m'aime n'a point souci de démêler l'une de l'autre
(P. CLAUDEL, La Ville, 2e version, III).

48 Ce que l'on découvre ou redécouvre soi-même ce sont les
vérités vivantes ; la tradition nous invite à n'accepter que des
cadavres de vérité (A. GIDE, Journal [1932]).

49 Aimer la vérité, c'est ne consentir point à se laisser assombrir par
elle (A. GIDE, Journal [1940]).

50 [...] les plus détestables mensonges sont ceux qui se rappro-
chent le plus de la vérité (A. GIDE, Si le grain ne meurt, II, 2, dans
la bouche d'O. Wilde).

51 Chacun sa vérité (Titre d'une pièce de PIRANDELLO).

52 Pas de «vérité» sans passion, sans erreur. Je veux dire : la vérité
ne s'obtient que passionnément (P. VALÉRY, «Rhumbs», Tel
quel).

53 La vérité a besoin du mensonge — car... comment la définir sans
contraste ? (P. VALÉRY, Mélange).

54 Elles sont de bonne foi toutes deux. C'est ça la vérité (J.
GIRAUDOUX, Electre, I, 4).

55 Il est des vérités qui peuvent tuer un peuple, Electre (J.
GIRAUDOUX, Electre, II, 8).

56 Nul doute : l'erreur est la règle ; la vérité est l'accident de l'erreur
(G. DUHAMEL, Le Notaire du Havre, Avant-Propos).

57 La Vérité ne désire pas d'être admirée, mais d'être cherchée, puis
aimée (G. BERNANOS, La Grande Peur des bien-pensants, 5).

58 Le scandale n'est pas de dire la vérité, c'est de ne pas la dire tout
entière, d'y introduire un mensonge par omission qui la laisse
intacte au dehors, mais lui ronge, ainsi qu'un cancer, le cœur et
les entrailles (G. BERNANOS, Scandale de la vérité).

59 Il n'y a rien d'irréparable que le mensonge (G. BERNANOS, Nous
autres Français, 4).

60 Un esprit d'homme veut être respecté : il n'est pas de plus grand
crime que de lui rendre la vérité suspecte (J. GUÉHENNO, Changer
la vie, «La découverte du logos»).

61 O vérité, toi si belle quand il s'agit des choses, si laide quand il
s'agit des hommes... (J. ROSTAND, Carnet d'un biologiste).

62 Je n'ai jamais pu faire coïncider ce que je croyais être la vérité avec ce qui m'aidait à vivre (J. GRENIER, Lexique, « Vérité »).

63 Mais la vérité, vous savez, c'est ce qui simplifie le monde et non ce qui crée le chaos. La vérité, c'est le langage qui dégage l'universel (A. DE SAINT-EXUPÉRY, Terre des hommes, VIII, 3).

64 Il n'est pas d'idéal auquel nous puissions nous sacrifier, car de tous nous connaissons les mensonges, nous qui ne savons point ce qu'est la vérité (A. MALRAUX, La Tentation de l'Occident).

65 Toute l'autorité, la tactique et l'ingéniosité ne remplacent pas une parcelle de conviction au service de la vérité. Ce lieu commun, je crois l'avoir amélioré (R. CHAR, Feuillet d'Hypnos).

66 [...] les grandes mutations scientifiques peuvent peut-être se lire parfois comme les conséquences d'une découverte ; mais elles peuvent se lire aussi comme l'apparition de formes nouvelles dans la volonté de vérité (M. FOUCAULT, Leçon inaugurale au Collège de France, 1).

67 [...] le mensonge est une forme de talent, alors que le respect de la « vérité » va de pair avec la grossièreté et la lourdeur (E. M. CIORAN, Syllogismes de l'amertume, « L'Escroc du gouffre »).

68 Prendre parti pour la raison et la vérité, ce n'est pas prendre parti (J. DUTOURD, Les Pensées) ; >*.

vices-vertus

▷ Voir aussi **Qualités-défauts**

1 La vertu est le milieu entre deux vices et à mi-chemin des deux (SÉNÈQUE, Épître, 18, 9). *Cf.* l'idée aristotélicienne, ainsi connue sous sa forme de sentence médiévale et latine : *In medio stat virtus.*

2 Nous ne pouvons supporter ni nos vices ni leurs remèdes (TITE-LIVE, Préface à son Histoire romaine).

3 Valoir mieux que sa réputation (*cf.* OVIDE, Pontiques, I, 2, v. 143).

4 Les hommes ne savent être ni entièrement bons, ni entièrement mauvais (MACHIAVEL, Pensées, trad. Guiraudet).

5 Sois pécheur et **pèche fortement**, mais confie-toi et réjouis-toi plus fortement dans le Christ vainqueur du péché [...] (*pecca fortiter*, LUTHER à Melanchthon, Corr., 1. 08. 1521).

6 Malfaisant, pipeur, buveur, batteur de pavés, ribleur, s'il en était à Paris : **au demeurant, le meilleur fils du monde** (RABELAIS, Pantagruel, XVI ; < Cl. MAROT, « Epître au Roi pour avoir été dérobé », vers rajouté par RABELAIS dans la seconde édition) ; > M. GALLEY : /A part ça, le meilleur homme/ (Journal [1985]).

7 On dit qu'il faut couler les exécrables choses/ Dans le puits de l'oubli et au sépulcre encloses,/ Et que par les écrits le mal

ressuscité/ Infectera les mœurs de la postérité :/ Mais le vice n'a point pour mère la science,/ Et la vertu n'est pas fille de l'ignorance (A. d'Aubigné, Les Tragiques, II, v. 1083-1087) ; > épigraphe de Baudelaire, Les Fleurs du mal, éd. de 1857.

8 Le plus pur trésor que puisse donner l'existence humaine, c'est une réputation sans tâche (Shakespeare, Richard II, I, 1 ; l'idée était proverbiale depuis l'antiquité) ; > J. Green, Journal [1949].

9 Les plus grandes âmes sont capables des plus grands vices aussi bien que des plus grandes vertus (Descartes, Discours de la méthode, I).

10 — Rodrigue, as-tu du cœur ? — Tout autre que mon père/ L'éprouverait sur l'heure (Corneille, Le Cid, I, 5).

11 Mais qui peut vivre infâme est indigne du jour (Corneille, Le Cid, I, 5).

12 Un premier mouvement ne fut jamais un crime (Corneille, Horace, V, 3).

13 Ta vertu met ta gloire au-dessus de ton crime (Corneille, Horace, V, 3).

14 O ciel, que de vertus vous me faites haïr ! (Corneille, La Mort de Pompée, III, 4) ; > Louis, duc de Saint-Simon : /Seigneur/ (Mémoires, éd. Folio, p. 101 ; grand seigneur, Saint-Simon feint de ne pas savoir de qui est ce vers).

15 Nos vertus ne sont le plus souvent que des vices déguisés (La Rochefoucauld, en exergue des Maximes).

16 Les vertus se perdent dans l'intérêt, comme les fleuves se perdent dans la mer (La Rochefoucauld, Maximes, 171 ; 1re version : /Toutes les vertus/).

17 Ce qui nous empêche souvent de nous abandonner à un seul vice est que nous en avons plusieurs (La Rochefoucauld, Maximes, 195).

18 Il y a des personnes si légères et si frivoles qu'elles sont aussi éloignées d'avoir des défauts que des qualités solides (La Rochefoucauld, Maximes, 498).

19 **Je pris, après six jours de réflexion, le parti de faire le mal par dessein**, ce qui est sans comparaison le plus criminel devant Dieu, mais ce qui est sans doute le plus sage dans le monde : et parce qu'en le faisant ainsi l'on y met toujours des préalables, qui en couvrent une partie [...] (cardinal de Retz, Mémoires, II ; il s'agit de ne pas respecter le vœu de chasteté ecclésiastique).

20 Tous ces défauts humains nous donnent dans la vie/ Des moyens d'exercer notre philosophie :/ C'est le plus bel emploi que trouve la vertu (Molière, Le Misanthrope, V, 2).

21 J'aime mieux un vice commode/ Qu'une fatigante vertu (Molière, Amphitryon, I, 4).

22 Qui se sent morveux, qu'il se mouche (Molière, L'Avare, I, 3 ; proverbial).

23 Je ne suis point bon, et je suis méchant quand je veux (Molière, Les Fourberies de Scapin, II, 1 ; repris tel quel dans Le Malade imaginaire, I, 5).

24 Quand sur une personne on prétend se régler,/ C'est par les beaux côtés qu'il lui faut ressembler (Molière, Les Femmes savantes, I, 1 ; ces vers seraient dus à une correction de Boileau.

25 La naissance n'est rien où la vertu n'est pas (Molière, Dom Juan, IV, 4) ; lieu commun humaniste, voir par ex. Juvénal, Satires, 8, 20 ; Sénèque, Epître, 44, 5 ; etc.

26 Où la vertu va-t-elle se nicher ? (mot de Molière ; voir Dupré, 681).

27 Il y a des vices qui ne tiennent à nous que par d'autres, et qui en ôtant le tronc s'emportent comme des branches (Pascal, Pensées, 535).

28 Ce que peut la vertu d'un homme ne se doit pas mesurer par ses efforts mais par son ordinaire (Pascal, Pensées, 800).

29 Nous ne nous soutenons pas dans la vertu par notre propre force, mais par le contrepoids de deux vices opposés, comme nous demeurons debout entre deux vents contraires. Otez un de ces vices nous tombons dans l'autre (Pascal, Pensées, 674).

30 Toutes les bonnes maximes sont dans le monde ; on ne manque qu'à les appliquer (Pascal, Pensées, 540).

31 Son crime seul n'est pas ce qui me désespère (Racine, Britannicus, V, 6).

32 Quelques crimes toujours précèdent les grands crimes./ [...]/ Ainsi que la vertu, le crime a ses degrés (Racine, Phèdre, IV, 2).

33 Je n'ai point été intempérant, mon cher Thiériot, et cependant j'ai été malade. Je suis un juste à qui la grâce a manqué (Voltaire, Corr., 15. 07. 1735).

34 J'ai fait quelques ingrats, et ne l'ai point été (Voltaire, Discours en vers sur l'homme, «Sur la vraie vertu»).

35 Les grands crimes n'ont guère été commis que par des ignorants (Voltaire à Rousseau, Corr., 30. 08. 1755).

36 L'autre jour, au fond d'un vallon,/ Un serpent piqua Jean Fréron./ Que pensez-vous qu'il arriva ?/ Ce fut le serpent qui creva (Voltaire, Poésies mêlées, épigramme imitée de l'Anthologie grecque).

37 Vous eûtes des erreurs et non pas des vices ; votre conduite fut répréhensible, mais votre cœur fut toujours pur (Rousseau, Les Confessions, VI, à propos de Mme de Warens).

38 Il y a des semences de bonté et de justice dans le cœur de l'homme, si l'intérêt propre y domine (Vauvenargues, Réflexions et Maximes, 294).

39 Dans les grandes choses, les hommes se montrent comme il leur convient de se montrer ; dans les petites, ils se montrent comme ils sont (Chamfort, Maximes et Pensées).

40 J'ai été étonné du plaisir qu'on éprouve en faisant le bien ; et je serais tenté de croire que ce que nous appelons les gens vertueux, n'ont pas tant de mérite qu'on se plaît à nous le dire (Choderlos de Laclos, Les Liaisons dangereuses, lettre 21).

41 Les véritables miracles sont les bonnes actions faites en dépit de notre caractère et de nos passions (J. de Maistre, Les Soirées de Saint-Pétersbourg, 11).

42 Je ne sais ce qu'est la vie d'un coquin [...] mais celle d'un honnête homme est abominable (J. de Maistre, Corr., 22. 12. 1816) ; > Baudelaire : /Je ne sais pas ce que c'est qu'un honnête homme/ (Les Misérables par Victor Hugo).

43 Il y a des vertus qu'on ne peut exercer que quand on est riche (Rivarol, Fragments et Pensées philosophiques).

44 Mirabeau est capable de tout, même d'une bonne action (mot de Rivarol).

45 Tout à coup une porte s'ouvre : entre silencieusement le vice appuyé sur le bras du crime, M. de Talleyrand marchant soutenu par M. Fouché (Chateaubriand, Mémoires d'outre-tombe, III, I, 6, 20).

46 Vêtu de probité candide et de lin blanc (Hugo, La Légende des siècles, « Booz endormi »).

47 [...] car en enfer, on ne trahit plus [...] (Barbey d'Aurevilly, Léa).

48 Je me suis fait à mon métier. Le vice a été pour moi un vêtement, maintenant il est collé à ma peau. Je suis vraiment un ruffian (A. de Musset, Lorenzaccio, III, 3).

49 Ah ! Catherine, il n'est même plus beau ; comme une fumée malfaisante la souillure de son cœur lui est montée au visage (A. de Musset, Lorenzaccio, I, 6).

50 Hélas ! les vices de l'homme, si pleins d'horreur qu'on les suppose, contiennent la preuve (quand ce ne serait que leur infinie expansion !) de son goût de l'infini ; seulement, c'est un goût qui se trompe souvent de route (Baudelaire, « Le Poème du haschisch »).

51 Le vice et la vertu sont des produits comme le vitriol et le sucre, et toute donnée complexe naît par la rencontre d'autres

données plus simples dont elle dépend (H. Taine, Histoire de la littérature anglaise, Introduction, 3).

52 Rien n'est plus limité que le plaisir et le vice. On peut vraiment, dans ce sens-là, en changeant le sens de l'expression, dire qu'on tourne toujours dans le même cercle vicieux (M. Proust, Le Temps retrouvé).

53 Provisoirement je penserai que la vertu, c'est ce que l'individu peut obtenir de soi de meilleur (A. Gide, Feuillets d'automne).

54 Ce qui me plaisait dans la débauche, c'était peut-être qu'elle fût à prix fixe (F. Mauriac, Le Nœud de vipères, VII).

55 Peut-être le vice est-il moins dangereux pour nous qu'une certaine fadeur ? Il y a des ramollissements du cerveau. Le ramollissement du cœur est pire (G. Bernanos, Journal d'un curé de campagne, 2).

56 Ne se damne pas qui veut. Ne partage pas qui veut le pain et le vin de la perdition (G. Bernanos, Les Grands Cimetières sous la lune, I, 1).

57 Pourquoi bois-tu ? lui demanda le petit prince. — Pour oublier, répondit le buveur. — Pour oublier quoi ? [...]. — Pour oublier que j'ai honte [...]. — Honte de quoi ? [...] Honte de boire ! (A. de Saint-Exupéry, Le Petit Prince, XII) ; > repris légèrement transformé dans une campagne télévisée contre l'alcool.

58 L'opinion pardonne facilement tous les vices, sauf la lâcheté (Cl. Taittinger, Richelieu) ; >*.

victoire-défaite-combat

1 *Vae victis!* (« Malheur aux vaincus » ; mot attribué au Gaulois Brennus, vainqueur des Romains, < Tite-Live, Histoire romaine, 5, 48). Les Latins opposaient à cette idée barbare une autre expression : *Gloria victis*, « Gloire aux vaincus ».

2 Tu sais vaincre, Hannibal, mais tu ne sais pas user de ta victoire (mot de Maharbal à Hannibal, Tite-Live, Histoire romaine, III, 3).

3 Je suis venu, j'ai vu, j'ai vaincu (*Veni, vidi, vici*; mot de Jules-César annonçant sa victoire en Asie sur Pharnace, et inscription triomphale, Plutarque, Vies parallèles, 37, 2) ; > Hugo : /*Veni, vidi, vixi*/ (« Je suis venu, j'ai vu, j'ai vécu », Les Contemplations, titre de IV, 13).

4 Varus, rends-moi mes légions ! (mot d'Auguste après la défaite de son général contre les Germains, rapporté par Suétone, Vies des douze Césars, 23).

5 L'unique salut des vaincus est de n'espérer aucun salut (Virgile, Enéide, II, v. 354).

6 La Grèce conquise conquit son farouche vainqueur (Horace, Epîtres, II, 1, v. 156, signale ainsi la revanche de la civilisation grecque sur les armées romaines).

7 *Nunc est bibendum* («C'est maintenant qu'il faut boire», Horace, Odes, I, 37, v. 1, imité du poète grec Alcée, ici pour célébrer la victoire d'Octave sur Antoine et Cléopâtre).

8 *Ave, Caesar, morituri te salutant* (Suétone, Vies des douze Césars, «Claude», 21: «Salut, César, ceux qui vont mourir te saluent»; salut des gladiateurs romains à l'Empereur au moment d'engager la lutte).

9 Il est vainqueur deux fois celui qui se vainc lui-même dans sa victoire (*Bis vincit qui se vincit in victoria*; Publilius Syrus, Sentences); *cf.* Sénèque: c'est triompher de sa propre victoire (De clementia, I, 21).

10 Par ce signe tu vaincras (*In hoc signo vinces*, mot accompagnant la vision de la croix par Constantin la veille de sa victoire sur Maxence, Eusèbe Pamphile, Vie de Constantin, I, 28).

11 Et consiste l'honneur de la vertu à combattre, non à battre (Montaigne, Essais, I, 31). *Cf.* le mot de P. de Coubertin, fondateur des jeux olympiques modernes: [...] l'important dans ces concours, c'est moins d'y gagner que d'y prendre part. [...] L'important dans la vie, ce n'est point le triomphe, mais le combat. L'essentiel n'est pas d'avoir vaincu, mais de s'être bien battu (Discours de Londres, 24. 07. 1908, dans P. de Coubertin, Anthologie, 1933).

12 Meurs ou tue! (Corneille, Le Cid, I, 6).

13 Ton bras est invaincu, mais non pas invincible (Corneille, Le Cid, I, 6).

14 Mes pareils à deux fois ne se font pas connaître/ Et pour leurs coups d'essai veulent des coups de maître (Corneille, Horace, Le Cid, II, 2).

15 A vaincre sans péril, on triomphe sans gloire (Corneille, Le Cid, II, 2); > P. Valéry, «Inspirations méditerranéennes», Variété.

16 Nous partîmes cinq cents, mais par un prompt renfort/ Nous nous vîmes trois mille en arrivant au port,/ Tant à nous voir marcher avec un tel visage/ Les plus épouvantés reprenaient leur courage! (Corneille, Le Cid, IV, 3).

17 Et le combat cessa faute de combattants (Corneille, Le Cid, IV, 3); > Mme de Sévigné: /finit/ (Corr., 20. 02. 1671).

18 On est toujours trop prêt quand on a du courage (Corneille, Le Cid, IV, 5).

19 Je cours à mon supplice et non pas au combat (Corneille, Le Cid, V, 1).

20 Sors vainqueur d'un combat dont Chimène est le prix (Corneille, Le Cid, V, 1)

21 Paraissez, Navarrais, Mores et Castillans (Corneille, Le Cid, V, 1).

22 Mais Rome ignore encor comme on perd des batailles (Corneille, Horace, I, 1).

23 Et je garde, au milieu de tant d'âpres rigueurs,/ Mes larmes aux vaincus et ma haine aux vainqueurs (Corneille, Horace, I, 1).

24 Qui veut mourir ou vaincre est vaincu rarement :/ Ce noble désespoir périt malaisément (Corneille, Horace, II, 1).

25 [Je] puis voir aujourd'hui le combat sans terreur,/ Les morts sans désespoir, les vainqueurs sans horreur (Corneille, Horace, III, 1).

26 — Que vouliez-vous qu'il fît contre trois ? — **Qu'il mourût** (Corneille, Horace, III, 5); > Encyclopédie, article «Génie»; Flaubert, Corr., 8. 05. 1852.

27 Vous eussiez pu tomber, mais tout couvert de gloire./ Votre chute eût valu la plus haute victoire (Corneille, La Mort de Pompée, III, 2).

28 [...] Oh! qu'il est doux de plaindre/ Le sort d'un ennemi quand il n'est plus à craindre ! (Corneille, La Mort de Pompée, V, 1).

29 Et de peur de se perdre il s'est enfin perdu (Corneille, La Mort de Pompée, V, 5).

30 Rien ne nous plaît que le combat mais non pas la victoire. [...] Nous ne cherchons jamais les choses, mais la recherche des choses (Pascal, Pensées, 773).

31 Peut-on faire au vainqueur une injure plus noire,/ Que lui laisser gagner une telle victoire ? (Racine, La Thébaïde, I, 5).

32 **Tout vainqueur insolent à sa perte travaille.**/ Défions-nous du sort, et prenons garde à nous/ Après le gain de la bataille (La Fontaine, «Les Deux Coqs»); > A. Gide, Journal [1943].

33 Ma vie est un combat (Voltaire, Le Fanatisme, ou Mahomet le prophète, II, 4; cf. Job, 7, 1).

34 — Avez-vous fait un traité avec la victoire ? — Nous en avons fait un avec la mort (réponse de Cl. Basire à L.-S. Mercier, à la Convention, le 18. 06. 1793; voir Dupré, 1707); cf. F. de Pressensé : Nous n'avons pas fait un pacte avec la victoire, mais avec la bataille (mot rapporté par R. Rolland, Souvenirs de jeunesse).

35 Rien, sinon une défaite, n'est aussi mélancolique qu'une victoire (duc de Wellington, dépêche de juin 1815).

36 Tous pour un, un pour tous (A. Dumas, Les Trois Mousquetaires, dont c'est la devise, *passim*).

37 S'il en demeure dix, je serai le dixième ;/ **Et s'il n'en reste qu'un, je serai celui-là !** (V. Hugo, Les Châtiments, «Ultima Verba»); > M. Proust, Le Côté de Guermantes, II ; M. Winock, Chronique des années soixante. Cf. Chateaubriand à propos de Napoléon Ier : Je pense que sans

la liberté il n'y a rien dans le monde ; dussé-je rester le dernier à la défendre, je ne cesserai de proclamer ses droits (<u>Mémoires d'outre-tombe</u>, III, I, 7, 7).

38 [...] ce rire amer/ De l'homme vaincu, plein de sanglots et d'insultes,/ Je l'entends dans le rire énorme de la mer (Baudelaire, <u>Les Fleurs du mal</u>, « Obsession »).

39 Je pense aux matelots oubliés dans une île,/ Aux captifs, aux vaincus !... à bien d'autres encor (Baudelaire <u>Les Fleurs du mal</u>, « Le Cygne »).

40 Il n'y a de défaites que celles que l'on a tout seul, devant sa glace, dans sa conscience (Flaubert, Corr., 22. 04. 1853).

41 Le combat spirituel est aussi brutal que **la bataille d'hommes** ; mais la vision de la justice est le plaisir de Dieu seul (Rimbaud, <u>Une saison en enfer</u>, « Adieu »).

42 Aux victorieux — Ne vous écartez pas d'attitudes, d'allures, de manières telles qu'aucune circonstance ne vous inflige d'en changer du tout au tout. Que le vainqueur soit tel que la défaite survenant ne l'oblige à changer honteusement de visage et de langage (P. Valéry, <u>Mélange</u>).

43 On ne triomphe bien que de ce que l'on s'assimile (A. Gide, <u>Journal</u> [1922]).

44 La déconsidération systématique de l'ennemi ne peut qu'avilir le vainqueur (A. Gide, <u>Journal</u> [1941]).

45 La victoire organise, la victoire bâtit. Et chacun s'essouffle à porter ses pierres. Mais la défaite fait tremper les hommes dans une atmosphère d'incohérence, d'ennui, et, par-dessus tout, de futilités (A. de Saint-Exupéry, <u>Pilote de guerre</u>, I).

46 La victoire seule noue. La défaite non seulement divise l'homme d'avec les hommes, mais elle le divise d'avec lui-même (A. de Saint-Exupéry, <u>Pilote de guerre</u>, XVII).

47 Cette apparence de coupable, qu'elle prête aux victimes, voilà bien l'injustice de la défaite (A. de Saint-Exupéry, <u>Pilote de guerre</u>, XVII).

48 Les victoires ou les défaites des peuples se mesurent à la seule échelle des civilisations (M.-P. Fouchet, Revue <u>Fontaine</u>, nº 10).

49 On ne se bat bien que pour les causes qu'on modèle soi-même et avec lesquelles on se brûle en s'identifiant (R. Char, <u>Feuillets d'Hypnos</u>).

50 [...] le pessimisme, — cette cruauté des vaincus qui ne sauraient pardonner à la vie d'avoir trompé leur attente (E. M. Cioran, <u>Précis de décomposition</u>, « Dans le secret des moralistes »).

vie-mort

▷ Voir aussi **Mort**

1 Qui veut sauver sa vie la perdra (MATTHIEU, 16, 25 ; autre traduction possible : /sauver son âme/) ; > A. GIDE : Qui veut sauver sa vie (sa personnalité) la perdra (Journal : Feuillets).

2 Le plus enviable de tous les biens sur terre est de n'être point né, de n'avoir jamais vu les rayons du soleil ; ou bien une fois né, de franchir au plus tôt les portes de l'Hadès et de dormir sous un épais manteau de terre (THÉOGNIS). *Cf.* SOPHOCLE : Mieux vaut cent fois n'être pas né ; mais s'il nous faut voir le jour, le moindre mal est de s'en retourner là d'où l'on vient (Œdipe à Colone, v. 1225 et suivants) ; Ecclésiaste, IV, 2 : Moi, je déclare les morts plus heureux d'être déjà morts, que les vivants d'être encore vivants [...].

3 L'heure qui vous a donné la vie l'a déjà diminuée (SÉNÈQUE, Hercule furieux) ; > MONTAIGNE, Essais, I, 20 ; NERVAL, La Main enchantée (en français).

4 Les principes vivent. Comment pourraient-ils mourir, à moins que les idées qui leur correspondent ne s'éteignent ? Or, celles-ci, il dépend de toi de les raviver sans cesse (MARC AURÈLE, Pensées, VII, 2) ; librement traduit par CHATEAUBRIAND : Recommencer à vivre, cela t'est possible ; revois de nouveau les choses comme tu les as vues (Mémoires d'outre-tombe, IV, 7, 17, qui commente : Moi je dis, c'est recommencer à mourir).

5 Notre vie n'est que mouvement (MONTAIGNE, Essais, III, 13). *Cf.* PASCAL : Notre nature est dans le mouvement, le repos entier est dans la mort (Pensées, 641) ; voir *infra*, BERGSON.

6 Et rose elle a vécu ce que vivent les roses,/ L'espace d'un matin (MALHERBE, Stances, « Consolation à M. du Périer » ; une première rédaction aurait comporté, dit-on : /et Rosette a vécu/ ; seule la variante suivante est attestée : Et ne pouvoit Rosette être mieux que les roses).

7 — Es-tu si las de vivre ? — As-tu peur de mourir ? (CORNEILLE, Le Cid, II, 2).

8 [...] et dans le plus doux sort/ Chaque instant de la vie est un pas vers la mort (CORNEILLE, Tite et Bérénice, V, 1 ; *cf.* dans la traduction par CORNEILLE de l'Imitation de Notre Seigneur Jésus-Christ, II, 12, le même vers) ; *cf.* VOLTAIRE : L'instant où nous naissons est un pas vers la mort (« La Fête de Bellébat »).

9 Elle est morte : je la pleure. Si elle était en vie, nous nous querellerions (MOLIÈRE, L'Amour médecin, I, 1).

10 Et moi, qu'on me porte au bout de la table, en attendant que je meure (MOLIÈRE, Les Fourberies de Scapin, V, dernière scène, derniers mots de Scapin prétendument mourant).

11 C'est trop se laisser surprendre aux vaines descriptions des peintres et des poètes, que de croire la vie et la mort autant

dissemblables que les uns et les autres nous les figurent (Bossuet, Sermon sur l'impénitence finale).

12 [...] un chemin dont l'issue est un affreux précipice. Je voudrais retourner sur mes pas : **Marche ! Marche !** (Bossuet, Sermon pour le jour de Pâques de 1685) ; > Chateaubriand, Mémoires d'outre-tombe, III, I, 3, 1 ; G. Bernanos, citant Drumont (La Grande Peur des bien-pensants, 15) ; *cf.* H. de Montherlant : « Marche ! Marche ! » dit le désir comme la mort [...] (Aux fontaines du désir, « Les Voyageurs traqués »).

13 Je me trouve dans un engagement qui m'embarrasse ; je suis embarquée dans la vie sans mon consentement. Il faut que j'en sorte ; cela m'assomme (Mme de Sévigné, Corr., 16. 03. 1672) ; > J. Green, Journal [1976].

14 Si la vie est misérable, elle est pénible à supporter ; si elle est heureuse, il est horrible de la perdre. L'un revient à l'autre (La Bruyère, Les Caractères, « De l'homme », 33).

15 Il n'y a rien que les hommes aiment mieux à conserver et qu'ils ménagent moins que leur propre vie (La Bruyère, Les Caractères, « De l'homme », 34).

16 Il n'y a pour l'homme que trois événements : naître, vivre et mourir. Il ne se sent pas naître, il souffre à mourir, et il oublie de vivre (La Bruyère, Les Caractères, « De l'homme », 48).

17 Toujours un pied dans le cercueil/ De l'autre faisant des gambades (Voltaire, Corr., 1. 06. 1731).

18 La seule différence que je connaisse entre la mort et la vie, c'est qu'à présent vous vivez en masse, et que, dissous, épars en molécules, dans vingt ans d'ici vous vivrez en détail (Diderot, Corr., à S. Volland, 15. 10. 1759).

19 Vivre est une maladie dont le sommeil nous soulage toutes les seize heures. C'est un palliatif. La mort est le remède (Chamfort, Maximes et Pensées).

20 Notre vie est du vent tissu (J. Joubert, Pensées, Maximes et Essais, VII, 62).

21 [...] la vie me sied mal ; la mort m'ira peut-être mieux (Chateaubriand, Préface testamentaire des Mémoires d'outre-tombe).

22 [...] la chambre où ma mère m'infligea la vie [...] (Chateaubriand, Mémoires d'outre-tombe, I, 1, 3). *Cf.* « Malheur », Rousseau.

23 La fleur de ma vie est fanée ;/ Il fut rapide, mon destin !/ De mon orageuse journée/ Le soir toucha presque au matin (Millevoye, Elégies).

24 Tant que l'on peut donner, on ne veut pas mourir (M. Desbordes-Valmore, Bouquets et Prières) ; > Baudelaire : /on ne peut pas/ (Sur mes contemporains, « M. Desbordes-Valmore »).

25 Comme un dernier rayon, comme un dernier zéphyre/ Animent
la fin d'un beau jour,/ Au pied de l'échafaud j'essaye encore ma
lyre (A. Chénier, Iambes).

26 Le soleil des vivants n'échauffe plus les morts (Lamartine,
Méditations, « L'Isolement »).

27 Moi, je meurs ; et mon âme, au moment qu'elle expire,/ S'exhale
comme un son triste et mélodieux (Lamartine, Méditations,
XXIII).

28 Passons, car c'est la loi ; nul ne peut s'y soustraire ;/ Tout
penche, et ce grand siècle avec tous ses rayons/ Entre en cette
ombre immense où, pâles, nous fuyons./ Oh ! quel farouche
bruit font dans le crépuscule/ **Les chênes qu'on abat** pour le
bûcher d'Hercule !/ Les chevaux de la mort se mettent à hennir/
Et sont joyeux, car l'âge éclatant va finir ;/ Ce siècle altier qui sut
dompter le vent contraire/ Expire [...] (Hugo, « Théophile
Gautier ») ; > P. Valéry, « Victor Hugo créateur par la forme », Variété,
cité comme « les plus beaux vers qu'il ait faits, et peut-être qu'on ait
jamais faits » ; titre d'A. Malraux.

29 [...] Le malheur, c'est la vie./ Les morts ne souffrent plus. Ils sont
heureux ! [...] (Hugo, Les Contemplations, IV, 12).

30 Tout est dans la fin (Nerval, « Sur un carnet »).

31 Dans la nuit du Tombeau, Toi qui m'as consolé,/ **Rends-moi le
Pausilippe et la mer d'Italie**,/ La *fleur* qui plaisait tant à mon
cœur désolé,/ Et la treille où le Pampre à la Rose s'allie (Nerval,
Les Chimères, « El Desdichado ») ; > B. Cendrars, Bourlinguer,
« Rotterdam ».

32 Mes chers amis, quand je mourrai,/ Plantez un saule au
cimetière,/ J'aime son feuillage éploré,/ La pâleur m'en est
douce et chère,/ Et son ombre sera légère/ A la terre où je
dormirai (A. de Musset, refrain de « Lucie » ; vers gravés sur la
tombe du poète au cimetière du Père-Lachaise).

33 Fermez-la. C'est trop beau, c'est trop beau (Le Poittevin sur son
lit de mort, à propos d'une fenêtre ouverte) ; > Flaubert, Corr. 7.
04. 1848 ; > J. Green, Journal [1934] ; A. Camus, « Le Minotaure », L'Eté.

34 — **Quand notre cœur a fait une fois sa vendange,/ Vivre est un
mal.** C'est un secret de tous connu,/ Une douleur très simple et
non mystérieuse [...] (Baudelaire, Les Fleurs du mal, « Semper
eadem ») ; > A. Gide, Journal [1938].

35 C'est la mort qui console, hélas ! et qui fait vivre / [...]/ C'est le
portique ouvert sur les Cieux inconnus ! (Baudelaire, Les Fleurs
du mal, « La Mort des pauvres ») ; > F. Mauriac : /un portique/ (Le
Jeune Homme, II).

36 C'est que la Mort, planant comme un soleil nouveau,/ Fera
s'épanouir les fleurs de leurs cerveaux ! (Baudelaire, Les Fleurs
du mal, « La Mort des artistes »).

37 Sous une lumière blafarde/ Court, danse et se tord sans raison/
La Vie, impudente et criarde (Baudelaire, Les Fleurs du mal, « La
Fin de la journée »).

38 « Et hue donc ! bourrique ! Sue donc esclave ! Vis donc, damné »
(Baudelaire, Le Spleen de Paris, « La Chambre double »). *Cf.*
Bossuet, *supra.*

39 [...] la détestable vie ! (Baudelaire, Le Spleen de Paris, « Le Tir et
le Cimetière »).

40 J'ai la vie en haine, le mot est parti, qu'il reste, oui, la vie [...]
(Flaubert, Corr., 21. 10. 1851).

41 L'hypothèse de transmettre la vie à quelqu'un me fait rugir, au fond
du cœur, avec des colères infernales (Flaubert, Corr., 3. 04. 1852).

42 Les étoiles brillent toujours/ Et les yeux se sont remplis d'ombre
(Sully Prudhomme, La Vie intérieure).

43 Le secret pour récolter la plus grande fécondité, la plus grande
jouissance de l'existence, consiste à *vivre dangereusement* (F.
Nietzsche, Le Gai Savoir, § 283) ; > F. Mauriac : Dieu et Mammon,
IV ; l'expression apparaît déjà dans Thérèse Desqueyroux, VI.

44 J'ai reçu la vie comme une blessure, et j'ai défendu au suicide de
guérir la cicatrice. Je veux que le Créateur en contemple, à
chaque heure de son éternité, la crevasse béante. C'est le
châtiment que je lui inflige (Lautréamont, Les Chants de
Maldoror, III).

45 [...] l'être vivant est surtout un lieu de passage, et [...] l'essentiel
de la vie tient dans le mouvement qui la transmet (H. Bergson,
L'Evolution créatrice, II).

46 Le rôle de la vie est d'insérer de l'indétermination dans la
matière (H. Bergson, L'Evolution créatrice, II).

47 A celui pour qui sonnera le prochain glas, je donne [...]
(J. Donne, « Le Testament ») ; > J. Green, Journal [1949]: Pour qui
sonne le glas, d'après le titre d'un roman d'Hemingway.

48 Folie de vivre — sans but, sans frein, sans raison —, pour la
fureur de vivre ! (R. Rolland, Jean-Christophe, « L'Adolescent », I,
« La maison Euler »).

49 Créer, dans l'ordre de la chair, ou dans l'ordre de l'esprit, c'est
sortir de la prison du corps, c'est se ruer dans l'ouragan de la vie,
c'est être Celui qui Est. Créer, c'est tuer la mort (R. Rolland, Jean-
Christophe, « La Révolte », I, « Sables mouvants ») ; *cf.* « Corps », Platon.

50 Quand je sus que je mourrais bientôt, je repris courage (mot de
Marguerite Audoux) ; > Montreynaud.

51 Maintenant je porte accusation contre cet homme et cette
femme par qui j'ai existé une seconde seule pour ne plus finir
et par qui j'ai été imprimée sur la page de l'éternité ! (P. Claudel,
Le Soulier de satin, 1re version, II, 13).

52 Oui ! quelle chose étonnante c'est que de vivre !
Celui qui vit et pose ses deux pieds sur la terre, qu'envie-t-il
donc aux dieux ? (P. Claudel, Tête d'or, 1re version, II).

53 — Vivre ? — C'est précisément ce que j'eusse voulu qu'on
m'apprît (A. Gide, L'Immoraliste, II, 2).

54 L'homme est adossé à sa mort comme le causeur à la cheminée
(P. Valéry, «Choses tues», VIII, Tel quel).

55 La *vie*... cet aperçu (P. Valéry, Mélange).

56 Le don de vivre a passé dans les fleurs ! (P. Valéry, «Le Cimetière
marin», Charmes).

57 Chanterez-vous quand serez vaporeuse ? (P. Valéry, «Le Cimetière marin», Charmes) ; > A. Gide, Journal [1949].

58 L'heure de la fin des découvertes ne sonne jamais. Le monde
m'est nouveau à mon réveil chaque matin et je ne cesserai
d'éclore que pour cesser de vivre (Colette, en 1954 à propos du
Blé en herbe) ; > Montreynaud.

59 [...] la mort ne m'intéresse pas, la mienne non plus (Colette, La
Naissance du jour).

60 Adieu Adieu
Soleil cou coupé (Apollinaire, Alcools, «Zone»).

61 La vie, on sait bien ce que c'est : un amalgame saugrenu de
moments merveilleux et d'emmerdements (R. Martin du Gard,
Les Thibault, «L'Eté 14»).

62 — Pourquoi ne veux-tu pas être immortelle ? — Je déteste les
aventures ; c'est une aventure, l'immortalité ! (J. Giraudoux,
Amphitryon 38, III, 5, dialogue de Jupiter et d'Alcmène).

63 En somme, rien n'est inadmissible, sauf peut-être la vie, à
moins qu'on ne l'admette pour la réinventer tous les jours
(B. Cendrars, Vol à voile).

64 J'ai une grande nouvelle à t'annoncer : je suis mort (J. Cocteau,
Discours du grand sommeil).

65 Aucune vie ne supporte de copie, et cela suffit, quelle qu'elle
soit, à garantir sa valeur (J. Guéhenno, Changer la vie, «Plongée
dans le monde»).

66 Le suicide, c'est un acte de ceux qui n'ont pu en accomplir
d'autres (P. Drieu La Rochelle, Le Feu follet).

67 Notre vie est un voyage/ Dans l'Hiver et dans la Nuit/ Nous
cherchons notre passage/ Dans le Ciel où rien ne luit
(L.-F. Céline, en exergue de Voyage au bout de la nuit).

68 La plupart des gens ne meurent qu'au dernier moment ; d'autres
commencent et s'y prennent vingt ans d'avance et parfois
davantage. Ce sont les malheureux de la terre (L.-F. Céline,

Voyage au bout de la nuit) ; > en exergue de F. Nourissier, Un petit bourgeois.

69 Pour soi, la mort n'existe pas (J. Chardonne, L'Amour, c'est beaucoup plus que l'amour, III).

70 [...] je suis trop sûr de démériter de la vie telle que je l'aime et telle qu'elle s'offre : de la vie *à perdre haleine* (A. Breton, Nadja).

71 [...] le cri, toujours pathétique, de « Qui vive ? » Qui vive ? Est-ce vous, Nadja ? (A. Breton, Nadja ; voir la suite *infra*) ; > J. Gracq, Le Rivage des Syrtes (où la reprise de cette question de guet est une allusion à Breton).

72 Est-il vrai que l'*au-delà*, tout l'au-delà soit dans cette vie ? (A. Breton, Nadja, suite de la citation précédente).

73 Ni ma vie n'est complète, ni ma mort n'est absolument avortée (A. Artaud, « Correspondance de la momie », NRF mars 1927).

74 La mort rend tout d'un intérêt énorme, donne sa valeur à tout, ajoute une dimension à tout (J. Green, Journal [1965]).

75 On peut communier même avec la mort... C'est le plus difficile, mais peut-être est-ce le sens de la vie... (A. Malraux, La Condition humaine, éd. la Pléiade, p. 320).

76 Que je respire l'odeur de nos Morts, que je recueille et redise leur voix vivante, que j'apprenne à/ Vivre avant de descendre, au-delà du plongeur, dans les hautes profondeurs du sommeil (L. S. Senghor, Chants d'ombre, « Nuit de Sine »).

77 Il y a des systèmes vivants ; il n'y a pas de « matière » vivante (J. Monod, Leçon inaugurale au Collège de France).

78 Ce qu'on appelle raison de vivre est en même temps une excellente raison de mourir (A. Camus, L'Homme révolté, I).

79 Ce qui vient après la mort est futile et quelle longue suite de jours pour qui sait être vivant (A. Camus, L'Homme révolté, I) ; > M. Winock, Chronique des années soixante.

80 Je me fais une autre idée de l'amour. Et je refuserai jusqu'à la mort d'aimer cette création où des enfants sont torturés (A. Camus, La Peste, IV).

81 Il y a toujours des raisons au meurtre d'un homme. Il est, au contraire, impossible de justifier qu'il vive (A. Camus, La Chute).

82 Nous ne savons rien de tout cela : les portes de la vie et de la mort sont opaques, et elles sont vite et bien refermées (M. Yourcenar, Souvenirs pieux, « L'Accouchement »).

83 La vie n'est que la mort qui vibre (E. Jabès, Le Livre des ressemblances).

84 Nous tremblons de mourir et nous tremblons de vivre/ nous

sommes pour toujours en deçà de la Mort (Pierre Emmanuel, Jour de colère, « Miserere »).

85 La vie n'est possible que par les déficiences de notre imagination et de notre mémoire (E. M. Cioran, Précis de décomposition, « Le Clef de notre endurance »).

86 Vivre signifie : croire et espérer, — mentir et se mentir (E. M. Cioran, Précis de décomposition, « Le Mensonge immanent »).

87 [...] la vie est le *roman* de la matière (E. M. Cioran, Précis de décomposition, « Le Mensonge immanent »).

vieillesse

▷ Voir aussi **Ages de la vie**

1 La vieillesse est par elle-même une maladie (Térence, Phormion, v. 573).

2 O temps rongeur, et toi, envieuse vieillesse, vous détruisez tout (*Tempus edax rerum* [etc.]; Ovide, Métamorphoses, 15, v. 234).

3 Quand vous serez bien vieille, au soir à la chandelle,/ Assise auprès du feu, dévidant et filant, / Direz, chantant mes vers, en vous émerveillant,/ Ronsard me célébrait du temps que j'étais belle (Ronsard, Sonnets pour Hélène, II, 43).

4 [La vieillesse] nous attache plus de rides en l'esprit qu'au visage [...] (Montaigne, Essais III, 2). *Cf.* La Rochefoucauld : Les défauts de l'esprit augmentent en vieillissant comme ceux du visage (Maximes, 112).

5 O rage ! ô désespoir ! ô **vieillesse ennemie** ! (Corneille, Le Cid, I, 4) ; > Ph. Sollers, La Fête à Venise.

6 Peu de gens savent être vieux (La Rochefoucauld, Maximes, 423 ; repris dans la lettre du 2. 08. 1675).

7 Le plus dangereux ridicule des vieilles personnes qui ont été aimables, c'est d'oublier qu'elles ne le sont plus (La Rochefoucauld, Maximes, 408).

8 On meurt ainsi en détail, après avoir vu mourir presque tous ses amis (Voltaire, Corr., 31. 08. 1751).

9 Quand on devient vieux, il faut se parer (Vauvenargues, textes retranchés des Réflexions et Maximes, « Paradoxes », 793) ; > Barbey d'Aurevilly : /Plus on vieillit, plus on doit/ [...] (Une vieille maîtresse, II, 2).

10 Vous m'avez fait vieillir puissant et solitaire,/ Laissez-moi m'endormir du sommeil de la terre (A. de Vigny, « Moïse »).

11 Je suis veuf, je suis seul, et sur moi le soir tombe (Hugo, La Légende des Siècles, « Booz endormi ») ; > M. Proust, Le Côté de Guermantes, II, 2.

12 Le vieillissement est essentiellement une opération de mémoire
   [...]. Or, c'est la mémoire qui fait toute la profondeur de
   l'homme (Ch. Péguy, Clio).

13 On n'est pas vieux tant que l'on cherche (J. Rostand, Carnet d'un
   biologiste).

14 Plus vieillira l'humanité, plus elle aura besoin de ses vieillards
   (J. Rostand, Carnet d'un biologiste).

15 Dans l'état présent du monde, devenir un vieillard est presque
   aussi difficile que devenir un Saint. [...] Vous n'êtes pas des
   vieillards, vous êtes des vieux, des retraités (G. Bernanos, Nous
   autres Français, 6).

16 ... Grand âge, nous voici — et nos pas d'hommes vers l'issue.
   C'est assez d'engranger, il est temps d'éventer et d'honorer notre
   aire (Saint-John Perse, Chronique, VIII).

17 La vieillesse vit sous le signe moins : on est de moins en moins
   intelligent, de moins en moins bête (P. Morand, Venises).

18 Face au ciel changeant, la fidélité se distinguait de la routine, et
   vieillir n'était pas nécessairement se renier (S. de Beauvoir,
   Mémoires d'une jeune fille rangée, II).

volonté-obéissance

1 Pour moi, je suis à peu près persuadé que, parmi les
  philosophes, il n'y en a pas un qui pense qu'un homme pèche
  volontairement et fasse volontairement des actions honteuses et
  mauvaises (Platon, Protagoras, 31, 346b ; déclaration de
  Socrate).

2 *Perinde ac cadaver* (« Comme un cadavre » ; devise d'obéissance
  jésuite tirée des Constitutions d'I. de Loyola ; source stoïcienne) ; > Baudelaire, Le Peintre de la vie moderne, 9 (à propos du
  Dandy). *Cf.* G. Bernanos : Docile comme un cadavre, soit. Mais personne
  ne peut contraindre un cadavre à parler !... (Les Grands Cimetières sous
  la lune, II, 2).

3 Nous n'avons point de cœur pour aimer ni haïr,/ Toutes nos
  passions ne savent qu'obéir (Corneille, Rodogune, III, 3).

4 Ce n'est pas obéir qu'obéir lentement (Corneille, Sertorius, IV,
  1).

5 [...] j'ai en moi une impossibilité d'obéir. Les voyages me
  tentaient, mais je sentais que je ne les aimerais que seul, en
  suivant ma volonté (Chateaubriand, Mémoires d'outre-tombe, I,
  2, 10).

6 Il n'y a dans le monde que deux tragédies : la première, de ne
  pas obtenir ce que l'on désire, et la seconde, de l'obtenir. La
  seconde est la vraie tragédie (O. Wilde, L'Eventail de Lady
  Windermere, III).

7 Chacun a ce qu'il veut. La jeunesse se trompe là-dessus parce qu'elle ne sait bien que désirer, et attendre la manne (ALAIN, Propos [21. 09. 1924]).

8 Le pessimisme est d'humeur ; l'optimisme est de volonté (ALAIN, Propos [29. 09. 1923]).

9 Tout est facile, ô mon Dieu, à celui qui Vous aime,
Excepté de ne pas faire Votre volonté adorable (P. CLAUDEL, L'Otage, II, 2).

10 Moi, **je veux tout, tout de suite**, — et que ce soit entier — ou alors je refuse ! (J. ANOUILH, Antigone) ; > S. DE BEAUVOIR, Le Deuxième Sexe, IV.

11 L'Apocalypse veut tout, tout de suite ; la résolution obtient peu — lentement et durement. Le danger est que tout homme porte en soi-même le désir d'une apocalypse (A. MALRAUX, L'Espoir, éd. la Pléiade, p. 352).

voyage-ailleurs

1 C'est de ciel, non d'âme que changent ceux qui vont au-delà de la mer (HORACE, Epîtres, I, 11, 17 ; < ESCHINE, Contre Ctésiphon, 78).

2 C'est d'âme qu'il faut changer, non de climat (SÉNÈQUE, Lettres à Lucilius, 28 ; *cf.* 11, qui reprend HORACE, *supra*). *Cf.* le mot de P. MORAND rapporté par H. DE MONTHERLANT : Si l'on s'est aperçu dès l'aube du monde qu'en changeant l'on n'était pas mieux, il appartenait à notre époque de découvrir que, durant le temps du changement, on était mieux (Aux fontaines du désir, « Les Voyageurs traqués »).

3 Amour de terre lointaine,/ Par vous tout le cœur me deuil (*Amors de terra londhana* ; JAUFRÉ RUDEL, « Quan lo rius de la fontana », trad. Jeanroy).

4 **Heureux qui comme Ulysse a fait un beau voyage**/ [...]/ Et puis est retourné, plein d'usage et raison,/ Vivre entre ses parents le reste de son âge ! (J. DU BELLAY, Les Regrets, 31) ; >*.

5 [...] pour en rapporter principalement les humeurs de ces nations et leurs façons, et pour **frotter et limer notre cervelle** contre celle d'autrui (MONTAIGNE, Essais, I, 26).

6 Je réponds ordinairement à ceux qui me demandent raison de mes voyages : que je sais bien ce que je fuis, mais non pas ce que je cherche (MONTAIGNE, Essais, III, 9) ; > CHATEAUBRIAND, Itinéraire de Paris à Jérusalem.

7 Tout ciel m'est un (MONTAIGNE, Essais, III, 9) ; > CHATEAUBRIAND, Mémoires d'outre-tombe, II, 6, 4.

8 C'est une rare fortune, mais de soulagement inestimable, d'avoir un honnête homme, d'entendement ferme et de mœurs conformes aux vôtres, qui aime à vous suivre (MONTAIGNE, Essais, III, 9).

9 Lorsqu'on emploie trop de temps à voyager, on devient enfin
étranger à son pays (DESCARTES, <u>Discours de la méthode</u>, 1) ; *cf.*
NERVAL : Avec le temps, la passion des grands voyages s'éteint, à moins
qu'on ait voyagé assez longtemps pour devenir étranger à sa patrie (<u>Les</u>
<u>Nuits d'octobre</u>).

10 On dit qu'un prompt départ vous éloigne de nous (RACINE,
<u>Phèdre</u>, II, 5) ; > M. PROUST, <u>A l'ombre des jeunes filles en fleurs</u>, I.

11 Toutes les capitales se ressemblent ; tous les peuples s'y mêlent,
toutes les mœurs s'y confondent ; ce n'est pas là qu'il faut aller
étudier les nations (ROUSSEAU, <u>Emile</u>, V).

12 Me voici : **je suis noble et voyageur** ; je parle, et votre âme frémit
en reconnaissant d'anciennes paroles [...] (CAGLIOSTRO,
<u>Mémoires</u>) ; > J. GRACQ, <u>Préférences</u>.

13 Connais-tu le pays où les citrons fleurissent, [...] le myrte se
dresse tranquille et le laurier haut ? (GOETHE, <u>Ballades</u>,
« Mignonslied ») ; *cf.* la version de M. CARRÉ et J. BARBIER : /où
fleurit l'oranger, le pays des fruits d'or et des roses vermeilles/
(<u>Mignon</u>, I, 6).

14 Encore à la mer ! (*Again to sea !* ; BYRON, <u>Childe Harold</u>, III, 2) ;
> CHATEAUBRIAND, <u>Mémoires d'outre-tombe</u>, I, 5, 15 ; >* ; FLAUBERT, Corr.
1. 08. 1855.

15 Voyager est un des plus tristes plaisirs de la vie (MME DE STAËL) ;
> BARBEY D'AUREVILLY : /le plus triste plaisir/ (<u>Memoranda</u> [03. 12. 1836]) ;
>**.

16 C'est en disant adieu aux bois d'Aulnay que je vais rappeler
l'adieu que je dis autrefois aux bois de Combourg : tous mes
jours sont des adieux (CHATEAUBRIAND, <u>Mémoires d'outre-tombe</u>,
I, 3, 10).

17 Dans ce parfum non respiré de la beauté, non épuré dans son
sein, non répandu sur ses traces, dans ce parfum changé
d'aurore, de culture et de monde, il y avait toutes les
mélancolies des regrets, de l'absence et de la jeunesse
(CHATEAUBRIAND, <u>Mémoires d'outre-tombe</u>, I, 6, 5) ; > M. PROUST, <u>Le</u>
<u>Temps retrouvé</u>.

18 Le navigateur, abandonnant pour jamais un rivage enchanté,
écrit son journal à la vue de la terre qui s'éloigne et qui va
bientôt disparaître (CHATEAUBRIAND, <u>Mémoires d'outre-tombe</u>, I,
6, 5).

19 [...] Venise est là, assise sur le rivage de la mer, comme une belle
femme qui va s'éteindre avec le jour : le vent du soir soulève ses
cheveux embaumés ; elle meurt saluée par toutes les grâces et
tous les sourires de la nature (CHATEAUBRIAND, <u>Mémoires d'outre-</u>
<u>tombe</u>, IV, 7, 1).

20 [...] toutes les fois qu'on s'avance de deux cents lieues du midi

au nord, il y a lieu à un nouveau paysage comme à un nouveau roman (STENDHAL, La Chartreuse de Parme, Avertissement).

21 Adieu, voyages lents, bruits lointains qu'on écoute,/ Le rire du passant, les retards de l'essieu,/Un ami rencontré, les heures oubliées/ [...] L'espoir d'arriver tard dans un sauvage lieu (A. DE VIGNY, «La Maison du berger») ; > A. GIDE, Journal [1943].

22 Mais toi, ne veux-tu pas, voyageuse indolente,/ Rêver sur mon épaule, en y posant ton front? (A. DE VIGNY, «La Maison du berger») ; > M. PROUST, Sodome et Gomorrhe, II, 2.

23 Oh! combien de marins, combien de capitaines/ Qui sont partis joyeux pour des courses lointaines,/ Dans ce morne horizon se sont évanouis (HUGO, Les Rayons et les Ombres, «Oceano Nox»).

24 Dans Venise la rouge/ Pas un bateau qui bouge,/ Pas un pêcheur dans l'eau, Pas un falot (A. DE MUSSET, Contes d'Espagne et d'Italie, «Venise»).

25 Une île paresseuse **où la nature donne/ Des arbres singuliers et des fruits savoureux** (BAUDELAIRE, Les Fleurs du mal, «Parfum exotique») ; > A. GIDE, Voyage au Congo.

26 Mon enfant, ma sœur,/ Songe à la douceur/ D'aller là-bas vivre ensemble!/ Aimer à loisir,/ Aimer et mourir/ Au pays qui te ressemble! / [...] **Là, tout n'est qu'ordre et beauté,/ Luxe, calme et volupté** (BAUDELAIRE, Les Fleurs du mal, «L'Invitation au voyage») ; > A. GIDE, Journal : Feuillets. *Cf.* dans le poème en prose de BAUDELAIRE, du même titre : C'est là qu'il faut aller vivre, c'est là qu'il faut aller mourir! Oui, c'est là qu'il faut aller respirer, rêver et allonger les heures par l'infini des sensations (1861: /par la multiplication des sensations/).

27 Au pays parfumé que le soleil caresse/ [...] (BAUDELAIRE, Les Fleurs du mal, «A une dame créole»).

28 Dis-moi, ton cœur parfois s'envole-t-il, Agathe,/ Loin du noir océan de l'immonde cité,/ Vers un autre océan où la splendeur éclate,/ Bleu, clair, profond ainsi que la virginité?/ [...]/ Emporte-moi, wagon! enlève-moi, frégate!/ Loin! loin! ici la boue est faite de nos pleurs!/ [...] **Mais le vert paradis des amours enfantines,/ L'innocent paradis, plein de plaisirs furtifs,/ Est-il déjà plus loin que l'Inde et que la Chine?** (BAUDELAIRE, Les Fleurs du mal, «Moesta et Errabunda») ; > B. CENDRARS, Bourlinguer, «Gênes».

29 Guidé par ton odeur vers de charmants climats,/ Je vois un port rempli de voiles et de mâts (BAUDELAIRE, Les Fleurs du mal, «Parfum exotique») ; > M. PROUST : /de flammes et de mâts/ (Le Temps retrouvé).

30 Mais les vrais voyageurs sont ceux-là seuls qui partent/ Pour partir; cœurs légers, semblables aux ballons,/ De leur fatalité

jamais ils ne s'écartent,/ Et sans savoir pourquoi, disent toujours : Allons ! (Baudelaire, Les Fleurs du mal, « Le Voyage »).

31 N'importe où ! **n'importe où** ! pouvu que ce soit **hors du monde** ! (Baudelaire, « Anywhere out of the World » ; le titre provient de Thomas Hood, Bridge of Sighs, déjà cité par E. A. Poe dans The Poetic Principle) ; > J.-K. Huysmans, A rebours, 1.

32 Il voyagea.
Il connut la mélancolie des paquebots, les froids réveils sous la tente, l'étourdissement des paysages et des ruines, l'amertume des sympathies interrompues.
Il revint (Flaubert, L'Education sentimentale, III, 6) ; > F. Mauriac paraphrase le texte avec des négations : Il ne voyagea pas, il ne connut pas [etc.]. Il ne revint pas, parce qu'il n'était pas parti (Un adolescent d'autrefois, 9).

33 Quand il était à Calcutta, il passait sa journée couché à plat sur une carte de Paris, et rentré à Paris il se mourait d'ennui et regrettait Calcutta (Flaubert, Corr., 10. 10. 1846 ; il s'agit d'un ami de Flaubert).

34 Si vous saviez ! Il est temps de se dépêcher. D'ici à peu l'Orient n'existera plus [...] J'ai vu passer des harems dans des bateaux à vapeur (Flaubert, Corr., 13. 08. 1850).

35 Je suis un pâle enfant du vieux Paris et j'ai/ Le regret des rêveurs qui n'ont pas voyagé (F. Coppée, Les Intimités).

36 La chair est triste, hélas ! et j'ai lu tous les livres./ Fuir ! là-bas fuir ! Je sens que des oiseaux sont ivres/ D'être parmi l'écume inconnue et les cieux ! (Mallarmé, « Brise marine ») ; > H. de Montherlant : /La chair n'est pas triste et je n'ai pas lu tous les livres/ (Carnets, XXVII).

37 Mais, ô mon cœur, entends le chant des matelots (Mallarmé, « Brise marine »).

38 **Comme un vol de gerfauts hors du charnier natal,**/ Fatigués de porter leurs misères hautaines,/ De Palos de Moguer, routiers et capitaines/ Partaient, ivres d'un rêve héroïque et brutal.// [...] penchés à l'avant des blanches caravelles,/ Ils regardaient monter en un ciel ignoré/ Du fond de l'Océan des étoiles nouvelles (J.-M. de Hérédia, Les Trophées, « Les Conquérants ») ; > J. Romains, Les Travaux et les Joies, III.

39 L'absolu est un voyage sans retour (L. Bloy, Journal [1904]).

40 Il se procurait ainsi, en ne bougeant point, les sensations rapides, presque instantanées, d'un voyage au long cours, et ce plaisir du déplacement qui n'existe, en somme, que par le souvenir et presque jamais dans le présent, à la minute même où il s'effectue [...] (J.-K. Huysmans, A rebours, 2).

41 A quoi bon bouger, quand on peut voyager si magnifiquement dans une chaise ? (J.-K. Huysmans, A rebours, 11).

42 Comme je descendais des Fleuves impassibles,/ Je ne me sentis plus guidé par les haleurs :/ Des Peaux-Rouges criards les avaient pris pour cibles,/ Les ayant cloués nus aux poteaux de couleurs (Rimbaud, « Le Bateau ivre »).

43 Fileur éternel des immobilités bleues,/ Je regrette l'Europe aux anciens parapets !// **O que ma quille éclate ! O que j'aille à la mer !** (Rimbaud, « Le Bateau ivre ») ; > J. Green, Journal [1941].

44 Quelle vie ! La vraie vie est absente. Nous ne sommes pas au monde (Rimbaud, Une saison en enfer, « Délires I »). Cf. B. Cendrars : La vie est ailleurs (Bourlinguer, « Gênes ») ; A. Breton : C'est vivre et cesser de vivre qui sont des solutions imaginaires. L'existence est ailleurs (Premier Manifeste du surréalisme, derniers mots).

45 On ne part pas (Rimbaud, Une Saison en enfer, « Mauvais sang »).

46 Partir, c'est mourir un peu ;/ C'est mourir à ce qu'on aime (E. Haraucourt, Choix de poésies) ; cf. L. Tiercelin : Mourir, c'est partir un peu (La Bretagne qui chante).

47 Le voyage est une espèce de porte par où l'on sort de la réalité comme pour pénétrer dans une réalité inexplorée qui semble un rêve (G. de Maupassant, Au soleil, Préface).

48 Quand verrai-je les îles, où furent des parents ? (F. Jammes, De l'angélus de l'aube à l'angélus du soir).

49 Le voyageur est encore ce qui compte le plus dans un voyage (A. Suarès, Voyage du condottière, Vers Venise, I, « Vers Venise », Préface, première phrase).

50 Comme tout ce qui compte dans la vie, **un beau voyage est une œuvre d'art** : une création (A. Suarès, Voyage du condottière, Vers Venise, I, « Vers Venise », Préface).

51 L'admiration de la montagne est une invention du protestantisme. Etrange confusion des cerveaux incapables d'art, entre l'altier et le beau (A. Gide, Journal [1912]).

52 Je sentais bien que la déception du voyage, la déception de l'amour n'étaient pas des déceptions différentes, mais l'aspect varié que prend, selon le fait auquel il s'applique, l'impuissance que nous avons à nous réaliser dans la jouissance matérielle, dans l'action effective (M. Proust, Le Temps retrouvé).

53 Un voyage est une opération qui fait correspondre des villes à des heures. Mais le plus beau du voyage et le plus philosophique est pour moi dans les intervalles de ces pauses (P. Valéry, « Le Retour de Hollande », Variété).

54 Triste mot : touristes. Les étrangers, séparés de la vie du pays par la couche atmosphérique qu'ils transportent avec eux : habi-

tudes, intérêts, bavardages de leur ville, jargon de leur secte [...]
(V. Larbaud, Mon plus secret conseil...).

55 Prête-moi ton grand bruit, ta grande allure si douce,/ Ton
glissement nocturne à travers l'Europe illuminée,/ O train de
luxe (V. Larbaud, A. O. Barnabooth, « Ode »).

56 [...] moi aussi je suis allé là où vous avez été (Alain-Fournier, Le
Grand Meaulnes, II, 4).

57 Je cherche quelque chose de plus mystérieux encore. C'est le
passage dont il est question dans les livres, l'ancien chemin
obstrué, celui dont le prince harassé de fatigue n'a pu trouver
l'entrée. Cela se découvre à l'heure la plus perdue de la matinée
[...] (Alain-Fournier, Le Grand Meaulnes, II, 9).

58 Il n'y a plus que la Patagonie, la Patagonie qui convienne à mon
immense tristesse, la Patagonie, et un voyage dans les mers du
Sud (B. Cendrars, La Prose du Transsibérien et de la petite
Jehanne de France).

59 Je ne sache pas que jamais la vitesse ait présenté pour moi un
prestige quelconque : ce qui comptait pour moi, c'était de
découvrir un *ailleurs* qui pût devenir essentiellement un *ici*
(G. Marcel, Existentialisme chrétien).

60 Voyager, c'est bien utile, ça fait travailler l'imagination. Tout le
reste n'est que déceptions et fatigues. Notre voyage à nous est
entièrement imaginaire. Voilà sa force (L.-F. Céline, Voyage au
bout de la nuit, première page).

61 Je suis en racontant mes voyages comme j'étais en les faisant : je
ne saurais arriver (H. de Montherlant, Carnets, XXXIV).

62 Le fond de la mer, c'est plus loin, plus profond (Jean, joué par
Gabin, dans Quai des Brumes, film de M. Carné).

63 Etrange voyageur sans bagages/ Je n'ai jamais quitté Paris
(P. Soupault, Westwego).

64 Tout est drogue à qui choisit pour vivre *l'autre côté* (H. Michaux,
Qui je fus ; *cf.* le titre d'A. Kubin, Die andere Seite).

65 Heureux les pays du Nord auxquels les saisons composent, l'été,
une légende de neige, l'hiver, une légende de soleil, **tristes
tropiques** où dans l'étuve rien ne change beaucoup, mais
heureux aussi ce Sahara où le jour et la nuit balancent si
simplement les hommes d'une espérance à l'autre (A. de Saint-
Exupéry, Terre des hommes, VI, 6) ; *cf.* le titre de Cl. Lévi-Strauss.

66 On voyage pour des raisons sexuelles (A. Malraux à
J. Green, J. Green, Journal [1962]). *Cf.* du même Malraux : Les
hommes ont des voyages, les femmes ont des amants, avait-elle dit la
veille (La Condition humaine, « 22 mars, ... 5 heures ») ; >**.

67 Je hais les voyages et les explorateurs (Cl. Lévi-Strauss, Tristes
Tropiques, I, 1).

68 En ce sens, l'ethnologie pourrait se définir comme une technique du dépaysement (Cl. Lévi-Strauss, <u>Anthropologie structurale</u>, 6).

69 Ainsi les hommes du Nord fuient aux rives de la Méditerranée, ou dans les déserts de la lumière. Mais les hommes de la lumière, où fuiraient-ils, sinon dans l'invisible ? (A. Camus, « Sur les Iles », <u>Essais critiques</u>).

70 — Le pays d'où je viens n'a pas de nom, comme moi. — Où est-ce ? — C'est là où il n'y a plus rien, plus personne. — Pourquoi êtes-vous ici ? — J'aime voyager (Le Clézio, <u>Désert</u>).

INDEX DES MOTS ET DES THÈMES

On se référera en priorité aux différentes rubriques thématiques du dictionnaire. Si l'on cherche par exemple une citation dont le thème principal est le voyage, on la cherchera d'abord dans la rubrique VOYAGE-AILLEURS du dictionnaire, surtout si l'on connaît l'auteur. Voir pour cela la liste des rubriques dans la Table des matières. Si l'on ne trouve pas la citation, on se reportera ensuite, dans l'index, au mot-thème **Voyage**, sous lequel sont signalées les citations parlant de voyage, qu'elles figurent dans la rubrique VOYAGE (dans ce cas, on a souvent un simple renvoi à cette rubrique) ou qu'elles se trouvent dans une autre rubrique du dictionnaire. Chaque mot-thème de l'index présente soit de simples références de page et de numéro de citations, soit les deux idées que relie une citation (exemple : *amour et haine*), soit de courts extraits des citations permettant d'identifier rapidement les plus connues. Enfin, cet index donne aussi des mots qui ne correspondent pas à un thème, mais qui permettront de retrouver rapidement certaines citations où ces mots figurent (exemple : **Aboli bibelot**, ou **Enrichissez-vous**, ou **Chat** pour « Le petit chat est mort »). Pour les citations latines et étrangères, il convient de chercher tantôt aux mots latins ou étrangers, tantôt aux mots français.

Un tiret signale la reprise ultérieure du mot-thème sous sa forme exacte ; les mots apparentés au mot-thème mais qui en diffèrent sont cités *in extenso* (exemple : **Absence** : briller par son — ; les absents ont toujours tort). Le classement est alphabétique (sans tenir compte de l'article placé avant le tiret), mais éventuellement se succèdent d'abord toutes les occurrences du mot-thème au singulier, puis celles du mot-thème au pluriel et enfin les extraits où ne figure qu'un mot apparenté au mot-thème (exemples : voir **Acte(s)** et **Adolescence**).

Pour les distinguer des extraits de citations, les thèmes sont en caractères *italiques*. Le premier chiffre indique la page, le second, après un tiret, le numéro de la citation dans la page. Dans les renvois, les mots en petites capitales correspondent aux rubriques du dictionnaire (VOYAGE-AILLEURS) les mots en caractères gras (**Acte**) correspondent à une rubrique de l'index.

Abêtir (s') : 276·21.

Abîme : 320·30.

Aboli bibelot : 77·83.

Absence : 70·52
briller par son — : 271·50
l'— est le plus grand des maux : 18·99
— *et présence, dans le portrait* : 37·6
les absents ont toujours tort : 270·39.

Absolu : 349·39.

Absurde : 52·69, 94·39, 98·4, 220·21, 225·25
l'homme — ne change jamais : 142·3
il est — par ce qu'il cherche : 156·20.

Accommodants : 262·17.

Accommodements :
— avec le ciel : 303·24.

Accuse (J') : 164·39.

Acte(s) : 304·41 ; voir rubrique ACTION :
1·1 à 5·62
j'ai fait mon — : 5·55
être jugé sur ses — : 4·49
l'homme, série de ses — : 3·30.

Action(s) : voir rubrique ACTION : 1·1 à
5·62, et **Agir**
au début était l'— : 2·27
capable même d'une bonne — : 333·44
côté animal de l'existence : 3·36
l'— guérit : 4·41
l'— injuste comporte deux extrêmes :
161·5
monde où l'— n'est pas la sœur du
rêve : 283·23
penser à Dieu est une — : 69·29
toute — est manichéenne : 4·54
toute — relève de l'âme : 61·3
bonnes — *vrais miracles* : 333·41
— *cachées, estimables* : 1·13
combien d'—, combien d'exploits : 1·10
— *décisives, inconsidérées* : 4·42
grandes — : 179·2
nos — agissent sur nous : 3·35
nos — sont comme nos enfants : 3·34
des —, pas des paroles : 2·17.

Adieu veau, vache... : 91·6.

Administration : 314·5, 317·29.

Admiration : 55·29, 106·18, 107·9, 108·10,
108·15, 274·98, 297·13, 299·35
— *par les domestiques* : 109·5.

Adolescence : 7·25, 63·10, 193·34 ; voir
rubriques ÂGES DE LA VIE : 5·1 à 7·32 et
JEUNESSE : 157·1 à 159·33
— *chaste, vieillesse dissolue* : 7·21
— *et amour* : 13·15
adolescents, futurs vieillards : 7·22
bruns adolescents : 121·23.

Adorer :
aimer et — : 13·20, 16·65
brûler ce qu'on a adoré : 275·10.

Adulation : 246·3, 255·41.

Adulte : 97·7, 158·22 ; voir rubrique ÂGES
DE LA VIE : 5·1 à 7·32
être —, *être seul* : 7·29.

Affaires
les —, *c'est l'argent des autres* : 30·29
les —, comme d'habitude : 217·21
les — *du monde, bien d'autrui* : 28·8
grandes — : voir rubrique POLITIQUE :
VIE POLITIQUE : 246·1 à 252·89
guider les —, *être guidé par elles* : 1·6
les — sont les affaires : 30·30.

Affectation : 303·20, 304·39.

Age : voir rubriques ÂGES DE LA VIE : 5·1 à
7·32 et ÉPOQUE : 87·1 à 91·53
cet — est sans pitié : 86·2, *cf.* 86·4
l'— de ses artères : 7·27
l'— qu'on porte sur son front : 7·18.

Agir : voir **Action**, et rubrique ACTION :
1·1 à 5·62
—, *être capable* : 2·15
—, *être entraîné* : 4·47
n'— que par réflexion : 2·21
nés pour — : 1·5, 2·18
—, *penser, se regarder vivre* : 2·25
—, *produire, vivre* : 2·22.

Agriculture : 83·28.

Aide-toi : 292·32.

Ailes :
ses — de géant : 242·37.

Ailleurs : voir rubrique VOYAGE-
AILLEURS : 346·1 à 352·70.

Aimer :
ai-je passé le temps d'— ? : 19·101
—, c'est regarder ensemble dans la
même direction : 26·210
— ce que l'on a : 292·31

— *et péché* : 23-161
— *et plaisir* : 236-27, 236-33
— *et secret* : 50-34
— *et sincérité* : 304-40
— *et suicide de l'amant* : 25-187
— *et tranquillité* : 48-13
— *et voyage* : 350-52
faire l'— : 60-11, 65-28, 138-40
foi, espérance et — : 12-3
— fort comme la mort : 12-1
—, jeune homme, on te maudit : 21-126
la coutume fait tout en — : 19-104
l'—, la seule affaire : 20-115
mesure de l'—, aimer sans mesure : 12-8
—, quand tu nous tiens : 18-97
l'— regarde avec les yeux de l'âme : 13-17
—, *roman, histoire* : 19-107
rompre en — : 14-29
l'—, vainqueur de tout : 12-5
ne plus aimer : 18-93, 18-94, 18-95, 21-130, 21-131.

Amour-propre : 200-13
amitié et — : 10-10
amour et — : 19-106.

Amoureux (tomber) : 23-158
— *comme un fou, comme un sot* : 14-30
—, *pour avoir entendu parler de l'amour* : 14-28.

Ancien(s) : voir **Antiquité**.

Ane
le plus — des trois : 44-8.

Ange(s) : 278-51
ni — ni bête : 137-28
— plein de gaieté : 160-19
— impuissants : 22-150
mauvais — : 23-162.

Anglais : (langue — e) 76-65

Angoisse : 59-9, 237-35
— *et rire* : 289-33.

Anima :
— *et Animus* : 61-17.

Animal / Animaux : 46-28, 114-47, 136-16, 136-17, 137-28, 138-36, 138-38, 140-66, 141-80, 320-36
homme qui médite, — dépravé : 142-11
— *farouches* : 305-9.

Anormalité : 228-12.

Ans :

pour réparer des — : 6-10.

Anti-nature : 223-5.

Antiquité : 42-37, 88-8, 88-11, 90-38, 90-40.

Apocalypse : 346-11.

Apparence : 262-21.

Apparition : 23-157.

Apprendre : voir rubrique INSTRUCTION-CULTURE PERSONNELLE : 151-1 à 154-36.

Appuyer (s') : 314-2.

Archet : 226-10.

Architecture : 37-9.

Argent : 114-49, 259-100 ; voir rubriques ARGENT : 28-1 à 31-41 et ÉCONOMIE : 81-1 à 85-51
l'—, nerf de la guerre : 111-8.

Aristocratie : 307-28, 316-19 ; voir Naissance, Nom, et rubrique SOCIÉTÉ : 305-1 à 311-78.

Armes / Armée : 253-5 ; voir rubrique GUERRE-PAIX : 111-1 à 117-77.

Arpents de neige : 112-19.

Arrière-boutique : 200-2.

Art : 106-18, 107-21, 198-3 ; voir rubriques ART : 31-1 à 36-74, ARTS : 36-1 à 38-24, et Nature
—, anti-destin : 35-67
cacher l'— : 31-1
conclure en — : 46-32
— d'évoquer : 193-32
— *de masses* : 150-38
— *et science* : 299-39
— *et théories* : 34-51, 35-56
l'—, imitation de la nature : 31-2
l'—, imitation de la vie : 34-43
— long, vie brève : 31-3, *cf.* 188-1
œuvre d'—, coin de la création vu à travers un tempérament : 34-41
l'— pour l'— : 32-24
—, *religion et philosophie* : 32-14
tout relève de l'— : 242-29.

Artifice : 53-6.

Artiste : 31-4, 33-31, 33-35, 33-39, 34-40, 34-42, 35-65, 35-66, 35-68, 36-72, 36-73, 36-74
l'—, c'est Dieu : 32-15.

simple appareil d'une — : 40-17
tellement surpris de sa — : 15-43
triste — dont mon désir se prive :
21-138
essaim d'innocentes — : 41-18.

Bec : 72-19.

Béni :
— soit le jour, le mois : 12-11.

Besace : 264-13.

Besoins : 317-37
— et capacités : 83-27.

Bête :
ange et — : 137-28
aucune — ne l'aurait fait : 140-66.

Bêtise(s) : 345-17 ; voir rubrique вêtise :
44-1 à 47-51, et **Sottise, Esprit, Intelligence**
faire le mal par — : 46-29
la — me fascine : 47-50
la — n'est pas mon fort : 47-39
la —, vouloir conclure : 46-32
dire des — : 72-23, 77-91
amour : être bêtes ensemble : 24-181
les uns assez bêtes pour s'aimer, les
autres pour se haïr : 25-183.

Bibliothèque : 170-6.

Bien : voir rubrique **MORALE** : 205-1 à
210-75
le — *compose* : 183-9
dire du — *de soi* : 74-45, 200-13, 201-14,
perfection dans le — : 208-36
plaisir à faire le — : 333-40
tout est — : 118-5, 118-6, 138-37
un peu de —, mon meilleur ouvrage :
206-17.

Bienfaits : 270-34.

Bis repetita : 72-9.

Bizarre : 119-8
ange du — : 119-11
— *et beauté* : 40-9, 42-35.

Blancheur : 32-22.

Boire : voir **Vin**
c'est maintenant qu'il faut — : 335-7.

Bonheur : 41-20, 62-22, 95-12, 97-10,
97-14, 131-67, 131-71, 316-18 ; voir
rubrique **BONHEUR** : 47-1 à 53-72
chasse au — : 50-37
— *et goût* : 108-13

— *et histoire* : 124-18
—, *fin des sociétés* : 307-35
— fou : 50-39
le —, idée neuve en Europe : 50-35
la beauté, promesse du — : 41-20.

Bonté : 264-17, 330-4
— *et bonheur* : 50-28, 50-29.

Bourgeois(ie) : 164-37, 305-10, 309-60
être —, *penser bassement* : 46-33.

Bourreau : 163-34, 202-32, 307-27.

Branloire : 223-7.

Bras :
— *invaincu, pas invincible* : 335-13.

Bûcherons : 226-3.

Budget : 83-29.

Cacher : 140-57, 141-78, 303-31, 303-33
l'homme est ce qu'il cache / ce qu'il fait :
140-67.

Cacher (se) : 50-33, 58-6, 312-9
vis caché : 290-8.

Cadavre : 62-25, 212-29
transporter partout avec soi le — de son
père : 97-19.

Café : 196-3.

Calembour : 288-21.

Calomnie : 73-25, 148-2.

Campagne : 226-7, 227-20, 272-65.

Capitalisme : 84-37, 85-41, 85-49.

Caractère individuel : 46-26, 50-37,
66-17.

Carpe diem : 290-14.

Catastrophe : 93-36, 111-6.

Cauchemar :
— *et histoire* : 126-46.

Cauda venenum (in) : 71-5.

Cause (à défendre) : 304-37, 304-46,
337-49.

Cause(s) (des choses) : 296-5, 326-11,
327-24.

Céder :
— *à un fat* : 45-23.

Célébrité : 148-11, 149-21 ; voir rubrique
INFORMATION-MÉDIA : 147-1 à 151-44.

Centralisation : 168-35 ; voir **Paris** dans
l'Index des noms propres.

Colère : 230-4 , 290-12, 291-17
sans — : 123-3.

Colonies : 103-26.

Colonisé : 311-76.

Colonne (cinquième) : 116-63.

Combat : voir rubrique VICTOIRE-
DÉFAITE-COMBAT : 334-1 à 337-50
le — cessa faute de combattants :
335-17.

Comique : 288-20, 288-28.

Commencement :
— de la fin : 286-6.

Commencer :
tout homme commence le monde :
202-27.

Commerce : 31-41, 83-21, 84-34, 84-38 ;
voir rubrique ÉCONOMIE : 81-1 à 85-51.

Compagnie :
bonne — : 306-12, 306-14.

Complaisance : 272-71, 291-17.

Comprendre : 271-51 ; voir rubrique
INTELLIGENCE-ESPRIT : 154-1 à 154-9
croire — : 47-40
croire et — : 98-6
— *et punir* : 164-43
qui peut — comprendre : 154-1
—, réduire à l'humain : 300-47
renoncer au monde pour le — : 299-45.

Compter : 85-43.

Concevoir :
ce que l'on conçoit bien : 75-50.

Conclure :
la bêtise, vouloir — : 46-32.

Condamnation :
la — *à mort ne s'achète pas* : 214-48.

Confiance : 269-15, 269-16, 273-85,
309-63.

Connaissance(s) ; voir rubrique SAVOIR-
SCIENCE : 296-1 à 300-50
co-naissance : 299-37, 299-42.

Connaître : voir Inconnu
— *les hommes, les voir agir* : 2-19
se — : 201-19, 203-46, 203-52, 204-63,
290-7
connu et inconnu : 4-52
je ne vous connais plus : 117-4

l'homme connaît le monde par
[l'homme] : 224-18.

Conscience : 70-54, 133-2, 134-10,
202-32, 202-36, 206-20, 207-23, 207-24,
207-29, 208-44, 209-51 ; voir rubriques
CONSCIENCE : 58-1 à 59-14 et MORALE :
205-1 à 210-75
la — dans le Mal : 208-47
faire le mal par — : 206-10
transformer en — une expérience :
294-60.

Conservateur/trice : 252-84
la République sera — : 43-56.

Consommation : 85-42
société de — : 30-37, 30-38, 85-46, 85-47,
91-52, 91-53, 228-17.

Constellations : 226-14.

Constitution (d'un État) : 80-7, 82-15.

Content :
heureux sans être — : 49-16.

Contenter : 269-17.

Continuer : 79-105, 79-106, 79-107.

Contradiction : 57-18, 59-12, 70-42,
76-77, 136-22, 137-23, 198-10, 199-11.

Conversation : 76-74, 131-64, 171-15,
268-3, 269-27, voir rubrique CONVER-
SATION : 59-1 à 60-15
commodités de la — : 196-4.

Conviction : 207-33, 230-11, 330-65 ; voir
Opinion, et rubriques IDÉES-
INTELLECTUELS : 142-1 à 144-40 et
OPINIONS : 229-1 à 230-14.

Cor : 120-14, 194-46.

Corps : 56-11, 57-26, 64-21, 108-23,
132-76, 188-2, 204-58, 329-46 ; voir
rubriques CORPS-ÂME : 60-1 à 62-28,
DÉSIR : 62-1 à 65-32 et MÉDECINE-
SANTÉ : 188-1 à 191-43
beauté du — *disséqué* : 42-40
beauté du — *et de l'âme* : 41-23
— *et esprit* : voir Esprit
— *et passions* : 25-7
— *fidèle de l'amante* : 26-204
— *blancs des amoureuses* 25-191.

Coucher :
longtemps je me suis couché : 194-41
on ne sait avec qui on couche : 25-182.

Coupable(s): 208-40, 210-71; voir rubrique JUSTICE: 161-1 à 165-53
apparence de — et défaite: 337-47.

Couple: 131-69, 133-90, 187-40; voir rubriques HOMMES-FEMMES: 126-1 à 133-93 et MARIAGE: 185-1 à 188-44.

Coups:
— *d'essai / de maître*: 38-6, 335-14.

Cour(tisan): 247-22, 248-36, 249-38, 249-43, 249-44, 250-57; voir rubrique POLITIQUE: VIE POLITIQUE: 246-1 à 252-89.

Courage:
toujours trop prêt quand on a du —: 335-18.

Coutume: 162-19
la —, seconde nature 227-2.

Craindre: 246-2, 247-10, 248-27, 248-28, 255-40.

Cri:
— *dans le désert*: 71-3
— *du Golgotha*: 92-13
un — répété par mille sentinelles: 33-33.

Crime(s): 58-4, 58-5, 123-7, 162-9, 164-36, 164-38, 167-24
le — a ses degrés: 332-32
un — affreux dont la honte: 206-14
auteur du —, à qui il profite: 80-2
— *de l'or*: 30-35
— *de la civilisation*: 53-9
défaut d'esprit et —: 45-17
— *et ignorance*: 332-35
— *et premier mouvement*: 331-12
le mauvais goût mène au —: 107-8
son — seul n'est pas ce qui me désespère: 332-31
dernier de ses —: 183-4.

Cristallisation: 20-113.

Critique: 177-88, 177-90, 268-37
— *aisée*: 31-9.

Croire: 142-7, 327-19; voir Persuasion, Conviction, et rubrique FOI: 98-1 à 99-16.
— *au ciel, n'y pas* —: 280-78
— *ce qu'on désire*: 145-2
— *ce qu'on dit*: 303-34
point ému de ce qu'il ne croit pas: 231-8

pouvoir ce qu'on croit pouvoir: 254-28.

Croyances: 309-63; voir rubrique FOI: 98-1 à 99-16.

Croyants: 280-76; voir Chrétiens.

Cueillir: 157-2, 290-14.

Cul: 61-5.

Culture: 55-21, 55-24, 55-25, 154-9; voir rubriques CIVILISATION: 53-1 à 56-32 et INSTRUCTION-CULTURE PERSONNELLE: 151-1 à 154-36
— *et oubli*: 153-31.

Curiosité: 262-24, 263-29, 273-87.

Dada: 182-11, 195-51.

Damner (se):
les anges se damneraient pour moi: 22-150
ne se damne pas qui veut: 334-56.

Dandy(sme): voir rubrique MODE: 196-1 à 198-22.

Danger:
— *et âmes nobles*: 5-62
— *et passions*: 232-26.

Débauche: 130-43, 334-54.

Décadence: 87-2, 89-25, 89-27, 89-30, 91-51; voir rubrique ÉPOQUE: 87-1 à 91-53.

Déception: 273-81
— *et injustice*: 164-47
il n'y a de — que de ce qu'on aime: 26-202.

Découverte: 330-66, 342-58; voir rubrique INVENTION-DÉCOUVERTE: 155-1 à 156-24.

Défaite: 113-26, 113-33; voir rubrique VICTOIRE-DÉFAITE-COMBAT: 334-1 à 337-50.

Défauts: 201-20, 302-9, 331-18; voir rubrique QUALITÉS-DÉFAUTS: 263-1 à 265-23
aimer jusqu'aux —: 14-37
— *et qualités des Français*: 104-40
grands —: 109-10.

Défiance: 269-15.

Dégoût: voir rubrique GOÛT: 107-1 à 108-23.

Délibérer:

laissez venir à moi les petits — : 85-1.

Enfer : 67-13, 70-41, 70-51, 70-52, 93-34, 194-45, 207-25, 236-25, 322-63
l'—, c'est les autres : 274-90
en —, on ne trahit plus : 333-47
l'—, ne plus aimer : 26-198
régner dans l'—, servir dans le ciel : 8-9.

Enfler (s') : 109-11.

Enivrer (s') : 320-39.

Ennemi(s) : 90-48, 111-7, 115-55, 117-2, 159-33, 248-35, 249-50, 268-11, 336-28
avoir l'esprit de haïr ses — : 117-10
prudence dans le choix de ses — : 118-12.

Ennui : 50-40, 75-61, 102-15, 103-27, 195-54, 281-5, 323-16, 324-2 ; voir rubrique **LOISIRS-DIVERTISSEMENT-ENNUI** : 181-1 à 182-20.

Enrichissez-vous : 83-19.

Enseigner : voir rubrique **INSTRUCTION-CULTURE PERSONNELLE** : 151-1 à 154-36.

Entraider : 262-18.

Entreprendre :
espérer pour — : 1-7
j'ose tout — : 38-7.

Envie : 247-21.

Epargner les autres : 262-16.

Epée : 232-28.

Epoque : voir rubrique **ÉPOQUE** : 87-1 à 91-53.

Erotisme : 23-163, 27-222, 27-223, 64-25, 65-29.

Errare humanum : 135-12.

Erreur(s) : 262-23, 267-33, 327-29, 328-38, 329-56
pardonne à l'— : 327-28
— et vices : 333-37.

Erudition : 89-34.

Escalier(s) : voir **Esprit**
les — du délire : 232-29.

Esclavage / Esclave(s) : 165-2, 247-14, 255-41, 257-71, 258-81 ; voir **Servitude**
plus l'— est infâme : 307-26
—, ne maudissons pas la vie : 286-11.

Espace : 216-76.

Espérance : voir rubrique **ESPOIR-DÉSESPOIR** : 91-1 à 94-41
l'— de ne le pas aimer : 15-44
espérant contre toute — : 91-1
foi, — et amour : 12-3
immense — : 92-17
l'—, malheur des hommes : 185-21
vous qui entrez, laissez toute — : 91-3.

Espoir : voir rubrique **ESPOIR-DÉSESPOIR** : 91-1 à 94-41
l'— changea de camp : 92-15
— permis à l'homme : 316-23.

Esprit : 56-11, 59-14, 62-22, 100-1 ; voir rubrique **INTELLIGENCE-ESPRIT** : 154-1 à 154-9
avilir l'— : 106-7
chercher de l'— : 45-15
— de l'escalier : 60-8
— de géométrie / de finesse : 154-3, 154-4
l'— de son âge : 6-11
défaut d'—, père des crimes : 45-17
dire du bien de son — : 56-8
l'—, dupe du cœur : 56-9
— et âme : 61-17
— et cœur : 56-14, 57-17
— et conversation : 59-1, 59-5, 60-12
— et corps : 61-11, 61-16, 188-2, 189-11, 190-33
— et passions : 231-13
— et sentiments : 301-14
gens d'— bêtes : 46-24
gens d'— ne croient le monde assez bête : 45-20
homme d'— et compagnie des sots : 44-5
lieux où souffle l'— : 279-63
mon — à qui je veux parler : 201-20
nous allons à l'— : 95-16
nul n'aura de l'— : 142-5
l'— souffle où il veut : 155-1
tout ce qu'on aime a de l'— : 15-42
trait d'— et idée : 77-88
un bon — produit : 228-6.

Essai :
coups d'—, coups de maître : 38-6, 335-14.

Etat : 259-96, 259-98, 259-102, 260-107 ; voir rubrique **POUVOIR-ETAT** : 252-1 à 260-114
l'— c'est moi : 256-54
crimes d'— : 247-8

éternel — : 129-31.

Femme : 62-23, 240-7 ; voir rubriques HOMMES-FEMMES : 126-1 à 133-93 et MARIAGE : 185-1 à 188-44
— dangereuse, ô séduisants climats : 22-141
une — qui n'était pas mon genre : 24-174
— *savante* : 127-5, 127-14
tromper la — qu'on aime avec une autre : 24-178.

Feux :
brûlé de plus de — : 15-46.

Fiction : 55-20.

Fidèle :
je t'aimais inconstant, ... — : 15-52.

Fille : 312-7.

Fils :
le meilleur — du monde : 330-6
toi aussi, mon — : 216-2.

Fin : 261-3
— *et moyens* : 246-5
tout est dans la — : 340-30.

Finances : voir rubrique ÉCONOMIE : 81-1 à 85-51
bonne politique, bonnes — : 82-14.

Flamme : 230-2.

Flatterie : 75-55, 75-58, 246-3, 247-22.

Fleuve(s) : 161-25, 318-2, 350-42.

Foi : 71-56 ; voir rubrique FOI : 98-1 à 99-16
—, *espérance et amour* : 12-3
— *en l'homme* : 104-36.

Folie(s) : 135-12 ; voir rubriques FOLIE : 99-1 à 100-9 et SAGESSE-FOLIE : 289-1 à 294-69
amour et — : 21-132
—, *des sottises* : 46-25.

Fols : 142-3.

Fonctionnaire : 245-71.

Force(r) : 80-3, 80-8, 80-9, 81-13, 83-25, 112-15, 168-43, 229-7, 263-28, 266-12, 310-74 ; voir rubrique FORCE-FAIBLESSE : 100-1 à 101-12
assez de — pour supporter les maux d'autrui : 268-12
— *et justice* : 162-20, 164-37

je suis une — : 66-8
force-les à entrer : 274-2.

Forme (en art) : 32-23, 33-26, 33-37, 35-69.

Fortune : 99-2, 294-61 ; voir rubrique RÉUSSITE : 281-1 à 281-12
— *et audace* : 38-1
porter sa — avec soi : 289-6.

Foule : 47-43, 239-5, 271-55, 271-60, 305-2, 307-21, 307-33, 308-36, 308-39, 308-44, 308-46.

Français (langue —e) : 313-1, 314-12.

Frapper : 273-75.

Fraternité : voir rubrique LIBERTÉ-ÉGALITÉ-FRATERNITÉ : 165-1 à 170-61.

Frère : 100-4, 205-1.

Frisson : 121-23
un — historique : 125-34
un — nouveau : 88-21, cf. 89-28.

Frivolité : 89-34, 176-81.

Frotter et limer : 346-5.

Fruits : 263-1.

Fureur(s) : 231-10
la — de vivre : 341-48
la — des cœurs mûrs : 22-139
Phèdre et toute sa — : 17-81, 17-84.

Futur : 90-45, 195-51.

Gages : 29-12.

Gagner :
l'important n'est pas de — : 335-11.

Gai : 160-12.

Galère : 118-3.

Garde :
la — meurt : 217-12.

Gascon : 72-22.

Génération(s) : 6-8, 89-24, 91-53
une — sacrifiée : 90-39.

Générosité : 163-32, 165-6, 269-18.

Genêts : 226-6.

Génie : 33-38, 126-42, 156-13, 173-43, 325-6 ; voir rubrique GÉNIE : 105-1 à 107-22
— *et poncif* : 33-28
— *et sensibilité* : 301-12
mon — étonné : 97-5.

Héritage : 30-40.

Héroïsme :
chrétien sans — : 209-52
l'— de la vie moderne : 198-4 ; voir
rubrique GRANDEUR-HÉROÏSME : 108-1
à 111-30.

Héros : 87-22, 99-15, 109-14, 110-17,
110-21, 110-28, 111-30, 126-42, 284-31,
voir rubrique GRANDEUR-HÉROÏSME :
108-1 à 111-30.
— en mal comme en bien : 205-6,
208-41
— sans s'en douter : 110-20.

Heure(s) : voir rubrique HEURES DU JOUR
ET DE LA NUIT : 119-1 à 123-43
l'— fuit : 318-4
la même — que d'habitude : 322-66
une — n'est pas qu'une heure : 122-32
passer une — ou deux : 319-14.

Heureux : 63-9, 99-4 ; voir **Bonheur**
avoir été — : 184-3
—, *caché* : 50-33
devoir d'être — : 52-57
honte d'être — : 49-18
— ceux qui ont faim de justice : 161-1
— ceux qui ont le cœur pur : 56-2
— ceux qui pleurent : 237-1
— ceux qui sont morts : 115-56
— ceux qui sont persécutés : 161-2.

Hier : 216-4.

Histoire(s) : 96-22, 96-25 ; voir rubriques
ÉVOLUTION-PROGRÈS : 94-1 à 96-27 et
HISTOIRE : 123-1 à 126-49
chaque homme, une — : 202-27, 203-53,
204-61
comme on écrit l'— : 123-8
— et légende : 124-21, 125-30
— et poésie : 239-2
— et roman : 125-36, 126-41
mon — sera brève : 77-81
nouvelles d'aujourd'hui, — de demain :
150-40
*une — que conte un idiot, pleine de
bruit* : 145-4
les — dont les témoins se feraient
égorger : 327-21
*guerres, conséquence des études histori-
ques* : 114-45.

Historien : voir rubrique HISTOIRE : 123-1
à 126-49.

Hiver : voir rubrique SAISONS : 294-1 à
296-25
l'— de la vie, second printemps : 5-3.

Homme(s) : 70-43, 70-48, 71-59, 169-51 ;
voir rubrique HUMANITÉ : 134-1 à
141-83
l'— à l'état de projet : 84-32
accepter d'être un — : 7-32
chaque — porte la forme entière :
137-18
l'— : chose, bête, frère : 84-33
l'— divers et ondoyant : 136-15
droits de l'— : 94-5, 169-57 ; voir rubrique DROIT : 80-1 à 81-15
— et Dieu : 124-20, 134-1, 134-2, 279-60
— et singe : 95-14
faire bien l'— : 291-25
guerre contre l'— : 139-52
l'—, mesure de toutes choses : 135-4
l'— n'existe pas : 139-46, 141-73
que peut l'— : 130-57, 139-56
un — qui, un — enfin : 302-15
responsabilité de l'— : 96-22
l'—, son père Prométhée : 94-10
voici l'— : 135-3
deux — en moi : 137-2
les — naissent coupables : 162-21
qui peut répondre des — : 138-34.

Hommes / femmes : voir rubrique
HOMMES-FEMMES : 126-1 à 133-93.

Honnête : 196-6
l'— homme ne se pique de rien : 290-16
vie d'un — homme abominable :
333-42.

Honneur : voir rubrique HONNEUR :
133-1 à 134-17
l'— d'être homme : 141-74
d'être homme d'— on ait la liberté :
134-6
en les croquant beaucoup d'— : 248-23
— et amour : 16-66
— et arts : 36-3
— et bonheur : 48-8
— et monarchie : 134-7
excès d'—, indignité : 270-33
l'— ne sert qu'une fois : 134-16
paix avec l'— : 116-64
l'—, poésie du devoir : 208-42
religion de l'— : 134-11
tout est perdu, fors l'— : 133-1.

Rester :
j'y suis, j'y reste : 217-13
je reste, tu t'en vas : 65-7
s'il n'en reste qu'un : 336-37.

Réussir : 345-6 ; voir rubrique RÉUSSITE :
281-1 à 281-12
— *et manquer* : 4-44
— *et persévérer* : 1-7.

Rêve(r) : 58-33, 64-23, 69-31, 71-55,
145-10, 160-18, 350-47 ; voir rubrique
RÊVE-RÉALITÉ : 281-1 à 285-51
— *de l'enfance* : 86-8
— *et amour* : 24-179
— *et histoire* : 126-43
vivant dans mon — étoilé : 282-16.

Revers : 200-10.

Rêveur définitif : 284-39.

Révolte : 200-9.

Révolution : 80-10, 94-9, 210-68, 314-6,
315-8 ; voir rubrique RÉVOLUTION :
287-1 à 286-17.

Rhétorique : 77-79, 78-100.

Riche(sse) : 28-1, 28-3, 28-7, 29-20,
30-36, 30-40, 58-34, 83-19, 197-9 ; voir
rubriques ARGENT : 28-1 à 31-41, ÉCO-
NOMIE : 81-1 à 85-51
— *et lois* : 180-16, 181-19
vertus et — : 333-43.

Rideau de fer : 217-22.

Ridicule : 102-9, 103-33, 207-26, 287-5,
287-6, 287-11, 288-17, 289-32
le —, arme du vice : 287-13.

Rien : 223-3.

Rime : 241-15, 241-16.

Rire : voir rubrique RIRE : 287-1 à 289-34
le — énorme de la mer : 337-38
— *et pleurer* : 237-4, 237-6, 239-27,
288-27
le — impur : 288-26
le —, propre de l'homme : 287-3
je ris de me voir si belle : 41-28.

Risque(r) :
le Monde est au — : 39-16
rien à perdre, tout — : 39-15.

Roi(s) : 100-3, 101-4, 195-2, 246-6,
247-14, 253-10, 253-14, 255-37, 256-47,
256-49, 256-52, 257-70, 258-82
plus royaliste que le — : 250-54

le — règne mais ne gouverne pas :
253-13
un — sans divertissement : 181-7
vous êtes —, vous pleurez : 237-7.

Roman(s) : 173-36, 173-38, 173-40,
174-49, 175-59, 179-115
— *et histoire* : 125-36, 126-41.

Romantisme : 32-11, 35-58 ; 173-44
(romanticisme) ; 173-45, 198-1
(romanticisme) ; 198-5.

Rose(s) : 235-13
une — d'automne : 40-8
et — elle a vécu : 338-6
mignonne, allons voir si la — : 120-2
les — de la vie : 157-2.

Roseau : 100-5, 137-26.

Rougir : 231-11, 302-3 ; voir **Lettre**.

Royaume : 253-9, 274-1.

Ruines : 37-9, 254-30, 319-18.

Sacré : 280-82.

Sadisme : 79-104.

Sage(sse) : 1-12, 47-42, 52-59, 92-14, 99-3,
99-4, 99-5, 99-6, 150-33 ; voir rubrique
SAGESSE-FOLIE : 289-1 à 300-50
— trop tard 261-2
— *des enfants, et la nôtre* : 7-26
— *et ambition* : 9-12
— *et passions* : 231-17
— *et peine* : 311-1
— *et plaisir* : 236-19
— *et rire* : 287-2, 288-18.

Saint(s) : 126-42, 181-81, 210-72, 325-11
délivrez-nous des — : 280-79
brûler une sainte : 275-11.

Saisons : voir rubrique SAISONS : 294-1 à
296-69
ô —, ô châteaux : 51-45.

Sales :
syllabes — : 74-43.

Salut :
le — des vaincus : 334-5.

Sang :
le — des chrétiens, semence : 275-7
du —, du labeur, des larmes : 217-20.

Sanglot(s) : 295-12, 312-18.

Santé : voir rubrique MÉDECINE-SANTÉ :
188-1 à 191-43.

INDEX DES NOMS PROPRES

Les noms d'auteurs sont en caractères droits ; les autres noms, ceux qui se rencontrent dans une citation, ainsi que les titres d'ouvrages, sont en italiques. Le premier chiffre indique la page, le second, après un tiret, le numéro de la citation dans la page.

Table des matières

Composition réalisée par COMPOFAC - PARIS

IMPRIMÉ EN FRANCE PAR BRODARD ET TAUPIN
Usine de La Flèche (Sarthe).
LIBRAIRIE GÉNÉRALE FRANÇAISE - 6, rue Pierre-Sarrazin - 75006 Paris.
ISBN : 2 - 253 - 06140 - 9

✧ 30/8075/1